古典学译丛

阮 炜◎主编

帝国的边界：
罗马军队在东方

【以色列】本杰明·艾萨克（Benjamin Isaac）◎著

欧阳旭东 ◎译

华东师范大学出版社

华东师范大学出版社六点分社　策划

总　　序

　　我国接触西方古典文明,始于明末清初。耶稣会士来华传教,为了吸引儒生士大夫入基督教,也向他们推销一些希腊罗马学问。但这种学问像"天学"一样,也并没有真正打动中国的读书人。他们中大多数人并不觉得"泰西之学"比中土之学高明。及至清末,中国读书人才开始认真看待"西学",这当然包括有关希腊罗马的学问。及至新文化运动时期,中国人才如饥似渴地学习西方的一切,激情澎湃地引进一切西方思想。正是在这一过程中,我们对希腊罗马文明才有了初步的认识。

　　回头看去,在相当长一段时间里,我们对西方古典学的引进是热情有余,思考不足,而且主要集中在希腊神话和文学(以周作人为代表),后来虽扩展到哲学,再后来又扩大到希腊罗马历史,但对古代西方宗教、政治、社会、经济、艺术、体育、战争等方方面面的关注却滞后,对作为整体的古代西方文明的认知同样滞后。在抗日战争和解放战争期间,我们对希腊罗马文明的认知几乎完全陷于停滞。但从 50 年代起,商务印书馆按统一制订的选题计划,推出了"汉译世界学术名著丛书",其中便有希罗多德的《历史》(王以铸译,1958 年、1978 年)和修昔底德的《伯罗奔尼撒战争史》(上下卷,谢德风译,1960 年、1977 年)。1990 年代以来,该丛书继续推出西方古典学名著。与此同时,中国人民大学出版社出版了《亚里士多德全集》(10 卷本,苗力田主编,1990—1997 年),人民出版社出版了《柏拉图全集》(4 卷本,王晓朝译,2002—2003 年)。至此,我们对古代西方的认识似乎进入了快车道。但很显然,这离形成中国视角的古典学仍十分遥远。

近年来,华夏出版社和华东师范大学出版社又推出了"西方传统:经典与解释",其中有不少首次进入汉语世界的希腊原典,如色诺芬《远征记》《斯巴达政制》等。这套丛书很有规模,很有影响,但也有一特点:有意识地使用带注疏的源语文本,重点翻译有"解经学"特色的古典学著作。在特殊的国情下,这种翻译介绍工作自然有其价值,但是对于包括古希腊罗马(以及埃及、西亚、拜占廷)宗教、神话、哲学、历史、文学、艺术、教育等方面的研究在内的主流古典学来说,毕竟只是一小部分。一两百年来,古典学在西方已然演变为一个庞大的学科领域,西方的大学只要稍稍像样一点,便一定有一个古典学系,但是有"解经学"特色的古典学仅仅只是其一个分支。

因市场追捧,其他出版社也翻译出版了一些古典学著作,但总的说来,这种引进多停留在近乎通俗读物的层次,并不系统、深入,对西方各国近三四十年来较有影响的古典学成果的引介更是十分有限。与此同时,进入新世纪后,中华大地每天都发生着令人目眩的变化,而这种变化最终必将导致全球权力格局发生深刻变化。事实上,在国际经济和政治事务上,中国已经是一个大玩家。据一些机构预测,以购买力平价计算,中国经济总量在 2020 年以前便将超越美国,成为世界第一大经济体。这一不可逃避的态势必将到来,可是中国学术是否也会有相应的建树呢? 必须承认,三十几年来中国经济建设日新月异,天翻地覆,但学术建设却未能取得相应的进步,而未来中国不仅应是头号经济强国,也应该是一个学术强国。因此,一如晚清和五四时代那样,融汇古今中外的学术成果,开启一种中国视角的西方古典学研究,一种中国视角的古代西方研究,仍是摆在人文学者面前的一个大课题。

要对古代西方作深入的研究,就有必要把西方古典学的最新成果介绍到中文世界来。可是学界目前所做的工作还远远不够。因学术积累有限,更因市场经济和学术体制官僚化条件下的人心浮躁,如今潜心做学问的人太少,这就是为什么我们对希腊罗马文明的认识仍缺乏深度和广度,久久停留在肤浅的介绍层次。虽然近年来我们对西方古典学表现出不小的兴趣,但仍然远未摆脱只知其一不知其二、浅尝辄止、不能深入的状态。甚至一些学术明星对希腊罗马了解也很不准确,会犯下一些不可原谅的常识性错误。

西方古典学界每年都有大量研究成果问世,而且有日益细化的趋势——如某时期某地区妇女的服饰;如西元前 4 世纪中叶以降的雇佣兵情况;再如练身馆、情公—情伴(lover-the loved)结对关系对教育的影响等。相比之下,我国学界对希腊罗马文明虽有不小的兴趣,但对文明细节的认知仍处在初级阶段。基于为蘗考虑,拟推出"古典学译丛",系统引入西方古典学成果,尤其是近二三十年来较有影响的成果。本译丛将包括以下方面的内容:希腊文明的东方渊源、希腊罗马政治、经济、法律、宗教、哲学(十几年来我国对希腊罗马哲学的译介可谓不遗余力,成果丰硕,故宜选择专题性较强的新近研究成果和明显被忽略的古代著作)、习俗、体育、教育、雄辩术、城市、艺术、建筑、战争,以及妇女、儿童、医学和"蛮族"等。

只有系统地引入西方古典学成果,尤其是新近出版的有较大影响的成果,才有可能带着问题意识去消化这些成果。只有在带着问题意识去消化西方成果的过程中,才有可能开启一种真正中国视角的西方古代研究。

阮　炜

2013 年 6 月 29 日

目　录

序　言

　　本书是我多年思考以及在以色列进行实地研究的结果。虽然这整个期间我都在特拉维夫大学工作,但本书成书的关键阶段却是我暂时离开该校的两年:先是 1980 至 1981 年,我到新泽西州普林斯顿大学高等研究院做访问学者,然后是 1985 至 1986 年,我到牛津万灵学院做访问研究员。我要感谢这两所研究机构对我的热情接待,同时也要感谢我的大学,批准我在上述时间休假暂离。

　　整部书稿经多位朋友、同事和家人读过,我从他们那里获得了诸多建议和修改意见:约翰·曼恩(John Mann)和费格斯·米勒(Fergus Millar)分别在不同的时间对全书作了评价。我还从大卫·肯尼迪(David Kennedy)那里听到了他对本书前半部分的评论,并从格伦·鲍尔索克(Glen Bowersock)那里得到了他对本书早先简明版书稿的评语。卡罗尔·格勒克(Carol Glucker)仔细阅读了本书成书过程中的部分章节。泽埃夫·罗宾(Zeev Rubin)对第五章提出了宝贵意见。艾达·艾萨克(Ida Isaac)通览了本书整个写作过程中的全部书稿,并给出了富含睿智的建议。我要感谢为我提供建议和资料的还有:Shimon Applebaum, Denis van Berchem, Moshe Fischer, Mordechai Gichon, Paul Hyams, Arthur Isaac, Marlia Mango, Isreal Roll, Margaret Roxan, Alla Stein, Zvi

Yavetz。我作为以色列人无法进入某些国家,所以要特别提到在那里的一些同行们:Thomas Bauzou,David Graf,David Kennedy,Thomas Parker,Maurice Sartre。他们都曾帮助我剔除了某些事实方面的误差,不过他们并不对本书的观点负责。他们提供的资料至关重要,因为我无法亲身到访中东的很多重要地区。这一事实必须在本书开篇就予以强调,由于造成这一缺憾的政治原因不太可能在不久的将来消弭,在本书出版时,我必须承认这一情况难免会造成些许瑕疵。

本书可能会因为包含了对大多数古典学研究者来说无法获得的、来自《塔木德经》史料的素材而变得更加重要。因此我非常乐于专门提一下阿哈龙·奥本海默(Aharon Oppenheimer)所给予的慷慨协助。在我们多年的合作中,他在《塔木德经》史料和犹太史方面贡献了大量资料。他为我提供了本书中引用的所有史料来源的背景情况和有关评论,并耐心细致地收集了我过去就相关话题撰写的全部内容。

乔纳斯·格林菲尔德(Jonas Greenfield)和拿弗他利·路易斯(Naphtali Lewis)在本书出版前帮助我查阅到了来自“巴巴莎(Babatha)古卷”(即也丁(Yadin)纸莎草文卷)的相关文档。

本书中的地图由莎巴苔·艾萨克(Shabtai Isaac)准备,并由特拉维夫大学考古研究所的奥拉·帕兰(Ora Paran)绘制。我对研究所的大力协助表示由衷感谢。我还得到了基冲(M. Gichon)教授和肯尼迪博士提供的多幅插图,对此,我深感无以回报。

另外,我还要感谢各个图书馆中那些兢兢业业的工作人员,首先是特拉维夫大学图书馆,还有我曾经作为访客去过的图书馆:如国家图书馆和耶路撒冷考古研究所图书馆;燧石图书馆、普林斯顿高等研究院图书馆和史庇尔图书馆;艾许莫林图书馆、牛津万灵学院的博德利图书馆和科德林顿图书馆;伦敦大英博物馆;阿姆斯特丹大学图书馆以及多家研究机构的图书馆。

我感激牛津大学出版社对本书的出版，特别要感谢约翰·科迪（John Cordy）先生，他筹划了本书的付印，并在行文和语言风格方面提出了诸多建议。

最后我还应当谢谢我的电脑，它从未丢失过任何信息，并以所有我能想到的方式帮助于我。

本杰明·艾萨克（Benjamin Isaac）

特拉维夫

1989 年 1 月

修订版说明

到这部修订版付印时,已经有多则对本书的评论公开发表。其中有的评论者同意我的观点,但说这些观点有点过头。有的虽然同意我的观点,但对我走得不够远表示遗憾。还有的则完全接受或完全否定我的观点。但是所有的评论都认为,本书包含了很多有用的——有时甚至是至关重要的信息。正是在这个方面,修订版能够有所裨益,因为显然不可能通过修改本书让所有那些批评我的人满意。我对全书文本没有进行改动,单只纠正了一些细微的排印和其他错误。在本书正文后面增加了"补记",其中包含多项补充材料,主要是最近出现的、或是在本书于 1989 年出版后才注意到的文献。我还收入了一些当初在撰写本书时错过了的古代和现代文献资料。此外,在"补记"后面还加上了一个补充参考文献书目。

有些对当代时事的影射我没做更改:这些观点在撰写本书时是正确的,现在却稍显过时了,如"当前的北约教条"等。但它们作为对当代背景的记忆也还是不无用处的。

我要感谢各位同行给我提供了更多的事实材料,或是指出了文本中的纰缪。最后,值得一提的是,我是在华盛顿的敦巴顿橡树园(Dumbarton Oaks)担任研究员期间,在那里舒适的环境中完成了本书的这一修订版。

本杰明·艾萨克(Benjamin Isaac)

特拉维夫

1992 年 2 月

致　谢

1. 波斯卓（Bostra）和那里的军团堡垒。布局图来自 D. L. Kennedy & D. N. Riley,*Rome's Desert Frontrier From the Air* (London,1990),p. 125。

2. 杜拉–欧罗普斯（Dura-Europos）和军营。来自 *The Excavations at Dura Europos：Preliminary Report*,*the Ninth Seson* (1944)。

3. 帕尔米拉（Palmyra）：布局图。来自 M. Gawlikowski,*Le Temple Palmyrénien*(1973),p. 11,fig. 1。

4. 帕尔米拉：军事驻地。来自 J. Starcky & M. Gawlikowski,*Palmyre*(1985),Pl. viii。

5. 埃因博科克（Ein Boqeq）：绿洲与辅助军堡垒。来自 M. Gichon 教授提供的布局图。

6. 上佐哈尔（Upper Zohar）要塞。来自 R. Harper,*Hadashot Arkheologiyot*（*Archaeological Newsletter*）89(1987),p. 54。

7. 麦扎德塔玛尔（Mezad Thamar）及周边地区。来自 M. Gichon,*Saalburg-Jahrbuch* 33(1976),p. 81,fig. 2。

8. 麦扎德塔玛尔。来自 Chen 博士绘制的布局图,由 M. Gichon 教授提供。

9. 特萨菲特（Tsafit）瞭望塔及周边地区。由 M. Gichon 教授提供。

10. 特萨菲特。来自 Chen 博士绘制的布局图，由 M. Gichon 教授提供。

11. 德尔埃尔阿特拉什（Der el-'Atrash）：布局图来自 Meredith 博士，"The Roman Roads and Stations in the Eastern Desert of Egypt", *Journal of Egyptian Archaeology* 11(1925), Pl. xii。

12. 贝希尔堡（Qasr Beshir）。来自 *The Roman Frontier in Central Jordan*, ed. S. Thomas Parker(1987), vol. ii, fig. 88 on p. 469。

13. 蒂普希法拉吉（Dibsi Faraj）：防御设施。来自 R. Harper, "Excavations at Dibsi Faraj, Northern Syria, 1972—1974", *Dumbarton Oaks Papers* 29(1975), p. 323。

引　言

关于罗马帝国的传统观点认为,罗马的共和时代是一个扩张时期,帝政时代是成功抵御蛮族进攻的时期,而晚期帝国时代则是在捍卫疆土和压缩开支两方面都做得不太成功的时期。过去历代的人们带着钦羡之情眼见帝国的版图不断扩大,并未产生过任何道德上的怀疑和不安。欧洲的帝国主义者们坚信,由他们认为的优等文明(罗马文明以及他们自己的文明)来统治野蛮的土著不失为一件好事情。① 共和时代和帝政时代都是那么的令人心向往之,罗马在共和时代得到了坚强有力的扩张,而帝政时代局势稳定,使罗马能够保住扩张的既得成果。在我们当下这个充满怀疑、痛苦和平等思潮的时代,人们变得不再那么容易崇尚一个不断扩张的帝国了。民族自决被视为是一种权利,而对这种权利的侵犯则被看作是有违道德。正因如此,现在对于罗马共和国的态度变得暧昧含混起来。② 这使得帝政时代那种和平的罗马成为我们仰慕的对象。从奥古斯都终止扩张的那一刻起,帝国在现代人的眼里变得值得称颂了,因为它保卫了文明不被蛮族摧毁,并由此为我

① 相关讨论参见 C. M. Wells, *The German Policy of Augustus*(1972),前言。
② William V. Harris, *War and Imperialism in Republican Rome*, 327—370 BC (1979),有助于我形成和解释这些观点。

们自己的所有成就奠定了基础。然而,就奥古斯都来说,事实却并非如此。已经有人揭示了奥古斯都时期在很大程度上,无论是从精神方面,还是从事实方面看,都是一个侵略扩张的时期。[1] 即便如此,对于奥古斯都以后的帝政时代的观点仍然保留了下来。人们坚信帝政时代的成果之一就是建立起了一个边疆防御体系,使得帝国的民众能够生活在和平与安宁之中。于是就兴起了所谓"罗马边疆研究"。而且人们认为罗马的边境是一个可以拿来与现代国家用于将邻国军队挡在门外的国界进行类比的合适对象。

　　所以我们就有了两个相互关联的领域,或是类比的对象:罗马帝国与欧洲那些业已消亡的帝国,以及罗马帝国的边境与现代国家的边境。然而,这些类比并不恰当。欧洲的那些殖民帝国均远离祖国,当地土著民众生活在他们自己的环境中,殖民地也从未在真正意义上被并入宗主国。曾经的殖民大国现在在吸纳大量前殖民地民众进入其自身社会时遭遇难题,这也是一个最近才浮出的现象,属于后殖民地历史。而罗马帝国的扩张乃是通过一个个地征服和吸收与罗马毗邻的民族。在这些成为罗马行省的地区,民众失去了自己的民族身份,而且如果运气好的话,还变成了罗马公民。那些较早的学者们忽略了所有这些事实,他们认同帝国的缔造者并崇拜罗马。而另一方面,现代的欧洲人并不赞同异国征服和对自由的压迫,之所以他们还能从帝政时代找到许多值得称道之处,乃是因为它被视为一个保护行省不受蛮族侵略的时期,就像现代国家可以合法地保卫自己的边界不受攻击一样。

　　我所具有的一个双重优势就是,我所生活的国家需要保卫其边界,但同时又是一个占领国长达 20 年之久。我并不是说这些因素是具备超出常人的洞识的前提——抑或保证,但却可以提供一

---

[1]　P. A. Brunt 对 Chr. Meyer, *Die Aussenpolitik des Augustus*, *JRS* 53(1963), 170—176 的评价;Wells, ch. 1, 249f. 。

个重要的参照系。研究罗马的历史学者们经常忽略了，一个帝国的军队从来就不是只有守卫边界这一个职责。它们即是国防力量，也是用于征服和占领的军队。占领军的任务与作战部队有根本的不同，但往往并没有一个独立而清晰的重组程序来标志从一种军队转变为另一种军队。占领军所从事的任务无论在军队荣誉还是一般的个人风采方面，很少有在道德上值得夸耀的东西。对异国的占领如果要做到符合现代文明标准的话，需要非常特别的相互制衡。而这些制衡在罗马帝国时代根本就不存在。研究罗马的历史学者们不应忽视的事实是，罗马军队在很多时候和很多地区都是占领军或是内部治安部队，他们应该尽量理解罗马军队对于那些在占领区深受被占领之苦的民众的影响。罗马军队的另一个更重要的作用就是维持统治者的权力。罗马所经历的多场内战不能仅仅被看作是一些规则失调的事件而已。引发这些内战的都是这样一种情况，只有军队才能保证某位皇帝掌控国家大权，也只有拥有军队的对手才可能将他拽下皇位。当时既无国家安全警察，①也没有大众的民兵武装，这些独立于军队之外的力量可以保证现代君王或独裁统治者拥有政治控制力。在罗马，这些功能有一部分是由军队来行使的，其活动焦点都在都城，因此不是本书的讨论对象，但是边疆行省人民的忠诚也很重要，而保证这种忠诚则是军队的职责。

　　在研究罗马历史的著作中，我们经常碰到这样一种观点，认为罗马在公元 1 世纪或 2 世纪时，建立起了静态的防御线，从而转变为僵化的战略防御守势。其结果是"蛮族们"渐渐占取了先机。本书将用几章的篇幅来探讨的一个核心话题就是"边疆"的性质。我

2

---

① 　这并不否认军队承担了某些平时由安全部队执行的责任，如 *frumentarii*（治安职能），参见 P. K. Baillie Reynolds，*JRS* 13（1923），168—189；B. Rankov，*Britannia* 18（1987），243—349。

力图说明,帝国边界的概念无论从罗马人的眼光,还是从历史视野来看,都不同于现代文献中所说的那种概念。帝国的政治边界作为一个概念是无足轻重的,而军事边界也从未被组织成一道"防御线"。帝国的边界,如果可以加以定义的话,乃是通过军事实力和军事行动来表达的。只有行省之间才有清楚划定的边界线,在我看来,这个不同的概念所造成的影响部分地决定了本书的内容安排。

　　一个与此相关的话题就是,罗马的外交和战争到底是进攻性的,还是防御性的。我们往往很难判断一支军队到底是在防守,还是在进攻。往前迈出的每一步都有可能被解释为,其目的只是为了保卫业已获得的东西。同样,有时也并不能轻易判断一个进攻者是否真的是在打一场他自己选择的战争。研究帝政时代的历史学者们常常以为,罗马人的每一个举动都是为了建立安全的边境这个目的。即便果真如此——而我在本书中的研究将证明事实并非这样——该观点也将事情过于简单化了。打仗需要有双方参与战争,而且双方都要有战争动机。在战事推进的过程中,交战双方的目的会随着战场上的情势发生变化,无论取得了何种战果,都有可能与之前的预期相去甚远。各方内部在目的和手段方面也许并未达成一致意见。

　　所有这些观点看上去似乎并无多少特别之处,但却经常被研究帝政时代的历史学者所忽略。例如,他们的讨论往往局限于追问,图拉真(Trajan)征服帕提亚的意图是出于经济原因,还是为了建立安全的边境;是仅仅因其个人狂妄自大,还是由于多种原因所致。除此之外,人们经常无需说明地假定对于罗马政权来说,行省的安全是它的首要关注点。

　　本书将就罗马帝国的一个特别的组成部分来讨论这些问题。在考古发现方面,帝国的东部边疆地区不像欧洲中部和西部边疆那样为人熟知,但偶尔也有很好的文献资料可以帮助我们澄清问题。本书并非是一部"罗马东部边疆史"，也不打算提供一个完整的参考文献目录。本书试图理清罗马在从高加索到西奈的帝国东方有什么目标，其目标包含哪些方面。书的内容没有按照历史或地理顺序，而是按照话题来安排。我希望本书能够得到历史学者和考古学者的认同，有很多问题都需要予以重新思考。我将讨论的对象首先是罗马与帕提亚的关系，然后是罗马与波斯的关系，在共和时代以后的罗马帝国主义背景下，军队如何充当了占领犹地亚(Judaea)和阿拉伯的工具，以及——另一个相关话题——罗马对沙漠地带的缓慢突破。之后，我将试图讲述生活在罗马占领之下的平民生活。这包括用部分章节专门讲述驻扎在城市中的军队（这是东部行省中才有的独特现象），利用来自《塔木德经》(Tal-mud)中的原始史料讨论超乎寻常的税赋负担，以及对行省中开展帝国宣传活动的思考。本书将用两章来讨论罗马在有关地区的城市化政策：先讨论安置退役军人在推行帝国行省政策中所起的作用；然后探讨罗马对于城市化建设的支持程度。这里出现问题的同样是，罗马的帝国政府在这方面到底是积极作为，还是消极应付。[①]这构成了本书中的一个重要问题，因为它涉及到东部行省民众的生活状态。在这里，安全是核心问题，因为一个主权国家作为组织机构，要想取得成就首先就得看它是否能够成功地为其子民提供人身安全保障。没有安全就不可能有经济繁荣，但没有经济繁荣却可以有安全。之所以本书中并未讨论官僚机构和司法体系，有几个原因：这些主题已经在米勒(F. Millar)的全面研究中成为讨论对象，而且这些方面不能按地区独立拿出来进行研究。然而，城市化的发展却可以按不同地区来展开讨论，因此我用了两章对此加以论述。最后一章是对罗马的政治和战略的总体讨论，即

[①] F. Millar, *The Emperor in the Roman World* (1977), 399—410 讨论了如何取得城市地位，但未讨论罗马当局是否积极从财政上推动行省的城市化发展这一问题。

导致战争决策的动机和"边境系统"的功能。

这些话题的共同特征构成了三个问题：首先，在不同的时期，罗马在东部行省的目标是什么？其次，罗马人采取了哪些行动来取得他们想要的效果？第三，其行动对于当地民众来说有何影响？

最近在边疆研究方面最具影响力的著作当数勒特韦克(E. N. Luttwak)的《罗马帝国的宏大战略》(Grand Strategy)一书。这可说是一项头脑清醒的研究，但它依据的是第二手文献。该书重新阐释了历史学者和考古学者的解释，是对现代学术研究、而不是历史材料的系统化整理。因此，它自然而然地以那些相同的观点为基础。而我现在这本书则力图从史料中发现信息，来说明军队所发挥的功能要比一般所描述的更加多元化。我将尽力阐明罗马军队始终发挥着征服的功能，或者说，即使在长期和平时期，军队也是以征服为目的来进行组织的，然而，在某些地区，军队首先也起着占领军的作用，在一些地方，它可以逐渐蜕变为内部安全部队。

在勒特韦克的《罗马帝国的宏大战略》以及他所追随的那些历史学者和考古学者的著作中，罗马帝国的形象让人以为，罗马之所以具备有效的主权和控制，只是由于其具有高质量的组织和管理。这个观点中隐含的信念是，一个庞大而持久的帝国本身肯定意味着其秩序和文明已经克服了每个社会中都难免存在的分裂势力。有关罗马统治的其他观点可以合理地加以保留，本书力图将罗马对近东一个重要地区的控制描述成虽有成效，但却显露出诸多弊端。这些弊端表现为在维持内部安全过程中暴露出的明显缺陷，对内部动乱的镇压虽然严厉，但有时并不奏效，至少按照现代标准来看，缺乏组织性，在对行省进行军事控制时，出现了大量的负面状况。另外，维持军队和整个帝国的成本巨大，为了军队和当局的利益对民众施加多项高额税赋和强制性劳役都可以列为这种成本的组成部分，这些措施有的经过了法律的批准，有的则是在帝国政府试图阻止的情况下实施的。因此，我们想问的问题是，在存在这些弊端的情况下,罗马对近东地区的控制是如何得以维系的。如果以为本书可以对这一问题作出清晰无误的回答那将是轻率的想法,但至少我们可以对这一问题及其各种答案给出更好的解释。

这些问题触及古代社会研究中一个值得关注的一般性主题,那就是通过我们所知的社会组织折射出来的理性程度。对这个话题需要进行一般性的思考,但对于具有严明的纪律和秩序的罗马帝国军队来说,则需要的是具体性研究。我们自然会问,这些看上去貌似现代的特征是否会诱使现代的研究者们在套用理性、复杂性或精密性标准方面犯下时代错误呢? 在古代经济方面现在大家都普遍承认了这个问题的存在,而在其他领域或许可以加以同样的考虑。最后也许还要再补充一点,这些是一般历史研究中具有争议性的问题。个人的计划和意志在多大程度上决定或仅仅是影响了重大事件,是每一个历史时期中值得关注的研究对象。

对于考古证据的阐释

之所以我们在"边疆研究"持续了长达两个世纪之久以后还可以试图重新思考一些基本问题,乃是因为证据的性质和处理证据的方式。过去的传统军事史往往只研究具体的战役:如坎尼(Cannae)战役和阿莱西亚(Alesia)战役等。使用的工具就是文献材料中的描述和有关地貌的知识。现代的"边疆研究"综合了来自文献材料的信息、考古探索的结果,以及对于铭文的分析。使用考古材料尤其困难,因为对实物遗迹作出正确解释需要十分丰富的经验。

军事设施的遗迹意义重大,不过我将在本书中证明,那种以为很容易就能弄明白为何选在某个地点修筑要塞乃是错误的想法。如果想要取得任何了解,就不可避免地要从有关罗马人的行为的一系列观点开始,而这些观点常常并未在可靠的史料中得到清楚的解释。情况往往是,我们对于守备部队与他们生活于其中的当地民众之间处于何种关系几乎是茫无所知。研究者们常常认为边境地区无时无刻不在压力之下，而实际情况并不一定如此。相反，我们对于行省的内部问题知之甚少。最近有一项关于罗马军队分布与不列颠当地定居点关系的研究，我们看到其结论完全出乎人们的意料。[①]

即便是对铭文的解释也需要诸多经验。有关某人毕生事迹的铭文可能列出了他的称号、职位和地点，但往往并未透露此人在现实中如何使用他自己的时间，就好像经挖掘出土的军事营地并不能告诉我们，整个部队当时在那里做了些什么。

因此，要根据这样的材料形成综合性结论将会遇到重重困难。在这方面会因地区不同而产生差异。在东部行省中，考古方面的进展就远不如西部地区。很多证据主要来自被占领区的事件年表，而这只是通过推测建立起来的。没有对出土文物的鉴定就无法提供可靠的事件时间顺序。就算我们相信陶器可以肯定地确立时间——其实往往并不能——但出土文物经常告诉我们，某个地方被占领的时期与在该地地表发现的陶器在时间上并不吻合。由于所有这些因素，想要依靠考古材料得出综合性结论变得十分困难。这并非是要贬低在这个领域中众多考古学者的辛勤劳动。在经过长时间的相对停滞后，目前正在展开一项对东部行省中罗马和拜占庭遗址进行考察的重要行动，经常必须在困难的条件下完成考察任务。但即便是在考古研究做得最为彻底的西部行省中，也很难从文物中提取出历史的真相。

《塔木德经》史料

《塔木德经》中包含了大量具有史实价值的篇章，这些篇章常

① D. J. Breeze, *Proc. Soc. Antiq. Scotland* 115(1985), 223—228 指出军队集中在人口相对稀少的地区。

被人们作为罗马时期犹地亚史的史料来源加以引用。① 但是对于其作为史料来源的价值评估方面存在着相当的困难,因为这些经文的创作初衷并不是为了编史记录:它们是对于哈拉卡(hala-khah)与密德拉什(midrash),阿加达(aggadah)与道德话语的文字表达。哈拉卡是根据圣经对传统法律的讲解和诠释,阿加达是对圣经文本的说教性解释,密德拉什则是对于圣经的评论,包含了哈拉卡和密德拉什中的素材。

　　这种内容性质决定了这些材料中有对历史事件和日常生活的反映。历史学者要想从这些材料中抽取出历史真相,虽不容易,但却是有可能做到的,同时,这些材料因其并非史家文献,反而会给历史学者带来一个好处:其中的陈述透着明显的率真,不像那些以编史为目的的文字那样带有先入之见。

　　塔木德书卷按照题材和内容分为不同的类型:哈拉卡经是按照话题编排的,而密德拉什经则是对应着圣经各卷中的语句顺序来编撰的。后来又按照时间顺序分成了坦纳经(tannaim)和亚摩兰经(amoraim):坦纳经在公元 1 世纪和 2 世纪时比较活跃,亚摩兰经则流行于 3 世纪至 5 世纪。最后,在巴勒斯坦经文和巴比伦经文之间存在着地理差别。有一个大家普遍接受的原理,认为史料的相对真实性决定于其在空间和时间上与史实的接近程度。这个原理确有一定的效用,但我们不能将它当作绝对的教条来遵循。一部时间相对较晚的著作中有可能包含着来自早期的材料,而一部编撰时间较早的著作中也可能包含在时间上更接近重新编辑时的材料。例如,一部巴比伦的著作中可能包含着有关巴勒斯坦的可靠材料,而相同的材料也许会出现在一则巴勒斯坦史料中,但内容已经被编撰者做了改动,由于地点上的接近使得编撰者有机会

① 　如序言中所述,Aharon Oppenheimer 在这些原始史料的挑选和诠释方面为我提供了大力帮助。

对原始材料这么做。

《塔木德经》中的原始材料是通过不同的方式积累起来的：有的是在习经阁中进行辩证思考的结果，而另一些则是形成于现实背景之中。自然只有后一类材料才能作为我们得出历史结论的依据。当一段哈拉卡经给出了作者、解释或某个成语时，往往有助于确定事件时间。不过，也有这样的情况，有些时间较晚的圣贤以自己的名义传达本来属于较早时期的话语。为了验证其真实性，仅看以其名义转述史料的圣贤所生活的时期是不够的，有必要检视该史料的内容、主题和历史语境。

历次暴动、迫害和危机都在哈拉卡经的发展和阿加达经的形成中留下了印记，使得这些经文内容具有更大的活力。这些时候也正是税赋程度和征收方式发生改变的时期，这或许可以解释为什么经文中有很多涉及罗马税赋的原始史料。但我们在这里同样需要谨慎小心，尤其是当人们处于外族统治之下时。显然，我们不能轻易接受那些用修辞性语言来描写罗马税赋如何沉重不堪的材料。

对用于讨论的史料版本加以核实尤为重要。时间较早和较晚的圣贤们都谈论过《塔木德经》中的问题，哈拉卡经的内容更是如此；但时间较晚的世代往往不去评估和审视素材的历史语境。虽然在这些誊写者看来那些主题内容都具有神圣性，但他们有时却在对历史学者来说恰好特别重要的素材中掺入了自己的曲解。因此历史学者必须尽可能小心地核实他所使用的史料版本，然后才能作出历史结论。

在使用每一条来自哈拉卡经或阿加达经的史料时，如果过分热衷于套用这些批评规则的话，都有可能导致塔木德经卷失去作为历史史料来源的资格。即便如此，从不同著作中发现的一组证言经过综合诠释后证明，对《塔木德经》文献的研究是富有价值的。也许很多问题仍将得不到解决，我们经常不得不满足于作出大致可靠的猜测而无法得出确切的结论,但是在明确限定的时间框架中对有关具体研究对象——例如,罗马占领军的活动和犹太人对他们的态度,或是第六章的主题,税收——的一组原始史料进行批判性分析,对于我们理解这些问题是不无价值的。

地 理 概 况

本书的研究将涉及罗马活动的广袤地域,从北方的高加索一直延伸到南方的红海。这是一个高度多样化的区域,只有一个特征使得我们有理由将这整个地区作为帝国的一个部分来单独进行讨论,那就是在从公元前 63 年庞贝的东方战争到伊斯兰的征服这段长达 7 个世纪的时间里,上述地区一直是罗马帝国的东部边疆和偏远地区。本书讨论的各个主题都将围绕罗马动用武力这个核心,而军队则是罗马的主要工具;罗马人的"边疆"概念对于这些主题来说至关重要;而"东部边疆"往往被视为一个独立的实体。这种看法正确与否是另外一个问题,而且有必要加以考虑。但不管怎样,这里必须先作一个有关地理和历史方面的介绍,目的是为我们的研究领域划出一个明确的限定范围。

在高加索以南靠西边的科尔基斯(Colchis)有两个港口,一个名叫法希斯(Phasis),"那里的船只航程最远",[①]另一个叫作迪奥斯库里亚斯(Dioscurias),这是个集贸市场,有 70 个部落聚居于此,[②]人们说着各种不同的语言。往东去是伊比利亚人生活的区域,也就是现在的格鲁吉亚东部,这是一片土地肥沃的乡村,"被岩石、要塞和流过深谷的河流包围其中"。[③] 在伊比利亚和里海之间

---

①   Strabo xi 2. 16(497).

②   Loc. cit.

③   Strabo xi 3. 4(500).

生活着阿尔巴尼人,他们"比伊比利亚人更习惯于草原生活,过着近似于游牧的生活方式,但并不野蛮"。① 他们的土地也很肥沃。这些民族都生活在河谷地带,这些河谷位于高加索山脉以南并与之平行,主要的河流有法希斯河(里奥尼河(Rioni))和塞勒斯河(Cyrus,库那河(Kura)的支流)。这个地区从未被完全并入罗马帝国,但黑海东南沿海的驻军点均被罗马军队悉数占据,整个地区的人民被视为以罗马为靠山,并因此需要履行各种义务。

令人生畏的亚美尼亚高原将这些河谷与美索不达米亚平原隔开。这片地域现在实际上分属于几个国家,有苏联、土耳其和伊朗等,而在远古时代,亚美尼亚人是罗马与帕提亚/波斯之间那场永不停息的拔河赛的争夺对象。用塔西佗(Tacitus)的话来说:"这个民族自古以来就不稳定,这是由他们的性格和所处地理位置造成的,他们处在我方行省的最边缘,并远远地延伸到梅地亚(Media)。他们被夹在两个庞大帝国之间,经常对这两个帝国都抱有敌意,他们对罗马人胸怀仇恨,而对帕提亚心存妒忌。"②该地区在古代时的边界是这样的:在西边与幼发拉底河、卡帕多西亚(Cappadocia)和康玛格尼(Commagene)交界,在南边与现代的库尔德斯坦(Kurdistan)为邻,在东边与梅地亚·阿特洛帕特内毗邻。北边的边界前面已经交代过了。在罗马时代,大亚美尼亚、幼发拉底河东岸和该河以西一个独立的王国小亚美尼亚是被区分开来的不同地区。亚美尼亚几乎有 90% 的地方都在海拔 1000 米以上。该地区实际上是由几个海拔高度从 1000 米到 2000 米不等的高原平地所组成,其间被深深的河谷隔开。这些河流包括幼发拉

---

① Strabo xi 4.1(501).

② *Ann.* ii 56:"Ambigua gens ea antiquitus hominum ingeniis et situ terrarum, quoniam nostris provinciis late praetenta penitus ad Medos porrigitus; maximisque imperiis interiecti et saepius discordes sunt, adversus Romanos odio et in Parthum invidia."

底河上游的两条支流,卡拉河(Kara)和 穆拉特河(Murat);阿拉克塞河(Araxes),在流入里海前汇入了库那河;还有阿坎普斯河(Acampsis,科鲁河(Coruh)的支流),在巴统(Batumi)附近流入黑海。最后就是底格里斯河,它的几个支流都发源于库尔德斯坦。圆锥形的高山从远处就可辨认出来,主要有亚拉腊山(Ararat),高度为 5165 米,靠近现代土耳其与苏联之间的边界。这个地区的另一特点就是分布着多个湖泊,其中面积较大的有 3 个,分别是凡湖(Van)、瑟万湖(Sevan)和乌尔米耶湖(Urmia)。由于最早是火山的缘故,河谷地带土地肥沃,适于耕种。这里主要有两座城市,靠北的叫阿尔塔沙特(Artaxata,靠近现代的埃里温(Yerevan)),靠南的叫底格雷诺塞塔(Tigranocerta)(马泰洛波利斯(Martyropolis),即现代的锡尔万(Silvan))。①

　　除了取道这些河谷外,其他的陆路交通方式几乎都是不可能的。这些河谷多数呈大致的东西走向,因此要进入亚美尼亚主要有两条路线可走,在西部从卡帕多西亚进入,在东部从梅地亚·阿特洛帕特内进入。主要的一条南北通道从本都海(Pontic Sea,译注:即黑海)边上的特拉布松(Trapezus, 即 Trabzon)出发,向内陆延伸,直至亚美尼亚南部平原。被这条道路从北至南连接起来的首先是齐格纳(Zigana)通道,然后是反金牛座山脉(Antitaurus)和库尔德的托罗斯(Taurus)。这样人们就可以去到叙利亚西北部和美索不达米亚北部(埃尔加尼关(Ergani))。在这条通道上凡有重要的东西走向的道路与之交叉的地方,都被罗马人选为主要驻军点:如撒塔拉(Satala)、麦利蒂尼(Melitene)和撒摩撒达(Samosata)。要想从东边穿越这片区域,最后一个办法就是取道北部的库那河谷和南部的阿拉克塞河谷。在古代,这些河谷构成了到达梅地亚最好走的途径。

10

---

① 　关于认定,参见 R. Syme,*AFRBA*,61—70。

在南边,幼发拉底河和底格里斯河向下流淌,来到一片海拔200 米至 500 米的高原平地,这里有一连串海拔不超过 2000 米的低山。在平原的边缘散布着多个重要的市镇:祖格玛(Zeugma)、埃德萨(Edessa)、康斯坦提纳(Constantina)、马尔丁(Mardin)、达拉(Dara)以及尼西比斯(Nisibis)。这里有一条古老的道路,把安纳托利亚(Anatolia)和叙利亚与美索不达米亚连接起来。这样我们就到达了所谓"新月沃土"的北拱部分,这块地方适于种植谷物和建立城市生活。它包括地中海沿岸的土地和刚才讲到的美索不达米亚北部的部分地区,并向下延伸至巴比伦尼亚(Babylonia)。

地中海沿岸有一块呈条状的肥沃土地,其最宽处也不超过 200 公里。在北部,亚玛努斯山(Amanus)(峰顶海拔 2224 米)迫使从安纳托利亚去往叙利亚的所有路人都得经过所谓的"西里西亚之门",位于伊斯肯德伦(Iskenderun)(亚历山大瑞特(Alexandretta),亚历山大里亚伊苏姆(Alexandria ad Issum)),这个地方曾是各方为争夺叙利亚主权而展开过多场大战的古战场。然后,人们可以在俄闰梯河(Orontes)劈开群山的地方抵达叙利亚的安条克(Antioch)。这是沿着海边直到加沙港(Gaza)的一连串大城市中的第一个。在大约一半路程的地方有两道山脉,黎巴嫩山脉(Lebanon)和前黎巴嫩山脉(Anti-Lebanon),海拔高度均达到了3000 米,它们包围着土地肥沃的贝卡(Beqa)谷地。俄闰梯河沿着山谷向北流去,而利塔尼河(Litani)则向南流淌。沿着俄闰梯河,我们可以看到另一组古老的小镇,有高山从两边加以庇护。约旦谷是贝卡谷地的自然延伸,其海拔降到大约－400 米的水平,约旦河从这里注入死海。在死海南边的阿拉瓦旱谷(Wadi 'Aravah)形成了一个内陆凹地,其终端就是古老的红海港口阿伊拉(Aela)(亚喀巴(Aqaba),以拉他(Elath))。

加利利(Galilee)的小山与撒马利亚(Samaria)和犹地亚的大山将约旦河凹地与沿海的平原分隔开来。在阿拉瓦以西是内盖夫沙漠(Negev)，与西奈大陆桥相接，并由此与埃及和撒哈拉连通。
内盖夫是一片荒漠，但有纳巴泰人(Nabataeans)在那里居住，到了 11
拜占庭时期又有后继民族在那里定居。内盖夫发展起了不同寻常
的城市生活，高度发达的灌溉技术使得这成为可能。西奈由两个
部分组成，北部是大陆桥，这是一片多沙的荒地，南部是半岛，上面
有裸露着彩色花岗岩的大山。凯瑟琳山(Catherine)的峰顶达
2637米。它的山名来自一座修道院，在拜占庭时期，这座修道院
是该地区的主要关注焦点。埃及，这把"陆上和海上的钥匙"，是一
个任何涉及罗马东部的讨论都无法忽略的地方，①它既属于非洲，
同时也是亚洲的一部分。由于埃及本身就是一个浩大庞杂的话
题，因此把本书讨论地域的界限划在西奈将是非常恰当的。

　　该地区独特的地质特征决定了其交通路线。在从埃及的亚历
山大里亚到"西里西亚之门"的沿海道路上，交通始终是可行的。
与之平行的南北道路沿着俄闰梯河，穿过贝卡谷地，翻过撒马利亚
和犹地亚的山脊，经过耶路撒冷。取道内陆也是可以的，但必须经
过群山系统中的数个缺口，如耶斯列(Jezreel)山谷，或是从贝来图
斯(Berytus)到大马士革的古道。

　　约旦河东边的地区是一个高原平地，海拔在 800 米到 1700 米
之间，因此比河西最高的山还要高出 700 米。平原被深深的东西
走向的干涸河道分割开来，这些河道最后都汇入到约旦谷之中。
高原的西部适合人类居住，这要感谢充足的水源和便利的南北交
通，这条路线将红海和阿拉伯半岛与叙利亚南部连接起来(即"新
图拉真大道"(*via Nova Traiana*))。在这条路的沿途坐落着该地
区最重要的 3 个城市：格拉森(Gerasa)、费城(Philadelphia)和佩
特拉(Petra)。另一条与"国王大道"(译注：即"新图拉真大道")平

---

① Tacitus, *Ann.* ii 59: "claustraque terrae ac maris"，是最常被人引述的对该行省的
　描写。

行的道路穿过平坦但却荒芜的地带去往更东边。外约旦（Transjordan）的南部与在西边的内盖夫一样是一片荒漠。因此，罗马道路系统的主动脉大致呈希腊字母 π 的形状：有两条主要的南北通道，即沿海道路和穿过俄闰梯河谷的道路，向南到达阿拉伯半岛。这两条道路都与东西走向连接拜占庭（君士坦丁堡）和美索不达米亚的主要道路相接。

外约旦高原与约旦河以西的大小山峦一样，主要由石灰岩构成。在耶尔穆克河（Yarmuk）以北，也就是加利利海的东面和东北面，人们可以走近到玄武岩和火山岩旁。在这个地区，属于罗马的阿拉伯首府波斯卓（Bostra）就坐落在火山形成的杰伯德鲁兹山（Jebel Druz，海拔 1732 米）西边。在这座城市和大马士革之间是恶名远扬的岩浆地带莱伽（Leja）。在东南边的一片又长又宽的凹地锡尔汗旱谷（Wadi Sirhan）中散布着一串出水孔，这条古老商路穿过了沙漠和季节性游牧民生活的地区。从古至今，这条线路都是从叙利亚进入阿拉伯的途径，位于其东南端的焦夫（Jawf）被描绘成"一片绝美的绿洲，一个伟大的商队中心，一座坚固的纳巴泰前哨站"。[1]

在这些曾经的罗马行省的东南面是叙利亚沙漠，被半圆形的"新月沃土"所环绕。罗马人曾在这里与游牧民族贝都因人战斗，这种冲突在所难免，因为这片沙漠是有罗马人居住的地区与美索不达米亚农作物种植区之间距离最短的通道。从地中海到幼发拉底河的道路上有一个至关重要的地方，那就是帕尔米拉（Palmyra），这座壮观的城市坐落在叙利亚沙漠中的一片绿洲上。

幼发拉底河是一条高山河流，在古老的祖格玛进入平原地区，然后河水变得平缓可以驶船（附近有个小镇叫作比雷吉克（Birecik），就是洞口的意思）。此后就再没有重要的支流汇入了。哈布

---

[1] N. Glueck, *BASOR* 96(1944),7—17.

尔河(Khabur)和巴利克河(Balikh)到了夏季都会干涸,但它们是重要的交通和居住线。幼发拉底河两岸和河流本身构成了去往巴比伦、塞琉西亚(Seleucia)和波斯湾/阿拉伯湾的重要通道。沿着幼发拉底河有许多站点,有些是沙漠路线的终点。其中一个是杜拉-欧罗普斯(Dura-Europos),这是近东地区考古发掘工作开展得最出色的地点。底格里斯河与幼发拉底河一样,在亚美尼亚是高山河流,从古老的尼尼微(Nineveh)附近的摩苏尔(Mosul)开始才可以通航。与幼发拉底河不同的是,底格里斯河在下游还有多条重要支流汇入,如大扎卜河(Greater Zab)、小扎卜河(Lesser Zab)以及从伊朗高原流淌下来的迪亚拉河(Diyala)。

除了地中海沿海地带的气候还算是风调雨顺外,该地区是一个酷热干旱之地,大多数地方都是荒漠。亚美尼亚的夏季炎热干燥,冬天又异常寒冷。要想在凛冽的冬季发动军事战役是不可能的。

到目前为止,我们所讲的一切都表明罗马人在征服这个地区时面临着诸多的独特性和重重困难。海边肥沃的长条地带与帝国在地中海的其他地区具有相同的特点,可以依照熟悉的套路来加以制伏和吸纳。自然,犹太人给罗马出了一道难题,但这与地理特征没有任何关系,仅仅是因为他们居住的地区是连接非洲和亚洲战略通道的必经之处。此后便是沙漠,里面住着季节性游牧民,这些人则需要用不同的方式来应对。本书的任务之一就是要考察这些问题是否得以解决,如果是的话,又是如何解决的。

13

更为重要的是,我们要以罗马人的眼光来看待罗马与帕提亚/波斯的冲突。从前面的论述中可以清楚地看出,罗马与帕提亚/波斯的相遇是在几个不同的地区以不同的方式发生的。地理条件决定了沿着从帕提亚首府泰西封(Ctesiphon)到大马士革最短的路径发动军事战役是无法想象的事情,罗马军队只要能避开沙漠就不会在那种地方展开重大战事。罗马人和帕提亚/波斯军队行走的路线不是沿着幼发拉底河,就是沿着底格里斯河。在叙利亚北部有几条道路都可以到达幼发拉底河——如果想要避开帕尔米拉和沙漠地带的话。取道底格里斯河往往意味着利用更靠北的、途经卡雷(Carrhae)或埃德萨的道路。正是由于这个原因,叙利亚北部的城市往往是罗马军队发动军事行动的大本营,也成了帕提亚和波斯军队的攻打目标。正如我们后面将要强调的,罗马人对美索不达米亚北部的征服改变了这种格局。

第二个冲突地区是亚美尼亚,这是一个对于大军来说十分困难的地区。我们已经说过,进入亚美尼亚最容易的方法是从卡帕多西亚和梅地亚阿特洛帕特内(Media Atropatene)沿东西路线行进。在拜占庭时期出现了第三个军事行动的舞台,包括高加索以南地区和沿海地区(科尔基斯),也就是现代的格鲁吉亚。

历 史 轮 廓

罗马人对卡帕多西亚以东和东南地区的直接介入,始于庞贝在该地区发动的战争。罗马人的帝国观念是,任何罗马军队踏过的地方都必须转而服从于罗马的意志。罗马可以决定是否行使由此带来的特权,是否要征收义务或是征收何种义务。对于构成这个地区的叙利亚、犹地亚和纳巴泰王国来说,这意味着罗马的直接控制在逐步延伸。这一发展过程经常成为讨论的对象,我并不会在此处对其进行详细的追述。一旦叙利亚成了罗马帝国的组成部分,与帕提亚的对峙就已是注定要发生的事情了。然而,在公元2世纪以前,罗马军队发动的战争事实上并未让罗马的影响范围超过庞贝所到达的界限。在亚美尼亚,或是美索不达米亚,或是想象得到的更靠北的高加索山区,本来是可以实现重大转变的。在尼禄(Nero)统治时期,雄心勃勃的科布罗(Corbulo)曾试图征服亚美尼亚,但最后以失败告终。在同一个方向更靠北的地方还曾经

准备发动另一场全面战争,但最终也还是放弃了,因为温德克斯
(Vindex)在西部制造了麻烦。半个世纪之后,图拉真展开了猛烈
的军事行动,他兼并了阿拉伯并征服了亚美尼亚和美索不达米亚,
一直打到海湾地区。众所周知,这些行动取得的唯一持久性结果
却是最不重要的因素,即他对阿拉伯的兼并。又过了半个世纪,另
一位踌躇满志的罗马将军阿维狄乌斯·卡西乌斯(Avidius Cas-
sius)在美索不达米亚重开战事,但取得的成果却并不稳定。

　　明显的变化出现在 2 世纪后半叶,当时美索不达米亚北部被
塞普蒂米乌斯·塞维鲁(Septimius Severus)征服并被长期占领。
这个变化造成了深远的影响,因为现在两个帝国之间的界线变得
更加靠近帕提亚的首府,而不是叙利亚的首府。在爆发战争时,罗
马的增援部队必须跨过更远的距离,而帕提亚的军队却可以更容
易地抵达罗马的领土。罗马的边界线大幅加长,而帕提亚的边界
线却比过去缩短了不少:相差达到 300—400 公里。而同样重要的
是,边境地区的性质也发生了改变。过去以幼发拉底河为界,该河
只在北部流经肥沃的土地,而现在它正好与康玛格尼和奥斯若恩
(Osrhoene)这两个名义上独立的藩属国之间的传统边界重合了。
在罗马人征服美索不达米亚北部后,边界线穿过了以前处于帕提
亚控制之下的地区,并将那里的城市和土地分割开来,在这些地方
居住着多个讲同种语言、奉行同种文化的民族。这是一条按照军
事战役的结果人为划定的分界线,罗马和帕提亚双方对这道分界
线都不满意。

　　在塞维鲁的征服以前,罗马与帕提亚之间的战事已经断断续
续地进行了 50 年或更长时间。在此后的一个世纪中,叙利亚的农
民或是安条克的市民没有哪代人没见过罗马军团行军从身边经过
奔赴边境。这些战事不再导致更多的区域被征服。双方也都再未
取得过重大战果,有时罗马人还吃了惨重的败仗。帕提亚的安息
王朝(Arsacids)崩溃后被萨桑王朝(Sasanians)取代,这发生在罗

马征服美索不达米亚北部后不到 20 年的时间,或许并非偶然:帕
提亚曾经的附庸阿尔达希尔(Ardashir)在彼息(Persis)(法尔斯
(Fars))发动叛乱,而卡拉卡拉(Caracalla)恰好在此时入侵了帕提
亚。政权更迭使得波斯在宗教、政府和社会方面发生了变化。在
3 世纪中叶,一支庞大的罗马军队被击溃了,罗马行省的众多城市
遭到洗劫,这证明——如果我们想要证据的话——对美索不达米
亚北部的征服并不能保护叙利亚不受侵略。经过这些灾难之后,
帕尔米拉作出了惊人的尝试,企图自己单独建立一个东方帝国,但
其成功也只是转瞬即逝。这次尝试虽然失败了,但它本身显示出
罗马帝国在这几个世纪中在社会、经济和政治方面已经发生了
变化。

　　更为重要的是,在萨桑王朝统治下的波斯,琐罗亚斯德教
(Zoroastrian)开始发挥核心作用,这种作用以前在泛希腊化的帕
提亚人那里从未出现过。与此相对应,随着罗马帝国的基督化,宗
教在这里也变成了政治驱动力之一。在拜占庭帝国中,宗教意识
形态和教派冲突引发或加重了社会矛盾,并从此开始在拜占庭与
萨桑波斯之间那种复杂的关系中发挥作用。我们将会考察宗教在
3 世纪和 4 世纪成了战争中一个多么重要的因素。

　　在拜占庭时期,冲突还蔓延到了高加索以南的地区。关于入
侵——特别是匈奴人入侵——的叙述,表明来自高加索山脉以北
的部落现在变得比以往更加危险,这导致了该地区的军事化,并进
而将该地区变成了罗马与波斯之间进行对抗的又一区域。

　　5 世纪时,曾有过一段相对的平静,在这段时间里,只分别于
421—422 年和 441—442 年发生过两场短暂的战争。能有这样的
和平年代或许部分是由于 4 世纪末 5 世纪初那些灾难性的侵袭活
动使得双方都精疲力竭。在 4 世纪晚期和 5 世纪早期的某个时
候,亚美尼亚的地位发生了变化。它不再是一个双方争夺的完整
国家,而是被两个帝国给瓜分掉了。这也许是有助于在 5 世纪大

部分时间里双方保持和平的因素之一,并且还改变了 6 世纪中战
争的性质。在 6 世纪和 7 世纪中,两个帝国之间又爆发了多次大
战,有时给双方都造成了灾难性后果。甚至有可能正是这些战争
造成的疲惫使得伊斯兰军队更容易地征服了近东地区。在瓦赫兰
(Vahram)试图篡位后,拜占庭军队于 591 年开进波斯首都,复辟
了库斯罗(Khusro Parwez)的王权。在罗马方面,安条克于 540 年
被攻占并遭到洗劫。在 606—607 年和 610—628 年期间,叙利亚
的一些地区,包括安条克,再次受到波斯的蹂躏,被波斯占领,这是
自从庞贝的征服以来波斯在这个行省中首次对一个地区实施长期
占领。不过,这是个例外情况,在大多数时候,波斯远征军给人的
印象都是发动突袭,目的只在于造成破坏和掠夺物资。

　　罗马和波斯双方的萨拉森(Saracen)盟友所实施的偷袭肯定
就是这样。造成对经济和士气的破坏显然是这些袭击的唯一功
效。在美索不达米亚北部情况有所不同,在这里经过设防加固的
城市成了战争的焦点。这些城市起着战略基地的作用,同时也是
围城战的目标,夺取城市是战役的最终目的。从 4 世纪开始,贝都
因盟军和堡垒型城市的角色将是本书讨论的话题。在整个拜占庭
时期,罗马与波斯之间产生冲突的核心在幼发拉底河以东地区,该
地区于 2 世纪末被塞普蒂米乌斯·塞维鲁占领。虽然在几个世纪
中偶尔也发生过地盘易手的情况,但是从 2 世纪开始,战争的目的
似乎主要是对力量均势进行调整,而并非为了摧毁另一个帝国,或
是消灭对方在某地的军事存在,如罗马人在"西里西亚之门"以东,
或波斯人在伊朗高原以南。战争的目的不是为了控制近东,更不
是为了摧毁另一个大国。这后一个目的直到后来的伊斯兰时期才
得以实现。

　　对于隔岸观火的观察者来说,在这两个大国之间发生的无数
摩擦中,双方均没有任何理由可以把这些冲突说成是"正义的战
争"。这些冲突似乎也并非不可避免。但是我们有必要看看,关于

16

战争目的方面是否有什么可说的理由,两个大国难道仅仅是像劳埃·乔治(Lloyd George,译注:1863—1945,曾任英国自由党领袖和英国首相)在谈到第一次世界大战时所说的那样"滑入了战争",抑或是在发动重大战事时对自己在经济、权力和威望方面可以由此得到何种好处都经过了理性的盘算。

这些问题需要很多的篇幅来展开讨论,有关罗马和帕提亚/波斯之间战争的著述也相对较多。显然,战争的受害者主要是居住在美索不达米亚北部边界两边的人民,以及叙利亚北方的民众。与波斯的战争以及波斯的萨拉森盟军发动的突袭往往并不会到达叙利亚南部、阿拉伯和巴勒斯坦。在军事方面最主要的挑战是抵抗来自沙漠的游牧部落。虽然我们承认在 132—135 年对巴柯巴(Bar Kokhba)暴动进行镇压以前,犹太人曾多次反叛,但人们一般认为罗马当局在罗马的行省中并没有遇到严重的内部困难。本书将对这两个观点加以质疑。关于这个地区,只有弗莱维乌斯·约瑟夫斯(Flavius Josephus,译注:古犹太历史学家和军事家)的著作为我们提供了可靠的史料信息。在他以后的几个世纪都没有出现任何原始史料可以让我们能够继续描述这一地区的情况,任何讨论都难免变成对零星证据材料的诠释练习。

但这些问题却值得思考,因为现代学者对于积攒起来的有关罗马边疆政策的证据所作出的诠释,都是根据——并强化了——一个关于罗马统治和罗马边疆行省生活状态的具体观点。这个观点,正如我们提到过的所谓"宏大战略"理论所显现的那样,是从对于罗马统治和罗马社会理性和道德价值判断的印象中发展出来的——但也仅仅是印象而已。在当前对于帝国战争方面的文献史料进行评价的潮流中,以及在对有关边境地区实施军事占领的零散残缺的事实所给出的解释和评估中,我们都可以看到这个观点的影子。不仅如此,正如我们已经指出的,重新思考罗马进行军事组织的理性程度也许会具有建设性。罗马帝国军队长期以来成为人们敬佩的对象。它在战场上战绩非凡并不一定意味着当它被用作占领军或是防御部队时也同样是一件精密有效的工具。

　　在诠释历史方面的每一次尝试都力图提出一个观点，以此说明往昔社会中有着怎样的所谓生活质量。本书认为我们关于罗马在其行省中统治状况的某些观点还有改进的空间。

第一章　罗马与波斯

"你们不喜欢海豚吗?"

"我们讨厌海豚。"

"你们为什么会讨厌海豚呢?"

"这还用问? 难道海豚不是企鹅的邻居吗?"

"当然是啰。"

"那好,这就是我们企鹅讨厌海豚的原因了。"

"这个也算是原因?"

"当然了。说邻居跟说敌人完全就是一码事。"

——阿纳托尔·法朗士(Anatole France),《企鹅岛》

虽然已经有大量著述讨论过罗马与帕提亚之间的争斗以及后来多场波斯战争的动机,但人们却未能达成一致意见。[①] 这并不足为奇,如果我们考虑到即便是第二次世界大战的起源到现在也还一直是争论的对象。罗马在整个东方的政策让我们想起出现在

---

① 相关观点参见 John Mann,"The Frontiers of the Principate", *ANRW* ii 1,508—533,esp. 509f. 莫姆森关于罗马与波斯对峙的讨论参见 *Römische Geschichte*,v. 355—358,esp. 358,引述见下文第 28 页(按:原书页码)。

一个不同语境中的一段陈述：

> 边境地区的安全和商业关系的利益迫使较为文明的国家不得不对其周边邻国行使某种支配作用，这些邻国的动荡和游牧本性使得它们难以相处……这个文明国家要么放弃频发不断的斗争让自己的边疆陷入混乱，这将使得财产、安全和文明成为不可能；要么就必须纵身跳入那些野蛮国家当中，随着它往前迈出的每一步，面临的困难和牺牲都将增加……而最大的困难在于清楚地知道该在何处停下脚步。

这是俄国外务大臣亚历山大·戈尔查科夫（Alexander Gorchakov）王子于 1864 年发布的一个声明，引自最近出版的一本关于阿富汗与苏联的著作。①

当英国面对逐渐扩大的南非殖民地时，也曾有过类似的态度：

> 一旦开始了在南非建立边境这一要命的政策并动用军力保卫边境，我们似乎就再也得不到安宁与和平了，直到我们追着那些逃跑的敌人并把英国的规则大写在提姆巴克图（Timbuctoo）的墙壁上。征服一个部落只意味着又要对付下一个，同样地凶恶、不求实际［原文如此］和野蛮……②

而另一方面，一个基本的事实是，对于进攻性和防御性行为的看

① Henry S. Bradsher, *Afghanistan and the Soviet Union* (Duke University Press, 1983)，3ff. 讨论了"一个古老的趋势，任何强大的国家都会寻求其势力的领土界限，寻求建立安全而稳定的边境"。该文件的完整文本参见 W. K. Frser-Tytler, *Afghanistn:A Study of Political Developemnts in Central and Southern Asia* (third ed. revised by M. C. Gillett, 1967)，333—337。

② *The Times*，引述参见下文第 36 页，注释①。

法因人而异。无论古代还是现代的历史中都充满了战争,发动战争的主要大国都能够拿出理性的论据来说明它们是在捍卫自己的基本安全。然而,这些战争往往在其他各方或是局外观察者们看来,分明是帝国主义扩张的活生生的例子。没有证据显示这种规律也适用于罗马在东方的行为。古代的意识形态是否会要求只有在保卫自己的利益时才能发动战争,我们对此根本没有清楚的了解。[①]

罗马对两国关系的评估

在关于波斯人对罗马帝国持何种态度方面,我们没有什么可靠的知识,这并不奇怪,因为主要的原始史料都来自希腊和罗马,而从波斯一方得到的第一手信息少之又少。奇怪的倒是,在古代文献中找到的关于罗马对于帕提亚人和波斯人态度的内容也少得可怜。现代的研究者们只能依靠不多的几段来自古代的真实陈述,而在大多时候就只能依靠自己对事件的理解了。这经常会受到在西方编年史中那种对历史进行反东方式诠释的影响,这种倾向往往在关于波斯与希腊人之间战争的初始讨论中就已经显露:"希腊人清楚地划定了东方与西方之间的界线;雅利安人的波斯被他们拱手送给了东方。"[②]这种观点常常带有种族或文化上的歧视,如下面这段并不正确的声言中所表现的:"只需指出这点几乎就足够了,'自由'一词在希腊语中是 eleutheria,在拉丁语中是 libertas,还有'自由人',我们无法将这些词汇译成任何一种近东语言,包括希伯来语,也无法译成任何远东的语言。"[③]有一篇在其

20

---

① 有关共和时代的态度,参见 W. V. Harris, *War and Imperialism in Republican Rome*, 327—370 BC(1970),第五章。更多相关内容参见下文第九章。

② E. Bayer, *Grundzüge der griechischen Geschichte*(1964),60.

③ M. I. Finley, *The Ancient Economy*(1973),28. 然而,每一本希伯来语词典都会列出从《旧约》时代开始被用来指自由的那几个词语。

他方面都无懈可击的论文,当描述位于纳西-罗斯坦(Naqsh-i-Rustam)和比沙普尔(Bishapur)的、内容为纪念波斯在战场上打败罗马人的浮雕时,居然使用了这种奇怪的语言:"这是从望远镜的另一端中看到的历史。"①对一位学者来说,这是不容忽视的笔误,他无疑知道一个人从倒过来的望远镜中能看到的是何种景象。我们必须指出,现代的歧视往往是古代那些论调的回响。②

罗马与波斯之间的关系,必须根据现有的有关事件实际发展的信息来加以理解,因为在古代文献中找不到什么关于双方任何一方之目的和动机的内容。不过,有几句与此相关的话还是可以讨论一番的。

斯特拉波(Strabo,译注:公元 1 世纪的希腊作家和地理家)说,帕提亚人虽然势力强大,但几乎是罗马帝国的组成部分。③ 塔西佗说,阿塔巴诺斯(Artabanus)三世在公元 35 年曾要求恢复波斯与马其顿之间的旧时边界。④ 也许我们需要注意,阿塔巴诺斯三世统治时期是一个政治上十分缺乏稳定的时期。⑤ 后来狄奥(卡西乌斯·狄奥(Cassius Dio),译注:150—235,古罗马政治家与

---

① J. B. Ward-Perkins,"The Roman West and the Parthian East", *PBA* 51(1965),175—199,esp. 178.

② 如见 Dio lxxi 25.1:在马可(Marcus)对军队所做的有关东方军团的演说中提到;Herodian ii 10.6—7,希罗狄安认为这是塞普蒂米乌斯·塞维鲁为争夺最高权力而做的演说:"聪明而复杂的游戏,这是叙利亚人最擅长的,尤其是那些安条克的叙利亚人。"另见在西奈(书写谷(Wadi Mukatteb))一处刻在岩石上的铭文:"Cessent Syri ante Latinos Romanos"(*CIL* iii 86)。吉本(Gibbon)的著作中也充满了类似的语言,例如在谈到塞维鲁·亚历山大时,说"他的德性,和埃拉加巴卢斯(Elagabalus)的恶性,都从叙利亚的软绵气候中感染了一种脆弱和娇气的味道,而他正是出生在那里"。最近的例子参见 S. L. Dyson, *The Creation of the Roman Frontier*(1985),274:"在与偷盗成性的希腊人、撒谎成性的叙利亚人以及堕落成性的埃及人打交道后,到边境地区服役对很多罗马人来说肯定是一种解脱。"

③ vi 4.2(288).

④ *Ann.* vi.31.

⑤ Richard N. Frye in F. Millar, *The Roman Empire and its Neighbours*(1981),250.

历史家)曾记载到,听说阿尔达希尔要求得到"不仅是美索不达米亚,而且还有叙利亚,并威胁说他将夺回波斯人昔日曾经拥有的所有土地,直到希腊海,因为这是他从先祖那里继承下来的遗产"。① ——有关这个要求希罗狄安(Herodian)给出了更加冗长但内容相似的叙述。② 在 4 世纪,沙普尔(Shapur)二世曾给君士坦提乌斯(Constantius)写信,说他可能会要求得到所有祖上拥有的土地,直到斯特里蒙河(Strymon),不过只要罗马将亚美尼亚和美索不达米亚奉还,他也就满意了。③

21 　　我们可以得出几个观点。首先,并非所有这类记载都是真实的,特别是当他们来自于敌对方的史料来源时。其次,在外交和战争中,我们必须把言辞和行动区分开来。塔西佗就曾指出,实际上,阿塔巴诺斯真正感兴趣的是亚美尼亚。第三,塔西佗将阿塔巴诺斯的要求视为不过是虚张声势而已,狄奥还补充说,只要罗马军队还有任何战斗力,就没有理由为此担心。有一些关于在美索不达米亚的军队中发生兵变的传闻,这些哗变导致行省总督遭到刺杀。④《罗马皇帝传》中讲到驻扎在安条克和达夫尼的军队中出现了纪律问题。218 年,在叙利亚的军队发生了骚乱,起因是尽管局势太平,但士兵们冬天还得要住帐篷。⑤

　　虽然我们并无证据,但情况有可能是这样的,罗马人真的相信波斯帝国构成了威胁。关于公元前 51 年帕提亚发动的进攻,德贝沃伊夫(Debevoise)认为罗马的指挥官和史家们都没弄明白敌军所采用的战术。帕提亚人发动的战争是一次骑兵突袭,由人数有

---

① lxxx 3.

② vi. 2. 2.

③ Ammianus xvii 5. 4f. ;另见 xvii 14. 1。

④ Dio lxxx 3. 1; 4. 1—21;Herodian vi 4. 7,with Whittaker's note,Loeb,vol. ii,107; Eutropius viii 23;SHA, *Severus Alexander* 53;Georgius Syncellus, *Chron.* 674; Zosimus i 18.

⑤ Dio lxxviii 28. 2(iii 436).

限但快速机动的骑兵实施,其目的并非征服和占领,而是对罗马的财产进行抢掠和破坏。① 其他的帕提亚战争可能也是如此,但我们尚无足够的文献来就罗马对这些战争如何反应和解释得出想法。

　　一般而言,在外交和战争中,受到威胁和采取防御性进攻之间的关系经常令人感到困惑。历史中随处可见这样的帝国,它们不断扩张的动机——或者说理由——是需要对边疆加以保护,但几乎没有什么证据表明罗马人的情况也是如此。我能想到的唯一一个明显的例外是约瑟夫斯所讲的罗马兼并康玛格尼的故事:如果藩属王不忠诚的话(他的确不忠诚),而且如果帕提亚人想要发起进攻的话(他们却并不想),那么罗马人不去占领撒摩撒达就将会有危险(他们确实去占领了该地)。② 约瑟夫斯没有在其他任何地方说过在这一时期的帕提亚人构成了威胁。他笔下的亚基帕(Agrippa)二世曾在犹太战争之前说过,帕提亚不会做任何违背与罗马人所签协议的事情,③其后沃洛吉斯(Vologaeses)一世与提图斯(Titus)在祖格玛会师,并在庆祝平定犹太暴动时给提图斯献上一顶金冠。④ 除此之外,我们知道的就只有前面讲过的阿尔达希尔曾提出的要求。⑤ 最后,我们应该注意,所有现有的史料都不支持塞维鲁的波斯战争有任何实际需要,而卡拉卡拉打响战争据说是因为这位皇帝“想让自己得到帕提亚王国”。⑥

---

① 　N. C. Debevoise,*A Political History of Parthia*(1938),96.
② 　参见下文第 39 页(按:原书页码)。
③ 　*BJ* ii 16.4(379; 389).
④ 　*BJ* vii 5.2(105).
⑤ 　对照 Syme,*CAH* xi. 1422ff. :“帕提亚没有造成威胁。”
⑥ 　有关塞维鲁的战争,参见 Dio lxxv 5,9—12(Boissevain iii 366—350);Herodian iii 9.1;SHA,*Severus* 15.1. 后两则史料称获得荣耀是唯一的战争动机。关于卡拉卡拉,参见 Dio lxxviii 1.1;Herodian iv 10.1.

经常有人提出帕提亚与萨桑王朝之间在态度上存在着重要的差别。① 就目前而言,也许可以说,我们引述的这几条史料均不支持这种观点,因为阿塔巴诺斯在公元 35 年提出的要求与阿尔达希尔在 3 世纪时所提的要求是一样的。

朱利安(Julian)在他为君士坦提乌斯所作的颂词中宣称,在君士坦丁(Constantine)和君士坦提乌斯统治期间,波斯人曾经策划想要征服整个叙利亚,并在攻占城市后将殖民安插进去。② 而事实上,战争的目的是要控制尼西比斯。关于波斯的真正要求,阿米阿努斯(Ammianus,译注:公元 4 世纪的罗马历史学家)在他关于 357—358 年战前谈判的记载中做了清楚的表述。沙普尔二世给君士坦提乌斯写信,说他本来可以要求得到其祖上的所有领土,直到斯特里蒙河和马其顿边界,但实际上他提出了用亚美尼亚和美索不达米亚换取和平的建议。③ 君士坦提乌斯在回信中坚持亚美尼亚和美索不达米亚必须保持现状;④在 359 年,罗马人以此为条件提出了停战。⑤ 沙普尔拒绝停战并入侵了美索不达米亚。关于沙普尔一世发动的这场袭击,我们在唯一的一则当时的波斯史料中找到了这样一句简短的话:"恺撒又说谎了,还在亚美尼亚行了不义之事。"⑥

我们可以从对哈德良(Hadrian)决定不再延续图拉真扩张政

① 如参见 R. N. Frye,*The History of Ancient Iran*(1984),239 and 293。关于罗马-帕提亚关系,Frye 的结论是冲突主要由荣誉问题引发,尤其是当涉及亚美尼亚时,但他相当重视西方有关萨桑扩张主义的史料。
② *Or.* i 27 A-B.
③ Ammianus xvii 5.5—6.
④ xvii 14.1—2.
⑤ xvii 14.9.
⑥ *Res Gestae Divi Saporis*, Honigmann and Maricq, pp. 12f. , para. 10—19,对照第 131 页开始的评论;E. Kettenhofen, *Die römisch-persischen Kriege des 3. Jahrhunderts n. Chr.* (1982),38。关于 5 世纪中罗马与波斯之间的战争,参见下文第五章。

策的评论中,听出罗马意识形态的一些元素。路奇乌斯·维鲁斯
(Lucius Verus)时期的弗龙托(Fronto)写道:

> 　　路奇乌斯要么必须在新公民中征兵来应付帕提亚战争,
> 要么就必须从现役军团(*ex subsignanis militibus*)中抽调兵
> 力,这些军团由于长时间的无聊服役已经军心涣散。最后路
> 奇乌斯挑选了最强壮的士兵。 由于在图拉真皇帝的时代之
> 后,军队几乎荒废了军事训练,哈德良在动员其友人、循循善
> 诱地向军队发表演说,以及在整个启动战争的过程中都显得
> 精力充沛。但他却更喜欢放弃那些图拉真在不同战争中占领
> 的行省,而不是派军队去守住它们,当时这些行省正需要被组
> 织起来。①

　　弗龙托特别不喜欢哈德良。② 后来的作者们也重复了对哈德
良这种放弃图拉真在东方新获行省的做法的批评。③ 弗龙托的话
明显地反映了当时在那些对哈德良不友好的圈子中流行的论调,
他说,在哈德良治下,军队纪律恶化,直到后来靠路奇乌斯·维鲁
斯才重新恢复了军纪。④ 可能军纪方面在哈德良执政期间确实已
经成了一个问题,如果我们从仅有的一则记载了哈德良在非洲巡
视的碑文来判断的话。⑤

　　罗马上层社会对于军队的态度是一个十分值得关注的话
题,但此处不宜就此展开讨论。也许我们可以说,上层社会总是惧

---

① 　*Princ. Hist.* 10,translation C. R. Haines,Leob,p. 207.
② 　该观点见于 E. Champlin,*Fronto and Antonine Rome*(1980),95。关于弗龙托对哈
　　德良和罗马军队的论述,参见 R. W. Davies,*Latomus* 27(1968),75—95。
③ 　Aurelius Victor xiv 1;Eutropius,*brev.* Viii 6. 2;Festus xiv 4; xx 3。
④ 　关于军纪,参见 J. B. Campbell,*The Emperor and the Roman Army*(1984),190—
　　198,300—311,409f. 。
⑤ 　*ILS* 2487; 9133—9135.

怕军队的;因此,很多作者都强调必须用军纪把军队管得服服帖帖。① 但显而易见的是,在那些主张推行积极边疆政策的人当中,军纪问题是一个特别常见的话题——他们的动机之一就是利用这种政策让军队远离家乡而无法捣蛋。在谈到科布罗率领的东方军队时,弗龙托重复了塔西佗的说法。据塔西佗讲,部队的闲散无事是比敌人的背信弃义更严重的问题。叙利亚军团由于长期的和平年代而变得懒惰。② 普林尼(Pliny)赞扬了图拉真在多米提安(Domitian)坐视军纪恶化后重振军队的做法。③ 狄奥赞同哈德良的东方政策,并认为他自己那个时代的远征行动是浪费和多此一举,他针对这点强调说是哈德良恢复了军事训练和纪律,并因此无需发动战争就维持了和平。④ 希罗狄安严厉批评了塞维鲁瓦解军纪的做法。⑤ 虽然希罗狄安偏向于塞维鲁实际上遵循的那种积极政策,他并不喜欢这位皇帝;因此更正确的说法也许是,保持军纪是讨论任何一位皇帝的业绩时都会出现的一个标准的争论话题。⑥ 朱利安声称当君士坦提乌斯接管指挥权时,东方的部队对罗马不忠,甚至有兵变倾向。⑦ 他们在此前的和平年代中变得懒惰散漫,君士坦提乌斯不得不亲自去训练他们,然后他们才能够与波斯人打仗。⑧ 在 378 年的阿德里安堡(Adrianople)惨败后,不断

① J. C. Mann 教授在一封信中对此作了论述。
② *Ann.* xiii 35。同样的态度见于塔西佗对总督们的评判,*Agricola* 16.3;对照 *Hist.* i 60。
③ *Pan.* 18,1;对照 *Ep.* Viii 14.7;x 29.1。
④ lxix 9.1—6(229f),评论另见 Millar,*A Study of Cassius Dio*(1964),66f.。狄奥对图拉真怀有复杂的感情,承认他在打了胜仗后将军人牢牢控制在手中,不准他们像通常那样变得膨胀傲慢(lxviii 7.5)。
⑤ iii 8.4f. 对照 ii 6.14 中关于狄第乌斯·尤利安努斯(Didius Julianus)的论述。
⑥ Dio lxxviii 3.5,引述了卡拉卡拉在美索不达米亚遇害时的流言,说其军队士气涣散,缺乏训练。狄奥认为卡拉卡拉是一个自负而愚蠢的皇帝。
⑦ *Or.* i 18D;20D.
⑧ ibid. ,21C.

有人对军纪涣散的问题发声抱怨。①

关于科布罗和他那支"人心涣散失去斗志的"军队,还有一个观点值得一提。科布罗在亚美尼亚高原上率领习惯于在叙利亚服役的部队打了一场困难的山地战。这种战争对于任何军队来说都颇有难度,或许我们应该引述另一场战争的历史,它发生在同一地区但更接近现在:"在相同的地貌和相近的气候条件下发生过一系列俄土战争,从中可以得出一个明显的教训,那就是士兵必须具备优越的能力,忍受和克服自然条件强加于其身的艰苦。"②换句话说,科布罗的部队经历了一次无法避免的适应气候的过程,而塔西佗却是带着自己的偏见来讲述这一过程的。

显然,在不同时期,对于东方政策的褒贬不一。人们普遍认为《罗马皇帝传》的作者对哈德良的东方政策所作的评价较为公允:"他放弃了幼发拉底河和底格里斯河流域的所有领土,正如他自己所言,是仿效加图(Cato)的做法,加图宣布马其顿人获得自由,乃是因为无法保护他们。"③这个评价中包含了两层意思。首先,如现在普遍认为的,这表明图拉真征服的地方在他去世时其实已基本上丢失了。其次,哈德良放弃美索不达米亚是顺势而为,因为他已无力重新征服这个地区。阿里斯提德斯(Aristides)强调说,安东尼纳斯·庇护(Antoninus Pius)通过演习和纪律让军队处于备战状态; 25

---

① Zosimus iv 23:塞巴斯蒂安努斯(Sebastianus)被任命为将军,他注意到军官和士兵都过着漫无法纪、不知羞耻的生活,只想逃跑和欺负百姓。他请求批准建立一支2000人的精英部队。然而,利巴尼乌斯(Libanius,*Or.* xxiv 3—5)在分析了说缺乏军纪和训练是导致惨败的指控后,否认部队的士兵和军官有任何不如前辈的地方。然而,稍后,他又批评了在安条克的叙利亚军队的军官,说他们盘剥手下的士兵,影响了部队的纪律和士气。接着,他用一段文字把往日的军队理想化了(*Or.* ii 37—40;与此相似,*Or.* xlvii 32f.)。

② W. E. D. Allen & P. Muratoff,*Caucasian Battlefields* (1953),7.

③ SHA,*Hadrian* 5.3:"quare omnia trans Euphraten ac Tigrim reliquit exemplo,ut dicebat,Catonis,qui Macedones liberos pronuntiavit,quia tueri non poterant."关于这段话对诠释共和时代政策的影响,参见 Harris,144f.。

也就是说,军队在和平时期并非一定会出现战斗力衰退的情况。①

狄奥对于兼并美索不达米亚的批评是人所共知的。② 塞维鲁宣称自己给帝国添加了大片领土,并使这些地区成了叙利亚的堡垒,但狄奥则坚持认为这是一种对公共财政的浪费,并由此引发连绵不断的战事。既然罗马吞并了与帕提亚相邻的民族,那么以后它将总是在为别的民族打仗。这个观点除了其本身很值得注意外,也反映出对那种必须定期扩张帝国的意识形态在罗马内部也存在着批评意见。③ 但这种批评并非是从道义出发,也并不从原则上反对扩张。塞维鲁和狄奥均从未说过这是一场防御性战争。狄奥强调的是,塞维鲁选错了扩张的地方:征服的地区无利可图,新的属民又惹出了麻烦。狄奥在另一处讲到米西奈斯(Maecenas)曾劝说奥古斯都(Augustus)不要再进行新的征服。④ 我们有必要注意,狄奥在表达其批评观点时,动机并非是在对塞维鲁的总体态度上存有异议。他对图拉真发动帕提亚战争的动机所给予的批评同样严厉:"他可以说自己走得比亚历山大更远,也可以这样给元老院写信,但他却甚至无法保住他的征服成果。"⑤不过,狄奥对于图拉真非常尊重,⑥并赞同他发动大夏(Dacian)战争。⑦

这是对斯特拉波那种态度的附和,是一种深含不露的对于帝国的钦羡:帝国覆盖了所有值得拥有的领土,并舍弃了贫瘠之地和那些游牧民居住区。⑧ 按照罗马的帝国观,对位于边缘地带的附

---

① 　*Roman Oration*,87.

② 　lxxv. 3(ed. Boissevain,340).

③ 　关于此文参见 F. Millar,*Britannia* 13(1982),1。另见 *epitome de Caesaribus* 20. 5
　　中的判断:"fuit bellicosissimus omnium,qui ante eum ferunt"。

④ 　lii 18. 5;37. 1(ed. Boissevain ii,341;407).

⑤ 　lxviii 29. 1;对照 33. 1:整场战争都未取得成果。

⑥ 　lxviii 6—7.

⑦ 　lxviii 6.1:原因是由于"过去的行为"、每年向大夏人支付贡赋、不断增强的实力和
　　傲慢。

⑧ 　vi 4. 2(288);xvii 3. 24(839).

庸国和罗马直接管辖的区域是不加区分的。他们都同样是帝国的组成部分。附庸国实际上包括所有的帕提亚人；日耳曼人正在被征服的过程中（这写于瓦鲁斯（Varus）大败之前）；而在东北，总有新的地方源源不断地被并入到帝国版图中来。

26

阿庇安（Appian）同样认为罗马人已经征服了所有有利可图值得征服的地方。[①] 他也强调了有选择的扩张主义："拥有陆上和海上最好之地，他们一般喜欢通过正确的判断来保持其帝国，而不是将帝国无限扩展到那些贫穷且无利可图的蛮族地区。"波桑尼阿斯（Pausanias）带着赞许指出，罗马人克制自己不去做得不偿失的征服。他赞扬安东尼纳斯·庇护维持了和平。[②] 这里强调的仍然是谨慎，不要做无利可图的冒险。阿里斯提德斯甚至将战争称为过去的事物。[③]

这三个人都生活在安东尼纳斯·庇护时代。他们与斯特拉波和狄奥一样，都代表着希腊文化，但这并非最重要的关键因素。希罗狄安写作的时间接近 3 世纪中叶，在欣赏扩张政策方面与斯特拉波相似：按照给康茂德（Commodus）献上的妙计，新皇帝可以"凯旋而归，将蛮族国王和统治者作为俘虏戴上镣铐押回罗马。这将使您的罗马祖先更加伟大，名扬四海。"[④]这是再好不过的了，让我们想起科布罗所说的"beatos quondam duces Romanos"。[⑤] 6 世纪时的普罗柯比（Procopius）仍然认为高贵的国王不遗余力地扩大其王国是值得称颂的。[⑥]

可见，在文献中对扩张主义政策既有赞扬，也有批评。当然，

---

① *Praef.* 7/25—28.

② i 9. 5；viii 43.

③ *Roman Oration*，70f.

④ i 6. 6. 对照 C. R. Whittaker，Loeb vol. i，p. lxxiii。关于这些问题，亦可参见下文第九章第 374 页（按：原书页码）。

⑤ Tacitus，*Ann.* xi 20. 1.

⑥ *Bell.* ii 2. 14；*de aedificiis* i. 1. 6. 对照 Averil Cameron，*Procopius*(1985)。

这样的情况绝非偶然,尽管内部有批评之声,帝国仍然向外扩张。在 1853 年,《时代周刊》的一篇社论指出:

> 只要海角的总督拥有强大的军力供其调遣,并有本国出钱
> 支持他,我们就不会怀疑他将永远会发现有敌人要与之战斗。
> 只要我们鼓励我们的殖民者在我国军队保护下,分散到一个没
> 有集中人口支撑的广袤大陆上去,我们就必能预期,今后的每
> 一封信件都将给我们带回相同的有关损失和灾难的故事。①

27   无论古代文献,还是此处所引的社论,都仅是从实际性、成本和利益方面来进行讨论,此外,在皇帝这边还有对于荣耀的渴望。从未有人在任何地方提出过应该出于道德或正义,或是人道考虑,而克制征服异国的念头。我们在约瑟夫斯向亚基帕二世的致辞中也能注意到相同的特点,这是最后一次试图劝说犹太人不要叛乱的努力。独立和受异国统治分别等同于自由和奴役。只要可能的话,人人都会选择自由。实力较强的国家要制服实力较弱的国家是非常自然的。这并非是对与错的问题,而是逻辑、成本和利益问题。那些批评扩张失去控制的作者都是在同一个时期写作,我们自然可以假定对于这些话题的观点在不同时期有所差异。很可能在奥古斯都的统治结束时,一个广泛散布的感觉就是帝国已经足够庞大了。但是没有证据表明从此情况就这样保持了下去。

罗马的波斯战争

在现代文献中,作者们经常谈到罗马需要保卫自己抵御帕提

---

① 1853 年 2 月 14 日社论,引自 John S. Galbraith, *Reluctant Empire*: *British Policy on the South Africn Frontier* 1834—1854(1963),3。

亚,"波斯的实力是唯一对罗马构成'系统性威胁'的因素……"①
但我们也注意到,莫姆森(Mommsen,译注:1817—1903,德国历史
学家、古典学家)对两者之间的关系作出了不同的评估。在讨论罗
马与帕提亚之间持续不断的冲突时,莫姆森指出两个实力对等的
主要大国同时存在,这与罗马的性格不相容,甚至与古代的一般政
治也不相容。"罗马帝国只接受大海或没有军队守护的土地作为
其疆界。罗马人对比他们弱但却好战的帕提亚王国的实力地位耿
耿于怀,并从帕提亚人那里夺走了他们无法割舍的东西。因此,罗
马与伊朗之间的关系只能是持续不断的争斗,为的是得到对幼发
拉底河左岸的控制权。"②事实上,除了在150年代,帕提亚从未主
动进攻过罗马疆域,也没有证据表明它曾经真的想对叙利亚地区
提出领土要求。

　　只需对那些为人熟知的事实加以简短的考察就能充分说明
问题了。在两个帝国爆发第一场战争以前,苏拉(Sulla)、卢库鲁
斯(Lucullus)和庞贝(于公元前66年)签订过3份条约。每一次
都是由帕提亚率先挑起事端,罗马的回应是对帕提亚进行欺负和
侮辱,但并不真正与其发生军事冲突。③可是一旦叙利亚和本都
(Pontus)于公元前1世纪被纳入帝国以后,罗马就不再承认幼发
拉底河是划分两个国家势力范围的分界线了。④公元前51年,
帕提亚人数次侵入叙利亚,但都被赶了出去。在这些行动以前,
加比努斯(Gabinus)曾于公元前65年就筹备过入侵行动,并由克

28

①　具体描述参见 Edward N. Luttwak, *The Grand Strategy of the Roman Empire*
(1976),19,对这类问题也只能根据看似古代史家中的普遍意见。
②　T. Mommsen, *Römische Geschichte* v, ch. 9, esp. p. 358.
③　详细分析参见 A. Keaveney, *AJP* 102(1981),195—212; *AJP* 103(1982),412—
428。
④　P. A. Brunt, "Laus imperii", in P. D. A. Garnsey & C. R. Whittaker, *Imperialism
in the Ancient World*(1978),159—191, esp. 170f. Keaveney, op. cit. 发现在东方的
罗马领导人身上有逐渐加强对抗的趋势。

拉苏(Crassus)实施了侵略,但他于公元前 54 年在卡雷吃了败
仗,①然后发生的就是恺撒为帕提亚大战进行备战。② 罗马的内
战期间有一个特别的现象,打败的一方往往会呼吁帕提亚人给予
协助来对付自己的罗马敌人。在公元前 45 年,卡埃基利乌斯·
巴苏斯(Q. Caecilius Bassus,属于庞贝一方)在阿帕米亚(Apam-
ea)被恺撒的军队围住了,他向帕提亚人求援。于是帕科罗斯
(Pacorus)迫使恺撒的军队放弃了围城。③ 公元前 40 年,拉比努
斯(Labienus)劝说帕提亚国王侵入罗马的领土。这导致了唯一
一次帕提亚对罗马领土的大举入侵(公元前 41—前 38 年),接
着,公元前 36 年,安东尼发动战事,企图进入梅地亚阿特洛帕特
内(阿塞拜疆)和更远的地区,但最终无功而返。④ 在同一年,哈
斯蒙尼人安提哥诺(Antigonus)向帕提亚国王奉上金钱,希望以
此换取帕提亚的支持来对付他的对头海卡努斯(Hyrcanus)。⑤
帕提亚颇受其治下的属民喜欢,因为他们曾经遭受过罗马行省总
督的虐待,而帕提亚的帕科罗斯却很公允温和。⑥ 后来,在公元
前 35—前 34 年,塞克斯图斯·庞倍乌斯(Sextus Pompeius)投向
帕提亚,为其效力。⑦

公元 52—63 年:科布罗发动了东方战役,将一次有关亚美尼
亚的外交冲突演变成一场军事冲突。57—58 年:对亚美尼亚的入

---

① 根据 Plutarch,*Crassus* 16 的记载,这次远征完全是出于妄想自大:克拉苏梦想得
　到"巴克特里亚(Bactria)、印度和外海"。然而, A. D. H. Bivar,*Cambridge History
　of Iran*,iii. 1.49f. 将其放在帕提亚王朝斗争背景下来看待:克拉苏来是为了支援
　被围困在塞琉西亚的米特拉达梯(Mithradates)。
② Appian,*BC* ii 110:该计划持续了 3 年;16 个军团;9 万名步兵;1 万名骑兵。莫姆
　森明确指出罗马对幼发拉底河以外地区有野心:*Römische Geschichte* iii. 148f. 。
③ Cicero,*ad Att*. xiv 9; Dio xlvii 27; Appian,*BC* iv 59.
④ 关于地理情况,参见 Bivar,63f. 。
⑤ Debevoise,105—118.
⑥ Dio xlviii 24. 8; xlix 20. 4.
⑦ Appian,*BC* v 133;Dio xlix 18;Livy,*ep.* cxxxi.

侵让该国成了罗马的附庸国,并留下罗马军队驻扎在该地。61—
62 年:亚美尼亚的提格拉尼斯(Tigranes)在科布罗的支持下,入
侵了阿迪亚波纳(Adiabene)。科布罗威吓沃洛吉斯说要入侵美索
不达米亚,并为战争做了实际准备。他沿幼发拉底河两岸修筑了
桥头堡。① 凯森尼乌斯·派图斯(Caesennius Paetus)入侵亚美尼
亚。沃洛吉斯于是起兵功向叙利亚边境。派图斯被击败并在亚美
尼亚投降。最后的结局是罗马军队撤回到叙利亚和卡帕多西亚,
与帕提亚就亚美尼亚达成了一份协议。然而,从罗马制定的在东
北地区进行大规模干涉和对埃塞俄比亚发动战役(将在下文讨论)
的计划来看,主张积极行动的政策并未就此结束。

　　112—114 年:图拉真在又一轮冲突中兼并了亚美尼亚。
115—116 年:一场帕提亚战役导致帕提亚的领土被兼并;塞琉西
亚和泰西封被罗马夺走,并建立了 3 个新的行省。但这一切终以
失败和撤军结束。②

　　115 年:帕提亚人入侵了亚美尼亚,但随后就撤军了。161 年:
亚美尼亚第二次遭到入侵,一名安息人被摆放在了亚美尼亚的王
位上。卡帕多西亚和叙利亚的军队被击败。帕提亚袭击了或是威
胁要袭击叙利亚的城市。帕提亚军队从叙利亚撤军并留在亚美尼
亚。163 年,帕提亚没能保住亚美尼亚,阿维狄乌斯·卡西乌斯领
导了一场帕提亚战役,深入到美索不达米亚腹地。塞琉西亚和泰

---

① Tacitus, *Ann.* xv 3; 5.
② F. A. Lepper, *Trajan's Parthian War* (1948); M. G. Bertinelli, "I Romani oltre
l'Eufrate", *ANRW* ii. 9. 1(1976),3—22. 关于夺取泰西封,参见 Honigmann, *RE*
Suppl. 4, s. v. "Ktesiphon", col. 1111f. 。在塞琉西亚发现了不少罗马钱币,时间最
晚的是 115/116 年,对照 R. H. McDowell, *Coins from Seleucia on the Tigris*
(1935),194,232. 关于塞琉西亚和泰西封,参见 A. Oppenheimer, B. Isaac and M.
Lecker, *Babylonia Judaica in the Talmudic Period* (1983),179ff. 。关于图拉真对
该行省的组织,参见 A. Maricq, *Syria* 36(1959),254ff. = *Classica et Orientalia*
(1965),103—111。关于对亚美尼亚施行军事占领的证据,参见 J. Crow, *DRBE*,
80f. 。

西封被洗劫一空。① 其后,罗马军队中爆发了瘟疫并导致撤军,但杜拉-欧罗普斯被罗马军队长期占领,很可能罗马在美索不达米亚北部各个地方都留下了守备部队。我们应该记住的是,当初这场战争开始时,只是为了要控制亚美尼亚。

194—198 年:塞普蒂米乌斯·塞维鲁发动帕提亚战争,塞琉西亚被攻陷,泰西封遭洗劫。② 美索不达米亚北部被罗马兼并成为一个行省。③

215—217 年:卡拉卡拉朝着阿迪亚波纳进军。他死在了卡雷。根据狄奥和希罗狄安的说法,这次战争的导火索是由于阿塔巴诺斯拒绝将自己的女儿嫁给卡拉卡拉,但真实的情况却是,卡拉卡拉希望占领帕提亚王国。④ 马克里努斯(Macrinus)在尼西比斯附近遭遇了战局反转,然后双方谈判停战。

虽然明确讨论罗马与波斯之间爆发战争原因的古代史料十分匮乏,考察上述已知事实可以让我们清楚地看到,罗马在美索不达米亚自始至终都奉行了扩张主义。在有的时期,罗马没有采取行动,而在另一些时候,则采取行动政策。我们看不出罗马的叙利亚行省在安全上一直受到波斯野心的威胁。进入叙利亚发动袭击始

---

① 原始史料:Dio lxxi 2(iii 246);Ammianus xxiii 6. 23—24;SHA,*Verus* 8. 3—4,*M. Antonius* 8. 6;Orosius vii 15. 2;Fronto,*principia historiae*,ed. Haines,Loeb,ii. 209。参见 Bertinelli,23—31;Debevoise,246—253;事件年表参见 A. Birley,*Marcus Aurelius*(1966),161。

② Dio lxxvi 9. 3—4(iii 77);SHA,*Severus*,16. 1;Herodian iii 9. 9—12. 关于这次远征,参见 Bertinelli,32—45;Debevoise,259—262。这次战役的事件年表参见 Millar,143;J. Hasebroek,*Untersuchungen zur Geschichte des Kaisers Septimius Severus*(1921),119f. 来自塞琉西亚的考古证据包括一批藏匿的钱币,时间最晚为 198/199 年,对照 McDowell,91f,130,235。

③ 现从一处碑文中得知了新行省的第一任行政长官,相关讨论参见 D. L. Kennedy,*ZPE* 36(1979),255—262。新行省形成的具体时间为 195 年,还是 198 年,不能完全确定。

④ Dio lxxix 1(Boissevain,p. 403);Herodian iv 10. 1.

终是帕提亚的战略,但是根本看不出帕提亚人——在这个问题上,
或许应该说是萨桑王朝——有任何想要长期占领这些区域的念
头。当罗马军队在亚美尼亚采取行动时,波斯人就成功发动袭击
侵入叙利亚,这是把罗马军队引回该行省的最有效的招数(例如,
在 62 年)。359 年,竟然有一名罗马的叛逃者安东尼纳斯去劝说
波斯国王,不要在美索不达米亚浪费时间,而是应该继续向前,去
到幼发拉底河边的那些渡口,这绝非偶然。[1] 这并不是说帕提亚
在公元前 40 年入侵罗马领土的作用以及这次行动在小亚细亚地
区造成的影响可以忽略不计:[2]关于这次事件的记忆很可能在罗
马对帕提亚的态度上产生了深远的影响。而 3 个世纪后,沙普尔
一世的入侵也是同样的情况。[3] 但是在沙普尔对自己在战场上打
了胜仗的记录中,找不到任何言词听起来像是他对幼发拉底河以
西领土有永久性要求。[4] 在所有史料来源那里,第一场战争都被
说成是一场防御性战争。按照记载中的说法,在第二次战争期间,
"罗马人的"要塞和城市被征服了(但并未被长期占领)。在第三次
战争中记录了征服、抢劫和破坏行为。并没有任何说法表明这些
提到的领土实际上属于波斯王国,也没有任何长期占领幼发拉底

---

[1] Ammianus xviii 10. 1;对照 xix 1. 3,6 and xviii 8. 1。

[2] D. Magie,*Roman Rule in Asia Minor*(1950),430f.,with n. 10 on pp. 1280f. 公元
前 39 年,阿芙罗蒂西亚(Aphrodisias)获得自由,这显然是对其抵抗帕提亚人的奖
赏,J. Reynolds,*Aphrodisias and Rome*(*JRS* Monographs 1,1982),document 8。

[3] 戈尔迪安于 243 年入侵波斯。第一次远征波斯的日期不确定。不同史料中说法
各不相同:252 年,253 年,255/256 年。第三次战役开始于 259/260 年,导致瓦
勒良被俘。Zosimus i. 27,2;Ammianus xxiii 5,3;Zonaras xii 23,p. iii 141. 3—6
(Dindorf);Syncellus,*Chronographia* pp. i 715f. (Dindorf);*Orac. Sib.* xiii;Syrian
Chronicle of 724(*CSCO* iii,p. 149. 20);E. Honigmann & A. Maricq,*Recherches
sur les Res Gestae Divi Saporis*(1953),par. 10—19,pp. 12f.,with comments on
pp. 131—142;A. Alföldi,*Studien zur Geschichte der Weltkrise des 3. Jahrhun-
derts*(1967),138—153;Kettenhofen,38ff.;S. James,*Chiron* 15(1985),111—
124。

[4] 带有波斯中部和帕提亚抄本的希腊文版本,A. Maricq,*Syria* 35(1958),295—360。

河以西地区的企图,对战俘的对待也是遵循传统的波斯模式:将他
们驱逐并集体安置到国外某个地方。在这几场战争之后,罗马又
31 发动了一次远征行动,在巴比伦尼亚直到泰西封造成了破坏。帕
尔米拉的欧德纳托斯(Odenathus)可能分别于 263 年和 266/267
年两次到过泰西封。① 根据《罗马皇帝传》,奥利安(Aurelian)就是
在率领大军前往波斯的途中被人谋害的。② 283 年,卡瑞斯(Ca-
rus)攻下了科克(Koke)(阿尔达西尔(Ardeshir))和泰西封。③ 巴
恩斯(T. Barnes)论证说伽勒里乌斯(Galerius)也在他于 296—297
年进行的战争中打到了泰西封。④ 363 年,朱利安在该地区采取
军事行动,591 年,拜占庭军队攻入泰西封,复辟了库斯罗二世的
王位。⑤ 塞维鲁・亚历山大和戈尔迪安三世(Gordian)入侵了美
索不达米亚属于波斯的地区,但未能到达南部地区。⑥ 君士坦提
乌斯当政期间罗马与波斯无数次交锋,都是在美索不达米亚北部
地区。⑦

　　通过上面的考察,我们发现了一个惊人的因素,即事实上,叙

---

① 对照 A. Alföldi,*Studien*,188—195。史料来源参见 J. Eadie,*The Breviarium of Festus*(1967),92f. and 144f. 。

② SHA,*Aurelian* xxxv 5.其他史料未提到奥利安对波斯宣战。他在行军途中死于皮瑞索斯(Perinthos)或其附近已得到可靠证实:Zosimus i 61. 3—62;Aur. Vict. *Caes.* 35. 8,etc. 。

③ Festus,*Breviarium*,24,以及平行史料(对照 Eadie,93—95;另见 Euagrius,*HE* iii 41,*PG* lxxxvi 2,col. 2689a)。

④ *Phoenix* 30(1976),183. 只有关于亚美尼亚的证据是确切的。

⑤ Theophylactus Simocatta v 6. 7。

⑥ 关于亚历山大的战争,参见 SHA,*Severus Alexander* 50. 5;54. 7;55;Herodian vi 4—6(with Whittaker's notes in the Loeb ed. ,ii. 102—121);对照 A. Jardé,*Études critiques sur la vie et la regne de Sévère Alexandre*(1925),83—85;来自哈特拉的相关证据参见 A. Maricq,*Syria* 34(1957),288—305. 关于戈尔迪安的战争,参见 Eutropius ix 2;SHA,*Gordian*,34;对照 P. W. Townsend,*YCS* 4(1934),126—132;Loriot,*ANRW* ii. 2(1975),657—787,esp. 757—775;E. Kettenhofen,*AFRBA*,151—171。

⑦ 相关证据参见 Eadie,149—151。

利亚或卡帕多西亚没有任何地方遭受过波斯的长时间占领。波斯从来不接受罗马对亚美尼亚的攫取，或是在幼发拉底河以东的扩张。为了将罗马人赶出这些区域或阻断其继续进军，波斯采取的部分行动就是在可能的情况下威胁叙利亚。勒特韦克在讨论罗马与帕提亚的关系时曾表述过类似的观点。不过，在认为萨桑的政策与帕提亚的政策大相径庭方面，他同意其他很多人的观点："萨桑的扩张主义超出了安息人的野心范围，也就是局限在亚美尼亚"。他继续说道："只需用一份事件年表就足以说明萨桑的威胁是持续不断的。"[1]但是事件年表只能说明，波斯人无法接受罗马人出现在幼发拉底河以东的地区。在 7 世纪以前，波斯人只有两次触到了安条克，而罗马人却一而再、再而三地涉足美索不达米亚南部。[2]

有人指出，对美索不达米亚的分割把一个在某种程度上形成了同质整体并具有共同语言和历史传统的民族分裂了。[3] 对这个地区的部分征服和兼并导致了罗马和波斯之间永远处于冲突纷争的状态，双方均不满足于现状。不过，罗马征服美索不达米亚北部的长远效果将留待后面第五章中再讨论。

在东方，罗马和拜占庭的统治延续了 7 个世纪。拜占庭于363 年失去了尼西比斯，在其后两个半世纪这一相当长的时间里，两国边界保持了大致不变。[4] 在此期间没有出现重大变动是因为

32

---

[1]　Eadie,150—152.

[2]　肯尼迪博士正确地指出，泰西封比起位于西皮乌斯山（Silpius）后面的安条克来说更易受到攻击。

[3]　J. B. Segal,"Mesopotamian Commnities from Julian to the Rise of Islam", *PBA* (1955),109—141. 对亚美尼亚的类似观点参见 Mommsen, *Römische Geschichte* v. 356f. 。

[4]　Ammianus xxv 8.13—9.2 讨论了尼西比斯的投降。363 年以前，尼西比斯频繁易手。《巴比伦塔木德》（Qidushin 72a）说它是罗马"时而吞入口中，时而吐出嘴外"的城市之一。关于该城，参见 Oppenheimer,319—334。

双方都无法在实际打过的多场战争中有效地改变现状。

军队分布状况

　　我们将要讨论的下一个话题是罗马军队在地理上的分布情况。本书中将会多次提到,在没有更多信息的情况下,通过军事部署得出的有关战略的结论往往都带有猜测性,至少比很多历史学者似乎认为的要多。不过,只要抱着审慎态度,还是可以建立起一些观点的,事实上,我们也必须建立观点,其他研究者根据这些信息已经得出了大量结论。经常有人声称,在弗拉维(Flavian)时期,组织军队是为了国防需要,并使用了"幼发拉底防线"的说法。而另有人证明了这个说法并不恰当。① 同样,我们可以根据罗马军队在东方的组织和部署提出主张,说装备军队的目的是为了展开进攻性外交,甚至是进攻性战争,而不是为了防御,至少在拜占庭时期以前是这样。实际上,我们可以从弗拉维对东方的军事重组中看出其带有进攻性的色彩。他消灭了附庸国,将其人口置于罗马的直接管理之下,他修筑了道路,让军团向前挺进到了幼发拉底河边。

　　本章中将不会讨论在犹地亚的罗马军队,也不会讨论 106 年被兼并后的阿拉伯行省中的军队,对此的原因需要作些解释。由于本书的内容是按照话题来编排的,旨在就军队的所作所为以及军队在不同时期和不同地点的目的建立观点,因此我们将指出,在犹地亚、阿拉伯和叙利亚西部的军队,其作用在许多要素上不同于那些驻守在幼发拉底河边前哨基地的东部军队。在犹地亚和阿拉伯的部队是占领军,只要他们待在那里,没有被调动到其他地方,那么他们所执行的任务就不同于那些驻扎在与波斯直接对峙地区

33

---

① 　Isaac, *JRS* 78(1988),125—147.

的军队。我们已经在上文中对发生的事件进行了概述，因此没有
必要再进一步论证，只要犹地亚和阿拉伯的道路系统保持安全，可
以让来自埃及和非洲的部队在需要时不受干扰地通过此地奔赴幼
发拉底河流域，那么这些行省的军事占领就和罗马与波斯之间的
对峙没有任何关联。从公元前 1 世纪到公元 7 世纪，从未有帕提
亚或是波斯军队打到过叙利亚南部、阿拉伯、或是巴勒斯坦。在瓦
勒良(Valerian)统治时期，当罗马军队崩溃瓦解时，波斯军队是奔
着小亚细亚而去的，并没有惊扰南部地区。[1] 罗马军队作为占领
军而不是征服军或国防军的话题，将是第三章的主题，我们届时再
讨论驻扎在内地的军队。

叙利亚与卡帕多西亚

　　迄今为止，关于弗拉维在叙利亚修筑道路的证据非常有限，但
是由于两个原因现有的证据虽然不多，却十分重要：首先，唯一一
条有早期里程碑加以标识的道路就是从安条克到托勒迈斯
(Ptolemais)的沿海道路，该道路是在托勒迈斯成了由克劳狄王朝
(Claudian)建立的罗马老兵殖民地(见本书第七章)时修建的；其
次，在犹地亚却找不到同样的证据，虽然那里有很多刻有铭文的道
路里程碑(见下文有关犹地亚的内容)。这并不意味着在罗马人设
立里程碑以前这里没有道路。[2]
　　但的确有证据表明在弗拉维时期，更多的注意力被放在了提升

---

[1]　被沙普尔一世抢劫的城市，见其 *Res Gestae*，27—34(A. Maricq, *Syria* 35(1958)，
312f.)。

[2]　罗马人多大程度上是在行省中修筑道路的最先者，这个问题很有趣，这与要确定
道路上那些最早的里程碑真的反映了修路抑或只是帝国的宣传一样困难。关于
西部的情况，参见 J. C. Mann, *Britannia* 18(1987)，285f. 指出道路是在罗马时代以
前的凯尔特世界中就有的特征。R. Chevallier, *Roman Roads*(1976)，1—15 讨论了
罗马时代以前的道路，但未解释罗马的活动所产生的区别。

道路系统的实际状况上。最有名、也是最重要的证据来自叙利亚，那是一座公元 75 年设立的里程碑，标志着从帕尔米拉到幼发拉底河边的苏拉（Sura）的道路。① 上面刻有乌尔皮乌斯·图拉努斯（M. Ulpius Traianus）这个名字，此人于 69 年作为军团特使，负责修建从恺撒利亚（Caesarea）到锡索波利斯（Scythopolis）的道路。从帕尔米拉到幼发拉底河有了一条罗马道路，这似乎暗示着同时从大马士革以及从沿海到帕尔米拉都有类似的道路。换句话说，这证明了在叙利亚南部和幼发拉底河之间存在着一个有组织的贯通，在这座里程碑的发现公布以前，这种贯通被归功于戴克里先（Diocletian）。一旦我们知道了有这样一条道路通向叙利亚南部，就可以考虑存在着其他道路的可能性。里程碑和其他多种铭文一样，提供的信息少得可怜。它们说明，再也不能拿缺乏信息作为 *argumentum e silentio*（译注："诉诸无知作为证据"，逻辑错误之一）了。②

　　另一座 75—76 年的里程碑是在阿帕米亚-帕尔米拉道路与卡尔西斯-埃默萨（Chalcis-Emesa）道路的交叉路口附近发现的。③ 在阿帕米亚-拉菲尼亚（Raphanea）道路上发现了一座 72 年的里程碑。④ 拉菲尼亚是一处军队大本营所在地，也是连接叙利亚北部与叙利亚南部内陆的道路系统上的一个重要站点。这座里程碑是在图拉努斯担任叙利亚行省总督以前的 72 年设立的，这告诫我们，在没有决定性的证据时，不要轻易将某个行动说成是某个行省总督发起的行为。

---

① H. Seyrig, *Syria* 13(1932), 276f. (*AE* 1933. 205)；对照 G. W. Bowersock, *JRS* 63 (1973), 133—140。

② 关于此概念，参见 F. Millar in M. Crawford, *Sources for Ancient History* (1983), 92—97。

③ W. van Rengen in *Actes du colloque Apamée de Syrie* 1969—1971, ed. Janine et Jean Ch. Balty(1972), 108—110(*AE* 1974. 653)；照片参见 *ANRW* ii. 8. 120f. pl. viii. 2。

④ van Rengen, *Actes*, 108f. (*AE* 1974. 652). 照片参见 *ANRW* ii. 8, pl. viii, 1。

第三座里程碑是 75 年设立的,可能是用来标识安条克附近的一条运河。① 编撰碑文的人称这条运河是在维斯帕先（Vespasian）执政期间修建的,是为未来与帕提亚开战所修建的后勤基础设施的组成部分。这一计划的另一要素就是在皮埃里亚（Pieria）的塞琉西亚修建港口,供新任命的 *classis Syriaca*（叙利亚水军统领）使用。② 这还有待证明。但我们已经看到在安条克附近挖了运河,使得从海边到幼发拉底河边的祖格玛之间的路程有很大一部分都可以通过水路来进行运输。③

在撒摩撒达和麦利蒂尼之间的恰比纳斯河（Chabinas,森迪拉河（Cendere）的支流）上有一座桥,于公元 200 年在塞维鲁统治时期进行了修缮,这座桥可能修筑于维斯帕先执政期间。④ 在幼发拉底河上的卢姆卡拉（Rumkale）稍稍以北的埃伊尼（Aini）,第三"高卢"军团（*Gallica*）的一支 *vexillation*（军团分遣队）于 73 年修建了一处水利设施,工程费用由当地团体支付。⑤ 小亚细亚也在这一时期修建了道路。⑥

35

---

① 参见 D. van Berchem,*Museum Helveticum* 40(1983),185—196;*BJb* 185(1985),47—87;85f,对碑文文字辨析的修改。关于安条克城在 73 至 74 年间挖掘的另一条运河,参见 L. Robert,*CRAI* 1951,255,现已完整发表的文本,另见 D. Feissel,*Syria* 62(1985),77—103。

② van Berchem,*BJb*,61—64. 在皮埃里亚的塞琉西亚,由军事单位新建了一个港口,并于公元 346 年完工;参考文献详见 G. Downey,*A History of Antioch in Syria from Seleucus to the Arab Conquest*(1961),361,with n. 198。

③ van Berchem,*BJb*,65—71。

④ *IGLS* 38;对照 V. W. York,*JHS* 18(1898),315,no. 20:"这些信件很可疑,因此冒险猜测所指的皇帝是没有意义的"。关于塞维鲁的修缮活动,参见 *IGLS* 39—40。关于日期,参见 J. B. Leaning,*Latomus* 30(1971),386—389。该桥的绘图和照片参见 J. Wagner,*Antike Welt*,1985(Sondernummer),figs. 50,56,58,63f. 66。

⑤ *IGLS* 66. 第四"斯基泰"军团的一个分遣队被证实是在卢姆卡拉与祖格玛之间的阿鲁里斯（Arulis）:*IGLS* 67—81。

⑥ D. Magie,*Roman Rule in Asia Minor*(1950),ii. 429f.,nn. 12—14. D. H. French 所著关于小亚细亚道路系统的出版物:*ANRW* ii. 78. 698—729;*Roman Roads and Milestones in Asia Minor*,Fasc. 1,*The Pilgrim's Road*(1981);*AFRBA*,71—102。

军团与辅助军

　　就目前来看,对于东部边境地区军团的部署情况,我们并不像里特林(Ritterling)以为的那样了解得一清二楚,他认为在弗拉维时期叙利亚有 3 个军团,第三"高卢"军团、第四"斯基泰"军团(*Scythica*),和第六"费尔塔"军团(*Ferrata*)。① 约瑟夫斯告诉我们,在 70 年以后,第十"夫累腾西斯"军团(*Fretensis*)仍然留在耶路撒冷,②而第十二"福尔米纳塔"军团(*Fulminata*)被调遣到了卡帕多西亚的麦利蒂尼。③ 里特林断定在同一时间新成立的第十六"弗拉维亚"军团(*Flavia*)是在撒塔拉组建的,形成了在卡帕多西亚的第二个军团。④ 卡帕多西亚在当时应该是一个领事级行省,从 70 年开始就有两个军团驻防在那里。这个假设并未得到学界普遍认同。⑤ 现在甚至有了更充分的理由对此假设的真实性产生怀疑。在安条克附近发现的 75 年,的里程碑记录了军队完成的任务:"[pe]r milites legionum(quattuor),[III Gal]l(icae),IV Scyt(hicae),VI Ferr(atae),XVI Fl(aviae),[ite]m cohortium(viginti),[item?] Antiochensium ... "可见,在 75 年有 4 个军团的士兵在叙利亚参与了这项工程,其中就包括第十六"弗拉维亚"军团。凡·贝尔黑姆(van Berchem)就此认为最初在叙利亚或许有 4 个军团,在卡帕多西亚有一个军团。有可能如此,如果真是这样,苏埃托尼乌斯(Suetonius,译注:公元 1 世纪和 2 世纪

① 　*RE* xii(1924),s. v. legio,col. 1271f.

② 　*BJ* vii 1.2(17). 参见下文第 427 页(按:原书页码)。

③ 　ibid. ,(18).关于该遗址,参见 T. B. Mitford,*ANRW* ii. 7. 1186;*DE* iv,s. v. limes,1317f. 。

④ 　Op. cit. ,1707. 关于撒塔拉的遗址,参见 Mitford,*ANRW*,1187;*DE*,1314f. 。

⑤ 　对照 van Berchem,*Museum Helveticum* 40(1983),190,n. 29. 关于已知在卡帕多西亚的辅助军要塞,参见 Mitford,*ANRW*,1188—1192;*DE*,1314—1319。

的罗马帝国史家)在写到维斯帕先派出军团前去卡帕多西亚并任
命了领事级行省总督(见 *Vesp.* 8.4)时,对此情况并不了解。但
如果这是分两个阶段完成的话,苏埃托尼乌斯也就根本不必知晓
此事了。

　　必须指出的是,来自安条克的碑文记载工程是由分遣队,而不
是整个军团完成的,分遣队有可能是从卡帕多西亚调来执行临时
任务的。但这看起来既无必要,也不太可能,尤其因为我们相当确
定地知道,在安条克碑文中提到了共计 20 个 *cohort*(步兵大队),
代表了该行省中所有的守备部队。凡·贝尔黑姆就提出过这种可
能性。[1] 肯尼迪(D. Kennedy)讨论了第二十"帕尔米拉诺朗"步兵
大队(Palmyrenorum)这个部队番号中的数字含义,他提出的意见
也印证了这一点。[2] 他试探性地认为,在叙利亚的第 20 个步兵大
队是帕米拉人大队,可能组建于 194 年。[3] 肯尼迪进一步指出,有
两份 88 年写给叙利亚的相互补充的公文中列出了 8 个 *alae*(骑兵
队)和 19 个大队。[4] 或许我们可以由此推测,在叙利亚的步兵大
队数目是有变动的,从弗拉维时期开始,其数目在 19 和 20 之间波
动。[5] 这里提到的安条克人应该是一支当地人的民兵部队。[6]
凡·贝尔黑姆指出,派遣步兵去从事修筑项目要比派遣骑兵容易
得多。[7] 更重要的是,总的来讲,似乎没有什么证据表明骑兵部队

36

---

[1]　*Mus. Helv.*,191.

[2]　*ZPE* 53(1983),214—216.

[3]　该论点详见 J. C. Mann,in M. M. Roxan,*Roman Military Diplomas* 1978—1984,
　　Appendix II,218.

[4]　对比 R. Mellor,*The J. Paul Getty Museum Journal* 6—7(1978—1979),173—184;
　　Roxan,*RMD* no. 3;*CIL* XVI. 106。

[5]　此外,注意还有第十二"巴勒斯坦"军团(*Palaestinorum*)的一个步兵大队,参见下
　　文第三章第 106 页(按:原书页码)。

[6]　修改后的解读详见 *BJb* 185(1985),85ff.。

[7]　*Mus. Helv.*,192.

修筑过任何东西。①

在卡帕多西亚的辅助军似乎一直都很稳定。② 从阿里安(Arrian)的记录和碑文中我们得知,总共有 4 个骑兵队和 15 或 16 个大队——阿里安提到过 4 个骑兵队和 10 个大队。其中 3 个大队为 *milliariae*(千人部队),这意味着总共加起来有 11500 人,与军团的士兵人数大致相当。有关卡帕多西亚和叙利亚,塔西佗所说的情况真实可靠,他说军团士兵和辅助军的人数大致相同。③ 至于在卡帕多西亚的部队,在《官职录》(*Notitia*,译注:关于罗马帝国行政与军事单位编制的文件)中列出了 5 个骑兵队和 7 个大队,在 *dux Armeniae*(亚美尼亚军事统帅)率领下履行职责。我们可以大致有把握地确定几个要塞。④ 这些要塞都是沿着从特拉布松到康玛格尼的主要道路修建的,其两两间距大约是军队在两个军团大本营之间行军时一天的路程,米特福德(Mitford)指出,该特点向我们再次强调了这种建筑必须被视为是交通网络的组成部分,而不是一道线性的军事屏障。

37

---

① 这是 J. C. Mann 教授向我指出的。

② Mitford,*ANRW*,1189;M. Speidel,*AFRBA*,16f. 对照较早的清单,G. L. Cheesman,*The Auxilia of the Roman Imerial Army*(1914),159f. 并没有关于卡帕多西亚辅助军的军事公文。作为证据的清单详见 Arrian,*Acies contra Alanos*,1—14 and 18;*periplus* 3 and 9f. ;来自各地的碑文;另来自 *Not. Dig. Or.* 38。

③ *Ann.* iv 5. 6:"at apud idonea provinciarum sociae triremes alaeque et auxilia cohortium,neque multo secus in iis virium:sed persequi incertum fuit,cum ex usu temporis huc illuc mearent,gliscerent numero et aliquando minuerentur."

④ Mitford,*ANRW*,1188—1191. 注意位于艾尔哈杰城(Tell el Hajj)(在《波底加地图》(*Peutinger Table*)上标为 Eragiza)的辅助军要塞,地处幼发拉底河右岸,在希拉波里斯(Hierapolis)与巴巴利索(Barbalissos)之间,已部分发掘。该处首先由第一"千人色雷斯"大队(*Milliaria Thracum*)驻守,该大队后来在犹地亚得到证实,其后由第二"忠诚"大队(*Pia Fidelis*)驻守。据说,该要塞在罗马征服美索不达米亚北部后就废弃了。简要总结和初步报告见 P. Bridel & R. A. Stucky,*Le Moyen Euphrate:Actes du Colloque de Strasbourg* 1977(1980),ed. J. Cl. Margueron,349—353。

军团大本营

在公元 70 年,第十二"福尔米纳塔"军团被调到了麦利蒂尼,这一点确凿无疑,因为约瑟夫斯对此进行了记载。[1] 没有证据说明撒塔拉在何时变成了一处永久性军事基地,但是从西部到撒塔拉的道路上有 76 年设立的里程碑作为标志。[2] 来自该地点最早的军事铭文显然不早于 2 世纪。[3] 在特拉布松(即 Trabzon)已经证实有两个独立的分遣队,分别来自卡帕多西亚的两个长期驻扎军团。[4] 这又是一项证据,表明在东部行省的城市中广泛使用了军团分遣队。

一般认为,西尔胡斯(Cyrrhus)这个位于阿勒颇(Aleppo)西北 70 公里的地方,在公元 18 年被幼发拉底河边的祖格玛取代,成为军团大本营。[5] 证据如下,在 18 年,西尔胡斯被用作军团的冬季军营。[6] 我们并未听说此地被废弃不用了。49 年,在祖格玛建起了一座 *castra*(堡垒),这或许意味着此处当时还并不是一个永

---

[1]　*BJ* vii 1.3(18). 关于麦利蒂尼,亦可参见下文第 139 页(按:原书页码)。

[2]　对照 T. B. Mitford,*JRS* 64(1974),166;*SMR* ii(1977),507—509;*ANRW*,1186—1192. 关于撒塔拉和麦利蒂尼的堡垒,我们知之甚少,参见 J. Crow,*DRBE*,84—86,亦可参见下文第 139 页(按:原书页码)。关于康玛格尼,参见 H. Hellenkemper,*Studien*,461—471。

[3]　Mitford,*JRS*,164,no.3(*AE* 1971.465)。

[4]　ibid.,163;*AE* 1975.783;A. Bryer & D. Winfield,*The Byzantine Monuments and Topography of the Pontos*,i(1985),181,and ii,pl.109a。关于特拉布松,亦可参见第 40、48、50 页。

[5]　军团大本营的地点在祖格玛或其附近("apud"),并未得到确切证实;在贝尔西克(Belcik)附近发现的带有印记的瓦片不足以得出结论。参见 J. Wagner,*SMR* ii (1977),517—539,esp.523f.;J.-P. Rey-Coquais,*JRS* 68(1978),67;L. J. F. Keppie,*DRBE*,415。关于西尔胡斯和祖格玛作为城市,亦可参见下文第 139 页(按:原书页码);关于来自西尔胡斯的军队碑文,参见 *IGLS* 148—152;关于西尔胡斯,参见 E. Fréezouls,*ANRW* ii.8.164—197。注意提及马尔西乌斯·图尔波(Q. Marcius Turbo)的碑文:E. Fréezouls,*Syria* 30(1953),247f.。

[6]　Tacitus,*Ann.* ii 57.2.

久性基地。① 约瑟夫斯说，在犹太战争以前，第十"夫累腾西斯"军团驻扎在幼发拉底河边（莫非就是在祖格玛?）。② 另一方面，公元98 年有一份公文（*CIL* xvi 42）被颁发给了一名出生在西尔胡斯的士兵，或者是该士兵的儿子。因此，西尔胡斯可能在 50 年前后仍然是一处大本营，对此，我们尚需更多的证据。

康玛格尼的都城撒摩撒达于 72 年被并入叙利亚行省。③ 托勒密提到撒摩撒达时说它是军团大本营。④ 来自该地最早的证据似乎产自康茂德当政时期。⑤ 拉菲尼亚在犹太战争之前和之后都肯定是一个军团大本营。⑥ 可能在贝罗埃亚（Beroea）（阿勒颇）⑦和阿帕米亚有一支（临时性的?）驻军。⑧

---

① *Ann.* xii 12.3："positisque castris apud Zeugma"。

② *BJ* vii 1.3(18)。

③ Josephus,BJ vii 7.1—2（219—243）；事件年表参见 D. Kennedy, *Britannia* 14 (1983),186—188,并对照 R. D. Sullivan,*ANRW* ii. 8(1977),797f. ；有关该镇,参见 Oppenheimer,436—442。

④ v 14.8.

⑤ *GIL* vi 1408f. 对照 Ritterling,*RE* xii,1765f. 在西里西亚发现的一处颂词,事实上, *AE* 1950.190；*BE* 1949.190 在有关撒摩撒达方面并不像 J.-F. Rey-Coquais,*JRS* 60(1978),67 中说的提供了大量信息。

⑥ Josephus,loc. cit. 关于该遗址,参见 *IGLS* iv 1400(*CIL* 14165.13),其中提到第六"费尔塔"军团一名保民官之妻,并清楚记载了时间是在军团于 2 世纪中被移交给阿拉伯和犹地亚以前。该地在某个时候成了第三"高卢"军团的指挥部,该处一段碑文中提到了这个军团(*IGLS* iv 1399)。在托勒密的《地理学》(codex Vaticanus 191,non vidi)中有一段文字,在该地地名后加上了"L III"的字样,参见 J.-P. Rey-Coquais,*Arados at sa perée*(1974),167。当然,军团分遣队有可能在任何时候将该地用作前哨基地。关于马拉沃尔塔(Malavolta)如何长期对待东方诸省,参见系列文章 Forni,*DE* iv,fasc. 41—43/1—2,4(1982—1985)。有关来自该地点的军队碑文,参见 *IGLS* 1399,1401。

⑦ *IGLS* 178—181. 这些碑文中的前两个提到了现役军人,但此证据微薄。

⑧ 对碑文的引述参见 W. van Rengen, *Apamée de Syrie*；*Bilan de recherches archéologiques* 1965—1968, ed. Janine Balty(1969),100,no. 4；同一作者,*Bilan de recherches … 1969—1971* eds. Janine et Jean Ch. Baity(1972),98,no. 1,and 100—102,no. 2. 其中有两个似乎是第二"帕提亚"军团(*Parthica*)现役军官的墓碑,他们死于卡拉卡拉或塞维鲁・亚历山大统治期间,当时所属部队正去往（转下页注）

对康玛格尼的兼并

希望在撒摩撒达部署一个军团很可能是康玛格尼被兼并的原因之一。在大约72年时,叙利亚行省的总督是凯森尼乌斯·派图斯,他向维斯帕先汇报说康玛格尼的安条克斯(Antiochus)正在与帕提亚串谋。[①] 派图斯因此受命率军入侵了这个王国并将其兼并,他没有遇到抵抗。据约瑟夫斯说,派图斯汇报的内容并不属实,但是维斯帕先在听到这种消息的情况下不得不采取行动。"对于撒摩撒达这个康玛格尼最大的城市来说,由于它坐落在幼发拉底河边,如果他们真的有此计划,将会给帕提亚人提供一个便利的渡河口和安全的大本营。"约瑟夫斯没有花费任何精力去讲述这一计划,只是将其当作一个不可信的事件原因。[②] 此后,安条克斯和他的儿子们在罗马享受到的慷慨礼遇更是证明了这一点。有人提出,康玛格尼将其效忠对象转移到帕提亚一边是一个真实存在的危险,因为他们在宗教和文化上更为接近。[③] 但约瑟夫斯并不这样认为。对此事妄加猜测是没有意义的。约瑟夫斯可能无非是重复了他在罗马听到的说法而已。结果是清楚明白的:撒摩撒达变成了一个军团大本营。也许我们注意到,康玛格尼过去曾经被提庇留(Tiberius)短期兼并过,时间是从公元17年至卡里古拉(Caligula)执政时。当时这样做是出于何种动机同样不甚明了。而与此同时,卡帕多西亚的国王亚基劳斯(Archelaus)被指控有"叛逆

（接上页注）美索不达米亚或是从那里的战事归来的途中。第三则碑文记载了一名男子,是 protector("奥古斯都保护者"),这说明其年代较晚,不会早于3世纪中叶。有报道在阿帕米亚发现了大量军人墓碑(Balty,CRAI 1987,我未查阅)。

① 　Josephus,BJ vii,7.1(224).事件年表参见 D. Kennedy,Britannia 14(1983),186—188。

② 　Syme,CAH xi.139.

③ 　E. Dabrowa,Syria 58(1981),198.

39

行径"。① 有人说,这是因为皇帝对他怀有私愤。但塔西佗补充说,有了从康玛格尼得来的收益,1%的税率可以被减轻到0.5%。可能这两次康玛格尼都遭到了兼并,至少是部分被兼并,因为兼并对罗马来说有利可图。有可能但没有证据可以证明,埃默萨也在同一时间被罗马兼并。②

　　对东方边疆的重新组织,包括对康玛格尼的兼并,极有可能显示出罗马在竭力汲取派图斯和科布罗在尼禄时期企图征服亚美尼亚时遭受失败的教训。当科布罗于58年在亚美尼亚发动战役时,其补给必须从黑海边的特拉布松翻过由罗马军队占领的山地运送过来。③ 而事实表明在69年特拉布松是有懈可击的,它在本都的阿尼塞图斯(Anicetus)叛乱期间受到了攻打——"一座由希腊人在黑海海岸的尽头建造的著名古城。当地的兵营被摧毁,国王的那支被授予了罗马公民资格的辅助军大队也被消灭了。虽然他们的武器和编制像是一支罗马军队,但却沿袭了希腊人的粗心和涣散。阿尼塞图斯还将水军船队也一把火烧了"。④

　　62年,在卡帕多西亚的后勤保障成了严重问题。⑤ "(凯森尼乌斯·派图斯……还没来得及将其冬季营地完全准备好并提供粮食给养,就催促军队渡过了托罗斯河,为的是要夺回底格雷诺塞塔(译注:亚美尼亚的都城)。他宣称此举也是为了劫掠那些科布罗未曾碰过的地区。"在塔西佗看来,这是一场毫无理性的战争,后来竟然因为缺粮而不得不半途而废。

　　后来罗马军队在62年被迫从亚美尼亚撤军,因为帕提亚人威

40

---

① 　Tacitus, *Ann.* ii 42; Dio lvii 3—7.

② 　对照 R. D. Sullivan, *ANRW* ii. 8, 198—219。埃默萨被兼并的时间不早于72年,最迟在安东尼纳斯·庇护统治期间。

③ 　Tacitus, *Ann.* xiii 39. 有关这条道路,参见下文第42页;关于特拉布松,参见下文第48、50页;关于驻军,参见上文第38页(按:均为原书页码)。

④ 　Tacitus, *Hist.* ii 47—49.

⑤ 　Tacitus, *Ann.* xv 8.

胁将入侵叙利亚。当派图斯在亚美尼亚打仗时，在叙利亚指挥军队的科布罗将部队转移到幼发拉底河边，保证了进入叙利亚的道路通畅，修造了一座跨越幼发拉底河的桥梁，并在河对岸的祖格玛筑起一座桥头堡。① 根据塔西佗所说，这一切的目的都是为了防止帕提亚人对叙利亚发起进攻，这种进攻的本来目的就是要逼迫罗马军队撤出亚美尼亚。当派图斯在亚美尼亚的军队陷入令人绝望的困境时，科布罗带着他的部分军队从祖格玛行军去施救。② 他"选择了距离最短同时又不缺乏补给的路径，穿过康玛格尼的地域，经过卡帕多西亚，然后到达了亚美尼亚"。据塔西佗讲，科布罗后来曾说过，在亚美尼亚的战事无法再继续下去了，因为叙利亚可能会受到帕提亚的威胁。③ 战争结束了，罗马人并没有达到他们的核心目的：牢牢保住亚美尼亚。科布罗放弃了幼发拉底河对岸的阵地，帕提亚也从亚美尼亚撤军，双方均未对亚美尼亚实施占领。

　　叙利亚和卡帕多西亚的交通设施得到了改善，一部分罗马军队被调到更接近边境的地方，这使得罗马在与亚美尼亚和帕提亚的外交关系中变得更有分量。同时这也有助于未来的远征行动。军队可以被调动到 *in spem magis quam ob formidinem*（任何具体的地方）。具体来讲，从塔西佗的叙述中我们得知，横向交通的重要性是不言而喻的。亚美尼亚的军队补给都要经过特拉布松来运送。援兵也必须从祖格玛行军穿过康玛格尼和卡帕多西亚。事实表明当罗马军队在亚美尼亚开展战事时，叙利亚在帕提亚的举动面前就显得脆弱而有懈可击。罗马对此作出的显著反应就是进行重新部署，让军队前进到兵站中，这些兵站既可作为发动进攻的

① 　*Ann.* xv 3,9.
② 　*Ann.* xv 12.
③ 　*Ann.* xv 17.

大本营,同时还能保障部队和物资安全快速地横向运动。这些措施或许与尼禄为亚美尼亚战争所做的准备有相似之处:这位皇帝下令征税;盟国必须派遣军队参与入侵行动;军团朝亚美尼亚挺进,并在幼发拉底河上架设桥梁。[①] 在东方将军队大本营往前推进,看起来就像是我们在上日耳曼(Upper Germany)所观察到的那种模式,[②]那里的大本营在维斯帕先统治期间向前推移,而在随后的 80 年代中就发生了 83—85(?)年多米提安针对卡蒂人(Chatti)的战争,这场战争导致莱茵河以东地区被占领。[③] 当图拉真于 114 年入侵亚美尼亚时,将麦利蒂尼和撒塔拉用作前沿基地,这些是由弗拉维父子建立的军团大本营。

克劳(J. Crow)曾指出,没有明确的证据表明沿幼发拉底河一线代表着一个防御系统,他倾向于这种观点,认为这是一条连接东西主干道上各个兵站的道路。他提出该系统的一个重要功能可能是国内安全,而不是边境防御。[④]

在美索不达米亚被兼并成为罗马的一个行省后,那里部署了两个军团,其中一个肯定是驻守在辛格拉城(Singara),另一个可能在雷萨埃那城(Rhesaena)。[⑤] 有证据显示这些罗马军事机构就

---

① *Ann.* xiii 7.

② Syme,*CAH* xi. 158—161;Schönberger,*JRS* 59(1969),155—164.

③ Syme,162—8; Schönberger,158.

④ J. Crow,*DRBC*,87f. 一篇更早的论文提出了不同的解读:J. G. Crow and D. H. French,*Roman Frontier Studies* 1979,ed. W. S. Hanson and L. J. F. Feppie(1980),903—909—"hypothetical defence systems"(907—909)。关于麦利蒂尼和撒摩撒达之间的边境道路,参见 D. French,*AFRBA*,71—101。关于尼克波利斯(Nikopolis)-撒塔拉-埃尔祖鲁姆(Erzurum)道路,参见 A. Bryer and D. Winfield,*The Byzantine Monuments and Topography of the Pontos* i(1985),24—37。关于从特拉布松(即 Trabzon)到撒塔拉的道路,参见 ibid. 48—52。另见 J. Wagner,"Die Römer and Euphrat und Tigris",*Antike Welt*,Sondernummer 1985;*DE* iv. 1307—1319.

⑤ 关于辛格拉,参见第二"帕提亚"军团的老兵墓碑,"在美索不达米亚位于底格里斯河边辛格拉的军团",*ILS* 9477;J. Reynolds and M. Speidel,*Epigraphical Anatolica* 5(1985),31—35。关于该遗址,另见下文第五章,第三"帕提亚"(转下页注)

部署在底格里斯河边,在摩苏尔以南不远的地方。① 这些部队可能与 3 世纪时在更南边的哈特拉(Hatra)驻扎过一段时期的军团大队连接起来。②

东 北 地 区

关于罗马在更靠北的高加索地区的军事存在,相关证据需要用较多的篇幅来加以讨论,这有几个原因。③ 首先,不时有人就罗马在该地区的防卫力量提出夸张过分的观点,因此有必要正确认识这一地区的重要性。其次,在黑海沿岸有确凿的证据证明那里有军队存在,这也需要讨论。第三,在帝国较晚时期,该地区在罗马与波斯的冲突中扮演着十分重要的角色,只有同时考虑帝国早

42

(接上页注)军团被证实在 4 世纪时驻扎在贝扎布德(Bezabde)。在 3 世纪中,其大本营位于何处无法确定,但在雷萨埃那的钱币上刻有"*L III P*"字样,可能表示该军团驻扎在那个地区,参见 J. C. Mann, *Legionary Recruitment and Veteran Settlement During the Principate*(1983),43。关于钱币,参见 K. O. Castellin, *The Cinage of Rhesaena in Mesopotamia*, Num. Notes and Monographs 108(1946),14f. and 45f. Kennedy, *Antichthon*(即将出版),认为这些钱币指的是一个老兵殖民地,尼西比斯很可能就是第三"帕提亚"军团的大本营所在地。后一篇论文对安东宁(Antonine)后期和塞维鲁早期的美索不达米亚驻军作了全面论述。罗马于 363 年割让给波斯的土地中包括了辛格拉和贝扎布德。

① D. Kennedy, *ZPE* 73(1988)101—103 讨论了由 D. Oates 发现的一块石碑,据说上面刻有鹰的浮雕象,下面刻有"occuli[原文如此]legionum"字样。D. Oates, *Studies in the Ancient History of Northern Iraq* (1968),77 坚称摩苏尔就是《波底加地图》中标为 *Ad Flumen Tigrem* 的地点。

② 参见下文第三章。

③ 相关调查参见 D. M. Lang, "Iran, Armenia and Georgia", *Cambridge History of Iran*, iii. I(1983),505—536, bibliography in vol. iii. 2, 1310—1312。关于伊比利亚(格鲁吉亚),参见 W. E. D. Allen, *A History fo the Georgian People*(1932); D. M. Lang, *The Georgians*(1966)。关于亚美尼亚史,参见 R. Grousset, *Histoire de l'Arménie des origines à* 1071(1947); N. Adontz, *Armenia in the Period of Justinian*(trans. G. Gersoïan, 1970)。关于阿尔巴尼亚人(Albanians),参见 Movses Daskhurantsi, *The History of the Caucasian Albanians*, trans. C. J. F. Dowsett(1961)。

期和晚期的发展状况，才能更好地理解这种角色。

　　高加索地区与罗马帝国的接触早在庞贝的东方战争时期就开始了。高加索山脉以南诸国都成了只有名义的藩属国。① 公元前37/36 年，亚美尼亚被迫成为罗马的盟国，伊比利亚人和阿尔巴尼亚人被罗马击败。② 奥古斯都时期的古典作家斯特拉波认为，阿尔巴尼亚人和伊比利亚人只要善加监管，就会是很好的属国臣民，虽然他们在罗马疏于管控时经常会制造麻烦。③ 他把科尔基斯、伊比利亚和阿尔巴尼亚描述为人民富裕、土地肥沃的国家，可以提供良好的生计。④ 这些因素已足以诱使罗马发动一场战争了。在提庇留统治时期，外交手段非常奏效，罗马人诱使伊比利亚和阿尔巴尼亚伙同萨尔马提亚人（Sarmatians）一起去进攻帕提亚，而罗马军队并未提供积极的帮助。⑤ 当帕提亚国王朝着伊比利亚进军时，阿兰人（Alani）翻越高加索山脉入侵了帕提亚。2 世纪，伊比利亚人同样利用阿兰人达到了他们在高加索以南的目的。

　　我们知道，在尼禄统治的 66—67 年，曾经有过一次流产了的高加索远征行动。当时，为此新征募了一个军团，部队被集中起来——但实际却被调去镇压温德克斯的暴动。⑥ 来自日耳曼、不列

① 　Mommsen,iii. 130—134. 关于该地区以前的历史和庞贝在该地发动战争的讨论，参见 E. L. Wheeler, *Flavius Arrianus : A Political and Military Biography* (Dissertation,Duke University 1977),ch. II。

② 　Dio xlix 24.

③ 　vi 4. 2(288); xi 1. 6(491).

④ 　xi 2. 19(499).

⑤ 　Tacitus,*Ann.* vi 31—36. 取道达留尔关隘。对照 Debevoise,158f. 。

⑥ 　Pliny,*NH* vi 15. 40;Suetonius,*Nero* 19;Tac. *Hist.* i 6. 9;Dio lxiii 8. 1—2(iii 72—73)。相关讨论参见 B. W. Henderson, *The Life and Principate of the Emperor Nero* (1903),226—228,with notes on p. 480;W. Schur,*Die Orientpolitik des Kaisers Nero*,Klio,Beihelft 15/2(1923),62—111;J. G. C. Anderson,*CAH* x. 776; 880—884;A. B. Bosworth,*Antichthon* 10 (1976),73f. ; M. Griffin, *Nero,the End of a Dynasty* (1984),228f. ; D. Braund,*DRBE*,38—49;Keppie, ibid,419。J. Kolendo 的 *Neronia* 1977(1982),23—30,我未参阅。第一"意大利"军团(*Italica*)的征兵活动,Mann,54。

颠和巴尔干的特遣部队都在赶来的路上,用塔西佗的话说,他们正去往"claustra Caspiarum et bellum quod in Albanos parabat"。这些部队的目的地和地理方位都不清楚,这可能意味着要通过达留尔(Darial)关隘(季瓦里(Jvari)的克雷斯托威(Krestovy)关隘),这是一条穿越高加索中部的通道,位于卡兹别克山(Kazbek)以东,经过特雷克河(Terek)和阿拉格维河(Aragvi)的河谷地带。在近代历史中这条路线被称作"格鲁吉亚军用道路",从奥左尼基茨(Ordzhoni-kidze)(弗拉季卡夫卡兹(Vladikavkaz))到第比利斯(Tbilisi)(即Tiflis)。雷尔蒙托夫(Lermontov)在《我们时代的英雄》一书中对这条险路进行了优美的描写,它虽然难走,但并非无法通过。而阿尔巴那斯(*Albanos*)则是一条经过达尔班(Derbent)的隘道,在里海边上,位置更靠东,是一条较为好走的路径。① 普林尼在一段文字中试图说明远征军应该去往的目的地,但这段话本身就包含着明显的地理错误。② 因此,我们无法得知此次远征企图的目标何在。我们无从判断那些制定远征计划的人是否清楚地知道自己要去往何处,更不可能根据普林尼或是塔西佗的话来得出确切的结论。③ 不应排除这种可能性,尼禄的将军们打算通过达留尔关隘。这确实是一条险阻重重的道路,但也并不比罗马长期控制的其他那些路径更难走。④ 我们也无从得知罗马的军事策划者们认为这条路有多困难。但显而易见的是,控制高加索山地无助于保卫叙利亚这个目的,但

43

---

① *Hist.* I 6.9. 不应改为 *Alanos*,我们必须考虑这种可能,是塔西佗弄错了,或是有什么我们所不知道的用意。见 Fisher 版的校注。关于尼禄在战争中的努力及其总体外交政策,参见 Griffin,230—234。对尼禄之目标的详尽讨论和重要史料参见 Wheeler,117—123。

② *NH* vi 15.40.

③ 另见下文第 404 页(按:原书页码)。

④ 来自我的亲身观察。详尽的描述参见 F. Dubois de Montpéreux,*Voyage autour de Caucase* iv(1840),227ff. ,292f. ;关于该地区的军事地理,参见 W. E. D. Allen and P. Muratoff,*Caucasian Battlefields* (1953),3f. ;另对照 C. Burney and D. M. Lang,*The People of the Hills : Ancient Ararat and Caucasus*(1971),2f. 。

却可能有助于朝亚美尼亚进军,尤其是朝梅地亚推进。从目的上讲,这个计划明显带有扩张主义而不是防御性的色彩。① 而讲到有关埃塞俄比亚战争计划时,其意义就没有这么清楚了。②

在 70 年代弗拉维父子统治期间,这些追逐利益的军事行动在规模上似乎还不是那么浩大浮夸。普林尼提到了位于黑海之滨的阿布塞拉斯(Absarus)和迪奥斯库里亚斯的军事要塞。③ 根据一段公元 75 年的碑文记载,罗马协助重建了位于汉莫兹卡(Harmozica)的要塞,这里距第比利斯仅 14 公里。④ 这个地点非常重要,是格鲁吉亚的旧首府,它"控制着整个库那河中段和南段,是通向外高加索(Transcaucasia)东部远至里海的关口"。⑤ 在里海沿岸离巴库(Baku)不远的阿普歇伦斯基(Apsheronsky)半岛尖上发现了一处多米提安统治时期的碑文,上面提到了一名百夫长。⑥ 这两段碑文都显示,罗马偶尔会派兵到这个地区,除此之外,这里不过是帝国的边缘而已。博斯沃思(Bosworth)还真就得出过这样的结论,说弗拉维父子在高加索建立起了罗马的防卫能力。⑦ 但是从黑海到里海的距离是 600 公里;如果罗马人真的在这么大一片区域中建立起了

44

---

① 关于罗马在该地区利益的背景情况,参见 D. Braund,*DRBE*,31—49。

② 对照 *CAH* x. 778—780。

③ *NH* vi 12,14. 关于阿布塞拉斯和塞巴斯托波利斯(Sebastopolis),参见下文第 48 页(按:原书页码)。

④ *SEG* xx 112;另见 *SEG* xvi 781。Harmozica(汉莫兹卡)=Armazi-c'ixe(阿尔马兹(Armaz)城堡),控制阿拉格维河与库那河交汇处的姆茨赫塔(Mtskheta)要塞之一。关于对格鲁吉亚古都姆茨赫塔进行考古发掘的概要总结,参见 A. L. Mongait,*Archaeology in the U. S. S. R.* (1961),220—223;另见 D. M. Lang,*The Georgians*(1966),82。

⑤ Allen and Muratoff,9.

⑥ *AE* 1951. 263,据说发现于巴库以南 70 公里处的比犹克达(Bejouk Dagh);"Imp(eratore) Domitiano Caesare Aug(usto) Germanic(o) L. Ilius Maximus(centurio) leg(ionis) XII Ful(minatae)"。这是一个重大发现,但并不能作为该地区有长期驻军的证据。

⑦ *Antichthon*,75;*HSCP* 81(1977),226—228. 有可能指该地区,参见 Statius,*Silv.* 4. 4. 63f. :"metuendaque portae limina Caspiacae"。另见 H. Halfmann,*Epigraphica Anatolica* 8(1986),39—50。

坚实的防卫能力的话,他们就不会只留下区区两处碑文了。① 尼禄曾经做了准备要对该地区实施大规模干涉,无疑他是有打算要获得这种防卫能力的。但另一方面弗拉维父子没用多大的投入就在这个地区延伸了罗马的势力范围。② 在对阿拉伯沙漠地区罗马驻军的解释中,我们也会发现有类似的现象。③

的确有证据表明,在哈德良统治时期,黑海东南沿海的军队数量要多得多:据阿里安说(*Peripl*. 11. 2),有 5 个(辅助军)大队驻扎在阿布塞拉斯,这也从哈德良时期的碑文上得到了印证。④ 现在还可见到一处占地为 194×245 米的军事要塞遗址,目前尚未对其进行考古发掘。⑤ 也许我们只能假定这些驻军保证了海岸和港口的安全,监视着东边不远处那些罗马的附庸国。69 年,本都爆发了叛乱,⑥这个地区受到海盗的侵扰。⑦ 沿黑海南部和东部海

---

① 不过,肯尼迪博士向我指出,来自卡帕多西亚的证据目前还相当薄弱。

② 对照 Syme,*Athenaeum*,282。Suetonius,*Vesp*. 8. 4 认为驻扎在卡帕多西亚的军团"propter adsiduos barbarorum incursus"。因为我们从未在其他地方听说过这种"持续的野蛮侵犯",对该陈述或许应存疑。

③ 参见下文第 122—131 页(按:原书页码)。对幼发拉底上游地区那些年间的证据调查,参见 J. Crow,*DRBE*,80f. 事实上,我们对此知之极少。

④ *ILS* 2660:哈德良时代早期的颂词,献给一位"praeposit. numeror. tendentium in Ponto Absaro"。关于废墟,参见 V. A. Lefkinadze,*Drevnei Historij* (1969)/2,75—93。对照 M. Speidel,*AFRBA*,17,坚持认为阿布塞拉斯的驻军由辅助军构成,并援引 *Ch. Lat*. Xi 477。

⑤ 肯尼迪博士认为这是一处大型要塞:占地 4. 7 公顷/11. 7 英亩,约为军团堡垒的四分之一。带有向外突出的塔楼,这种外观应属于较晚时期。Mitford,*ANRW*,1192,n. 52 发现其时间和地点都有可疑之处,提出了一个中世纪的时间。

⑥ Tacitus,*Hist*. iii 47—48.

⑦ 黑海东海岸的强盗在古代各个时期的史料中都有所提及:Strabo xi 2. 12(495f.);Josephus,*BJ* ii 16. 1(366f.);Tacitus,*Hist*. iii 47;Zosimus i 32;Procopius,*de Aed*. Iii 6. 2. F. Cumont,*Anotolian Sudies Presented to W. M. Ramsay*,109—227 提到罗马人与黑海海盗和卡帕多西亚土匪发生了冲突,威胁到战时的经济生活和后勤保障。另见 Bosworth,*Antichthon*,67;*HSCP*,228f. 对照 Syme,*Athenaeum*,276f. 。

45　岸最重要的交通手段一直都是依靠海路,因为沿岸的道路总要经
过无数的山谷湍流,而且高山峻岭使得没有修筑坚实道路的空
间。① "从法希斯",斯特拉波说道,"人们从海上去往阿米苏斯
(Amisus)和锡诺普(Sinope)……因为岸边土质松软,还有很多河
流的出海口"。② 即便是现在,高加索山西坡的沿海道路也经常被
泥石流阻断。从现代的地图上看,在法希斯(里奥尼河)三角洲汇
入大海的地方并没有沿海公路。在 19 世纪时还可以在法希斯见
到一处军事要塞的废墟,当时此地已是瘴气弥漫,沼泽遍布。③ 有
人告诉我,在海边更靠北的加格拉(Gagra),现在仍然是沼泽地。
在法希斯的古代遗迹现在已经无踪可循了。斯特拉波将其描述为
科尔基斯人的一个集贸市场,"一边有河流保护,另一边则是一个
湖泊,第三边是大海"。④ 关于该地区在 2 世纪时的情况,阿里安
是唯一可靠的史料来源。他于公元 131/132 年到过法希斯的军队
驻地,他对此处的评语值得我们完整地引述如下:

> 那里有岗哨,400 名经过挑选的士兵驻守在那里,在我看
> 来,目的是为了保护那些在该地区航行的人……简言之,所有
> 的一切都被组织得井井有条,足以打消任何蛮族想要靠近此

---

① A. Bryer and D. Winfield, *The Byzantine Monuments and the Topography of the
Pontos*, i(1985), 18f. 讲述了途人在沿海陆路行走非常困难。该书第二章讨论了
这一地区的道路系统。

② xi 2.17(498) 提供了关于该地区经济和民众的有趣信息。根据 Procopius, *Bell*. ii
15.4—5, 28.28, 拉奇卡(科尔基斯)与罗马属小亚细亚之间的所有贸易都是通过
沿海船只运输。

③ 关于法希斯,参见 Dubois de Montpéreux, i(1839), 65f. and Atlas, *pl*. xviii;下页注
释②。肯尼迪博士怀疑这些是否真是罗马要塞的废墟。它们规模庞大——面积
约 200 步见方,即 4 公顷/9.9 英亩,具有巨大的环形突出塔楼。这对于阿里安的
400 名兵士来说肯定是太大了。另见 D. B. Campbell, *BJb* 186(1986), 125f. 讨论
了辅助军使用炮火的证据。

④ xi 2.17(498).

地的念头;而且驻守在要塞中的士兵也无被围困之虞。由于港口必须安全才能够吞吐航船,港口周围居住着退伍老兵和其他从事贸易的人员。必须保证这一地带的安全,我决定从环绕城墙的第二道壕沟开始,再修一条壕沟直达河流;这将对港口和城墙以外的住家起到保护作用。①

阿里安采取的防卫措施是必要的,因为法希斯是一个孤立的地点:众所周知,这个时期在旧有行省中的要塞并不是用来防御敌国的。作为比较,我们有必要引述迪布瓦(Dubois de Montpéreux)的评语,他在 19 世纪早期曾到过这个地点:"不论是从军事,还是从商业目的来看,波季港(Poti)始终具有最重要的作用,因为它控制着进入河流的海口。"在他那个时候,有一道沙洲挡住了河口,正如我们说过的,这个地方变得瘴气弥漫。②

迪布瓦还把另一个要点讲得清清楚楚:该地点的重要性并不在于它连接着格鲁吉亚东部的第比利斯或是穿越高加索的各条隘路。法希斯河(里奥尼河)在流经平原的部分都非常适于船只航行。但是到了山间,它的水流"从两边的悬崖峭壁间流过,经常没有足够的地方……那条路和 20 座桥让途人在河的两边来回穿梭达 20 次之多。如果这 20 座桥受到破坏,你就得靠船在河上横渡20 次"。③ 由科尔基斯人驻守的两座堡垒足以镇守与伊比利亚的边界。④ 斯特拉波说,法希斯河远至位于萨拉帕纳(Sarapana)堡垒的河段都是可以行船的,然后从堡垒开始,人们走陆路,沿着一

46

---

① Periplus 9,3. 对照 Campbell,3f. 此处摘引了译文。
② Dubois de Montpéreux,iii. 77f.
③ ibid.,ii. 71f. 我所见到的最精确的地图是 1:500000 的《战术引航海图》,显示现在有单轨铁路穿过该河谷。
④ Procopius,*Bell.* viii 13. 15—20;对照 i 22. 16—18。普罗柯比强调,传统上它们是由拉兹人(Lazi,属于科尔基斯人)为保护罗马人而派兵驻守的。

条马车道经过架有 120 座桥的狭窄通道,用 4 天的时间到达塞勒斯河(库那河)。[1] 这不是一条罗马人必须认真操心的入侵线路。在一部有关该地区现代史的著作中,作者指出"一道自然产生的分割线划分出控制旁陀(Ponto)-安纳托利亚地区与里海-伊朗地区的势力范围,这条线始终是沿着苏朗姆山(Suram)山脊和扎格罗斯山脉(Zagros)的主要分支,大致呈南至东南走向"。[2] 换句话说,这是两个主要大国之间的自然分界线,而且我们或可说这条线在拜占庭时期也同样起到了这个作用。

确实有好几条穿过高加索的隘道,使得与科尔基斯(拉奇卡(Lazica))之间有直接的交通。[3] 但这些隘道只能在夏季中的几个月里使用,一支军队要想通过这样的路径是非常困难的。平时,这些隘口只需不多的当地士兵把守就行了。据普罗柯比说,在后来较晚的时期,通常是由科尔基斯人把守隘口,他们是"罗马人的属民,但无需缴纳赋税"。[4] 科尔基斯人由罗马正式任命其国王,他们的任务就是防止匈奴人越过高加索进入罗马的领土。但是我们已经讲过,达尔班隘道和达留尔关隘都是重要的路径,必须用更多的兵力对这些路线加以守卫,这些隘道在该地区各民族之间的关系,以及罗马与帕提亚/波斯之间的关系中起着重要作用。[5]

阿里安在巡视报告中对港口和河流的通航情况一般都会给予

[1]　xi. 3. 4(500).

[2]　Allen and Muratoff,8.

[3]　Dubois de Montpéreux,iii. 77f. ; iv. 293,298. Klukhor 隘口连接迪奥斯库里亚斯(苏呼米(Sukhumi))与库班谷(Kuban)。这是最佳线路。我拿到的最新地图上并未标示其为可以通车的公路。马米松(Mamison,伊梅列季(Imeretian)军用道路)经过卡兹别克山西边的马鲁松斯基(Malusonski)隘口,将阿尔顿谷(Ardon)与里奥尼河连接起来。Allen and Muraatoff,6 指出:"另有约 70 条小路和小道横过主要干道,其中有些只适合运送物资,其他的也只能让士兵以单列行进。很多小路每年被大雪封死,只有两三个月可供使用。"

[4]　*Bell*. ii 15. 2—5.

[5]　参见下文第五章,第 262 页(按:原书页码)。

特别的注意。① 他提到是哈德良在特拉布松修建了港口。② 在黑海之滨的要塞均面朝大海并针对海上。要塞之间的相隔距离在 58 到 70 公里不等，这恰好是船只一天的航程。③ 要塞之间没有发现其他诸如瞭望塔或小岗楼这样的罗马设施。我们应该对黑海船队及其母港有更多的了解。④

阿兰人在高加索以南发动袭击期间曾经接近过亚美尼亚，或甚至是卡帕多西亚，阿里安作为卡帕多西亚行省的总督，动用其军队进行了干预。⑤ 但阿兰人的袭击路线并不包括黑海沿海地区，因为如前面所指出的，沿海道路几乎没有实用价值。⑥ 不管怎样，卡西乌斯·狄奥关于这些事件的简短叙述表明，黑海沿海并非是阿兰人的进攻目标；⑦伊比利亚国王花刺子模（Pharasmanes）曾邀请阿兰人去攻打他的敌人，即东边的阿尔巴尼亚和东南边的梅地

---

① 港口：*Periplus* 3.1；4.1。河流通航性：8.1；10.1。

② 16.6.

③ 据 Lefkinadze 记载，这段海岸上还有两处已知要塞。关于塞巴斯托波利斯（迪奥斯库里亚，即现代的苏呼米），参见 Lefkinadze，82—84，fig. 6f. 此处已被部分挖掘，据说时间确定为 2 至 3 世纪，但尚未公布任何发现物。郊外一处明显的塔楼被挖掘出来，发现了来自康茂德到塞维鲁时期的钱币。关于皮提乌斯（皮宗达（Pizunda）），参见 Lefkinadze，85f. fig. 8. 此处已被考古发掘，据说（不清楚根据什么）时间被定为 2 和 3 世纪。在更往西北去 3、4 公里处出土了一座塔楼和一堵墙，发现了来自 2 至 6 世纪的钱币和一片有印记的瓦片。另见 M. P. Speidel，*SMR* iii (1986)，657—660，认为在黑海沿岸的罗马军队控制了远至达留尔关隘的内陆地区，并谈到"高加索边疆"。

④ 关于黑海船队，对照 C. G. Starr，*The Roman Imperial Navy* (1960)，125—129；D. Kienast，*Untersuchungen zu den Kriegsflotten der römischen Kaiserzeit* (1966)，116—119。

⑤ Dio lxix 15.1. 在《对抗阿兰人的阵形部署》(*Acies contra Alanos*)一书中，阿里安讲述了行军和为策划的战争发动战斗命令。Bosworth，*HSCP*，217—255，以及 Syme，*Athenaeum*，273—283，关于此事以及关于哈德良与该地区诸国的关系。

⑥ M. Speidel，*SMR* iii，658 认为阿里安的行动是从阿布塞拉斯出发，沿黑海海岸向伊比利亚进发。

⑦ Dio lxix 15 (iii 235)；对照 Marie-Louise Chaumont，*Recherches sur l'histoire d'Arminie de l'avènement des Sassanides à la conversion du royaume* (1969)，9f.。

48　亚。这是我们第二次听到这种情况,伊比利亚人邀请阿兰人去攻
打自己在高加索以南的邻国。不仅如此,这还说明阿兰人穿越了
高加索中部和格鲁吉亚,向着东南方向而去。当他们的行踪开始
影响到亚美尼亚和卡帕多西亚时,帕提亚和罗马就采取行动果断
结束了阿兰人的远征。

　　花剌子模后来在罗马受到安东尼纳斯的热情款待。① 这个事情
可以让我们窥见罗马在这个时期对待东北部地区藩属国的态度,但
并不能用来解释罗马在黑海沿海设置守备部队的意义。另有一则用
希腊语和阿拉米语为一位王子刻写的双语墓碑碑文也有助于我们对
伊比利亚领导人的地位略见一瞥,这位长官有一个伊朗式的称号
(*pitiakhsh*,即波斯帝国的地方长官),但同时又是当地的罗马贵族成
员。② 伊比利亚的古老首府与 19 世纪的继任首府第比利斯看上去具
有相同的国际氛围,第比利斯有德裔和俄裔居民区,还有一个土著居
民区,里面住着波斯人、鞑靼人和切尔克斯人(Cherkessians)。③

　　3 世纪时,位于尤克西奈海(Euxine,译注:即黑海)岸边的罗
马驻防地还真的受到了入侵者的攻打,但这些入侵者是乘船从海
上而来的。④ 这是一段非常特殊的插曲。由于哥特人不是水手,

---

① 　Dio lxx 2. 关于花剌子模,参见 C. Toumanoff, *Studies in Christian Caucasian History*(1963),101f. 。

② 　G. V. Tsereteli,"Armazskaya bilingva", *Izvestiya Instituta Yazkya i Material'noi Kul'tury* 13(Tbilisi,1942),我未参阅此文献。以下译文出自 Lang, *Cambridge History of Iran* iii. 1. 515:"我名叫莎拉皮塔(Serapita),是日瓦克(Zevakh)的小女儿,法尔斯曼(Farsman)国王的 *pitiakhsh*(代理总督),我的丈夫是埃德曼甘(Iodmangan),他成功征服了许多地方,是克色弗纳(Ksefarnug)宫廷的主人,伊比利亚人的伟大国君,亚基帕之子,法尔斯曼王宫的主人。悲伤啊悲伤,因为她未享天年,未及寿终,她如此优秀,美丽出众,无人能及;但她却逝于 21 岁。"更多相关讨论,参见 Toumanoff,155f. ,260f. 。

③ 　对托尔斯泰造访此地的优美描述参见 Henri Troyat, *Totstoi*(1965),part II,ch. 1。

④ 　Zosimus i 32(唯一史料)。公元 254 年这一时间并不很确定,对照 Kettenhofen,64f. 90ff. 。

他们就逼迫博斯普鲁斯人(Bosporants)为其提供船队以使他们能够攻击尤克西奈海东边和南边的沿海地区,这也说明陆上交通没有实用价值。[①] 被左希姆(Zosimus,译注:公元 6 世纪的历史家)称作"Scyths"(译注:即斯基泰人)的勃兰人(Boranes),先是攻打了皮提乌斯(Pityus),"这里有非常坚固的高墙环绕,并有一处良港",但他们的进攻被击退了。这是尤克西奈海东面最靠北的罗马驻守点;阿里安提到过它,但并没说它是一个驻军兵营。[②] 勃兰人发起的第二次进攻取得了胜利,于是他们进而包围了特拉布松。左希姆讲述了该城被攻克的过程,尽管它周围有两道城墙,并有强大的兵力把守。军士们都喝得醉醺醺的,没有人站岗放哨。[③]

从关于罗马在东北地区活动的讨论中,我们可以得出以下几个结论。首先,在黑海沿岸有一系列被罗马长期占领的船队站点。这些站点保护着沿海的航行线路,这些线路特别重要,因为沿海陆路异常难走。罗马在这一地区的驻军与穿越高加索的隘道无关,也与防御蛮族入侵无关。在这一时期,伊比利亚的重要性被边缘化了,尽管它还勉强算是一个藩属国,至少有一处碑文证明罗马在伊比利亚的首府有军事活动。如果越过高加索山的阿兰人威胁将要入侵罗马领土的话,保卫罗马的疆域是卡帕多西亚行省总督的职责,这个地区没有被卷入罗马与帕提亚之间的冲突。我们将在第五章中回到这一地区,因为在拜占庭与波斯发生战争期间,该地区的作用

[①] J. O. Maenchen-Helfen,*The World of the Huns*(1973),75 可能把 *Cod. Theod.* 40. 24 解读为目的是为了阻止匈奴人再次使用这些手法。419 年,克里米亚的柯赛尼斯半岛(Chersonese)主教阿斯克列比亚德斯(Asclepiades)请求皇帝宽恕"那些向蛮族透露了他们本来一无所知的造船术的人"。这项请求得到了批准,但今后同类情况必须处以极刑。该地区的蛮族是本地的哥特人和匈奴人。Menchen 坚持认为,帝国政府很可能是想要阻止匈奴人获得造船技术后在沿海地区发动袭击。类似理由参见 *Cod. Theod.* vii 16.3(420 年 9 月 18 日),禁止用船装运货物出口。如下文第二章中所指出的,匈奴人过去入侵东方诸省都是取道达留尔关穿越高加索。

[②] *Periplus* 18. 1. 关于皮提乌斯遗址,参见 Lefkinadze,87。

[③] i 33.

变得比在帝政时代更为重要。这是因为在高加索以北出现了一个可怕的敌人——匈奴，所以在伊比利亚需要积极的驻军防守。

结　论

　　库蒙(Cumont)好像是最早将弗拉维的军事重组解释为对 60 年代的事件作出反应的人。① 然而，这一解释方法远未得到学界的普遍接受。更常见的是，人们认为弗拉维在东方的活动属于防御性质。② 这很重要，因为认定维斯帕先希望有一个"安全的边疆"这个假设本身就解释了另一个假设的合理性，即现有的边境不够安全。因此，罗马出于防御战略的需要在图拉真统治时期发动了一场进攻战。用勒特韦克的话来说：

　　　　安纳托利亚现在有了经过军事组织的边境地区，但在卡帕多西亚只有两个军团，而叙利亚本身也只有 3 个军团，这不可能是一个安全的边疆。如果帕提亚军队能够自由地在亚美尼亚集结，他们可能会随心所欲地在西边或南边以更大规模的兵力发动进攻，而南边就是叙利亚，这个帝国的核心行省。无论是战略需要，还是个人抱负，都要求打一场战争。③

---

① 　F. Cumont, *Académie royale de Belgique*, *Bulletin de la classe des lettres*(1905)，197—227. 库蒙强调了弗拉维时期修筑道路的重要性，参见 *Antichthon*，63—78，认为弗拉维对东北边疆的重新部署是为了包围亚美尼亚。对照 Syme, *Athenaeum*，272—283, esp. 275："为了控制(亚美尼亚)，将军团驻扎在麦利蒂尼和撒塔拉这些发动入侵的大本营"。对照较早时的观点，Syme, *CAH* xi. 139ff. 。

② 　J. G. C. Anderson, *CAH* x. 780: 维斯帕先"意识到帝国需要的不是扩大地盘，而是整固和防御……"。Luttwak, 57f. 想当然地认为弗拉维筹划的战略是为了防御而非征服。关于卡帕多西亚的幼发拉底边境地区，参见 Mitford, *JRS*, 160—175; *SMR* ii(1977), 501—509; *ANRW*, 1168 ff. 。

③ 　54.

我们可以就此提出几个观点。首先,这种情景完全是出于想象:波斯曾多次入侵叙利亚,但从来没有经过亚美尼亚。其次,这样的论点在古代史料中从未出现过:它们形成于现代的研究者,反映出 20 世纪的人们试图调和一个实际上的扩张主义政策却被现代学者认为是防御主义措施这个矛盾。战争真正的原因,按照狄奥的说法,是皇帝对荣耀的渴望。狄奥的论述不支持认为这场战争还有任何其他原因的理论。[①] 最后,也是最重要的,我们可以认为弗拉维父子和图拉真都想要建立起安全的边界,并认为帕提亚具有危险性,这是极其自然的。另一个不同的观点是,罗马人认为扩张只要代价合理就是一件好事。维斯帕先目睹了尼禄的东方政策以失败告终。我们完全有理由认为维斯帕先希望为将来成功征服亚美尼亚做好准备,而图拉真相信自己可以从那里接手继续下去,不论怎么说,图拉真毕竟打到了波斯湾。从未有罗马人说过这样做是出于保卫位于俄闰梯河边的安条克的需要。[②]

目前尚无信息可以让我们对哈德良在从美索不达米亚撤军后所做的安排,与弗拉维在图拉真的征服以前所做的部署进行清楚的区分。[③] 一个重要的区别表现为对外约旦的长期占领,与对犹地亚的强化驻军,这两个情况都将在下文中加以讨论。2 世纪 60 年代,阿维狄乌斯·卡西乌斯的战争取得了什么结果并不是很清楚,但有这样一个事实,杜拉-欧罗普斯成了一个有守备军的驻防 51

---

① lxviii 17. 1(iii 204).

② K. -H. Ziegler, *Die Beziehungen zwischen Rom und dem Partherreich*:*Ein Beitrag zur Geschichte des Völkerrechts*(1964),2f. 认为在公元 1 世纪和 2 世纪中,罗马与帕提亚之间的关系总体而言是和平性质的,中间只被图拉真的战争打断过。

③ 关于在哈德良政权早期帕提亚对该地区的组织,参见 Parchment no. x,一份公元 121 年的租赁合同,发表于 M. I. Rostovtzeff and C. Braadford Welles,*The Excavations at Dura Europos*:*Preliminary Report of the Second Season*,*October* 1928— *April* 1929,ed. P. V. C. Baur and M. I. Rostovtzeff(1931),201—216。

城市,①同时在幼发拉底河上部署了辅助军,②罗马在朝着将亚美尼亚纳入成为帝国行省的方向上采取了确实的步骤。在距离阿尔塔沙特(Artaxata,现代的拼法是 Artashat)28 公里的地方(重新?)建立了一个叫作坎纳波利斯(Kainepolis)的城市,即现代的埃奇米亚津(Echmiadzin),阿尔塔沙特本身靠近埃里温,乌拉图(Urartu)的古老都城。③ 在埃奇米亚津设立了驻军,为第十五"阿波罗"军团(Apollinaris)的一个分遣队,这已经从公元 175/176 年以及184/185 年的两处碑文中得到了证实。④ 在阿尔塔沙特本地也发现了两处军事铭文。⑤ 在坎纳波利斯西南方大约 30 公里处的道路旁发现了一座康茂德时期的里程碑,这条路将坎纳波利斯与卡帕多西亚连接起来。⑥ 在埃里温以东约 28 公里处的贾尔尼(Garni),是古老的戈尔尼亚(Gorneae)的所在地,这里有城墙、一座建得很精致的仿古典式庙宇和一座府邸,在此地发现的希腊语碑文中提到了亚美尼亚未来的国王提里达特(Tiridates)。⑦

　　关于塞维鲁征服美索不达米亚北部的后果将在后面第五章中加以讨论。另一个有待深入讨论的话题是军事机构在城市中的功能。现在我们只需说明,上文中讨论的证据大多来自城市中心。

---

① *Excavations at Dura Europos*:*Final Report* v. 1. 22—46. D. Kennedy,*Antichthon*(即将出版)强调驻扎在幼发拉底河以东的军队肯定比现在可以确定的要多。因此,塞维鲁的征服在某种程度上是从阿维狄乌斯·卡西乌斯那些军事行动就可以预见的。

② J. -P. Rey-Coquais,*JRS* 68(1978),69.

③ Dio lxxi 3.2(iii 247f.).关于路奇乌斯·维鲁斯的占领,参见 Fronto,*ep. ad Verum*ii 1.埃奇米亚津接替瓦加尔沙帕特(Vagharshapat)成为亚美尼亚后来的首府。

④ *ILS* 9117(其文字辨析很糟糕)以及394(公元 184—185 年);对照 *DE* iv 1322f. 。

⑤ *AE* 1968. 510f.

⑥ *CIL* iii 13527a.

⑦ 在克劳狄乌斯(Claudius)统治期间,一支罗马步兵大队被部署在那里(Tacitus,*Ann.* xii 45.3)。关于贾尔尼的遗址,参见 Mongait,214f. ;C. Burney and D. M.Lang,250—252。

在后面第三章中,我们将看到犹地亚和阿拉伯也是同样的情况。显然,这在东部行省是一个经常出现的规律,我们必须对其意义予以思考。

总结来说,罗马长久以来一直抱有野心想要得到波斯帝国的部分地区,并经常采取行动来实现这一抱负。另一方面,我们并不清楚帕提亚或是萨桑波斯是否积极地想要得到或是试图永久征服幼发拉底河以西的地区。然而,波斯从来不能接受在幼发拉底河东岸有长久性的罗马驻军。罗马的意识形态并不是一成不变,在有的时期,罗马人认为只征服和兼并那些有利可图的地方才是明智之举。我们可以从古代文献里表述的观点中得出这一结论。考察罗马发动的波斯战争,结果发现罗马往往是进攻方,从弗拉维时代以降的军队分布看,在东方的罗马军队是被组织来进行大规模战争的,已经做好准备进一步往前推进,军队的目的不是为了防御,至少在拜占庭时期以前不是为了防御敌国。大型战争每隔 50 年或更长的时间才爆发一次。① 主要的战争时期有:公元前 65—前 36 年;公元 52—63 年、112—117 年、163—165 年和 194—217 年。间隔时间分别为 90 年、50 年、将近 50 年和 30 年。大多数罗马士兵在其一生中从未参加过重大的军事远征行动,但这一现象不应该影响我们对罗马在该地区的目的所作的判断。

_____

① 对照 J. C. Mann, *ANRW* ii. 1(1974),512:"尽管经常保持了不错的效率,他们(指士兵)实际上已经失业了,这架有力的机器简直是在日渐生锈报废。"和平时期的军队自然是以下这本书的题材,参见 R. MacMullen, *Soldier and Civilian*。

第二章　整合与内乱

　　他[瓦鲁斯]没有将他的军团集聚在一处,而这是在一个四处充满敌意的国度中本应该做的,他反而将士兵大量分散到那些求助无门的社区去,这些地方请求派军队去,说是为了守护各个重要地点、抓捕盗贼或是护送补给车队。①

　　本章将讨论那些一般是由占领军来行使的职能,这些职能涉及最初的合并,然后是对一个不再抵抗罗马统治的地区进行整合并维持治安。② 罗马军队是训练来实施全面战争的,但是大多数罗马士兵在一生中也只是偶尔参与重大战事。在尚无证据的情况下,我们没有必要假设帝国的边境地区始终处于紧张状态。在第九章中将会谈及的那些在日耳曼南部设置的屏障并不具有军事上的重要性。

　　在上个世纪和本世纪中,西欧的学者们认为罗马在欧洲的军事存在首先和首要的目的,就是为了保护一道清楚界定的边境不受外敌侵扰,这是很自然的。即便在今天,尽管欧洲享有和平已超

---

① Dio lvi 19. 1f. (ii 532).
② 总体参见 R. MacMullen, *Soldier and Civilian in the Later Roman Empire* (1963)。

过 40 年,各国军队仍然在复杂的边界系统两边相向而对,他们所做的无非是准备好对付来自另一方的全面敌对行为。

现代欧洲的军队一般不会介入国内的治安任务或是去对邻国实施占领,但这些却是部分罗马军队在大多数时候要做的事情。至于行省中的罗马政府在多大程度上是依赖军力,还是依靠民众对本地区罗马统治的某种程度的认可,这方面的信息几近阙如。但是现代文献中对这些问题关注得不够,这种偏见导致我们的材料大都集中于重大暴力行动的突发,不论是发生在内部,还是外部。普遍的观点是,帝国内部相对平静、安宁,而与帝国边境对面的各个民族却总是不断地处于敌对状态,既然这是自然而然的事情,因此帝国的边界必须加以保卫。在第一章中,我们讨论了与边界对面的民族——波斯人的关系。现在,我们转向内部是否平静、安宁的问题——或换句话说,在罗马的东方行省和边缘地区存在着何种程度的动荡和内乱。

本章将关注罗马在叙利亚、阿拉伯和犹地亚所要面对的内部问题。第三章将讨论帝政时期的罗马军队,并将力图按照第二章得出的结论来描述军队的组织;第四章将讨论军队在帝国晚期的组织情况。这样安排内容的好处在于,可以避免把有关行省安全状况的历史信息,与综合了文献和考古结果后得出的有关罗马军队目的的那些推断混为一谈。对于本章的话题是有历史信息可资参考的,而关于第三章和第四章的话题则主要依靠推断。也就是说,在那些章节里,我们将会讨论在多大程度上有证据证明帝国内部具有广泛分布的军事机构。如果军队的分布广泛,我们就可以合理地推测这些军队起着国内安全部队的作用,即使并没有文献证据证明帝国内部有对罗马统治的反抗。

本章的内容——关于叙利亚、阿拉伯和犹地亚——部分按照地理顺序,部分按照时间顺序来安排。目的在于,首先说明在兼并这些领土并将其整合成罗马行省的期间以及之后,遇到了哪些具

54

体形式的反抗,然后对有关在最初合并后继续存在各种内乱的信息加以考察。这些内乱包括轻微的抢劫行为和严重的暴动事件。

关于暴动这里将不会作系统性的讨论。最著名的暴动发生在犹地亚的犹太人当中,人们一般都同意,罗马在那里遇到持续对抗的规模是其他地方所没有的。本章将不会讨论罗马与犹太人之间的全面斗争,但会对有关在相对平静时期发生骚乱的证据给予一定的注意,特别是在巴柯巴暴动后的几个世纪里,这次叛乱是犹太人最后一次有组织的、企图重获独立的努力。人们自然会认为,只有重大暴力事件才会在罗马的史料中得到记载,这些材料基本上对罗马行省中的事态不感兴趣。这个观点很容易证明,因为这些材料中只是简短地提到行省发生的事情,如巴柯巴犹太战争,尽管所有人都同意这是一场意义重大的暴力突发事件。正是因为这个缘故,对于在这些史料中保存下来的任何有关哪怕是轻微动荡的证据,我们都必须认真对待。

我们还将讨论,在其他地区和其他民族中发生了何种程度的骚动,尽管这些骚动并未采取反抗罗马统治的形式。的确,在大片区域中根本没有任何发生骚乱的证据或是广泛部署的军事机构,例如在西班牙的很多地方、不列颠、潘诺尼亚(Pannonia)、西西里和希腊。这里我们可以假设,一个地方一旦被整合到罗马的统治之下,对帝国及其制度的接受就变得相对容易了。而另一方面,在有证据显示发生了内部动乱的地方,我们可以合理地讨论这种可能性,军队在那些地方起着国内安全部队的作用。

整　合

除非有特殊的原因,古代文献中一般并不讲述军队在和平时期的活动。公元 47 年,科布罗再次制伏了弗里西亚人(Frisians),接纳了他们送来的人质,并将人质安置在一个规定的地区,"强性建立了议院、执政官和法律,并在一处要塞中设立了守备军兵营,这样弗里斯人再也无法挣脱对他们的征服……"①这里具体提到了军队作为占领军的功能,尽管提到的这些事实本身并没有被当作值得关注的事情,人们注意的倒是克劳狄乌斯(Claudius)后来命令科布罗将军队撤回。同样地,在本章开篇引述的狄奥对公元9年瓦鲁斯大败的叙述,作为对整合过程固定程序的描述是值得注意的,但在原始史料中出现这样的描述乃是因为随后发生的大败。我们的史料中往往并不讲述行省地区的日常生活;只有在出了大事时,我们才能获得一星半点儿有关整合过程的信息。

狄奥把瓦鲁斯说成正处于两个阶段中的第二阶段,对日耳曼进行整合就好像那里已经不再抗拒罗马的统治了。现代研究者们常说瓦鲁斯的失败是因为他作为一名将军缺乏经验。据他们讲,瓦鲁斯只是一名律师。② 不论这种解释是否恰当,在瓦鲁斯的个 56 案里,这肯定是说不通的。在他担任叙利亚行省的总督时,他曾成功带领两个军团和辅助军在战争期间行军通过了撒马利亚的乡村地区。③ 这个地区与最前方的日耳曼一样复杂多变、不可预测,只不过表现方式不同罢了。瓦鲁斯在遭遇兵败时,其战场经验要多于受尼禄派遣去往犹地亚的维斯帕先。(这并非是要证明维斯帕先具有更高超的洞察力,因为犹地亚当时已经处于暴动状态,而且维斯帕先知道那里已经损失了将近一个军团。)至于所谓瓦鲁斯具

① Tacitus, *Ann.* xi 19: "datis obsidibus consedit apud agros a Corbulone descriptos: idem senatum, magistratus, leges impossuit, ac ne iussa exuerent praesidium immunivit … "

② 形成这个判断的根据参见 Velleius ii 117. 2: "Vir ingenio mitis moribus quietus … otio magis castrorum quam bellicae adsuetus militiae". 例如, G. Webster, *The Roman Imperial Army* (1969), 52; C. M. Wells, *The German Policy of Augustus* (1972), 238f. 认为他被当成了替罪羊。

③ Josephus, *Ant.* xvii 10. 9(289—290); *BJ* ii 5. 1(68—70). 对该地区的考古调查参见 S. Dar, *Landscape and Pattern*, 2 vols. (1986)。

有"温和的脾气和好静的性格",按照约瑟夫斯的说法,撒马利亚"到处都只有烈火和杀戮",瓦鲁斯将 2000 名被认为犯有暴动罪的人钉上了十字架。所有这些都是镇压叛乱的标准做法,例如塔西佗就在关于布狄卡(Boudicca)暴动的叙述中带着赞许的口吻讲述了镇压行动。过早地停止"火与剑的毁灭"被说成是"在悦耳的和平名义下于事无补的迟钝"。[1] 每一位古代作家都知道对外族的兼并过程是分为不同阶段来完成的,只是在使用哪种方法最合适的问题上产生了意见分歧。无论对罗马人,还是对其他民族来说,摧毁敌方经济基础都是标准的做法。这会使打输的一方无法继续进行常规战争,当然,这也有可能会导致那些已经输得精光的民族更多地从事经济盗抢活动。虽然这并不会影响为打赢战争(或战役)而来的军队,但是当罗马长期占领该地区时,这就会成为一个不利因素。

　　罗马在日耳曼的大败并非由于指挥官在战术上犯了错误,而是因为对新征服领土上的局势作出了完全错误的判断。[2] 就像在公元 6 年的伊利里亚(Illyria)和在布狄卡暴动时的不列颠,罗马人均未事先预料到会发生由一位有力的领导者指挥的暴动。当伊利里亚大暴动在公元 9 年被镇压下去之后,7 个军团被派驻到梅西亚(Moesia)、潘诺尼亚和达尔马提亚(Dalmatia)。塞姆(Syme)曾指出,从这些军团占据的站点可以看出它们的意图并不是要在多瑙河边境地区打仗,而是要将波斯尼亚和色雷斯(Thrace)的各个民族置于控制之下。[3] 与此相似,在约公元 70 年,一个军团被派去占领了位于日耳曼尼亚(Germania)的奈梅亨(Nijmegen)基地,作为对 69 年发生的巴塔维人(Batavian)暴动的回应。[4]

---

①　*Ann.* xiv 38f.

②　该判断来自 Velleius ii 117. 3—4;Florus, ii 33f. and Dio。

③　R. Syme, *Actes colloque Strasbourg*, 1985(1987), 146.

④　Boigaers and Rüger, *Der niedergermanische Limes*(1974), 76—79.

　　暴动往往发生在一个民族被纳入罗马行省的时候。① "维持行省要比建立行省更难"。② 此类叛乱包括 26 年的色雷斯人暴动、28 年的弗里斯人暴动、69 年的巴塔维人暴动,以及让图拉真失去美索不达米亚的那次暴动。③ 当史料中提及这些暴动时,起因往往是由于对行省民众在钱财、人力和物资方面过度的强行征收征用,再加之地方官员的暴政行为。奇怪的是,罗马人似乎总是对发生暴动感到吃惊。甚至连恺撒都坦率地承认自己并未预见到维钦托利(Vercingetorix)要发动叛乱,但是与瓦鲁斯在日耳曼的情况不同,恺撒始终把自己的军团聚集在一起。必须承认,我们并不知道还有多少次叛乱由于被细心的行省总督们预先感觉到了而未能付诸行动。④

　　西塞罗在《为佛恩忒尤斯辩护》(Pro Fonteio)中,对在共和晚期时代高卢行省的当地民众的税赋负担提供了一些深入的认识,而高卢的部分地区是在后来很晚时才被并入的。这条史料非常重要,由于这段陈述本来旨在给佛恩忒尤斯(Fonteius)洗刷实施暴政的指控,因此,西塞罗所描述的行省现状按照当时的通行标准来看,其管治可说是相当健康的。高卢"挤满了商人,到处是罗马公民,高卢人所做的任何事情都有罗马公民参与其中,钱财的每一次转手都会被记录在罗马的账簿上"。⑤ 长期的艰苦战争一直持续

---

① 　S. L. Dyson,"Native Revolt Patterns in the Roman Empire",*ANRW* ii 3. 158—161;另见 Isaac,*SCI* 7(1983—1984),68—76。关于伊利里亚人暴动,参见 Syme,*CAH* x 369—373; E. Koerstermann,*Hermes* 81(1953),345—768; J. J. Wilkes,*Dalmatia*(1969),68—77。

② 　Florus ii 30,关于那些日耳曼人,"victi magis quam domiti erant"。

③ 　关于图拉真如何让亚美尼亚、美索不达米亚和亚述(Assyria)成为罗马行省,参见 F. A. Lepper,*Trajan's Parthian War*(1948); A. Maricq,*Syria* 36(1959),254ff. 有关证据的总结,参见 J. W. Eadie,*The Breviarium of Festus*(1976),139f. 关于此次暴动,参见 Lepper; R. P. Longden in *CAH* xi 250; E. M. Smallwood,*The Jews under Roman Rule*(²1981),418—420。

④ 　对帝政时代暴政的指控,参见 P. A. Brunt,*Historia* 10(1961),189—227。

⑤ 　Cicero,*Pro Fonteio* 5. 11.

到最近。土地和城镇被没收充公了,农民被赶走。政府征召了大
量男性加入骑兵去参加西班牙战争,"以至于他们[高卢人]只能永
远服从罗马人民的命令",①而且这些部队还要由高卢人自己支付
费用。② 为了给在西班牙的部队提供补给,民众被要求缴纳大量
谷物,这里初次提到了 *annona militaris*(征收军用物资)。这些都
被西塞罗当作是取得的成就。③ 采取这些行动的行省总督得到了
纳尔榜玛提厄斯(Narbo Martius)的殖民者、罗马的盟友马西利亚
(Massilia)以及行省中罗马公民的支持,而对他不利的证据则都
是由高卢人提供的。

我们往往很少听说整合的过程,但这却是在兼并新征服地区
时的关键阶段。我们完全有理由认为这是一个残忍且颇具侮辱性
的过程,军队积极参与了这一过程,或者说,从塔西佗关于布狄卡
暴动的描述来看是这样的。④ 日耳曼人"当他们感觉到法律比兵
器更加野蛮时",就起来反抗瓦鲁斯了。⑤

整合为行省的步骤之一就是将当地身强力壮的男性征召进罗
马军队。如前所述,西塞罗赞扬他的当事人佛恩忒尤斯征召了大
量的高卢人,"以使他们永远服从罗马人民的命令"。当这种做法
成了反叛的诱因或是重要动机时,史家们便更经常提到它。在提
庇留当政前,色雷斯人一直是在他们自己的军官手下当兵服役,而
且只在周围邻近的地方。26 年,当提庇留决定将色雷斯军队并入
正规军,并在罗马军官指挥下作为罗马军队派到帝国各地执行任

---

① 5.13.
② "magnas pecunias ad eorum stipendium."
③ 6.14:"Is qui gessit … "
④ 史料来源:Tacitus, *Ann.* xiv 29—39;*Agricola* 15—16.2;Dio lxii 1—12(Xiphili-
   nus)。这次暴动:G. Webster, *Boudicca, the British Revolt against Rome AD* 60
   (²1978);S. Frere, *Britannia*(1978),104—108;P. Salway, *Roman Britain*(1981),
   100—123。对史料的评价:R. Syme, *Tacitus*(1958),762—766。
⑤ Florus ii 32.

务时,色雷斯人就发动了叛乱。① 发生在不列颠的布狄卡暴动虽然有多个原因,但其中之一就是由于征召不列颠人加入辅助军从而引发了怨恨。② 在 69 年以前,巴塔维人按照罗马的要求建立了自己的军队,由他们自己的军官指挥。作为对建立这些部队的回报,巴塔维人在税赋方面享有豁免权。奇维里斯(Civilis)暴动发生在罗马军官用残暴手段征收新增税项时。③ 这三个例子都说明管治方式会导致危机。显然,怨恨在平时也存在,但并不是导致实际发生叛乱所需的那种复杂的环境条件。罗马人征兵的明显好处是,被抽走的恰恰是那些最有可能反叛或是在新征服土地上进行抢掠的人。不仅如此,这些新征的部队还可以用来镇压其他地区的类似活动。例如从阿拉伯征召的 *dromedarii*(骆驼骑兵)部队人数达 5000 人,这些部队在沙漠线路上巡逻,保护旅行者和商队。④ 骆驼骑兵出现在从迈达因萨利赫(Mada'in Salih)到艾尔乌拉(al-Ula)沿途的涂鸦中。⑤ 这个部队的一名退伍老兵出现在来自莱伽(特拉可尼(Trachonitis))南部的一段文献中。⑥ 伊图利亚人(Ituraeans)作为弓箭手远近闻名,罗马军队中至少有 6、7 个伊图利亚步兵大队和一个 *ala Ituraeorum*("伊图利亚骑兵队")。⑦

59

---

① Tacitus,*Ann.* iv 46;对照 K. Kraft, *Zur Rekrutierung der Alen und Cohorten an Rhein und Donau*(1951),35ff.;P. A. Brunt,*SCI* 1(1974),106。

② Tacitus,*Agricola* 15. 3. 对照 Brunt,*SCI*,107。

③ Tacitus,*Hist.* iv 14;对照 Brunt,*Latomus* 19(1960),494ff.;*SCI*,106f. 。

④ 这些未见于 Cichorius,*RE* iv,s. v. cohors,324f.,如在阿拉伯征兵,对照 G. L. Cheesman,*The Auxilia of the Roman Imperial Army*(1914),182;*CIL* xvi no. 106。

⑤ 参见下文第 127 页(按:原书页码)。

⑥ *ILS* 2541;对照 H. Seyrig,*Syria* 22(1941),234f.;Speidel,*ANRW* ii 8. 704。

⑦ 对照 Schürer,*The History of the Jewish People in the Age of Jesus Christ*,ed. G. Vermes and F. Millar,i(1973),562,570;M. M. Roxan,*RMD*,i, nos. 9,53;Isaac, "Military Diplomata and Extraordinary Levies for Campaigns",in W. Eck and H. Wolff(eds.),*Heer and Integrationspolitik:Die römischen Militärdiplome als historische Quelle*(1986),259—261。来自特拉可尼的弓箭手在希律的军队中服役:Josephus,*BJ* ii 4. 2(58)。

黎 巴 嫩

公元前 63 年,在庞贝的东方战争期间,有几个地区都深受匪患之苦。伊图利亚人是一个以骁勇好斗而著称的民族,他们生活在黎巴嫩的山区和贝卡谷地。斯特拉波在描述黎巴嫩时这样写道：

> 现在,所有的高山地带都被伊图利亚人和阿拉伯人控制着,这些人全是土匪,但住在平原上的都是农民;后者受到这些土匪的骚扰,他们多次提出请求,希望得到帮助。这些土匪利用堡垒作为基地,实施抢劫活动;例如,那些控制黎巴纳斯(Libanus,即黎巴嫩)的人在高山上占据着希那(Sinna)和巴拉马(Barrama)以及其他这类堡垒,在南部,他们控制着波特里斯(Botrys)、吉噶特斯(Gigartus)和海边的洞穴,以及在提布罗所芃(Theuprosopon)垒起来的城堡。庞贝荡平了这些地方;于是土匪们转移到拜博拉斯(Byblus)和它后面的一座城市,即位于西顿(Sidon)和提布罗所芃之间贝来图斯城。①

即使到了现代时期,这一地区依然发生过类似的袭击。② 虽然庞贝可能彻底地控制了海岸地区,并由此掌握了连接埃及与叙利亚北部的沿海道路,但内陆地区显然并没有通过这次战争就得

---

① xvi 2.18(756); trans. L. Jones, Loeb.
② 如见大不列颠海军部的 *Handbook of Syria*(*including Palestine*)(1920),229—231。关于伊图利亚的历史,参见 Schürer, i, Appendix I, 561—573; W. Schottroff, *ZDPV* 98(1982),130—145; F. Peters, *JAOS* 97(1977),263—275。另见 A. Kasher, *Cathedra* 33(1984),18—41,讨论了犹太人与(在希伯来的)伊图利亚人之间的关系; S. Dar, ibid, 42—50 讨论了在赫蒙山(Hermon)地区发现的伊图利亚人(?)的避难所(希伯来语)。

到平定。相反,大军横过所造成的破坏很可能摧毁了该地区的经济,而这只会加重而不是减轻匪患。在奥古斯都统治期间,退役军人被安置在贝来图斯和赫里奥波里斯(Heliopolis,译注:亦译"太阳城")的一两个殖民定居地。人们同意这些定居地其实起着驻军的作用,有助于制约黎巴嫩的土著部落;然而,在第七章中,我将指出这一理论所依据的基础是对这些殖民地一般性质和黎巴嫩特殊状况的根本误解。

老兵殖民地无非是位于敌对区域附近的一个忠诚和稳定的中心,是现役部队单位实施军事行动的基地而已。[①] 它们从来也无法在对行省的军事整合中充当重要角色,更不要说保卫新征服的领土了。不仅如此,罗马当局在东方行省中从未实行过大规模的定居安置。由在赫里奥波里斯服役的士兵竖立的石碑暗示了该地区有军事机构存在。一段著名的碑文记载了公元 6 年一次针对伊图利亚人的战役,这是在贝来图斯和赫里奥波里斯建立退伍老兵定居地以后很久的事了。[②] 如果以为有一段碑文就意味着只有一次派出远征军去对付伊图利亚人,那就错了。我们必须接受远征行动发生过多次的可能性。

在多山的地带中居住着身手敏捷的游击战士,他们坚决抵抗外来的强权,对这种地区只有依靠军队才能够实现长期占领。军队必须随时准备干预,定期在乡村地区展开巡逻,去到每一个村落,并保护自己的交通道路。只有当地的长期驻军而不是一支路过此地的部队才能有效地控制匪患。事实上,斯特拉波已经暗示

---

① 参见下文第七章,当局在奥斯曼巴勒斯坦部署的驻军也是为了同样目的。

② *CIL* iii 6687。在赫里奥波里斯服役的士兵:*IGLS* vi 2711—2712,2714,2789,2848。最近的军团大本营是在拉菲尼亚。碑文让我们想到 *ILS* 740,一段来自伊索利亚的 4 世纪中期的文字,那里也是一个饱受匪患的地区。碑文中提到一个被罗马军队占领并驻军的"castellum diu ante a latronibus possessum et provinciis perniciosum"。显然,这只是在该地区长期战争中的一次行动而已。

了这个意思,他在提及庞贝之外还谈论了当时的情况。他并没有谎称庞贝或是在贝来图斯和贝卡谷地的退役老兵解决了问题。5个多世纪以后的普罗柯比讲述了由沙尼人(Tzani)——一个生活在反金牛座山区的民族——所造成的类似问题。① 沙尼人袭击那些低地的居民,靠抢劫财物为生,因为他们自己的土地太难耕种。与他们签立以和平为条件向其支付奖金的协议并不奏效。在与罗马军队的对阵战中,沙尼人不出意外地都打了败仗,但对于他们在山中的基地,罗马军队却是鞭长莫及。古代的作者告诉我们,一个行之有效的策略就是将这些人召进罗马军队。一个可以类比的恰当例子就是俄罗斯对高加索山区的逐步兼并。这一过程从 18 世纪早期开始,断断续续一直延续到 19 世纪中叶。高加索以南的格鲁吉亚是在 1801 年被并入俄国的,但此后与山地人民——最著名的是切尔克斯(Circassian)部落——的激烈战斗又持续了 60 年之久。由此可见,俄国对于平原地区和山区附近较大中心城市的突破,是和山区的拉锯战状态同时并存的。② 我们可以认为,罗马人在黎巴嫩最先控制了沿海的城市和内陆的贝卡谷地。从贝来图斯通往大马士革的道路需要特殊的安全措施。对于山区的平定将是一个耗费时日的问题,只有依靠正规军才能够完成。

特 拉 可 尼

另一方面,在更靠东边的地方也存在着类似问题,斯特拉波声称罗马军队采取了有效的措施。现代的埃尔莱伽(El Leja,其意

---

① *Hist.* i 15. 19—25.
② M. Lermontov 的真实描述见于 *A Hero of Our Time*:来自莫斯科和匹兹堡的上流社会到访位于北高加索皮亚季戈尔斯克(Pyatigorsk)的矿泉地,四周卫兵密布以保护他们不受切尔克斯人的袭击。

思是"避难所"，躲避藏身的地方）在古代被叫作特拉可尼，位于大马士革与波斯卓之间的熔岩高地。① 关于这个地方，斯特拉波说了下面这番话：

> 然后，在靠近阿拉伯人和伊图利亚人混居的地区，有难以翻越的高山，山里有入口很深的洞穴，其中一个山洞在有敌人入侵时可以容纳多达 4000 人藏身，从多个地方都发起过针对达玛森人（Damasceni）的入侵。在大多情况下，这些野蛮人都会抢掠来自"幸福阿拉伯"（Arabia Felix）地区的客商，但现在情况已经好多了，因为罗马人建立了良好的管治，留在叙利亚的罗马士兵建立起安全保障，在芝诺多洛斯（Zenodorus）统治时期肆虐横行的强盗团伙已经被击溃。②

公元前 23 年，奥古斯都将特拉可尼、巴塔内亚（Batanaea）（巴珊（Bashan））以及奥兰尼斯（Auranitis）（豪兰（Hauran））等地交给希律（Herod）管辖。他的任务是镇压在特拉可尼的土匪团伙，这些团伙受到四帝之一的芝诺多洛斯支持，在达玛森活动。③ 后者获得收益的一部分，据约瑟夫斯讲：

62

---

① 地理情况：Schürer，i 336—338；俯瞰照片：A. Poidebard，*Syria* 9(1928)，114—123。对照 F. Peters，*JAOS* 97（1977），263—275。参见 *Hauran I：Recherches archéologiques sur la Syrie du sud à l'époque hellénistique et romaine*，ed. J. -M. Dentzer(1985)。更早的著述：J. G. Wetzstein，*Reisebericht über Hauran und die Trachonen*(1860)；M. von Oppenheim，*Vom Mittelmeer zum Persischen Golf*，i-ii (1899/1900)，87—108；H. C. Butler et al. *The Publications of an American Archaeological Expedition to Syria*，1899—1900(1903—1914)；*The publications of the Princeton University Archaeological Expeditions to Syria in* 1904—1905 *and* 1909(1907—1943)。

② xvi 2. 20(756)；trans. L. Jones，Loeb。

③ Josephus，*Ant.* xv 10. 1(343—348)；*BJ* i 20. 4(398—400). 关于芝诺多洛斯，参见 Schürer，i，565f.。

　　要制约那些业已习惯了土匪勾当又无其他谋生手段的人是
非常困难的,因为这些人没有自己的城市和田地,只能在地下的
坑道和山洞中栖身,他们在那里与牲口居于一处。他们还想办
法预先囤积了水和食物,因此可以在这些藏身之处坚持很长时
间。此外,(他们的洞穴)入口狭窄,一次只能容一人出入,而山
洞里面却惊人地宽敞,并经过修建能够提供很多活动空间,他们
住处顶上的地面并不高高凸起,而是与[周围的]地表几乎持平。
整个地方到处都是崎岖的山石,难以靠近,除非你有向导带路走
小道,因为即使这些羊肠小道也并不挺直,而是弯来绕去。①

　　这两则显然彼此独立的原始史料相互吻合并互为补充。斯特拉
波和约瑟夫斯都记载了主要的问题是大马士革的属地和道路饱受匪
患滋扰;他们二人都告诉我们,这些土匪藏身于山洞之中。在该地
区工作的考古学者已经发现了这些山洞。② 以色列近年来发现了大量
的人造洞穴,明显是在罗马时期被人用来藏身的地方。阿米阿努斯
讲述了一个故事,也许可以提供间接的证据,证明在 4 世纪时,阿帕
米亚地区的匪帮也是躲藏在山洞中。这些就是所谓的"马拉托库普
雷尼人"(Maratocupreni)。这个名称的前半部分几乎可以肯定就是
洞穴的意思。③ 斯特拉波清楚地表明,对于罗马人来说,匪患是一个
特别令人担忧的问题,因为不仅是大马士革周边的农村人口,连商贩
们也受到了袭击。这表明在斯特拉波生活的时代,来自阿拉伯南部
的商人是去往叙利亚南部而不是亚历山大里亚和加沙的港口。在古
代文献中并没有很多地方说明罗马军队采取了积极行动来保护通

---

① 　*Ant.* xv 10. 1(346f.).
② 　F. Villenerve, in Dentzer, 73.
③ 　古叙利亚语的'*arta*,希伯来语的 e'*arah*,阿拉伯语的 *agharat*,意思都是"洞穴",对
　　照 I. Shahîd, *Byzantium and the Arabs in the Fourth Century*(1984),172 n. 127。
　　该名称后半部分意思不详。

商。另一方面约瑟夫斯强调了产生匪患的经济原因。

或许这里我们可以引述一段文字，描述了这一地区在本世纪初时的状况，可谓是触目惊心：

> 在这个黑暗而荒凉的地区，那些关隘、裂隙和洞穴十分难以靠近，因此在埃尔莱伽泛滥成灾达数百年的贝都因劫匪们继续找到了能够安然逃避法律制裁的藏身处……遍布岩石的边界只有几个地点可以进入，在岩石上凿出了小路。当地内部交通的秘密由本地居民小心地把守着。那些穿过和绕过裂谷或是通过狭窄关口的小道，只能白天在当地向导的帮助下才能行走，而这些向导也只熟悉某个具体地方的道路。①

维茨斯坦（Wetzstein）在 19 世纪 50 年代中期对该地区进行了调查，他告诉我们，土耳其当局从来不敢针对当地居民采取行动，不论大马士革周围的村民如何遭受他们的盘剥。他指出这些人只有通过在其土地上长期派驻军队才能加以控制。在他那个年代，那些山洞同样非常有名。② 我们也许注意到，"强盗的山洞"这个词组在《新约》中已经被用作一个自然的表达法。③

我们再次听到土匪藏匿于山洞中，而且正如约瑟夫斯所说，在那里需要向导带路。据约瑟夫斯讲，希律曾平定了这一地区，但是只过了 14 年，当地人就起来造反了。希律曾试图阻止他们以抢劫为生，强迫他们耕田种地，过安静的生活。但这并不是他们想要做的事情，而且——即使他们愿意这样生活——那里的土地十分贫瘠，于是他们又开始袭击周围的邻居了。希律的军队采取了行动，

---

① *Handbook of Syria*, 562f.
② *Reisebericht*, 34—39. 有关 19 世纪该地区的更多文献，参见 Dentzer, 400 n. 64。
③ Matt. 21:13.

一部分盗贼逃去了阿拉伯。在那里,他们又获得了一个基地,用来对犹地亚(加利利)和科勒-叙利亚(Coele-Syria,大马士革的属地)进行盗抢活动。希律首先攻打了这些土匪在特拉可尼的基地,但并不奏效,因为他们在纳巴泰的土地上还有一个活动基地,在那里,"其人数达到了约 1000 人"。① 希律又在那里攻打了他们并摧毁了基地,这一举动导致其与纳巴泰人之间发生冲突。为了进一步镇压土匪,希律将 3000 名伊杜迈人(Idumaeans),也就是他自己的国人,迁到特拉可尼定居。所有这些举措都使得他与奥古斯都之间产生了龃龉,受到奥古斯都的责备。在此以后,特拉可尼和纳巴泰两地的居民都转而以抢劫为生,攻击伊杜迈移民。

很明显,希律没能控制住特拉可尼,因为此后他又将犹太移民安置在巴塔内亚的巴提拉(Bathyra)。② 这个定居点本身是成功的。③ 犹太定居者的存在被在那瓦(Nawa)发现的石刻所证实,④ 这个地方位于大马士革-德拉(Der'a)-卡培托利亚斯(Capitolias)-加大拉(Gadara)-锡索波利斯的道路上,犹太旅行者使用这条道路来往于巴比伦尼亚。⑤ 约瑟夫斯认为这些犹太定居者在特拉可尼和加利利之间起着缓冲垫的作用。⑥ 这暗示希律业已放弃了想要永远征服特拉可尼当地土著的企图。

另一个迹象也显示希律在这一地区遭受了失败,在特拉可尼

①　Josephus, *Ant.* xvi 9k. 1—2(271—285).

②　*Ant.* xvii 2.1(23—30). 也许可以确定为巴希尔(Basire),位于沙纳迈恩(al-Sana-mein)(艾利(Aere))以东:R. Dussaud, *Topographie de la Syrie antique et médiévale*(1927),331;Schürer, ii 14 n. ;Th. Buzou, in Dentzer, 150,以及第 139 页旁的地图。

③　参见下文第 330 页(按:原书页码)。

④　对照 Schürer, i 338, n. 3;ii 14, n. 46. 关于纳瓦(Nava)和该地区的其他遗址,参见 F. Villeneuve, in Dentzer, 63—136。

⑤　提到该道路,*Itinerarium Antonini*, 196f. ap. *Itineraria Romana*, ed. O. Cuntz (1929),p. 21。

⑥　*Ant.* xvii 2.1—2(23—31).

东南边杰伯德鲁兹山坡地上的卡纳塔（Canatha）发现的石碑，是在两位亚基帕中不知哪一位统治时竖立的，碑文中提到了那些像动物一样躲藏在山洞中的人。①

　　这个地区的恶名由来已久。在公元 79 年以前写作的老普林尼笼统地谈到了阿拉伯人，说他们当中一半的人从事贸易，另一半则从事抢劫。②《恺撒简述》（*Epitome de Caesaribus*）中将腓力（Philip）皇帝的父亲称作"最著名的土匪头子"。③ 这说的是 3 世纪早期的情况，与我们此处讨论的话题有关，因为腓力就出生在特拉可尼附近的一个小城，这个地方后来被他重建为腓力波利斯（Philippopolis）。④ 我们不一定要相信《恺撒简述》中的这句话，但可以将其看作是对这个地区在古代恶名远扬的表达。

　　有一条穿过特拉可尼的罗马道路，沿途建有瞭望塔和碉堡，证明了罗马对该地进行过军事整合。这条道路建于 2 世纪时（有康茂德、塞普蒂米乌斯·塞维鲁和戴克里先时期的里程碑为证）。⑤ 我们还要指出，波斯卓这个军团大本营距离特拉可尼的南部边缘不到 40 公里。不过，关于罗马在该地区的军事整合，我们将在后面第三章中加以讨论。

　　我用了不少篇幅来讨论这一地区，是因为相对来说有比较可信、包含了重要信息的原始史料。古代的史料清楚表明，这是一个

---

① 　*OGIS* 424；*IGR* iii 1223；Waddington，no. 2329，其中有大量评述。该碑文事实上可能最早来自附近的瑟（Si'）。

② 　*NH* vi 32(162).

③ 　28. 4："is Philippus humillimo ortus loco fuit，patre nobilissimo latronum ductore."

④ 　对照 *RE* x，s. v. Iulius(Philippus)，386，755ff. ；xix，x. v. Philippopolis(2)，2263；A. Spijkerman，*The Coins of the Decapolis and Provincia Arabia* (1978)，258—261；G. W. Bowersock，*Roman Arabia* (1983)，123—127；I. Shahid，*Rome and the Arabs* (1984)，其中有关于腓力皇帝的大段论述。

⑤ 　A. Poidebard，*Syria* 9(1928)，114—123（俯瞰照片）；M. Dunand，*Mem. Ac. Inscr.* 13. 2(1930)，521—557；Bauzou，in Dentzer，139—141； pls. *ib-iiia*。

贫穷的地区,当地人无法从农业耕作中获得收益,正是导致该地贫
穷的这些因素使得这里成了土匪窝。其后果不仅影响到该地区本
身,也影响到邻近的那些土地肥沃的地区,令它们遭受匪盗的盘
剥。由于附近有重要的商贸线路经过,国际贸易也深受缺乏治安
之苦。先是奥古斯都给他的附庸王希律下令要他解决此问题,而
这似乎也的确是附庸王的分内职责,但是在这个案例中,结果却是
引发了希律与另一位附庸王之间的武装冲突。换句话说,这是一
个系统未能奏效的例子。这种地方性问题在史料文献中往往不被
提到,可能正是这类问题使得罗马人相信兼并有关地区是更为有
利的做法,并最终交由罗马军队去解决。但是要想一劳永逸地解
决此类问题是不可能的。那些导致不稳定的因素——经济贫穷和
交通困难——并没有发生变化。我们知道,在晚至 6 世纪时还不
断有撒马利亚的叛民逃到特拉可尼去。①

　　我们得到的关于特拉可尼匪患状况的信息十分重要,因为那里
的情形与在犹地亚发生的犹太人对罗马统治的反抗完全无关。在特
拉可尼造成问题的原因在于社会和经济方面,意识形态并未起任何
作用。而我们知道这种情况,得感谢两位可靠的史料来源,斯特拉波
和约瑟夫斯。这两位勤奋的作家描述了罗马在兼并黎巴嫩和特拉可
尼的统治过程中所遭遇的难题。然而,我们必须考虑到有这种可能,
特拉可尼在古代的其他时期也存在着匪盗现象,只是没人有兴致将
其写下来罢了。如果在后来的时期中也出现过此类现象的话,那它
就不只是一个整合的问题了,而是一个长期的内部安全问题。

犹 地 亚

　　有好几位史料来源都指责犹太人在被罗马征服以前就从事抢

---

① 　参见下文第 90 页(按:原书页码)。

掠活动。约瑟夫斯通过海卡努斯之口谴责了亚里斯多布勒斯（Aristobulus），说他在庞贝到来以前就煽动对邻近民族发动袭击和在海上从事海盗活动。[1]　斯特拉波告诉我们说：

> ［哈斯蒙尼人的］暴政是匪患的根源，因为有的人会起来造反，骚扰乡村地区，抢劫他们自己的地方和左邻右舍，而另一些人则与统治者合作，对他人的财产巧取豪夺，并控制了叙利亚和腓尼基（Phoenicia）的大片地方。[2]

66

斯特拉波在描述从佐培（Joppe）到卡梅尔（Carmel）的沙龙（Sharon）沿海地区时，再次说道：“显然，强盗们的港口不过是个匪窝而已。”[3]我们在《腓力史》（*Historia Philippica*）和查士丁纳斯（Justinus）为庞培乌斯·特罗古斯（Pompeius Trogus）撰写的 *epitome*（墓志铭）中也发现了类似的指控，[4]说犹太人和阿拉伯人用抢掠活动侵扰了叙利亚。我们很难判断此处所说是单指哈斯蒙尼对犹地亚以外地区的征服呢，还是也包括了没有任何文字记录的那些武装冲突或袭击。

这类陈述必须与关于特拉可尼匪患的信息区别开来。那些针对犹太人在国家支持下进行抢掠活动的指控，如斯特拉波针对芝诺多洛斯和约瑟夫斯针对纳巴泰人的指责，可能并不符合事实。他们的用意是要将第三方的武力干涉合法化。庞贝在展开东方战役时就曾宣称其目的是要消灭海盗活动，而关于

---

[1]　*Ant.* xiv 3.2(43)．

[2]　xvi 2.28(758)．

[3]　xvi 2.28(758)．另见 2.40(761)，用类似的语言描述了哈斯蒙尼人的堡垒。

[4]　*Historiae Philippicae*，prologus，L. xxxix，and Justinus(Pompeius Trogus) xi 2.4；有关评述，参见 M. Stern，*Greek and Latin Authors on Jews and Judaism*，i(1974)，nos. 138f. p. 343。

从事抢劫和海盗的指控显然可以为制伏其他民族找到合理的借口。[①]

结　论

经常有人说,罗马军队在参与征服战争的同时,会修筑一道设防的边界线,以保卫新征服的地域不受外来攻击。[②] 这个观念只会让那些具有堑壕战思维的人感兴趣。前面我们已经指出,现实状况全然不是这样。在最初的征服战争后,紧接着就是一个巩固、兼并和重组的时期,这一时期可能会相当艰苦和漫长。这些活动不太能吸引古代史家的兴趣,因此我们得到的信息并不充分。我们听说过偶尔的暴动,引发动乱的原因是重大的判断失误或是对被征服民族的粗暴行为。多亏有了约瑟夫斯和斯特拉波,我们才对东部一些地区的情况了解得更多一些,但总体而言,我们认为在这个阶段中,军事力量被用来进行多种活动,而很多活动的收效并不像一些原始史料中说的那么好。

内　乱

当一个被征服的民族不再积极反抗罗马的统治时,军队的职责就转变为维持内部安全。前面讨论了在刚被征服的民众中进行巩固整合的过程,当然,这并非是说每个行省在初步的吸收阶段完成后就变得风平浪静了。在 1 世纪的后三分之一时间里出现了各种各样的麻烦,例如,"在伊利里库姆(Illyricum)发生了骚乱,高卢对罗马的忠诚令人怀疑,不列颠虽然已被完全降服,但旋即又被罗

---

① 例如,Appian,*Mithradaticus Liber*,114(ed. Mendelssohn,556f.)。
② 例如,在日耳曼战争期间,参见 Isaac,*JRS* 78(1988),125—147。

马放弃了"。① 这些地区均已成为罗马行省很长时间，而且它们的问题并非是由外来入侵者所造成。在哈德良治下，波斯尼亚出现了麻烦；在马可·奥略留（Marcus Aurelius）的多瑙河战争期间，马其顿和色雷斯边境上出现了群起暴动。② 更往东去的伊索利亚（Isauria）长期遭受匪患困扰，从 3 世纪开始，这一地区就成了一个永久性问题。③ 我们必须认识到，所有这些麻烦都需要罗马军队的介入。必须考虑这种可能，罗马帝国中有些形式的动乱与反抗罗马统治并无关系，必须被描述成没有具体种族或意识形态根源的社会问题。不过，首先要看的是，关于那些生活在沙漠中、给行省安全造成威胁的游牧民，我们手头有什么样的证据。

在 4 世纪以前游牧部落并不是动乱之源

在其他有关东方行省安全问题的讨论中，人们常常认为军队必须完成的基本任务有两个：保卫整个地区不受波斯军队的侵袭，以及防止游牧民的偷袭、滋扰和入侵。④ 人们想当然地认为罗马的帝国军队一旦占领了某个地区，就必须立即防范迫在眉睫的外来入侵和征服——事实上，直到 7 世纪以前，罗马军队在这方面都

68

① Tacitus, Hist. i 2："turbatum Illyricum, Galliae nutantes, perdomita Britannia et statim omissa."

② Syme, *Actes* 认为 Vitrasius Flamininus(*suff*. 122)好像是上梅西亚(Moesia Superior)的总督，并且还是达尔马提亚行省军队的司令官。关于马可领导的反叛，参见 *AE* 1956. 124。

③ Syme, *Actes*.

④ A. Alt. *ZDPV* 58 (1935), 37, 43—51；F.-M., Abel, *Géographie de la Palestine* (³1967), 178—184, 187—191. 关于内盖夫的情况，参见 M. Avi-Yonah, *The Holy Land* (²1977), 119f.；M. Gichon(参见下文注释 76)。关于阿拉伯，参见 E. W. Gray, *Proc. Afr. Class. Ass.* 12(1973), 27；M. Speidel, *ANRW*, 688；S. T. Parker, *Romans and Saracens*(1986), 6—9, 提出了不同观点，以解释保卫阿拉伯不受敌人入侵的必要性，但承认并没有针对游牧部落的军事屏障。

做得很好。人们相信帝政时代的军队成功地经受住了异常严峻的
压力,维护了行省的安全,但这些行省被后来式微的拜占庭军队丢
失殆尽。不过,我们必须追问,这是否有可能是并无证据证明的、
将本来属于 7 世纪而不是以前时期的现实判断投射到更早历史中
所造成的时代错误。我在很早的一篇论文中也曾支持过这种观
点,即认为 4 世纪以前贝都因部落并没有制造过严重的麻烦。[①]
我提出军队在那里主要是为了保障道路安全。[②] 为了把问题搞清
楚,这里我将重复这些论点并展开讨论。如果这些论点可以被认
为对于东部边境地区是有效的话,那么可能 *mutatis mutandis*(经
过必要调整),类似的分析也适用于其他边境地区。

在整个非洲北部和近东地区,只要有人居住的地方与沙漠相连,
罗马人就面临着游牧民移动放牧和季节性迁移牲口的现象。很多现
代学者倾向于用 19 世纪和 20 世纪早期的状况来看待这个问题,在
这个时期,贝都因人在奥斯曼帝国的领土上造成了严重的动荡不安,
而奥斯曼帝国是马穆鲁克(Mamluk)帝国的后继者,马穆鲁克帝国
也没能对贝都因人施以有效的控制。[③] 从这一时期的大量旅行记录

① 至于巴勒斯坦南部,有两篇论文最先讨论了此问题,P. Mayerson, *Proc. American
Philosophical Society* 107 (1963), 1670—1672, esp. 165ff. ; *TAPA* 94 (1964),
155—199, esp. 168;188ff. 对更广大区域的讨论将发表于 D. F. Graf, "Rome and
the Saracens: Reassessing the Nomadic Menace", *Colloque International sur
L'Arabie préislamique et son environnement historique et culturel*, Strasbourg, June
1987(即将出版)。
② *HSCP* 88(1984), 171—203, esp. 173f. ;希伯来语修订版参见 *Cathedra* 39(1986),
3—36。
③ 例如,F. E. Peters, *JNES* 37 (1978), 315—326,相关文献:J. Wetzstein, *Reise-
bericht über Hauran und die Trachonen*(1860), 2;G. Schumacher, *Across the Jor-
dan*, 103f. ;A. Musil, *Arabia Deserta*(1927), 353, 408;J. Porter, *Five Years in Da-
mascus*, ii(1855), 69. 关于贝都因人在 16 和 17 世纪的巴勒斯坦所起的作用,参见
M. Sharon in M. Ma'oz, *Studies on Palestine during the Ottoman Period*(1975),
11—30。1840 至 1861 年间为改善局面所做的努力并不成功,参见 M. Ma'oz, *Ot-
toman Reform in Syria and Palestine*(1968), ch. IX。

中可以清楚地看到,巴勒斯坦几乎处于一种完全无法无天的状态,造成这一状况的原因很多,其中主要有奥斯曼军队的软弱无力、缺乏坚定有效的政策以及定居人口稀少分散等。有人认为这个模式也适用于罗马统治下的情形,但其实我们对真实状况了解得并不多。

　　现代的研究者们更是无时无刻不忘 7 世纪中发生的那些骚乱,当时近东和北非的大片区域的确被那股兴起于阿拉伯半岛的运动所征服。罗马史家们真的明白从 2 世纪后期开始帝国部分区域的边缘地带所承受的实际压力。把这些观念放在一起,就产生了一幅罗马东部"边疆"的景象:那里随时承受着来自游牧民的压力,因此需要军队时刻做好准备,以防受到威胁的帝国发生崩溃。我们有理由设问,这些不同的模式是否可以拿来用于考察被伊斯兰征服以前的近东地区?

　　在研究罗马帝国时,我们所面对的组织方式不能不加限定地拿来与奥斯曼帝国进行类比,沙漠或沙漠边缘地带的社会和经济状况与奥斯曼帝国也不一定具有可比性。罗马人也许有能力采取更有效的,或者说,更残酷无情的军事行动来消除麻烦,而且他们还有诸如骆驼骑兵等辅助军的协助。在不同时期,游牧和牲畜季节性迁移的模式可能有所变化,如果认为沙特阿拉伯半岛在整个历史过程中都像一个沸水翻腾的水壶,持续不断地对定居地区制造着来自游牧民的压力,倒也未必符合事实。[①] 没有证据表明古

———————————

[①]　就我所知,关于 19 世纪后期贝都因部落,最好的研究来自 A. Musil, *The Manners and Customs of the Rwala Bedouins*(1928);在其他著述中偶尔能发现有趣的观点,特别是 *Arabia Petraea : a Topographical Itinerary*(1928)。另一部经典著作是 C. M. Doughty, *Travels in Arabia Deserta*(1888)。有关贝都因游牧民的现代文献当然很多,我不敢说自己做过系统的阅读。我参考过并认为重要的著作有:T. Ashkenazi, *Tribus semi-nomades de la Palestine du Nord*(1938);E. Marx, *Bedouin of the Negev*(1967);T. Asad, *The Kababish Arabs : Power, Authority and Consent in a Nomadic Tribe*(1970);W. Weissleder(ed.), *The Nomadic Alternative : Modes and Models of Interaction in the African-Asian Deserts and Steppes*(1978);F. Donner, *The Early Islamic Conquests*(1981),ch. I 讨论了前伊斯兰时期阿拉伯的国家与社会。更多参考文献可见论文:E. B. Banning, *BASOR* 261(1986),25—50。

代的阿拉伯有人口过剩的问题。① 首先这个地区的气候和资源就
不允许太多的人口存活。

对于古代的贝都因人,我们知之甚少,如果把他们与较为近代的
历史中的那些游牧民族进行类比,很可能会导致我们得出歪曲事实的
观点。很多19世纪有关这个话题的文献都染上了一层浪漫主义色
彩,用贝都因人看待他们自身的方式来描述他们。② 他们的生活方式
从根本上讲,是一个没有现代科技的民族如何适应生活在一个夏季极
度缺水的地区。气候的细微变化,以及定居地区的政治和经济因素都
会对贝都因人的生活产生很大的影响,并由此改变其行为方式。

有人甚至提出,阿拉伯人之间的社会结构发生根本变化是从罗
马占领纳巴泰王国开始的这一过程所造成的。③ 在阿拉伯南部和东
部,除了纳巴泰王国外,还存在着各种各样的小公国:如卡塔班(Qa-
taban)、塞巴(Saba)、格尔哈(Gerrha)等等。在巴比伦尼亚南部有查
拉塞尼(Characene)公国(米西尼(Mesene))。④ 在北部的帕尔米拉
城邦也可看作属于同一系列:呈链条状的一串城市和公国通过商
队路线网连接起来,使得整个地区可以存有一定程度的繁荣和稳定。
在纳巴泰王国被罗马瓦解后,阿拉伯半岛上的各个邦国也都就此终
结了。米西尼王国被帕提亚人接管了,时间显然是在2世纪中叶。⑤

① 参见 Donner,268。据他引述,在被伊斯兰征服的第三阶段乌马尔('Umar)曾抱怨
说很难找到足够的男子去补充军队,这表明当时并不存在人口过剩问题。
② 相关观点参见 E. Marx,*The Nomadic Alternative*,41—74,esp. 46。
③ W. Caskel 谈到"阿拉伯的贝都因化",参见 G. E. von Grunebaum(ed.),*Studies in Islamic Cultural History*,Memoirs of the American Anthropological Association 76(1954),36—46。
④ 关于米西尼,参见 Oppenheimer et al.,*Babylonia Judaica in the Talmudic Period* (1983),241—256。
⑤ 最近发现了一座赫拉克勒斯的雕像,是与来自米西尼的战利品一起带到帕提亚都城的,上面的碑文如此说,参见 W. I. Al-Salihi,Sumer 43(1984),219—229,esp. 223—225;G. W. Bowersock,*Colloque International*,*l'Arabie préislamique et son environnement historique et culturel*,Strasbourg,24—27 June,1987,其记录即将公布。

帕尔米拉在 3 世纪后半叶被消灭掉了。所有这些都势必导致商队
路线荒废和经济繁荣衰退,并由此造成部分人口从定居生活转为
游牧生活。也许有人要问,我们对古代贸易方式是否有足够的了
解而能够肯定地接受这一理论,但无疑的是,该地区两个大国的作
用影响着这里各地的游牧群体,对叙利亚沙漠地区的影响要大过
阿拉伯南部。这种影响的部分后果直到 4 世纪时才变得清晰起
来;罗马的存在以及它对该地区另一大国的攻击性政策导致同盟
组织的出现,这个因素的重要性远远超过前几个世纪中的阿拉
伯人。

　　导致被伊斯兰征服这一突变的主要因素就是伊斯兰的兴起,
我们不必为否认这个明显的结论而去大费周章。①

　　对这样的理论或其他有关前伊斯兰阿拉伯的观点进行论证并
非本章的目的。不过,对于那种认为罗马行省永远处于游牧民压
力之下的观点,讨论一下其他不同的视角倒是有意义的。应该严
肃考虑的一种可能就是,一个强有力的中央政府将会建立起稳定
的状态,使得在沙漠地区通过各种形式的、温和的政策措施能够将
治安保持在一个可以接受的水平。② 以骆驼代步自古以来都是贝
都因人的习惯,这一习俗一直延续到最近的年代,但这并不对罗马
政权构成妨碍,因为它没有影响到有人定居的地区。③ 季节性畜

71

---

① 这是 Donner 著作的基本主题之一。

② E. B. Banning,*BASOR* 261(1986),25—50 指出游牧民与外约旦的定居人口之间
　的关系处于一种相对和平的状态;对此观点的批评参见 S. T. Parker,*BASOR* 265
　(1987),35—51;班宁的回应,参见 ibid. 51—54,另对照 P. C. Salzman(ed.),*When
　Nomads Settle*(1980)。另见 A. Musil,下文第 217 页(按:原书页码)将做引述。
　关于北非,参见 M. Euzennat,*Bull. archéologique du CTHS* NS 19B(1985),161—
　167,讨论了(在沙漠地区扩大)罗马军事占领与农业耕作、定居化、以及分阶段吸
　收 *gentes externae*(罗马帝国境内较为野蛮的民族)之间的关系("pénétration par
　osmose")。

③ 关于骑乘骆驼的近代历史,参见 L. E. Sweet,*Peoples and Cultures of the Middle
　East*,ed. L. E. Sweet(1970),265—289。

牧迁徙也并不一定意味着从事这种活动的人就一定会有攻击性行为。不过,我们最好还是先考察一下证据再说吧。

即使是那些认为罗马军队在东方行省中的首要作用是保护定居区不受游牧民侵扰的人也承认,从来没有哪怕一条史料提到过,在拜占庭时期以前,游牧部落引发了严重的问题。[①] 这一点很重要,因为与罗马的其他行省相比,有关犹地亚的信息倒是特别丰富。约瑟夫斯是唯一一位给我们讲述了一个独立的王国如何分阶段地变成一个罗马行省的古代史家。《塔木德经》史料和早期的基督教史料都不能作为历史记载来使用,当然,它们也包含了有关那个时代重大问题的某些信息。这些史料里面均未提到任何游牧民的袭击活动。

在西奈、内盖夫和外约旦沙漠地区,人们都发现了很多无法确定年代的涂鸦。其中包含信息最丰富的是由那些所谓的撒菲亚特(Safaitic)部落所创作的。[②] 这些涂鸦证明有游牧民每年从豪兰迁移到沙漠地区,然后又返回。然而,这些涂鸦的文字很难解读,更难确定时间。这样的涂鸦不能用来作为罗马行省承受极大压力的证据,除非你硬要从一种先入之见开始,即认为存在着这种压力。

72

---

① 见参考文献中引述的 M. Gichon 的多篇文章。他从其他时代的类似情况中得出结论,认为在内盖夫的军事设施,其首要目的就是保卫犹地亚的定居区不受游牧民的偷袭和入侵,此外还有其他功能,如保护贸易和监督交通。最新的表述参见 *Roman Frontier Studies* 1979, ed. W. S. Hanson and L. J. F. Keppie(1980), 843—864。关于罗马与游牧民之间的关系,参见 F. E. Peters, *JNES* 37(1978), 315—326; M. Sartre, *Trois études sur l'Arabie romaine et byzantine*(1982)ch. 3; Bowersock, *Roman Arabia*, *passim*; Shahîd, *Rome and the Arabs*; *Byzantium and the Arabs in the Fourth Century*。

② G. L. Harding, *Al-Abhath* 22(1969), 3—25; D. F. Graf, *BASOR* 229(1978), 1—26, 其参考文献中的 F. V. Winnett and G. Lankaster Harding, *Inscriptions from Fifty Safaitic Cairns*(1978); M. Sartre, *Syria* 59(1982), 77—91; H. I. MacAdam, *Studies in the History of the Roman Province of Arabia*(1986), 101—146; Graf, *Colloque International sur l'Arabie préislamique et son environnement historique et culturel*, Strasbourg, June, 1987(即将发表)。

在涂鸦中经常提到罗马人,有几处刻文中甚至提到了袭击和与罗马人的战斗,时间可能是公元后的前 3 个世纪。① 但这些文字都是从部落民族的角度来描述这些冲突的,与罗马人的看法相去甚远。我们无法知道在小规模骆驼袭击和报复措施以外是否还有其他的行动。我们必须把罗马在游牧民当中维持治安的政策,与保卫行省不受外国人侵或大规模突破的军事行动区分开来。

　　在阿拉伯中部和南方地区的萨穆德语(Thamudic)涂鸦中根本没有提到罗马人。② 这很重要,因为有人认为,正是从那里开始,压力变得巨大而持久。一段著名的双语文字显示,在马可·奥略留统治期间,萨穆德人与罗马结为了盟友,他们承认罗马皇帝和阿拉伯行省总督的权威。③ 最初的结盟地是卢瓦发(Ruwwafa),位于主要贸易路线上的一个重要的圣地和道路交汇处。

　　有几则提到 3 世纪的材料可以弃之不用。《罗马皇帝传》中有一段关于奈哲尔(Niger)在其军队被萨拉森人击败后的讲话。军士们抱怨道:“我们没有酒,我们没法打仗。”奈哲尔回答说:“你们真叫丢脸啊,因为打败你们的人只喝水。”④这看似好像是有关前伊斯兰时期戒酒的早期证据,⑤但并非萨拉森人有侵犯举动的证据。《罗马皇帝传》总是想自作聪明,我们一定要多加小心,不可轻信,尤其是当它的作者在对其他种族加以诋毁时。同一个史料来源讲述说马克里努斯非常勇敢,在“幸福阿拉伯”成功发动了战役。⑥ 我们不清楚作者是否知道这不符合事实;他也许是真的弄

---

① 　Graf,*BASOR*,5f. 以及上一注释中引述的即将发表的论文。

② 　J. Beaucamp,“Rawwafa et les Thamoudéens”,*SDB* ix(1979),1467—1475.

③ 　G. W. Bowersock,*Le monde grec*:*Hommages à Claire Préaux*(1975),512—512;Graf,*BASOR*,9—123;Sartre,*Trois études*,27—29;Beaucamp,*SDB*.

④ 　SHA,*Niger* 7. 8.

⑤ 　在一段公元 132 年的献辞中提到了夏埃尔库姆神(Shai‘ al-Qaum)不喝酒(*CIS* ii 1973)。

⑥ 　SHA,*Macrinus* 12. 6.

混了,就像希罗狄安在讲述一次由塞维鲁率领的前往"幸福阿拉
伯"(而不是阿迪亚波纳)的远征时那样。① 根据《拉丁颂词》(*Lat-
in Panegyrics*),与萨拉森人作战的是戴克里先,②除此之外,我们
就别无所知了,但不管发生了什么,可能都是发生在美索不达米亚
北部,而且可能与戴克里先的波斯战争有关。③ 另一则著名的来
自纳玛拉(Namara)、时间为 328 年的碑文中提到了一位"阿拉伯
人的君王"。④ 这段文字非常难懂,有各种不同的解读,但伊穆鲁
克(Imru'l-quais)似乎是一位忠于罗马的藩属王。

　　所有这些并非是要否认部落迁移确实存在,而且罗马人对他
们小心翼翼地加以监视和控制。但这些都属于军队在和平时期的
活动,是内部治安行动——这里要强调的是内部。没有证据表明
在拜占庭时期以前内部就存在着很大的压力,或是在行省腹地有
对稳定的威胁。也没有迹象表明需要采取或已经采取了特别的或
是大规模的措施。

　　就我们所知,贝都因部落引发的第一次危机是 378 年的马维亚
(Mavia)女王暴动。⑤ 阿米阿努斯最早将萨拉森人描写成一种讨厌

---

① 　Herodian iii 9.3,Whittaker 对此有特别评注。
② 　*Panegyrici Latini* 11 [3],5,4.
③ 　T. D. Barnes,*The New Empire of Diocletian and Constantine*(1982),51,他对该
　　时期的事件年表做了订正,即 290 年的 5 月和 6 月有一到两个月是戴克里先对萨
　　拉森人发动战争的时间。对于一次有限的维持治安行动而言,这已足够了。另见
　　W. Ensslin,*Zur Ostpolitik des Kisers Diokletian*(1942),15f. 他评价说这不会是一
　　场重要的战争。
④ 　最新的讨论和更多参考文献参见 Sartre,*Trois études*,136—139;Bowersock,*Ro-
　　man Arabia*,ch. 10,pp. 138—142;Shahîd,*Rome and the Arabs*,32—53;J. A. Bella-
　　my,*JAOS* 105(1985),31—48,行文有修改。
⑤ 　Rufinus,*HE* ii 6(*PL* xxi,col. 515);Socrates,*HE* iv 36(*PG* lxvi 553,556);So-
　　zomen,*HE* vi 38(*GCS* 50);Theodoret,*HE* iv 23(*GCS* 44). 对照 G. W. Bower-
　　sock,*Studien zur antiken Sozialgeschichte*:*Festschrift F. Vittinghoff*,ed. W.
　　Eck,H. Galsterer,and H. Wolff(1980),477—495;P. Mayerson,*IEJ* 30
　　(1980),123f. ;Sartre,*Trois études*,140—144;Shahîd,*Rome and the Arabs*,
　　ch. VII。

的麻烦,①但他也只是把他们描述为袭击者,而不是侵略军。阿米阿努斯提到了一名部落首领,他是波斯的盟友,采用非正规战的方式,"长期以来以极其凶猛的程度骚扰我国的边境地区"。② 但他这里所讲的,是在罗马与波斯在美索不达米亚的对峙中发生的事情。

　　在其后的两个半世纪中,有数次来自游牧民的侵扰被提到。在 395—397 年期间,匈奴人曾翻过高加索山,发动了大规模入侵。③ 他们趁罗马军队离开意大利时,通过达留尔关隘到来。亚美尼亚、卡帕多西亚和叙利亚都受到了影响。匈奴人最远到达了埃德萨和安条克。有谣传说,因为贪婪,他们还想要去往耶路撒冷。安条克和推罗城(Tyre)对自己的防卫深感担忧,④耶柔米(Jerome,译注:347—420 年,圣经学者,著名圣经翻译家)和友人跑到船上躲避。属于波斯一边的美索不达米亚也同样被攻占了。匈奴人到达了泰西封,但并未夺城。匈奴人在一次战役中就跨过了惊人的距离。他们掳走了很多年轻人,很可能是抓去当奴隶,不过据狄奥多莱(Theodoret,译注:公元 4 世纪的叙利亚神学家)所言,有些人是自愿加入匈奴军队的——这条信息值得关注。⑤

74

① 特别参见 xxii 5.1—2,关于此事,参见 John Matthews,*The Roman Empire of Ammianus*(1989)。另见 Shahîd,*Rome and the Arabs*,ch. VII。
② xxiv 2.4:"Malechus Podosacis nomine,phylarchus Saracenorum Assanitorum,famosi nominis latro,omni saevitia per nostros limites diu grassatus."另见 Shahîd,*Rome and the Arabs*,119—123。
③ J. O. Maenchen-Helfen,*The World of the Huns*(1973),51—59 提供了大量参考文献。主要的史料来源有 Claudian,*In Ruf*. ii 26—35;Jerome,*Ep*. 60. 16;Socrates,*HE* vi 1;Philostorgius xi 8。
④ 与其他几处引述一样。Jerome,loc. cit. :"ecce tibi anno praeterito ex ultimis Caucasi rupibus inmixti in nos non Arabiae,sed septentrionis lupi,tantas brevi provincias percucurrerunt … obsessa Antiochia et urbes reliquae,quas Halys,Cydnus,Orontes,Eufratesque praeterfluunt. Tracti greges captivorum,Arbia,Phoenix,Palaestina,Aegyptus timore captivae."
⑤ 参见 Theodoret,*Commentary on Ezekiel* 38:10—12(*PG* lxxxi 1204),并对照 Maenchen-Helfen,57f. 关于叛逃到"蛮族"一边以及在拜占庭时期对罗马帝国崩溃的漠视态度,参见 G. E. M. de Ste. Groix,*The Class Struggle in the Ancient Greek World*(1981),474—488。

　　耶柔米在一封写于 400 年的信件中讲述了伊索利亚人发动的
一次突然袭击。他们蹂躏了腓尼基和加利利,并威胁到巴勒斯坦。
耶路撒冷的城墙被加固了。① 伊索利亚人在那些年间袭击了近东
的大片区域;在小亚细亚,特别是在卡帕多西亚和亚美尼亚,他们的
活动延续了将近两年。这些事件构成了伊索利亚分裂倾向的最高
点,在 4 世纪时,这种趋势代表着从地方性土匪活动向全面游击战
争的渐变过程。② 由于这个缘故,伊索利亚的总督从 4 世纪后半叶
开始被授予了特别军权,掌握着强大的守备部队,③用阿米阿努斯
的话来说,这些驻军"被部署在许多邻近的城镇和要塞中"。④ 阿米
阿努斯还在另一处讲到,甚至在他那个时代就有"从四面八方守卫
伊索利亚的士兵们"。⑤ 一则 382 年的法律条文几乎确凿地证明当
时就已经有了 *dux et praeses Isauriae*(伊索利亚军事统帅)。⑥ 由

---

① 　*Ep.* 114. 1:"Isaurorum repentina eruptio:Phoenicis Galilaeeaeque vastitas:terror
　　Palaestinae,praecipue urbs Hierosolymae:et nequaquam librorum sed murorum
　　extructio."对照 J. Rougé,*REA* 68(1966),282—315,esp. 298f. 以及总体概述,E.
　　Demougeot,*De l'unité à la division de l'empire romain*(1951)。

② 　完整的讨论参见 Rougé;关于 4 世纪中期对伊索利亚的袭击,参见 Ammianus xiv 2,
　　xix 13。另见 *Expositio Totius Mundi* 45:"Isauria,quae viros fortes habere dicitur,et
　　latrocinia aliquando facere conati sunt,magis vero et adversarii Romanorum esse
　　voluerunt,sed non potuerunt invictum nomen vincere",这段文字可能发布于 359 年。

③ 　*Not. Dig. Or.* xxix 6:他是一名 *comes rei militaris*(军事总督),而且也是 *praeses*,
　　对照 Rougé,304ff. 他的职位高于一般的总督和 *duces*。另见 H. Hellenkemper,
　　SMR iii 625—634。

④ 　xiv 2.5:"... milites per municipia plurima,quae isdem conterminant,dispositos et
　　castella ... "

⑤ 　xiv 2.13:"militibus omne latus Isauriae defendentibus."Rolfe 在 Loeb 版中译为:
　　"保卫整个伊索利亚边境地区的部队。"这个引述符合 Rougé,307,但是最好避免使
　　用"边境"这个说法,因为是否适用并不清楚。

⑥ 　*Cod. Theod.* ix 27. 3=*Cod. Just.* ix 27. 1。这段文字中提到一名 *dux et praeses
　　Sardiniae*(撒丁尼亚军事统帅),但由狄奥多西(Theodosius)颁布的法令中是不可
　　能提及这种 *dux* 的,对照 Rougé,296f. 。一名 *dux Isauriae*(伊苏里亚军事统帅)
　　出现在 *Not. Dig. Or.* xxix 18,被放在同一个重要 *comes*(总督)的标题下,这也许表
　　明当时正处于组建之两个阶段的重叠部分。另外,注意来自狄奥恺撒里亚(Dio-
　　caesarea)的碑文中提到一名总督和 *dux*:*MAMA* iii(1931),p. 71,no. 73。

此可见,伊索利亚被视为一个军事区。*lime* 一词没有出现,但这 75
并不令人吃惊,因为它的意思是"边境地区"。而伊索利亚并不是
这样的地区,在现代文献中使用该词只会造成混淆。① 伊索利亚
位于帝国中部,罗马人失去了对该地区的控制,需要一支军队来将
问题限制在当地。在阿纳斯塔西乌斯(Anastasius)统治期间,伊
索利亚人再次制造麻烦。他们"拥立了自己的暴君",并在被击败
前袭击了邻近的罗马行省。②

这里只需指出一点,造成这些侵扰的民族已经在罗马的行省
中居住了 4 个世纪,而且与阿拉伯和贝都因人均无任何关系。而
后面这一点对于匈奴人来说自然也是如此,他们在西方造成的破
坏要比在东方严重得多。耶柔米还描述了发生在约 410 年的其他
一些主要的侵犯事件,③但同样这些事件并非起源于帝国以外:我
们看到侵犯者是从昔兰尼(Cyrene)过来的伯伯尔人(Berbers)迁
徙流民,霍诺里厄斯(Honorius)和斯提里科(Stilicho)在非洲的行
动导致伯伯尔人背井离乡。④

出现于 4 世纪末 5 世纪初的危机时期是一个很大的话题,无

---

① SHA,*Tyr. trig.* 26,使用了这个词,但正如 *JRS* 78(1988),127ff. 所示,这段文字
 常常被人误解。如果我们能够从中汲取什么的话,这显示出伊索利亚并非是边境
 地区。保护伊索利亚的是自然环境,而非士兵。

② Zachariah of Mitylene,*Chronicle* vii 2.

③ *Ep.* 126. 2,写于 412 年(*PL* xxii 1086;*CSEL* lvi 144; ed. Labourt, vol. vii, 134—
 136);"… sic Aegypti limitem, Palaestinae, Phoenices, Syriae percurrit ad instar
 torrentis cuncta secum trahens, ut vix manus eorum misericordia Christi potueri-
 mus evadere".

④ D. Roques, "Synésios de Cyrène et les migrations Berbères vers l'Orient(398—
 413)",*CRAI*(1983),660—677. 此参考条目要感谢 D. F. Graf,他对该问题进行讨
 论的论文将出现于研讨会 *Colloque International sur L'Arabie préislamique et son
 environnement historique et culturel*,Strasbourg,June 1987。重要的原始史料有
 John Cassian,*Collationes* 1(SC 42),117f.;Jerome,*Ep.* 126. 2。事实上,耶柔米描
 述了他们的活动轨迹:"埃及、巴勒斯坦、腓尼基、叙利亚的边境地区。"换句话说,
 他们从埃及转移到巴勒斯坦,然后再去往更北边的地区。

法在此处加以讨论。[①] 这些年间出现的任何动乱都必须放在波及整个帝国的危机这个背景下来看待。但有必要指出,东方"边疆行省"所遭受的来自游牧民的全面进攻,起源并不在东南部。它们倒是来自完全出乎预料的地方,在伯伯尔人的例子中,是由罗马的破坏活动所引发的,它迫使这些部落逃离自己的家乡。

76　　　有几则史料都提及了阿纳斯塔西乌斯一世在位时出现的动乱,时间显然是在 499 年。[②] 巴勒斯坦于 502 年受到袭击。[③] 在528 年以后,波斯人的盟友莱赫米(Lakhmid)王国的首领阿尔蒙达(al-Mundhir)发动了两次最具破坏性的突然袭击。[④] 然而,这些侵犯似乎都未到达过叙利亚南部、阿拉伯和巴勒斯坦。[⑤]

在本节结束时,我们可以有把握地说,没有证据表明 4 世纪末以前巴勒斯坦和阿拉伯在安全方面受到过任何严重的威胁。即便把当时有关偶尔发生侵扰事件的传闻全部拼凑起来,也构不成那样一幅图景,显示行省安全曾多次甚至是频繁受到来自罗马军队控制地区以外的威胁。

犹地亚的匪盗活动

显然,有这样一种地方,那里在相当长的时间里都存在着对罗

---

① 但是参见 Demougeot and Maenchen-Helfen,opp. citt. 。
② Theophanes,A. M. 5990,ed. de Boor,141;Evagrius,*Historia Ecclesiastica* iii 35; *Vita Abramii*,ap. Schwartz,*Kyrillos von Ṣkythopolis*(1939),244;John of Nikiu, *Chronicle*,ch. 89(trans. R. H. Charles,1916),338. 关于时间,参见 E. Stein,*Histoire du Bas-Empire* ii(1949),91 n. 4。
③ Theophanes,A. M. 5994,de Boor 143;Nonnosus,*FHG* iv 179;*V. Euthym*,ap. Schwartz,67f. ;对照 Stein,92 and n. 1。参见 Kawar,*Der Islam* 33(1958),145—148;Sartre,*Trois études*,159f. 。
④ Procopius,*Bell.* i 17. 29ff. ;Malalas,423f. 对照 I. Kawar,*JAOS* 77(1957),79—87。
⑤ 6 世纪早期有关骚乱的报告或许与阿尔蒙达的活动并无关联。

马政权的区域性抵抗,哪怕这种抵抗并非是意识形态、民族、或宗教性质的。这个观点并未一直得到足够的认识。在这些地区,军队必须提供内部安全,首先是要保护其自身并维持罗马的权威。显然,征税和罗马军队的安全被摆在最优先的位置。民众个人安全的重要性则退居其次,正如本章开头引述狄奥的那段话中所表明的。

在犹地亚和阿拉伯有许多证据表明这些地区存在着内部问题。在有的时期,涉及犹地亚-巴勒斯坦的史料比起其他行省来说还是相当可靠的。除了通过约瑟夫斯的著述而为人熟知的那几个时期外,在其他时候匪患也是一个问题,各种形式的匪盗活动都具有地方性。我们将考虑两个要点。首先,事实上,无疑犹太人对罗马统治的反抗从动机和激烈程度上讲都是 *sui generis*(独特而自成一格的)。我们不能说犹地亚的动乱状态也反映了其他行省当时的状况。其次,同样也是事实的是,有关犹地亚的信息要多于罗马帝国的其他许多行省,这是因为犹地亚的文字史料要可信得多。在约瑟夫斯所描述的那个时期以后,情况也是如此,因为《塔木德经》史料提供了丰富的信息,尽管它们很难解释和理解。另外,我们还可以从早期基督教作者那里了解到不少情况。如果我们发现在犹地亚发生社会和经济动荡的形式与犹太人反抗罗马统治的具体形式之间并无直接关系,或许就可以认为这种问题在别的地方也同样存在。我们无法知道情况是否如此,因为对于大多数地区来说,根本就找不到记载了这种现象的原始史料。

公元 66 年以前

我们已经看到,罗马军队在黎巴嫩和叙利亚都面临着匪患问题。根据我们掌握的史料,匪患在山区和难以靠近的地区都具有地方性,往往是当地的人无法或是不愿通过农业手段给自己维持一个生存水准。而犹地亚,尤其是加利利,是相对富裕的乡村地区,但正如我们在本节中将看到的,在那里,一种不同类型的匪盗活动瓦解了治安。本书的目的并不是要提供罗马统治下的犹地亚社会史。但有必要讨论罗马政权在这个行省中所面临的问题,因为犹地亚的匪患为何要比邻近的其他行省难对付得多,对这个问题需要给出一个解释。

主要是因为约瑟夫斯,我们才有了关于从希律王去世到第一次犹太暴动期间犹地亚发生动乱的大量信息。但我们的信息几乎无一例外都来自这一史料来源,而且约瑟夫斯对于抵抗运动极度仇视;不仅如此,关于这个世纪早期的情况,他根据的是一个充满敌意的史料来源。因此我们得到的这些信息是否可以让我们对各叛乱群体以及他们的动机和愿望进行社会学分析,是值得怀疑的。有关这个话题的著述颇丰,我们目前的探究将只会概要地讲述一些带有规律性的东西。①

如上文第 62 页(按:原书页码)所述,镇压匪盗是希律作为附庸王的责任。他在公元前 47—前 46 年担任加利利总督时,采取的第一个行动就是对骚扰提尔人(Tyrian)村庄的土匪头目埃西家斯(Ezekias)发起进攻。埃西家斯的许多追随者被杀,叙利亚人对此感到满意,叙利亚行省总督赛克斯图斯·尤利乌斯·恺撒(Sextus Julius Caesar)也感到满意,②但希律被叫到耶路撒冷的犹太评议会前

① Schürer i 382f.;ii 598—606;S. Applebaum,*JRS* 61(1971),159;M. Hengel,*Die Zeloten*(1961);R. Horsley,*Journal for the Study of Judaism* 10(1979),37—63;ibid.,*Catholic Biblical Quarterly* 43(1981),409—432;D. M. Rhoads,*Israel in Revolution*;6—74 G. E.(1976);Tessa Rajak,*Josephus*(1983);另一项重要研究:M. Goodman,*The Ruling Class of Judaea*;*The Origins of the Jewish Revolt against Rome A. D.* 66—70(1987)。关于罗马帝国内部匪患的文章,参见 B. D. Shaw,*Past and Present* 105(1984),3—52,近代以来有关匪患最有名的著作是 E. J. Hobsbawm,*Bandits*(^{2}1985)。

② Josephus,*Ant.* xiv 9.2(159);*BJ* i 10.5(204).

接受责问,因为他杀了犹太人。关于埃西家斯及其追随者,我们没有
更多的信息,但重要的是他的儿子犹大(Judas)是最早的狂热分子之
一,他的很多后人在第一次犹太暴动之前和期间都是反抗罗马的活
跃分子,约瑟夫斯把这些人全都叫作 *leistai*(匪徒)。他们当中的最
后一位名叫以利亚撒·本·雅尔(Eleazar ben Yair),是保卫马萨达
(Masada)的指挥官。约瑟夫斯描述这些人及其随众的方式让我们
可以肯定,他们反抗罗马的首要动机是坚定的犹太宗教信仰。①

公元前 38 年,希律领导了一场战役,打击约瑟夫斯所说的躲
在加利利的埃尔比勒(Arbela)附近山洞中的土匪。关于这些人的
活动性质并无任何信息。② 但有一名老者在杀死了自己的家人
后,跳下悬崖,"宁愿赴死,也不做奴隶",显然,他们抗争的动机是
意识形态而不是经济上的痛苦。在抵抗外来暴政的过程中采取殉
难和自杀的方式至少可以追溯到《玛卡比传第二》(2 *Maccabees*);
那部著作用了大量篇幅讲述那些宁愿遭受折磨和死亡,也拒不吃
猪肉者的故事。③ 犹大的队伍是由那些"愿意为了戒律和民族而
死的人"组成。④ 不仅是殉难,而且至少有一次自杀行为被血淋淋
地详细描述,作为教导的例子,⑤其宣扬的动机是"死亡好过遭受

---

① 有关活跃于公元前 4 年至公元 9 年期间的埃西家斯之子犹大,参见 *Ant.* xvii 10.5
　　(271—272);xviii 1.1(4—11);*BJ* ii 4.1(56);8.1(117—118);对照 Hengel,336—
　　340,343f. 犹大的儿子詹姆斯和西蒙在提庇留·亚历山大任总督期间被钉上十字
　　架,时间为公元 46?—48 年:*Ant.* xx 5.2(102);对照 *Acts* 5:37 以及 Schürer,i
　　381f. 一名叫梅纳赫姆(Menahem)的亲属是第一次暴动的早期领袖之一:*BJ* ii 17.
　　9(447)。对照 Schürer,i 382 n.441,ii 600—602;Applebaum,*JRS*,159;Hengel,
　　219—222. 大幅论述和不同的方法,参见 Goodman,ch. 4,"Problems Facing the
　　Ruling Class:Religious Ideology"。
② Josephus,*Ant.* xiv 15.4(415f.);15.5(420—430);*BJ* i 16.2(304—305);16.4
　　(309—313). 关于该洞穴的位置,参见 Schürer,i 282 n.6。
③ 2 Macc. 68:18—31;7.
④ 8:21.
⑤ 14:37—46.

侮辱"。此外,这里还有一个在很早就提及死后复活的信仰,后来被法利赛人(Pharisees)所笃信。

　　有时,约瑟夫斯在描写这些激进的好战分子时颇带有几分敬佩,但更多的时候是充满憎恶。这些人有着"对于自由的不可遏制的热忱,将上帝作为他们唯一的领袖和君王"。[①] 愿意为捍卫自己的生活方式而死是其意识形态中不可分割的部分,与此相连的是对于在来世获得回报的信仰。[②] 约瑟夫斯并未隐瞒一个实情,在尤塔帕塔(Jotapata),他的同志们希望他自杀而不是投降。[③] 保卫马萨达的领导人以利亚撒·本·雅尔说的话,成了约瑟夫斯对于他们之决心的经典陈述:"除了上帝以外,不要侍奉罗马人,或其他任何人。"[④]

　　如上所述,我们知道的很少,而且还受到原始史料中敌对情绪的感染。从这里找不到可以用来区分这种匪乱的性质是社会性抑或革命性的基础,尽管我们理应作出这种区分。不过,很明显,犹地亚从希律掌权开始到第一次犹太暴动期间,目睹了一批团体的涌现,这些人拒绝接受罗马普遍强加给附庸国和新行省的命令。每当史料提及土匪或杀人犯时,都存在这样的可能,即这些人并不只是经济的或是反社会的因素,而是受意识形态和宗教信仰驱使的犹太人。非基督教作者们无疑让我们相信第一次犹太暴动是由犹太人的宗教狂热与罗马的暴政共同造成的。[⑤] 这并不否认在约瑟夫斯的叙述中可以辨认出各种社会和经济斗争的因素。[⑥] 约瑟夫斯的著作是极其重要的有关社会和经济紧张关系的信息来源,

---

① *Ant.* xviii 1.6(23).

② *BJ* i 33.1(650);对照 *Ant.* xvii 6.1(152);*BJ* i 16.2(311);*Ant.* xiv 15.5(429f.)等。

③ *BJ* iii 8.4(355ff.).

④ *BJ* vii 8.6(323ff.).

⑤ 对照 Tacitus,*Hist.* v 12.2:"ex diversitate morum crebra bella"。

⑥ P. A. Brunt,"Josephus on Social Conflicts in Roman Judaea",*Klio* 59(1977),149—153;M. Goodman,*The Ruling Class of Judaea*.

这种紧张关系有可能在一个国家被并入帝国时被引爆。然而,这些因素也正是我们预计他将会强调的,因为约瑟夫斯著述的目的之一就是要解释自己在抵抗运动中变节的必然性,他通过将这场战争描述为一场运动、后来逐渐被低贱的暴民接手控制来达到这个目的。罗马人捣碎的是满怀敌意的农民发动的暴乱,而不是以拒绝在外族占领下生活为动机的运动,他的读者们将会赞同这种镇压。为此,我们必须十分严肃地对待其著作中那些谈论宗教热情或意识形态信仰的语句和言辞,以及那些描述罗马暴政的内容。

现代对于这些问题的讨论,与那些有关产生被伊斯兰征服的原因的论点之间,有某些共同之处。心存怀疑的现代学者们往往轻视了在一个曾处于非常边缘的民族成功发展的动力中,宗教因素所发挥的重要作用,他们强调的往往是人口过剩和经济因素。不过,近来,学界在某种程度上又回归到认为新生的伊斯兰宗教才是伊斯兰运动中的决定因素,这场运动最后摧毁了萨桑王朝的波斯,并从拜占庭帝国手中抢走了很多重要的行省。①

在这个关联分析中,我们必须注意,匪帮活动的确受到了大众的支持或协助。与耶稣一同受审的巴拉巴(Barabbas)在民众的要求下获得释放,用马克的话来说:“他是众多在侵袭中犯有杀人罪的反叛分子之一。”②约翰也将其称作土匪。③ 在大约那个世纪中叶的时候,犹太人和撒马利亚人(Samaritans)之间发生了严重的骚乱。“普通民众……拿起武器,并邀请以利亚撒·本·狄那伊(Eleazar ben Dinai)前来支援——他是一名土匪,多年以大山为家。”④《塔木德经》史料中也提到以利亚撒,说他煽动了大批的杀人事件,以至于当有人被杀而不知道凶手为何人时举行的传统赎

80

---

① 　F. Donner, *The Early Islamic Conquests* (1981).

② 　15:7;对照 Luke 23:18f。

③ 　18:40;对照 Hengel,344—348。

④ 　*Ant.* xx 6.1(121ff.);*BJ* ii 12.4(235ff.).

罪牺牲仪式都被终止了。① 但《塔木德经》文献在其他地方又将以利亚撒说成是"试图在时机尚不成熟时解放犹太人的人"。② 在我们面前的是同一个人,只是看待他的角度来自当地的、非罗马的原始史料,他不是被看作杀人犯,就是被视为不成熟的自由斗士。这表明即使是在这些史料出炉的时候,在如何看待那些从事武装抵抗罗马的人方面也存在着不同的观点。

　　罗马人认为当地人必须集体为乡村地区的游击队袭击事件负责,以残酷的报复作为回应。③ 有一个罗马连队在以玛忤斯镇(Emmaus)附近遭到攻击,瓦鲁斯便下令将该镇烧掉。④ 公元前 4 年,位于加利利西弗里斯(Sephoris)王宫的兵器库受到攻击,存放在里面的武器被抢走;瓦鲁斯便将该城付之一炬,把城民全体贬为奴隶。⑤ 有一次,在从以玛忤斯通往耶路撒冷的道路上,一名皇帝的奴仆受到了攻击和抢劫;于是,行省总督古马努(Cumanus)派士兵到邻近的村庄将村民们带回到他面前严加斥责,因为他们放跑了匪徒。⑥ 从约瑟夫斯讲述的一个事例中,我们可以清楚地看到,搜查村庄的方式极易导致发生暴力冲突,而事实上,这是法律规定的标准做法,正如乌尔比安(Ulpian)后来晚些时候为罗马地方长官的职责所规定的:"除了追击抢夺寺庙财物的强盗、绑匪和贼人,他还要对这些罪犯每人施以罪有应得的严惩,并惩罚那些窝藏他们的人;没有这些人的包庇,强盗是不可能长时间藏匿的。"⑦

---

① m. Sotah 9. 9;对照 Sifre on Deuteronomy ccv, ed. Finkelstein, 240。

② 关于"歌中之歌",参见 Midrash Rabbah, 2:18。关于本·狄那伊,对照 Hengel, 356ff. 。

③ "用火与剑"加以毁灭是标准的做法,参见下文第九章。

④ *Ant.* xvii 10. 9(291); *BJ* ii 5. 1(71)。

⑤ *BJ* ii 5. 1(68); *Ant.* xvii 10. 9(289)。

⑥ *Ant.* xx 5. 4(113ff.); *BJ* ii 12. 2(228)。

⑦ *Digest* i 18. 13, praef. :"nam et sacriegos latrones plagiaros fures conquirere debet et prout quisque deliquerit, in eum animadvertere, receptoresque eorum coercere, sine quibus latro diutius latere non potest. "

　　作为加利利犹太叛军的指挥官,约瑟夫斯本人就将 4500 名所谓的土匪吸收进了他的队伍,他把这些人叫作雇佣军,因为给他们支付了报酬:"……由于看到不可能让这些人缴械投降,［他］劝说民众付钱给他们作为雇佣军,说与其忍受他们袭击财产,还不如自愿给他们一笔小钱。"①但他也声称这支队伍是他最有信心的。②同样明显的是,这些人是受意识形态驱动的土匪。他们可能会抢劫任何人,但永远不会帮助罗马人。③

　　《塔木德经》史料中对罗马帝国的立场代表了这些人的典型态度,该史料经常将罗马政权的代表人物说成是强盗(*listim*)。很多犹太史料在描述征税官和海关官员时都使用了这样的词语。④罗马的占领被说成是造成动乱和匪患的直接原因。用阿哈(Aha)拉比的话来说:"在帝国取代了政府的地方,随即就出现了土匪和成帮成伙的 *listim*。"⑤我们不太清楚这到底是在暗示罗马的统治造成了贫穷并因此引发当地人从事匪盗活动,还是罗马官员和征税官们本身就是强盗。约瑟夫斯承认在暴政与治安崩溃之间存在着联系。在 39 或 40 年,犹太领袖们请求叙利亚行省总督向卡里古拉提出"如果土地得不到播种,那么收获的必将是匪患,因为无法满足税赋要求"。换句话说,匪乱有可能是贫穷和压迫性税赋的结果。然而,出现这句话的地方是在讲一次纯粹涉及宗教事务的冲突,该冲突几乎导致了一场暴动。在其他一个地方,约瑟夫斯曾说过,饥荒使得宗教狂热分子的势力得以壮大。⑥

---

① *Vita* 14(77f.);对照 *BJ* ii 20.7(581f.),这里约瑟夫斯谈到这些人习惯于偷盗抢劫。

② *BJ* ii 20.7(583).

③ *Vita* 22(104—111)和 40(200)讨论了土匪和各种犹太团体之间的合作关系。

④ tos. Bava Mezi'a viii 25;tos. Shevu'oth ii 14;Y. Bava Mezi'a vi 11a;b. Shevu'oth 39a;Sifra 8,ed. Weiss 101c;Sifre on Deuteronomy 1,ed. Finkelstein,6.

⑤ Leviticus Rabbah ix 8,ed. Margulies,196 以及平行材料。

⑥ *Ant.* xviii 1.1(8);对照 Hengel,352。

约瑟夫斯在描述犹太战争之前的历史时,用非常清晰的语言解释了各方的极端做法是如何进一步激化了由挑衅行为引发的冲突。罗马地方财政长官弗洛卢斯(Florus)插手把持犹太寺庙的资金,其后罗马军队在耶路撒冷的恶劣行径,非基督徒在恺撒利亚的所作所为,以及犹太宗教狂热分子的举动,这些行为中都包含着挑衅的因素,故意想要激起对方的暴力反应,从而引发战争。这种特征显示的是意识形态冲突,而非社会上彼此厌恶的群体之间的冲突。因此,犹太战争的源头与那些由充满怨恨的行省民众发动的反罗马叛乱并不一样,那些出现在伊利里亚、日耳曼、色雷斯以及不列颠的叛乱至少会令罗马人感到很意外。

前面所引的约瑟夫斯的话再次表明,社会和经济因素会进一步强化犹地亚和其他地区匪患猖獗缺乏治安的状况,但这并不构成理由来否认一个明显的结论,即对罗马统治的反抗之所以在犹地亚表现得异常激烈,是缘于一个将犹太人与其他民族区别开来的独有特征,这就是他们的宗教态度。不论你是否同情犹太人的宗教态度都必须承认其具有的重要性。否则我们就无法理解,为何犹地亚这个小小的内陆行省,在 70 年以后却驻扎了 1 万人的罗马军队,而到 2 世纪时竟然增加到近两万人。

公元 70—132 年

有明确的证据显示,土匪并没有随着对第一次犹太暴动的镇压而销声匿迹。有一则 2 世纪的《塔木德经》史料中讲到,在卡帕多西亚有一名 *listim* 团伙成员被逮捕了。[①] 他在被处死前提出了

---

① tos. Yevamot iv 5;对照另一段文字:y. Yevamot ii 4b;b. Yevmoth 25b。Yerushalmi 说他在卡帕多西亚的恺撒利亚被捕;《塔木德法典》中提到了玛基萨(Magiza),也就是玛萨卡(Mazaca)。L. Robert, *Études anatoliennes*(1937), 90—110,在讨论小亚细亚的匪患和治安军力时,认为那里的匪患在 1 世纪和 2 世纪时要比之前和之后都少。

最后一个要求:"到西蒙·本·喀哈那(Shimon ben Cahana)的妻子那里去,告诉她是我在他走进莱迪达(Lydda)镇的时候杀死了他"。西蒙·本·喀哈那是以利以谢·本·海卡努斯(Eliezer ben Hyrcanus)拉比(约 100—130 年)的学生,以利以谢在莱迪达教学,也是拉本·西缅·本·迦玛列(Raban Simeon ben Gamaliel)(约 140—170 年)的老师。① 这样我们就能将时间顺序理清楚了:西蒙·本·喀哈那属于第一次暴动和巴柯巴暴动之间的时期。这些史料谈到凶手的坦白可以作为证据以允许受害人的妻子再婚。杀害西蒙·本·喀哈那的那名凶手通过作出上述宣布,保证了受害者的妻子能被合法地宣布为寡妇并可以再婚。对于杀害了一位著名学者的凶手来说,这是一个颇为异样的举动,只有假定这是一次政治谋杀才能给出令人满意的解释。

　　同一时期还有一位著名的学者叫作哈纳尼亚·本·特拉狄安(Hanania ben Teradion)拉比,他是加利利地区最有钱的人,管理着一个帮助穷人的基金。他的儿子先是加入了一群 *listim*,继而又背叛了他们。② 当被发现后,他被原来的同党们杀死。出于对其父亲的尊敬,这群人于 3 天之后交还了背叛者的遗体供家人安葬。然而,死者的父母和姐姐并没有赞扬他,而是恶毒地诅咒了这个儿子。作为父亲的哈纳尼亚拉比在巴柯巴暴动后被罗马人处死。③ 显然,他的这名儿子加入强盗团伙并非由于经济原因,我们相信一般的强盗也不会对一位有钱的学者特别敬重,如归还遗体所表现的。这家人的举动只能用这样的假设来诠释,即这里所用的 *listim* 一词代表的是"游击战士",而这位学者和这些战士们都

83

----

① 对照 tos. Parah xii 6。
② Lamentations Rabbah iii 6;对照 ed. Buber,128 以及一则平行史料:Semahot xii 13,ed. Higger,199f. 关于哈纳尼亚拉比担任帮助穷人的基金掌管人,参见 b. Bava Batra 10b。
③ 关于他作为暴动领袖被处死,参见 b. 'Avodah Zrah 17b-18a。

在支持着一项共同的事业。

第3则史料讲述了 *listim* 与阿奇巴（Akiba）拉比的门徒们向南去往阿卡城（Acco）的途中碰面的情景。他们在一起走了一段时间，当他们告别时，强盗们对阿奇巴拉比和他的门徒表示了仰慕。[①] "阿奇巴拉比和他的门徒们十分高兴，因为从来没有邪恶之人伤害他们。"这再次证明，一位杰出的学者和"土匪"之间有着相互尊重甚至是带着热情的关系。而这位学者又是巴柯巴暴动的领导者之一，一个明显的解释就是，这些"土匪"是在和罗马人而不是犹太人作对。

还有一件涉及一帮加利利人的事例也属于这个时期，有传言说这帮加利利人杀害了某个人。他们逃到莱迪达并请求塔尔丰（Tarphon）拉比将他们藏匿起来。塔尔丰拉比在巴柯巴暴动以前的年代里很有影响力，他并没帮助这帮人，但也没出卖他们。[②] 有两点很重要：首先，杀人犯认为一位有影响的圣贤可能会乐于帮助他们；其次，塔尔丰拉比并未将杀人犯交给当局。这次谋杀很可能是一次政治处决。

近几年来发现的实物证据令人惊叹，揭示了犹地亚游击战士曾经采用的方法，这些证据中包括大量的地下躲避处。[③] 这些躲84 避处大多位于古代的定居区中，其出口用岩石中的蓄水池或是其他看上去没有什么特别的山洞作为伪装。其实在岩石中有凿出的洞穴，用水平通道连接起来，并有竖井将各个层面贯通。很多洞穴

---

① b. 'Avodah Zarah 25b. 这些原始史料最早被解读为说的是游击战士，参见 G. Alon, *The Jews in their Land in the Talmudic Age* ii(1984, trans. G. Levi), 570—572; 对照 B. Isaac and I. Roll, *Latomus* 38(1979), 64 n. 。

② b. Niddah 61a. 对照 Alon, loc. cit. 。

③ B. Isaac and A. Oppenheimer, *JJS* 36(1985), 42—44, with references; A. Kloner, *Biblical Archaeologist* 46(1983), 210—221. 现在证据已全部见于包含有大量图示的著作: A. Kloner and Y. Tepper, *The Hiding Complexes in the Judean Shephelah* (1987, 希伯来语)。尽管作者得出的历史结论并不能说服所有人，但书中提供的材料非常有趣，让人们深入了解了抵抗活动是如何通过各种地下设施来组织的。

中装备齐全,有通风井、水箱、储藏室和放置油灯的凹隙。大多数洞穴都是在犹地亚西部和西南部的山脚下发现的,但现在在下加利利也发现了多个洞穴。这些洞穴很难确定时间,因为古代的盗贼早已将洞穴中所有钱币之类的实物几乎扫荡一空。尽管有些洞穴的时间可以肯定地确定为巴柯巴时期,但没有明确的证据表明它们像某些探险家所宣称的那样都属于这一时期。不过,我们必须要说,这些洞穴与卡西乌斯·狄奥所描述的巴柯巴及其部下的藏身之处高度吻合。① 我们在前面看到,自然形成的山洞往往被黎巴嫩、叙利亚和犹地亚等各地区的强盗和叛匪用作藏身之处;但是现在在犹地亚碰到的现象却与之不同,因为我们面对的不是天然形成的洞穴,而是在定居区内在岩石中开凿出来的复杂设施。它们显然是由村庄的民众修建的,用来开展游击战争。

在巴柯巴暴动之后

　　犹太史料留给我们的印象是,2 世纪以及其后的匪盗活动都具有地方性。《塔木德经》史料一如既往地并未提供多少明晰的陈述,使我们可以得出准确的结论。每一条原始史料都需要单独分析并用不同的方式加以诠释,这样的情况并不少见,但是我们在这样做的同时可能会忽略了把这些史料放在一起将会呈现出的历史现状的大致轮廓。②

　　一条 2 世纪的史料假设了一名 *nazirite*(被禁止刮胡须者)的情况,他被 *listim* 强行刮掉了胡须。③ 这似乎是一个荒唐的举动,

---

① lxix 12.1(3). 最近,Yuval Shahar 先生和 Yigael Tepper 先生在他们发现的一处山洞中找到了大量第一次犹太暴动时的钱币。感谢他们为我提供了这条信息。

② P. Schäfer,*Der Bar Kokhba Aufstand*(1981),其史料分析方法继承了 J. Neusner。似乎在暗示这场暴动根本没有任何起因。在他之后还有 M. Mor,*DRBE*,586f.。

③ m. Nazir 6.3;对照 Sifre on Numbers 25,ed. Horowitz,31。

我们不清楚为何会有人做这种事，但这肯定不是一般普通土匪的作为。属于同一时期的还有关于是否要为一名被抓走的有夫之妇支付赎金的决定。如果她被当局投入了监狱，她的丈夫就不必支付赎金；但如果她是被 *listim* 抓走了，其丈夫就必须支付赎金。① 这个区别的原因在于，在当局手中的妻子也许会同意与抓捕她的人发生性关系；但如果她是 *listim* 的俘虏就没有这种危险。这里没有明说，但暗含的意思很能说明 *listim* 被人们看作是什么样的人。

一般认为，犹地亚在 2 世纪后期基本上变成了一个安宁的行省。然而，《塔木德经》史料中有关 *listim* 的证据也涉及到 3 世纪。在 3 世纪中，住在巴恩（Bun）拉比处的约西（Jose）拉比曾经预言，*listim* 将"在第 4 代"时占据以色列的王位。② 这条史料假装是在讨论圣经中的时期，但是我们没有理由认为约西拉比这里讲的是出自圣经的传说。这句话反映了当时的现实状况，其标志就是无政府状态和各种形式的匪盗活动。

3 世纪早期的另一条原始史料让我们想起了那名杀人犯向塔尔丰拉比求情的故事情节。这名被当局追捕的叛乱分子，实际上先是被约书亚·本·利未（Joshua ben Levi）拉比（莱迪达习经所的掌门人，220—250 年）藏起来了，当该镇受到当局威胁时，这位拉比才把他交了出来。据传闻讲，拉比的此举激怒了上天。③ 在那个时期的另一条史料中讨论了被判处死刑的 *listim* 和他们的妻子。这里的争论点在于是否还应该允许他们之间发生性关系。④ 重要的是这里并无迹象显示作者对这些土匪有任何谴责；在上文提到的关于

① tos. Ketubot 4. 5；对照 b. Ketubot 51b。
② y. Horayot iii 7c。
③ y. Terumot viii 46b；对照 Genesis Rabbah xciv 9，ed. Theodor-Albeck，1184f.。
④ y. Ketubot ii 26d. 这项决定被认为是约哈南拉比作出的，他在 3 世纪中页时担任犹太公会领导人。

为被抓女人支付赎金的讨论中也是如此，决定裁决结果的问题是当这些妇人落在罗马士兵和官员手中时，她们可能会如何行事。该条史料还继续讨论了有关被罗马当局或是被"如同 *listim* 的另一种势力"掳走的女人的类似问题。显然，其观点是只有在第一种情况下，女人才有可能遭到侵犯。① 这里重要的是，在罗马人和 *listim* 身上被隐含地加上了不同的行为标准。无需任何解释就认定土匪是不会碰这些女人的。因此，很可能这些人并非是一般的强盗。

　　在《塔木德经》史料中还有多处提到 *listim*，无法悉数列举。例如，在《密西拿》(*Mishnah*)中出现了 12 次，在《陀塞弗塔》(*Tosephta*)中出现了 17 次，在《耶路撒冷塔木德》中出现了 20 次，而在《巴比伦塔木德》中则出现了 40 次之多。② 经常无法确定事件的准确时间，有时也无法断定这些例子反映的是历史现实还是纯粹的学术争论。即便在这方面没有疑问时，也并不总是清楚所提到的 *listim* 到底是不是普通的土匪，如果不是的话，他们是指帝国机构的成员，还是帝国内部的敌人。由于犹太人并不视罗马当局为合法政府，任何代表占领军的人都可能被犹太人称作强盗。这个词可以被用来指任何以武力达到自己目的之人，不论他代表罗马人的利益，还是在与罗马人斗争。以上讨论的原始史料，以及在《塔木德经》史料中提及强盗的大量地方，清晰无误地表明在整个 2 世纪和 3 世纪中，游击战、恐怖主义和普通盗匪在犹地亚都是一个地方性现象。显然，主要的犹太战争时期随着对巴柯巴暴动的镇压而结束，而且不可否认，巴勒斯坦作为罗马的一个行省是相对安宁的。当在主要战争时期以后又有证据显示出现了地方性匪患时，我们有几个问题可以提出。首先，巴勒斯坦是否在所有时候都比其他行省更为动荡不

----

① 该决定被认为是犹大·纳西阿(Judah Nesi'ah)拉比作出的，他在同一时期担任大主教。

② 对《塔木德经》史料中反映的 3 世纪和 4 世纪时巴勒斯坦地区匪患情况的讨论，参见 D. Sperber, *JESHO* 14(1971)，237—242。

安？其次，其他行省是否并非像我们以为的那样平静？如果偏向第二种可能的话，我们可以说对大多数行省而言，并没有可与《塔木德经》史料中那些证据相提并论的例证存在，这有可能是因为希腊语和拉丁语的文献和铭文不那么关注行省中的日常生活，忽视了除臭名昭著的伊索利亚地区外实际存在的大量违法活动。无论如何，巴勒斯坦可能从来就没有变成过一个完全平静的地区，尽管在巴柯巴暴动以后，那里再也没发生过重大战事。这一点从各种将匪患说成是巴勒斯坦生活的永恒特点的《塔木德经》史料中就可以清楚地看出。因此，我们读到雅乃（Yannai）拉比（220—250 年）在即将去往旅舍（即踏上旅途）时，就会想到要给家人留下遗嘱。① 杀人越货的拦路劫匪经常被提及。② 下面这段有关 3 世纪中叶时的恺撒利亚的文字叙述了抢匪们冲进城镇的情况：③

87   亚巴呼（Abbahu）拉比来到恺撒利亚并寄宿在某人那里，他发现自己被安排坐在一条狗的旁边。"难道我理应受此羞辱吗？"亚巴呼拉比问道（将与狗同坐）。[他的主人]回答说："先生，我欠这条狗好多人情。[因为]有一次 *shabaya*（字面意思是：捕捉者＝抢掠者）进了城，他们当中有个人走来想要强奸一个人（即是我）的妻子。它（指那条狗）跳起来将那个强盗的鸡鸡给咬掉了……"④

---

①   y. Berakhot ivd，引述参见 Sperber，238。
②   对该史料的引述参见第六章第 282 页（按：原书页码）；另见 Genesis Rabba lxxx 2，ed. Theodor-Albeck，953："……像 *listim* 一样坐在路边，杀人越货"；Midrash Psalms 26.12；ed. Buber，253；并对照 Sperber，238。
③   Pesikta de Rav Kahana，ed. Mandelbaum，175—176；对照 y. Terumot viii 46a。
④   译文和注释参见 Sperber，239f. Sperber 认为，在这种以及类似情况中，都无法确定抢劫者是一般土匪，还是撒野的士兵。该著作中的另一段话也是如此，参见 Pesikta Shuva 18，ed. Mandelbaum，377，引述和译文参见 Sperber，240。

在古典史料中也有几段文字,给出了类似的充满冲突和动乱的印象。阿米阿努斯讲述了罗马皇帝马可·奥略留在去往埃及途中经过巴勒斯坦的情况,他在描述犹太人时所用的语言就好像说的是民间骚乱:

> 当马可在去往埃及的途中经过巴勒斯坦时,经常对浑身恶臭行为叛逆的犹太人感到讨厌,据说,他伤心地哭喊道:"哦,马可曼尼人(Marcomanni),哦,夸地人(Quadi),哦,萨尔马提亚人,我终于找到了比你们更难驾驭的民族。"①

应当注意的是,阿米阿努斯引述马可·奥略留的这句评语只是因为朱利安碰巧错误地引述了马可的话。这个例子说明,一个偶然的信息却具有非常重要的意义。下面这个从卡西乌斯·狄奥的著作中摘取的片段也是同样的例子。

据狄奥记载,维鲁统治期间发生了一件大事:

> 塞维鲁对自己(在东方)的成就感到无比骄傲,似乎他的眼光和勇气超过了所有人……一个名叫克罗迪乌斯(Claudius)的强盗席卷了犹地亚和叙利亚,正被官军全力追击。有一次,克罗迪乌斯带着一队骑兵来见塞维鲁,他装着好像是一名保民官一样,向皇帝请安并拥抱了他,他竟然没被识破,之后也没被捉到。②

---

① xxii 5. 5:"Ille enim cum Palaestinam transiret, Aegyptum petens, Iudaeourum fetentium et tumultuantium saepe taedio percitus, dolenter dicitur exclamasse: 'O Marcomanni o Quadi o Sarmatae,tandem alios vobis in‹qui›etores inveni. '"对照以下评述,Stern,ii 606。所引译文来自 J. C. Rolfe, Loeb。"in‹qui›etores"一词不能确定;也可能是"inertiores"或"ineptiores"。
② lxxv 2.4. 这个故事不应与《奥古斯都史》(*Historia August*)中那条关于犹太人有一次打败了卡拉卡拉的模棱两可不足凭信的注释相联系,参见 SHA,(转下页注)

这些是骑马的土匪,我们没有理由相信他们是犹太人。更重要的是,这件事与也是狄奥所讲的关于意大利土匪布拉(Bulla)的故事非常相似。① 狄奥把克罗迪乌斯的故事讲得津津有味,作为例证说明塞维鲁忙于无谓的国外战争,却不能控制国内的土匪,哪怕就在他的鼻尖底下。与此相似,讲述布拉的故事是因为塞维鲁正在迫害元老院成员,而不是在保卫意大利的和平与安宁。狄奥想说的要点是,方向弄错的帝国政策忽视了国内的根本问题,他通过讲述罗宾汉类型的故事来传递这个意思。换句话说,我们碰巧知道了这些事,乃是因为一名元老院成员对当时的帝国政策心存芥蒂;因而,我们不必就此得出结论,认为在其他时候就没有匪盗活动。事实上,塞维鲁时期常常被认为是一个犹地亚的犹太人与帝国当局之间关系相对较好的时期。②

拜占庭时期的巴勒斯坦

严重骚乱

在君士坦丁统治期间可能就出现过骚乱,在351—352年间肯定发生过动乱,虽然我们完全不清楚其规模如何。③ 据说,犹太人

(接上页注)*Septimius Severus* 16.7,或是与耶柔米为197年写的事件时间表中一个同样含糊不清的说法相联系:"Iudaicum et Samariticum bellum motum"(*Chronica*, ed. Helm,211)。对照以下评述,Stern,ii 623f.,另见 B. D. Shaw,*Past and Present* 105(1984),43(不幸的是,此处以为塞普蒂米乌斯·塞维鲁在称帝前是叙利亚总督)。

① lxxvi 10. 对照 Shaw,46—49。

② 另见 ii,ch. XII。

③ 君士坦丁当政期间发生的事件,参见 John Chrysostom,*Adv. Judaeos* v 11(*PG* xlviii 900);Cedrenus,ed. Bonn,i 499;848年的叙利亚编年史,*CSCO*(SS) iv ii;最后两则根据的是 John Chrysostom. 对照 M. Avi-Yonah,*The Jews of Palestine* (1976),173f. 351年的骚乱:Stern,500f. 原始史料和参考文献. 对351年事件持不同和怀疑的观点,参见 S. Lieberman,*JQR* 36(1946),337—341;(转下页注)

于 418 年再度暴动。我们或许注意到，在 415 年通过法律实施了多项反犹太措施。① 418 年，镇压暴动的人于次年成为执政官。②

484 年，撒马利亚人组织了暴动。③ *dux Palaestinae*（巴勒斯坦军事统帅）在一个希腊名为 $\lambda\eta\alpha\tau o\delta\iota\omega\chi\tau\eta\xi$ 的人帮助下，将暴动镇压了下去。原始史料中将叛乱领袖伊奥斯塔萨（Ioustasa）称作"土匪头子"。用这个词并不出奇，在过去——现在依然如此——政府常常称叛军为土匪。但令人吃惊的是，据说，撒马利亚人给这位领袖戴上了王冠。如果真有此事，或许显示出这里有救世主的成分和动机在起作用。普罗柯比强调了这场冲突的宗教背景。在芝诺（Zeno）执政期间，撒马利亚人攻击了奈阿波利（Neapolis）的基督徒。作为报复，芝诺把撒马利亚圣山，即位于奈阿波利附近的基里心山（Gerizim）改为基督徒的宗教圣地，并在奈阿波利设置了驻军兵营。在阿纳斯塔西乌斯统治期间（491—518 年），奈阿波利也出现过持续不断的骚乱。④

529/530 年爆发了一场危险的撒马利亚人骚乱，这是对查士

89

（接上页注）J. Geiger, *SCI* 5（1979—1980），250—257。对君士坦丁统治期间一次暴动的叙述的批评观点，参见 Geiger, 257 n. 29。最近的讨论参见 G. Stemberger, *Juden und Christen im Heiligen Land*（1987），ch. VI。

① *Cod. Theod.* 16. 8. 22（415 年 10 月 20 日）；对照以下评述，A. Linder, *Roman Imperial Legislation on the Jews*（1983，希伯来语），194—197。

② 关于 418 年的暴动，参见 Marcellinus Comes, *Chronicon ad a*. 418, ed. Th. Mommsen, *Monumenta Germaniae Historica*（1894）。该暴动被哥特人普林塔（Plinta）镇压下去。编年史中有"deletus est"的说法，但这段文字一定是遭人篡改过，因为同一则史料将他列为 419 年的执政官，指出这一点的是 O. Seeck, *Geschichte des Untergangs der antiken Welt* vi（1920—1921），484，n. 1。在那一年，很多巴勒斯坦城市和居住点受到地震破坏。或许编年史想要暗示这与前一年发生暴动有关。

③ *Chronicon Paschale*, ed. Dindorf, 603—604；Procopius, *De aed*. V 7. 5—9；Malalas xv 5. 53—54（Dindorf 382）。对照 *RE* xiv 2395, s. v. Mauropappos（Ensslin）；J. A. Montgomery, *The Samaritans*（1907），111—113；M. Avi-Yonah, *Eretz Israel* 4（1956），127—132（希伯来语）。

④ *De aed*. V 7. 10—14。

丁尼(Justinian)下令捣毁所有撒马利亚教堂的反应。[1] 骚乱被军队镇压了下去,协助军队的是一名具有 *phylarch*(宗族族长)称号的阿拉伯酋长。大批撒马利亚人遭到屠杀,特别是在奈阿波利地区。这导致查士丁尼于公元 536 年颁布了《新律汇编》第 103 号法令,对行省政府进行重组。其总督的级别被提升为地方总督,权力范围覆盖了第一和第二巴勒斯坦——没有提到第三巴勒斯坦,可能是因为那里并没有撒马利亚人。*novella*(法令)反复强调了特别是在城市中镇压动乱的必要性。宗教斗争被特别提到。地方总督独立于 *dux*(蛮族出身受雇于罗马军队的将帅)之外,具有对多支部队的指挥权,必要时还可以请求增兵。同年颁布的《新律汇编》第 102 号法令是关于阿拉伯行省的,在那里任命了一名 *moderator*(调解官)。虽然那里动乱的主要源头似乎是 *dux* 指挥下的军队在征税方面动作粗暴,此外还提到在波斯卓出现了动荡和煽动闹事。[2]

据说,恺撒利亚的撒马利亚人和犹太人于 556 年再次发动叛乱。[3] 在 565—578 年间,基督徒指责撒马利亚人侵犯了卡梅尔山脚下的基督教堂。[4] 这些动乱的宗教背景也是十分清楚的。由于信息不完整,我们无从得知骚乱的规模有多大。

最重要的一点是,本节和下节中讲述的骚乱虽然都仅限于巴

① Malalas,445—447;*Historia Miscella* xvi(*PL* xcv 981);Gyrillus of Scythopolis,*Vita S. Sabae*,70,ed. E. Schwartz,*Kyrillos von Skythopolis*,Texte und Untersuchungen 49/2(1939),172;Eutychius,*Ann.* 160—167(*PG* cxi 1071f.);另外 Procopius,*Anecdota* xi 24—29;*De aed.* V 7.17。对照 Stein,ii 287f.;Montgomery,114—117;Avi-Yonah,*Eretz Israel*;Sartre,*Trois études*,168—170。

② 已经指出(原书第 66 页),发动叛乱的撒马利亚人逃到了特拉可尼,《新律汇编》针对的不可能是这些难民来到离波斯卓不远处一个蛮荒地区时引起的骚乱。

③ Theophanes,A. M. 6048,ed. de Boor,230;Malalas,487;*Historia Miscella* xvi(PL xcv 991);Michel le Syrien,ed. and trans. Chabot,ii 262.

④ 参见 Hardouin,*Acta Conc.* (Nicaea 787) iv 290;对照 Montgomery,121f.;Avi-Yonah,*Eretz Israel*,132。

勒斯坦地区，但已经不再与具体的犹太人对罗马当局的反抗相关　90
了。这种骚乱从理论上讲有可能发生在帝国的任何行省中。

匪盗活动

　　显然，在拜占庭时期巴勒斯坦曾发生过严重的骚乱。有可靠
的证据表明在 300 至 600 年间，巴勒斯坦本地人口中的不同群体
之间始终存在着紧张关系，反复出现的大规模动乱多数都是基于
宗教原因；至少这是明说的原因。我们无法证实除了宗教争端外
是否还有其他因素在起作用。但很有可能的是，尽管原始史料中
讲到的都是发生在宗教团体之间的冲突，还有很多别的敌对行为
是我们全然不知的，有时这种敌对行为甚至发展到需要军队介入
的程度。

　　从耶路撒冷到杰里科(Jericho)的路途危险是出了名的。《路
加福音》10:30 中写道："有个人在从耶路撒冷前往杰里科的路上
被土匪给抓住了，他们剥光了他的衣服，把他打了个半死才离去。"
传统上认为该事件发生在瓜拉特达姆(Qala'at ed Damn)与玛勒
阿杜明(Ma'ale Adumim)之间。耶柔米在他翻译的尤西比厄斯
(Eusebius)所著《圣经地名词典》(*Onomasticon*)中提到了在耶路
撒冷-杰里科道路上的拦路劫匪。① 在"Adommim"这个词条中，
尤西比厄斯只讲了有驻军的意思，耶柔米对此作了补充，说这与一
个地名有关(*adumim* 在希伯来语中意为红色)。耶柔米说，之所
以这个地方被叫作红色是因为土匪杀人流的血染红了该地，因此
"在当地建了一座要塞来保护路人"。② 也许我们可以辩称说，耶

---

① 　E. Klostermann(ed.), *Eusebius, das Onomastikon der Biblischen Ortsnamen* (1904,
repr 1966), 25. 9ff.

② 　*Ep.* 108. 12:"et locum Adomim, quod interpretatur sanguinum, quia multus in eo
sanguis crebris latronum fundebatur incursibus. "

柔米只是在影射《路加福音》中提到的土匪,而在他自己那个时代
当地并无匪患,但是那座要塞却是真实存在的,现在还可以见到。
《官职录》中记载:"cohors prima salutaria,inter Aeliam et Hieri-
chunta"。① 必须注意,这条道路在紧靠耶路撒冷城以东的地方伸
入了荒芜之地,而杰里科本身就是荒漠中的一处绿洲。

　　5 世纪早期,有多名修道士在提夸(Teqoa)附近的犹地亚沙漠
中遇害。② 阿纳斯塔西乌斯统治期间(491—518 年),有一处已经
被尤锡米乌斯(Euthymius)基督化的贝都因人定居地受到游牧民
的攻击。于是这个定居点被迁移到了更靠近耶路撒冷的地方,但
它再次受到了攻击。看来史料来源都喜欢过分夸大类似事件。不
管怎样,这个社区依然存在,而且在 536 至 556 年间还有自己的主
教。这些袭击很可能是游牧民部落实施的。③

　　531 年,塞巴请求查士丁尼在该地区修筑并维持了一座有兵
把守的要塞,用于保护他为了抵御萨拉森人的侵扰而建立的村
庄。④ 查士丁尼命令名叫萨穆斯(Summus)的 *dux Palaestinae* 给
塞巴提供修筑要塞所需的资金,并部署一队士兵在那里驻守,这些
士兵的膳食费从公共资金中支付。⑤ 在塞巴去世后的 532 年的确

---

① *Not. Dig. Or.* xxxiv 48.
② John Cassian,*Collatio* vi 1(ed. Petschenig [1886],153;*PG* xlix 645a;*CSEL* xiii 2.
　　关于对这段话以及在后面几个注释中引述的其他片段,最早的讨论参见 A. A. Va-
　　siliev,"Notes on Some Episodes Concerning the Relations between the Arabs and
　　the Byzantine Empire from the Fourth to the Sixth Century",*DOP* 9/10(1956),
　　306—316。
③ 关于锡索波利斯的西里尔(Cyril),参见 *Vita Euthymii*,46,ed. Schwartz,67f. 没有
　　证据表明第二次袭击是由阿尔蒙达在 529 年实施的,提出该观点的是 Raymond
　　Génier,*Vie de Saint Euthymi le Grand* (1909),116,以及 P. Henri Charles,*Le
　　Christianisme des Arabes Nomades sur le limes* (1936),46。关于众主教,参见
　　Charles 的著述,另见 Abel,273;Sartre,*Trois études*,149—153。
④ *Vita S. Sabae* 72,ed. Schwartz,175.
⑤ ibid. ,73,Schwartz,178. *dux* 参与其中是一个重要事实,关系到对其职务的解释。

发放了这些资金,但塞巴的继任者梅里塔斯(Melitas)将这笔拨款给了彼得大主教,彼得又将钱转手分给了各个修道院。"因此,修筑要塞的计划被搁置了起来。"①这里要提出两个要点。首先,这些修道院后来并未用这笔钱来修筑要塞,说明它们并未感受到有严重的威胁。其次,这些修道院是沙漠中的社区,我们从这种故事中无法推出结论说巴勒斯坦那些人口密集的地区也受到了类似的盘剥。

后来,在6世纪中,约翰·摩斯科斯(John Moschus)讲述了各种不同的故事来表现修道士们如何用虔诚感化了萨拉森土匪。②这些故事对于本讨论的重要性在于,它们表现了568至579年间在约翰·摩斯科斯所生活的耶路撒冷东北边的地区,游牧民土匪的存在是正常现象。他们并不是远道而来从外部进入行省的游牧入侵者;他们就生活在犹地亚山区和约旦河之间的沙漠地区,使得该地区变得缺乏安全。在约旦河以东的军事设施没能阻止他们——原因很简单,因为军队没有打算这样做。③ 没有迹象表明罗马军队在地方层面上有较多的干预。只有塞巴本人通过宫廷干预起了些许作用,而当塞巴去世后,一切就都没了下文。 92

据约翰·摩斯科斯讲,在耶路撒冷以西,基督徒、撒马利亚人和犹太土匪滋扰着以玛忤斯-尼科波利斯(Nicopolis)一带。④ 摩

---

① ibid. ,83,ed. Schwartz,188.

② *Pratum spirituale*,PG lxxxvii 3. 2851—3112;ch. 99. Ch. 133:来自克莱斯玛(Clysma)地区的萨拉森人在西奈试图攻击一名僧人。Ch. 155:一位毛利提乌斯(Mauritius)时代的萨拉森族长在亚嫩河(Arnon)(穆吉(Mujib))及其支流阿依多纳斯河(Aidonas)(海丹(Heidan))地区,即死海以东地区制造事端。Ch. 166:一名强盗出家做了僧人,最终在莱迪达受审。

③ 根据 Parker,*Romans and Saracens*(1986),135,铭文和考古证据"证实了文字史料中描绘的情景,即在边境修筑工事[在4世纪]达到了顶峰"。Parker 考察的那些设施的绝大多数在约翰·摩斯科斯时代就已被废弃。

④ *Pratum spirituale*,ch. 95(*PG* lxxxvii 3. 3032).

斯科斯所讲的这些故事的要点,并不在于匪患的存在,这些活动本身并无多少特别之处,而是在于不同信仰的土匪之间可以相互合作。这是一处十分罕见的谈及国内人口密集地区匪患状况的地方。那么问题来了:为什么几乎没有关于土匪在定居地区活动的信息呢?在摩斯科斯写作的 6 世纪后半叶,匪盗行为是否变得更加频繁了呢?有这种可能,但也可能得出这种印象主要是由我们手中史料的性质造成的。约翰·摩斯科斯写的是有关具体宗教利益,特别是有关沙漠中修道士的话题。我们可以得出的唯一合理结论就是,至少有一段文字证实了 6 世纪时在耶路撒冷以西的地方存在着匪患。

在耶路撒冷于 614 年被占领之前一周,"以斯玛利人"(Ismaelites)攻击并摧毁了塞巴在沙漠中建立的那些村庄,这是由一名侥幸逃脱的修道士所描述的。[①]

我们在加沙附近的定居区的边缘地带也能发现相似的规律。据耶柔米讲,在 4 世纪早期,加沙的沙漠中到处都是土匪。[②] 这里我们仍需注意,所有研究者都认为在这个时期内盖夫北部拥有良好的要塞,但仍然没能阻止在大城市加沙外面的沙漠中出现小规模的贝都因土匪活动。然而,我们无需特别看重这一事实,即耶柔米讲述的事件都发生在加沙附近。耶柔米之所以写下了该地区的情况,是因为希拉里翁(Hilarion)碰巧生活在那里,而他们完全也可能生活在其他地方。

往沙漠的更深处走,我们发现了小规模土匪活动的证据。尼路斯(Nilus)和其子提欧多路斯(Theodolus)的故事生动地反映了 4 世纪晚期西奈和内盖夫地区受土匪滋扰的情况,以及小社区们

---

① Antiochus Monachus, *Ep. ad Eustathium*, *PG* lxxxix 1423;更多参考文献详见 Vasiliev, 311 n. 21。

② *Vita Hilarionis* 3—4(*PL* xxiii 31);注意有关希拉里翁在加沙附近与土匪斗争的故事:ibid., 12(*PL* xxiii 34)。

如何与贝都因酋长达成协议以求得保护。① 那位愿意在犹地亚的
沙漠中帮助塞巴的查士丁尼，在西奈也做了类似的事情。在 4 世
纪的朝圣者埃格里阿(Egeria)发现灌木丛起火的地点附近(译注：
《圣经》中有上帝在燃烧的灌木丛中对摩西说话的情节)，生活着一
群无人保护的修道士。② 据说，萨拉森人在 373 年攻击了住在那
里的隐居修士。大部分有关贝都因人在西奈发动攻击的证据都来
自于可信度存疑的史料。然而，这些证据也许可以提供在西奈沙
漠中过修行生活将会面临何种危险的真实图景。③

　　查士丁尼统治期间修建了一座新的教堂和一处城堡，用以保
护修道士免受贝都因人的袭击。④ 奇怪的是，普罗柯比竟然将此
举的目的理解错了，他说：

---

① Nilus, *Narrationes*, iv(*PG* lxxix 589—693)。该史料的历史真实性受到怀疑，但其
背景可能在历史上真有其事，参见 P. Mayerson, *Proc. Am. Philos. Soc.* 107
(1963), 160—172；*JARCE* 12(1975), 51—74。

② *Itinerarium Egeriae* i 1ff. Z. Rubin, "Sinai in the Itinerarium Egeriae"(即将出版)，
指出该朝圣者在她进入埃及的途中有军人护送，或许是为了保护其不受当地土匪
和拦路抢劫者骚扰，而非萨拉森人的袭击。

③ *Ammonii Monachi Relatio*，公布的文字只见于 F. Combefis, *Illustrium Christi
martyrum lecti triumphi*(Paris, 1660)。我要感谢 Z. Rubin 为我提供了这段文字
的照片。这则史料接下来描述了"无头人"(Blemmyes)发动的一次攻击，他们驾着
偷来的船从埃塞俄比亚驶来，攻击了在西奈西海岸某处的莱提欧(Raithou)修道
院。古叙利亚语版本：A. Lewis Smith, *The Forty Martyrs of the Sinai Desert*,
Horae Semiticae ix(1912)。在圣凯瑟琳修道院的藏品中有尊漂亮的雕像，表现了
这 40 名殉道者，参见 G. Gerster, *Sinai, Land der Offenbarung*(1970), 132。各种
评价详见 R. Devreesse, 49(1940), 216—220；P. Mayerson, *The Bible World：Es-
says in Honor of Cyrus H. Gordon*(1980), 133—148；Shahid, *Byzantium and the
Arabs*, 297—319；Z. Rubin, "Sinai in the Itinerarium Egeriae"(即将出版)。关于
Nilus, *Narrationes*，参见本页注释①。

④ Eutychius, *Annales*, *PG* cxi 1071f. ；Vasiliev, 308, n. 5 提到其来自阿拉伯语，而我
并未看到："Eutychii Patriarchae Alexandrini Annales", *CSCO*, ser. 3, vi. 1, ed. L.
Cheikho(Beirut-Paris, 1906)202. 9. 22—204. 1. 3。关于普罗柯比和欧提奇乌斯
(Eutychius)的价值比较，参见 P. Mayerson, *BASOR* 230(1978), 33—38。

这位皇帝在山脚下修建了一座非常坚固的城堡,并派驻了一支人数众多的守备部队,以防止野蛮的萨拉森人利用这片土地。我已说过,由于这片土地无人居住,萨拉森人可以将其用作大本营,偷偷地向巴勒斯坦地区发起侵犯。①

普罗柯比并不知道该修道院之所以会在那里是由关于灌木丛起火的传说决定的,他也没提到游牧民滋扰隐居者的事情。建筑物也并非是"非常坚固的城堡"。② 他不知道在该地区存在有多个修行中心。③ 这些都不是很严重的纰缪,它们证明了信息的匮乏,不过普罗柯比将这项功劳算在查士丁尼身上倒是正确无误的。④

而另一方面,有种错误的说法就显得比较重要了,即城堡是建来用于边防的,显然,该城堡只不过是一座经过设防加固的修道院而已。没有材料说有士兵驻守在修道院中。它位于一条深谷的末端,并不在任何打算入侵巴勒斯坦者的路线上。这是我所知的最早一个关于史家将目的为内部治安的设施与镇守边界的部署混为一谈的例子。这说明即便在古代也会产生这种误解,具体地说,我们在阅读普罗柯比时,对这类问题必须多加小心。

大约 563 年,这座修道院受到了攻击,但是修道院的院长成功地击退了进攻者。⑤ 看来修建这座城堡只是为了给修道士们提供一个自我保护的手段;不能期望帝国当局会仅仅为了维持西奈偏

---

① *De aed.* v 8.9.
② 关于该 6 世纪废墟,参见 G. H. Forsyth, *DOP* 22(1968),3—19, plates; G. H. Forsyth and K. Weitzmann, *The Monastery of Saint Catherine at Mount Sinai*(1973)。强调该遗址及其围墙都相对薄弱。关于该修道院,另见 Y. Tsafrir, *IEJ* 28(1978),218—229。另见其碑文,公布于 I. Ševcenko, *DOP* 20(1966),258;对其的重新讨论参见 P. Mayerson, *DOP* 30(1976),375—379。
③ 关于考古调查,参见 I. Finkelstein, *DOP* 39(1985),39—75。
④ 该时间被一处碑文所证实,参见 I. Ševcenko, *DOP*,262, no.5,并附有照片。
⑤ Evagrius v 6(*PG* lxxxvi bis,2804)。

远地区的安全而动用大量资源。

后来,在 570 年,有一名朝圣者——他的叙述被误当作是安东尼纳斯·普拉森提努斯所讲——经过长途跋涉到达了圣凯瑟琳修道院。他描述说小城法伦(Pharan)建有城墙。由 800 名(?)骑兵组成的民兵敷衍了事地(?)守卫着。① 这位朝圣者提到在内盖夫有好几处旅店,但只提到在西奈有萨拉森人。在他这次去朝圣的时候,阿拉伯人正在庆祝一个节日,因而不会有任何贸易活动和袭击行为,朝圣者们可以安全地通过西奈。但当他们从西奈山回来时,节日已经结束,因此朝圣者们只能从另一条路线返回。② 他没有提到军队给旅行者提供了任何保护。在同一时期的纸莎草文卷 P. Colt 89 中提到的商人也是这种情况,他们付了 3 个 *solidi*(索里迪,译注:一种古罗马金币)"给阿拉伯护送人,把我们带到圣山"。③ 此处提到的这笔费用是相当多的,超过半头骆驼的价钱。即便如此,这种护送似乎也并不能有效地保护这群人,因为他们还是被萨拉森人——准确地说,是埃尔乌达伊德人(*bani al-Udayy-id*)——抢走了一匹骆驼。④

---

① Ps. -Antoninus Placentinus,40(*CCSL* clxxv 149f.),并对照 Rubin 的讨论(即将出版)。关于法伦城的民兵(被说成是有效的武装力量),另见阿谟尼乌斯(Ammonius)的叙述,其中讲到由 600 名精挑细选的弓箭手组成的队伍如何击退了攻打莱提欧修道院的"无头人"。由耶柔米翻译的 Eusebius, Onomsticon, ed. Klostermann,173 把这整个地区都叫作"法伦"(Faran):"Choreb mons dei in regione Madiam iuxta montem Sina super Arabiam in deserto,cui iungitur mons et desertum Saracenorum,quod vocatur Faran"。关于法伦城位置的讨论,参见 L. I. Conrad,"*Kai elabon ten heran*:Aspects of the early Muslim conquests in southern Palestine",该论文宣读于 Fourth Colloquium on From Jahiliyya to Islam,July 1987,Jerusalem(即将出版)。关于 *Itinerarium*(《旅行记》),另见 Shahīd,*Byzantium and the Arabs*,319—324。
② Ps. -Antoninus Placentinus,39(*CCSL* clxxv 149). 对照 Mayerson,*TAPA*,185—188。
③ C. Kraemer,*Excavations at Nessana*:3. *The Non-Literary Papyri*(1958),11. 22f.
④ ibid. ,l. 35.

95 　　关于 6 世纪时美索不达米亚边境地区的情况,西格尔(J. B.
Segal)曾做过栩栩如生的描述,①他谈到了当地的叙利亚史料来
源。在战争期间,边境被"关闭了",但这只意味着大队人马不能通
过边境而已。"生活在边界两旁的村民之间一直保持着频繁而友
好的往来。"另外,在贝都因友人的帮助下,任何人都可以从沙漠进
出波斯。只有商人被迫沿主干道行走,因为途人一旦偏离了边界
两边的道路,就会遭到贝都因人的抢劫并沦为奴隶,这些贝都因人
"并不是来打仗的,而是为了收获战利品"。西格尔提到的原始史
料中讲述了 485 至 491 年间和 575/576 年,波斯人与拜占庭军队
出于镇压匪患的目的曾进行过合作,但结果收效甚微。② 即便主
干道也并不总能保证安全。"道路离沙漠很近。沙漠中有萨拉森
人,他们居无定所,四处游荡。"③马尔库斯(Malchus)就曾被游牧
民绑架并给他们放羊。另一个典型的故事是关于尤塞瑞尔斯
(Eutherius)的,他生于亚美尼亚,父母都是自由人,他被凶恶的部
落民绑架并被阉割,然后卖给了罗马的商人。④

　　我们从《巴比伦塔木德》中也可以找到对边界另一边有游牧民近
在咫尺的那种生活的有趣描写。"[幼发拉底河边的纳哈底亚(Ne-
hardea)]小镇靠近边界,他们[指游牧民]来到镇上的目的绝不是为
了杀人,而只是想得到干草和庄稼茬,但在他们到来时,镇上的人们
却被允许拿起武器而不顾安息日的戒律。"⑤班宁(E. B. Banning)认

---

① 　*PBA* 41(1955),127f. ,133.

② 　对照 Chabot,*Synodicon Orientale* 526 f. 529;John of Ephesus,*Ecclesiastical History* ii 6. 12。

③ 　Jerome,*Vita Malchi* 4(PL xxiii 58). 另见 Palladius,*The Book of Paradise or Garden of the Holy Fathers*(trans. E. Wallis Budge,1904) ii,ch. 15;Segal,127 n. 6 也提到了埃尔比勒的编年史,现在我们知道它是伪作;对照 J. -M. Fiey,*L'Orient Syrien* 12(1967),265—302。

④ 　Ammianus xvi 7. 5.

⑤ 　b. 'Eruvin 45a. Nehardea;Oppenheimer,276—293.

为在罗马和拜占庭时期,游牧民与定居农民之间可能存在着某种形式的、相对和平的共存关系。[1] 他和其他一些人指出,在收割之后,牧民们可以用庄稼茬喂牲畜,否则这些庄稼茬也派不上其他用途。[2] 这很有可能,就在最近还确实有这样的情况,往往在初夏时,节内盖夫的贝都因人赶着他们的羊群走过自己那已经收割过的田地,并从这里继续向西去到属于村庄的只剩下庄稼茬的田垄里。[3]

　　在另一处我们读到,"拉比们教导大家,养狗的人一定要用链子将狗拴好,但如果住在边境小镇的人养狗,就要在白天将狗拴好,而在夜间将狗松开。"[4]纳哈底亚这个小镇并没有设防:"有人问拉弗·阿南(Rav 'Anan):是否需要[将一条巷道的门]锁上?他回答说:来看看纳哈底亚的大门吧,它已经有一半埋在地下了……"[5]这给我们的印象是,贝都因人从事的不过是轻微犯罪,因为一条狗和一把剑就足以将他们挡在门外。他们肯定并未威胁到小镇中居民和村民的经济稳定或社会安全,在古代没有哪个帝国会自讨麻烦地派全副武装的军队去打击这些偷干草和庄稼茬的小毛贼。如果想看看现代的类似情况,我们可以再次回到穆齐尔(Musil)的叙述:"在夜色的掩护下,贝都因人在火车站附近悄悄地游荡,他们扑向士兵,抢走他们的武器弹药,在被抢者还没来得及惊叫时,抢夺者早已消失得无影无踪了。"[6]有史料提到(波斯)军队来到了纳哈底亚,但这可能是在执行针对罗马人的军事行动。[7] 这类事情对于罗马帝国来说当然没有什么迫切的重要性,但却很好地呈现了沙漠边缘地带的生活状态。

96

---

[1]　*BASOR* 2561(1986),25—50.

[2]　Op. cit. 29 及参考文献。

[3]　E. Marx,*The Nomadic Alternative*,ed. W. Weissleder(1978),54.

[4]　b. Bava Qamma 83a.

[5]　b. 'Eruvin 6b. 另见 Ta'anit 20b,其中讲到"在纳哈底亚的那道残破失修的墙"。

[6]　A. Musil,*The Northern Hegaz*(1926),9.

[7]　b. 'Avodah Zarah 70b; 'Eruvin 34b;原文、译文和评价详见 Oppenheimer,277,289。

蓬贝迪塔(Pumbedita)是一个离边界更近的小镇:"那些阿拉伯人来到蓬贝迪塔并夺走了人们的土地,土地的主人来见阿巴耶(Abbaye)。他们对他说:请主人看看我们的地契,再为我们写一份地契吧,这样如果一份地契被抢走了,我们手里还留有一份。"[1]但是与阿拉伯人之间的关系也并不总是全然坏的关系:"……阿拉伯人谢阿兹拉克(She'azraq)给拉弗·犹大(Rav Judah)的犹太教堂捐了一头羊……"[2]出现在蓬贝迪塔的军队也有可能是在奔赴帝国边境时路过此地。[3]

叙利亚的匪盗活动

有关叙利亚乡村地区的匪患状况,我们的信息来自于利巴尼乌斯(Libanius)。[4] 据其所言,公元 387 年的安条克骚乱后,许多逃亡者都是被土匪给杀掉的。[5] 同样,在 526 年发生了灾难性的大地震后,那些逃离城市的人们遭到农村人的抢劫,这些人还闯入城市,在废墟中抢劫财物。[6] 有一群不法之徒定期向负责饲养赛马的牧民收取保护税。[7] 阿米阿努斯和利巴尼乌斯两人都提到过一件臭名昭著的事情。[8] 有一个转而以抢劫为生的村庄,全体村

97

[1] b. Bava Batra 168b. Pumbedita:Oppenheimer,351—368.
[2] b. 'Arakhin 6b.
[3] 关于在蓬贝迪塔的军队,史料引自 Oppenheimer,357。
[4] J. H. W. G. Liebeschuetz,*Antioch:City and Imperial Administration in the Later Roman Empire*(1972),121. G. Downey,*A History of Antioch in Syria from Seleucus to the Arab Conquest*(1961),这部重要著作的索引中并未提到土匪、抢劫或是任何有关的词语。
[5] Libanius,*Or.* xix 57;xxiii 18;xxxiv 7.
[6] Malalas 419—421.
[7] *Or.* xxvii 4.
[8] Libanius,*Or.* xlviii 36;Ammianus,xxviii 2.11—14. 关于其名称"马拉托库普雷尼人",参见上文第 63 页(按:原书页码)。

民装扮成府库官员混入了一个小镇,他们攻击了该镇中一位显赫人物的豪华宅邸,"就好像他已经被剥夺了公权并判了死刑一般"。这个村子后来被军队夷为平地。这个故事让我们想起了强盗克罗迪乌斯,他装扮成军队保民官向皇帝致敬。这种故事自然会引起人们的注意,因为受害者都属于上流社会,这些人受到的保护往往是最好的:那些抢劫了富人的村民们会被军队赶尽杀绝。利巴尼乌斯提供的信息十分珍贵,因为它有时涉及了普通和下层民众所遭受的匪患之苦,这个事实对大多数古代作者来说不值一提。不过,需要注意的是,至少有这样一种可能,即存在着有社会选择的匪盗行为方式。在荷属东印度群岛,直到殖民时期结束时,有的地方还宣布匪患尚未消除,但殖民地的公务员在这些地方可以安全无恙地生活和走动,因为受害者都是当地民众,尤其是中国商贩。当局没有能力肃清匪盗,但却可以,也愿意保护他们自己的代理人。在罗马帝国中也可能存在着类似情况;这并非是说殖民地的政府雇员可以和罗马的上流社会相提并论;重要的是匪盗活动和反制措施可能都会指向社会中某些弱势的成员。这是与"罗宾汉主义"恰好相反的做法:这种土匪并不劫富济贫,而是将社会中的弱势群体作为他们下手的目标。这种做法不那么具有戏剧性,但却更为普遍。重要的是,现代西方国家的人们尚未充分认识到的一个普遍事实是,发达而有秩序的社会可以生存下去,甚至繁荣昌盛,但这样的社会同时会带有各种地方形式的治安缺陷。

　　这一点从那些例如有关牧民必须缴纳保护费的信息中得到了印证。① 利巴尼乌斯经常暗示匪患乃是一种顽疾,例如,在下面这些话中,他似乎将其视为自然,"那些无所事事的人就害怕土

————————

① Liebeschuetz, 121f. 认为利巴尼乌斯以为他的信件会送达目的地这一点很重要。除了已经提到的,土匪在袭击上流社会的代表人物时有所顾忌这一可能性外,可以想象利巴尼乌斯这个阶层的人是有办法在大路上保护自己的,他们有其他人无法负担的武装卫兵。

匪",①或是"罪犯使得走夜路成为危险之事"。② 匪帮遍布乡村地区,这些人"专爱干坏事,他们以这种方式生活很长时间了"。③ 利巴尼乌斯谈到"土匪用他们的杀人行径阻断了道路",以及采取何种措施以保障途人的安全。④

没有什么理由使我们认为匪患在叙利亚只是一个 4 世纪中特有的现象。只不过因为现存的有关这一时期的史料中包含了相关的信息,我们碰巧知道了这一时期的情况而已。

结　论

本章讨论了罗马军队在占领新征服地区的两个不同阶段中在各地面临的内部问题。在对一个地区最初征服后,接着是一个整合期,对此,我们从文献和其他史料中所知甚少。一般只有在出了事的时候——当然,这是从罗马的角度来说——才会被提到。整合期显然是一个残酷的过程,往往导致各种形式的抵抗运动:公然的暴动和战争——有时成功,而更多时候则被有效地镇压了下去——或是游击战。后者在犹地亚更为人所知,因为那里的游击战是由意识形态所驱动的。

一旦罗马的统治被牢固建立起来后,内部治安可能就成了比我们一般意识到的更大的问题。一般认为,在东部,生活在荒芜地区的游牧民对定居区的压力是主要的问题,但原始史料并不支持这种观点。事实上,没有证据显示,在 7 世纪伊斯兰的征服以前,游牧民造成过很大的压力。那种认为居无定所的游牧生活方式对

---

① 　Or. ii 32.
② 　Or. 1 26.
③ 　Or. xxiii 18. 上文的引述(第 130 页注释⑤)与 387 年的骚乱有关。
④ 　Or. lxviii 35. 在这段文字之后紧接着就提到了土匪化装成前面所说的财政官员,与通常的道路抢劫方式相比,这种做法十分罕见。

定居地区的罗马当局构成了主要安全问题的观点也不一定正确。在犹地亚有证据显示，整个 1 世纪和 2 世纪中都存在着由意识形态驱动的匪盗活动。拜占庭时期发生了几次犹太人和撒马利亚人发起的暴动，显然是对基督教当局那些歧视性法规的反弹。这并非是对罗马统治的反抗，而是由帝国内部的宗教团体对于帝国政策发起的抗议。

99

　　尽管巴勒斯坦很明显存在着内部紧张关系，但很少有证据显示那里有长期的游牧民侵扰定居区的问题。在有贝都因人生活的干旷平原和沙漠中，情况则是另一回事。在这些地方，贝都因人时而会攻击沙漠中的修道中心和去往遥远地方的朝圣者。考虑到我们手中史料的性质，可以预见这类事件会被戏剧性地放大；显然，我们不能从古代政府没能保护那些自愿生活在荒无人烟之地的隐居者这一点就得出带有普遍性的结论。

　　但是在 4 世纪以及其后的史料中比以往更经常提到游牧民，却是一个不争的事实。同时，沙漠的边缘地带也被进一步开垦出来成为定居地。游牧民、村民和城镇居民生活在同一个空间的程度超过了以往任何时候，我们在后面将指出，这势必会要求更加积极的干预。本章讲述了军队在其占领的行省中面临的问题。在接下来的一章中，我们将讨论军队作为占领军和作为内部治安警力所起的作用。

100

第三章　帝政时代的军队：占领军

上一章关注的是犹地亚、阿拉伯和叙利亚南部的内部局势。我们讲述了各种形式的骚乱、匪患和反抗运动，目的是为了说明罗马人在这个地区所面临的安全问题。所有信息均来自文献史料。现在，我们要用以这种方式获得的视角，试图描述罗马军队在这一地区的组织和目的。要想弄清这些问题——假设我们能够做到——就必须对当地的安全局势进行一些了解，把各种原始史料、文献材料、题字铭文和实物遗迹放到一起，带着批评的眼光加以分析，尽管这并不意味着就一定能得出明确的综合性结论。任何时候，我们都必须承认安全状况有可能发生变化，而军队的目的也会随之转变。我们会尽量对所有重要信息进行分析，但要避免去碰那些模棱两可或是难以确定的材料；同时，我们会对把历史与考古信息相结合的方法论作一定的探讨。本章讨论的是帝政时代的军队，下一章则讨论晚期帝国时代的军队。

我们的假设前提是，如果在该地区既有证据证明了内乱的发生，又有广泛分布的军事铭文证明有长期驻军的话，那么军队显然是起着内部治安部队的作用。如果我们接受这个假设，也许就可以进一步讨论在帝国内地其他地区的广泛驻军，即使并无确凿的文献证据证明当地有骚乱，是否可以将这些部队也理解为起着占领军或内部治安部队的作用。这对于那些古代文献少有谈及的地区和时期显得尤其值得注意。这两章的目的并非要论证军队在所有地方都起着内部治安部队的作用,但必须强调的是,军队这个功能的重要性经常被人们所忽视。

101

交通的安全

　　每一支征服异邦的军队都必须保持道路和其他交通途径的安全——这既是为了其自身,如果它希望自己在被征服的土地上继续逗留的话,也是为了其他所有人,以便他们能维持自己的权威或行省属民的福祉。对于罗马军队来说,亦不例外,无论是在西方,还是在东方。很久以前,伊恩·利奇曼(Ian Richmond)爵士就曾注意到,在西部行省中重要的军事基地与河流港口之间存在着密切关系:

　　除里昂(Leon)以外,在图拉真时期,欧洲的所有军团要塞都分布于主要河流边上,这不仅是因为这些河流构成了自然的边界,而且以不列颠为例,也是因为水上交通提供了道路交通之外一个人们乐于接受的不同选择,尤其是在运送沉重的货物时。走水路也是战争时期快速运送部队的方法。[①]

　　例如,在东方,198 年,当塞普蒂米乌斯·塞维鲁的军队沿着幼发拉底河向巴比伦尼亚进军时,就有船队跟随。[②] 在更往后的时代里,这种关系再次得到证实,人们在茨瓦姆尔丹(Zwammer-dam)的辅助性要塞中发现了一个泊位,在古老的河床上还留有保

---

① 　Sir Ian Richmond, *Trajan's Army on Trajan's Column* (²1982),33:堡垒被说成与河上的一个港口有密切关系;38:沿河的哨塔。对照 C. M. Wells, *The German Policy of Augustus* (1972),24f. 。

② 　J. Hasebroek, *Untersuchungen zur Geschichte des Kaisers Septimius Severus* (1921),111f.

存完好的船只,①在北海的维尔岑(Velzen)发现了军用港口。② 由
在日耳曼的军队修建的 3 个项目再清楚不过地显示了河上交通在
军事上的重要性。当德鲁索斯(Drusus)在日耳曼时,他"乘船驶
向北边的大洋",并在莱茵河以北开挖了运河。③ 作为下日耳曼行
省的总督,科布罗于公元 47 年乘船沿莱茵河而下,平定了高卢沿
海地区的海盗活动。④ 从弗里西亚(Frisia)撤军后,他让自己的军
队赶紧挖出一条运河,将莱茵河与马斯河(Maas)连通,"这样(船
队)就可以避开来自大海的难以逆料的危险"。我们没有理由认为
这样做是为了给平民百姓带来好处。⑤ 最后,在 58 年,上日耳曼
的地方总督维特斯(L. Vetus)下令挖了一条运河,将摩泽尔河
102 (Moselle)与索恩河(Saone)连接了起来,由此可以全程用船只从
地中海向北海运送部队。⑥

　　小日耳曼尼亚(Germania Inferior)行省是帝国中城市化程度
较低的地区之一。然而,一个被过于忽视的事实是,大多数相对发
达的城镇都紧挨着河边,正是这些城镇将该行省中的军事基地连
接起来。其中包括行省中的两个殖民城市,乌尔皮乌斯图拉真殖
民地(克桑滕(Xanten))和阿格里皮纳(Agrippinensium)殖民地
(科隆),以及 *municipium*(自治市)诺维奥马基(Noviomagus)(奈

---

① 　M. D. de Weerd and J. K. Haalebos,*Spiegel Historiael* 8(1973),366—397;M. D.
　　de Weerd,*Westerheem* 25(1976),129—137;J. K. Haalebos,*Zwammerdam-Nig-*
　　rum Pullum(1977),41—46. 关于在威克滕(Vechten)的栈桥,参见 J. E. Bogaers
　　and C. B. Rüger,*Der Niedergermanische Limes*(1974),62—65;在维特拉(Vetera)
　　的栈桥,106—108;水井,108,n. 3。
② 　J. -M. A. W. Morel,*SMR* iii(1986),200—212。
③ 　Suetonius,*Claud.* 2。
④ 　Tacitus,*Ann.* xi 18. 2. 在这一地区使用过该船队的还有提庇留(Velleius ii 106.
　　2—3)和日耳曼尼库斯(*Ann.* i 45. 3;60. 3;ii 6. 2)。
⑤ 　*Ann.* xi 20. 2. 考古遗址:J. H. F. Bloemers,*Rijswijk*(*Z. H.*),"*De Bult*",i 91。
⑥ 　*Ann.* xiii 53. 对照 *Panegyrici Latini* vi(vii)13,说莱茵河里满是武装船只,让罗马
　　军队能够跨河迎敌。另见 *SHA*,Firmus,etc. 15. 1。

梅亨)。① 哈德良广场(Forum Hadriani)/坎宁法提姆自治市
(Canninefatium)(福尔堡(Voorburg))就位于科布罗开凿的连接
莱茵河和马斯河的运河边上。② 后来又发展起 3 个城市中心;分
别是特莱尔滕(Traiectum)(乌特勒支(Utrecht)),位于河流交汇
处;马斯特里赫特(Maastricht),位于马斯河上的一个渡口;③以及
通格伦(Tongeren)。只有最后这个城市位于一处道路交叉口,而
不是在河边。罗马人在这种地方建立了殖民地,而诺维奥马基自
治市则靠近一个军团大本营。在行省内陆发展起来的城市都位于
河道沿岸,这只能意味着水路起着社会和经济桥梁的作用。

　　人们很容易将带有要塞的用于保障军事运输的交通设施与目
的为防止敌军通过的堡垒线混为一谈。例如,现在人们认识到所
谓的奥登山(Odenwald)*limes*(从沃尔斯(Worth)到内卡河(Neck-
ar)中段)实际上是一条军用道路,④而它往南的延伸"内卡河 *li-
mes*"也同样是一条军用路线。

　　军队驻扎在主要水道沿线和战略道路上,既是为了自身的交
通便利,也是为了控制行省属民的流动。道路和河流一般更多被
看作是路径,而不是屏障。决定罗马军队分布的还有另外两个因
素:(1)当地是否有补给物资;(2)平民人口的分布和态度。对于前
者,由于目前缺乏关于罗马和拜占庭时期东部地区农业发展方面

---

① 关于这两处定居地,参见 C. B. Rüger,*Germania Inferior*(1968),76—86;诺维奥
马基:ibid.,88—92;J. E. Bogaers,*BJb* 172(1972),310ff.。
② Forum Hadriani:Rüger,92f.;Bogaers,*BJb* 164(1964),45—52;*BJb* 172(1972),
318—326.
③ 马斯特里赫特的考古发掘显示,从奥古斯都时代开始,这里就有一座桥和军事基
地,参见 J. H. F. Bloemers,*BROB* 23(1973),238—242。
④ H. Schönberger,*JRS* 59(1969),161. 它沿河向南延伸。Schönberger 评论道:"在
内卡河的 *limes* 并不是严格意义上的边境,而是一道战略线,碰巧利用河流进行运
输。"这些要塞之间的道路有的通向河西,有的通向河东。关于这条线的沿途设
施,参见 D. Baatz,*Der römische Limes*(1974),153—176。

103　的信息而无法进行讨论。对于后者,我们则会在本章中予以探讨。

犹 地 亚

考古结果与铭文证据

　　罗马军队在犹地亚行省中用来确保交通顺畅的方法颇为有名,这主要是因为大量遗迹的存在,相对广泛的考察,再加上文献史料提供了重要信息这几个因素产生的叠加效果。在上一章中,我们用了不少篇幅来讨论罗马军队在对该行省长达几个世纪的占领期间所面临的内部安全问题。在这种情况下,交通设施的安全和军队在行省中的机动性都需要重点关注。塞斯提乌斯·加路斯(Cestius Gallus)在行军通过险要地带时损失了近一个军团的兵力。那是发生在战争年代的事情,但即便是在相对平静的时期,较小的军事单位在从一个地方转移到别处时也面临着遭到游击队袭击的危险。

　　在犹太暴动之前的骚乱期间,有一队罗马士兵在从以玛忤斯出来的大路上受到了攻击,当时他们正在给占领耶路撒冷的部队运送粮食和武器,①带队的百夫长和40名士兵在战斗中丧生。得益于过去数年中对这条道路以及该地区其他道路的考察,我们现在对于道路沿线的安保措施了解得更多一点了。② 证据包括考古遗迹和铭文,而根据这类证据得出的结论往往有赖于各人的解读并带有推测性:单凭一支部队驻扎在某一地点这个事实,我们永远也无法确定这支部队在那里做了什么,但如果在涉及部队规模和

---

①　Josephus,*BJ* ii 4.3(63).

②　完整的报告即将发表,参见 M. Fischer,B. Isaac and I. Roll,*Roman Roads in Judaea* ii。关于该遗址,参见下文附录一。

部署方面发现了详实的证据,我们就可以形成一些假设。对于目前的讨论只涉及长期守备部队,而约瑟夫斯提供的犹太战争期间的临时性军事部署将不在此处谈论。尽管我们引用的很多铭文都无法确定时间,但我们可以有把握地认为纪念碑上那些记载了部队番号、名称和人数的碑文很可能反映了长期性的组织结构,军队会在这些个地方待上好一阵时间。根据我们对于耶路撒冷周边地区军队分布的了解,就可以描述出一种规律性。大多数证据都来自从耶路撒冷通往东南西北各个方向的主要道路上的重要地点。

　　首先,我们必须来讲讲耶路撒冷本身。公元 70 年,第二圣殿 104被毁后,任何占领犹地亚的国家都必须在耶路撒冷部署一支强大的守备部队,因为那里是犹地亚唯一的重要城市,拥有大量人口,也是犹太教的崇拜中心,不论生活在何处的犹太人都要来此朝圣。[①] 这些原因都是历史造成的,从战略意义上讲,耶路撒冷并没有多少重要性;该城并未镇守重要的战略路径或是大量资源。事实上,这个地方挺难到达,其位置远离那些沿海平原上的重要道路,而是位于难以通过的群山之中。之所以有道路通向耶路撒冷,只是因为人们想要去往那里,而并非因为它是一处中途停留歇脚的地方,或是一个贸易商队城市。耶路撒冷超乎寻常的重要性源于大卫王曾将其建成了他自己的都城。[②] 这是一个基于政治的决定,因为该城正巧坐落在犹地亚与以色列之间而不属于任何一方。这很像将华盛顿特区定为美国首都的选择。在大

---

① 耶路撒冷的名气显然在该时期的希腊和拉丁史料中有所表现,参见 M. Stern, *Jerusalem in the Second Temple Period*, *Abrham Schalit Memorial Volume*, ed. A. Oppenheimer, U. Rappaport, M. Stern(1980), 257—270(希伯来语)。关于对该城历史的全面考察,参见 J. Simons, *Jerusalem in the Old Testament*(1952)。

② 关于耶路撒冷作为都城的历史,参见 A. Alt, "Jerusalems Aufstieg", in *Kleine Schriften zur Geschichte des Volkes Israel*(1959) iii. 243。

卫将耶路撒冷而不是希伯伦(Hebron)建为自己的都城后,所罗门就在那里建起了圣殿,由此奠定了耶路撒冷在犹太人民心中的崇高地位,并因此让这座城市从公元前10世纪开始直到公元20世纪,对于穆斯林和基督徒来说都具有极为重要的意义。不过,对于君士坦丁以前的罗马人来说,耶路撒冷并不重要。总督的官邸建在沿海的大城市恺撒利亚,此处拥有极好的港口。① 而耶路撒冷却必须派兵把守,②在毁坏了圣殿后,该城被破坏殆尽,不是出于政治上的需要,就是因为对其缺乏兴趣。但即便是在当时这个地方,也必须有军队驻守,并将军团司令部设在那里,这是出于必要而别无选择。

这里还必须总体地说一句。我们无法确定在犹地亚的长期守备部队有多少兵力。在67年以前,肯定有3000名士兵(一个 *ala* (骑兵队)和5个500人步兵大队?),如果我们相信《使徒行传》中的说法,至少还有其他两支部队:一个"意大利"步兵大队(*Italica*)和一个"奥古斯塔"步兵大队同时被部署在犹地亚行省。③ 来自委任状中的证据有时显示的只是最少兵力,因为它们记载的一般只是那些因服役满25年而享受特殊待遇的军人所在的部队。因此,

105

---

① Tacitus, *Hist.* ii 78:"Iudaeae caput".
② 关于第一次犹太暴动以前耶路撒冷的驻军情况,参见下文第六章。
③ *Acts* 10:1;27:1. 对照 M. P. Speidel, *Ancient Society* 13—14(1982—1983),233—240 认为该意大利步兵大队来自卡农顿(Carnuntum)一处墓碑上提到的第二"意大利"军团,参见 *CIL* iii 13483a(*ILS* 9169)。关于奥古斯都时期的步兵大队,他提到碑文显示有一支叫那个名字的部队在亚基帕二世的军队中效力,参见 M. Dunand, *Le musée de Soueida*, *Inscriptions et Monuments figurés*(1934),no. 168;另见 *SEG* vii 1100;*OGIS* 412。关于希律的军队,参见 I. Shatzman, *Milet* (Everyman's University, Studies in Jewish History and Culture,希伯来语) 1 (1983),75—98;关于希律与亚基帕二世,参见 M. H. Gracey, *DRBE*,311—318,对将《使徒行传》中的奥古斯都步兵大队认定为亚基帕二世的军队持保留态度。约瑟夫斯在谈到公元66年时提及了犹地亚骑兵团的两名将领,他们并不是同一个人:*BJ* ii 14.5(291);iii 2.1(12)。

很可能总有些部队会从行省的军队名单中漏掉,原因只是由于在某个具体时间,该部队中没有符合享受特殊待遇资格的军人罢了。我们知道,在 70 年以后,犹地亚驻有 6 支部队,约 5000 名辅助军士兵,这是 86 年的委任状上列出的。[①] 塔西佗说,在一般情况下,辅助军的人数与军团人数相当,但并不是在每个行省中或在所有时期都是如此。[②] 不过,如我们在第一章中所见,对于卡帕多西亚和叙利亚来说,情况大致如是。

虽然或许有证据表明此后辅助军有过几次调防,但我们不知道这些调防对守备部队的总兵力有何影响。[③] 清楚的是,最迟在哈德良时期,军团的人数增加了一倍,而辅助军在此期间增加了多少就不得而知了。[④] 在 139 年,也就是巴柯巴战争结束后第 4 年颁发的委任状,显示辅助军人数有了大幅增加:共有 3 个 *ala* 和 12 个大队,其中两个是配备了武器的大队,按书面上的数字,总人数达到 8500 人,而对应两个军团的兵力大约为 1 万人。[⑤] 很可能还有些部队没有记录在案,最多可达 3 到 4 支部队。一份公元 232 年来自杜拉-欧罗普斯的文件提到了第十二"巴勒斯坦"军团大队。[⑥] 如果我们在第一章所引述的肯尼迪的观点是正确的话,这支部队在其组建时曾是巴勒斯坦行省守备部队中的第 12 个大队。[⑦] 然而,我们并不知道这些事情的发生时间。[⑧] 186 年的委任

---

① *CIL* xvi 33。关于 70—132 年在犹地亚的军队,参见 M. Mor,*DRBE*,575—602。

② *Ann.* iv 5.6.

③ R. Mellor,*The J. Paul Getty Museum Journal* 6—7(1978—1979),173—184,esp. 182f. on *RMD* 3;H. -G. Pflaum,*Syria* 44(1967),339—362,esp. 356 on *RMD* 9.

④ B. Isaac and I. Roll,*Latomus* 38(1979),54—66. W. Eck,*Bull. Am. Soc. Papyr.* 21 (1984),55—67 指出犹地亚的军力得到增强,将该地区转变为一个行政官省的措施是在图拉真治下完成的。

⑤ *CIL* xvi 87.

⑥ P. Dura no. 30,完整的参考文献参见下文第 203 页,注释②。

⑦ 如果是在建立行省后派往巴勒斯坦的话。

⑧ 参见上文第 37 页(按:原书页码);Kennedy,*ZPE* 53(1983),214—216。

状可能显示出到那时人数已经有所减少。① 这份委任状中列出了 2 个 *ala* 和 7 个大队,其中两个是武装大队,②也就是说,少了一个 *ala* 和 5 个大队,这使得辅助军全员约为 5500 人,比 139 年减少了 约 3000 人,比 86 年多出约 500 人。

106

在犹地亚的军队遗址证据相当碎片化,因此作者在后面的附 录一中加以了收集。最可靠的信息来自耶路撒冷-佐培(雅法 (Jaffa))道路。有证据表明,在吉瓦特拉姆(Giv'at Ram)、阿布高 什(Abu Ghosh)、以玛忤斯(尼科波利斯),以及可能在库巴布 (Kubab),都实际有军事单位驻守。沿着这条道路已经发掘出 4 座较小的哨塔。有趣的是,这些哨塔的时间分别属于犹太战争以 前和拜占庭时期,而在犹地亚被先是一个军团后来是两个军团的 大军占领的几年里,这些哨塔却并未被使用。看来似乎很清楚,当 耶路撒冷是犹太人的都城和朝圣者的目的地时,简易的哨塔和碉 堡成了维持道路安全的治安系统的组成部分,而在拜占庭时期,当 大批基督教朝圣者长途跋涉去往耶路撒冷时,又再次建立了类似 的系统来维持道路安全。

在耶路撒冷以南的犹地亚群山中,人们发现了几条古老的 道路。其中有些道路有由瞭望塔、碉堡和小型要塞组成的系统 加以保护,原来人们认为这些是罗马人所修建的。但考古发掘 证明这些属于拜占庭时代。③ 因此,在这个地区,用来将整个道 路置于随时监控之下的系统同样并不属于罗马时期。在军队大 规模驻扎于该行省时,显然,较大的军事机构都被放在了一起, 而且只占据了有限的几个重要城市和地点。在那些地方,现在

① RMD 69,文字辨析的质量有所提高,参见 B. Lifshitz,*Latomus* 35(1976),117ff. 。
② 相关讨论参见 C. N. Reeves,发表于 *RMD* 60;*ZPE* 33(1979),117—123。
③ 目前只公布了简要报告:Y. Hirschfeld,*Qadmoniot* 12(1979),78—84(希伯来语)。 从阿拉瓦到芒普西斯坡地上的 3 座哨塔被确认时间为 3 世纪晚期至 4 世纪早期: R. Cohen,*Arch. Newsletter* 83(1983),65—67(希伯来语)。

还可以找到证据,显示曾有过修建供水和洗浴设施的工程活动。

由此看来,在犹地亚的罗马人打算避免据狄奥所说瓦鲁斯在日耳曼曾经犯过的错误:"他没有将他的军团聚拢在一处,而这是在一个四处充满敌意的国度中本应该做的,他反而将士兵大量分散到那些求助无门的社区去,这些地方请求派军队去,说是为了守护各个重要地点、抓捕盗贼或是护送补给车队。"

道 路 系 统

到目前为止,我们还只讨论了道路上的军事地点。由于机动性和安全性是罗马军队关心的重点,显然,道路系统本身也需要进行建设,而的确很多证据表明罗马人在犹地亚修筑了道路。在现代以色列的很多地区,即便是经过了多年的高度城市化发展和乡村建设,仍然可以见到很多罗马道路和桥梁的遗迹。里程碑的数量对于这么一个小小的地区来说相当大。事实上,我们可以说,这些道路系统的遗迹比其他军事工程更好地反映了在犹地亚的军队规模。这里并不打算对此系统及其建设作全面的研究。有多部已经出版的著作对该系统进行了轮廓性或是细节性的描述,将来还会有更多的著述接踵而来。[①]

我们将讨论 4 个话题,本章讨论其中两个,另外两个留给第四章:(1)道路系统按时间顺序的建设过程;(2)犹地亚行省中军事地点与道路系统之间的关系;(3)里程碑碑文作为帝国行政和宣传工具的重要性;(4)强迫地方政府负责对道路系统的维护。

107

[①]　Isaac and Roll, *Roman Roads in Judaea*, i (1982) 以及参考文献;另见 *JRS* 66 (1976), 15—19; Isaac, *PEQ* 110 (1978), 47—60; I. Roll and E. Ayalon, *PEQ* 118 (1986) 113—134; *Roman Roads in Judaea*, ii, 即将出版。

道路系统建设的时间顺序

首先,我们必须作几个初步的说明。对修筑道路系统的时间顺序进行还原,完全依赖于里程碑上记载的时间,除此以外,并无任何其他史料来源。因此,我们必须要问,竖起刻有日期的里程碑是否就意味着实际建设了道路系统呢? 罗马当局在负责修筑道路之后过了很久才决定设立里程碑,这并不是不可想象的事情。毕竟道路可以在未经标识的情况下存在。① 在犹地亚和阿拉伯就有没设立里程碑的罗马道路。即便是里程碑上实际说明了其标志着某条道路的修建,我们仍然可能会发现这并不符合事实,除非道路建设是紧接着某个地区被兼并为一个行省的行动而发生,如像在阿拉伯的情况(详见下文)。然而,即使在那里,所说的道路也在罗马人到来之前早已经作为一条商队路线而存在了,尽管里程碑上宣称这是一条"新开通的道路"。在不列颠,第一批里程碑碑文中的时间是在哈德良统治期间;然而,众所周知,那些道路的修筑其实要早于那个时期。② 要想弄明白里程碑的真实目的,困难之处在于 *milliaria*(里程碑)一词后来被用以指称"英里",甚至在那些根本就没有实际标识的地方也这样用。例如,普林尼就用它来谈论巴比伦尼亚南部各地之间的距离,而那里当然是没有罗马里程碑的。③ 于是,在那段著名的来自佛里吉亚(Phrygia)的有关 *angaria*(征用运输)的碑文中,人们很难断定所说的是实际存在的里

---

① M. Dunand,*Mém. Ac. des Inscriptions et Belles-Lettres* 13(1933),552 非常过分地声称:"On sait que les voies stratégiques n'étaient pas, le plus souvent, jalonnées par des miliaires"。
② J. P. Sedgley,*The Roman Milestones of Britain*(1975),2;另见下文第六章。
③ *NH* vi 30. 122. 尤西比厄斯在其词典中、耶柔米在译本中均于谈及没有道路的地方使用了该词。

程碑,抑或只是英里数而已。①

与不列颠不同的是,犹地亚和其他东方行省在罗马人到来之前就已经具备了某种道路系统。自从埃及人与赫梯人(Hittites)之间的战争打响,就一直有大队人马在这片土地上行军奔走。亚历山大走的是沿海道路;而庞贝显然知道如何利用当时已有的道路系统。公元前4年,昆克提尼乌斯·瓦鲁斯带领两个军团和辅助军经过撒马利亚乡村,逼近耶路撒冷;同样,他肯定也利用了已有的道路。② 那么,究竟罗马人的贡献表现在哪里呢? 答案是表现为3种不同形式的活动:

(1) 修筑全新的道路。主要在地势险要、需要进行大规模工程施工的地方,而只有罗马军队能够完成这样的工程:清除大片的森林或是在沼泽地铺设路基。在犹地亚就有几条这样的道路。③

(2) 根据罗马的标准对已有道路进行技术改造。这在丘陵农村地区或高山地区是常见的过程,在这些地方,地形决定了道路的曲直。

(3) 建设道路组织系统,而不仅仅是对路面的简单翻新。这意味着设立里程碑、维持道路驿站和其他设施,以及在部分道路沿途建立帝国邮政系统。④

只有第三种形式的活动在里程碑上记录了确切的时间,当然,条件是发现有里程碑的话。然而,这是一个非常重要的阶段,常常

---

① 相关碑文参见下文第292页(按:原书页码)。

② Josephus, *BJ* ii 5.1(66—76); *Ant.* xvii 10.9(286—292).

③ 例如,从安提帕底(Antipatris)到恺撒利亚的罗马道路,对该道路的勘查参见 S. Dar and S. Applebaum, *PEQ* 105(1973),91—99;以及从雷基欧到锡索波利斯的道路。

④ T. Pekáry, *Untersuchungen zu den römischen Reichsstrassen* (1966)顺便谈论了 *cursus publicus*, 173—175,包括 H.-G. Pflaum, "*Essai sur le cursus publicus sous le haut-empire romain*", *Mémoires présentés par divers savants à l'Académie des Inscriptions et Belles-Lettres* 14(1940), 189—391 出版后的参考文献目录。

代表着罗马在该行省军事介入的强化。罗马军队中的工程人员在需要时修筑和改造道路，①然而，由于明显的原因，大规模的系统建设并不会在活跃的战区进行。在战后展开军用道路建设的做法在伊利里库姆得到了证实，在公元6—9年的战争结束后，由数个军团征用土著劳工在那里修筑了军用道路网络。② 特别注意有一块建筑饰板，上面写有"item viam Gabinianam ab Salonis Andetrium aperuit et munit per leg. VII"字样。③ 这里，我们发现的是一条在公元9年以后被立即翻修过的道路，以一位公元前48—前47年的地方总督的名字命名。我们可以推断，这一年是罗马人在这条道路上展开活动的第一阶段。在犹地亚，只要将里程碑的时间顺序和地理分布快速梳理一遍就可以把这一切弄清楚。或许要再补充一句，来自犹地亚的证据之所以重要是因为证据的数量很多。大多数里程碑都自成序列，虽然也有几座单独的里程碑，刻有某个具体年份。

克劳狄乌斯当政期间，犹太人与撒马利亚人之间出现了危险的争斗，叙利亚行省总督尤米狄乌斯·夸德拉图斯（Ummidius Quadratus）对冲突做了实地调查，结果导致犹地亚的总督在约52年遭到罢黜。在菲利克斯（Felix）统治期间持续发生叛乱，接任的地方总督再被罢免。④ 有4个军团的退伍老兵被安置在一个新建殖民地托勒迈斯-阿卡，这个地方位于叙利亚境内但与犹地亚的边界相邻。⑤ 接着就修筑了从安条克到托勒迈斯的沿海道路，并在沿途的里程碑上标注"从安条克通往新殖民地托勒迈斯"。竖立这

---

① Josephus, *BJ* iii 7.3(141f.); 6.2(118)；另见 v 2.1(47)。
② J. J. Wilkes, *Dalmatia*(1969), Appendix iv, 452—455.
③ *CIL* iii 3200(对照 10158)，并对照 Wilkes, 452f.。
④ Schürer, i(1973), 458—460, 462ff.
⑤ 关于殖民地，参见下文第322页（按：原书页码）。托勒迈斯以南的卡梅尔山标志着叙利亚与巴勒斯坦之间的分界线；对照 Eusebius, *Onomasticon*, 118.8—9。

些里程碑的时间为公元 56 年。这些事件之间的关联是一目了然的，该道路项目的军用性质也很明显，尽管在古代的史料中并没有具体说明。10 年后的 66 年，塞斯提乌斯·加路斯率军沿此路前往犹地亚，维斯帕先在 67 年也是走的同一路线，并将托勒迈斯用作向低加利利发动军事打击的大本营。这是叙利亚的第一条有里程碑标示的罗马道路。建设这个项目是因为在犹地亚出现了安全问题。

公元前 69 年，在锡索波利斯-雷基欧（Legio，译注：即"军团"的意思）道路上的一座里程碑提到了第十"夫累腾西斯"军团司令官图拉努斯。我们在别处解释过，这条道路是重要的战略路线的组成部分，筑路是为了给在恺撒利亚和锡索波利斯的军团冬季营地之间提供交通。这条路继续往前可能还通到了佩拉（Pella）和格拉森。[①] 修建这条道路时，军队正好闲着无事可做。迄今为止，这座里程碑仍然是一个独一无二的样本，目前也只发现了几座这种不属于任何序列的里程碑。

在犹地亚找不到带有弗拉维或是图拉真时代标志的里程碑。这很奇怪，因为在卡帕多西亚和叙利亚都有弗拉维时代的里程碑，而图拉真在阿拉伯为这个新行省修建了从北至南的重要干道。人们常常认为，第一次犹太暴动后进行了大量这类工程，但对此并无证据可以证明。结论似乎是，弗拉维的兴趣集中在更为重要的叙利亚行省，而标志着图拉真时代的活动则集中在新建立的阿拉伯行省。

在犹地亚，哈德良统治期间至少有 12 条道路首次用里程碑进行了标示，落款时间均为 120、129 或 130 年这 3 个年份，远早于巴

110

[①]　在佩拉与格拉森之间发现的 112 年的里程碑上提及了对该道路的修复；对照 P. Thomsen, *ZDPV* 40（1917），nos. 215, 216, 218a, 220；S. Mittmann, *Beiträge zur Siedlungsgeschichte des nördlichen Ostjordanlandes*（1970），157f.。

柯巴暴动发生的时间。129 或 130 年的里程碑系列与罗马皇帝巡
访犹地亚的时间位于同一时段。[①] 这表明了在该行省中罗马活动
的增加。可以说,这些里程碑或许只不过是为了帝国元首的到访
而进行的宣传活动罢了。但有两个因素说明这里涉及的还不止于
此。首先,我们知道在其他地方,皇帝的旅程也伴随着或是引发了
大量的修造工程(如哈德良长城)。其次,有证据表明,在犹地亚还
有其他形式的异常活动。守备部队的人数翻了一番,另外,据卡西
乌斯·狄奥说,通过决议在耶路撒冷建立了名叫阿里亚加皮特里
纳(Aelia Capitolina)的罗马殖民地。

　　落款时间为公元 162 年的里程碑是在犹地亚已经证实的规模
最大的里程碑系列,其数量远远超过其他系列。在阿拉伯也设立
了文字内容相同的里程碑,这显然与路奇乌斯·维鲁斯于 161/
162 年冬季发动的战役有关。[②] 这与前面所讲的并不矛盾:在战
争期间,犹地亚行省内地并未竖立新的里程碑。在其他几个行省
中发现的这类里程碑系列反映了 231 至 233 年间塞维鲁·亚历山
大正在为波斯战争做着准备。

　　我们可以肯定地得出结论,犹地亚的里程碑时间顺序证明,道
路系统最初是由军事当局为了军队自己使用而加以组织整合的。

犹地亚行省中军事要点与道路系统之间的关系

111　　　在犹地亚发现的里程碑几无例外都位于人口密集的区域,这些

---

① 在即将发表的论文中,阿拉·斯坦因女士指出,在哈德良时代,帝国各地的里程碑
　中有相当一部分与这位皇帝巡视的足迹恰好一致。
② H. I. MacAdam, *Studies in the History of the Roman Province of Arabia*: *the
　Northern Sector*(1986),91 认为这个结论是"对碰巧的情况小题大做"。但在罗马
　里程碑的时间上明显存在着重要的规律。首先,在该地区这一年的里程碑数量出
　奇地多;其次,事实上,马可·奥略留的里程碑在其他地方非常罕见。

地区因为有人起来反抗罗马的统治而必须在当地部署驻军来保持
控制。最奇特的例子就是锡索波利斯-杰里科道路。这条路开头的
7 英里路段穿过了肥沃的伯珊(Beth Shean)山谷,在每一处英里驿
站都有数座刻了字的石碑加以标示。走过这 7 英里后,道路来到了
位于沙勒姆城(Tel Shalem)的要塞,至此就进入了荒芜的约旦河
谷;在这里,道路模糊不清,而且没有任何里程碑。然而,在《波底加
地图》上,这条路却被标明为罗马道路。在内盖夫沙漠中也很难见
到里程碑;事实上,在这个地区连一块刻字石碑都未曾发现过。与
此巧合的是,也完全找不到时间为 2 世纪和 3 世纪的军事铭文。同
样,在耶路撒冷-杰里科道路上也未见任何刻有铭文的里程碑,这条
路穿过沙漠,而其他所有通往耶路撒冷的道路上都出土过一些石
碑。斯特拉波和普林尼证实,在从地中海沿岸的加沙穿过沙漠通往
阿伊拉(亚喀巴,以拉他)的道路上没有见到过任何里程碑。[①] 这些
事实无比重要,因为只有在有人居住的地方里程碑才会被人们破坏
或是挪作他用,而沙漠环境显然更有利于保存这些石碑。我们在后
面将看到,在其他行省中也发现了相同的现象。

　　我们还应注意,到目前为止,在托勒迈斯-提比里亚(Tiberias)
道路以北的加利利没有任何有记载的道路。那里是一个没有城市
的地区。

　　capita viarum(道路上标注的到某个城市的距离)构成了另
一种信息来源。在犹地亚,道路里程是从城市开始计算的——城
市周围的属地不算在内。但是有几次,如在凯波科特纳(Caper-
cotna)-雷基欧的军团大本营,军事地点肯定被当作了 *caput viae*
(道路起点),在其他几个情况中很可能也是这样。另外,下文中将
提到,往往城市本身就是军事基地。

---

① 　Strabo xvi 2.30(759);Pliny,*NH* v 12.65. 关于从加沙出来的道路,参见 C. Gluck-
er,*The City of Gaza in the Roman and Byzantine Periods*(1987),26—30。

　　最后,在犹地亚的定居地区几乎没有四帝共治时期及其继任者统治时期的里程碑。这恰好与该省的去军事化过程出现在同一时段;而另一方面,在叙利亚和阿拉伯,没有撤军而是对军队进行了重组,于是那里就出现了很多石刻碑文。①

　　在犹地亚,在第一次犹太战争以后,军事机构或军团的诸多分遣队显然被聚集在了一起,这是在敌对国家的正确做法。军队保卫着城镇和道路供自己使用,并将当地民众置于控制之下。在哈德良治下,得到强化的守备部队重新组织了道路系统。可能过了数年以后,当积极的敌对活动逐渐消退时,军队更多地接管了日常的维持治安职能,在其他行省中无疑是这样。② 这尤其成了 *stationarii*(道路治安官)的任务,他们肩负着维持道路安全、镇压匪盗活动的职责。③ 另外,他们还起着边境卫士的作用,④并把守着收费站点。他们的其他职责还包括征税和维持帝国邮政系统。⑤ 在埃及,后来的2世纪中有确凿的证据表明了 *stationarii* 的存在。⑥ 此外,还有 *skopelarioi*,即被强征徭役担任卫兵的平民。他们被安排在 *skope-loi*(即下文将讨论的道路沿途小要塞)中。⑦ 没有证据显示在犹地亚的罗马军队从事了边境防御或是与游牧民打仗的任务。

112

---

① 参见下文。

② R. MacMullen, *Soldier and Civilian*, 50—55. 有一段拜占庭时期的文字描述了昔兰尼的 *limitanei* 的职责(*SEG* ix 356, para. 11;14)。其主要职责是维持治安和站岗放哨:控制跨境活动。

③ L. Robert, *Études Anatoliennes* (1937), 98f. 285; *Revue de Philologie* 16(1943), 111ff.;对照 G. Lopuszanski, *L'antiquité classique* 20(1951), 5—46, esp. 28—44, 有证据表明,这些军事单位在迫害基督徒的时期表现得非常积极。

④ 例如 Ammianus xiv 3.2,关于这点参见下文第 161 页,注释①;xviii 5.3。

⑤ MacMullen, 57—60. 关于道路沿途由 *burgarii* 把守的 *burgi*,参见下文。

⑥ R. Bagnall, *The Florida Ostraka*; *Documents from the Roman Army in Upper E-gypt* (1976), esp. 25ff.; *JARCE* 14(1977), 67—86, esp. 70f.

⑦ Bagnall, *Ostraka*, 25. 记录下来的 *skopelarioi* 姓名都是埃及名。他们受 *dekanoi* 指挥。参见 N. Lewis, *Inventory of Compulsory Services*, Am. Stud. Papyrology 3(1968)讨论了在埃及的各种强制性守卫义务。关于这些瞭望塔,另见下文第四章。

　　我们之所以用了这么多篇幅来叙述罗马道路系统的建设和分布,乃是因为道路是在犹地亚的军事建造物中保存得最好的部分。保留至今的证据显示,交通安全是军事指挥层的首要关注点。我们注意到,还有另外两个基本因素本也应该决定着在没有外敌的地区——如犹地亚——军事要点的分布：(1)补给的可得性；(2)平民人口的分布和态度。我们对前者无甚可说。而关于后者,我们从附录一中可以清楚地看出,军用设施常常位于构成道路系统节点的城镇或是其附近。在下节中我们将说明,在犹地亚有确凿的证据表明,罗马军队在犹太城镇中发挥着维持治安的作用。

对比：奥斯曼时期的道路安全

　　总体而言,关于罗马占领时期现实状况的信息不算丰富。问题在于,要证明某个军事单位在某地的存在时,我们所主要依赖的考古证据和铭文史料并不能告诉我们这些部队的活动性质。《塔木德经》中的史料提供了一些帮助,因为它为我们描画了这个时期日常生活的图景。如果非常谨慎地用来与其他时期进行比较,倒是可以澄清一些问题。

　　在奥斯曼时期,巴勒斯坦经受了无数次的社会经济灾难和内部纷争,暴动几乎从未中断过,并受到贝都因人的武装抢掠。[1] 那里的主要问题之一就是匪乱导致道路安全恶化,这不仅影响到埃及与叙利亚之间的商队贸易,也阻碍了穆斯林到耶路撒冷和希伯伦的朝圣之旅。[2] 为了改善局势,贝都因酋长们被任命为地区长

113

① 　U. Heyd, *Ottoman Documents on Palestine* 1552—1615 (1960), 40—44. 关于1840—1861 年试图推行改革的时期,参见 M. Ma'oz, *Ottoman Reform in Syria and Palestine* (1968)。

② 　Heyd, 87, document 41 * of 1567, 一位名叫法蒂玛(Fatima)的妇女抱怨道："我和儿子去耶路撒冷朝圣,在回来的路上,贝都因叛匪突然袭击[我们],抢走了我的行李,还抓走了我的儿子。他们向我要钱[作为赎金]。"

官,负责途经他们地盘的道路安全。但这一措施并不奏效,因为这些酋长自己就在不断地攻击途人。① 奥斯曼当局在无人居住地区的重要地点建立了新的村庄,目的是保护旅行者不受攻击。② 在其他地方则修建了道路驿站,例如,1581 年在泰伯山(Tabor)附近土加尔(Tujjar)的乌西('Uyun)。这个地方,"[很多]商人路过此地,是叛逆成性的贝都因人和其他麻烦制造者以及拦路抢劫者的汇集点。他们降临在穆斯林去往耶路撒冷和希伯伦朝圣以及其他埃及商人行走的道路上……如果修建了商队旅舍,在它的四面[角落]建起瞭望塔③……并在[其中]每个塔上派 10 个人把守,那我们所说的这个地方就将变为居住地,并得到开垦。"④后来,那里真就建起了一座可以容纳"10 名守卫士兵和 30 名骑兵"的堡垒(在修建过程中以及建成后曾多次受到攻击),⑤还在那里举办集市。⑥ 堡垒战士待在原地站岗放哨;而骑兵则可以派出去增援其他地点。⑦ 这个系统的弱点在于,这些驿站在兵员人数上并没有达到原先的预想。以泰伯山附近的堡垒为例,在 1660 年,那里总共只有 28 人,而非 40 人。⑧ 另外,征来的兵员往往并不可靠。

114

---

① 　Heyd,91 and document 52,n. 10.

② 　Heyd,91. 如见第 55 号文件,提到一个叫作阿里什(el 'Arish)的地点(位于沿海主道路旁),在那里,"贝都因人频繁攻击朝圣者和商队"。计划将人口迁入该地定居,"这里有发展农业的可能性"。这是这种情况下的标准做法。比较 4 世纪时试图让 *gentiles*(非基督徒)在缺乏安全的非洲边境地区定居的做法(*Cod. Theod.* vii 4.30[409]),或是 1864 年戈尔查科夫王子的备忘录(引述见上文第 19 页,按:原书页码)第 335 页:"有必要在土地肥沃的乡村修建一系列要塞,目的不仅是为了保障补给,而且也为了帮助经常性的殖民活动,这一措施本身就可以让被占领国有一个稳定繁荣的未来,或能够吸引周边部落走向文明的生活。"关于罗马老兵殖民地的类似作用,参见下文第七章。

③ 　在土耳其语中该词是 burc!

④ 　Heyd,110ff. document 62 *.

⑤ 　Heyd,113,n. 18.

⑥ 　Heyd,114f. document 64.

⑦ 　例如 Heyd,document 58:骑兵出城去迎接麦加朝圣者的驼队。

⑧ 　Heyd,Appendix iii. 关于在阿勒颇省修筑要塞取得的良好效果,参见 Ma'oz,ch. IX。

《塔木德经》史料

　　《塔木德经》史料对于罗马军事机构在犹太人口中履行治安职能的方式给出了生动的图景。在本节中,我将援引一些例子。

　　在一篇讨论《申命记》32:14 的《密德拉什经》经文中,就把行省中那些代表罗马当局的人物描绘成了贪婪的压迫者:

> 　　"他吃着我地里出产的粮食":这就是四个王国;"他从岩石中吮出蜜,从燧石中吸出油":这就是压迫者们,他们夺走了以色列的土地,要想从他们那里拿到一分一厘比向石头要钱还难,但是明天以色列将接管他们的财产,以色列人将像油和蜜一样享用这些财产。"来自于羊群的奶油":这就是他们的领事和总督;"羔羊的肥肉":这就是他们的保民官;"还有公羊":这就是他们的百夫长;"巴珊的羊群":这就是那些 *bene-ficiarii*(免役士兵或侦察兵),他们从(吃食者的)牙齿缝中抢走(食物);"还有山羊":这就是他们的元老院成员;"拿着最好的麦子":这就是他们的 *matronae*(女性公民)。[①]

　　"[当]非犹太人的巡逻队在和平时期进入城市时,禁止摆放罐口敞开的酒罐,而封好口的酒罐是允许的。[如果是]在战争时期,那么两种情况都是允许的,因为没有时间去禁酒。"[②]这条时间为 2 世纪的原始史料,其重要性并不在于巡逻队在战争与和平时期的不同做法,这种区别似乎只是为了建立一个学术上的兴趣点而已。而真正反映出当时现实情况的,是讲到了巡逻队理直气壮地干预

---

① 　Sifre Deuteronomy, cccxviii, ed. Finkelstein, 358f.

② 　m. 'Avodah Zarah v 6.

平民的日常生活。①

《密西拿经》中另一段文字讨论了当非犹太人（士兵？）可能来自两个方向相反的地点、而具体从哪个方向来不得而知时,应该如何设定安息日限制(*Eruv*),才能让人们在不触犯安息日戒律的情115 况下能够逃得最远。②

同样与这一时期有关,《陀塞弗塔经》中有篇经文讨论的是这样一条戒律,即节日期间不可为非犹太人和狗准备食物。有人问希米翁·哈特玛尼(Shimeon Hatemani)为何在节日前夜没去习经所,他解释说:"有一支非犹太人的巡逻队进了城,他们（城里的人）害怕他们（士兵们）会伤害他们,于是我们给他们准备了一头小牛,让他们吃,给他们喝,还用油给他们搓身体,这样他们就不会祸害城中的百姓了。"③

众所周知,罗马当局与犹地亚犹太人之间的关系在巴柯巴战争之后的半个世纪里有了不少改善,但各种 3 世纪时的《塔木德经》史料却表明,我们对这点不应过分夸大。例如,有人引述以撒(Isaac)拉比的话说:"哪个节日都少不了有巡逻队来到西弗里斯。"哈尼纳(Hanina)拉比说:"哪个节日都少不了有 *hegemon*（长官)、*comes*（总督)或是担任 *zemora*（某种官员,具体职责不详)的人到提比里亚来。"④

---

①　作为比较,在《巴比伦塔木德》中有一段讨论,讲的是一群士兵在经过巴比伦的纳哈底亚时撬开酒桶的事件。这也许并非是罗马士兵所为,但反映了当时有军队驻扎在城中的真实生活状况:b. 'Avodah Zarah 70b。对照 Oppenheimer, *Babylonia Judaica*, source 5 and pp. 289f. 。

②　'Eruvin iii 5. M. Jastrow 的词典中对 *Eruv* 的相关解释如下:"Erub 是一个象征性举动,借此对社会性或连续性进行法律上的虚拟",例如,安息日规定:一个人在安息日(或瞻礼日)前在所处的地方为第二天准备一些食物,通过此举,他就将该逗留处变成了自己的住所,因此他在安息日的活动范围就可以以这个地方为中心来计算了。

③　tos. Betzah ii 6.

④　b. Shabbat 145b.

这里至少暗示了士兵有可能起着密探的作用："政府派了两名士兵［*sarditia'ot*］并告诉他们：'去吧，你们要像犹太人那样行事，去看看他们的 *torah*（犹太教圣经）是什么样的'。于是，他们就去了位于乌夏（Usha）的大拉比迦玛列（Gamaliel）那里……"①

在一位 3 世纪的圣贤约书亚·本·利未拉比生活的年代，据说发生了下面这个故事情节："夸谢夫（Qoshev）（Qosher ＝ 密谋者）的儿子乌拉（Ulla）受到当局的通缉。他逃到在莱迪达的约书亚·本·利未拉比那里。罗马人来到该地，并包围了城市。约书亚·本·利未拉比去见乌拉，劝他投降，并将他交给了罗马人。于是，过去经常出现在利未拉比面前的以利亚（Elijah）的幸福记忆［现在］不再出现了。他禁食了数天，以利亚又出现在他眼前。他对以利亚说：'我看上去像是个叛徒吗？难道我没有遵守《密西拿经》的戒律吗？'以利亚问他道：'但这还是虔诚者的《密西拿经》吗？'"②这个时期的莱迪达是一座犹太人相当多的城市，可能占了当地人口的大部分。本案例的教训在于，约书亚·本·利未拉比的行为违背了犹太法的精神——尽管从字面上并未违反律条——他劝说一名罗马人正在抓捕的人去自投罗网。这个情节也说明，即便是到了 3 世纪时，罗马人也随时准备采用最残酷无情的手段，同时也表现了当罗马人以政治罪名通缉某人时，犹太人赖以团结的最基本的相互忠诚程度有多高。 116

在另一则 2 世纪的史料中，讨论的话题是一位牧师妻子的地

---

① Sifre Deuteronomy 344, ed. Finkelstein, p. 401；对照 y. Bava Qamma iii 4b；b. Bava Qamma 38a。这两段平行文字中并没有提到乌夏。对照 G. Alon, *Jews in their Land*, ii 463f.。

② y. Terumot viii 46b；对照 Genesis Rabbah xciv, ed. Theodor-Albeck, pp. 1184f.。在 y. Codex Vatican 中提到了 'Ulla bar Qosher（而不是标准版本中的 bar Qoshev）。由此，我们发现一个人的名字或绰号与其举止行为有关（L. Ginzberg, *Seridei ha-Yerushalmi*, p. 366）。

位,她告诉别人自己被士兵搂了一下,但并没有实际遭到强奸。①
虽然这明显只是个别的事例,但所有牧师妻子却均被视为不洁,而
且当有大量士兵入城时必须原则性地这样认为。这条史料的文字
中并未交代清楚此处所讲的是一场围城,还是大规模搜查抵抗游
击队。② 大约一个世纪以后,有人讨论了一名在相似情况下成功
逃脱的妇女的地位。③

虽然对法律问题的讨论经常表面上会显得带有学究气,但这
几段文字无疑反映了犹地亚在罗马统治下的生活现实状况:军队
强力干预,残暴行径被视作理所当然。同样重要的是,这些文字材
料来自 2 世纪和 3 世纪,而这个时候的犹地亚已经不再有公开的
反叛活动了。

也许有例外。我们在《陀塞弗塔经》中发现了一句奇怪的话:
"对一个(在安息日)赶来灭火的非犹太人,你不应该说'灭火和不
灭火'。"然后讲了以下这个故事:

> 有一次,在希恩(Shihin,加利利的一个村庄,靠近西弗里
> 斯),约瑟夫·本·西迈(Joseph ben Simai)家院子里发生了
> 火灾。来自"西弗里斯军营"的人们跑来灭(火),但他把他们
> 拦住了,这时一朵云从天上飘下来,雨水将火淋灭了。圣贤们
> 说:"没有必要这样",虽然在安息日过后,他给跑来救火的每
> 个人都送去了一副"sela"(马鞍),并给派他们来的 *hippar-
> chos*(在古希腊语中意指军官)送了 50 第纳尔。④

即便如此,我们并不能真就以为这显示出罗马军队有好的一

---

① y. Nedarim 11. 42d.
② m. Ketubot ii 9.
③ y. Ketubot ii 26d.
④ tos. Shabbat xiii 9;y. Shabbat xvi 15d;y. Yoma viii 45b;b. Shabbat 125a.

面,因为同时的另一则史料补充说那个人,那位约瑟夫·本·西迈是一位国王——很可能是亚基帕——的"法定监护人",或是"地方财政官"。① 他可能是一位很虔诚的犹太人,但却有资格受到罗马军队的特殊对待。

《塔木德经》史料中反复提到军队在城市中的活动。我们知道很多部队单位都长期驻扎在城市中心区:以玛忤斯-尼科波利斯、希伯伦、奈阿波利、撒马利亚,以及可能在埃勒夫特罗波利斯-贝丝戈夫林(Eleutheropolis-Beth Govrin)。以以玛忤斯为例就很说明问题,能让我们看到驻军在相对平静的年代和在战争时期所具有的双重功能。② 该城位于从沿海平原过来的主干道刚要进入山区的地点,历史表明这是一个战略要地。我们在上文(第 104 页,按:原书页码)中看到犹太抵抗战士在紧邻地区袭击了一个罗马连队;这里也是犹大·马加比(Judas Maccabaeus)打过胜仗的地点之一;③附近有一座塞琉古王朝的要塞,其位置是巴柯巴战争中经常爆发战斗的地方。④ 我们下面将会解释,这里在第一次犹太暴动期间成了第五"马其顿"军团(*Macedonica*)的大本营,碑文告诉我们,该军团在这里留守了一段时间,后来显然是被一支辅助军大队所接替。在恺撒利亚肯定有士兵,这里是行省首府和行省总督的官邸所在地。在耶路撒冷,不论是在 70 年以前,还是以后,都一直有驻军。⑤ 罗马军队——尤其是军团分遣队——驻扎在城市中是那些已经城市化了的东方行省的特征,这种现象在西方并不常见。

117

---

① b. Shabbat 121a;对照 b. Sukkah 27a,这里提到的是同一个人,他娶有两个妻子,一个在提比里亚,另一个在西弗里斯。

② 对此的全面讨论参见 H. Vincent and F. -M. Abel,*Emmaüs, sa basilique et son histoire*(1932)。最近对一处罗马浴室进行考古发掘的报告:M. Gichon, *IEJ* 29 (1979),101—110。

③ 1 Macc. 4:1—25.

④ M. Gichon,*Cathedra* 26(1982),30—42(希伯来语)。

⑤ 相关证据参见下文第六章以及附录一。

该特征牵涉到复杂的社会关系,对此,我们将在下文第六章中再进
一步讨论。

阿拉伯和叙利亚南部

阿 拉 伯

　　我们无法确定 2 世纪时罗马军队在阿拉伯行省的军力规模。
没有军事委任状,关于辅助军的信息来自纸莎草文卷和石碑铭
文。① 就目前所知,那里有两个 *alae*(骑兵队)和 6 个大队,其中一
个是 *milliaria*(千人大队)。这样辅助军总共有约 4500 人,少于
军团士兵的人数,但我们的清单可能并不完整。2 世纪时,在该行
省的军队人数从文件上看至少有 1 万人,这仍然不到后来哈德良
时期在犹地亚的兵力的一半。

118　　关于军队在阿拉伯到底做了些什么,并无文献证据来帮助我
们对此了解,像我们在讨论犹地亚的情况时那样。除了罗马的文
稿中偶尔出现的只言片语,唯一可得的材料就是考古遗迹和铭文
了。我们在此书中一再强调,能否根据这些材料对军队所发挥的
功能得出结论值得怀疑。不可避免地,我们在罗马军队的分布和
身份,以及军队面临的问题,或是军队需要控制的对象等方面,都
只能得出并不完整的印象。但即便如此,我们仍然可以就罗马在
该地区特别是在 2 世纪时的首要问题,得出一些试探性的结论。
我们将发现,现代的研究者对于控制沙漠地区的强调程度远远超
过了罗马当局在这个时期所采取的行动。正如我在第二章中指出
的,没有证据表明游牧民对罗马人构成了严重的问题。在阿拉伯
的军队也并非在针对外来威胁守卫边疆。

---

①　M. P. Speidel, *ANRW* ii 8. 699f.

　　我们无从知道图拉真为何要在 106 年将纳巴泰王国兼并为阿拉伯行省，该地区并没有发生过严重动乱的证据。不过，对此，我们也无需感到吃惊，①斯特拉波已经讲得十分透彻了，藩属王国被视为已经属于帝国的组成部分，②将这个地区吸纳为行省的官方理由可能仅仅是发现有不忠行为，或是王室血脉无后而终罢了。例如，康玛格尼被兼并的借口就是对罗马不忠；而真正的原因却可能是罗马想在那里建立一个军团大本营。奥斯若恩在做了几个世纪的忠实附庸后被卡拉卡兼并，其理由却是一个看上去相当牵强的借口。③ 图拉真在东方有野心，可能那才是真正的动机。犹地亚被兼并是因为希律的继任者不那么令人满意，但我们对于拉贝尔二世（Rabbel）的继任者就没什么具体的了解了。举止粗鲁，甚至拉丁语讲得不好，都有可能是促使图拉真作出这个决定的原因。罗马人对于兼并一个藩属王国可不会感到痛苦。试想如果约瑟夫斯真是一位狂热分子，在尤塔帕塔就自杀身亡的话，我们对于犹地亚的兼并还能知道多少呢？藩属国是属于帝国的一部分，其国王并不具有统治权，只是被授予了特别许可而已，而这种许可随时都有可能被收回。④

　　要把我们实际知道的情况总结起来非常容易。有一个军团驻扎在阿拉伯行省最靠北的波斯卓，并修筑了一条从波斯卓到红海的道路。时间为 111 年和 114 年的里程碑上记载了该道路工程：

---

① G. W. Bowersock, *Roman Arabia* (1983), ch. vi. 不同的观点参见 J. E. Eadie, in *The Craft of the Ancient Historian: Essays in Honor of Chester G. Starr* (1985), 407—423。

② vi 4. 2(288).

③ 据 Dio, lxxvii 12. 1 记载, 埃德萨国王阿布加（Abgar）表面上令其子民接受罗马的生活方式, 但实际上是为了满足自己对专制权力的欲望。后来, 卡拉卡拉通过欺骗手段囚禁了他。

④ P. A. Brunt in P. D. A. Garnsey and C. R. Whittaker (eds.), *Imperialism in the Ancient World* (1978), 168—170.

[图拉真称号的主格形式]redacta in formam provinciae Arabia viam novam a finibus Syriae usque ad mare Rubrum aperuit et stravit per C. Claudium Severum leg. Aug. pr. pr. ①

这段文字着重强调了兼并与修路之间的关系。里程碑上标出的时间是工程竣工而非开始的日期,但我们可以假定修路是在106年的兼并后紧接着就开始的。一份著名的107年3月的纸莎草文稿中提到,士兵在距离佩特拉不远的地方切割石料。② 这说明军队当时正在修建着什么,可能就是道路。③ 我们还可以推测,同时担任军团司令的行省总督本人就在施工现场,而且在撰写这段碑文时,军团司令部正要被转移到波斯卓去。④

从波斯卓到红海的道路恰好位于一条古老的商队路线上,纳巴泰人和再以前的人们一直在使用这条路线。⑤ 如果要假设在图拉真时期这条道路成了防线的组成部分,就必须同时假设其作为一条罗马道路的功能在罗马统治以前和以后发生了重要变化。为了更好地说明问题,不妨将其功能与土耳其政府的一个类似项目作个比较——当然,条件是对二者之间的相似性不能过分苛求:汉志(Hejaz)铁路工程。奥斯曼帝国的铁路系统由两个主要的分支组成:(1)一条东西向铁路线将君士坦丁堡与摩苏尔连接起来,并计划继续朝着巴格达延伸;(2)另一条南北向铁路线在阿勒颇从上一条路线分叉出去。这条线路的目标是延伸到远至也门,但它从来就没有到达比麦地那(Medina)更远的地方。即便如此,这条铁

---

① 如见 *CIL* iii 14176. 2—3。到1917年为止,所有已知的里程碑都被收录进了 P. Thomsen 的著作,参见 *ZDPV* 40(1917),1ff. ,map 1。从这些里程碑上可以获得修建道路的情况,参见 Pekáry,140—142。

② P. Mich. 465—466;原文、译文及讨论另见 Speidel,*ANRW*,691f. 。

③ 该观点参见 Pekáry,141。

④ 最早占领阿拉伯的是哪个军团尚不确定,参见 Speidel,*ANRW*,691—694;D. Kennedy,*HSCP* 84(1980),283—309。

⑤ "Aperuit"并不一定表示道路是新建的,对照上文第109页(按:原书页码)。

路也将大马士革、德拉和玛安(Ma'ân)与叙利亚北部连接了起来，并与土耳其帝国的阿拉伯行省相通。该项目说明了一个基本事实，任何想要控制从博斯普鲁斯到幼发拉底河或是波斯湾近东地区的强权都必须面对一个巨大的难题，那就是如何将一个交通线路绵长而脆弱的广袤地区拢在一处。由于奥斯曼的解决办法与罗马人的方法一样都受制于地形地貌，因此这两个系统之间有相似之处就不足为奇了。然而，在罗马的系统中还多包含了一条重要的动脉线：连接埃及与叙利亚北部的沿海道路。19 世纪后期，土耳其人已经不大需要这条支线了，因为他们已经失去了埃及，不过上述铁路系统还是在巴勒斯坦冒出了短短的一截枝芽。

120

　　因此，对于图拉真道路唯一自然且合乎逻辑的解释，就是将其视为在叙利亚南部与阿拉伯半岛北部之间的连接通道。将其说成是一道防线颇为主观且不太可能。那些总喜欢臆想的人可以宣称说，如果把修建这条道路想象成是大致针对阿拉伯南部重新展开军事行动的第一阶段，那它就更带有典型的罗马行为特征。[①] 然而，同样也有可能，连图拉真都意识到了阿拉伯半岛的地表特征并不适合于罗马的扩张模式。

　　图拉真道路的大部分路段现在都尚能辨认。这在某种程度上遮掩了以下事实，即在佩特拉以南发现的里程碑非常少，而且其中只有两座碑上刻有文字。[②] 这与约旦河以西沙漠地区的情况非常

[①] 图拉真赞同亚历山大的做法，并声称自己已经超过了他(Dio lxviii 30；30，1)。亚历山大曾对阿拉伯有野心，但没能实现(Arrian, *An.* vii 19，5f.)。据我所想，这条路线为占领军所用的唯一情况就是劳伦斯对亚喀巴发动的非常规军事行动。他意识到不可能突破把守该道路的敌军继续向北进入外约旦，因此绕道从汉志到玛安，然后再沿向南的道路去到亚喀巴。巴勒斯坦经常被敌人从西南、北方和东北方向征服，但就我所知，从未被从东南方向征服过。

[②] 地图参见 Thomasen, *ZDPV* 40，nos. 174 a-c and 175；谈及两处英里驿站。注释175a 中有一则时间为 111 年的碑文。奎以拉(Queira)附近另有外 4 处英里驿站，在其中一处还发现了图拉真时期的碑文，参见 A. Alt, *ZDPV* 59(1936)，(转下页注)

相像,而且在叙利亚似乎也是如此。顺便提一下,目前尚未公布过任何埃及东部沙漠地区的里程碑文字,尽管那里的里程碑在 1 世纪和 2 世纪时就已经设立并经过了编排。

哈德良治下至少新修了一条道路,于 120 年——从格拉森经安德拉阿(Adra'a)到波斯卓。[①] 已有的从海边的恺撒利亚到锡索波利斯和格拉森(见上文)的道路得到了修缮,格拉森-锡索波利斯路段于 112 年,而从锡索波利斯以西的路段则是在 129 年。哈德良统治期间可能有一个军团驻扎在雷基欧-喀帕科特纳(Caparcotna),而这些道路的目的就是提供一个与在波斯卓的军团之间的有组织的联系通道。[②]

军队的部署

虽然我们看到图拉真道路一直被修到了红海边,但几乎没有证明显示在这个时期该道路沿途有驻军存在,更不用说有什么"纵

(接上页注)92—111。据我所知,在幼特穆旱谷(Wadi Yutm)以南没有发现哪怕一块石碑。尽管此处所讲的情况大致属实,肯尼迪博士指出,在阿拉伯的沙漠地区还将发现以下几组里程碑:(1)佩特拉以南(Stein 进行的勘查)以及在该遗址与佩特拉之间(Humema 进行的勘查)的几座里程碑;(2)在阿兹拉克以北的一系列里程碑;(3)图拉真道路上从乌姆埃尔吉马尔(Umm el-Jimal)到塔格拉特埃尔伽博(Thughrat al-Jubb)路段上的其他里程碑。

① 关于格拉森-亚德拉阿(德拉)路段的报告,参见 S. Mittmann, ZDPV 80(1964), 113ff. =ADAJ 11(1966),65ff. ;对照 B. Isaac and I. Roll, Latomus 38(1979),54—66,esp. 61f. 。在亚德拉阿-波斯卓路段目前尚未发现里程碑,只有一处建筑物铭文记录了在埃泰伊拜(at-Tayyibeh)修桥的情况,时间为 163/164 年。对照 T. Bauzou in Hauran I, Recherches archéologiques sur la Syrie du sud a l'époque hellenistique et romaine, ed. J.-M. Dentzer(1985),151 and map(fig. 1)。毫无疑问,亚德拉阿-波斯卓路段在哈德良时代就已经是该道路的一部分了,因为这些里程碑都从波斯卓开始计算路程。

② 关于其他连接波斯卓与锡索波利斯的道路,参见 Isaac and Roll, Latomus, 62, n. 44;Bauzou, 40c. cit. 。

深防御"系统了。① 这方面证据的缺失如此明显，以至最近有一位考古学者怀疑哈德良是否放弃了阿拉伯行省。② 事实上，目前根本没有把握能够确定佩特拉以南道路沿线的那些设施修建于何时。没有军事铭文确凿地说明了在戴克里先以前曾有哪些部队长期驻扎在阿拉伯南部地区。军队占领过的地点可能都是主要道路沿途的驿站。这些地点彼此之间相隔约 20 公里的距离，换句话说，大致是一天的行军路程，这种距离只适用于道路驿站而不是防御系统。如果在 4 世纪以前有军队驻扎在那里的话，没人知道到底是什么样的部队，也许只有足够保证通往阿伊拉的道路安全通畅的军力而已。③ 这并不是要否认即使在 2 世纪时，该地区的部队兵力也比我们现在知道的要多。然而，即便乌德鲁(Udruh)在 2 世纪时已是一座大型要塞，但也并不会使这种格局发生重大变化。

最近出版的有关死海以东地区考古成就的著述进一步强化了这种印象。④ 寇克基(Frank L. Koucky)在对于他称之为"*limes* 地区"(译注：*lime* 指古罗马的边境防御系统)的调查报告中得出结论：在纳巴泰时期，"被调查地区除厄尔拉玛(er-Rāma)以外，没有任何地方可供大量军队集结……"⑤在纳巴泰时期(公元前 1 世 | 122 纪至公元后 1 世纪)，军队占领的地点比其他任何时候都多。那个

---

① 勘查结果参见 D. Graf, *BASOR* 229(1978)，1—26；*ADAJ* 23(1979)，121—127；*The Word of the Lord Shall Go Forth: Essays in Honor of David Noel Freedman in Celebration of his Sixtieth Birthday*(1983)，ed. C. L. Meyers and M. O'Connor, 647—664；*Damaszener Mitteilungen*(即将出版)。S. Thomas Parker, *Romans and Saracens*(1986)，esp. 6—8 将图拉真道路说成是设防的边界或者说是 *limes* 的组成部分。

② J. Lander, *DRBE*, 447—453. 对考古证据的批判性评论参见 Eadie, *DRBE*, 245—248。A. Killick 在乌德鲁进行了考古发掘，他的结论是，这是一座图拉真时期的堡垒：*Levant* 15(1983)，110—131. 有待更多的信息。关于 Parker 的考察结果，参见 *Romans and Saracens*, 87—113, 126；以及 S. T. Parker(ed.)，*The Roman Frontier in Central Jordan: Interim Report on the Limes Arabicus Project*, 1980—1985, i-ii(1987)。

③ 有关埃尔喀狄(al-Khaldi)(普利托里奥(Praetorio))的更多争论参见下文第四章。

④ 出版文献参见 Parker，本页注释②。

⑤ Parker, *Roman Frontier*, 64—79, esp. 65f.

时期的人口也相对集中地生活在小城镇、村庄和农场中。① 2—3
世纪发生过一次人口显著下降，在接下来的时期，定居人口又有所
增长。在更东边，也就是在"沙漠大道"（Desert Highway）以东的
地区，调查却得出了不太一样的结果。② 在这里，重要的时期是铜
石并用时代/早期青铜时代和纳巴泰时期/早期罗马时期。从罗马
时期和拜占庭时期没有得到什么重要的证据。

　　换句话说，在这个地区没有迹象表明，罗马的兼并导致建立了
任何"边境系统"或复杂的军事结构。唯一清晰的对行省进行整合
的证据也就是修筑了一条主干道路。有关兼并以后定居人口减少
的结论颇有意思，因为同一时期在犹地亚各地也观察到了同样的
规律。这里我们可以考虑用第一次犹太暴动的后果来进行解释，
但这种思路并不适用于死海以东地区。这些结论都还不够成熟，
但或许这里有迹象表明人口中某些群体受到了驱逐，而这种做法
在北方和西北方已经得到了证实。

　　就目前的情况来看，在塞普蒂米乌斯·塞维鲁以前，阿拉伯行
省的沙漠地区似乎只有很少的罗马驻军。我们已知的情况可以概
述如下。

　　在波斯卓的军团堡垒，其地理位置现已确定，即位于波斯卓城
北一处四季不涸的泉眼附近。从空中拍摄的照片上可以清楚地辨
认出一圈大大的长方形围墙。占地为 463×363 米（16.8 公顷），
适合于一个整编军团。已经发现了断断续续的墙体、一道大门以
及一些印有军团标志的石砖。③ 另外，那里还发现了大量涉及第

① Op. cit. 78.
② V. A. Clark, "The Desert Survey", op. cit. 107—163.
③ S. Mougdad 确定了其位置：*Felix Ravenna* 111—112 (1976), 65—81; R. Brulet, *Berytus* 32 (1984), 175—179 and fig. 1 (有印记的砖块); M. Sartre, *Bostra, des origines à l'Islam* (1985), pl. 1; 空中俯瞰照片参见 A. Segal, *J. Soc. Architectural Historians* 40 (1981), 111, fig. 7, 另见 D. Kennedy and D. N. Riley, *Rome's Desert Frontier in the East from the Air* (1990), 124f. 。

三"昔兰尼加"军团(*Cyrenaica*)的铭文,加上在波斯卓发现的钱币,这些都确定无疑地证实了那里有军团存在。[1] 堡垒内部的建筑已无法辨别,但我们现在对军团大本营与所在城市的地理位

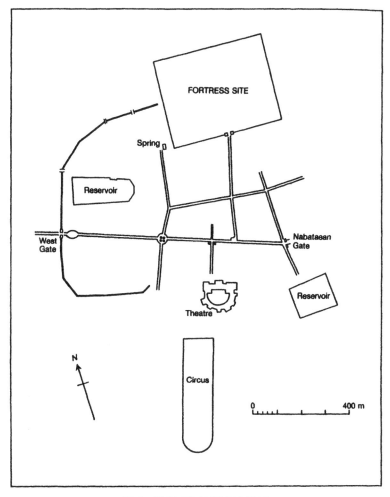

图 1　波斯卓与军团堡垒遗址

[1]　关于碑文,参见 M. Sartre, *IGLS* xiii 1;关于钱币,参见 A. Kindler, *The Coinage of Bostra* (1983);另见 Sartre, *Bostra, des originsà l'Islam* (1985), pl. 1。

123　置关系有了些许印象,也算是前进了一步,相比之下,在东方的其
他地方还没有关于类似设施的信息。

　　除了该遗址我们就只能完全依靠铭文证据了。在格拉森发现
的系列碑文留给人们的印象是,从 1 世纪起,一直有部队驻扎在城
124　中或是附近。① 一处哈德良时期的碑文中提到了第六"费尔塔"军
团。② 有几处碑文提到了第三"昔兰尼加"军团。③ 第六"费尔塔"
军团的一个分遣队出现在来自萨尔特(Salt)的一段残缺不全的碑
文里。④

　　从巴巴莎古卷中新发现的证据显示,在公元 127 年有一名骑
兵指挥官就驻扎在拉巴特莫巴(Rabbatmoba),即摩亚布(Moab)
的都城。我们对他率领的部队一无所知,但很可能是一个 ala。⑤

　　第三"昔兰尼加"军团有一名 eques(骑士)被葬于佩特拉,时间
有可能是 2 世纪早期,⑥而且在 2 世纪初,第一"奥古斯塔・色雷
斯"军团(Augusta Thracum)的一个步兵大队可能就驻守在内盖
夫的芒普西斯(Mampsis)(库那布(Kurnub))。⑦ 在靠近以拉他的

---

① 有 3 处碑文提到第一"奥古斯塔・色雷斯"军团骑兵大队:C. B. Welles, in C. Krael-
ing, Gerasa: City of the Decapolis, 446f., nos. 199—201;对照 Kenney, HSCP 84
(1980),288,n. 14。

② Welles,435,no. 171;对照 Kenney, HSCP,299。

③ Welles, nos. 23,211,213;对照 219。

④ Kennedy, HSCP,299f., figs. 2a-b. 关于发现地点,参见 IGLJ ii 3。来自萨尔特的
军人墓碑:ibid.,注释 30,34 和 38。另见来自玛德巴的两则碑文,其中提到第三
"昔兰尼加"军团的百夫长:ibid.,n. 117;P. -L. Gatier, Liber Annuus 37(1987),
365—367。

⑤ P. Yadin,16。

⑥ C. -M. Bennett and D. Kennedy, Levant 10 (1978),163—165;对照 Kennedy,
HSCP,292f.。公元 114 年,在佩特拉竖立起一座纪念图拉真的凯旋拱门,上面刻
有铭文,参见 G. W. Bowersock, JRS 72(1982),198;Roman Arabia,84 with n. 28。

⑦ A. Negev, IEJ 17(1967),46—55;J. Mann, IEJ 19(1969),211—214;对照 Speidel,
ANRW,710。Negev 说他也发现了曾在第三"昔兰尼加"军团和第二"图拉真"军
团(Traiana Fortis)服役的一名百夫长的墓碑(ANRW ii 8. 645,658)。我尚未见
到碑文的照片或公布的文字。

图维巴旱谷（Wadi Tuwweiba）发现了一处没有注明时间的第三"昔兰尼加"军团士兵墓碑。①

《红海周航记》（*Periplus Maris Erythraei*）第 19 卷中描述了琉克（Leuke Kome，意思为"白色的村庄"），说它是一处"港口和军营，从那里有一条道路通向佩特拉，它服从于纳巴泰国王马力卡斯（Malichas），为那些从阿拉伯来的小船提供了一个集市小镇"。有一名海关官员在那里收取 25％的关税，一名百夫长（*hekatontarches*）带着士兵把守着这个地方，士兵很可能是纳巴泰人。②

我们有必要对业已发现的证据区别对待，如果是建筑铭文或是序列碑文等形式的证据，将肯定证明了有军队长期存在，如果是单个的墓碑铭文，则只能证明某个士兵死于某地。在费城（安曼）以南，证据显示只在迈达因萨利赫和艾尔乌拉之间有经常性的军队活动，这在下文中还将谈到。这并非是说在南部就根本没有军人，但不可忽略的是，在北部有丰富的证据，而在南部却没有这样的证据。

这一点十分重要，因为有颇具说服力的证据表明，从塞普蒂米乌斯·塞维鲁时期开始，沙漠地区就一直有罗马人的活动。但证据并不是来自该行省的南部，而是来自其东北部和波斯卓-费城一线以东的区域，这些证据包括：③

125

---

① 　*AE* 1972. 671；1936. 131；对照 E. D. Kollmann，*IEJ* 22(1972)，145f.；Speidel，*ANRW*，694f.。

② 　Mommsen，*Römische Geschichte*(1856)，479 with no. 30，其后是 S. J. De Laet，*Portorium*(1949)，306ff.，认为他们是罗马人；Bowersock，*Roman Arabia*，70f.，坚称他们是纳巴泰人。J. Teixidor，*Un port romain du désert*(1984)，43f.，试图证明这名百夫长是罗马军官。琉克的具体位置尚不确定。参见 L. Kirwan，*Studies in the History of Arabia*，ii，*Pre-Islamic Arabia*(King Saud University，Riyadh，1984)，55—61，我未参阅此项材料；ibid.，评论了 Huntingford，*GJ* 147(1981)，80—85。关于 Kirwan 偏爱的来自阿奴纳（Aynunah）的实物证据，参见 M. Ingrham et al.，*Atlal* 5，59—80。

③ 　参见 D. L. Kenney，*Roman Frontier Studies* 1979(1980)，879—887。综合讨论参见 Bowersock，*Roman Arabia* ch. viii，esp. 118—120。关于该地区，参见 （转下页注）

（1）有两处铭文记载了一座新建的要塞，由第三"昔兰尼加"军团的一个分遣队建造于阿兹拉克（Azraq）附近的乌维尼堡（Qasr el 'Uweinid）。

（2）在阿兹拉克北边发现了里程碑。

（3）在阿兹拉克发现了军事驻地的遗迹，从空中俯瞰照片中可见。该遗址呈我们所熟悉的 4 世纪以前的要塞那种扑克牌形状并带有圆角。肯尼迪博士指出这可能并不是一处永久性要塞。

（4）在哈拉伯特堡（Qasr el-Hallabat）发现了一处时间大约为 212 年的碑文，记载了由 4 个辅助军大队的士兵修建了一座 *castellum novum*（新的城堡）。这是一处路边哨所，这条路将重要的图拉真道路与阿兹拉克连接起来。①

有一座由第三"昔兰尼加"军团一名百夫长竖立的石碑碑文显示，罗马军队到达了靠近锡尔汗旱谷南端的焦夫。② 这处碑文并未说明军队每隔多久来一趟或是在此要停留多长时间。但如果在这个地区建立了长期占领的军事哨所，其目的就肯定是为了守卫和控制穿过锡尔汗旱谷的重要线路。③ 同时，我们必须认识到，将

（接上页注）Kennedy, *Archaeological Explorations* (1982), 75—96; 107—113; 124f. ; S. Gregory and D. L. Kennedy(eds.), *Aurel Stein's Limes Report* (1985), 250ff. 。D. L. Kennedy and H. I. MacAdam, *ZPE* 65(1986), 231—236 谈到在乌姆埃尔夸坦恩(Umm el-Qottein)西南方 4.5 公里处的山顶发现了一处碑文，其中提到第三"昔兰尼加"军团的一个分遣队(在修建瞭望塔?)；另外，在乌姆埃尔夸坦恩也发现了一处碑文，提到了第一[三]"奥古斯塔·色雷斯"军团步兵大队。

① Kennedy, *Archaeological Explorations*, 39, no. 3；关于要塞及其周围环境，参见第 17—68 页。另见下文第四章第 169 页(按：原书页码)。

② Kennedy, *Archaeological Explorations*, 190, no. 39；Bowersock, *Roman Arabia*, 98 with n. 26 and pl. 14.

③ Bowersock, *Roman Arabia*, 118f. , 并对照 N. Glueck, *BASOR* 96(1944), 7—17。关于焦夫的遗址，参见 A. Musil, *Arabia Deserta*, 531f. ；另见本书序言第 13 页(按：原书页码)。据穆齐尔所言，焦夫是一个商队中心，有 3 条重要商贸路线在此汇合，是从美索不达米亚的弗法(Fufa)去往大马士革途中一处重要的绿洲，贝都因人在那里举办每年一次的集市。

永久性军事设施的位置选在这样的地区，在很大程度上是由后勤条件所决定的，如是否有足够的水源，士兵是否能为自己找到吃的东西。

　　来自卢瓦发的一处著名的双语碑文显示，罗马在马可·奥略留统治期间与萨穆德人结成了同盟，萨穆德人承认罗马皇帝和阿拉伯行省总督的权威。① 帕尔米拉东北方 120 公里处发现了与该碑文同一年份的雕塑底座铭文，对两位皇帝表达了赞颂。对铭文进行校订的研究者指出，这两段文字都与路奇乌斯·维鲁斯远征帕提亚的时间恰好一致。② 再往南去，有（无法确定时间的）证据显示罗马人在沙漠中开展了巡逻，罗马的军事单位从事了保护沿汉志山商贸路线行走的商队安全。③ 有涂鸦表明在黑格拉（Hegra）（迈达因萨利赫）有一支"盖图罗伦"骑兵队（*ala Gaetulorum*），而更往南在通往德丹（Dedan）（埃尔乌拉（al-'Ula））的道路沿途，在随意刻写的文字中记下了"德罗米达里奥朗"骆驼骑兵队（*ala Dromedariorum*）士兵的名字。④ 这些士兵显然是罗马人，其姓名

126

---

① 　D. F. Graf and M. O'Connor, *Byzantine Studies* 4(1977), 52—66; G. W. Bowersock in *Le monde grec*; *Hommages à Claire Préaux* (1975), 513—522; *Roman Arabia*, 96f.; M. Sartre, *Trois études sur l'Arabie romaine et byzantine* (1982), 27—29; I. Shahîd, *Rome and the Arabs* (1984), ch. ix. D. F. Graf 研究该碑文的论文"Qura 'Arabiyya and Provincia Arabia"即将发表。另见下文第五章。

② 　G. W. Bowersock, *Chiron* 6(1976), 349—355.

③ 　H. Seyrig, *Syria* 22(1941), 218—223 = *Antiquités Syriennes* iii(1946), 162—167 讨论了在迈达因萨利赫古城（Mada'in Salih）与埃尔乌拉之间发现的碑文。对照 M. Sartre, *Trois études*, 30—33. 证据除了 Seyrig 讨论的碑文外，还有一处关于第三"昔兰尼加"军团一位画师的碑文（*AE* 1974. 662）；对照 Bowersock, *Roman Arabia*, 96, n. 19. D. F. Graf 对来自希亚兹（Hijaz）的文字及其重要性进行了重新解读（论文即将发表，参见本页注释①）。关于玛丹萨利赫，另见 J. Bowsher, *DRBE*, 23—29。

④ 　Graf（即将发表）重新解读了碑文中的部分文字，结论是有些碑文说的是兼并以前的纳巴泰哨兵。他还重新审视了据说是 *beneficiarii* 的碑文。目前尚无确凿证据表明在该地区有 *beneficiarii* 存在。

暗示了时间为 2 世纪晚期或 3 世纪早期。这样,开展沙漠巡逻与塞维鲁统治期间军队向其他沙漠地区扩张在时间上就是吻合的。我们无法说清这些部队在该地区的行动持续了多长时间。

　　图拉真在"红海"(*Mari Rubro*)建立了一支舰队。这可能是在波斯湾,也可能是现在仍叫红海的那片海域。① 如果是前者,该舰队到了哈德良时期就已不复存在了。

　　在图拉真道路以东的路线只有部分路段用里程碑编排成了罗马道路,不过道路沿途点缀着拜占庭时期修建的要塞。在拜占庭时期,有两条平行的南北道路,沿途都建有军用驿站。这里我们要再次怀疑,把这些道路和设施说成是一个"纵深防御"系统能对我们有任何帮助。② 在最近出版的著述中,研究者们往往都忽略了图拉真道路以东还存在着一条古老的路线。现代的地图上都只标出了来自南方乌德赫鲁(Udhruh)的东部道路,这条路在分叉后伸向东北,往北最远到达了哈萨旱谷(Wadi Hasa)。这是一条有里程碑加以标识的路段。③ 虽然我从未亲自到过这一地区,但仍然可以毫不犹豫地说,该道路往北延伸的原因有以下几个:

---

① Eutropius viii 3.2;Festus xx,对照 comm. Eadie, p. 139f.。"Erythra thalassa"和 "Rubrum mare"这两个名称被不加区别地用来指红海、印度洋和波斯湾,对照 S. E. Sidebotham,*Roman Economic Policy in the Erythra Thalassa* (1986),Appendix A,182—176。关于图拉真在美索不达米亚征收米税,参见 Fronto,*principia historiae* 15—17(Haines, p. 214):"quom praesens Traianus Euphrati et Tigridis portoria equorum et camelorum tribularet ... "他将保持位于红海边吕斯康姆(Leuce Kome)的旧海关(上文第 214 页,按:原书页码)。琉克在斯特拉波时代是一个 *emporium*(商业中心),有一处要塞控制着通往佩特拉的道路(xvi 4.23 [78])。拜占庭时期在伊奥塔布岛(Iotabe)上有一处海关(未找到其位置)。参见 F.-M. Abel,*RB* 47(1938),512ff.；*IGLS* xiii 9046 及述评。不管图拉真向东扩张的原因为何,他并没有忽略攫取钱财收益的可能性。

② 参见 J. C. Mann 评论 Luttwak,*JRS* 69(1979),175—183,esp. 180。

③ Thomsen,*ZDPV* 40(1917),nos. 177—184.

（1）我们在此研究中已几度谈到,有的罗马或者拜占庭的道路,虽然没有里程碑作为标识,但已经得到了可靠的证实。① 拜占庭时期没有设立过里程碑,因此在君士坦丁以后修建或编排的道路上均无里程碑。

（2）现代地图上标出的东部道路路段并未通向任何地方,这条路如果不继续延长就失去了意义。

（3）布吕诺(Brünnow)和多马谢夫斯基(Domaszewski)清楚地标出了该道路的延伸部分,说有的路段已经确定,还有些路段尚有待确定,但这并不影响问题的实质。② 这里肯定曾经有过道路,因为建有要塞。布吕诺和多马谢夫斯基想象他们在这里发现了"外部 *limes*",即一条边境外面的要塞防御线,其设计目的是为了防范蛮族的侵扰。他们认为这样一个系统如果没有道路的话是无法存在的,但事实却是,这些道路并非是为这些要塞而铺设的,恰恰相反,道路是要塞的 *raison d'être*(最重要的东西)。对于这种情形,不要忘记这条道路与一条非常古老的商队路线是平行的,或是说,是重叠的,这就是代尔卜哈吉山(Darb el-Haj),而这条古道又在土耳其的铁路线西边,并与铁路平行。道路沿线的要塞不仅保卫着路线,而且还起着维护该地区治安的作用。关于军事工程在一个地区的重要性的任何假设,都必须基于对道路交通状况的了解。在对要塞进行地图定位和确定时间时,如果不考虑道路网的因素,这个过程就会变得缺乏结构,从而无法引导我们对该系统获得真正的理解。

---

① 另见 Isaac,*HSCP* 88(1984),191,n. 103。

② R. Brünnow and A. v. Domaszewski,*Die Provincia Arabia*(1904—1909).参见布吕诺在第 1 卷(Tafel xl)中的地图以及该卷中的地图 2 和地图 3。详细的描述参见 F. -M. Abel,*Géographie de la Palestine*,ii(³1967),229 and map x。另见 Gregory and Kennedy,349f. 以及在第二部分的折叠地图。佩特拉-萨达卡(Sadaqa)地区的罗马道路系统目前尚不够清楚。David Graf 关于该地区道路的调查对这些问题作了清楚的解释。

阿拉瓦和内盖夫

阿拉巴旱谷(Wadi Araba)是一片宽阔而荒芜的谷地,从死海的南端一直延伸到红海,那种认为在阿拉巴旱谷有两道防线,并以所谓戴克里先时期的城堡作为标志的理论,[1]已经被考古研究证明完全无法成立。[2] 不过,来自尚未公布的考古结果证明,在"自东向西穿过阿拉瓦"的道路上有多个驿站。[3]

对于罗马军队最早什么时候开始在内盖夫沙漠中修筑永久性设施,目前尚未达成一致意见。艾普巴姆(S. Applebaum)和基冲(M. Gichon)在一系列文章中认为,当时存在着一个弗拉维系统,实际上是延续了更早的一个类似的系统。[4] 这个观点受到夏茨曼(I. Shatzman)的质疑,他无法相信在戴克里先以前内盖夫有罗马军事组织存在。[5] 要解决这个争议,就必须全面公布这些遗址的所有考古发现。目前我们必须指出,尚无来自内盖夫的文献史料或铭文材料可以证实,在 4 世纪以前,那里有任何具体的军事机构

128

---

① 对该地区的首次调查参见 F. von Frank,*ZDPV* 57(1934),191—280。A. Alt,*ZDPV* 58(1935),25 在诠释发现物时结合了书面史料,相信它们是一个双层防御的组成部分。

② 最早指出这种体系并不存在:B. Rothenberg,*Roman Frontier Studies*,1967,ed. S. Applebaum(1971),160ff.;*Tsephunot Negev*(Archaeology in the Negev and the 'Aravah,1967,希伯来语),ch. 6。Rothenberg 对整个河谷西部进行了详尽的勘查。D. Graf 短期走访了河谷东部的几个地点,没有发现任何表明纳巴泰时期以后有占领军的证据(口头信息)。

③ 参考文献参见于 M. Gichon,*Roman Frontier Studies*,1979(1980),850—852;R. Cohen,*Biblical Archaeologist* 45(1982),240—247;*Qadmoniot* 20(1987),26—30(希伯来语)。关于约维塔的遗址,参见下文第 188 页(按:原书页码)。

④ S. Applebaum,*Zion* 27(1962),1—10(希伯来语);Gichon,*Roman Frontier studies* 1979,843—864,另外参考了很多其先前的文章。

⑤ I. Shatzman,*American Journal of Ancient History* 8(1983),130—160.

存在。①

有两条罗马道路穿越了内盖夫沙漠:

(1) 佩特拉-加沙道路。过去曾有人说,这条道路的沿线设施在 1 世纪以后就没有军队驻守了,但考古发掘已经显示,在整个罗马帝国时期,该道路沿途的哨塔和驿站一直都有军队驻守。② 在阿拉瓦——通常被叫作莫阿哈(Mo'ah)(莫耶阿瓦德(Moyet 'A-wad))——有一处重要的道路驿站,被艾尔特(A. Alt)试探性地确定为"*limes*"驿站之一,并进行了大量的考古发掘。③ 目前已经公布了 3 座建筑物的结构布局图。那个较小的建筑,结构占地约为 20×16 米,时间为公元 1 世纪。另一个建筑物通常被说成是一座"要塞",时间为 1 世纪晚期和 2 世纪早期,因此它是一处纳巴泰,而不是罗马的设施。④ 其大小约为 17×17 米,房屋中央是一个 8×7 米的中庭,房屋共有 11 个房间。在考古发掘中出土了一台用来榨橄榄的器具和几个磨盘。并没有足够的理由将此建筑物说成是一座要塞:它的布局和其中的发现物都未能提供确切的证据说明其具有军事用途。最大的一座建筑物被叫作"商队旅舍",面积为 40 平方米。这栋房屋从公元前 3/2 世纪到公元 3 世纪一直在使用。沿着外墙内壁建有一圈房间,围绕着一个露天庭院,还可以看到一方浴池的痕迹。这显然是道路上一处大型中途停留站的遗址,整个泛希腊化时代中都在使用,直到公元 3 世纪。有可能,而且是很可能,在那里驻有一支安全部队,不过对此到目前为止尚无明确的证据。该遗址是远古时代交通设施的构成部分,这是确

129

---

① 已经提到过的芒普西斯的里程碑除外。

② A. Negev,*PEQ* 98(1966),89—98 声称该道路在 1 世纪后就不再使用了。关于考古发掘的简短报告,参见 R. Cohen,*Biblical Archaeologist*。

③ Cohen,*Qadmoniot* 20.

④ Cohen,*Qadmoniot* 20,第 278 页的说明文字放置得不对,应把"要塞"与"商队旅舍"对调。

定无疑的,但它并未提供任何证据说明其与内盖夫的罗马军事部
署有任何关系。

这条道路的部分路段上有无字里程碑作为标志。[①] 途经的主
要城镇是奥博达(Oboda)(阿弗达特(Avdat)),那里有内盖夫地区
最大的罗马要塞(100×100 米)。它看上去像是一座 4 世纪的要
塞,但考古调查尚未公布,据说已经出土了 1 世纪和 2 世纪时的
物品。[②]

（2）与上述第一条路平行的道路,从芒普西斯(库那布)到费
诺(Phaeno),然后再与图拉真道路相接。在芒普西斯发现了一座
军人墓碑,上文中已有提及。这条道路上也有一些无字里程碑作
为标志。由于东方行省中发现的所有刻字里程碑的时间都在 1 世
纪中叶到 4 世纪初之间,所以我们可以认为这些无字里程碑也属
于同一时期。在阿拉瓦的哈泽瓦哈(Hatzevah)绿洲有一处道路
驿站,现通过考古发掘已经确定其时间为 1 世纪和 2 世纪。[③]

属于铁器时代的厄萨要塞(H. 'Uzza)遗址已经经历过数次考
古发掘。现在我们知道,该要塞在泛希腊化时代和后来的 1—3 世
纪时期都再次有军队进驻。它位于一条古老的小路上,《圣经》中
证实了这条路的存在,并将其称作"埃多姆(Edom)之路"(见《列王

---

① Z. Meshel and Y. Tsafrir, *PEQ* 106(1974),103—118;107(1975),3—21 以及相关
讨论,参见 Isaac,*Roman Frontier Studies* 1979(1980),889—901;均发表于考古发
掘确定该道路设施的时间以前。

② 关于最新的考古发掘,参见 R. Cohen,*Qadmoniot* 13(1980),44f.(希伯来语);另见
A. Negev,*ANRW* ii 8. 624;Cohen,*Biblical Archaeologist*,244—246。

③ A. Musil,*Arabia Petraea*,ii(1907),112;207f. with plan;B. Rothenberg,*Tse-
phunot Negev*,123—125;*Roman Frontier Studies* 1967(1971),216f. 考古发掘由
R. Cohen 进行;简要报告参见 *Hadashot Arkheologiyot* 44(1972),36—38。此外,
没有更多的信息。另注意有关死海南端一条道路的考察报告,该道路翻过以萨尔
旱谷(Wadi 'Isal)的南脊往上,去到恰拉克莫巴(Charakmoba);L. Jacobs,*ADAJ*
27(1983),245—274。对这些与道路有关的遗址进行考察的结果似乎显示其时间
较晚,可能是 4 世纪。

记下》3：8；20），以色列和犹大的国王们就是踏着这条路去与埃多　130
姆人作战的（见《撒母耳记下》8：13）。① 至于那里的罗马建筑物，
其大小和性质都不清楚，尚未确定名称，对于驻守者为何人也是一
无所知。然而，很可能进一步的考古发掘会揭示出该地区有更多
的罗马遗址。

结论

　　与犹地亚的情况一样，证明罗马军事机构存在的最可靠的证
据并非来自沙漠或定居人口稀少的地区，而是来自城镇：波斯卓、
格拉森、玛德巴（Madaba）（?）、佩特拉以及芒普西斯（库那布）。这
与在东方其他地区发现的规律相符，我们对此将在下文中予以
讨论。

　　在阿拉伯行省的荒芜地区，包括内盖夫沙漠，修建或铺设了几
条道路。在沙漠地区，各处的里程碑都少得出奇。目前没有清晰
无误的证明表明在 2 世纪时有罗马军队长期占据驻点，虽然在多
个地点发现的铭文显示有罗马士兵曾经路过那里。罗马军队曾在
某一阶段组织过在汉志山以北的沙漠中进行巡逻，并可能在锡尔
汗旱谷也开展过巡逻，但这不太可能发生在塞普蒂米乌斯·塞维
鲁时期以前。确定无疑显示有罗马军队长期存在的证据是在行省
北部的定居地区发现的，尤其是在几个城市中。可以确定军队首
次进入约旦东北部沙漠地区的行动发生在塞维鲁时期，与穿越锡
尔汗旱谷的商队路线的安全有关。

　　在上一章中，我们曾指出，没有证据表明在兼并阿拉伯以后的
几个世纪中发生过边疆骚乱、游牧民入侵或对行省定居地区造成

---

① 　关于该要塞，参见 Y. Beit-Arieh, *Qadmoniot* 19(1986)，31—40(希伯来语)；关于
　　(试探性地)将其确定为圣经中提到的路线，参见 Y. Aharoni, *IEJ* 8(1958)，35。

压力。现在我们可以得出结论,在这一时期中,罗马军队并不是被组织来进行边境防御的。军队并未在沙漠地区长期驻守,而是留在波斯卓和"十城联盟"(Decapolis)的那些城市中。对阿拉伯的兼并,从根本上讲是罗马在叙利亚南部和犹地亚北部的帝国结构的延伸。

　　这并不否认修筑"新图拉真大道"的重要性,这项工程显然是该行省整合过程中的一个关键因素。然而,必须承认,这其实是一条将行省北部定居地区与佩特拉和汉志山连接起来的道路。它并不是一条设防的边境线,目的也不是用来控制游牧民的动向。的确,我们没有直接的证据可以解释道路沿线的那些设施具有何种功能,也没有铭文可以说明是谁占据了那些驿站或它们的具体名称是什么,但是通过与其他地方的类似设施进行比较可以让我们受到启发。从相当多的罗马和拜占庭要塞中获得的可靠证据都支持如下观点,即把这些设施视为道路驿站或治安哨所比较合适,它们并不是组成边境防御系统的要塞。

131　　罗马人突破沙漠地区的进展缓慢,这并不奇怪。斯特拉波表达了一种应该说是普遍的态度:"游牧民根本没有用处,因为他们完全不与其他人交往,只需对他们进行监管即可;总的来说,剩下的地区就属于那些十分偏远的住帐篷者和游牧民了。"[①]在普罗柯比的文字中,我们也能发现类似的态度,虽然此时罗马对东方行省的统治已经长达 6 个世纪之久:

> 　　然而,在过去被称作康玛格尼、现在叫作幼发拉底西亚(Euphratesia)的地方,他们[罗马人和波斯人]根本没有彼此接近地生活在一起。一道长长的荒芜地带形成了罗马人与波斯人之间的分界线,那里没有任何值得争夺的东西,但是双方

---

① 　vi 4.2(288).

都在离他们居住地区最近的沙漠中用晒干的土砖修筑了要
塞。这些设施从未受到附近居民的攻击，两个民族之间没有
敌意，因为他们都没有什么对方想要的东西。①

在沙漠地区执勤被部队视为一种辛苦却不受欢迎的负担，正
如在埃及的文献中所发现的，这些文献生动地说明了军队面临着
无所事事和士气低落的问题，更不用说在另一个层次上还有后勤
补给的问题了。② 这或许使得当局不愿意让军队去受这份罪，一
个解决办法就是将这些职责以徭役的形式强加给平民，例如在埃
及 *burgarii*（把守小哨塔的当地人士兵）和 *skopelarioi*（被强征担
任卫兵的平民）的情况就是如此，我们将在下一章中讨论这两种
情况。

但是有个问题依然存在，即从图拉真到塞普蒂米乌斯·塞维
鲁期间到底该去阿拉伯的何处寻找罗马军队呢？ 在南部，显然不
应到除佩特拉、阿伊拉和其他几个地点的附属军用设施以外的区
域去找。肯尼迪博士认为 2 世纪时，在阿拉伯那个曾经是纳巴泰
王国的地区的要塞中，驻守的士兵几乎与从前是同一类人，即纳巴
泰军队中的支队，他们在罗马军官指挥下进行了重新装备和重新
编排。这种部队在阿拉伯地区继续存在了很长一段时间。③

我们将看到，鉴于沙漠地区相对并不那么重要，罗马人在沙漠
地区存在所受到的关注超出了合理的程度。从学术上讲，这是由
一个随机因素所造成的，也就是考古遗迹的幸存。在东方的罗马
军队显然大多是驻扎在城市中的，至少在 4 世纪以前是这样，但是
要塞的废墟却主要都发现于沙漠之中，在那种地方，任何时期的实

132

---

① 　*De aed*. ii 8.4—6.
② 　Bagnall,28—31.
③ 　感谢肯尼迪博士提出的建议。他在与 David Graf 合写的论文中阐发了这些主题。

物残迹都非常显眼,而在那些从远古到现代几乎从未中断过一直有人居住的城镇,情况就远非如此了。一个由约50名士兵驻守的20平方米的罗马要塞,在沙漠中直到今天依然会是一个地标,但在城市中的一个军团大本营,哪怕曾经有几千人在那里服役,往往现在也已无迹可寻了,仅能通过几段铭文和文献中的几处文字来证明它的存在。只有两个非常特殊的例外,那就是帕尔米拉和杜拉-欧罗普斯——这两个地方都是沙漠城市。在沙漠中建筑物显得特别抢眼,结果导致在人们得出的观点中夸大了其重要性。

虽然有大量证据显示罗马军队主要驻扎在行省的城市中,但并无信息告诉我们军队在这些地方是要做什么。这个事实本身必须与在沙漠地区缺乏活动这一情况结合起来考虑。无论军队在做什么,与其发生更多联系的必定是当地的定居人口,而不是行省地界以内或以外的游牧民。

在我们结束本章的这一部分之前,还必须对3世纪中几个阿拉伯城市修筑设防工事的情况加以说明。[1] 关于这一计划,人们最熟悉的是来自亚德拉阿(Adraa)的一系列铭文,不过来自波斯卓和苏阿妲(Soada)(狄俄尼西亚斯(Dionysias))的文字表明在那里也实施了类似项目。这些项目是在259/260年至263/264年之间完成的,并从274/275年至278/279年间又再度继续。加利利的提比里亚城的城墙也在大约同一时期得到修葺,这恐怕并非巧合。[2] 然而,与阿拉伯的城镇不同,提比里亚的工程并未得到国家

---

[1] 对这些文本的收集和讨论,参见 H. -G. Pflaum, *Syria* 29(1952),307—330;另见来自波斯卓的 *IGLS* xiii 1 no. 9105。波斯卓: M. Sartre, *Bostra, des origines à l'Islam*(1985),88—90。另见来自狄本(Dhiban)的 *IGLS* xxi 179(公元245—246年),记载了行省总督下令修建一座哨塔。

[2] b. Bava Batra vii b-viii a,引述见 D. Sperber, *JESHO* 14(1971),241f. 在说到提比里亚时提到了约哈南(Johanan)拉比,而在谈到西弗里斯时提到了犹大·纳西阿拉比。这使得事件的发生时间可以确定为250—280年。下文第八章中有此史料的译文。

的财政资助。

133

那么问题来了,对这些城市进行设防所针对的防御对象是谁。是波斯人吗？波斯人捣毁了叙利亚和小亚细亚的许多城市。是针对帕尔米拉这个正在叙利亚崛起的强邦吗？抑或是用来针对游牧民部落?① 我们在上一章中指出,没有证据显示在这一时期有来自游牧民的威胁。用老生常谈的话来说,就是人们把他们在上一次战争中学到的教训用在了为下一场战争做准备上:波斯人在东方蹂躏了数十座城市,没有谁敢断定他们不会再次入侵并向着西南而不是西北方向而去。② 受到帕尔米拉威胁的是罗马政权,而不是东方的城市。从几个方面来看,这个城市加固项目是戴克里先及其继任者们对美索不达米亚城市展开设防工程的先兆。它产生于这样一种假想的前提:无法保卫乡村地区不遭强国入侵;接下来的一个假设就是,在必要时要靠城市居民保卫他们自己的城市。关于后者,从当地的民兵组织在修筑和把守防御工事中所起的作用就可以看得很清楚了。③ 行省当局组织、资助并监督了防御工事的建设,但工程本身是由军队来完成的,完成的目的也是为了军队的需要。

叙利亚南部

在第一章中我曾提出过一个观点,认为在叙利亚组建军队是为了支持对美索不达米亚和亚美尼亚的扩张政策。虽然对于在叙

---

① Pflaum,322f. 并不认为对波斯人的恐惧起了作用,因为他们在进攻中尚未到达阿拉伯;他也不认为帕尔米拉的威胁是决定性因素,因为整固防御是在奥利安击败帕尔米拉之后才完成的。Bowersock,*Roman Arabia*,131 讨论了设防与波斯入侵和帕尔米拉实力崛起之间的联系。

② 关于波斯在波斯卓地区发动进攻的证据含糊不清且无法确定时间,参见 Sartre,*Bostra*,89f. 。

③ 说明参见 Plaum,esp. 318。

利亚北部幼发拉底河流域的军事机构来说,的确如此,但在本章中还必须对在叙利亚南部的军队稍加说明。主要的军团大本营设在拉菲尼亚,这是阿拉维山(Alawite)脚下的一处重要的十字路口。[①] 这个军团的部队肩负的任务是维持黎巴嫩山区的安全,虽然我们尚无证据来证实这一点;在第二章中,我们已经讲到了特拉可尼以及维持这一地区的治安是非常严峻的问题。罗马修筑了一条道路穿过该地区,将波斯卓和大马士革连接起来。这条道路出现在《波底加地图》上(查纳塔(Chanata)-艾诺斯(Aenos),也就是菲纳(Phaena)),坡伊德巴德(Poidebard)(从空中)和达南(Dunand)已经对这条路进行了勘查。[②] 在这条道路最难走的路段沿途,也就是从菲纳到伊利塔(Aerita)之间,有多座瞭望塔,这些塔彼此之间的距离为一刻钟或半小时的步行路程。虽然它们显然是罗马式的哨塔,达南说在他那个时候,这些瞭望塔仍然被当地的贝都因人用作观察站,也可能是烽火塔。[③] 在路边的一处小祭坛上发现了两则铭文,提到了第四"斯基泰"军团,其中一则是由军团的一名百夫长设立的,另一则是在阿维狄乌斯·卡西乌斯担任行省总督期间(166—175 年),由一名 *beneficiarius*(专职军官手下的事务官)奉献的颂词。[④] 据里程碑上的记载,这条路从菲纳(弥斯密耶(Mismiyeh))到伊利塔(阿伊拉(Ahire))之间的路段在康茂德年间进行过翻修重建。

菲纳是位于特拉可尼西北边缘最重要的中心,[⑤]在那里发现的一系列碑文表明那里曾驻有大量的守备部队。在 4 座题字碑上

134

---

① 参见上文第 39 页(按:原书页码)。

② A. Poidebard, *Syria* 9(1928), 114; M. Dunand, *Mém. Ac. des Inscriptions et Beeles-Lettres* 13. 2(1930), 521—557. 另见 T. Bauzou, *Hauran*, i, 139 and fig. 1. ; pls. ib-iii a。

③ 关于瞭望塔的内容参见下一章。

④ Dunand, 536—540.

⑤ MacAdam, *Studies*, 54—57.

至少提到了 3 名第三"高卢"军团的百夫长,其中有两座碑的时间为马可·奥略留统治期间。[①]　在 4 段碑文中出现了两名第十六"弗拉维亚·费尔马"军团(*Flavia Firma*)的百夫长,其中一人同样来自马可·奥略留时期或康茂德时期。[②]　另一处碑文提到了一位军队保民官。[③]　上述这些人都是现役军人,因此很有可能他们正在该地区执行任务。以下事实印证了这种推测,其中一名百夫长还出现在了来自位于同一条道路上的伊利塔的碑文中,那里是特拉可尼腹地唯一的定居地,有充足的水源。[④]　此人还出现在了来自豪兰奈拉(Nela)的一座同类石碑的碑文中(时间为公元 171年),在那里还发现了另外 3 座类似的石碑。[⑤]　另一座石碑发现于奥兰尼斯的埃尔卡弗拉(al-Kafr)。[⑥]　在巴珊的夏喀(Shaqqa)(马克西米安诺波利斯(Maximianopolis),萨卡伊亚(Saccaia),伊卡伊

135

---

① 　Waddington,no. 2525(*IGR* iii 1113);马可·奥略留、路奇乌斯·维鲁斯和阿维狄乌斯·卡西乌斯联合担任总督;no. 2528(*IGR* iii 1114),如来自伊利塔(no. 2438)和来自奈拉(no. 2221)的碑文所说,在这些马可·奥略留时期的碑文中提到了同一名百夫长;no. 2536。A. H. M. Jones,JRS 21(1931),268 从这些碑文中得出结论,认为特拉可尼和奥兰尼斯北部是由一名百夫长管辖的单独的行政区域。有关军队官员的证据更可能是军事行动,而不是行政机构的记录,尤其是我们知道特拉可尼长期遭受匪患。必须注意这些碑文大多属于一个相对很短的时期。

② 　Waddington,nos. 2531—2532(*IGR* iii 1121—1122)均无法确定时间,但来自后来改名为腓力波利斯的沙赫巴(Shahba)的一处时间为 177—179 年的碑文中提到了同一名军官佩图修斯·犹狄穆斯(Petusius Eudemus),ibid. ,no. 2071(*IGR* iii 1195),该名字还出现在同一时间来自埃尔卡弗拉的碑文中,参见 Hauran(*IGR* iii 1290),而提及奥略留·马克西姆(L. Aurelius Maximus)的碑文(nos. 2526—2578)时间可能稍晚。

③ 　Waddington,no. 2533(*IGR* iii 1132);Severus Askaion.

④ 　奥略留·克利那琉斯(T. Aurelius Quirinalius)(来自菲纳(no. 2528)和来自伊利塔(no. 2438))。后一则碑文是由来自伊利塔的老兵玛格那斯(Cl. Magnus)刻写的。

⑤ 　Waddington,no. 2212(*IGR* iii 1261)。来自奈拉的还有:Waddington,no. 2213(*IGR* iii 1262);*IGR* iii 1296,关于这些碑文较好的释义,参见 MacAdam,*Studies*,92f. ;Waddington,no. 2214,解读参见 MacAdam,93—95 以及 *AAES* no. 381。

⑥ 　*IGR* iii 1290。关于佩图修斯·犹狄穆斯,另见本页注释②。

亚(Eaccaia)),一名百夫长以自己和子女的名义为该村庄的 *Tyche Megale*(大女神提喀)立了一座塑像。他不是退伍老兵,因此可能是当地的指挥官。① 如果是这样的话,这段铭文显示出了某种程度的社会融合。立碑的时间为 238 年。在卡纳塔和雷米特哈吉村(Rimet Hazim)都发现了第四"斯基泰"军团的身影,这两个地方都位于该道路附近。② 另有一名第十六"弗拉维亚·费尔马"军团的百夫长在 163—165 年间监督了大马士革-亚比拉(Abila)-赫里奥波里斯道路的修缮工程。③ 在菲纳为军人修了一座旅舍,为的是让当地居民免受强制性分配士兵到平民家中住宿所造成的麻烦。④

另有一名第十六"弗拉维亚"军团的百夫长出现在了来自艾利(Aere)的碑文中,时间为康茂德统治期间。⑤ 艾利(沙纳迈恩(Sanamein))位于大马士革-那瓦-卡培托利亚斯-加大拉-锡索波利斯道路以东不远处,从这条路分出了一条岔路向西经过迦百农(Capernaum),去往提比里亚。在这条支路上发现了两座大小为 6×6 米的罗马瞭望塔,位于每英里驿站并有里程碑 *in situ*(在原位置)。其中一座是由以色列文物局的兹维·马奥兹(Zvi Ma'oz)先生发掘的,他好心地告诉我,他在塔里发现了康茂德和埃拉加巴卢斯时代的钱币。鲍邹(T. Bauzou)先生在考察波斯卓-马弗拉克

① M. Sartre,*Syria* 61(1984),49—61(*AE* 1984. 921 bis):普罗克鲁斯(Juvenalius Proclus),托利纳斯(Taurinus)之子。他的妻子是当地人。关于该村庄,参见 Waddington 对 no. 2136 的评述。
② Cagnat,*IGR* iii 1230,来自卡纳塔;Waddington, no. 2407(*IGR* iii 1242),来自雷米特哈吉,提到军团的一名百夫长。
③ *CIL* iii 199—201,来自巴拉达旱谷(Wadi Barada)的亚比拉。
④ Waddington, no. 2524;*OGIS* 609,对照 S. Hill,*DOP* 29(1975),347—349, pls. 1—6,讨论了一处建筑物,尽管没有像样的理由,19 世纪以来,有人认为它就是这个旅舍(被错误地称为 *praetorium*)。关于强制性为军人提供住宿,参见下文第 297 页(按:原书页码)。
⑤ Waddington, nos. 2413f. (*IGR* iii 1128).

(Mafraq)-格拉森道路时也发现了类似现象，即瞭望塔建在每英里驿站附近。那里的里程碑时间为 214 年。①

　　把所有这些材料凑到一起，使我们不再怀疑军团的百夫长们负责对叙利亚南部的道路进行过安全整合，尤其是在困难重重的特拉可尼及其周边地区。② 百夫长担任小股驻军指挥官的做法已经被确定证实。③ 在 67—68 年的冬天，维斯帕先在犹地亚将由十人长指挥的士兵派驻到村庄中，由百夫长指挥的驻军派到城市中。④ 来自阿斯卡隆（Ascalon）的一座刻字碑上所称颂的几乎可以肯定是一支守备部队。⑤ 一名百夫长被证实于 124 年在恩戈地（Ein Gedi）担任辅助军支队的指挥官。⑥ 至于这些是什么性质的军人我们并无相关的信息，但这位百夫长将钱借给了一名当地人。⑦ 恩戈地并不是边境地区的居住地，而是死海边上的一个绿洲，以出产香脂和棕榈树而闻名，在经济上相当重要，因为这些物资都是属于帝国的财富。⑧《福音书》中记载了一名百夫长驻扎在迦百农。⑨ 在 127 年，有一名马术高超的骑马军官驻扎在拉巴特

136

---

① 感谢 Ma'oz 先生和 Bauzou 先生为我提供信息。

② A. H. M. Jones, *JRS*, 268；54—57；Appendix 1, 91—96.

③ 例如，在皮西狄亚（Pisidia）的安条克，一名百夫长"负责该地区的和平"：J. F. Gilliam, *Bull. Am. Soc. Papyr.* 2(1965), 65—73 = *Roman Army Papers*(1986), 281—287, esp. 281。

④ Josephus, *BJ* iv 8.1(442). 这些当然都是临时性军队驻地。

⑤ *SEG* i 552；*AE* 1923, 83，由元老院和该城公民大会为第十"夫累腾西斯"军团的百夫长奥卢斯·因斯图勒乌斯·特纳克斯（Aulus Instuleius Tenax）竖立。公元 65 年的 *CIL* iii 30 中说，这名军官是第十二"福尔米纳塔"军团的 *primipilaris*（首席百夫长）。另外，注意第十"夫累腾西斯"军团的奥略留·马塞利纳斯（Aurelius Marcellinus），由其妻子葬于提比里亚（*IGR* iii 1204）。

⑥ Lewis, Documents, no. 11.

⑦ 这位编辑者从该文本中得出结论，认为对借贷人有隐形的高利贷盘剥，参见 op. cit., 41。

⑧ 参考文献参见 Schürer, *History*, ii 194, n. 40。

⑨ Matt. 8:5—9；Luke 7:2.

莫巴,即阿拉伯摩亚布的都城,①他在那里的工作包括接收人口普查报表。有趣的是,这名军官在城市中从事了行政管理工作,而这才是行省成立后 20 年的时间。我们还应注意,证实这名军官的材料是从拉丁文转译过来的。②

关于在罗马行省城市中社会的一般等级划分,以及百夫长在社会中的地位,为我们作出最佳解释的莫过于下面这段《塔木德经》史料:③

> 这就好像有个人站在市场中发表演说,抨击 bouleutes (元老院成员)。那些听到他讲话的人对他说:"你这个没救的傻瓜啊,你想跟 bouleutes 作对吗?"如果他要打你或是扒去你的衣服怎么办,或是将你投入监狱,你能把他怎么样? 假设这个人是 qitron[百夫长]的话又怎么办,这可比他(元老院成员)的官要大,而且大得多呀! 假设这个人是 hapatqas [hypatikos,即总督]的话又怎么办,这可比他们俩的官都要大,而且大得多呀!

我们将在后面的第六章中看到,安条克的普通城镇百姓在军队面前是多么的怯弱无助。刚才这段文字显示了犹地亚的一般犹太城镇居民如何想象其周围及其上方的社会平衡。另外,一个需

① P. Yadin 16. 在芒普西斯发现了拉巴特莫巴和恰拉克莫巴的 bullae(一种拳头大小的陶制品,空心部分的符号表示不同的数目和物品,用于各类贷款合约与记账):A. Negev, IEJ 19(1969),89—106。关于两名已得到证实的玛德巴的百夫长,参见上文第 166 页,注释④。
② 塔西佗解释了百夫长在兼并不列颠的爱西尼王国(Iceni)时所起的作用。百夫长们和(地方行政长官的)家奴们行使、或者说滥用了罗马的权威——Ann. xiv 31:"quod contra vertit,adeo ut regnum per centuriones,domus per servos velut capta vastarentur"。
③ Sifre Deuteronomy,cccix,ed. Finkelstein,348.

要注意的因素是，人们自然而然地认为在发生对抗行为时，社会地位较低者立即就有受到身体暴力的威胁。另一段文字让我们对行省中的等级划分看得更加清楚：①

> ……比方说，有一名 *qitron*［百夫长］已经在军队中完成了自己的服役期，但没有接着为 *plomopilon*（即 *primuspilus*，译注：最高级别的百夫长，即所谓的"第一矛"）效力，而是逃走了。国王派人去找他，士兵们将他抓回来并判他斩首。就在他即将被处死时，国王说："［把他的钱袋］装满金第纳尔，然后拿给他看"，于是众人对他说："如果你像你的战友们那样，你将得到这份金第纳尔并保住性命，但现在你却落得人财两空……"

137

传统表明人们清楚地知道军队中的地位差别。一名百夫长的权力可能要比 *bouleutes* 大得多，但他却得效力于 *primuspilus*。我们注意到，2 世纪和 3 世纪时，犹地亚就曾出现过两名这类军官。

奇怪的是，来自叙利亚南部的证据很大程度上都集中在马可·奥略留和康茂德统治时期。也许军队没有将这些活动继续到 3 世纪中很长时间，因为那时可能已由当地人承担起维持治安的职责。② 如通常所做的那样，罗马当局采用了其他手段来保证该地区的安全，主要是征召当地男子入伍当兵。③ 不过，在 4 世纪的埃及，显然还是由军队士兵从事维持治安的职责以及定期征收税款和 *annona militaris* 的任务，并在这些活动中掺杂了抢劫、偷盗

---

① Sifre Numbers, cxxxi, ed. Horovitz, 169.
② 请注意，在马可·奥略留时代，亚比拉城就必须为修缮罗马道路支付费用了，施工由军队完成，参见上文第 182 页，注释③。另见上文第六章有关这些义务的讨论。
③ 关于在特拉可尼征募本地人当兵，参见 MacAdam, *Studies*, 79—84。

和暴力行为。①

也有证据显示有辅助军驻扎在叙利亚南部的其他地方,特别是在大马士革地区以及在大马士革-帕尔米拉道路沿线。② 辅助军驻扎在帕尔米拉是路奇乌斯·维鲁斯的帕提亚战争以后的事了。③ 第二"色雷斯·叙利亚"军团(*Thracum Syriaca*)的一个步兵大队被派驻在从帕尔米拉到幼发拉底河的道路上。④

在大马士革东北边通往埃默萨的道路上的一处罗马遗址废墟中,发现了一块刻字碑(在汗库赛尔(Khan Kosseir))。碑文中似乎提到了塞普蒂米乌斯·塞维鲁和科勒-叙利亚的一名总督,其文字如下:"Hoc proesidium(原文如此?)construxit in securitatem publicam et Scaenitarum Arabum terrorem"。⑤ 大马士革远离任何边境地区,但它位于辽阔的叙利亚内陆大平原的边缘,因此游牧民是该地区日常生活中的一部分。大马士革由于其战略位置和在地区经济中的重要性一直都是一座重要城市。⑥ 它位于几条陆上主要通道的汇合处,其中包括从安纳托利亚到阿拉伯的大路。汗库赛尔就位于这条路上,我们可以记住,它是在主干道上布署治安哨卡的又一个例子,目的是为了保护旅行者和商贸活动的安全,而且还可能起着当地行政管理中心的作用。⑦

138

---

① H. I. Bell et al. , *The Abinnaeus Archive*(1962), no. 9, pp. 50f. ; no. 12, pp. 54f. (治安职责); nos. 13—15, pp. 55—60(收税); no. 26, pp. 73—75; no. 29, pp. 178f. (*annona*); no. 27, pp. 75f. ; no. 28, pp. 76f. (暴力与胡作非为)。

② 关于在叙利亚南部其他道路沿途营地中有辅助军部队的证据,参见 J. -P. Rey-Coquais, *JRS* 68(1978), 68。

③ 参考文献参见 Rey-Coquais, *JRS*, 68f. with n. 337。关于帕尔米拉,参见本章后半部分。

④ ibid. , n. 338.

⑤ *CIL* iii 128; 对照 Rey-Coquais, *JRS*, 66 with n. 300; 70 with n. 356。解读不一定准确。

⑥ N. Elisséeff, "Dimashk", *Encyclopaedia of Islam*, new edn. , ii 277.

⑦ 关于这条道路上的其他驿站,参见 *DE* iv, s. v. "Limes", 1353f. 。

　　与犹地亚和阿拉伯的情况一样，守备部队一般都驻扎在城市中。① 西尔胡斯和祖格玛从泛希腊化时代以来就已经是城市了。② 撒摩撒达是一座古老的王室都城，好像在被罗马兼并时已经获得了城市地位，后来还成了军团总部所在地。③ 另一方面，靠近拉菲尼亚军团大本营的定居地，以及卡帕多西亚、麦利蒂尼和撒塔拉，这些地方的崛起似乎都是由于它们是军营城市。④ 关于这些军营，我们没有任何考古信息。不过，有钱币证据表明在 3 世纪中这些城市有军队驻扎。塞普蒂米乌斯·塞维鲁统治期间在推罗城铸造的钱币或许透露出有一个第三"高卢"军团的分遣队驻扎在那里。⑤ 来自埃拉加巴卢斯统治时期的西顿的钱币上出现了同一个军团。⑥ 第六"费尔塔"军团出现在了大马士革的钱币上（奥塔西丽娅（Otacilia），244—249 年，腓力皇帝之妻）；⑦第三"高卢"军团也同样出现在了大马士革的钱币上（托雷玻尼亚努斯·加卢斯

---

① 关于在叙利亚和卡帕多西亚的军团大本营，参见上文第一章。在东方行省中，部队经常驻扎在城里，这一事实并未得到普遍认同；如见 R. W. Davies, *ANRW* ii 1. 322，认为只有在可能出现动乱时才会这样，如在亚历山大里亚、耶路撒冷、恺撒利亚以及拜占庭等地。

② A. H. M. Jones, *The Cities of the Eastern Roman Provinces* (²1971)，241—244. 祖格玛：J. Wagner, *Seleukia am Euphrat-Zeugma*, Beiträge zum Tübinger atlas des Vorderen Orients(1976)；ii(1977)，517—539. 西尔胡斯：E. Frézouls in *ANRW* ii 8. 164—197, esp. 182f. 。

③ 撒摩撒达时代从 71 年开始，从哈德良开始在发行的钱币上标记为弗拉维亚·撒摩撒达；W. Wroth, *BMC Galatia*, *etc*. 117ff. 。

④ 拉菲尼亚：Jones, *Cities*, 267；麦利蒂尼：ibid. 179. Josephus, *BJ* vii 1. 3(18)，仍然说它是一个地区而非城市。Procopius, *De aed*. iii 4. 15—18 将其发展归因于军团的存在；对照 D. Magie, *Roman Rule in Asia Minor* (1950)，1436, 1464。Satala：Magie, 1436, 1465.

⑤ G. F. Hill, *BMC Phoenicia*, 269. 在第八章中还将谈到，我们不能认为该时期的这些证据指的就是退伍老兵在该城定居，这种做法在哈德良时期以后是否存在尚未得到证实。

⑥ ibid. , cxi f.

⑦ *BMC Calatia etc*. , 286, no. 25.

（Trebonianus Gallus）和沃鲁西安努斯（Volusianus），251—253
年）。① 在这些城市中均未发现更早的证据显示有军事机构存在，
当然，我们无从知晓这些部队在那里留守了多长时间。有一些来
139　自犹地亚的奈阿波利的材料可资比较。

结论

　　我们将在第六章中着重谈到，无论从哪方面讲，在内地和城市
中让军事单位担任积极的行动职责绝非民众希望见到的事情。如
果可能的话，人们显然更愿意将维持秩序的工作交由城市自己来
做。因此，我们可以断定，如果有证据显示在内地有军事机构存
在，就表明有急迫的情况必须将士兵留在该地。我们无法回避这
个结论，在多个时期里，罗马军队在叙利亚的许多地方都从事着维
持内部治安的任务。很明显，在伊索利亚的情况就是如此，该地因
为匪患猖獗而名声不好。② 我们或许还可以提出，那些已经证实
在内地执勤的部队被派驻到当地的时间会尽可能地短。这就解释
了为什么在叙利亚南部城市中涉及百夫长的碑文似乎都来自同一
个时期。

帕尔米拉、杜拉-欧罗普斯和叙利亚沙漠

　　我们将在本章的第二部分考察这样一个地区，罗马军队在这
里的存在具有双重功能。该地区在罗马与帕提亚的对抗中起着至
关重要的作用——对此，我们在第一章中已作了说明。然而，在和

---

① H. Cohen, *Médailles imperiales* (1930), 257, no. 174, and 28 4, no. 177.
② R. Syme, *Actes du colloque organisé à Strasbourg* (*novembre* 1985), ed. E. Frézouls
　(1987), 144f. ; Hopwood, *DRBE*.

平时期，由于经济原因，该地区同样与罗马利益攸关。这就是叙利亚沙漠地区和美索不达米亚。通过这一地区的道路在战争期间曾被两个帝国的军队都使用过，而在和平时期则为商人和平民所用。这个地区包含了多个重要地点，如帕尔米拉和杜拉-欧罗普斯，对这些地方的考古探索已经收获颇丰，对本书的诸多主题都具有核心的价值。这里，我们将对这些发现进行详细讨论，期望能够对罗马军队在该地区的存在特征作出定义。我们要问的第一个问题就是，我们面对的到底是不是一个"防御体系"，即一个边境系统。如果不是的话，就需要进一步探究这些地点是否是发生重大冲突时用于其他目的的军用驿站，或者那里的驻军是否起着"沙漠武装警察"的作用。另一个值得关注的问题是，在帕尔米拉和杜拉的军事机构的部署情况，因为没有其他任何地方可以让我们获得如此完整的有关东方城市中常驻军事机构的信息。我们可以以这些地方为例来阐明军事单位驻扎在城市环境中时所采用的组织方式。　　　140

帕 尔 米 拉

　　一个颇具争议性的话题就是帕尔米拉在帝国中的正式地位问题。① 这个问题不只涉及行政管辖方面，因为对它的回答将反映出罗马人在何种程度上直接参与了控制穿越沙漠的道路。为了弄清这个问题，我们必须了解所谓并入帝国指的是什么。本书中一再提到，对于成为帝国的组成部分可以有灵活多样的诠释。这并不是一个法学概念，它暗指的结果无非是双方均承认罗马的绝对

---

① 　H. Seyrig, *Syria* 22(1941), 155—174(= *Antiquités syriennes* iii [1046], 142—161); A. Piganiol, *Revue Historique* 195(1945), 10—29; I. Richmond, *JRS* 53 (1963), 43—54; G. W. Bowersock, *JRS* 63(1973), 133—140; J. -P. Rey-Coquais, *JRS* 68(1978), 51; J. F. Matthews, *JRS* 74(1984), 157—180. 关于帕尔米拉，参见 J. Teixidor, *Un Port romain du desert: Palmyre*(1984)。

权威,这与被吸纳成为行省还不一样,成为行省确实是一个正式的行动,会在各个方面产生后果,但罗马很可能在尚未实际行使主权时就宣布,某个邦国已经成为了帝国的组成部分。我们必须对将帕尔米拉包括进帝国与它被吸纳进叙利亚行省这两者之间的不同作出区分。关于后者,我们将讨论成为行省会导致哪些实际的后果。①

在公元前 41 年,安东尼派出一支骑兵突击队前往帕尔米拉,理由是那些帕尔米拉人"生活在两个民族之间的分界线上,在两边玩弄花招;作为商人,他们从波斯带来印度和阿拉伯的商品,并转卖到罗马帝国"。② 帕尔米拉的人民不愿坐等罗马人来抢掠,于是他们将财产搬到幼发拉底河对岸,准备在那里保卫自己。③ 阿庇安补充说,帕提亚人将罗马人的袭击视为战争行为。④ 我们注意到,在 2 世纪中叶写作的阿庇安在将帕尔米拉人描述为波斯、印度与罗马之间的贸易商时使用了现在时。当安东尼派出突击部队时,该城的财富包括金砖银块、钱币和牲口;而帕尔米拉人对来自罗马的攻击所作出的反应,还是那种游牧民族在面对一个实力更强的对手时所采取的应付方式。然而,等到了阿庇安时代,帕尔米拉的财富显然已经再也搬不动了。因为这里已经成了一座辉煌的城市。

第十"夫累腾西斯"军团的一名特使给提庇留(当政时间为公元 14—19 年)献上了一尊雕像,其底座上刻写的铭文并不一定表达了对罗马主权的承认。⑤ 我们知道,在沃罗伽西亚斯(Vologes-

141

---

① Matthews,157—180,esp. 161f. 认为,帕尔米拉显然从提庇留时代开始就已经是罗马帝国霸权结构的组成部分了,但它何时被正式建立为叙利亚行省的城市并不确定。

② Appian,*BC* v 1.9.

③ Matthews,161 正确地指出,我们无法对帕尔米拉城墙当时的状况作出任何推测。

④ *BC* v 1.10.

⑤ H. Seyrig,*Syria* 13(1932),274;*AE* 1933. 204:"[Dr]uso Caesari, Ti Caesari, divi Aug. f. , Augusto, divi Iuli nepoti; Ge[rmanico Caesari] | imperatoribus posuit | [Min]ucius T. f. , Hor. Rufus legatus leg. X Fretensis. "

ias)有一座奥古斯都庙,①但肯定不能就此认为这意味着帕提亚人视自己为罗马帝国的组成部分。在帕尔米拉的帝国雕塑只能证明一位罗马军团的指挥官到访过帕尔米拉而已。另一段用阿拉米语刻写的铭文中记载了一项由日耳曼尼库斯(Germanicus)下令执行的使命,他于公元18年到访了叙利亚。② 铭文中提到了米西尼和埃默萨的国王。这是一篇引人入胜的文字,记录了罗马在东方的利益所在,但并未显示罗马对帕尔米拉有直接的控制权。帕尔米拉西部的领土界线在公元11至178年间由一位叙利亚行省总督划定。③ 这个事件本身并不证明帕尔米拉像它西边的邻邦阿帕米亚那样,从各方面看都成为了一个属于叙利亚行省的城市。举例来说,195年设立的划分奥斯若恩与阿布加鲁斯王国(Abgarus)之间分界线的界碑石就清楚地说明了这一点。前者是一个行省,而后者则是依附性的邦国。④ 不可否认,帕尔米拉的税法中有一些语句暗示罗马直接干预了该市的事务。⑤ 然而,这种干预很可能是这一时期中的偶发事件。在日耳曼尼库斯巡访叙利亚以后过了许多年,才又有一位罗马的高级官员来到帕尔米拉城。

普林尼这样描写帕尔米拉:这座"城市所处的位置与众不同,土地富饶,有着清甜怡人的泉水。无边无际的沙漠从各个方向包围着它的田地,大自然把它与其他地方隔离开来,使它能够在两个庞大的帝国——罗马和帕提亚——之间保全自己的财富,而且一

---

① R. Mouterde, *Syria* 12(1931),105—115;SEG vii 135.

② J. Cantineau, *Syria* 12(1931),139—141, no. 18:"···] 也被叫作 Alexandros|···] Palmyurene,因为他实施了······？|之前(？)而且日耳曼尼库斯派他|···]Maishan,还去了 Orabzes |······| 至高无上的国王 Samsigeram."其他城市也保留了日耳曼尼库斯东巡产生的影响,有3个城市被命名为日耳曼尼卡(Germanica),并宣布由日耳曼尼库斯建城,例如叙利亚的托勒迈斯-阿卡(参见下文第322页,按：原书页码)和 B. V. Head, *Historia Numorum* (²1911),511)。

③ D. Schlumberger, *Syria* 20(1939),43—73;*AE* 1939.178f.

④ J. Wagner in *AFRBA*,113f. ;*AE* 1984.919.

⑤ Matthews,178f.

142　　当出现不和谐时,它总会成为双方的关注焦点".① 我们最好将这
段话看作文学上的 *topos*(惯用笔法),依据的是对这个位于叙利亚
与美索不达米亚之间的沙漠绿洲的相当模糊的认识,而不是任何
准确的信息。② 然而,普林尼暗示的对帕尔米拉乡村地区的盘剥
已经得到了考古研究的证实。③ 这提醒我们,没有哪个古代城市
能够仅靠贸易生存。④ 在 70 年代铺设了一条道路,将叙利亚定居
地区经过帕尔米拉与幼发拉底河流域连接起来。⑤ 这条道路使得
罗马人可以进入幼发拉底河流域——塞维鲁·亚历山大统治时期
入侵美索不达米亚的 3 支集团军中就有一支使用了该道路。⑥ 同
时,它也是将帕尔米拉城与叙利亚行省和美索不达米亚连接起来
的重要地理通道。

　　被整合进罗马行省一般表现在军事、财政和司法几个方面。
军事方面往往涉及罗马的驻军以及为罗马军队提供兵源。我们没
有理由认为,在公元 1 世纪时的帕尔米拉出现过上述两种情况中
的任何一个。⑦ 现在也没有任何证据表明帕尔米拉在 1 世纪时是
一个 *civitas stipendiaria*("分支性非公民城市"),或在 2 世纪时
是一个 *civitas libera*("自由城邦")。⑧ 我们需要谨慎,不能过分
看重那种只言片语的、只具有形式特征的信息,例如说存在着一个

---

① 　*NH* v 21. 88.
② 　该观点参见 E. Will,*Syria* 62(1985),263—269。
③ 　D. Schlumberger,*La Palmyrène du Nord-Quest*(1951). 对照 Josephus,*Ant.* viii 6.
　　1(154):"这个国家到处都缺水,但那里却到处是泉眼和水井。"
④ 　对照 Matthews,162。
⑤ 　正如上文第 34 页(按:原书页码)提到的里程碑所示。
⑥ 　Herodian vi 5. 2;*IGR* iii 1033 证明皇帝当时就在帕尔米拉。
⑦ 　*OGIS* 629,103—106 说明在 1 世纪时,帕尔米拉驻有一支罗马军队,这有可能,但
　　并不确定。
⑧ 　该观点参见 Seyrig,*Syria* 22,164f. and 171f.。对此表示怀疑的观点,参见
　　Rey-Coquais,*JRS* 和 J. C. Mann,Appendix II in M. M. Roxan,*RMD* 1978—
　　1984,218。

名叫克劳狄亚斯(Claudias)的部落,①或是帕尔米拉被宣布更名为
哈德良诺波利斯(Hadrianopolis)或哈德良纳(Hadriana)。② 在哈
德良统治期间,这种纯属形式上的重建十分常见(对此,我们在第八
章中还会谈及),以至于无法据此推断有关地方的地位发生了哪些
真正意义上的变化。不过,到2世纪中叶时,有一支辅助军的 ala 驻
扎在了帕尔米拉,其指挥官得到了该城以各种方式授予的荣誉。③
这支部队后来被一个包含部分骑兵的步兵大队所取代。④ 在这个　　143
阶段,罗马军队中尚无固定的帕拉米拉部队。从图拉真时期开始,
的确有帕尔米拉弓箭手在罗马军队中服役;有4份委任状中记录了
给这些弓箭手授予罗马公民资格。⑤ 有人指出,这是在图拉真的帕
提亚战争开始时招募的第一批新兵,与一般士兵不同,他们的服役
期仅为6年。⑥ 尽管后来继续有帕尔米拉弓箭手在罗马军队中服
役,但是固定的辅助军 ala 或步兵大队是在3世纪早期或更早一点
时才开始的,第二十"帕尔米拉诺朗"步兵大队好像就是在那个时候

---

① *CIS* ii 4122.

② Stephanus of Byzantium, s. v. ;关于税法,1(b)该城市被命名为哈德良纳塔德莫
(Hadriana Tadmor)。

③ 塞勒(C. Vibius Celer)是当地第一"乌尔比亚"骑兵大队 singul(arium)(禁卫队)的
指挥官,在帕尔米拉受到褒奖,并成了罗马公民和 synedros(议员);H. Seyrig,*Syr-
ia* 14,152—168(*AE* 1933. 207)。在毕尤(Pius)当政早期,他是阿拉伯的地方行政
官,对照 E. Birley, *Roman Britain and the Roman Army* (1953),146f. ; H. -G.
Pflaum,*Carrières*,no. 155。有一则时间较晚的碑文(见 *AE* 1933. 208)赞扬了"赫
拉克拉娜"骑兵大队(*Herculana*)的长官尤里安纳斯(Iulius Iulianus),其事迹见于
ILS 1327。他在康茂德统治期间当上了执政官级别的地方行政官;对照 Birley,
148f. ;Pflaum,no. 180。

④ 有几处3世纪的碑文证实在帕尔米拉驻有第一 *Fl(avia) Chalc(idennorum) Equit
(ata)*(军团步兵大队);M. Gawlikowski,*Palmyre*,viii. 125,no. 40. pl. cv,239;一处
较晚的碑文:ibid. ,126,no. 41;一处 244—247 年的碑文:Seyrig,*Syria* 14,166。有
趣的是,该部队的石碑在4世纪的 *principia*(司令部)中被再次利用,这显示有可
能该城的这个区域在戴克里先将其建为军团总部之前早已起着这种作用。

⑤ *CIL* xvi 68,*RMD* 17(120 年 6 月 29 日)以及 *RMD* 27—28(126 年)。

⑥ Mann,*RMD*,217—219.

形成的。① 此时,帕尔米拉被擢升到了殖民地地位。② 这又一次将我们带到了塞维鲁统治期间,在这一时期,罗马加大了对沙漠地区的介入。不过,我们注意到,帕尔米拉的步兵大队是我们目前所知的唯一一个叫此名称的部队;它驻扎在杜拉,更早时,那里是由帕尔米拉民兵弓箭手驻守的。因此,这个步兵大队担任的职责并不陌生。我们很想知道它的士兵是否是由帕尔米拉自己的军官来指挥的,就像 1 世纪时巴塔维人和色雷斯人那样。③

我们知道,帕尔米拉人成功地让自己成了中间商,在罗马与帕提亚以及更远的地方之间组织贸易活动。这个作用清楚地出现在一系列文件中,该系统的运作方式给我们留下了深刻印象。④ 它是一个基于美索不达米亚的那些重要中心——巴比伦、沃罗伽西亚斯、米西尼⑤——的商队驿站网,一直延伸到埃及,这从那些在

144

---

① Mann 可能想说,这支步兵大队就是以前的帕尔米拉部队,曾部署在杜拉,当叙利亚被分割为两个行省时才转变为一支罗马军队,因为这时帕尔米拉和杜拉已分属两个不同的行省了。

② Mann,*RMD*,219. 殖民地地位见于 *Digest* L 15. 1(Ulpian):"Est et Palmyrena civitas in Provincia Phoenice prope barbaras gentes et nationes collocate"。这里的语境暗示该城享有 *ius Italicum*("意大利权利"),这个词语本身只意味着帕尔米拉位于沙漠之中,是一个游牧民散居区。D. Schlumberger,*Bulletin d'Etudes Orientales* 9(1942—1943),54—82 分析了在帕尔米拉得到证实的罗马人名。

③ C. Bradford Welles,R. O. Fink and J. F. Gilliam,*The Excavations at Dura-Europos*,*Final Report* v,part i,*The Parchments and Papyri*(1959),22—46,esp. 26ff. 讨论了该步兵大队。已知的指挥官姓名并不能提供任何信息(名单见同一出处,p. 28),但有几名百夫长用的是闪米特(Semitic)名字(名单见同一出处,29f.):如 Mocimus、Malchus、Zebidas 等。

④ M. Rostovtzeff,*Mélanges Gustav Glotz*,ii(1932),739—811;E. Will,*Syria* 34 (1957),262—277;M. Gawlikowski,*Syria* 60(1983),53—68;Matthews,*JRS*,164—169;Teixidor.

⑤ Oppenheimer,*Babylonia Judaica*;Babylon,44—62,esp. 58;Vologesias,456—461,esp. 458;Mesene,241—256,esp. 251—253。另见 442—445。至少有一个来自帕尔米拉的人在锡汗旱谷留下了痕迹。该碑文出自一名士兵或商队成员之手:J. Starcky,in F. V. Winnett and W. L. Reed,*Ancient Records from North Africa* (1970),161f. (时间未确定)。

卡普托斯（Coptos）捐款的帕尔米拉商人所立的碑文中可以看出。[1] 负责商队在旅途中安全穿越沙漠和偏远地区的任务落在了一些帕尔米拉人身上，这些人经常亲自护送商队。他们见多识广，人脉宽阔，有办法保护商队不受袭击者侵扰；有好几座刻字石碑对他们在危难之际施与援手表达了感激之情。其中一则碑文具体表达了对玛卡伊乌斯（Makkaios）之子奥格琉斯（Ogleos）的谢意，因为"他不断发起对游牧民的讨伐……每次在担任商队领队时，总能为商人和商队提供安全保障"。[2] 我们无从判断这些帕尔米拉人所冒的风险有多大。在这些讨伐以不愉快的结果收场后，并没有谁为他献碑称颂。

　　奥斯曼时期，贝都因部落经常在一些特定的商队路线沿途充当着"保护者"的角色。[3] 他们收取报酬在自己的地盘上保护商队。A. 穆齐尔曾经引用了下面这段贝都因诗歌：

　　　　他们来见法尔汉（Farhân）的父亲，那个折磨伤者的人，
　　　　在与骑手的打斗中，一个人赢了，而另一个人则输了，
　　　　他们来见这位保护货物的人，那是运往埃尔穆兹里卜
　　（al-Mzêrib）的货物，
　　　　这天，那些红帽子们提了好多抱怨。
　　　　说道："啊，赫穆德（Hmûd）！他一定会用拳脚相加来奖赏你们，

---

[1]　*OGIS* 639；J. Bingen，*CE* 59(1984)，355—358(*AE* 1984. 925)．红海的帕尔米拉人 *naukleroi*(船主)在卡普托斯捐款，表明在海上经米西尼保持了贸易往来。J. P. Rey-Coquais，*JRS* 68(1978)，55 with n. 143；Teixidor，43．

[2]　H. Ingholt，*Syria* 13(1932)，289—292(*SEG* vii 139)．另见 C. Dunant，*Mus. Helv.* 13(1956)，216—225；并对照 J. and L. Robert，*BE* 1958. 506。

[3]　N. N. Lewis，*Nomads and Settlers in Syria and Jordan* 1800—1980(1987)，7—9．当贸易减少时，这些部落往往喜欢偷袭商队，而不是保护他们，这又导致贸易进一步萎缩。

　　而且,如果他赢了,他会像踩拖鞋那样踩在你们身上。

　　你们必须知道,远离酋长意味着什么,而靠近他又意味着什么……"①

穆齐尔评论道:

　　阿布·法尔汉(Abu Farhân)是维尔德阿里(Weld 'Ali)部落酋长穆罕默德·伊本·斯迈以(Muhammad eben Sme-jr)的绰号,他的大儿子也叫法尔汉。这首诗中称他为……"折磨伤者的人",因为遭他猛击造成的创伤很难愈合。运往麦加和埃尔麦地那(al-Medina)的物资有一半都是由维尔德阿里部落的人来负责运输的,他们还负责运送半数的朝圣者,从大马士革南边的埃尔穆兹里卜去往麦达金萨里赫(Medâjen Sâleh)或埃尔黑格拉(al-Hegr)。穆罕默德·伊本·斯迈以向土耳其官员保证,不仅那些因为戴着红色土耳其帽而被称作……"红帽子"的人在道路上会安全无事,而且货物也会按时送抵……因为如果没能遵守双方说好的时间,或是商队遭到抢劫的话,穆罕默德就会受到土耳其官员的起诉。因此,他得仰仗这些官员,就好似他们的奴隶一样。另外,半数货物和朝圣者由班尼·谢里(Beni Sahr)护送到玛安,再由班尼·亚提耶(Beni 'Atijje)从那里护送到塔布克(Tebûk),然后再由伯里(Beli)接力护送到麦达金萨里赫。②

　　显然,这支商队在外约旦走的是朝圣者的路线。除此之外,这段话还生动地展现出通过这一地区涉及的复杂性和危险性。

---

① A. Musil,*The Manners and Customs of the Rwala Bedouins*(1928),582.
② ibid. ,581.

　　然而,问题的核心是,帕尔米拉人处在这种位置上,可以为罗马人和帕提亚人做他们自己几乎无从下手的事。穆齐尔的另一段文字对沙漠中的生活现状作了最好的说明。1897 年,当他在西奈东部旅行时被凯德拉特(Kederat)的贝都因酋长塞勒姆(Salem)扣住了。

　　　　半个钟头以后,我们看到塞勒姆与众人回来了。发生了什么事,又将会发生什么事? 勇敢的萨拉姆·埃尔巴拉瑟(Sallâm el-Barâsi)是亚特耶('Ateje)酋长的好友和亲戚,我们一直得到这位酋长的保护。因此,他声明说,我们的事就是他自己的事,并向暴跳如雷的塞勒姆解释,如果他抢走了我们的财物会陷入什么样的麻烦。塞勒姆根本不怕加沙当局,但他不愿与萨拉姆及其族人、更不愿与亚特耶酋长发生冲突,所以最终他把我们的马匹、武器和部分财物还给了我们。①

　　土耳其当局依赖于贝都因人的帮助,对此最好的说明就是他们向在朝圣路线沿途安营扎寨的贝都因部落按固定标准付费,以换取他们在通往麦加的路上保护朝圣者。②
　　帕尔米拉商人有他们自己能够控制的商贸殖民网络,并与游牧民和半游牧民们建立起一种协作关系,使得他们能够穿越沙漠而不受攻击;如果发生了紧急情况,他们有能力将商队置于保护之下不受伤害。所有这些都需要人脉、经验和知识,而这都是罗马人所不具备也无法获得的。因而帕尔米拉人能够为罗马人起到一种独特的作用,而且他们也做得非常出色,为自己攫取了大量财富。帕尔米拉出现过 6 位知名的元老院成员,比叙利亚地区除安条克外的其他任何城市都多。另外,还有 8 或 9 名骑马军官(都是在 2

---

① A. Musil,*Arabia Petraea*,ii(1907),186.
② A. Musil,*The Northern Hegaz*(1926),9.铁路建设改变了状况。

146 世纪时)来自帕尔米拉,其次是贝来图斯,那里产生过 6 名骑马军官。① 不过,在骑兵方面,帕尔米拉人的作用相对而言可能被夸大了,原因就是在这个沙漠之城的废墟中保存下来的铭文比其他近东城市多,那些城市一直有人居住从未间断。②

有一种猜测认为,萨桑波斯的崛起和米西尼的征服——现在我们知道是由帕提亚在 2 世纪中叶完成的——对帕尔米拉在国际贸易中的地位造成了不利影响。我们只能说,在 3 世纪这个政治和经济均处于混乱状态的时期中,帕尔米拉城军事实力的增强与上述观点并不吻合。

所有这些让我们清楚地看到,帕尔米拉永远不会——也从来不曾——是一个普通的行省城市,不论其官方地位如何。另外,除了我们已经讨论过的这些活动,帕尔米拉还为罗马人履行了另一个更加具体的军事职责。现在有可靠的证据表明帕尔米拉部队被派驻到幼发拉底河沿岸的各个哨站。最能说明帕尔米拉从未沦为一个普通行省城市的表征,是该城在 3 世纪中军事实力的异常崛起,这个我们将留待第五章再进行讨论。还有一个话题因为超出了本书范围而尚未提及,那就是语言问题。帕尔米拉在官方和私人铭文中除希腊语外还保留了自己的语言,这在叙利亚的罗马行省城市当中是绝无仅有的。③

美索不达米亚

近年来,在位于杜拉下方幼发拉底河中游的亚纳(Ana)地区

---

① 元老院成员:G. W. Bowersock, *Atti del colloquio internazionale AIEGL su Epigrafia e ordine senatorio*, *Roma* 1981, *Tituli* 5(1982), 651—668。骑马军官:H. Devijver, *DRBE*, 183。
② David Kennedy 博士认为是这样。
③ F. Millar, *JJS* 38(1987), 155f.

的两座要塞——基弗林(Kifrin)和庇坚(Bijan)——有了值得注意的发现。看来这两处要塞从塞维鲁时期就有军队进驻，直到 3 世纪中叶。① 基弗林可能就是贝库弗拉恩(Beccufrayn)，在几份来自杜拉-欧罗普斯的纸莎草文卷中，它被说成是一个前哨站。②

147

对基弗林进行考古发掘的研究者认为，这些要塞是"*limes* 系统"的组成部分："亚纳走廊实际上接纳了一个新的防御结构。将边境线前移意味着建立一条新的 *limes* 线……"我倒想指出，将这些哨所理解为控制罗马叙利亚与波斯之间很长一段贸易路线的驿站更为恰当。③ 我们在本章开篇就提出的关于莱茵河在日耳曼南部之功能的观点（见上文第 102 页，按：原书页码）同样适用于此处，区别就是幼发拉底河与莱茵河不同，它是古代最重要的贸易路线之一。

奥莱尔·斯坦因(Aurel Stein)爵士在他关于厄尔塔耶(Ertaje)(比布拉达(Biblada)?)的讨论中提到了幼发拉底河上的另一个地点："当地那种永恒不变的环境条件使得在塞普蒂米乌斯·塞维鲁时期修建的罗马哨所应该还在那个原先建有帕提亚大道瞭望哨的地方，这再自然不过了……有利的自然位置使它（即比布拉达）适合用来观察沿河左岸道路上的交通状况。"至此，他都讲得颇有

---

① 庇坚：M. Gawlikowski, *Archiv für Orientforschung* 29/30(1983/1984), 207; *Sumer* 42(1985), 15—26。基弗林：A. Invernizzi, *DRBE*, 357—381; ibid., *Mesopotamia* 21(1986), 53—84; F. A. Pennacchietti, ibid., 85—95。该地区的其他重要地点有特尔比斯(Telbis)，特别是亚纳(亚纳塔)，但目前那里的考古发掘尚未提供任何信息：*Iraq* 45(1983), 202f. ; 47(1985), 215f. 。亚纳：A. Oppenheimer with B. Isaac and M. Lecker, *Babylonia Judaica in the Talmudic Period* (1983), 26—29; D. L. Kennedy, *Iraq* 48(1986), 103f. ; Kennedy and A. Northedge, in A. Northedge, *Excavations at Ana* (1988), 6—8; Kennedy and Riley, 114f. 。特尔比斯将被证实就是《塔木德经》中所说的"塔尔巴斯"(Talbus)：b. Yoma 10a, 对照 Oppenheimer, 445f. 。

② P. Dura 46, 100, 101.

③ *Sir Aurel Stein's Limes Report*, ed. S. Gregory and D. Kennedy(1985), 187; 在 Stein 有关 *limes* 的报告中，第 145—182 页讨论了幼发拉底河上的遗址（评论见第 403—408 页）。

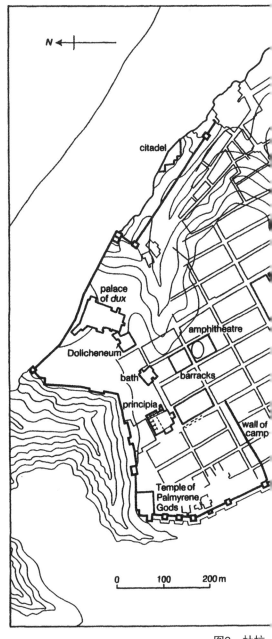

图2 杜拉-

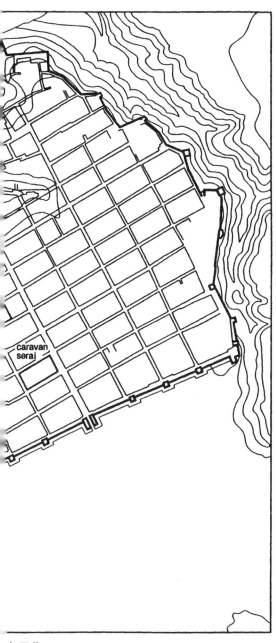

caravan serai

与军营

道理。不过,他接着说道:"但是当比布拉达被选中作为一个罗马边境哨所时,必须将其改造成一座要塞,以便与罗马边境线上已有的防御结构体系更相配。"在斯坦因对这个地点在不同时代中所具有的属性的个人观察,与他的上述假设,即认为它作为一个罗马要塞在一个想象出来的已有防御结构体系中具有完全不同的功能,这两者之间存在着矛盾的地方。

这些哨所的驻军与杜拉-欧罗普斯一样,很可能是帕尔米拉的军人。[1] 阿庇安在对罗马帝国的描述中清楚地暗示,帕尔米拉的活动范围延伸到了远至幼发拉底河:"……从海边到幼发拉底河之间的地区,也就是说,帕尔米拉和帕尔米拉大沙漠延伸到了远至幼发拉底河。"[2]更重要的是,我们有可靠的铭文证据显示,帕尔米拉保障了从帕尔米拉到幼发拉底河边黑特(Hit)之间商队路线的安全,它有自己的士兵在它自己的军官手下执勤。这些部队驻扎在杜拉以后幼发拉底河沿岸的几个驿站里,尤其是在亚纳和甘姆拉城(Gamla)。[3] 早

150

---

[1]　Gawlikowski 在其有关庇坚的考古发掘报告中(参见上文第 199 页,注释①),不能确定那里的驻军是罗马人,还是帕尔米拉人。不过,他指出,有些刻有文字的陶器残片带有帕尔米拉文字母、拉丁文以及与哈特拉碑文非常接近的当地文字。因此,他认为这些士兵是在当地招募的,有些是在帕尔米拉。我不想否认,确实有可能这些士兵其实就是帕尔米拉人。

[2]　*Praef.* 2.

[3]　CIS ii 3973,来自帕尔米拉,由一名纳巴泰骑兵,阿那摩（Anamô）之子奥巴多(Obaidô)奉献,他在霍塔(Hîrta)服役,并出现在亚纳的营地中(公元 132 年);J. Cantineau,*Syria* 14 (1933),178—180。关于道路驿站的遗址,参见 Umm es-Selabith,Kennedy and Riley,92f.。有一处可能是 188 年的碑文提到了一名亚纳和甘姆拉(可能=Gmeyla,据 Cantineau 说是一个距离亚纳 4 公里的地方)分队的骑兵;C. Dunant,*Le sanctuaire de Baalshamin*(1971),iii. 65,no. 51;ZB' BR MQY' DY 'QYM LH PRSY B'BR['] | DY GML' W'N'。在一处道路驿站遗址找到了一则 225 年的帕尔米拉碑文残片,其中提到了在亚纳和甘姆拉的一名 *strategos*(将军),对照 Cantineau,178—180。对这些以及相关碑文的讨论参见 Matthews,*JRS*,168f.;D. L. Kennedy,*Iraq* 48。关于帕尔米拉-黑特的道路,参见斯坦因有关 *limes* 的报告(Gregory and Kennedy,183—237)。关于亚纳,另见 A. Northedge,*Sumer* 39(1983),235—239,其中对古典时期和伊斯兰时期的史料进行了考察。

在公元 54 年,杜拉就立了一座石碑,由(商人)协会献给"幼发拉底河边阿纳特村(Anath)的保护神阿弗拉德(Aphlad)"。① 如果在杜拉以南的地区真的出现过罗马的长期驻军,我们无法确定其时间。据来自杜拉的文件记载,在 227 年,有一支罗马部队驻扎在更靠北的哈布尔河南部地区;232 年时在不远处还有一支罗马部队。② 文件中提到有几个地点被用作罗马军事哨所。③ 在这个地区可以确定的哨所都位于杜拉以北的地方。④

帕尔米拉弓箭手被派驻在杜拉-欧罗普斯,名义上受帕提亚指挥这一事实,⑤与普林尼关于帕尔米拉被夹在两个帝国中间的描述是吻合的。公元 168 年和 170/171 年时,这支部队还在那里,此时,罗马已经(于 165 年)将杜拉占为己有。有证据表明,在康茂德统治期间,那里有一支固定的罗马部队。⑥ 人们发现杜拉在卡拉卡拉统治期间有各种不同的辅助军部队,而且可能在这个时期以后也同样如此,不过那里的长期驻军(经证实时间最早为公元 208 年)是一支帕尔米拉大队。这是一支武装部队,⑦被整合成正规的罗马军,有 *dromedarii*(骆驼骑兵)附属于几百人的步兵,这个做法适合于该地区的情况。在杜拉的本地人指挥官叫 *dux ripae*,

---

① Ann Perkins,*The Art of Dura-Europos*(1973),77—79,pl. 31(未给出文字);引述参见 Kennedy,*Iraq* 48。

② Dura-Europos,*Final Report*,v,part i,26;第三"色雷斯"军团步兵大队被部署在下哈布尔地区(no. 26),第十二"巴勒斯坦"军团一名士兵的婚约被保存在杜拉(no. 30)。

③ ibid.,第 40 页,第 44 页。

④ 阿帕达纳(Appadana)位于哈布尔河口;柏尔沙(Birtha)在芝诺比亚(Zenobia)或其附近。尚未确定的有卡斯特伦阿拉巴穆(Castellum Arabum)、切弗尔亚维拉(Chafer Avira)和玛格达拉(Magdala)。拜卡基弗林(Becchufrayn)可能就是基弗林,参见上文第 199 页,注释①。

⑤ ibid.,24,n. 3.

⑥ 第二"乌尔比亚・骑兵"大队(*Ulpia Equitata*),ibid.,24,n. 5。

⑦ 第二十"帕尔米拉诺朗"步兵大队;关于其历史,ibid.,26—38。关于分遣队的最新的材料,参见 *AE* 1984. 921。

这个头衔让我们想起了 *praefecti ripae fluminis Euphraten-*
151　*sis*、①在潘诺尼亚②和梅西亚的 *Danuvii*、③以及 *Rheni*。④ 这些头
衔可能是指在当地某个区域范围内有指挥权的军官,而不是指挥
某个具体军事单位的军官;此外,给出的这些例子似乎都意味着在
陆上、海上或是河上采取联合行动。已经证实,在 3 世纪中叶以
前,杜拉-欧罗普斯的 *dux ripae* 也是这种情况。吉列姆(Gilliam)
指出,与后来的 *duces* 不同,这种军官是叙利亚行省总督的部下。
到 3 世纪时,罗马人已经失去了这些驿站,《神圣沙普尔功绩录》
(*Res Gestae Divi Saporis*)中有所透露,其中提到了亚纳塔
(Anatha)(亚纳)被敌军攻占。

在杜拉的考古发掘工作为我们提供了非常宝贵的机会,让我
们能够深入观察在一个原先就已存在的城市中军事单位的实际整
合情况:杜拉城的北部被军队占用并通过一道结实的土砖墙与平
民区隔离开来。⑤ 主要的建筑物包括一个经典形状的 *principia*
(司令部)、一座半圆形剧场、浴场以及指挥官和 *dux ripae* 的
宅邸。⑥

---

① *ILS* 2709.
② *ILS* 2737.
③ *AE* 1926.80.
④ Tacitus,*Hist.* iv 55,64,对照 26:"dispositae per omnem ripam stationes quae Ger-
　manos vado arcerent"。有关 *praefecti*(基层军官)的讨论,参见 J. F. Gilliam,
　TAPhA 72(1941),157—175。他与其他 *praefecti* 作了比较,那些人在毛里塔尼
　亚管辖 *ora maritima*(海岸地区)(*CIL* xi 5744);*ora Pontica*(黑海地区,参见 Plin-
　y,*Ep.* x 21;86a)和 *Baliorum insulae*(巴里奥朗岛)(*ILS* 9196)。对吉列姆论文中
　的证据还应加上 *AE* 1968.321:一名克劳狄乌斯和尼禄时期的 *praefectus ad ri-*
　pam(即 *Rheni*)。
⑤ 对照 C. Hopkins,*The Discovery of Dura-Europos*(1979),225。
⑥ C. Hopkins and H. T. Rowell,*The Praetorium*,*Excavations at Dura-Europos*,
　Prel. Report 5th Season of Work(1934);*9th Season of Work*,i(1944),该卷结尾
　处的地图;R. Fellmann,*Mélanges d'histoire ancienne et d'archéologie offerts à*
　Paul Collart(1976),173—191,esp. 187—189。

哈 特 拉

哈特拉位于古老的阿舒尔(Assur)以西约 50 公里处,在现代的摩苏尔西南方大约 80 英里,塞尔萨尔旱谷(Wadi Tharthar)西边 4 公里。① 这个地方之所以重要是因为它的位置,哈特拉是连接塞琉西亚-泰西封与辛格拉和尼西比斯的重要贸易路线上的一个商队城市。② 在 363 年,约维安(Jovian)的军队撤退时走的就是这条路线。道路在这里不得不离开底格里斯河套而朝着沙漠荒原而去,按照阿米阿努斯的说法,"因为底格里斯河附近的地区崎岖不平难以行走"。③ 然而,往西"伸展出一片极其开阔的谷地平原,直到哈特拉。在平坦的地面上,有很多沙漠地区可供牲口啃食的地表植物,有几眼水井提供饮水,这片地方尤其适合使用骆驼的商队运输,虽然它并不适合大规模军队"。④ 这里的土壤可以长出骆驼吃的草,但由于缺水无法耕种。有一处碑文显示从米西尼来的商队经过了哈特拉:"祝福我主,祝福圣母,也祝福我们国王的儿子们,祝福沙龙、巴尔夏明(Baalshamin),并为(那些)从米西尼来到此地的人祝福亚塔拉特(Atarate)。"⑤

152

---

① 在哈特拉的考古发掘:W. Andrae,*Handbuch der Archäologie* i(1936),746;ibid.,*Hatra,nach Aufnahmen von Mitgliedern der Expedition der Deutschen Orient-Gesellschaft* i,*WVDOG* 9(1908);ii,*WVDOG* 21(1912);*RE* vii,col. 2516f.(M. Streck);H. J. W. Drijvers,*ANRW* ii 8(1978),804—813(bibliography)。关于最新的研究,参见发表于 *Sumer* 最近几期上的简报。据我所知,已出版的最完整的著述当数 F. Safar and M. A. Mustafa,*Hatra,the City of the Sun God*(1974,阿拉伯语)。关于来自哈特拉的抛石机,参见 D. Baatz,*Sumer* 33(1977),141ff.。

② Sir Aurel Stein,*JRAS*(1941),299—316=Gregory and Kennedy,ch. 2 以及第 2 卷结尾处的折叠地图。

③ xxv 78. 14。对照 Stein,303f.。

④ Stein,loc. cit.

⑤ A. Caquot,*Syria* 30(1953),235,no. 29;BGN MRN|WMRTN W BR M(RYN)|WSHRW W B'SM(YN)|W'TRT' 'L(MN)|DL'WL MHK'|BMSN.

赫茨菲尔德(Herzfeld)注意到有两处 12 世纪的铭文中都记载了在哈特拉有一处商队旅舍。[①] 安德烈(Andrae)说,在他那个时代,从巴格达到摩苏尔的商队路线要经过哈特拉。其他路线从哈特拉通往麦加丁(Mejaddin)、德尔(Der)和亚纳。从哈特拉到幼发拉底河的路线在《波底加地图》上有显示。[②] 这些路线对那些小心翼翼与游牧民保持着良好关系的旅行者来说并不会造成什么问题。[③]

我们对哈特拉的历史所了解到的情况来自古典时期的原始史料、阿拉伯传奇,以及近年来发现的大量铭文。[④] 狄奥在讲述116—117 年 人为反抗罗马不久前对该地区的占领而发起的暴动时,第一次提到了哈特拉。哈特拉被牵涉其中很值得关注。这或许是又一个迹象,表明贸易格局受到图拉真征服行动的严重干扰。更可能这就是证据,证明对来自西方的外来强权的抵抗以及更加严密的控制,而这种控制是帕提亚从未试图施加的。[⑤] 图拉真没能攻占哈特拉,"尽管它既不大,也不繁荣"。狄奥指出,该地的水源、木材和饲料都不足以维持一支庞大的围城部队。[⑥] 在 197—199 年间的某个时候,塞维鲁再次试图攻下哈特拉,因为它支持了他的敌人奈哲尔,这是希罗狄安的说法。[⑦] 据狄奥记载,塞维鲁曾两次试图攻占该城,因为它"富有声望,城中存有大量献给太阳神的贡品,另外还有大量钱财"。[⑧] 在这段叙述中,塞维鲁的动机被说成是渴望获得荣誉和纯粹的贪婪;即使有某些战略方面的考虑,

---

① E. Herzfeld, *ZDMG* 68(1914), 655—676, esp. 676.

② 关于道路系统, 参见 L. Dillemann, *Haute Mésopotamie orientale et pays adjacents* (1962), 75f. 。

③ Andrae, *Hatra*, i 1; ii 4—5.

④ 碑文:Drijvers, *ANRW* ii 8. 813—828。阿拉伯传奇故事:Hertzfeld, 657—659, 另见 Drijvers, 816, n. 47 所提供的材料。

⑤ 后一个建议由 David Kennedy 博士提出。

⑥ lxviii 31.

⑦ iii 9. 3.

⑧ lxxvi 12. 2.

也被狄奥忽略了。在狄奥对于哈特拉的描述中，强调了图拉真时代与塞维鲁围城时的区别，并将其诠释为证明了哈特拉的发展主要发生在 2 世纪时。① 然而，如果脱离语境去理解狄奥的评论，就会产生误解。另外，该城的发展过程中似乎也并没有什么可以清楚划分的阶段。②

据狄奥说，阿尔达希尔一世也曾攻打过哈特拉，但没有成功。③ 有 3 则拉丁语铭文显示，到 238 年时，该城已经被罗马军队占领，而且当地的驻军是第九"戈尔迪安轻骑兵"大队（*Maurorum Gordiana*）。④ 在尚未发现这些铭文时，奥莱尔·斯坦因爵士就曾指出，从尼西比斯到哈特拉的大道上，在辛贾尔（Sinjar）以南的路段沿途有一系列建筑物对道路进行了标识。⑤ 玛丽克（Maricq）提出的观点可能有道理，她认为这些建筑物的时间属于塞维鲁·亚历山大统治期间。⑥ 两尊不明身份者的头像进一步证实了罗马人

---

① Andrae, *Hatra* ii 1—2；Drijvers, 818.

② Herzfeld, 668, 以及 Maricq, *Syria* 32(1955), 268 n. 2＝*Classica et Orientalia*, 14。

③ lxxx 3. 2; 对照 Drijvers, 818 n. 56。

④ D. Oates, *Sumer* 11(1955), 39—43；A. Maricq, *Syria* 34(1957), 288—296＝*Classica et Orientalia*, 17—25；*AE* 1958. 238. (1)刻在一座祭坛上的铭文（公元 235 年）："d(onum) d(edit) non(is)｜iunis Seve｜ro et Quin｜tiano co(n)s(ulibus)."(2)刻在一座雕塑底座上的铭文："Deo Soli Invicto｜Q. Petr(onius) Quintianus｜trib(unus) mil(itum) leg(ionis) I Part(hicae), ｜trib(unus) coh(ortis) IX Maur(orum)｜Gordianae｜votum re｜ligioni lo｜ci posuit. "(3)刻在一尊赫拉克勒斯雕像底座上的铭文，由玛丽克辨认："Erculi Sanct(o)｜pro salute domini nostri｜Au[g(usti) Q.]｜Petronius Qu[in]｜tianus, dom(o) [Nico]｜midia, trib(unus mil(itum)｜leg(ionis) I P(arthicae), trib(unus) coh(ortis) IX｜Grodianae, genio coh(ortis). "竖立(2)和(3)的部队指挥官曾经是第一"帕提亚"军团的保民官。对此有误解的有 Oates, 然后是 Maricq, 290＝19, 以及 Drijvers, 825, 他们认为在毛里(Mauri)的步兵大队是第一"帕提亚"军团的组成部分。这本来就不可能，而且铭文中也全无此意。

⑤ Stein, 307—313 以及第 301 页的地图，对此的更正参见 Maricq, *Syria* 34, 293＝22. 对 Stein 有关该地区罗马军事整合的观点的批评，参见 L. Dillemann, *Haute Mésopotamie orientale et pays adjacents*(1962), 201—202, 208。

⑥ Maricq, 292—295＝21—24：一座 231/232 年的里程碑显示，从卡雷和卡利尼古姆(Callinicum)通往辛格拉的道路在亚历山大的波斯战争期间引起了注意。

在哈特拉的存在。① 萨桑攻占哈特拉的时间现在已经通过希腊文的《摩尼抄本》(*Mani Codex*)肯定地确认为 240/241 年。②

那么,应该怎样解释帝国为何会对占领哈特拉感兴趣呢?狄奥的观点是我们所知唯一来自古代的观点,他认为塞维鲁受到了荣誉和贪婪的驱使。至于图拉真,他攻占哈特拉的原因并不难发现。图拉真打算将整个美索不达米亚囊括进帝国的版图,他自然不会留下一个关键的中途停留点,听任它与罗马为敌而不去动它。如果我们无法满足于狄奥所给出的解释,那下面这个思路自然就会浮上来。塞维鲁和塞维鲁·亚历山大并非真的想要长期占领巴比伦尼亚,但是塞维鲁在那里进行过范围广泛的战争,不管其原因为何,亚历山大也想做相同的事情。③ 在战争时期,对于从辛格拉行军到泰西封然后再返回的军队来说,哈特拉是一处至关重要的中途停留地。在和平时期,它的财富使其具有明显的经济优势。只在该城短暂驻守的罗马步兵大队,根本无法阻挡波斯对罗马属下的美索不达米亚发动的入侵,也没有迹象表明该大队的基地是什么"系统"的组成部分。这不过是一个小小的军事单位罢了,用于宣示罗马对此处孤立的沙漠前哨站拥有控制权而已。

通过简要地回顾在哈布尔河以外罗马驻军的有关证据,我们可以得出两个结论。首先,在杜拉担任指挥官的军官也负责河上和沿河的陆上交通。他的头衔可以视为表达了罗马仅有限参与的性质。我们发现这个地区只在 2 世纪后期和 3 世纪前半叶有固定

---

①   J. M. C. Toynbee, *Sumer* 26(1970),231—235; *JRS* 62(1972),106—110; A. Invernizzi, *Mesopotamia* 21(1986),21—50;另外,在注释 2 中有其他参考材料。人们对其具体身份意见不一。

②   P. Colon. 4780;A. Henrichs and L. Loenen, *ZPE* 5(1970),120,125—132;对照 X. Loriot, *ANRW* ii 2.760—762;Drijvers,827。该抄本说摩尼于 240 年 4 月 23 日得到第二次启示,在这一年,阿尔达希尔夺取了哈特拉,沙普尔一世被加冕。

③   关于塞维鲁的战争,参见上文第一章;关于亚历山大的战争,参见 Herodian vi 5.1—2。

的罗马军事单位,而且很多证据都涉及临时的而非长期性驻军。这也符合我们在其他地方观察到的现象,塞普蒂米乌斯·塞维鲁时期以前,东方的罗马军队一直都尽可能避开沙漠,而且只是分阶段地扩大其驻军规模。

罗马的控制是通过帕尔米拉来实现的,至少从165年开始是这样。这种控制形式不仅为商队提供了保护,来自帕尔米拉的铭文已经让这种做法成为人所共知;另外,一些关键地点都有固定的军事单位长期占据,并整合成符合罗马标准的状态。这些部队——而不是非正式的沙漠武装警察——的存在,使得帕尔米拉有可能在2世纪的50年代和70年代突然崛起取得军事上的独立。这个进展只有放在当时那个时代框架下才能理解。我们可以推测,这也显示帕尔米拉在先前的时期就已经占据了中心地位。

哈特拉的位置可能与帕尔米拉相似,也是沙漠中的一个暂歇地,但它们之间的重要区别在于,哈特拉对于帕提亚而言不像帕尔米拉那样愿意接受罗马对该城的控制。

罗马对该地区的统治从来不意味着控制其领土,而是表现在占据贸易路线沿途的重要地点。罗马于240/241年失去了哈特拉,而杜拉也没能保留多长时间。随着帕尔米拉被毁城,罗马彻底破坏了在美索不达米亚行省以外的地区用于监督和管控运输的手段。驻守在帕尔米拉的戴克里先时期修筑的要塞中的军队,无法取代东方的帕尔米拉人。这些军力留在那里的目的只是为了保卫大马士革与幼发拉底河之间最重要的绿洲。在3世纪中发生的几场战争使得这3个中心都成了废墟。我们无从得知这对于两个帝国间的贸易造成了何种后果。

我们在这里有机会看到,罗马人在对边境地区进行整合时所具有的机动灵活性,在2世纪和3世纪时并不少于共和时代。他们没有受到地理限制的桎梏,也没有被固执或僵硬的行政和法律观念所束缚。

结　论

　　我们在第二章中看到,阿拉伯行省和犹地亚行省在 4 世纪以前并没有面临迫在眉睫的来自游牧民的压力,即使在拜占庭时期也没有证据表明游牧民成了让当局真正头疼的原因;而另一方面,在犹地亚有证据显示,即便在最后一次反抗罗马统治的重大暴动被镇压下去以后,过了很久也还存在着严重的动乱和暴力行为,确实需要罗马进行干预。从很多方面来说,这在罗马的历史中都是一个独特的情况,因为在别处,关于行省中非罗马人口或生活在行省边缘以外的民众的信息少得可怜。同样清楚的是,犹太人对罗马统治的抵抗,是由他们在宗教和意识形态方面的态度所决定的,这些在其他民族那里都几近阙如。不过,我们也不能忽略那些偶尔出现的有关在其他人口成分中发生过社会和经济动荡的证据。

　　本章讨论了罗马军队在两个行省中的组织方式,即 4 世纪以前的叙利亚南部和叙利亚沙漠,以及美索不达米亚北部地区。我们手头的信息显得支离破碎。由于完整公布的考古发现很少,我们遵循的原则是只利用铭文中的证据来尽量对军事单位的分布情况进行还原。

　　这种做法可能看似不够恰当,因为这两个行省都有大量的考古材料,但是在使用考古信息时加以节制是有充分道理的。首先,这些材料几乎全都是对未经考古发掘的废墟遗址进行勘查的结果。有关这些勘查的文献汗牛充栋,唾手可及,但要对它们作出诠释却十分困难,并在涉及这两个行省的一些关键问题上引发了争论。如果在这些基本点上都未能达成共识,特别是罗马军队对整个地区的占领时间,那么最好就不要依据这种信息来对当时局势发展状况进行一般性的还原。在写作本书时,有关拜占庭时期以前罗马占领地的考古发掘报告尚未完整公布。未经挖掘而进行的考古勘查无法产生可靠的有关遗址时间的信息,这也是考古学者们自己首先承认的。即便在没有争议时,依赖这种信息也是有欠成熟的做法。[①]　其次,来自铭文的证据非常可信,显示在犹地亚和阿拉伯都存在着相当一致的模式。在对铭文进行诠释时,有必要对能够证实军队长期存在的文字和不能对此作为印证的内容加以区分。那些产生于军事行动或是巡逻过程中的有关个人或部队的孤立文件,不应用来解释或证明在附近地区有永久性的军事基地。那些记载了军团分遣队完成工程项目的铭文也是如此。最后,考古探索面临的一个两难之处就是,要确定一座建筑物的用途似乎极其困难,哪怕该建筑物的时间已经确定,也能够画出它的布局图(这在沙漠地区有时甚至无需挖掘就能做到)——然而,一句铭文就能清楚地说明该建筑的目的何在。下文将讨论的位于贝希尔堡(Qasr Beshir)的阿拉伯要塞就是一个很能说明问题的例子。

我们看到,在塞维鲁时期以前,在沙漠地区的军队并未留下任何书面形式的记录,这包括佩特拉以南的外约旦沙漠地区。虽然这里的里程碑文字足以让我们获悉是军队修筑了通往红海的主要道路,但该地区的里程碑数量非常之少。另一方面,有证据表明,在这两个行省的定居区域都有军队存在。军团分遣队和辅助军被部署在城中、城市周边地区以及罗马道路系统沿途的关键站点。有关驻扎在东方行省城市附近的军团分遣队的证据逐渐积累起来,现在似乎已经形成了一种模式。由此看来,在东方边疆行省中的军事机构部署,特别是军团的部署,与帝国北方和西方的情况相比存在着根本性的区别。对此尚需更多的信息,不过目前我们可以说,很多军团附属单位都是长期驻扎在城市中心附近并与军团

---

① 有关佩特拉-加沙道路的情况,考古学者刚在这些遗址拾到陶制品时都一致认为该道路在 1 世纪后就废弃不用了,但在对几处遗址进行考古发掘后,他们转而认为该道路设施在整个 2 世纪中仍继续被使用着。

总部拉开距离,这个现象在莱茵河和多瑙河沿岸地区以及不列颠
都没有遇到过。

157 　　阿拉伯行省的军队最早似乎是叙利亚南部军队的延伸,经过
单独的组织过程后部署在已经城市化的"十城联盟"城市和过去纳
巴泰王国的北部和中部地区。有确凿的证据表明,在马可·奥略
留和康茂德时期,叙利亚南部由军团的百人队肩负着整合道路和
维持道路安全的职责。犹地亚的军队被聚集起来形成大部队,驻
守在会发生重大安全问题的地区:如城镇、耶路撒冷周边以及主干
道上。有关加利利的军事单位的信息几近全无,但这也许只是出
于偶然,尚不能因为缺少证据就得出某种结论。① 一个重要的事
实是,在所有行省中,有关军队存在的最可靠的证据都来自城镇。
对此,我们将在之后的第六章中进一步讨论。

　　对道路系统的整合基本上都是在一个阶段内完成的,在阿拉
伯是于图拉真统治期间,而在犹地亚则是于哈德良统治期间。整
合阶段以后,中央政府为了某些特殊时刻而在道路旁竖起了里程
碑。没有迹象显示对道路有日常的维护,至少如果我们把里程碑
碑文当作记录来看的话,情况是这样。里程碑与同时期的军事单
位一样,几乎也都是在定居地区发现的。虽然其他地方无疑也存
在着罗马道路,但里程碑首先而且主要设立在城市与城市之间,这
其中的原因也将留待之后的第六章进行讨论。

　　再往北去,这种模式有了些许变化。图拉真徒劳地试图征服
哈特拉这个沙漠中的重要中途站。现在已经很难说清是经过了哪
些不同阶段帕尔米拉被与罗马逐渐紧密地绑在一起,不过清楚的
是,马可·奥略留和路奇乌斯·维鲁斯领导的针对帕提亚的军事
远征行动导致对幼发拉底河流域施加了更加严密的监控,一支罗
马军队占领了杜拉。很明显,在整个这一地区,塞维鲁的统治带来

---

① 　例如,有关一名在迦百农的百夫长的零星信息:Matt. 8:5—9;Luke 7:2。

了决定性的变化，引起罗马军事单位和整合行为的增多。

我们有必要对基于考古材料得出的结论保持怀疑，在处理铭文时也同样必须小心翼翼而不能过于自信。尤其是仅凭找不到实物材料这种负面证据就得出结论是很危险的做法。就目前来说，已经收集到的信息都是完全吻合的，形成的模式也符合逻辑。罗马军队并没有花费时间去履行某些被现代国家视为军队对公民负有的基本职责。对罗马军队而言，首要的功能是促进罗马统治下的安全，而不是行省民众的和平。不过，显然，铭文证据能告诉我们的情况相当有限，它最多只能说明在某个特定时间的军队分布情况。即使我们有了完整的关于罗马军队的铭文信息，也无法知晓这些部队单位在做什么或打算要做什么。我们只能进行推测，而只要我们知道自己只是在进行推测，这种做法也就还不算是很糟糕。

现代的军事情报往往并不能告诉我们任何有关敌军计划的情况。对于罗马史家来说，也是如此，最严重的问题在于，他们对罗马的敌人几乎一无所知。这里铭文当然帮不上忙，敌人有时会偶尔出现在（罗马史家撰写的）关于战斗的铭文里；除此之外，他们就仍然只是一些影子而已。如果对于被占领者几无所知，那么有可能知道占领军的目的为何吗？在现代的研究著述中经常把敌军画成提线木偶，或是边疆地图上的无名箭头，而地图上只标记了已知的罗马军营。那些在 19 世纪研究罗马军事地点的人自然会假定，这些军事地点的目的与他们自己那个时代的要塞是一样的，这些要塞的确形成了抵御敌军跨过边界的防线。对于那些罗马要塞，他们无法、也没有试图去构想一个不同的模式。其结果就是，总体性的防御思维（尤其是边境防御）过多地成了先入之见。为此，我们在本章和其他各章中都一再强调，有必要考虑这些看似要塞的建筑物可能具有的多重功能。它们或许是治安哨所、行政中心、收费站或是旅舍驿站——我们知道，在其他地方（如埃及）和其他时

158

期(如奥斯曼时期的道路驿站)的类似建筑就曾具有所有这些功能。即便在那些没有出现积极反抗罗马统治的活动的地区,军用设施所起的作用也可能是将罗马政权的威力变成看得见、摸得着的东西,进而强加在行省人民身上。

我们对于罗马军队在阿拉伯和叙利亚西部地区的敌人——如果有敌人的话——茫然无知,不过至少在犹地亚了解到了一些情况。约瑟夫斯给我们留下的印象是,从庞贝以后直到公元66年的这125年间,犹地亚存在着普遍的敌对气氛。《塔木德经》史料让我们得以窥见在2世纪以及后来的军事行动中,军队是一副什么德性。至少在犹地亚,我们可以看出,是罗马军队在当地人口中维持着治安。

本章一开始就曾指出,如果某个行省的内地出现了广泛分布的军事铭文,那么可以将其诠释为表明军队起着内部安全部队的作用,哪怕并无文献证据表明有积极反抗罗马统治的活动。对于阿拉伯和叙利亚这些远离边境的地区,我们或许可以得出结论,罗马军队的广泛存在代表着动用军力来将这些行省置于罗马的控制之下。这符合一个基本事实,即铭文证据和考古材料给我们留下了一致的印象,军队扮演的角色是保护统治者而非被统治者。

第四章 公元 4 世纪的军队

　　本章将继续讨论第三章中开始的话题。我们将分析有关军队整合的重要信息,以期能够对军事单位的功能有更多的了解。我们知道,在 3 世纪后期和 4 世纪早期的四帝共治时期和君士坦丁执政期间发生了一次重大的重新部署。我们必须讨论这次改革的性质,以及军队在东方的分布发生了哪些变化,尤其是沙漠地区驻军的增加。无数相对较小的设施都可以追溯到这个时期,它们的功能也需要加以讨论。我们将作出的解读,同本书中提出的其他观点一样,与最近一篇论文中提出来的对“limes”这一概念的诠释密切相关,我们将在第九章中对此作简要重述。①本书认为,没有任何地方 limes 的意思是指“有防御的边境”,而且该词从未被用来指称任何实际形式的军事组织。在我们目前讨论的时期,即公元 4 世纪中,很容易就可以清楚地说明,limes 是一个行政概念,其含义是“边境地区”,并指在 dux limitis 的军事(而不是文职)管治下的地区。这对于我们如何理解那些被称为 limities 的地区的军事组织方式具有重要影响,这种称号已经在巴勒斯坦和阿拉伯行省得到了证实。如果一个 limes 地

---

① 　B. Isaac, *JRS* 78(1988), 125—147.

区并不是有防御设施的边境,也就没有必要再将这种地区的军事设施解释为与边防有关了,我们可以自由地考虑其他的假设。

证据的性质

对于戴克里先及其以后的时期,我们可将所有的信息分为 3 个类别。其中有两种是文字性的:一是《罗马帝国官职录》(*Notitia Dignitatum*),它为我们提供了关于指挥权结构和军队机构在多个未确定的时间里分布情况的正式信息;另一种是在其他著述中提到军队事务的零散地方。第 3 种证据包括要塞和道路的实物遗迹,有时在铭文的帮助下可以确定时间。在使用这些信息时,我们必须考虑到每种原始史料都有其缺陷。《官职录》中包含了密集的信息,但它只是一张官僚体制的清单。在使用诸如马拉拉斯(Malalas)或左希姆这样的文献史料作为信息来源时,如果不清楚作者的局限性——一位可能天真,但却消息闭塞,而另一位则不太坦诚——可能会导致得出谬误的结论。军事设施的遗迹当然重要,但如果以为我们能够轻而易举就知道为何选定某个特定地点来修筑要塞,那就错了。首先,人们往往假定军事当局总是尽量为其设施挑选最佳的地点,不论该设施的目的是什么。任何经历过军队和其他官僚结构的人都知道,经常有大量的因素使得无法作出最佳决定,这当然也包括为永久性基地选址的问题。即便这些地点是以纯理性的方式挑选出来,军事设施本身往往也并不能解释它们为何被建在那里——尤其是当我们对于该地区的敌人或是需要管控的土著人口一无所知时就更是如此。另外,永久性军事基地经过一段时间总会在功能上发生变化。

161

戴克里先和君士坦丁的改革

文献史料中零零星星地谈到了由戴克里先和君士坦丁实施的改革。例如,阿米阿努斯在一篇未能完整保存下来的文章里说,戴克里先在整固与蛮族交界的边境附近的"内部 *limites*"时,对色西昔姆(Circesium)进行了设防加固,这是对波斯人发动袭击进入叙利亚作出的反应。① 我们不清楚除了对一座城市进行设防外,这次改革的性质是怎么样的。 马拉拉斯在一段结构混乱的陈述中告诉我们,戴克里先在从埃及到与波斯交界的边境地区修筑了要塞。② 这些要塞由边防部队镇守,在 *duces* 的指挥下履行职责。③ 为了对皇帝和恺撒歌功颂德而竖立了 *ste-lae*(石碑);这里提到的可能就是里程碑,但事实上确实发现了这样的里程碑。然而,并没有其他证据显示在君士坦丁以前,*duces* 在任何边境地区对守卫国土的军队拥有指挥权。左希姆说,戴克里先通过在城市中、*castella*(堡垒)和边境地区的瞭望塔上部署士兵,让帝国变得对于蛮族来说无法攻破,④但是君士坦丁却将部队从边疆撤回到并不需要军队的内地城市,从而破坏了这个系统。⑤

162

---

① Ammianus,xxiii 5.1—2.

② *Chron.* xii(Dindorf,p. 308).

③ John Lydus,*de magistratibus* ii 11(ed. Bekker,pp. 175f.)表明这是君士坦丁的机构。有关这段话详见 J. C. Mann,*CBA Research Report* 18:*The Saxon Shore*,ed. D. E. Johnson(London,1977),12 and n. 8。Mann 教授的译文如下:"从埃及远至波斯边界的边疆地区,戴克里先们修筑了要塞,在里面部署了边疆部队;并选派了 *duce*,在每个行省的要塞圈里都派驻了一名,率领大量士兵作为机动后备部队。他还在叙利亚边境上刻下碑文,歌颂奥古斯都和恺撒。"

④ ii 34.1.

⑤ Aurelius Victor,*liber de Caesaribus* 41.12,and John Lydus,*de mag.* ii 11,ed. Bekker,176f. 提到君士坦丁治下的军队改革,但并未增加任何有帮助的内容。

　　所有这些陈述都相当模糊。它们告诉我们的无非是,戴克里先修建并派兵把守了边境地区的军事设施。左希姆显然夸大了戴克里先那些工程的功绩——边境地区从来就不是铜墙铁壁的——他对君士坦丁不太友好,因此我们不能过于相信他的话。普罗柯比在讲述查士丁尼的功绩时也回响起这种同样虚假的声音:"但简言之,他让那些过去暴露在攻击者面前的地方现在变得坚不可摧。这样的结果是,美索不达米亚显然成了波斯民族鞭长莫及的地区。"①戴克里先的活动也许起到一些实质性的作用,但事实却是,在东方的城市中始终存在着守备部队,而在戴克里先以前和君士坦丁以后,罗马的边境小镇中都有军人存在。②

道路与军事设施

　　凡・贝尔黑姆令人信服地指出,可以从"戴克里先大道"(*strata Diocletiana*)这条由阿拉伯东北部和大马士革通往帕尔米拉和幼发拉底河的道路的沿途设施,看出戴克里先在叙利亚的整个活动。这些设施又与驻守其中的军事单位被列在了《官职录》中。他进一步说明,另一条从大马士革到帕尔米拉的道路与上述那条路是平行的,并且与在拉瓦克山(Rawaq)山脊以北的这两条道路属于同一个系统。这条道路及其设施不那么有名,但至少有一段来自阿庇亚德(H. el Abyad)的铭文十分有意思。③ 与叙利亚的情况相同,在阿拉伯发现的大量里程碑也主要是设立在更早时

163

---

① 　*De aed.* ii 4. 21,trans. H. B. Dewing,Loeb.

② 　左希姆的话对于西方来说也不符合事实;如可见于君士坦丁治下莱茵河边的修筑活动:J. E. Bogaers and C. Rüger, *Der Niedergermanishe Limes* (1974),20f. 。然而,我们不知道军队在3世纪的危机以后到戴克里先掌权以前这段时间里处于何种状态。戴克里先的政策有可能在当时看似是了不起的创新之举。

③ 　关于这条道路的简要说明,参见 A. Poidebard,*La trace de Rome dans le désert de Syrie*(1934),40f. 。

期修筑的道路上。① 在叙利亚-巴勒斯坦地区,只在雷基欧-锡索波利斯道路上发现了一座戴克里先时期的里程碑,这是一条连接沿海平原与东北部的战略路径。

迄今为止,在这整个地区已有 5 座要塞通过四帝共治时期的铭文确定了时间,它们分别是:

（1）贝希尔堡,位于里琼(Lejjun)的东北边、阿拉伯的东边路线上,通过一则 293—305 年的铭文确定了其时间。

（2）德尔埃尔卡夫(Deir el Kahf),位于“戴克里先大道”上、阿兹拉克以北,通过一则 306 年的铭文确定了其时间。②

（3）一段来自帕尔米拉的铭文,时间为公元 293—303 年,记载了在那里修建了一座 *castra*(堡垒)。③

（4）阿拉瓦(即《波底加地图》中尕德里安(Ghadhyan)的埃德戴安娜姆(ad Dianam))南部的约维塔要塞(Yotvetah),在其入口附近的瓦砾中发现了一处时间为 293—305 年的铭文。

（5）埃及边境附近沿海道路上的埃尔康托尔(el Qantara),有一则时间为 288 年的铭文。④

考古证据也表明了很多要塞都是在这些年间修建的,但现在

---

① 相关总结参见 Isaac and Roll,*Milestones in Judaea* i. 94f. 。在波斯卓南边和东南边沙漠地区的哈拉伯特,新发现了四帝共治时期的里程碑,D. L. Kennedy,*Archaeological Explorations*(1982),162;关于从乌姆埃尔耶马克(Umm el-Jemal)通往乌姆埃尔夸坦恩的公路(时间确定为 293—305 年),参见 S. T. Parker,*ZPE* 62 (1986),256—258。来自阿兹拉克的一则重要的道路碑文最近被重新发现并公布,参见 S. Gregory and D. L. Kennedy,*Sir Aurel Stein's Limes Report* (1985), 416f. 。另见 D. L. Kennedy and H. I. MacAdam,*ZPE* 65(1986),231—236,讨论了波斯卓-夸坦恩道路上的一座里程碑。

② H. C. Butler et al. ,*The Publications of the Princeton University Archaeological Expeditions to Syria in* 1904—1905 *and* 1909,iii A 2(1910),no. 228,126f. 关于该要塞的论点,另见 S. T. Parker,*Romans and Saracens*(1986),21—24。

③ *CIL* iii 133.

④ *CIL* iii 13578. 现在或许可以在戴克里先的要塞名单上再加上阿伊拉的那座,参见下页注释③。

我们只需引述铭文证据就够了。① 这并不足以下结论说该地区所有 4 世纪的要塞和重大的部队调防都发生在这些年里,但的确表明在此期间,这个荒芜的地区有过大量活动,而在过去,这里似乎只有很少的罗马军队长期驻守。

这个模式其实很简单。除里琼(即《官职录》中的拜斯罗(Betthoro))以外,②所有的军团大本营都被发现位于主道路沿线,而且很多都仍然位于城旁:如阿伊拉、③乌德鲁(在《官职录》中无法确定)、波斯卓、达纳巴(Danaba,可能位于从大马士革到帕尔米拉的道路上)、帕尔米拉本身、奥雷萨(Oresa)、苏拉,以及最后是幼发拉底河边的色西昔姆。④ 从红海到幼发拉底河的原有道路系统

164

---

① Parker,*Romans and Saracens*,135—143 将大量要塞归于戴克里先时期。

② 我无法从现有的地图和出版材料中就这个大型要塞最初的用途得出清晰的观点。Kennedy 博士告诉我说,他对此也无法解释,该地区农业有限,村庄又小又少。

③ 阿伊拉的遗址现正进行考古发掘。部分成果参见 D. Whitcomb,*Aqaba*,"*Port of Plestine on the China Sea*"(1988)。该遗址位于老城北边,有中世纪后期的城堡。考古学者将这处要塞的时间判定为早期伊斯兰时期,但在建筑材料中发现了残缺的拉丁语铭文(时间为四帝共治时期或君士坦丁时期)。该营地的外形很像里琼的那些营地,但大小只有其一半,如果已公布的布局图是准确的话。穆齐尔在亚喀巴东北 20 分钟车程处看到过一片废墟,该地现在仍然叫"伊拉(Ila)",对此,他写道(*Arabia Petraea*(1907),i,259f.):"Das Klima ist sehr ungesund,weil die Westwinde keinen Zugang haben; das Wasser ist schlecht. Zu jener Zeit bestand die dortige Bestazung aus 220 Soldaten,von denen jedoch zwei Drittel fieberkrank waren."罗马的驻军可能被组织得更好。Nelson Glueck 发现了至少一处拜占庭时期的教堂遗址;对照"Explorations in Eastern Palestine",ii,*AASOR* 15(1935),47;iii,*AASOR* 18—19(1939),1 ff. 一处时间为 555 年的希腊墓穴铭文,公布于 M. Schwabe,*HTR* 64(1953),49—55。关于巴勒斯坦南部的军事部署,参见 Y. Tsafrir,*IEJ* 36(1986),77—86。

④ *Not. Dig. Or.* xxxv 24. 关于所有这些遗址的参考文献,参见 *DE* 中的"*limes*"词条。也许会证实奥雷萨就是塔伊庞,对照 D. Kennedy and Riley,136f. ;作者认为那里的要塞相当小,估计占地约为 2.25 公顷/5.6 英亩,是里琼、乌德鲁和帕尔米拉要塞的约一半。关于色西昔姆,参见 A. Oppenheimer,*Babylonia Judaica*(1983),378—382。在公元 1 世纪和 2 世纪时,它被称作法尔噶村(Phalga)或法利噶村(Phaliga)。公元 121 年时,这里有一座帕提亚的边境要塞,由一名 *phrourarchos* 任指挥官,参见 M. I. Rostovtzeff and C. Bradford Welles,parchment no. X 11. 3—6,*The Excavations at Dura-Europos*:*Preliminary Report of the Second Season*,*October* 1928—*April* 1929,ed. P. V. C. Baur and M. I. Rostovtzeff(1931),201—215。

得到了强化。在沿海地带的犹地亚和拉菲尼亚的军团被撤回,同样被撤走的还有那些驻扎在幼发拉底河沿岸的军团,这条河已经不再是叙利亚北部的边界线了。

　　四帝共治时期在帕尔米拉的 *castra* 是第一"伊利里亚"军团(*Illyricorum*)的大本营,这里已经开展了考古发掘。① 其 *principia*(司令部)显然被设在一座正式的神庙里,是各地发现的司令部中保存得最为完好的,它占据的地方被一道墙与该城的其他部分清楚地分隔开来。其建筑物显然与 4 世纪砌起的城墙属于同一时代。在 1930 年代开始建设现代村庄的时候,城墙外还可以见到军营的残迹,但现在早已全无踪影了。② 那里的军团地位其实并不能与驻扎在城中的那些军事机构相提并论,因为这个时期的帕尔米拉已经不再是它直到丝诺比娅(Zenobia)时代还曾经是的那种繁荣的商贸中心了。与它的遭遇最接近的可能要数耶路撒冷,该城作为犹太人的都城被毁城后,罗马派了一个军团长期驻扎在那里。不过,与公元 70 年时的犹太人不同的是,帕尔米拉人在被奥利安打败后不太可能会被视为对罗马的管治构成了威胁。即使当帕尔米拉不再是一个人口密集的商贸中心以后,其作为一处绿洲和叙利亚沙漠中的道路分叉点仍然保持着重要性。因此,我们最好把它看作是从大马士革到苏拉道路沿途的主要站点之一,而不是一个控制古城的军团所在地。虽然这个 *principia* 非常有名,但这个大本营的其他部分尚未被清楚地界定出来。在考古发

165

---

①　K. Michalowski, *Palmyre, fouilles polonaises* 1961 (1963); ibid. , *Palmyre v, fouilles polonaises* 1964(1966); M. Gawlikowski, *Le temple Palmyrénien* (1973); ibid. , *AA* 83 (1968), 289—304; R. Fellmann, *Mélanges d'histoire encienne et d'archéologie offerts à P. Collart*(1976),178—191; M. Gawlikowski, *Palmyre viii, Les prinicipia de Dioclétien: Temple des Enseignes* (1984).

②　参见第一"弗拉维亚·查尔西第希步骑混编"大队(*Fl. Chalc. Equit.*)的碑文: *IGLS* vii 4016 and Gawlikowski, *Palmyre* iii, pp. 125f. nos. 40 and 41; Seyrig, *Syria* 14(1933), 166。

掘中并未发现有营房。据普罗柯比说,查士丁尼对帕尔米拉进行
了设防整固,而马拉拉斯却说他让该城变成了一处 *limitanei*(边
疆行省军事区士兵)的基地。①

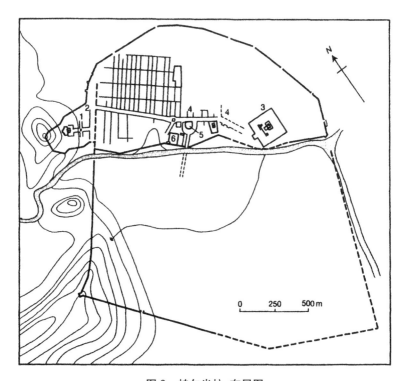

图 3　帕尔米拉:布局图

1. 军事区域
2. 军事区域与其他城区之间的分隔墙
3. 贝尔庙
4. 大石柱廊
5. 剧场
6. 市场

---

① Procopius, *de aed*. ii 11. 10—12 不了解该城的过去,以为它一直都是堡垒,用来防
止萨拉森人的袭击。Malalas, 425f. 谈到大卫曾在此地击败哥利亚;所以所罗门在
此建立了城市,也是为了保护耶路撒冷。这些文字显示出这些作者对该城的无知
到了何种程度,同时他们也缺乏对军事地理的深入了解。

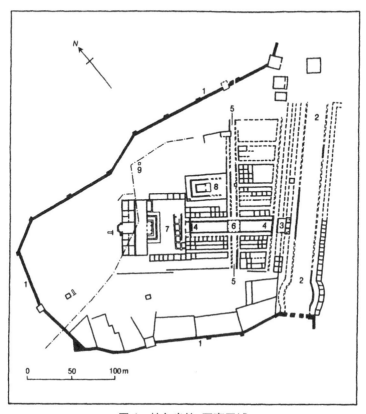

图 4　帕尔米拉：军事区域

1. 四帝共治时期的城墙	4. 普莱托利亚大道	7. 司令部
2. 横向石柱廊	5. 司令部大道	8. 阿勒特(Allat)庙
3. 罗马城门	6. 四座塔门	9. 水源

　　达纳巴取代了在拉菲尼亚的堡垒;用作军团大本营的撒摩撒达和祖格玛被奥雷萨和苏拉取代,具体时间不详。奥雷萨(塔伊庇(Taybe))位于帕尔米拉-苏拉道路经过的一座小山上,这里是与另一条东西向道路的交叉口。① 在来自贝尔谢巴(Beer Sheva)的

166

167

---

① 关于奥雷萨,参见 Waddington,no. 2631(一处公元 134 年的平民碑文);关于该遗址,参见 Poidebard,*Trace de Rome*,79 and pl. lxxi。

一处拜占庭政府铭文中,乌德鲁与巴勒斯坦第三区(Palaestina
Tertia)的其他地方列在了一起。① 《复活节编年史》(*Chronicon
Paschale*)中提到了"从阿拉伯和巴勒斯坦到色西昔姆的 *castrum*
所构成的东方 *limes*",暗示了这是一系列堡垒的终点。② 《复活节
编年史》在此处讲述了一个有关德基乌斯皇帝(Decius)的奇怪故
事,他将狮子带到该地区去对付萨拉森人。③

　　其他军团将大本营设在美索不达米亚道路系统的各个分叉
点、辛格拉、可能还有贝扎布德(Bezabde)。④ 在 363 年与波斯人
的战争中丧失了领土之后,这些军团被撤回到刻法(Cepha)和康
斯坦提纳。⑤

　　沿着幼发拉底河继续北上,那些原有的驿站,如麦利蒂尼、撒
塔拉和特拉布松,成为了军团大本营。⑥ 这些地点都位于从黑海
到叙利亚北部的南北走向的战略路径沿线。麦利蒂尼和撒塔拉在
戴克里先时期之前就曾经是军团大本营。在四帝共治时期,新成
立的第一"本都"军团(*Pontica*)驻扎在特拉布松。⑦ 这是一处重
要港口,以前曾有部队在此守备,但成效不佳,最后发生了灾难性

---

① 　C. Clermont-Ganneau,*RB* NS 3(1906),412—432,esp. 417—419;Alt,*Inschriften*,
　　no. 2,p. 8.另有一处碑文提到一个地点,可能是拜斯罗(里琼),但也可能是其他地
　　方,参见 Alt,no. 3,pp. 10f.这些碑文的时间尚未确定,但来自阿拉伯和昔兰尼加
　　的类似碑文时间为阿纳斯塔西乌斯当政时期。达纳巴的遗址可能位于从大马士
　　革到帕尔米拉的道路旁,参见 *RE* iv 2083f. ;*DE* ii 1463。
② 　*Chronicon Paschale* 504f. (Dindorf).
③ 　Ammianus,xviii 7. 5 也提供了有关幼发拉底河沿岸发现有狮子的情况。
④ 　自从塞普蒂米乌斯·塞维鲁兼并美索不达米亚后,辛格拉就是一处军团大本营。
　　另一个大本营可能设在雷萨埃那或其附近。有人提出贝扎布德作为军团大本营
　　的证据是 Ammianus,xx 7,1,但很难确定。
⑤ 　*Not. Dig. Or.* xxxvi 29 and 30.
⑥ 　*Not. Dig. Or.* xxxviii 13,14,16.
⑦ 　*CIL* iii 6746.关于特拉布松,参见 *DE* iv 1310f。A. Bryer and D. Winfield,*The By-
　　zantine Monuments and the Topography of the Pontos i*(1985),179—250 和 ii,
　　pls. 105—192。

的结局。① 红海边上的阿伊拉和特拉布松在地理位置上有相似之处,它们都是位于道路终点的驻防港口。

特拉布松的重要性在科布罗战争时期就已经显现出来,当时罗马军队经过特拉布松从海上运输补给,然后从那里再经陆路转运。② 然而,阿伊拉的重要性更多是因为它是一个商队驿站而不是港口。在海湾中航行非常困难:"锚地很少,大多数锚地都受南风吹袭。本地人的运输很少利用海湾,部分是因为沿海地区荒凉而贫瘠,人口稀少,而主要的原因是一年中大部分时间这里都刮北风,吹起了相当大的海浪。"③我们注意到,阿伊拉曾经两次在征服战争中发挥作用:一次是在伊斯兰征服巴勒斯坦人的过程中,它起到了跳板的作用;另一次是在第一次世界大战期间劳伦斯发动的战役中,阿伊拉是攻占亚喀巴的关键因素。在这两个案例中,对巴勒斯坦人的实际征服均发生在西南地区。

最近,在阿拉伯的阿兹拉克发现了一处碑文,显示从波斯卓经锡尔汗旱谷通往焦夫的路线可能是在戴克里先时期由军队进行编排的。④ 碑文中有一个短语颇为有趣:"praetensione colligate mil(itibus) suis ex leg(ione) III Kyr(enaica)",这似乎意味着在波斯

168

---

① 关于黑海驿站,亦可参见下文第五章。

② Tacitus,*Ann.* xiii 39.1.

③ 《地理手册》系列,参见 *Western Arabia and the Red Sea*,June 1946,Naval Intelligence Division,91。关于一艘从阿伊拉驶往埃塞俄比亚的船只,参见 *Ammonii Monachi Relativo*,ed. Combefis,pp. 107f.。

④ Kennedy and MacAdam,*ZPE* 60(1985),97—108;更好的文字复原和讨论、建议,参见 M. Speidel,*Historia* 36(1987),213—221。另见 Kennedy and MacAdam,*ZPE* 65,231—236。Speidel 的文字复原为:"[D. n. Diocletiano —|——]|per mil(ites) fortiss(imos) suos | legg(ionum) XI Kl(audiae) et VII Kl(audiae) | et I Ital(icae) et IIII Fl(aviae) et | I Ill(yricorum),praetensione | colligata mil(itibus) suis ex | leg(ione) III Kyr(enaica). A Bostra | Basianis m(ilia) p(assuum) LXVI et | a Basienis Amat(a) LXX |et ab Amata Dumata | m(ilia) p(assuum) CCVIII"。

卓的军团大本营与一处前沿哨所之间形成了连接,①这证明当时这条路线被置于军队的控制之下。②

　　在这一时期,军团的规模比过去要小,但至少在东方行省中,4世纪的改革可能并没有起到多少作用,因为正如我们在第三章中看到的,早在戴克里先以前,这些军团就已经被拆成了分遣队。③变化发生在指挥权的结构上,而不是每个军事单位的士兵人数上。基本上,按照过去的系统,最重要的军事单位被部署在从黑海到红海一线,以及在大马士革与幼发拉底河之间的南北向战略路线上。这样,在需要时,军队可以于任何地方沿侧翼向东行进。阿米阿努斯的叙述让我们清楚地看到,这些军团在 4 世纪时仍然是罗马军队的中坚力量。④ 辅助军单位的规模也有缩小,他们被部署在荒芜地区的道路沿途、*via Traiana*("图拉真大道")以东、以拉他北边的阿拉瓦、"戴克里先大道"沿途以及其他地方。

　　正如曼恩(Mann)教授所指出的:"戴克里先进行军队重组的基调是整固,而非创新。在他于 305 年退位时,帝政时代的边疆系统仍然依稀可辨,虽然经过了设防加固,但并未发生根本性改变。"⑤

──────────

① Speidel, *Historia*, 219f. 该碑文属于人们熟悉的来自共和时代亚壁古道(*via Appia*)的那一大类, CIL i² 638。关于 *praetensio* 这个独特的词,可能是 *praetentura* 的近义词,在 4 世纪时指前哨基地,对照 Ammianus xiv 3.2; xxv 4.11; xxxi 8.5,相关讨论另见 J. Šašel, *Museum Helveticum* 31(1974), 225—229。

② Speidel 得出了这样的结论,看来他在讨论"*praetensione colligare* 的边疆战略"时走得太远。

③ 关于对里琼的占领,参见 J. Lander and S. T. Parker, *Byzantinische Forschungen* 9 (1982), 185—210。作者指出该堡垒占地为 240×190 米(4.6 公顷),是完整的军团堡垒的 20%—25%,可容纳 1500 名士兵,参见 R. P. Duncan-Jones, *Chiron* 8 (1978), 541—560,讨论了这一时期军事单位的战斗力。早在哈德良时期,以希伯伦为基地的 *cohors milliaria*(千人大队)就被拆散。犹地亚和阿拉伯的大量碑文中都提到了分遣队,说明军团并没有长期驻守在一个堡垒中。

④ 阿米阿努斯在提供参战单位的信息时总是提到军团,例如 xx 6.8;辛格拉是由两个军团外加当地士兵来防守的。

⑤ Mann, *CBA*, 11.

因此,如果我们想要把一个新的战略——事实上,我们对这个战略一无所知——归到这些年间时,必须非常谨慎。对于晚期帝国时代的军队,我们也要像对于帝政时代一样做以下提醒:引入模糊不清或是不正确的概念只会将问题弄混淆,特别是那些个流行的概念,诸如"纵深防御"和"*Bewegungsheer*",即"机动部队"。后一个术语似乎给人透露出这样一种印象,即军队总是处于不断运动之中,就像一支在陆上"飞翔的荷兰人"军队(译注:"飞翔的荷兰人",又译作"漂泊的荷兰人"、"彷徨的荷兰人"等,是传说中一艘永远无法返乡的幽灵船,注定在海上漂泊航行)。更糟的是,它通过对比含沙射影地暗示帝政时代的军队是静止不动的。这显然不符合事实,虽然每个部队单位都有自己的永久性大本营。① 在晚期帝国阶段,我们最好用野战军和本土国防军的概念来讨论问题。

对于所谓"宏大战略"的反对意见也同样适用于"纵深防御"概念。这些术语都暗示罗马人能够在实践中实现他们连在语言中都没有说清的事情:在明确的古代文字中找不到任何关于罗马有纵深防御战略的证据。"纵深防御"的概念将一大堆实物遗迹诠释为一个防御系统,而这些设施却可能是为其他目的服务的。我们要谨慎,不能对尚不充分的证据强性诠释,这样的解释貌似吸引人,

---

① "Bewegungsheer"(机动部队)一词的引入,参见 A. Alföldi, *Der Untergang der Römerherrschaft in Panonien*, i(1924), 89, 并出现在标题中,参见 D. Hofmann, *Das spätrömische Bewegungsheer und die Notitia Dignitatum*, Epigraphische Studien 78(1969)。注意第 1 页上的说明:"Seit der Herrschaft des Kaisers Augustus, der zu einer rein defensiven Militärpolitik überging, war die römische Reichsarmee … so gut wie ausschliesslich auf die Grenzen des Imperiums verteilt."这第一句话就会让一些民族吃惊,如不列颠人、大夏人和帕提亚人。将军队集中在边界只在北欧来说符合事实,而在东方的军团中十之有六都驻扎在远离边界的地方,如上文所述很多分遣队可能被长期派驻到前哨站去。在帝国后期,众军团移师到离边界较近的地方。军队始终有部分单位处于调动过程中,如有必要就让他们留在野外。随便举个例子:叙利亚的军队在 218 年整个冬季都住在帐篷里,"尽管有明显的和平环境"(Dio lxxviii 28. 2〔iii 436〕;Herodian v 6)。

但那只是因为我们所知有限罢了。在东方的情况就是这样,在对
内盖夫和外约旦的遗迹进行诠释方面:我们对于定居点的发展情
况以及与游牧民的关系方面,都尚无足够的了解来形成确定无疑
的结论。

在讨论对外约旦的军事占领时,人们经常引用的史料来源有
两个。尤西比厄斯谈到亚嫩河(Arnon)(穆吉旱谷(Wadi Mujib))
时说:"它处处都有军队的哨所把守,因为这是一个可怕的地
方。"①阿米阿努斯对阿拉伯作了如下描述:

> 与这个地区(指巴勒斯坦)边界相邻的就是阿拉伯,它的另
> 一边毗邻纳巴泰人(的土地),这个国家出产了丰富多样的商品,
> 到处是坚固的堡垒和城堡,古代的居民们出于高度警惕正确地
> 将它们建在易守难攻的深谷里,用以抵御周边民族的袭击。②

尤西比厄斯只提到有很多哨所把守着亚嫩河,因为这是一个
令人可怕的地方。这一点谁都不否认,但这并没有告诉我们任何
有关战略、纵深防御、或其他防御设施的情况。它只表明这是一个
令人棘手的地区,由于匪盗猖獗而必须进行彻底的治安整治。

我们不能把阿米阿努斯的话理解为讲的是他那个时代的阿拉
伯。他在这里对东方所作的描述乃是一种"地理说辞"与古代历史
的混合体。提到纳巴泰人是一个时间错误。③ 在图拉真以后,他

---

① *Onomasticon*(ed. Klostermann) 10. 15ff.

② xiv 8. 13:"Huic Arabia est conserta,ex alio latere Nabataeis contigua,opima varie-
tate commerciorum, castrisque oppleta validis et castellis, quae ad repellendos
gentium vicinarum excursus sollicitudo pervigil veterum per opportunos saltus er-
exit et cautos."

③ 这或许表明阿米阿努斯在目前这个语篇中说的是阿拉伯在他自己时代的情况,那
时它并不包括旧阿拉伯行省的南部。他提到的城市都位于他那个时候的阿拉伯
行省。

170

就再没有提到任何其他统治者了，而且还将阿拉伯的哨所说成是由"古代的居民"所建造。因此，他的话对于他那个时代的情况并不具有多少价值，但却被研究罗马行省的历史学者们不顾语境地加以引用。

我们也没有任何合理的理由将更靠北的那些遗迹说成是一个纵深防御系统，尤其是"戴克里先大道"。虽然人们往往将它们诠释为一道设防的战线，但或许同样可以将其描述为一道连接叙利亚南部和幼发拉底河的军用道路，而且这种描述可能更为恰当。对于重兵把守的卡帕多西亚边境也是如此，据我所知，很少有敌军越过这道边境。在晚期帝国时期，与过去一样，将军队部署在那里是为了使部队具有最佳的机动能力，能够从侧面进入亚美尼亚。① 171

小型设施的功能

阿拉伯

贝希尔堡的要塞是通过一处公元 293 年或 305 年的碑文被确定的：②"[戴克里先、马克西米安(Maximian)、君士坦提乌斯、瓦列里乌斯(Valerius)等几个名字的离格形式]castra praetorii Mobeni

---

① 奇怪的是，坡伊德巴德将他考察过的这些遗址说成是道路系统沿途的驿站，却并不知道它们的实际功用。"Les étapes de la route sont jalonnées de postes plus importants situés à xxx mp(45 km.) environ de distance. Les étapes moindres ou postes intermédiaires sont à distance de x ou xx mp(15 ou 30 km.)… Le relevé fait au cours de nos recherches établit que c'était la règle général des étapes romaines sur tout le limes romain de Syrie；étapes de xxx mp(45 km.) correspondant au étapes actuelles des caravanes chamelières(50 km. environ)."(*Trace de Rome*, 368f.)

② 事件年表参见 T. D. Barnes, *The New Empire of Diocletian and Constantine* (1982),4。关于该建筑，参见 S. T. Parker(ed.), *The Roman Frontier in Central Jordan*(1987),457—495,Kennedy and Riley,176—178。

a fundamentis Aurelius Asclepiades praeses provinciae Arabiae perfici curavit. "①这段文字意味着我们这里所讲的是经过设防的 *praetorium*。②（有人指出"Mobeni"一词表明当时该地区仍在使用摩亚布这个名字。③)*praetorium* 一词的意思是人们熟知的。在帝政时代早期阶段结束时,该词失去了军事上的含义,转而被用来指称行省总督在城中或是在罗马道路沿途的住所。④ 在耶路撒冷⑤和恺撒利亚⑥过去王宫里的御用希腊文《新约》中,使用该词就是这种含义。不久以后,*praetoria*(译注:*praetorium* 的复数形

① *CIL* iii 14149.

② Brünnow and Domaszewski,*Die Provincia Arabia*,ii(1905),49—59,esp. 58f. 以及 Musil,*Arabia Petraea*,i 57 相信他们看到的是一处属于防御系统的要塞,他们凭空猜测这所长长的屋舍取代了更早时的 *praetorium*,竭力要把这个很难说得通的地方解释过去。Parker,*Romans and Saracens*,54f. 正确地指出碑文证明这是一处新建的房屋。他的调查确实未发现任何更早建筑的痕迹。其他学者也都愿意按碑文所说的意思去理解,如 H. Vincent,*RB*(1898),436:"La designation de praetorium dans le texte de l'entrée caractérise ce château"。对照 R. Cagnat,*l'Armée romaine d'Afrique*(1912),578 n. 7:"Ce mot paraît désigner en ce cas,non pas un établissement militaire,mais un gîte d'étape comme on en construisait le long des grandes routes pour servir d'abri aux officiers et aux fonctionnaires en voyage."在建筑中辨认出原来可能是马房的部分,这完全符合房屋的目的,对照 V. A. Clark, *The Roman Frontier in Central Jordan* (1987),476,493。Shelagh Gregory 女士在她的博士论文稿中讨论了该建筑物,说那里可以圈养 69 匹马,这更像是有驻军的道路驿站,而不是纯粹的军用要塞,否则无论如何,碑文中都会提到驻军或驻军指挥官。按照 Gregory 的说法,放置马槽的凹处也可能是壁橱。

③ Vincent,436.

④ Mommsen,*Hermes* 35(1900),437—442＝*Ges. Schr.* vi 128—133;H. -G. Pflaum, "Essai sur le cursus publicus",222f. 另见 *RE* xii 2537;M. Rostovtzeff et al. ,*Preliminary Report of the Excavations at Dura-Europos*,*Ninth Season* iii(1952), 83—94;R. Egger,*Öst. Ak. Wien*,Phil. -hist. Kl. S. -b. 250 (1966),no. 4;T. Pekáry,*Untersuchungen zu den römischen Reichsstrassen* (1968),10,164f. ;R. MacMullen,*Athenaeum* 54(1976),26—36。另见 S. Mitchell,*Anatolian Stud.* 28 (1978),93—96,esp. 95。

⑤ Matt. 27:27;Mark 15:16;John 18:28,33,19:9.

⑥ *Acts* 23:35:"Herod's *praetorium.* "

式)就被行省总督们用于正式出巡,他们在那里举行司法审判,并与行省的民众保持接触。这从 4 世纪时的法律文本就可以明显看出,例如,一条法律规定:"法官的 *praetorium* 以及用于司法目的的房屋均应收归公共所有和使用。"①

172

400 年 1 月 17 日通过的一条法律规定,当有文职总督住在 *praetorium* 时,所有的法官都应回避此处。② 另一条 407 年 11 月 23 日通过的法律规定,如果当地没有 *praetorium* 的话,文职总督可以暂时住在远离公共道路的城中 *palatia*(府邸)。③

praetorium 与罗马军用道路的联系在一段来自色雷斯的时间为公元 61 年的铭文中讲述得十分清楚:"tabernas et praetoria per vias militares fieri iussit per Ti. Iulium Iustum proc(uratorem) provinciae Thrac(iae)"。④ 随着时间的推移,这类建筑物逐渐由士兵来把守和管理,并进行了设防加固。⑤ 由于沙漠地区经常受到游牧民的偷袭并且匪盗猖獗,这样做显然是出于必要。有好些个地名都是从 *praetorium* 这个词演化而来的。⑥ 四帝共治时期对旧有的 *praetoria* 进行了修缮,并又新建了一批 *praetoria*。⑦

―――――――――

① *Cod. Theod.* xv 1. 8(362 年 12 月 2 日):"Oportuit praetoria judicum et domos judiciarias publico iuri adque usui vindicari"。对照 xv 1. 35(396):"Quidquid de palatiis aut praetoriis iudicum aut horreis aut stabulis et receptaculis animalium publicorum ruina labsum fuerit id rectorum facultatibus reparari praecipimus … "。

② *Cod. Theod.* vii 8. 6:"Cunctos iudices scire volumus a praetoriis ordinariorum iudicum his praesentibus abstinendum. "

③ *Cod. Theod.* vii 10. 2:"Ordinarii iudices in remotis ab aggere publico civitatibus, si praetorian non sint, ketu legis adempto, quae de palatiis lata est, in aedibus, et etiamsi palate nomine nuncupantur, commanendi habeant facultatem. "对日期为 405 年 7 月 10 日的 vii 10. 1 予以更正,声明任何人都不得在 *palatia* 留宿。

④ *CIL* iii 6123(14207. 34)。关于 5 世纪或 6 世纪时在色雷斯海边的艾诺斯修建了一处 *praetorium*,参见 I. Kaygusuz,*Epigraphica Anatolica* 8(1986),67。

⑤ Pflaum,"Essai",354—362.

⑥ *RE* xxii 1634—1639.

⑦ 参考文献详见 MacMullen,*Athenaeum*,n. 33。

　　用来确定贝希尔堡是一处 *praetorium* 的那段文字还说明，*castra* 一词本身并不能界定一座建筑物被建造的目的。[①] 它总是与另外一个词联用，在这里就是与 *praetorium* 联用，才能说明该建筑物的实际功能。另外，在这个时期的拉丁语里，*castra* 不一定具有军事含义，它可以单指"中途停留地"或是露营地。[②] 这一点对于其他以 *castra* 命名的建筑物是有意义的。

　　在各行省中，*praetoria* 的数量并不多，它们不是建在城市中，就是位于主干道沿途。一旦我们知道贝希尔是一处 *praetorium*，就会意识到以下这个重要的事实，即它位于一条主干道上，如布吕诺和多马谢夫斯基的地图所示（但它并未出现在任何现代研究的地图中）。这是一条穿过沙漠的道路，在图拉真道路的东边。在这条路上只发现了几座里程碑，而且都是在瓦迪哈萨以南的地方。[③] 然而，但凡在一条道路上发现有 *praetorium* 的地方，我们就可以预期会有 *cursus publicus*（公共邮驿系统）的整套结构，这包括 *stationes*（驿站）、*mansiones*（旅站）以及 *mutationes*（换马房）等，我们在《东方和西方》一书中通过 *Itineraria*（《游记》）对这些已经有所熟悉。[④] 可以想象，位于像贝希尔堡这样孤零零的地点的 *praetorium*，在用途上不会像那些城市附近的同类建筑那样受限。可以猜想它也会被路过此地的部队用作经过设防的道路兵站。

173

---

① "castra"后面的属格应是常规的诠释方法。

② 例如，耶柔米，他用"castra"来翻译希腊语中的"stathmos"一词；Eusebius, *Onomastikon*, ed. Klostermann, 145, 1—2. 注意在来自柯普特斯的碑文中所提到的 *castra*。

③ 除 Thomsen 外，另见 *ZDPV* 40(1917), no. 176, 在里琼东边。

④ Pflaum, "Essai", ch. vii, "l'organisation des relais de la poste romaine"；Pekáry, *Untersuchungen*, 164—167. 很多地方都以"普利托里奥"（Praetorio）为名，参见 D. Cuntz, *Itineraria romana* (1929), index s. v. 。在里琼的军团大本营西边的一处房屋被试探性地说成是一所 *mansio*，参见 P. Crawford, in Parker, *The Roman Frontier in Central Jordan*, 385—397。

罗马道路沿途的治安所被称作 *praesidia*(希腊语是 *phrouria*)。[1]
它们遍布帝国各处,并不一定在边境地区。[2] 巴巴莎古卷中有一份
文件"P. Yadin 11",其中提到了在恩戈地的一处 πραισίδιον。通过描
述,我们知道它在一个村子里,位于一条街道或是道路旁边,两边有
士兵的住所(σχηναί)加以掩护。[3] 这个地方由第一"千人色雷斯"大
队(*Milliaria Thracum*)的士兵驻守,听从一名百夫长的指挥。[4]

在乌维尼堡发现了下面这段铭文,其中记载了塞维鲁时期修建
一处带有浴场的治安所时的情况:"Castellum et⟨s⟩praesidium |
Severianum. Vexillatio leg(ionis) III Cyrenic(ae)(原文如此) | baln
(eum) Mucia[no] et | Fab[ian]o [co](n)s(ulibus) | extruxit"。[5]

------

[1] 自然,*praesidium* 可以指任何一种军营。我并不想说每个被叫作 *praesidium* 的要
塞都是道路沿途的警察所。然而,"警察所"这个具体的意思显然经常出现。当与
希腊城市有关时,*phrourion* 一词具有另外的含义;参见 J. et L. Robert,*BE* 1961,
195f. : "c'est un forteresse, indépendant du site d'une ville et plus ou moins
développée"。另见 L. Robert,*Études Anatoliennes*(1937),192。当科布罗再次征
服弗里斯人时,他在他们当中的一处要塞("praesidium immunivit")设立了驻军
"ne iussa exuerent"(Tacitus,*Ann.* xi 19)。

[2] 例如,在埃及的东部沙漠:*IGR* i 1142;Pliny,*NH* vi 26. 103。埃及的红海海岸被整
合成一个单独的地区,由一名 *praefectus praesidiorum et montis Berenticis* 管辖,
参见 *CIL* ix 3083。关于 *hydreuma* 以及在地方行政长官命令下修建的 *praesidi-
um*,参见 D. Meredith, *CE* 29(1954), 284f. 。*praesidium* 的指挥官叫作 *curator
praesidii*,参见 R. S. Bagnall, *The Florida Ostraka*(1976),6. 1 以及第 24 页的评
论。《安东尼尼旅行记》(*Itinerarium Antonini*)中出现了 4 个叫"普莱斯蒂欧"的地
方,而在边境地区却一个也没有;Cuntz, index x. v. ; Corsica, Hispania Baetica,
Tarraconensis(有两处)。

[3] Lewis,*Documents*,no. 11. 关于将 σχηναί 用作士兵住所(而不是临时帐篷),Lewis
教授参考了 *Archiv für Papyrusforschung* 33(1987),15 n. 5。在我写作此书时尚
未发表,Lewis 教授好意地告诉我最重要的引述有 Preisigke,Wörterbuch, s. v. 1;
Photius and Hesychius,s. v. ;Polybius xii 8. 4;xxxi 14. 2。

[4] 参见上文第三章。

[5] 公元 201 年;相关解读,参见 Kennedy,*Explorations*,125,no. 20。关于该遗址,参
见 Kennedy and Riley,159—161。这两位作者不认为这是一处 *balneum*(浴室)的
遗址,怀疑其碑文最早来自阿兹拉克希先(Azraq Shishan),那里现在还有很多水
池。其他讨论参见 J. Lander,*Roman Stone Fortifications*(1984),136。

aquae(浴场)作为道路设施在帝国的许多地区都为人熟知。① 在
《波底加地图》上，从阿伊拉到佩特拉的道路的第一段路上有个地
方被标注为 *praesidio*，人们认为那里就是埃尔喀狄(al-Khaldi)。②
另一个地名是普雷斯蒂姆(Praesidium)，位于死海以南。《官职
录》和来自贝尔谢巴的布告残片都提到过此地，《玛德巴地图》中也
出现了这个地名。③

　　praesidia 一词在《塔木德经》文献中被用来指通往耶路撒冷
的道路沿途的警戒哨所。④ 史料中谈论的是一个更早的时期，但
在提到治安所时用的都是当时那个时代的语言，显示这个拉丁词
用得非常广泛，已经进入了当时的日常用语。

　　很明显，在 *via nova Traiana*("新图拉真大道")以及东方道
路沿途的任何建筑物都有可能被确定是这种设施。有一处重要的
建筑(贝希尔堡)已经确凿无误地被证明是一个行政中心，而不是
与边境防御有关的设施；另有两处地点(普雷斯蒂欧(Praesidio)和
乌维尼)被描述成某种可能与帝国中没有军事化的行省道路系统
有关的设施。因此，我们不能再理所当然地假定其他尚未确定的
建筑物都是边境防御系统的组成部分。另外，没有任何古代史料

---

① Cuntz,index s. v. ；关于《波底加地图》上的浴场，参见 A. and M. Levi, *Itineratia Picta*(1967) 65,113,170。

② 对照 *Not. Dig. Or.* xxxiv 41(在 *dux Palaestinae* 条目下)："cohors quarta Frygum, Praesidio"。关于该遗址，参见 Gregory and Kennedy, 314, 432；Parker, *Romans and Saracens* ,108f. 。

③ *Not. Dig. Or.* xxxiv(在 *dux Palaestinae* 条目下)："ala secunda felix Valentiana, apud Praesidium"。这个规律说明兵营被视为与叫作普雷斯蒂姆的地方不同。关于来自贝尔谢巴的公告，参见 C. Clermont-Ganneau,*RB*,414；Alt,*Inschriften*,8, no. 2。《玛德巴地图》上标有"普雷斯蒂姆"，在死海以南，芒普西斯以东，塔玛拉和摩亚北北。人们往往将其认定为位于阿拉瓦(Arava)北部的格尔埃尔费弗(Ghor el-Feife)；参考 M. Avi-Yonah,*Gazetteer of Roman Palestine*(1976),89。

④ tos. Ta'anit iv 7；8："Pardesi'ot"；y. Ta'aniot iv 69 c："prosdiot". 对照其他讨论，参见 A. S. Rosenthal,*Yuval Shay*,ed. B. Kurtzweil,(1958),321f. 指出该词也在古叙利亚语中出现过(参考 Lex. Syr. 601a)。

曾明确提到过这样一个系统,因为 *limes* 一词并没有军事上的含义,正如我们在其他地方已经看到的。①

我们或许可以引述另一段来自阿拉伯的铭文来支持下面这个观点,许多建筑物都与整合道路和维持治安的功能有关:这段铭文纪念的是为从波斯卓到阿兹拉克的罗马道路沿途的 *agrario sta-tio*(农园)修建供水工程:

> 肩负保护职责的文森提乌斯(Vincentius)……,目睹了很多 *agrarienses*(农人)在去远处取水时遭到萨拉森人的伏击而死亡,于是他设计并修建了这个水库,供众人取水。②

175

从最近公布的一段铭文中可以看到,也是这名官员整合了在阿兹拉克的供水设施。③ 在控制居无定所的游牧民和打击沙漠土匪的活动中,保护或是剥夺水源始终是至关重要的大事。如果让匪徒控制住了一口水井,他们就有了自己的活动基地。而如果当局控制了此处,则可以将该设施提供给旅行者与和平的游牧民使用,同时土匪也就失去了一个立足点。④

---

① 参见上文第 215 页,注释①。

② "Cum pervidisset Vincentius protector agens Basie plurimos ex agrariensibus,dum aqua(s) sibi in uso transfererent,insidiatos a Saracenos perisse,receptaculum aqua (rum) ex fundamentis fecit,Optato et Paulino vv cccons. "J. H. Iliffe,*QDAP* 10 (1942—1944),62—64(*AE* 1948. 136)。关于该遗址,参见 Kennedy,*Explora-tions*,184。关于 *protectores*,参见 E. Stein,*Histoire du Bas Empire*,i(1949),80ff. ;A. H. M. Jones,*The Later Roman Empire*(1964),636f. 。关于 *agrariae sta-tiones*,参见 van Berchem,*L'armée de Dioclétien et la reforme constantinienne* (1952),30 n. 1。

③ Kennedy and MacAdam,*ZPE* 60,49—105,no. 2;*ZPE* 65,231f。

④ J. F. Jones,"Researches in the Vicinity of the Median Wall",*Selections from the Records of the Bombay Government*,NS 43(1857),238f. 引述参见 Isaac,*HSCP* 88 (1984),186 n. 83。

韦格蒂乌斯(Vegetius)给那些尚无从城墙上就可以控制的供水设施的城市提建议,要它们修建一座"人称'*burgus*'的小型要塞,放置在城市和水源之间,并由 *ballistae*(弩手)和弓箭手把守,保护水源不让敌人获得"。[①] 据普罗柯比说,叙利亚西尔胡斯的市民就深受取水艰难之苦。查士丁尼为他们解决了问题,方法是通过挖隧道来取水。[②]

有关 *agrario statio* 的铭文证明了这种问题的存在以及一名官员所采取的针对措施,但它并不证明该地区的整个道路系统都是用来打击游牧民的。相反,它说明该系统本身并不能赶走游牧民,也说明在当地采用小规模的措施就足以将游牧民置于控制之下。

叙利亚

在叙利亚也有至少一处铭文可以证明,位于道路沿途的军事设施,其目的是为了保证道路本身可供途人安全使用;这段铭文来自汗埃尔阿庇亚德(Khan el-Abyad),一处位于大马士革-帕尔米拉道路上的驿站。这是一段 4 世纪时的铭文,用拉丁文诗句对"*limes* 和城市的保护者"*dux Foenicis*(腓尼基军事统帅)表达了谢意,感谢他修建了一座 *castrum* 和一处 *mansio* 或 *statio*,并在周边土地上种植了庄稼。*mansio* 的作用是为沙漠中的途人提供旅舍。

---

① *Epitoma rei militaris* iv 10:"Quod si ultra ictum teli,in clivo tamen civitatis subiecta sit vena,castellum parvulum,quem Burgum vocant,inter civitatem et fontem conenit fabricari ibique ballistas sagittariosque contitui,ut aqua defendatur ab hostibus."希腊语中对应的词是 *phrourion*,对照 J. et L. Robert,*BE* 1961,195f. 。

② *De aed*. ii 11. 5—7.

　　在一片幅员辽阔、极度荒芜、从而深受旅行者恐惧的平原上，由于某位邻居死于饥饿的命运——这是能够发生的最坏的情况——您，*comes*，提供了这座要塞(*castrum*)，它装备精良，您，斯维尼乌斯(Silvinus)，*limes* 最警惕的守护者，城市的保卫者，也是大地上万人祝福的皇帝的卫士。你让泥土得到了来自天堂之水的浇灌，从而向谷神和植物神屈服低头。为此，从这项善举中获益的陌生人欢快地跟随您走过的旅途，歌唱着对一位高尚法官的赞美，无论在战争还是和平时期，他都是那么出色，我祈祷他会荣获擢升，替皇帝修建更多的要塞，虽然这是一项艰苦的任务，但它将让您的儿女们很高兴有这样一位成就非凡的父亲。①

176

　　这段铭文显示，这位 *dux* 修建了一座要塞，用作沙漠中的道路驿站。其中并未提到游牧民，这位 *dux* 被说成是 *limes* 和城市的保卫者，换句话说，是城市化地区和边疆地区的保护者。②

　　有几处铭文都证实了 6 世纪时叙利亚曾修建军用旅舍。③ 一则来自乌姆埃尔哈拉伊(Umm el-Halahil)的铭文中提到一处 ξενεων，是献给圣西奥多(Theodore)的。④ 这位圣者与圣朗吉努斯

---

① *IGLS* v. 2704：“[Siccum utiq]ue campum et viantib[u]s satis invisum [ob sp]a[ti] a prolixa, ob vicini mortis eventus, [sort]iti{s} famem, qua non aliud grav[iu]s [ull]um, [c]astrum reddidisti, comes, ornatum sumo decori, Silvine, limitis ur[biu] m[que] fortissimae custos dominorumque fide [c]u[ltoru]m toto per orbe, et lymfis polle[r]e ca[elestibu]s ita parasti Caereris ut iugo Ba[cch]ique posset‹t› eneri. Hospes, unde laetus itineris perage cursum, et boni potitu[s] actus cum laude caneto [m]agnanimi [iudi]cis [p]ace belloque nitentis, quem p[r]a[e]cor super[o]s altiori [grad]u subnixum tal[i]a dom[i]n[is v]el ardua c[ond]ere [cas]tra, et natis gaude[r]e deco[r]antibus facta parentis. ”关于该遗址，参见 *DE* s. v. *limes*，1359。

② 塞维鲁时期在离大马士革不远处的道路旁建了一处 *praesidium*，目的是“为了保证公众安全和应付对阿拉伯人的恐惧”，*CIL* iii 128。

③ 感谢 Marlia Mango 博士提供的信息和参考文献。

④ *IGLS* 1750.

(Longinus)、圣瑟吉尔斯(Sergius)和圣乔治(George)一起,都是士兵的庇护圣人。① 这个地方离玛安不远,在那里的一处查士丁尼时期的铭文提到了一个 $\varphi\rho o\upsilon\rho\iota o\nu$。② 在拉菲尼亚,即第三"高卢"军团的大本营,我们发现有一处铭文提到了圣瑟吉尔斯的 $\mu\eta\tau\alpha\tau o\nu$。③ 来自艾莫希纳(Emesene)的格尔(Gour,＝加里昂(Garion)?)的一处时间为 524/525 年的铭文提到一处由圣朗吉努斯、圣西奥多、圣瑟吉尔斯开办的旅舍。④ 最后,在埃尔布林吉(el-Burj,位于哈马(Hama)与阿勒颇之间的杰伯阿拉(Jebel ‘Ala)以北)有一处铭文记载了大天使米迦勒(Michael)和百夫长圣朗吉努斯开办的旅舍。有趣的是,用来开设旅舍的房屋被称作 $\pi\upsilon\rho\gamma o\varsigma$(burgus)。⑤ 在叙利亚南部,旅舍或休憩场所出现在铭文中是一个非常普遍的特点。⑥ 这些设施只要有接待的需求就会为军队提供服务。

　　顺便提一下,在阿拉伯行省的狄俄尼西亚斯(苏阿妲)有一处类似的铭文表明,圣西奥多勒斯(Theodorus)经主教同意修建了一所旅舍($\xi\varepsilon\nu\varepsilon\omega\nu$)。⑦ 最近,在犹地亚发现的一处铭文中记载,*dux Palaestinae*(巴勒斯坦总督)在埃勒夫特罗波利斯(贝丝戈夫林)附近修建了一间旅舍($\varepsilon\pi\alpha\nu\tau\eta\tau\eta\rho\iota o\nu$)。⑧ 重要的是,该项目是

---

① 碑文编写者也这样认为。关于军队守护神,参见 A. Poidebard and R. Mouterde, *Analecta Bollandiana* (1949),114f. 。

② *IGLS* 1809,Mango 博士,这是在叙利亚的查士丁尼时期的要塞中发现的唯一一处碑文。

③ *IGLS* 1397:"gîte d'étape comparables à d'autres casernements pour les troupes de passage."

④ *IGLS* 215.

⑤ *IGLS* 1610.

⑥ H. I. MacAdam,*Berytus* 31(1983),103—115,esp. 108;此处不再给出参考文献,因为实在太多了。

⑦ Waddington,no. 2327 以及注释。

⑧ Y. Dagan,M. Fischer and Y. Ysafrir,*IEJ* 35(1985),28—34. 另见 C. Dauphin,*Cathedra* 29(1983),29—44(希伯来语),讨论了对多拉(Dora)(多尔(Dor))一所教堂的考古发掘,该教堂有可能属于朝圣者驿站的组成部分。

在一位 *dux* 而不是民政当局的领导下完成的。

沃丁顿(Waddington)指出,这种设施由城市建造并维护,目的是为了避免过路的部队强迫百姓接待军人住宿。[1] 另外,我们将会看到,这些旅舍不仅出现在行省中的定居地区,而且在孤立隔绝的地方也有发现。不论哪里,只要有军队存在,就不断会有士兵行进在道路上。

绝非巧合的是,好些罗马要塞到了伊斯兰时期仍然存在,还在发挥着道路驿站和旅舍的作用。[2] 它们可能在拜占庭时期也被派过类似的用场。

burgi

或许,我们最好在本章中对 *burgi* 加以讨论,因为东方行省中有关它们的证据大多是在较晚时期的铭文中找到的。前面讨论过的在叙利亚南部和约旦西北部道路沿途的小型瞭望塔是一个例外。[3]

---

[1]　注释参见 Waddington, no. 2524(*OGIS* 609):使节写给菲纳城市民的一封信,讲的是强制为军人提供住宿的事。

[2]　大马士革与幼发拉底河之间的拜占庭要塞和哨塔系统在 8 世纪中进行了重建,参见 Poidebard, *Trace de Rome*, 34ff. 。关于埃尔黑尔堡(Qasr el Heir)的拜占庭驿站在乌玛亚王朝(Umayyads)时期被重建的情况,参见 A. Gabriel, *CRAI* 1926, 249f. ;D. Schlumberger, *Syria* 20(1939), 200ff. 在约旦东北部几处要塞也经历了类似的重建:Kennedy, 48ff. ;阿兹拉克;69—96, esp. 75;哈拉伯特;128—132;埃斯索尔(Ain es Sol)有可能。关于这个地区,参见 Gregory and Kennedy,第六章及其注释。关于哈拉伯特堡,参见 Ghazi Bisheh in *Studies in the History and Archaeology of Jordan*, ii(1985), 263—265。乌玛亚的新要塞和行宫,即便该地点以前没有其他建筑物,也是从罗马后期的要塞中发展出来的;对照 K. A. C. Creswell, *PBA* 38(1952), 89—91;H. Gaube, *Ein Arabischer Palast in Südsyrien*;*Hirbet al Baida*(1974)。在关于乌玛亚占领约旦东北部的讨论中(*DRBE*, 531—547), H. I. MacAdam 强调所谓的乌玛亚行宫其实是军事设施,同时认为这些建筑物大多建在以前并无罗马要塞的地点。

[3]　参见第三章。

240 帝国的边界

burgi(小型要塞)并不是到了 4 世纪时才出现的新玩意,也不代表这个世纪的特征。从 2 世纪开始,人们在谈论更靠西边的那些行省时就已经提到它们。这个词的基本意思是指任何一种地
178 堡,而且它本身并没有某个具体功能的含义。在图拉真纪念柱上,地堡被呈现为建在多瑙河对岸,它们在那里的功能想必是监管河上交通以及沿河岸传递讯息。"值得注意的是",利奇曼写道,"这些塔只可能用于瞭望目的,或是让人能够爬到平台上去点烽火发信号。它们侧面没有窗口,四周除了小栅栏外也没有什么有效的防御设施,这些栅栏的性质更像是划出界线而已。因此,它们只能用于站岗放哨和发送信号。"①

burgarii 一词最早出现于哈德良时期,②这在稍后时得到了证实。③ 康茂德统治期间,多瑙河边建起了 burgi 和 praesidia,并被阿尔弗迪(A. Alföldi)讨论过的那段著名的铭文所记载:④185年的一系列建筑铭文证实了阿昆库姆(Aquincum)统治期间在多瑙河河岸上新修了一些建筑物。这些建筑物具有军事功能:其目的在于防止 latrunculi(即成群结队的流民)悄悄渡河。⑤ 因此,如果借用勒特韦克的术语来说,这些建筑物是用来对付低强度威胁的设施。⑥ 阿尔弗迪认为驻守这些建筑物的是移居到该地区的伊利里亚部落成员,而不是正规部队。

我们在上文中已经引述了韦格蒂乌斯提出的、关于为保护无

---

① *Trajan's Army on Trajan's Column* (²1982),38.
② *CIL* iii 13796.
③ 参考文献详见 *TLL* ii 2249f.;另见 *DE* iv s. v. *limes*,1089f.。
④ 更多参考文献详见 A. Mócsy,*Pannonia and Upper Moesia* (1974),196f.。4 世纪时,*duces* 奉命在自己负责的地区(即 *limes*)修建并维护哨塔,如见 *Cod. Theod.* xv 1. 13(364(?)年 6 月 19 日),下达给 *dux Daciae Ripensis*。
⑤ *DE* iv s. v. *latrones*,460—466;*DE* iii s. v. *latrocinium*,991f.;Pfaff,*RE* xii 978—980;Düll and Mickiewitz,*RE* Suppl. vii 1239—1244,s. v. Strassenraub.
⑥ *The Grand Strategy of the Roman Empire* (1976),78f.

法从城墙上控制的水源而修建 *burgi* 的建议。

一位不知名的拜占庭作者在论述战略问题时提到了后来时期的类似设施。① 这些塔式建筑都位于与外部敌人有积极对抗的边界地区。为了说明问题，让我们引述普罗柯比对在塔诺里斯（Thannouris）的一处配有 *phroura*（守备部队）的 *pyrgos* 的描述：②

> 在较大的塔诺里斯附近有这么一个地点，当敌对的萨拉森人在那里渡过了阿波亥斯河（Aborrhas）之后就可以毫无障碍地寻找帮助，并将那里变成他们的指挥部，他们分散人马穿过枝叶茂密的森林和高耸的山头，然后就镇定自若地突然现身于那些住在附近的罗马人周围。但现在查士丁尼皇帝在这里修建了一座庞大的坚石垒成的高塔（*pyrgos*），他在塔中部署了很多驻军，通过设计这个堡垒成功而彻底地挡住了敌人的突然侵犯。

179

即便我们承认这则原始史料中有夸大的成分，但清楚的是，这里描述了由游牧民组织的偷袭活动，可能还是在波斯的支持下进行的。这些并不是大举入侵，而是小规模的打了就跑的行动，让一小支守备部队驻守在一座较大的塔中就足以阻止这种袭击的发生。

我们将把这样的哨所与其他一些也叫作 *burgi* 的设施明确地

---

① H. Köchly and W. Rüstow, *Griechische Kriegsschriftsteller* 2. 2(1853), 41—209, esp. 60—70.

② *De aed*. ii 6. 15f. 对照 L. Dillemann, *Haule Mésopotamie orientale et pays adjacents: Contribution à la géographie historique de la région, du V siècle avant l'ère chrétienne au VI siècle de cette ère*(1962), 77; F. E. Peters, *AAAS* 27—28(1977—1978), 102。

区分开来,这些设施位于内地,作用是维持乡村地区和帝国内部道路的安全。最早提到这些设施的地方是西方行省,时间也是在 2 世纪。

来自色雷斯的一系列时间为 152—155 年的铭文记录了在城市属地上修建 *praesidia*、*burgi* 和 *phruri*,"目的是为了让当局能够保护色雷斯行省"。[①] 清楚的是,这里所说的 *burgi* 为中等大小,而 *phruri* 是经常与 *burgi* 联系在一起的小塔。这进一步证明了该词的用法带有很大的灵活性。一处时间为 155 年的希腊语铭文中只提到了由比斯耶城(Bizye)自己修筑的 πυργοι。是什么样的不安全状况引发了这类修筑项目,对此进行猜测是过于随意的做法。我们没有理由假定这与外来入侵或是重大威胁有任何关系。[②] 可以想象,这类设施被整合起来是为了保护城市属地范围内乡村地区的道路安全。从那则记载了在色雷斯的比佐斯(Pizos)修建 *emporium*(商业中心)的时间为 202 年的著名铭文中,可以看出行省的当地居民通常有义务为 *burgarii* 和驻军部队提供兵源,并为帝国的邮政服务提供补给。[③] 认为这些 *burgarii* 把守的是 50 年前修建的 *burgi* 并不牵强。来自比佐斯的铭文其基本内容可能表明,我们必须从道路安全方面来考虑问题。它确凿地证明了把守这些设施的是从当地征来的兵员,而不是正规军。

一处来自康茂德时期(公元 188 年)的非洲铭文清楚地讲述了一座 *burgus* 的功能在于维护道路安全:"... burgum [Commodia-

---

①   G. Mihailov,*Studi Urbinati* 35(1961),42—56;J. S. Johnson in *De Rebus Bellicis*, 69—71.

②   Mihailov 坚信该建筑是防御线的组成部分,目的在于保卫行省不受外敌侵犯。

③   G. Mihailov,*IGBR* iii 2. ,1690,pp. 103—120;那些愿意在色雷斯的比佐斯市场定居的人,将获准免除提供 *burgarii*、为驻军提供劳役以及为帝国邮政提供物资等义务。

num] s[p]eculatorium inter duas vias ad salute commeantium
nova tute[1]a c[o]nstitui iussit … "①这里的"speculatorium"可能
纯粹是一个描述性词语,意思是说可以专门用一座 *burgus* 来监视
道路和道上的行人。②

　　有几处来自东方行省的铭文都记录了 *burgi* 的修建,时间同
样是来自帝国后期,但并未具体说明它们的用途。348 年,在伊姆
坦(Imtan)/摩萨(Motha)西南的伊那特(Inat)修建了一座 *bur-
gus*,③371 年,在乌姆埃尔吉马尔(Umm el-Jimal)又建了一座。④
据一处来自恺撒利亚的拜占庭时期(6 世纪)的希腊语铭文记载,
由 *comes* 下令修建了一座 *burgus*。⑤ 这座建筑物显然矗立在该行
省中的定居地区,因而具有某种治安功能。⑥

　　我们现在转向文献史料。⑦ 在《坦纳经》中有一则原始史料谈
到了 2 世纪时的事情,而该史料本身可能不会晚于 3 世纪初,表明
在托勒迈斯(阿卡)以北的沿海道路上有多座 *burgi*:

　　　有一次,传教士迦玛列正与伊拉易(Ilai)拉比从阿卡到科
　　兹夫(Keziv)(阿克兹夫(Akhziv),爱克狄帕(Ecdippa))去。
　　他看见一块白面包,就对自己的仆人塔维(Tavi)说:"把那块
　　面包拾起来。"他看见一名非犹太人,就对他说:"马弗朵伊

①　*CIL* viii 2495.

②　J. C. Mann 为我指出,在这一时期中,*speculatores* 只担任司法职责,要么在行省都
　　城,要么在总督巡视途中举行审判时在都城外的 *praetoria*。因此,他们不太可能
　　去驻守哨塔。

③　Butler,*PAES*,no. 224.

④　*CIL* iii 88.

⑤　M. Schwabe,*Tarbiz* 20(1950),273—283(希伯来语)。

⑥　K. Hopwood,*AFRBA*,173—187,哨塔有助于在"野蛮的西里西亚和伊索利亚"维
　　持治安。

⑦　关于《塔木德经》史料中的 *burganin*,参见 S. Klein,*Monatsschrift für Geschichte
　　und Wissenschaft des Judentums* 82/NS 64(1938),181—186。

（Mavgai），把那块面包捡起来。"伊拉易拉比在后面追着那名
非犹太人，问他道："你是谁啊？"他回答说："我来自有 *burga-
nin*（的地方）。""那你叫什么名字呢？"他回答说："我的名字叫
马弗尕伊……"①

　　这则史料的其他部分与我们目前的话题没有直接关系。我们
想要强调的是，马弗尕伊是一名非犹太人。阿克兹夫（科兹夫）在
阿卡以北，位于海边并且属于叙利亚行省。因此，这段文字与前面
引述的考古证据相契合，说明这个时期在叙利亚南部的道路沿途
是有瞭望塔的，而截至目前，在犹地亚尚未发现这样的设施。马弗
尕伊是一个很常见的叙利亚名字，②这里用它作为非犹太人名字
的典型例子，表明这里的 *burgarii* 是从本地人中招募的，从前面
181　提到的其他原始史料中也能清楚地看到这一点。这则史料中提到
的 *burganin*，到底指什么并不是一下子就能弄明白的。
　　看来 *burganin* 似乎最后渐渐被用来指任何一种较小的永久
性建筑，例如，拉弗（Rav）说："那是一处由帐篷搭成的居住点，大
家都从自己的帐篷开始测量。他从四周开始测量，［那里有］3 间
小屋和 3 个 *burganin*。"③这里讨论的话题是一个人在安息日从不
同建筑物出发可以行走的距离。这里的 *burganin* 并不是功能性
描述，而是表明了该建筑的特点。它比小屋要大，但比楼房要小。
这个词的用法类似于阿拉伯语中的"Qasr"，过去人们以为它与拉
丁语中的 *castellum* 或 *castra* 有关，但已有人论证了该词是指任

---

① tos. Pesahim i 27；对照 y. ‘Avodah zarah i 40a；b. ‘Eruvin 64b；对照 Lieberman，
　 Tosefta Kifshutah，498f.。

② 例如，"Mabogaios"；E. Littmann et al.，*Publications of the Princeton Expedition*，
　 iiia，429，no. 797，8；C. Clermont-Ganneau，*RAO* 4（1901），99—109；Waddington，
　 nos. 2554f.；*RE* Supp. Iv，col. 733 s. v. Hierapolis；*IGLS* vi 2907（赫里奥波里斯的
　 属地）；黎巴嫩南部一处镶嵌图案中出现了"Mabagoni"一词。

③ y. ‘Eruvin v 22c.

何用石头或泥砖修筑的永久性建筑。①

在更北边,始于阿卡的沿海道路出现在另一段文字中,说一个人可以在安息日从推罗城走到西顿,或从西弗里斯(狄奥恺撒里亚)走到提比里亚,因为有一连串的山洞和塔楼,使得人们可以在这些城镇之间行走而不会违反安息日的限制。② 在《耶路撒冷塔木德》中有一段类似的文字,其中使用了 *burganin* 一词而不是"塔",这或许说明该词在 4 世纪时变得更加常用了。③ 需要注意的是,迄今为止,在西弗里斯-提比里亚道路的已知路段沿途尚未发现任何塔式建筑。这或许并不重要,因为很明显这个词并非一定与罗马的军事部署有关联。

有一则《塔木德经》史料清楚地说明了在大路沿线此类设施的用途:

> 哈尼纳拉比说这好比一个商队正在赶路。当天色渐暗时,他们来到了一处 *burgus*。*burgus* 的主人说:"快进来吧,外面有野兽和土匪。"商队的头儿答道:"我不习惯走进 *burgus*。"于是,他继续往前赶路,此时天色已完全黑透了,于是他回到 *burgus* 的主人那里,大声叫喊,求他开门。只听主人回答道:"*burgus* 的主人不习惯在夜间开门,*burgus* 也没有在这个时候还接纳来者的习惯。当我邀请你时,你没有接受我的好意,那么现在我就不能再给你开门了。"④

182

---

① L. I. Conrad,*Al-Abhath*,*Journal of the Center for Arab and Middle East Studies*,*Faculty of Arts and Sciences*,*American University of Beirut* 29(1981),7—23.

② tos. 'Eruvin vi 8,参见 R. Shimon bar Yohai(c. 140—170)。

③ y. 'Eruvin v 22b.

④ Midrash Psalms x 2,ed. Buber,pp. 92f. 以及平行史料。对照 Libanius,*Or.* l 26: "由于不利因素,使得走夜路变得十分危险……"。

　　这显示出,这种设施的作用不仅仅是作为一处治安所或是岗哨站,而且还是一处旅舍,虽然并不是所有的人都乐意在那里过夜。① 请注意,有一份时间为 1571 年的奥斯曼时代的文件里说道,"……堡垒在夜间开门让人进出属于违法行为……"②

　　这里还有另一则史料表明 *burgi* 被用作客栈:"埃文(Avin)拉比说,有一位国王在沙漠中旅行,他走进了第一座 *bugus*,在那里吃饭饮酒。他走进了第二座 *burgus*,在那里吃饭饮酒,并歇了一宿。"③我们可以假定,这里所谓的"国王"其实是一位官员。尽管这件事被人们理解为完全是想象中的情节,但仍能反映出 *burgi* 被用于这种目的的现实状况。

　　在另一段文字中,传教士约哈南·本·扎开(Yohanan ben Zakkai)正在向北前往犹大的以玛忤斯,据说,他对犹太人讲:"由于过去你们不愿意修补通往圣殿的道路和街道,所以现在你们必须修补通往皇家城市的'*burgsin*'和'*burganin*'。因此,有这么一句话:'由于你不愿为天堂服务……因此,你将给你的敌人干活。'"④*burgi* 被想象成是连接行省中各城市道路系统的内在组成部分。

　　在 *Cod. Theod.* vii 14 中,*burgarii* 似乎被看作是属于最低的阶层,与赶骡人和帝国纺织场的奴工地位相当。显然,驻守 *burgi*

---

① 关于在一处 *pyrgos* 设立军用旅舍,参见上文第 177 页(按:原书页码)。
② 对照 U. Heyd,*Ottoman Documents on Palestine* 1552—1615(1960),document 57 of 1571,pp. 105f. 。
③ Leviticus Rabbah vii 4,ed. Margulies,pp. 158f.
④ Mekhilta de Rabbi Ishmael,Bahodesh,i,ed. Horovitz-Rabin,203f. 译文来自 G. Alon,*The Jews in their Land in the Talmudic Age*,i(1980),trans. G. Levi,68f. 。全文及译文参见 J. Z. Lauterbach,*Mekilta de Rabbi Ishmael*(1933)。所讲之事被认为是 1 世纪时的大拉比约哈南·本·扎开所为,但从"你不愿意"开始的最后一段话好像反映的是 3 世纪时的现实状况,《默基塔尔书函》(*Mekhita*)就是在这一时期被编辑整理的,如下文第六章中所述。所讲的设施并不在沙漠中,因为这里讨论的显然是犹地亚的定居地区,而提到的道路都通往城市。

的不是正规军士兵。

在 4 世纪后期写作的约翰·克里索斯托(John Chrysostom)讲述了在他那个时代前往巴比伦的行程。[①] 在大路沿途有道路驿站、小城和城外小屋。道路都铺设了路面,小城里保持有多组武装人员,在他们自己的军官指挥下纪律严整,他们唯一的职责就是保证道路安全。每隔 1 英里就有一座房屋,夜里有哨兵把守。多亏有他们的警惕,才使途人得到了全面的保护,不受强盗的滋扰。

有一则提到巴比伦尼亚的《塔木德经》史料表明,那里的犹太人都知道 burgi 是巴勒斯坦道路上的典型特征:

> 希斯塔(Hisda)牧师对耶利米亚·阿巴(Jeremiah b. Abba)牧师之子胡纳(Huna)牧师之子马利(Mari)说:"他们说你在安息日从巴奈斯(Barnesh)走到位于丹尼尔的犹太教堂来,这是 3 个波斯里的距离。你是靠什么做到的,是 burganin 吗? 而你父亲的父亲以牧师的名义说过,在巴比伦尼亚没有 burganin。"于是,他走出去指给他看一些(被毁坏了的)居所,彼此间隔 70 腕尺多一点。[②]

希斯塔牧师属于巴比伦尼亚亚摩兰(290—320 年)的第 3 代。

在用了这么多篇幅讨论有关"碉堡"的文献证据和考古证据后,应该总结一下我们得出的结论了。从引述的材料中可以清楚地看到,而且我们也的确预料到了,在各个时期有很多不同类型的 burgi,功能也各不相同。然而,我们看到,burgus 一词或它在阿拉米语中的派生词,被用来指非常具体的建筑物,这些建筑物是构成道路系统的组成部分,并有专门的部队驻守,通常由行省中的城

183

---

① *Ad Stagirium* ii 189f.(*PG* xlvii 457),引述另见 *HSCP* 88(1984),202f.。

② b. 'Eruvin 21a;对照 Oppenheimer,*Babylonia Judaica* 63f.(原文及译文)。

市来维护。这些建筑物从 2 世纪以降在西方行省中的书面史料中
得到了证实。而在东方,有一则《塔木德经》史料确凿地表明在 2
世纪时,它们存在于叙利亚南部,但没有清楚无误的证据表明在犹
地亚也有此类建筑物。这可能还不是最终的结论,但与我们在第
三章中的发现是相符的(参见上文第 111—113 页,按:原书页码)。

现在,让我们再来看看考古方面的证据。在泛希腊化时代,通
往耶路撒冷的大路上至少有两处小型的道路驿站,并在接近 1 世
纪末的第一次犹太暴动之后就废弃不用了。直到拜占庭时期,它
们才被再次启用。在严格意义上的犹地亚南部,即耶路撒冷以南
的地区,人们已经勘查了多条道路,这些道路上都设有不同类型的
塔台和小型要塞。在进行挖掘之前,曾有人试探性地提出,这些是
在镇压巴柯巴暴动期间修筑的工程。[①] 现在有几处建筑物已经被
发掘出来,根据初步报告,它们的时间都是拜占庭时期。[②] 在显然
184 是罗马人修筑的道路沿途没有发现里程碑的现象支持了这一结
论。在该地区好几条道路上的附带设施都需要进一步探索和研
究。[③] 正如经常发生的那样,研究这些遗址的考古学者希望将其
诠释为防御线,而不是带有治安设施的道路。我们不一定非要接
受这种观点,而且在时间顺序方面的结论符合我们前面讲过的那
种规律。

有必要强调的是,这里所讨论的大多数考古证据都来自犹地
亚和叙利亚南部。在叙利亚其他地区以及在阿拉伯地区,目前尚

---

① Judaea,*Samaria and the Golan:Archaelological Survey* 1967—1968(1972),ed.
   M. Kokhavi,26,and map 3 on p. 27(希伯来语)。

② Y. Hirschfeld,"A Line of Byzantine Forts along the Eastern Highway of the He-
   bron Hills",*Qadmoniot* 12(1979),78—84 以及第 77 页的对折地图(希伯来语)。

③ Kokhavi,map 3 on p. 27. 在赫希本(Heshbon)到利维亚斯(Livias)的罗马道路沿途
   可见到 7 座瞭望塔的遗迹。在遗址的地面上拾到过罗马和拜占庭时期的陶器,参
   见 S. D. Waterhouse and R. Ibach,*Andrews University Seminar Studies* 13(1975),
   217—233,esp. 226。

无足够的信息。清楚的是,叙利亚南部的几条罗马道路沿途都有瞭望塔,这在第三章中已经谈过了。进一步的发现也许会表明,*burgi* 在 4 世纪以前的东方边疆行省中十分常见。

最近在死海以东的外约旦开展的勘查工作,发表有关调查结果的出版物中也记录了一些相关材料:如"那些分散的小型(纳巴泰)塔楼可能起着维持治安的作用,使部落的土地得到保护"。关于罗马帝国后期/拜占庭时期早期,有人指出大多数新建的塔楼"位于主要旱谷中那些重兵把守的交叉口。在许多罗马后期的塔楼周围的营地上采集了陶器,表明从红铜时代以降,这些地方经常被派上用场……因此,修建这些塔楼似乎是守护这些营地和旱谷交叉口的计划组成部分。它说明军队所起的一个首要作用就是控制通过这一地区的人员流动,并保护穿越该地区的旅行者。"[1]最近对位于约旦东北部沙漠中的博尔库堡(Qasr Burqu)进行的考察让人们得出结论,这个遗址的核心建筑包括时间为 3—4 世纪的一座瞭望塔和一个蓄水池。后来在那个地点又建了一座修道院。[2]

乡村地区的平民也广泛使用塔楼。"有这么一位持家者,他种植了一个葡萄园,在周围安上篱笆,在里面挖了一个榨酒坊,还建起了一座塔楼(*pyrgos*)……"[3]在撒马利亚的乡村中可以看到成百上千座塔。[4] 显然,在哈萨旱谷(Wadi el-Hasa)的外约旦也可

185

---

① Frank L. Koucky, in S. T. Parker(ed.), *The Roman Frontier in Central Jordan*, 64—79, esp. 66, 71—75, 要塞和哨塔常被认为与商队旅行有关。另见 B. MacDonald, *Wadi El-Hasa Survey*(1988)。

② H. Gaube, *ADAJ* 19(1974), 93—100. 没有碑文证据支持这些结论,迄今为止,该遗址尚未进行考古发掘。

③ Matthew 21:33; Mark 12:1. 这些文字可能说的是罗马时期的现实状况,但对照 Isaiah 5:2。

④ 对照 S. Applebaum, S. Dar and Z. Safrai, *PEQ* 110(1978), 91—100。关于希腊的类似建筑,参考文献详见 S. C. Humphreys, *La Parola del Passato* 22(1967), 379 n. 15。

能会发现类似的塔建筑。① 这里的塔楼可能被用作临时性宿营地,里面住着农夫或是游牧的放羊人,他们的工作要求他们在离家很远的地方长时间暂住。这些塔楼可以住人,也可用作储存空间。如果位于高处,它们还可以提供对周围地区的观察视野,这对于农夫和牧羊人来说是有用的,哪怕并不存在任何安全问题。在叙利亚,许多村庄中都竖起了瞭望塔,特别是在 4 世纪以后。在铭文中,这类塔被叫作 *phrouria*。② 叙利亚北部也有大量的塔式建筑,有的位于孤零零的地点,有的位于居住地或是修道院中。它们的功能各不相同。很多一望便知是瞭望塔,由平民修建,以便于对自家的田地或是村庄进行监控。③ 有的塔楼还被用作夏季住所或是库房。这些塔楼的特点是体量小而且只有一个出口。④ 这说明它们的名称和功能都随地区的不同和几个世纪的时间流逝而产生了差异。显然,我们有必要时刻对这些词语的用法加以验证。⑤

4 世纪时期要塞的选址与功能(巴勒斯坦)

众所周知,帝政时代的要塞并不是出于要用它们来抵御外敌进攻的构想而修筑的。我们可以从强大的防御系统子虚乌有这一事实,以及从很多要塞的选址上推导出上述结论。我们可以从由巴塔维叛乱分子记下的、塔西佗对位于维特拉(Vetera)的大本营

① MacDonald,*Échos*;E. B. Banning,*BASOR* 261(1986),25—50,esp. 35f. ,39;ibid. ,265(1987),52.
② 参见 H. I. MacAdam,*Berytus* 31(1983),103—115,esp. 108,此处并未引述具体的参考文献。
③ 关于叙利亚北部的瞭望塔,参见 G. Tchlenko,*Villages antiques de la Syrie du nord* ,i(1953),30—33.
④ Tchalenko,30 n. 5.
⑤ 出于好奇,也许可参见 Magda Révész-Alexander,*Der Turm als Symbol und Erlebnis*(1953),91f. ;"Warum hat die römische Baukunst keine Turmer?"

所作的著名评语中找到佐证:

> 　　大本营有一部分位于缓缓的山坡上,另一部分可以从平
> 地去到。奥古斯都相信这个基地可以用来对日耳曼实施包
> 围,并对其施加压力。他从未想到最终竟然会发生这样的灾
> 难,他们(日耳曼人)居然主动进攻了我们的军团。因此,他没
> 有在这个地方或是在设防上下功夫。他似乎以为只凭我们的
> 勇气和武器就足够了。①

186

　　用勒特韦克的话来说,"军队在边疆的各个基地并没有位于开
展战术防御的地点;它们仅仅是被建在交通线路交叉的地方,其着
眼点在于后勤补给和居住便利"。② 对于这些观点,任何去到这个
时期的罗马军事地点的人都能够很容易地予以验证。
　　因此,我们认为,在戴克里先统治期间发生了激烈的变化。有
人声称,4 世纪时的要塞是被布局来进行防御的,这表现在使用了
一种不同的建筑物。直到 3 世纪结束时,要塞通常都是长方形的,
呈人们熟悉的扑克牌形状,围墙低矮,四角和垛堞都很简陋,没有
宽敞的过道和壕沟。在戴克里先统治期间,所有这些都发生了变
化。现在的要塞呈正方形,有宽敞的过道和厚实的带有壁垒的围
墙,四角和垛堞向外突出。大门有重兵把守。不再用一条宽阔的
通道将要塞中的房屋与围墙隔开,而是靠着围墙的内侧修建营房。
据说,另一个不同之处表现在要塞的选址上。现在的要塞往往被
建在以战术为导向来挑选的地点。得出的结论是,4 世纪时的要
塞与较早时不同,它们的目的是为了能够防守。③ 从总体层面上

---

① 　Tacitus, *Hist.* iv 23. 关于该遗址,参见 Bogaers and Rüger,106—111。
② 　*Grand Strategy*,135.
③ 　相关描述参见 Luttwak,161—167。Lander, *Roman Stone Fortifications*,该书得
　　出一个重要结论,认为营房紧靠墙体内壁的布局只是一个利用空间的问题。在 4
　　世纪那些较大的要塞中,墙体和营房之间修有通道,以前的时期也是如此。

讲,这似乎也顺理成章,因为在这个时期,爆发防御性战争的机会要远大于过去。但勒特韦克坚持认为,这一变化需要用采取纵深布局方式的新战略来加以解释:①"在帝政时代,军力集中,可以通过发起进攻来对付敌人,但是到了晚期帝国时期,较小规模的边境守备部队常常被迫在原地抵抗,等待来自行省、地区,甚而至于整个帝国的援军。"

对于这样的结论有几种持反对意见的观点。首先,正如我们在本书中反复强调的,试图仅仅从建筑物的形状就想推断出太多结论的做法是错误的。建筑的功能并不一定反映在外观形状上,军用建筑尤其如此。② 其次,将每一处军用建筑都与战场上的功能联系起来是不正确的。每支大军都会使用各种不同的建筑物,其中只有一部分用作实际的防御工事。第三,在对晚期罗马建筑的研究中有一种倾向,过多地从军用角度而不是民用角度诠释建筑物的功能和用途。

187

对于这种论点,我们现在就给出一些支持的道理。本书不是对于一般性设防的研究,即便是在所研究的地区,即东方边疆行省中,那里的设防工事也并非我们的主要关注点。然而,我们或许可以记录下在一个我本人较为熟悉的较小区域中观察到的情况。这当然不能用来得出普遍性的结论,但我们可以稍微提到,勒特韦克认为第三巴勒斯坦行省(撒路塔里斯,Salutaris)是一个纵深防御的极端例子。这个行省包括内盖夫和过去的阿拉伯行省南部。"在那里并不是用 *limes* 的存在来保卫行省,而是用行省的存在来维持 *limes*,这在保卫黎凡特(Levant)南部不受游牧民攻击方面发挥了广泛的地区性功能。"③正因为此,如果这里的这种模式站不

---

① Luttwak,ch. III,esp. 135f. ,161.
② Lander 著作中的摘要显示,想要单凭考古研究得出独立的结论十分困难,哪怕是基于细致的论证和材料积累。
③ Luttwak,160.

住脚的话,我们就有理由从其他方面重新加以考虑。同上一章一样,只有经过铭文证据或考古研究确定了时间的要塞才会成为我们考察的对象。

埃德戴安娜姆(ad Dianam)(约维塔,尕德里安)

埃德戴安娜姆这个地名就暗示了这是一处位于祭坛或是神庙附近的道路驿站。① 如上所述,这座要塞的时间通过铭文确定为四帝共治时期。铭文记载在该地点组建了一支名为"克斯提亚"(*Costia*)(=君士坦提亚南(*Constantianam*)?)的 *ala*。②《罗马帝国官职录》中登记有一个 *ala Constantiana*("君士坦提亚纳"骑兵队),在 *dux Palaestinae* 属下执勤。③ 有趣的是,驻扎在那里的军事单位的军种和要塞的大小我们都已经知道了,这是一个面积为 39.7×39.4 米的 *quadriburgium*(四边形堡垒)。将此地点认定为《波底加地图》上的埃德戴安娜姆,依据的是地理学研究和阿拉伯语与拉丁语名称之间明显的相似性。从泽伊夫·麦歇尔(Ze'ev Meshel)先生完成的考古发掘来看,似乎该要塞在4世纪以后就无人把守了。④ 这也许可以解释为什么在《官职录》中没有提到

188

---

① 目前,在该遗址附近尚未确定有任何祭坛或是圣所。在努米底亚(Numidia)也有一处 *ad Dianam*:*It. Ant.* 21。对照 *ad Templum*(ibid.,74.4);*ad Herculem* (408,2);*ad Aras*(413.4);*ad Septem Aras*(419.2)。关于道路驿站的名称,参见 T. Kleberg,*Hôtels,Restaurants et Cabarets dans l'Antiquité Romaine*(1957), 63—73。

② I. Roll,*IEJ* 39(1989),239—260 对碑文有不同诠释,但对照 *l'Année Épigraphique*。该碑文文字如下:"Perpetuâe Paci | Diocletianus Augus(tus) et 〈Maximianus Augus(tus)〉| Constantius et Maximianus | nobilissimi Caesaares | alam Costia constituerunt | per providential Prisci Praesidis."行省名被涂掉了。在碑文的左边和右边分别刻有"MVLXX"和"MVLXL"字样。

③ *Not. Dig. Or.* xxxiv 34.

④ Z. Meshel,*IEJ* 39(1989),228—238;关于钱币,参见 A. Kindler,ibid.,261—266。

它,而将 *ala Constantiana* 列为托洛萨(Toloha)的守备部队。① 约维塔是在阿拉瓦西部的所有遗址中最重要的一处,因为它在这个干旱贫瘠的地区有着最好的水源供给。② 现在还可见到一个古老的水源收集系统的遗迹,在英语中叫作"井链"(*qanaat*,*foggara*);一些波斯时期和罗马时期的陶瓷碎片与其有关。③ 一处小小的土耳其警察哨所现在仍然屹立在这个古代的要塞中。该地点位于以拉他以北 34 公里的地方,用军事术语来说就是一天的行军路程,根据《波底加地图》,它是通往奥博达、埃利萨(Elusa),然后再继续去往爱利亚(Aelia)的道路上的第一站。④ 如果曾经有一条路往北穿过阿拉瓦的话,那么埃德戴安娜姆就位于这个三岔路口。⑤ 在《波底加地图》上显示还有一条图拉真道路将埃德戴安娜姆与普雷斯蒂欧(埃尔喀狄)连接了起来,但这条路线至今尚未被实地发现。虽然这个要塞只存在了不到一个世纪的时间,在这样的一个地点建要塞的原因却是显而易见的。它地处于一条重要道路上的绿洲中,被用作道路驿站,这里可能是一个三岔路口或十字

---

① *Not. Dig. Or.* xxxiv 34. 关于托洛萨的参考文献,参见 Avi-Yonah,*Gazetteer*,102; 另见 Clermont-Ganneau,*RB* NS 3(1906),414,429。

② F. von Frank,*ZDPV* 578(1934),240,250;N. Glueck,*AASOR* 15(1935),40;Y. Aharoni,*IEJ* 4(1964),12,14;B. Rothenberg,*Roman Frontier Studies* 1967,ed. S. Applebaum(1971),218f. ;同一作者,*Tsephunot Negev*(1967),142—144 and pl. 89。据我所知,最早的描述来自 Musil,*Arabia Petraea*,ii 254,with figs. 139—140。

③ M. Evenari et al. ,*The Negev:The Callenge of a Desert*(²1982),172—178 以及空中俯瞰照片。

④ 关于这条道路,参见 Aharoni,*IEJ* 4,9—16。他指出阿伊拉与埃德戴安娜姆之间的距离应为 26 英里,而不是地图上显示的 16 英里。他描述了从约维塔进入西边山区通向埃利萨的道路。Rothenberg 在其著作 *Tsephunot Negev* 中说,这条路还通往更西边的达布尔加萨(Darb el-Ghaza),但这与目前讨论的遗址无关。

⑤ 否认有这条路存在,参见 Rothenberg,*Roman Frontier Studies* 1987。如果他所说正确,就很难解释尤西比厄斯的陈述,参见 *Onomasticon* 8.8(Klostermann),说塔玛拉(下文第 193 页,按:原书页码)位于从芒普西斯到阿伊拉的道路旁。

路口。它维持着绿洲的治安,反过来讲,它之所以能在那里存在,
是因为有水源供给。它位于一处更早的铜石并用时代和铁器时代
遗迹以南 1 公里的地方,显然是因为这里的道路是朝着山上通向
西方的隘口而去的。至于它的防守性能,要塞的确呈正方形,而且
具有向外突出的角塔。[1] 它的围墙厚达 2.45 米,用晒干的泥砖在
大石块垫底的地基上垒成。里面没有发现有房屋残迹。要塞就位
于路边的地平面上,旁边有高高的悬崖作为掩护,但这恰好有可能
使其容易被站在崖顶的人用火攻袭击。[2] 如果在选址时防卫性能
是首要考虑因素的话,这座悬崖本来可以提供很多理想的地点,尽
管可能会缺水。然而,这个要塞却被建在道路边的一个泉眼旁,现
在人们还可从这个泉眼里用泵取水。卢森堡(Rothenberg)在靠北
一点的地方发现了一处位于悬崖上的瞭望塔。[3] 其他罗马要塞附
近的小山上也发现了类似的塔式建筑,我们将在下文中对其功能
进一步讨论。

　　换句话说,这与其他帝政时代的要塞一样,并非是为了防御外
敌而修建的。它就是一处道路驿站和守护绿洲与道路的骑警部队
基地。它可能还起着绿洲及其附近区域行政中心的作用,但尚未
发现这方面的证据。这座要塞并不是任何“系统”的组成部分。离
它最近的地方是阿伊拉,而在该地区再无其他的要塞了。

埃因博科克(Ein Boqeq)(乌姆贝格克堡(Qasr Umm Begheq))

　　这是在死海边上的一片绿洲,此处位于马萨达以南约 12 公
里,有两个泉眼。那里还留有古代的山墙、平台和水渠工程的遗

189

---

[1]　Meshel, *IEJ*, p. 230, fig. 1;关于浴场的坑热设施,参见第 234—236 页(按:原书页码)。

[2]　该地区的布局简图,参见 Rothenberg, *Frontier Studies* 1967, 218。所有能看见要
　　塞西面的照片都是从悬崖上拍摄的。

[3]　对照 *Tsephunot Negev*, 144。

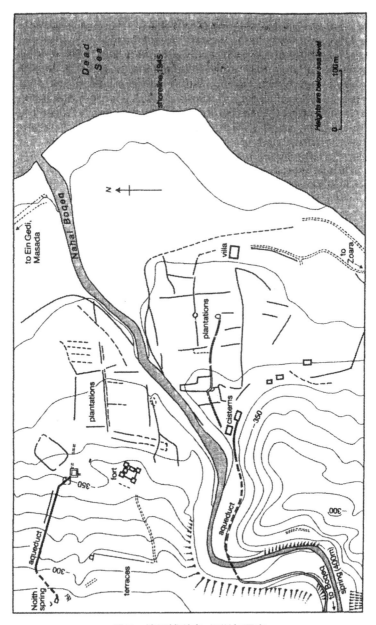

图 5　埃因博科克:绿洲与要塞

迹。M. 基冲对希律时期的遗迹和一座拜占庭时期的要塞进行了
考古发掘,发现该要塞从 4 世纪后半叶到 7 世纪一直有人驻守。[①]
一条可以走人的小路向西爬上群山经过另一座小要塞,也就是上
佐哈尔(Upper Zohar)要塞(见下一节)后,到达内盖夫北部的高地
平原。这个要塞所在的地点无法认定为古代史料中提及的任何地
方。要塞是一座正方形建筑,20 米见方,有突出的角楼,角楼面积
为 6 平方米。墙体厚度约为 1.90 米。贴着要塞东墙和北墙的内
侧建有两溜房间。与埃德戴安娜姆一样——只是相比之下位置不
是那么孤单——它守护着这个干旱荒芜地区少有的土地肥沃且有
水浇灌的一隅。但它并不靠近重要的道路,而是建在很陡的山坡
上,因此敌人可以从西面对其实施火攻。在那里发现的 6—7 世纪
的纸莎草残卷中包含了一份债务人和债权人的名单。[②] 这可能显
示此处除了是一个小治安哨所,守卫着绿洲、经过死海的道路以及
通向西方的小路外,还起着当地行政中心的作用。我们很难将这
座要塞想象成一个防御体系的组成部分。

上佐哈尔

　　这是另一座与埃因博科克[③]要塞规模大致相当的小型要塞,它　191
们看起来也非常相似,因此有可能属于同一个时代,但是从考古发掘
中并未获得什么有把握的材料可以将其时间确定为 5 世纪以前。[④]
发现的证据表明,查士丁尼时期对该要塞进行了重新整修并在此后

[①]　相关简叙参见 M. Gichon,*Encyclopedia of Archaeological Excavations in the Holy Lnad*,ii(1976),ed. M. Avi-Yonah,365—370。

[②]　ibid. ,368f. 该纸莎草手稿即将同考古发掘报告一起公布。

[③]　初步考古报告参见 R. P. Harper,*DRBE*,329—336;*Hadashot Arkheologi yot*(*Archaeological Newsletter*) 89(1987),54。

[④]　*DRBE*,336.

派人把守。发掘者注意到,这座要塞与西边约 500 米山上的那处巴
勒斯坦警察哨所一样,在当时是方圆数英里内唯一的永久性建筑
物。这个地点提供了观察死海南部和阿拉瓦北部的极佳视野。它
还控制着前面提到的那条小路,这条小道从埃因博科克上来,并与
192　从麦扎德佐哈尔(Mezad Zohar)上来的另一条小路汇合。① 因此,
要塞对从死海到内盖夫北部的一条次要道路起着安全保障的作用。
同样,这并不足以让我们将其说成是防御体系的组成部分。这两个
地点与沙漠中孤零零的英国和法国警察哨所最为相似。

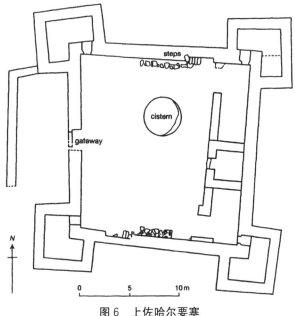

图 6　上佐哈尔要塞

---

① Rothenberg, *Tsephunot Negev*, 110—114 调查了这条路线的东段并记录了几处遗
　 址,将时间确定为铁器时代和泛希腊化时期,尽管在几个地方捡到了时间更晚的陶
　 器。他认为这条路线就是圣经中所说的"埃多姆之路"(《列王记下》3:8,20),以色列
　 和犹大的国王们就是沿着这条路去与埃多姆人作战的(《撒母耳记下》8:13),对照
　 Y. Aharoni, *IEJ* 8(1958),35。这条路线继续往西南方向延伸经过了另一处要塞,
　 H. 'Uzza 对它的考古发掘已进行几年了。该要塞建于铁器时代,在泛希腊化时代被
　 重新驻守,然后在 1—3 世纪期间又再次启用,参见 Y. Beit-Arieh, *Qadmoniot* 19
　 (1986),31—40(希伯来语)。该要塞的使用者尚未确定,我们对此一无所知。

麦扎德塔玛尔(Mezad Thamar)(朱海尼亚堡(Qasr al-Juheiniya)，塔玛拉(Thamara)?)

这处要塞是否能确定为就是《圣经》中所说的塔玛尔(Tamar)尚无定论，与我们目前的讨论也不相关。[①] 托勒密曾提到过一个叫"塔玛罗"(Thamaro)的地方；但这个名字在《波底加地图》中被安在了一处将爱利亚-埃利萨道路与外约旦的图拉真道路连接起来的道路驿站上。"塔玛拉"出现在了《玛德巴地图》上，很明显它位于普雷斯蒂姆(Prasidin，在死海以南)[②]与摩亚(Moa)(莫耶阿瓦德(Moye Awad))之间。这说明它在阿拉瓦，但我们对这个论点不必太当真，因为《玛德巴地图》从地形学上讲并不可靠，而关键的原始史料是尤西比厄斯的《圣经地名词典》，[③]其中讲道："还有一个叫塔玛拉的村子，位于从希伯伦到阿伊拉的路上，距芒普西斯有一天的路程，现在这里有了兵营"。几乎无疑的是，这里所说的地点就在阿拉瓦，也许就是现在叫作埃因塔玛尔的那个地方，那里灌溉条件很好——离死海很近，有大片的棕榈树林。[④]

　　在现在叫作麦扎德塔玛尔的要塞附近已看不到任何村庄，或许过去也是如此，如果兵营在远离村庄 15 公里的地方，尤西比厄

---

① 最早提出这种认定的是 A. Alt，*ZDPV* 58(1935)，34f. ；对此观点的反驳参见 Aharoni，*IEJ* 13(1963)，30—42 以及 Rothenberg，*Tsephunot Negev*，162f. 。

② 参见上文第 175 页(按：原书页码)。

③ 8.8 以及 Jerome 9.6(Klostermann)。耶柔米："est ed aliud castellum Thamara，unius dei itinere a Mampsis oppido separatum ，pergentibus Ailam de Chebron，ubi nunc Romanum praesidium positum est. "。在耶柔米的著述中，*castellum* 是表示"村庄"的惯常用词，对照 23. 22。*Not. Dig. Or.* 34. 46；塔玛纳(Thamana)可能是另一个地点。

④ Rothenberg，*Tsephunot Negev*，162f. ，pls. 75f. 关于该地点及其周边情况，同时参见 114—178；ibid. ，*Frontier Studies* 1967，214，fig. 101。Rothenberg 报告说见到一处 20×40 米的建筑物，地表留有 4 世纪时的碎瓷片。Aharoni，*IEJ* 13，30—39 主张将它认定为更靠南边的哈泽瓦哈的埃恩埃尔哈斯普('Ain el Husb)。

斯还说那是"一个有兵营的村子",看似不太可能。① 因此,我们必须把现在叫作麦扎德塔玛尔的要塞视为身份未定。然而,它确实位于一条古老的道路上,有依稀可辨的瞭望塔,在岩壁上还有凿出的石阶,沿着这些石阶往下走就进入了阿拉瓦。② 其中一座瞭望塔叫特萨菲特(Tsafit,如图所示),已经进行了考古发掘。

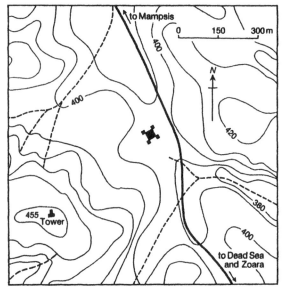

图 7　麦扎德塔玛尔及附近区域

由 M. 基冲发掘的要塞,③占地为 38×38 米。它有 4 个面积

---

① Frank,259;G. E. Kirk,*PEQ* 70(1938),224,他在现代发展尚未破坏古代遗迹时就见过这处废墟,在要塞附近未发现任何有人定居的痕迹。Frank 在道路两边距离要塞约 100 米处见到了坟墓。

② Rothenberg,*Tsephunot Negev*,165f. 对特萨菲特瞭望塔已进行了考古发掘,参见 M. Gichon,*Saalburg Jahrbuch* 31(1974),16—40。关于该道路遗迹的最早报告,参见 Kirk,225f.。

③ M. Gichon,*Saalburg Jahrbuch* 33(1976),80—94;*Encyclopedia of Archaeological Excavations in the Holy Land*,iv,ed. M. Avi-Yonah and E. Stern(1978),1148—1152.

为 6×6 米的角楼,是在后来阶段添加上去的。① 围墙的厚度为 1
米多一点。墙上没有间隔塔,大门两边也没有侧塔。靠着要塞围
墙的四面内壁都建有房物。在露天庭院的中央有一方容积为 10×
10×3.80 的蓄水池。直到被伊斯兰征服以前,这个要塞一直有驻
兵把守。它位于一个峡谷中的最低点,对于防御来说是能够想象
的最差位置。之所以选择这个地点,乃是因为这里可以收集到水;
1930 年代,人们在要塞外面发现了另外两个小水池。② 周围的小
山上建有瞭望塔,与在埃德戴安娜姆附近见到的瞭望塔十分相像。　194

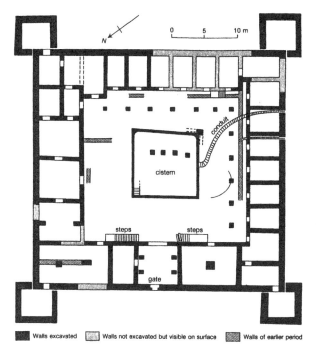

图 8　麦扎德塔玛尔:布局图

① 发现该要塞的 Frank 已注意到此点(258)。在哈拉伯特堡观察到类似情况,参见
　　Kennedy,*Explorations*,26f. 。
② Frank,279f. ;Kirk,223;Gichon,*Saalburg Jahrbuch* 33,90. 紧靠西墙有一个 14×6
　　米的蓄水池,另一个在南边 300 米处,大小为 12×6 米。

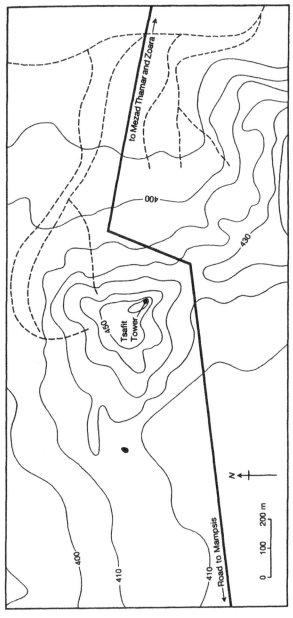

图 9　特萨菲特瞭望塔及附近区域

　　这里我们再次看到,防卫性能并不是选址方面的考虑因素。
要塞在最初修建时还没有角楼,因此角楼并不是要塞的关键特征。
它看上去似乎是一个控制着供水的道路驿站。在已经讨论过的 4
个地点中有 3 个都是这种情况。除上佐哈尔外,它们在选址上都
未考虑防卫性能,而且它们都控制着沙漠道路途中的水源点。

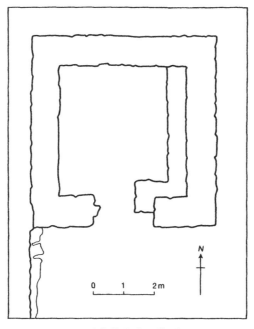

图 10　特萨菲特瞭望塔:布局图

　　我无法亲身去验证这些特点是否也适用于在约旦和叙利亚的
设施,但好像情况的确如此。例如,帕克(Parker)就有关埃尔喀狄
(普雷斯蒂姆)写道:

　　　　位于 740 米的高度,这个要塞连同一处已经毁坏的较小
　　建筑,分别占据着峡谷中陡峭石壁之间的流水道和隔了一段
　　距离的一块露出地面的岩石。要塞这个地点的防卫性很差,

因为受到周围高点的制约。但是把守在与要塞隔开的岩石顶上的观察员能够对旱谷有好得多的视野。斯坦因注意到这里有一条涵道的残迹,从附近的泉眼通到要塞内外的几个蓄水池……在托管期间,军队彻底清理了 6 个大型的带有圆拱顶和石板的蓄水池。……①

197　似乎在约旦里琼的军团大本营也是这样。帕克对于这种地点的好处说了以下这些话:(1)它位于该地区的东边缘,适合于旱作农业;(2)那里有丰富的泉水,是该地区最好的水源;(3)它位于穿过深邃的达巴旱谷(Wadi ed-Dabba)的唯一一条好走的东西向路线上,这条路线在罗马时期将"新图拉真大道"与沙漠线路连接起来。② 帕克在其他地方发现"有一座堡垒被建在从战术上讲很薄弱的位置,该堡垒处于西边沿里琼旱谷两边制高点的控制之下"。③

罗马设施的功能:进一步的推论

我们可以通过与十字军的城堡进行比较来得出更加透彻的观点。④ 十字军城堡无论从选址,还是修筑方式上看,始终都是为了增强防御性。这些城堡都建在高高在上的位置,在战术上占

---

① Parker,*Romans and Saracens*,108f. 我要感谢由 David Graf 教授寄来的精美照片。
② Parker,*Roman Frontier*,187.
③ ibid. ,第 445 页和第 188 页的地图和空中俯瞰照片。据 Parker 记载,菲特延(Fityan)当时的结构弥补了这个缺点,但对于一个从未亲眼见过这遗迹的人来说,很难理解让增援部队驻扎在深谷另一边一公里多开外的地方,能让军团得到什么战术优势呢? 选择这个地点的主要原因很可能是那里有良好的水源。但正如前面所说,为何在此设立这样的大型基地,动机不详。
④ R. C. Smail,*Crusading Warfare*(1097—1193)(1956),ch. VII,204—244;M. Benvenisti,*The Crusaders in the Holy Land*(1970),Part 4,273—339. 我要感谢 Paul Hyams 提供的信息和教诲。

有优势。在有可能受到来自平地攻击的地方,经常挖有很深的壕沟环绕。它们将修筑防御工事的艺术提升到了空前绝后的水平。与罗马晚期和拜占庭时期的要塞不同,这些城堡被设计成独立的、有后勤保障的单位,里面的驻军可以生活很长一段时间而无需从外界获得补给。城堡里建有储藏室和巨大的蓄水池。我们知道,与罗马和拜占庭时期的军用设施不同,这些城堡有的的确受到过包围,但它们的装备精良,驻军可以坚守并击退小股的入侵者。与 4 世纪以及后来的 *quadriburgia* 最接近的是所谓的 *castum*。① 与重兵把守的山嘴城堡不同,这些城堡并不是被设计成能够经受长期围攻而坚不可破的堡垒。它们的目的是给守备部队提供有卫兵警戒的基地,以便守备部队可以出动到外面去寻找敌军,并在开阔的战场上与之较量。过去,所有的十字军城堡都常常被视为边疆防御系统的组成部分;而一种更加现代的观点则认为,特别是对于 *castra* 来说,城堡的功能要多样化得多。它们有很多随着时间延续改变了用途。有的城堡,如阿什克伦(Ashkelon)周围的那些要塞,其修筑目的是为了容纳进攻性部队,并对敌方的中心地区造成压力。② 其他的,如贝尔瓦(Belvoir),被修建在能守住战略性要点的地方。至少有一处要塞,其设计目的被具体说明是为了保护去往耶路撒冷的朝圣者不受土匪的袭击。③ “它们的功能是用作居所、行政中心、兵营以及警察哨所。最重要的一点,它们是权力的中心。城堡的指挥官和驻军是周围地区的主人,可以动用手段应付任何对其权威的挑战。”④ 这并不是说把十字军城堡与罗马和拜占庭要塞进行对比本身就

198

---

① 　Smail,228—233; Benvenisti,280—282. 对于十字军在修筑 *castra* 时在多大程度上受拜占庭要塞的影响,观点并不统一,对目前的讨论也不重要。

② 　William of Tyre xiv 22(RHC Occ. i. 638f.)描述了要塞的功能。

③ 　William of Tyre xiv 8(RHC Occ. i. 617).

④ 　Smail,60f.

可以得出决定性的结论。我们的论点不过是，即使是十字军城堡也具有多样化的功能，并非单单为了防御目的而建，对于罗马和拜占庭的那些建筑物来说就更是如此了，它们几乎不是——或根本就不是——被设计来抵御敌军进攻的。

　　为了弄清楚在叙利亚、阿拉伯和巴勒斯坦那些 4 世纪的建筑遗迹的功能，或许我们可以将其与埃及东部沙漠中的那些设施作一个比较。① 其中有一个地方名叫德尔埃尔阿特拉什（Der el-'Atrash），见图示（图 11）。其时间可以有把握地确定为 1 世纪和 2 世纪早期，②必须记住，我们下面将要做的是把帝政时代在埃及的设施与 4 世纪时东方地区的要塞进行比较。埃及的这些设施到罗马帝国后期时早已废弃不用了，而在东方没有发现其他更早时期的建筑物具有可比性。我们此处只讨论这些设施的类型和选址。在叙利亚、阿拉伯和巴勒斯坦的 4 世纪建筑物，与更早的埃及建筑物在布局和修建方式上都颇为相似。然而，对埃及来说，很显然的是那里不可能存在什么边疆防御的问题。那里的道路都远离边境，连接尼罗河与红海。另外，我们有来自普林尼的证据以及一系列铭文，证明这些设施是灌溉站、中途停留地和卫兵哨所。普林尼曾说过，从提拜德沙漠（Thebaid）的柯普特斯（Coptus）通往贝雷

199

---

① D. Meredith, *Tabula Imperii Romani*, *Coptos*(1958). 参见 S. E. Sidebotham, *Roman Economic Policy in the Erythra Thalass*, 30 BC-AD 217(1986), 48—67; G. W. Murray, *JEA* 11(1925), 138—150, 参见文献史料和考古遗迹; D. Meredith and L. A. Tregenza, *Bull. Faculty of Arts*, *Fouad I University* 11(1949), 1—30; D. Meredith, *JEA* 38(1952), 94—111; ibid., *CE* 28(1953), 126—141. 关于道路沿途的涂鸦, 参见 A. Bernand, *De Koptos à Kosseir*(1972). 关于奥古斯都和提庇留时期的驻军, 参见 M. P. Speidel, *SMR* ii 511—515. 另见 *DE* s. v. *limes*, 1376/1377f. ; J. C. Colvin and M. Reddé, *CRAI*(1986), 177—191.

② 在文献和碑文史料中提供的时间尚未经考古调查予以完全证实。位于克劳迪安山（Mons Claudianus）的设施现正进行挖掘, V. Maxfield 博士告诉我, 首批考古结果似乎证实了传统上认为的时间。这些建筑有的看上去不像是帝制时期的罗马要塞, 这种情况反而说明它们具有不同的功能。

尼斯(Berenice)的道路是去往印度最短又最安全的路线：①

　　你可以从柯普特斯骑骆驼旅行，途中建了一系列旅站
（*mansiones*）来提供饮水；第一处旅站名叫海德鲁马（Hydreu-
ma），距离 32 英里；第二处在山间，要一天的路程；第三处也
叫作海德鲁马，在距柯普特斯 85 英里处；接下来的一处旅站
在山里；然后，你就来到了阿波罗的海德鲁马，距离柯普特斯
184 英里；接着又是一处位于山里的旅舍；之后，你就来到了
新海德鲁马，距离柯普特斯 236 英里。还有一处旅站，即老海
德鲁马，被称作特罗格狄提卡姆（Trogodyticum），那里有一
支警戒部队，驻扎在可为 2000 名途人提供住宿的商队旅舍
里，距离新海德鲁马 7 英里。接下来，你就能到达贝雷尼斯小
镇，这是红海边上的一个港口，距离柯普特斯 257 英里。

　　据一段来自柯普特斯的铭文记载，由士兵在这条道路以及通往
米奥斯赫尔莫斯港(Myos Hormos)的道路沿途驿站中完成了蓄水
池工程，时间可能是在奥古斯都或提庇留时期，但肯定早于 105 年：
　　Per cosdem,qui supra scripti sunt,lacci aedificati et dedicati
sunt Apollonos hydreuma … Compasi … Berenicide … Myoshor-
mi … castram[原文如此！]aedificaverunt et refecerunt. ②
　　其中一条从柯普特斯通往琉克斯港（Leukos Limen）的道路
上，还用一个由两两相望的烽火塔构成的系统做了进一步标识。③
奥斯特拉卡(Ostraka)将道路沿途的这些烽火塔叫作"高地"哨所

①　*NH* vi 26. 101—103；该道路也出现在 *Itinerarium Antonini*，ed. Cuntz，23；对照
　　Sidebotham，*Economic Policy*，60f. ；Bernand，op. cit. ；Murray，143f. 。
②　D. Kennedy，*JEA* 71(1985)，156—169 修改了文字辨析，参见 *CIL* iii 6627＝*ILS*
　　2483，修改处见 *CIL* iii 14147；另见 *CIL* iii 6123。相关讨论参见 Sidebotham，*Eco-
　　nomic Policy*，65。
③　Murray，139，145f. ，pl. xv，2；Sidebotham，*Economic Policy*，64，pls. 7 and 8.

和"低地"哨所。① 它们是体型虽小但很坚固的瞭望塔,位于旱谷道路系统沿线的山头和低洼坡地上。这些塔均呈正方形,高度在 2 到 2.5 米之间,没有内部空间。关于这些塔的功能,有人提出了 3 种意见:②

（1）其作用是向附近的 *hydreumata*（译注: *hydreuma* 的复数形式,意思是有供水的驿站）发出信号,提醒有商队或是掳掠的游牧民靠近,这样驿站就能采取措施来接待商队或防御进攻。

（2）其作用是在有商船到达琉克斯港时给柯普特斯发出信号。

（3）用于维持当地治安:可以利用信号塔在山上与山谷之间就小的安全问题双向发送信号。从山上很容易发现小股的土匪或是劫掠者,从而在山下对付他们。

不论这些塔的功能为何,必须记住的是,它们是由 *skopelarioi* 来把守的,即被强征劳役而担任哨兵的平民,这些人无法从事那些需要职业军事技能才能完成的任务。对第（3）种功能有支持的是,我们回忆起在内盖夫的 4 世纪要塞也是位于地势较低的地点,而简陋的瞭望塔都建在道路沿途的山顶上。

哈德良修了一条道路,将在安提努（Antinoe）的基地与米奥斯赫尔莫斯港连接起来。③ 据一段碑文记载,他"开通了一条新的哈德良道路,沿着红海从贝雷尼斯通往安提努,穿过安全而平坦的地区,并设有 *hydreumata*、*stathmoi* 以及 *phrouria*"（这些希腊词的意思分别是 *lacci*、*stationes* 和 *praesidia*）。我们已经注意到,在这些道路上没有里程碑,尽管它们作为罗马道路的身份已

---

① R. S. Bagnall, *CE* 57（1982）, 125—128;另见 R. Coles, *ZPE* 39（1980）, 126—131 and the Amsterdam Ostraka, *Studia Amstelodamensia* ix（1976）。关于从陶片上获得的有关这种设施的信息,参见上文第三章。

② Bagnall, *CE*. （1）S. Sidebotham, （2）D. Whitcomb and J. H. Johnson, （3）R. Bagnall.

③ *IGR* i 1142; *OGIS* 701, 137 年 2 月 25 日。这段文字让人想起在阿拉伯的图拉真道路上的一座里程碑。对照 Sidebotham, *Economic Policy*, 61。

经得到了可靠的证实。它们的功能无疑是用作红海与尼罗河之间的商业通道。① 对这些道路沿线的建筑物作出解释,对于其他那些相关证据模糊不清的地区具有重要性,因为这些建筑物与其他沙漠道路沿途的设施看上去简直一模一样。

让我们通过图示来比较对埃及驿站和一处阿拉伯要塞的描述。首先是埃及驿站:

> 驿站都建在道路旁,虽然在细节上各不相同,但基本上都属于同一类型——有一处长方形的商队旅舍,有坚固的碎石围墙,在门口两边都有以特定角度修筑的侧塔,通常用琢石砌成……里面挤满了为守备部队和旅行者准备的房间,但在中央通常有一口水井和留给牲畜的露天空地。②

然后是约旦的贝希尔堡:

> 驻军所需的供水来自外面的一个大水塘和几个水池,以及两个要塞内的蓄水池…… 要塞的布局呈几乎正方的矩形……有 4 座向外突出的角塔……两座向外凸出的矩形墙中塔从两侧夹着位于西南墙上的大门口……要塞里面有一个宽敞的中庭,周围是一排排靠着围墙修建的房屋。在几个底层房屋的墙上明显修有饲料槽,表明这些房间曾被用作马房。③

201

---

① 例如 Pliny, *NH* v 11. 60:"Coptos Indicarum Arabicarumque mercium Nilo proximum emporium."总体参见 Sidebotham, *Economic Policy*。

② Murray,140;对照 Sidebotham, *Economic Policy*,63:"那个 *hydreumata*……与罗马营地很相似……",以及后面的描述。

③ Parker, *Romans and Saracens*,54。我在描述这一设施时省略了很多重要细节。关于该处建筑,参见上文第 172—174 页(按:原书页码)。

我们可以看出,这个建筑物实际上并不是一座要塞,而是一处
praetorium,即总督的路边住所。

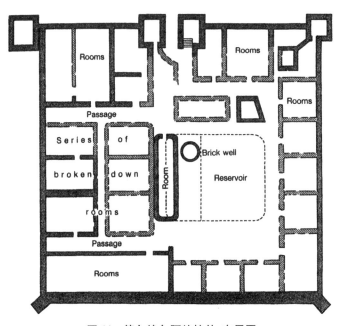

图 11　德尔埃尔阿特拉什:布局图

埃及的一些 *hydreumata* 与麦扎德塔玛尔这样的遗址,它们
在很多方面的相似之处都令人吃惊。它们都是正方形的结构,并
带有角塔。房间常常紧靠着要塞围墙的内壁修建。一个大蓄水池
占据了很多内部空间。与麦扎德塔玛尔一样,埃及的驿站也建在
地势较低的地点,以便收集水源,而在附近的小山顶上则建有瞭望
塔。[①] 麦扎德塔玛尔的防卫情况甚至还不如一些埃及的道路驿
站,它的围墙上没有墙间塔,因而无法对入口处施加保护。

---

① 例如 Sidebotham, *Economic Policy*, pl. 7; 在位于柯普特斯–琉克斯港(Quseir)道路
上的瓦卡拉埃尔里特玛(Wekalat el-Liteima),能看见一处设防的 *hydreuma*,在旱
谷中有开挖的蓄水池或水井,在山上有瞭望塔。

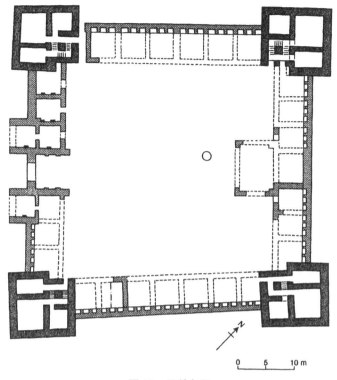

图 12　贝希尔堡

在与埃及的设施进行比较后，我们得出的结论是，那些埃及的
设施时间为 1 世纪和 2 世纪，而那些巴勒斯坦和阿拉伯的设施时
间为 3 世纪和 4 世纪，由此看来，这种组织方式似乎并非某一个时
期或地区的特征，而是罗马和拜占庭的修筑者们发现的最方便的
修筑方式。尽管这种建筑物在大小和实际使用中有很多不同的形
式，但在它们的布局中没有任何东西可以让我们将其定义为纯军
用、纯民用，或是两者兼具。至于埃及的道路系统和设施，显然是
由军队来负责修建和维护的。① 在阿拉伯的贝希尔堡，我们有幸

203

---

① Sidebotham, *Economic Policy*, 64—67.

见到了一处 293—305 年的建筑铭文,它居然对具体用途作了说明。不管怎样,重要的是,这些建筑物也许看上去像是有重兵把守的要塞,但它们的选址却丝毫没有考虑是否易于防守的问题。

学者们有点过于喜欢将任何民用特征不明显的罗马遗址都说成是防御性设施。这里可以谈谈一个例外的情况:在帕尔米拉-黑特道路经过的亚斯施瓦布旱谷(Wadi as-Swab)中有很多古代的遗迹,奥莱尔·斯坦因爵士对其中一处大型设防建筑物的功能进行了思索。这些遗迹是由坡伊德巴德发现的,斯坦因对它们进行了研究,他不同意坡伊德巴德的意见认为这些是防御性设施。通过与现代的中途停留站进行类比,斯坦因指出这是一处古代的道路驿站。[①] 斯坦因得出这个结论的理由在于,该建筑物显然不可能是防御性设施。不过,在其他时候,当这种不可能不那么明显时,他也毫不犹豫地将那些古代的遗址诠释为防御线上的组成元素。

这种对道路驿站的错误诠释并不新鲜。在普罗柯比那里就有好几个例子。据其记载,修筑帕尔米拉是为了防止萨拉森人发动袭击进入叙利亚,[②]而塞尔吉奥波利斯(Sergiopolis)(雷萨法(Resapha))是一座经过设防加固的教堂。[③] 但是在《波底加地图》上,雷萨法似乎更像是帕尔米拉-苏拉道路上的一处道路驿站,而在《官职录》中,它则是 *equites promoti indigenae*(辅助军骑兵)的驻

---

① Gregory and Kennedy, 217f.

② *De aed.* ii 11. 10—12.

③ ii 9. 3. 关于该遗址,参见 A. Poidebard and P. Mouterde, *Le limes de Chalcis* (1945),131—134;关于该道路驿站的位置,参见 131,134。参见 M. Mackensen, *Resafa*, i(1984)完整公布了围墙外面的建筑结构,另见 T. Ulbert, *Resafa*, ii, *Die Basilika des heiligen Kreuzes in Resafa-Sergiupolis*(1986)。陶器在时间上大多来自 5 世纪以后。另见希腊文的建筑铭文,记录了塞尔吉欧利斯(Sergioupolis)主教阿布拉莫(Abraamios)于 559 年奉献了圣十字架教堂(对照 J. and L. Robert, BE 1978,521),以及希腊文涂鸦,发表于 C. Römer, pp. 171—177。关于该遗址在拜占庭时期的重要性,参见下文第五章。

防营地。① 他把西奈山山脚下圣凯瑟琳修道院的用途完全理解错
了,他认为对该修道院进行设防的目的是为了防止萨拉森人入侵
巴勒斯坦。②

204

另一方面,我们必须注意,在西方的道路上存在着一些相同的
情况,在晚期罗马时期,这些道路沿途建起了一连串的警戒哨所,
这些哨所有时也被不正确地说成是 *limites*,例如,从布伦(Bou-
logne)经图尔奈(Tournai)、通格伦和马斯特里赫特去往科隆的
道路。③

即便是在那些我们没有碰到旨在为旅行中的平民或军队提供
服务的道路驿站的地方,也必须将针对敌国入侵或大规模袭击的
防御行动与任何旨在控制沙漠地区的维持治安活动区分开来。很
多罗马晚期和拜占庭时期的沙漠要塞被装备起来,显然是为后一
个目的服务的。它们被信心满满地设置在防御性很差的地点,挡

---

① *Not. Dig. Or.* xxxiii 27.

② ibid.,v 8. 9. 对照 P. Mayerson,*BASOR* 230(1978),33—38。Averil Cameron,*Pro-
copius*(1985),96f. 指出普罗柯比其实是对的:该修道院并没能阻止对巴勒斯坦的
袭击,但它的"作用是通过体现拜占庭的强大威力来阻吓以掠夺为目的的军事袭
击,这种袭击是在那个地区的主要攻击方式"。如果目的果真如此,那么这样的选
址就让此举完全成了白费力气。整个西奈尤其是西奈南部自古以来都人烟稀少。
到 1917 年,西奈的总人口也不超过 7000;Geographical Handbook Series,*Western
Arabia and the Red Sea*,ed. K. Mason(Naval Intelligence Division,²1946),366。即
便在西奈南部也很难想象还有比那座修道院更与世隔绝的地点。即使是穿过该地
区的几乎没有水源的几条路线也很难到达那里。该地区任何掠夺性袭击的目标只
可能是朝圣者。我们没有像样的理由要大费周章来否认一个明显的事实,那就是
普罗柯比并不知道该修道院在西奈何处——尽管他来自恺撒利亚。如果拜占庭政
府真的想表现自己的权威,唯一合乎理性的选址应该是法伦定居地。

③ H. Schönberger,*JRS* 59(1969),183 with fig. 23 and 179:"虽然道路上有小型军用
要塞和 *burgi* 的保护,但它并不是边境线。其他地方在罗马后期修建的道路也受
到类似的保护。"Schönberger 提到了在君士坦丁时代、或更可能是在瓦伦斯时代
修筑的连接特里尔(Trier)、宾根(Bingen)和美因茨(Mainz)的"奥索尼乌斯(Auso-
nius)之路",以及从奥格斯堡(Augsburg)到肯普滕(Kempten)和布雷根茨(Bre-
genz)的道路。

住道路和通道,控制并利用水井和其他水资源(这是防止土匪的关键因素)——当然,它们也起着巡逻队基地和地区行政中心的作用。

　　有关去往西奈山的朝圣者们使用道路驿站的描述也许对我们会有所帮助。《艾格丽娅旅行记》(*Itinerarium Egeriae*)中讲述了一次旅程,时间是 383 年,笔者取道克莱斯玛(Clysma)(苏伊士)、佩鲁休姆(Pelusium)和西奈的沿海道路,从耶路撒冷去往西奈山,然后再返回。[①] 当在西奈旅行时,她受到了以法伦为中心的萨拉森部落的保护。[②] 当她在克莱斯玛(苏伊士)进入埃及时,看到了一系列使用中的 *mansiones*,它们的作用是中途停留站,也是那些护送途人的军队官兵的基地,他们负责把旅行者送到下一个停留站:"从克莱斯玛和红海要经过 4 个沙漠中的中途哨站,你才能到达阿拉伯的城市[可能是法卡萨(Phacusa),法克斯(Faqus)]。由于沙漠的环境,他们必须在每个中途哨站为士兵及其军官提供住处,是他们把我们从一个要塞护送到下一个要塞。"[③]请注意,这里的 *mansiones* 具有双重功能。当旅行者到达埃及中心地区的公共道路后就不再需要保护了,于是士兵们被打发走了。[④] 在 4 世纪

---

① 关于时间,参见 P. Devos,*Analecta Bollandiana* 85(1967),165—194。

② 此观点详见 Z. Rubin,"Sinai in the Itinerarium Egeriae' Atti del convegno … "(1987),176—191。我并未参考 P. Maraval,*Égérie*,*Journal de voyage*(1982)以及 *Lieux Saints et pélerinages d'Orient*,*histoire et géographie des origines à la conquéte arabe*(1985)。

③ *Itineratium Egeriae* ix 2(*CCSL* clxxv 47):"Sunt ergo a Clesma, id est a mare Rubro,usque ad Arabiam civitatem mansiones quattuor per heremo sic tamen per heremum,ut cata mansiones monasteria sint cum militibus et prepositis,qui nos deducebant semper de castro ad castrum. "Trans. J. Wilkinson,*Egeria's Travels to the Holy Land*(1981),101;关于对阿拉伯的确认,参见其著作第 216 页。

④ Op. cit. ,ix 3,*CCSL* clxxv 49:"Nos autem inde iam remisimus milites,qui nobis pro disciplina Romana auxilia prebuerant,quamdiu per loca suspecta ambulaveramus;iam autem,quoniam agger publicum erat per Egyptum … et ideo non fuit necesse vexare milites. "

中 *mansiones* 和 *xenodochia*(为贫困者提供的医院)都是由当局修建并经营的。我们曾听说过,一位安条克的主教在 350 年发起过修建这种设施的活动。[1] 据说,君士坦提乌斯皇帝把大笔的钱用在了修建教堂、照顾孤儿和建立 *xenodochia* 上面。[2] 尤多西娅皇后(Eudoxia)拨款在加沙修建了一所接待站,朝圣者们可以在那里免费住宿 3 天。[3]

很多设施都同时发挥着多种功能。在一段被认为是安东尼纳斯·普拉森提努斯(Antoninus Placentinus)所写的去往西奈山的旅行笔记中,提到了 3 处 *xenodochia*,其中两个是既有教堂也有 *xenodochia* 的要塞,另一个是 *castellum modicum*,即下文中的 *xenodochium*(救助站)。[4] 在阿拉伯有好几处要塞里面都建有教堂。[5]

---

① *Chronicon Paschale*,AD 350,ed. Dindorf,535f. 关于基督教旅舍,参见 H. Leclerq,*Dictionnaire d'archéologie Chrétienne et de liturgie*,vi 2. 2748—2770,s. v. hopitaux,hospices,hôtelleries。

② *Chron. Pasch.* AD 360,ed. Dindorf,545。

③ Mark the Deacon,*Vita Porphyrii* 53,ed. Grégoire et Kugener,44;对照 Carol A. M. Glucker,*The City of Gaza in the Roman and Byzantine Periods*(1987),97。关于尤多西娅财富的可疑来源,参见下文第 365 页(按:原书页码)。

④ Antoninus Placentinus 35,*CCSL* clxxv 146f;距离埃利萨 20 英里处就是"castrum in quo est xenodochius sancti Georgi,in quo habent quasi refugium transeuntes vel heremitae stipendia"。此处提到圣乔治,说明这是一处军用旅舍(参见上文第 177 页,按:原书页码)。P. Mayerson,*Proc. Am. Phil. Soc.* 107(1963),170 指出这就是涅萨纳的要塞。ibid. ,41,*CCSL* xxv 150:"... castellum modicum,qui vocatur Surandala;nihil habet intus praeter ecclesiam cum presbytero suo et duo xenodochia propter transeuntes. "

⑤ Deir el-Kahf;H. C. Butler,*Ancient Architecture in Syria*,*Publications of the Princeton Archaeological Expedition to Syria*,ii A 2 *Southern Hauran*(1909),146,fig. 127;再现于 Parker,*Romans and Saracens* 23,fig. 6。Qaasr el-Ba'iq;Butler,82,fig. 61,再现于 Parker,25,fig. 78。修建在乌姆埃尔耶马尔"兵营"中的小教堂;Parker,28,fig. 9。关于在乌德鲁的 *principia*,参见 A. Killick,*Levant* 15(1983),110—131,esp. 121,125。关于约 500 年修建于里琼军团大本营中的教堂,参见 R. Schick,in Parker,*Roman Frontier*,353—277。

在叙利亚的很多要塞中也发现有教堂。① 很可能这些要塞中有的可以被描述为是包含有 *xenodochium* 和教堂的 *castella*，其实是具有不同功能的设施。到了 5 世纪和 6 世纪时，在一座只具有纯粹军事功能的要塞中仍然可能包含有一所教堂。

206 因此，我们应该提一下奥博达（阿弗达特）和涅萨纳（Nessana)的卫城。这两座卫城显然是在拜占庭时期变成了它们现在的模样。② 它们都被分成了两个部分，一半被教堂(在奥博达有两座教堂）及其附属建筑占据，另一半是一座呈椭圆形的要塞。在奥博达的要塞中建有蓄水池和一间小礼拜堂，而在涅萨纳就靠着两面墙壁建了一排房屋。来自涅萨纳的纸莎草文卷显示，5 世纪时有一支叫作"狄奥多西集群"（*numerus Theodosiacus*）的骆驼骑兵部队驻扎在那里。人们往往用这些要塞作为例证，以此说明集中式的规划没能考虑到当地的需求。伍利（Woolley）和劳伦斯（Lawrence)写道："那里的要塞是查士丁尼规划的，也极有可能是他修筑的，但是只有官僚主义的书呆子才会硬在沙漠中摆上如此不恰当的防御设施，它们看上去更像是为了实践某种理论，而不是为了满足当地的需求。"③更正确的说法是，这样的工程不符合现代人对拜占庭整合方式的成见。这两座小城都位于穿越沙漠的重

① Butler,ii A 3. ,Umm idj-Djimal(1913),171;来自安德罗纳(Androna)、斯塔博安塔尔(Stabl 'Antar)和伊尔哈巴特(il-Habat)的例证，时间都是 556—558 年；ibid. ,ii。B. Mouterde and Poidebard,174f. 以及第 217 页上的碑文注释 56—60(安德罗纳和斯塔博安塔尔)。照片参见 J. Wagner,*Antike Welt*,Sondernummer(1985),66。
② 关于涅萨纳，参见 H. D. Colt et al. ,*Excavations at Nessana* i(1962)。关于时间，参见 C. J. Kraemer,Nessana:*Non-literary Papyri* iii(1958),16,22。Colt,i 6 指出涅萨纳的要塞与位于奥博达的一处更小的要塞在布局上很相似，几乎可以肯定它们属于同一时期。有关奥博达要塞的布局与照片，参见 Avi Yonah and Stern,*Encyclopedia of Archaeological Excavations in the Holy Land* ii(1976),347f. (A. Negev)。要塞时间被确定为 6 世纪，有何根据不甚清楚。
③ L. Woolley and T. E. Lawrence,*The Wilderness of Zin*(1914—1915),49;接着是 Mayerson,*TAPA* 95(1964),185。

要路径上。它们都配备有教堂、修道院和要塞,可能还有 *xenodo-chium*。这两座建筑物可能还具有其他我们尚不知晓的多种功能。特别是它们很可能在该地区彰显着政府的权威。在涅萨纳的骑兵部队维持着一个更广泛地区的治安。这些部队不太像是会去参加当地的防御。修建要塞这件事本身也并没有什么出奇的地方,罗马军队一直都在为自己建造永久性的住所。

或许有人要问,为什么很多 4 世纪以及后来的民用或半军用建筑被修成看似要塞的模样?答案可能是因为很多建筑实际上是由部队单位修建的,当地往往没有易于组织的民用建设力量,而且军用建筑造价便宜——无需劳力成本。[①]另一个原因可能是军事力量被视为等同于国家权威,因此任何想要体现这种权威的建筑物都被打造得看上去像是军用设施。如果想要建筑物显得威武霸气,自然就会采用堡垒的样式,这也是传达罗马权威的方式,哪怕并不真的指望这些堡垒去经受敌军的攻打。这不过是用另一种方式来提出以下论点,即这些在 4 世纪中垒起来的庞大建筑物,在精神上与那些更早时期在拉姆贝斯(Lambaesis)修建的 *principia* 是相通的。戴克里先在斯普利特(Split)的行宫看上去就像是一处军营,但是它就和克里姆林宫外的高墙一样,压根就不是建来保卫边疆的。

Limitanei

我们首先要注意的就是 *limitanei* 这个词的适用含义,它的意思是"在 *limes*——即边境地区——服役的军人"。这符合我们在本章第一部分对 *limes* 一词所作的定义。*limitanei* 的意思并不是屯垦士卒或农民士兵。这个词把具有地方指挥权的 *dux limitis*

---

① 正如 J. C. Mann 教授为我指出的那样。

辖下的部队与 *comitatenses*（即野战军）区分开来。例如在巴勒斯坦，根据查士丁尼的《新律汇编》第 103 条，受 *dux* 指挥的军人中就包括 *limitanei*。这些人可能到 *dux* 管辖范围内的任何地方去服役，而不一定只限于行省的某个具体地方。例如，巴勒斯坦的 *dux limitis* 是所有 3 个以巴勒斯坦命名的行省的军事指挥官，他负责处理在这些行省中所有地方的军事事务。因此 *limitanei* 可能出现在巴勒斯坦的任何地方，其职责也不局限于守卫边境。因此，一份公元 409 年的法律文书可以同时提到第一、第二和第三巴勒斯坦行省的 *limitanei*。① 当然，第一和第二巴勒斯坦行省根本就不靠近任何边境线。484 年的撒马利亚人暴动被 *dux Palaestinae* 率领的大军（也就是 *limitanei* 部队）镇压了下去。② 然而，我们在锡索波利斯的西里尔（Cyril）所记录的一段情节中发现，*dux* 要对整个巴勒斯坦地区的安全负责，西里尔讲述说 *dux* 奉命将守备部队部署在一处即将建成的要塞中，目的是为了保护犹地亚沙漠中的修道院（在第一巴勒斯坦（Palaestina Prima）境内）。③ 同样，这一切让我们能够对这些部队的功能作出各种假设。这种 6 世纪时的情况同样适用于 4 世纪。普罗柯比就将 *limitanei* 描述为正规军士兵，他们被派驻在"国家边境地区（*eschatia*）的各个地方"。④

　　最后，如果 *limitanei* 是正规部队而不是农民武装的话，那么

---

① 　*Cod. Theod.* vii 4. 30；*Cod. Iust.* xii 37. 13："Limitanei militis et possessorum utili-tate conspecta per primam，secundam ac tertiam Palaestinam huiuscemodi norma processit"等等。

② 　Malalas，382；*Chronicon Paschale*，603f. Procopius，*de aed.* v 7. 8 在暴动后一支人数众多的驻军被部署在奈阿波利城，另一支较小的部队则驻扎在基里心山，这里曾是撒马利亚人的信仰中心，但已经被改建为一所教堂。这些士兵一定也都是 *limitanei*。

③ 　Cyril of Scythopolis，*vita Sabae*，73，ed. Schwartz，178.

④ 　*Anecdota* 24. 12f.

我们就必须假定,我们所知的从 4 世纪以降存在于军队与平民之 208
间的区别,也适用于帝政时代。换句话说,在《官职录》或在来自贝
尔谢巴的公告残片中列出的军事单位都是正在实际服役的部队。
他们可能是从当地人中招募的,这些军人作为平民时可能拥有土
地,而且他们的土地与平民拥有的土地具有相同地位,但我们没有
理由认为这些人被当作平民对待或从事农业耕作。他们有权得到
由当地人口提供的实物或货币供应,这从贝尔谢巴的公告中可以
清楚地看到。①

　　来自涅萨纳的时间为 6 世纪的纸莎草文卷生动地说明了这些
问题。② 涅萨纳是骆驼骑兵部队"狄奥多西集群"(numerus Theo-
dosian)的大本营。③ 该部队在 548 年时肯定驻扎在那里,到 590
年时还在那里,之后不久就可能被解散或调走了。④ 这支部队的
士兵,至少是其中的部分本地人士兵,在该地区拥有田产。重要的
是,当一名士兵将其通过父权继承的土地转移到另一名士兵名下
时,办理登记的场所是在埃利萨的地方登记机构。⑤ 而另一方面,
士兵之间产生的法律纠纷却是由军营中一个正式的军事法庭来作
出裁决。⑥ 在已经发现的记录了个人和钱财交易的大量士兵档案
中,我们看到,与帝政时代一样,军队总部起着为士兵出具个人证
明文件的功能。⑦ 这一切都显示,这些人是受制于军事管辖的正

---

① 关于 contra 一词的德文译法,参见 A. Alt, Die griechischen Inschriften der Palae-
　　stina Tertia (1921), no. 2, p. 8, 前提条件是 duces 和 limitanei 需要发放报酬,而不
　　是接受报酬。
② C. J. Kraaemer(ed.), Excavations at Nessana, iii. Non-Literary Papyri (1958).
③ No. 15 and comments on p. 41 讨论了这支部队的身份。Nos. 35 and 37 可知这是
　　一支骆驼骑兵部队。
④ No. 19 of AD 548, no. 24 of 569, and no. 29 of 590 with comments on pp. 24 and
　　89. 提到"来自涅萨纳营地的皇家士兵"(参见第 3 行)证明该部队仍在该地。
⑤ No. 24.
⑥ No. 19 of AD 248, with comments on pp. 60f.
⑦ Kraemer, Introduction, p. 5.

规士兵,而不是农民士兵。作为公民,他们可以拥有土地,受地方政府管辖,并有家人与他们住在一起,从塞普蒂米乌斯·塞维鲁时期开始就正式允许这样做了。事实上,这与在恩戈地的情况一样,在哈德良统治期间,那里有一名百夫长用村庄里的一个院子作为抵押,将钱借给一个平民。① 如果他的债务人还不上钱的话,他就将成为这个院子的拥有者。至少有一份纸莎草文卷显示,驻扎在第三巴勒斯坦行省的 *limitanei* 实际上从属于国土指挥部,其管辖权覆盖了所有的几个巴勒斯坦行省,有一次抽调了 7 个小分队去往恺撒利亚,为那里正在执行的任务补充兵员,②其中一名士兵还被转派到埃及。另一份纸莎草文卷似乎显示,该部队有两名士兵在埃及行省的犀牛角城(Rhinocorura)生活了很长一段时间。③

　　普罗柯比在其《秘史》(*Anecdota*)中说,*limitanei* 被查士丁尼遣散了。这句话出现在作者针对这位皇帝采取的那些不利措施而作的长篇评论中:④

　　　　既然关于军队的讨论将我们带到了这个问题,我想再补充一点。过去的罗马统治者在国家的所有边疆地区都部署了大量军力,为的是守护帝国的边境,尤其是在东部地区,阻挡波斯和萨拉森人的侵扰。他们把这些部队叫作 *limitanei*。对于这些部队,查士丁尼皇帝从一开始就既不关心,又还吝啬,以至他们的军需官拖欠军饷达 4、5 年之久。当罗马与波斯之间达成和平时,这些可怜的士兵被迫将拖欠了一定时间的军饷捐给公共财政,理由是他们也从和平中获得了好处。后来,他又毫无道理地褫夺了他们的军队番号。从此以后,罗

---

① 参见上文第 137 页(按:原书页码)。
② No. 37 with comments on p. 22f.
③ No. 15.
④ *Anecdota* 24. 12—14.

马帝国的边疆就无人把守了,突然间,上兵们发现自己必须转
而求助于那些做善事者的施舍了。

　　这段话被人们过于当真了。普罗柯比自己在《建筑》一书中就
说过,有好些个哨所中都设置了由 *duces* 指挥的正规士兵(也即
limitanei)组成的具有战斗力的守备部队。① 普罗柯比的描述存
在很多缺点,但他对正规部队与民兵之间的区别还是清楚的。②
查士丁尼于 528 年命令腓尼基、阿拉伯以及美索不达米亚(以及部
落酋长们)向蒙达进军,因为他杀害了依附于罗马的金达国(Kin-
dite)藩属王阿勒萨斯(Arethas)而要对他施以惩罚。③ 在这个阶
段显然毫无疑问,由 *duces* 指挥的部队可以在远离家乡的地方从
事艰苦的征战。在时间为 536 年的查士丁尼《新律汇编》第 103 条
里提到的各支部队中就包括 *limitanei*,据这份文件记载,在 530
年爆发了严重的撒马利亚人暴动后对巴勒斯坦政府进行了重组。
文件强调,这些部队在该行省中的首要任务就是镇压宗教叛乱。
541 年,贝利萨琉斯(Belisarius)向着波斯军队进发,他率领的军队
中包括黎巴嫩和腓尼基的 *duces* 及其部队。④ 他们参与了在波斯
属美索不达米亚的战事。这给这些部队造成了很大的困扰,因为
这意味着由他们负责管辖的行省有受到敌军攻击的危险,但贝利
萨琉斯不愿意放他们回去。⑤ 所有这些都透露出东方的 *limitanei*
不仅在查士丁尼统治时期存在,而且可能还发挥着经过全副训练
的野战部队的功能。

210

---

① 　*De aed*, iii 3. 134;阿特雷森(Artaleson,在埃尔泽努姆(Erzerum)的科尔扎纳
　　(Chorzane)以南);ii 6. 9;在色西昔姆;iii 6. 17:在查尼克(Tzanike)。
② 　对一支农民武装的描述,参见 *De aed*. iv 2. 15。
③ 　Malalas,434f.
④ 　Procopius,*Bell*. ii 16. 17—19.
⑤ 　*Bell*. ii 19. 39.

　　我们在关于 4 世纪时叙利亚各地 *limitanei* 的组织方式和军用设施方面还有些许信息,但是到 5 世纪和 6 世纪时的情况如何就不那么清楚了。① 既然有可靠的证据显示部队被从巴勒斯坦部分偏远地区的要塞中撤走了,那么有个问题就会冒出来,在叙利亚是否也是如此呢？目前尚无考古材料可以帮到我们,文献证据也尚不足以得出结论。然而,至少有一个迹象说明在大马士革与幼发拉底河之间的部队被撤离了。将近 6 世纪中叶时,游牧民首领当中发生了一场有关帕尔米拉放牧区的争论。② 其中一方认为该地区的名称中有“strata”一词,说明它属于罗马帝国。这显然是指过去的 *strata Diocletiana*(“戴克里先大道”),而会发生这种争论这一事实本身就表明那里并无军队存在。在 6 世纪中,当库斯罗包围了帕尔米拉-苏拉道路上的雷萨法时,该城民众在没有帝国军队帮助的情况下保卫了自己。③ 同一时期,游牧民在叙利亚和奥斯若恩发动袭击要比在美索不达米亚北部更容易,因为在美索不达米亚北部有大量的警戒哨所,使得要想发动偷袭非常困难。④ 我们也许注意到了,在考古方面,这些警戒哨所不太为人知晓。由此可以得出结论,很可能至少是叙利亚沙漠地区的部分军队被撤走了。

　　在涅萨纳的部队撤离或是解散的时间对于巴勒斯坦的 *limitanei* 这个问题具有一定的重要性。首先,已经有确切的证据证实在查士丁尼去世后该部队还留在那里,这无可争议地证明至少这支 *limitanei* 部队并未受到查士丁尼采取的任何措施的影响。⑤

---

① 关于叙利亚在 6 世纪时的防御措施,参见 W. Liebeschuetz,*SMR* ii(1977),487—499。
② Procopius,*Bell.* ii 1.3ff. 对照 Liebeschuetz,*SMR* ii 489。
③ 参见下文第五章。
④ Procopius,*Bell.* i 17.34 引述了莱赫米人蒙达给波斯国王提的建议。关于实际发动袭击,参见上文第二章和下文第五章。
⑤ 例如,Kraemer,*Non-Literary Papyri*,no.37,时间约在 560—580 年,记载了分配给军队的军用骆驼,每一名 *decurio*(十夫长)骑一匹骆驼。

其次,纸莎草文卷中没有提到部队的撤离严重影响了经济繁荣或 211
平民百姓的日常生活,大量的修筑活动不断出现一直到 7 世纪
时。[①] 不过,考古证据表明,在其他地方出现了放弃要塞的举动。
位于约维塔的要塞在 4 世纪末以前就被遗弃了,[②]外约旦中部有
几个地点在 6 世纪时也无人把守。[③] 看来在第三巴勒斯坦确实出
现了军力减少的现象,但这些都发生在查士丁尼统治以前,因而并
不支持普罗柯比关于 *limitanei* 被查士丁尼解散的说法。

　　在约旦东北部的沙漠地带没有发现有关撤军的证据。一处时
间为 529 年的铭文记载了对哈拉伯特要塞的修葺。[④] 在阿拉伯北
部的几处遗址发现了阿纳斯塔西乌斯有关边疆部队的法令残
片。[⑤] 在尚无更可靠的信息时,看来最好假定的确有部队被从一
些偏远的沙漠哨所中撤走,这些哨所是在戴克里先和君士坦丁时
期设立的。撤军可能是分阶段完成的,因为有的要塞似乎有兵把
守的时间比另一些要长些。[⑥] 不过,实在是找不出什么一致的规
律,[⑦]将来的考古发掘结果也许会改变我们的观点。此外,还必须
强调,涅萨纳是唯一一个我们知道其驻军性质的地点。我们将在
下一章中指出,很有可能在第三巴勒斯坦行省的偏远地区实行了
不同的军事组织方式,涉及与阿拉伯酋长进行合作,直到被伊斯兰

---

① 　Kraemer,28f.

② 　参见上文第 188 页(按:原书页码)。

③ 　Parker,*Roman Frontier*,summary,820f.

④ 　Kennedy,Explortions,40.

⑤ 　Satre,*IGLS* xiii 1,no. 9046 以及第 111 页上的参考文献。在波斯卓和北边的 4 个
　　地点都发现了残片。

⑥ 　如前所述,约维塔在 4 世纪末以前就被废弃不用了。Parker,loc. cit. 列出了到约
　　500 年为止被废弃的几个地点:科尔贝埃尔菲特延(Khirbet el-Fityan)、鲁伊贝尼
　　亚西尔(Rujm Beni Yasser)和贝希尔堡。其他要塞,如里琼,到 6 世纪时还有兵把
　　守。正如所见,在涅萨纳的部队直到 6 世纪末以前从未撤离岗位。上佐哈尔、埃
　　因博科克和麦扎德塔玛尔直到被伊斯兰征服时还有驻军。

⑦ 　对此持不同观点,参见 Parker,*Romans and Saracens*,151f. 。

征服以前,这些组织方式的效果都颇令人满意;我们没有理由相信,不撤走那些在 4 世纪时驻守在沙漠中的部队就可以防止发生这种失败的结局。考虑到现有的信息有限,我们对这些问题的回答只能凭借推测。可能在 4 世纪中,军队的战线拉得过长。可以想象,到 6 世纪时,在那些代价高昂的战事之间和之后,其他的地方也需要有更多的部队。

最后,在我们讨论的时期中有两个主要的军用设施建设阶段,分别是戴克里先与君士坦丁时期,以及阿纳斯塔西乌斯与查士丁尼时期,这或许并非偶然。尽管凭我们的所知可能尚不足以理解军事活动的规律,但有必要注意,这些时期也正是罗马与波斯之间的战事最为激烈的阶段。在君士坦丁以后到阿纳斯塔西乌斯以前也的确发生过几次战争,而这期间并没有修筑活动,但即便如此,很可能时间为 3 世纪后期和 6 世纪的这两次主要的修筑计划与在那些年里发生的战事是分不开的。

沙漠中的军队:需要考虑的因素

我们在第三章中曾强调过,几乎没有关于罗马统治最初几个世纪中有军队在沙漠存在的确凿证据。对沙漠地区的突破显然是分阶段进行的。在塞维鲁时期,约旦东北部有了变化,而且越过阿伊拉(Aila)开展沙漠巡逻的时间也被确定为是同一时期。3 世纪的后 25 年和 4 世纪初的特征就是修筑各种永久性的建筑物,没有证据显示这些地方在 2 世纪时有人驻守。现在要想有把握地绘出地图尚为时过早,但无疑在内盖夫、约旦南部以及在约旦的东部沙漠道路沿途,罗马的军事存在有所增强。在叙利亚,我们看到,所谓的"戴克里先大道"沿途也出现了同样的情况。《罗马帝国官职录》和贝尔谢巴公告残片都清楚地显示了军队在大平原和沙漠地带的占领范围,虽然我们有时还无法对每一处遗址作出确切的鉴定。同样清楚的是，在晚期帝国时期，当军队在沙漠地区的军力增加时，巴勒斯坦内地和叙利亚沿海地区的部队就相应地有所减少。在这个时期，军团的规模缩小了，它们现在驻扎于外约旦的阿伊拉和里琼，以及通往叙利亚幼发拉底河流域的道路沿途。

目前，学界已经达成了一些共识，但部队的功能仍是一个有争议的问题。本书的观点认为，在拜占庭时期，美索不达米亚和叙利亚北部的安全局势与巴勒斯坦、阿拉伯和叙利亚南部的情况截然不同。关于北部地区已在第一章中进行了单独的讨论。南部地区相当来说比较安静，没有受到什么威胁，正如我们在第二章中指出的那样。因此，对于军队逐渐扩张到这些行省中偏远地区这一现象，不一定非要解释为旨在保护定居地不受游牧民入侵。在本章中，我已经试图说明，事实上，这些部队并不是组织来完成这种任务的。作为证明，我援引了几处铭文，显示有的要塞并不具备人们一般以为它们所具有的那些功能；我分析了不多的几个已经确定了时间的要塞；与已知的埃及境内的中途停留站进行了比较；并引述文献证据说明，沙漠驿站确实存在，从功能上讲，它们就是兵营和补给站的结合体。

如果我们同意，在沙漠中的罗马和拜占庭建筑物标志着维持治安和道路安全而不是国土防御，那么就可以问下面这几个问题了。罗马军力在这些地方的增强是否是对游牧民骚扰的增多所作出的反应，或这是否表明罗马当局开始接受过去他们所不愿承担的责任？如果是后一种情况，那么安全局势的改善是否是由于罗马干预的增加，抑或罗马军力增加实际上制造了过去所没有的紧张感，反而导致局势恶化，因而需要更多的干预？这种现象就曾在近代历史中发生在贝都因人身上："当统治者或邻邦对任何部落群体持续施加军事或行政压力时，将会迫使这个部落在更大的框架中去组织活动，并导致一个具有攻击性的领导层逐渐成长。"这种

213

组织虽然没有能力与如奥斯曼军队这样的对手展开全面战争,但却能够对抗小规模的惩罚性军事行动。[①] 然而,用这个道理来解释政治联盟的形成尚未被普遍接受;当社会学家和人类学家对于近代史中的此类问题还持有不同意见时,显然,我们不可能就这些问题在古代的情况得出确定的结论。无论如何都会有这种可能,每当有强大的中央政府发展起来时,贝都因人就会产生怨恨,并反抗来自中央政府的干涉和试图规管甚至改变其生活方式的努力,他们不希望受到他人的打扰。[②]

显然,任何想要穿越沙漠和大平原的人都需要保护,以免受到贝都因人的攻击。在古代的所有时期也都是如此。纳巴泰王国、帕尔米拉和埃及当局都曾经组织过这种保护,因为提供保护可以成为巨大的财富来源。罗马守备部队在中东大平原和沙漠地区的轨迹,标志着罗马当局为了保证所有形式的交通安全顺畅并收取金钱回报所采取的步骤,就像纳巴泰人和帕尔米拉人在他们那个时代所做的一样。我们没有必要认为这是因为游牧民造成的麻烦增多而作出的反应。

有一个关键的因素尚有待于更多的研究,并且在研究结果全面公布后才能加以评估,这个因素就是在拜占庭时期定居地的扩大。我们清楚地知道,在拜占庭时期巴勒斯坦,包括内盖夫西北部的人口密度,特别是在 5 世纪和 6 世纪时,超过了 20 世纪以前的任何历史时期。在内盖夫地区有奥博达、芒普西斯、埃利萨和涅萨纳等城市,此外还有很多较小的定居地,很多地点都有被军队占领

214

---

①   E. Marx in W. Weissleder(ed.), *The Nomadic Alternative : Modes and Models of Interaction in the A frican-Asian Deserts and Steppes* (1978), 52. Marx 举了鲁瓦拉人(Rwala)的例子,19 世纪时,他们在锡尔汗旱谷中由于奥斯曼王国与伊本拉斯德(Ibn Rashid)王国之间的紧张关系而受到压力。

②   在以色列将西奈归还给埃及之前不久,我曾问一位贝都因人,问他喜欢哪个政府。他回答说:"世上最好的政府就是无政府。如果非要有政府的话,希望那个政府不欺骗、不征税、不会夺走我们的土地,也不强求人们出示通行证。"

过的痕迹,①虽然这只局限于西北地区和中部地区;在东部和南部
地区的军事地点则一定是与道路系统而不是那里的居住地有
关系。

尽管这一趋势很明显是发生于拜占庭时期,但我们对于定居
地扩大的时间顺序还了解得不够,无法在定居地的扩大与守备部
队的增加之间建立起因果关系。另外,这并不是一个地区性现
象,在巴勒斯坦的其他地方也观察到了这种情况。甚至有可能这
还不只局限于罗马帝国。在巴比伦尼亚,特别是在迪亚拉平原上
也出现了相同的发展。有人指出萨桑统治期间目睹了定居地的
急剧增长,超过了在帕提亚时期达到的水平。泰西封"在伊辛-拉
尔萨(Isin-Larsa)时期,它的城墙围住的土地面积比其他 130 个
遍布整个盆地的已知地点的面积总和还要大,这个时期是自古以
来到当时为止的顶峰"。这个情况发生在河的东岸而不是西岸,
可能是因为前者遭受路过此地的罗马军队的破坏要远少于后
者。② 因此,我们面临的是一种在整个中东地区都观察到的现
象。要想对这种现象作出诠释,就必须对古代社会史有更好的
了解。

这里,我们要提到一个因素,不论其价值如何,这就是麦加作
为贸易中心在 6 世纪中令人惊叹的繁荣程度。③ 其原因我们尚不 　215
完全了解,但有可能与经过美索不达米亚的贸易受到罗马与波斯

---

① 关于埃利萨,参见 Y. Dan, *IEJ* 32(1982),134—137;P. Mayerson, *IEJ* 33(1983),
247—253; *Encyclopedia of Archaeological Excavations in the Holy Land*, ii
358f. 。关于奥博达和涅萨纳,参见上文第 206 页(按:原书页码)。P. Mayerson 凭
空猜测这个时期内盖夫的繁荣和扩张是由于朝圣者:*Cathedra* 45(1987),19—40
(希伯来语)。关于该地区的古代农业,参见 M. Evenari et al. , *The Negev: The
Challenge of a Desert* (²1982),95—119,179—219。

② R. McC. Adams, *Land Behind Baghdad* (1965),71—73.

③ I. Kawar, *Arabica* 3(1956),187—192;F. McG. Donner, *The Early Islamic Con-
quests* (1981),51f.

之间的战争干扰有关。① 不论这种可能性有多大,它显然意味着
当时阿拉伯与拜占庭帝国之间的贸易逐渐兴旺起来,而经过内盖
夫的贸易线路沿途也随之变得繁荣。

我们已经指出,沙漠驻军的增加表明当局开始接受过去未有
承担的职责,但还有一种我们并不了解的可能,即大平原或半沙漠
地区的安全情况有所改善,这些地区的定居点不断扩大,这些因素
本身都足以引起有军队撑腰的定居人口与生活在当地的游牧民之
间发生摩擦和冲突。② 拜占庭时期,内盖夫北部的城市化发展显
然已经干扰到了原先已经存在的游牧民那种迁徙不定的生活方
式,尽管我们并不知道干扰的具体方式。不过,很明显,人们在这
片土地上定居,并在城市和主干道沿途开辟水源势,这些必会限制
游牧民的活动,可能还缩小了他们赖以生存的草原面积。

我们对有关地区的定居模式尚需更多的了解。③ 在这方面,
对约旦的犹玛亚马(Humayma)——一处军事要点和平民定居
点——的探索工作十分值得关注。一份初步报告中指出,该地区
所有的罗马-拜占庭遗址都与图拉真道路有关,这与时间更早的纳
巴泰遗址不同,那些遗址分布广泛,且位于高地和小山上。而在犹
玛亚马遗址,罗马的设施与一个平民定居点并排存在。④

---

① 据 Procopius,*Bell.* i 20.9,11—12 记载,查士丁尼建议埃塞俄比亚人在丝绸交易中
充当中间商,以绕开波斯。这并不可能,因为波斯人控制着与印度连接的所有港
口,但反映出了当时有这种想法。

② 这是一种模式,例如在南非,参见上文第 27 页(按:原书页码)。

③ 关于内盖夫地区城镇的相关词条,参见 *Encyclopedia of Archaeological Excava-
tions in the Holy Land*;A. Negev,*ANRW* ii 8,520—686,esp. 620—663;总体参见
Y. Dan,*The City in Eretz-Israel during the Late Roman and Byzantine Periods*
(1984,希伯来语)。

④ W. Eadie,*ADAJ* 28(1984),211—224;J. P. Oleson,*Echos du Monde Classique* 28/
NS3(1984),235—244;另见 J. W. Eadie and J. P. Oleson,*BASOR* 262(1986),49—
76;Kennedy and Riley,146—148。在乌姆埃尔吉马尔的考古调查已发现一处纳巴
泰时期和罗马时期的没有围墙的居住地,以及一座拜占庭城市,在水库(转下页注)

最近,有人提出,对瓦迪哈萨的考古遗迹也许可以这样来解 　216
释,它证明了相对的和平共处,而不是永无止境的冲突。① 就是当
穆齐尔在控制松懈的时候,旅行经过该地区,也几乎没有发生任何
冲突。②

　　难怪贝都因部落会考虑试图用武力强行通过瓦迪哈萨
[也就是说,从南向北],因为在旱谷右岸的埃尔阿库萨(el-
'Akkuza)和科苏巴隘口(Ksuba),岩石齐整,易守难攻。那些
在旱谷北边从事耕种的部落决不允许四处游荡的贝都因部落
在春季或初夏通过他们的地盘。不过,他们却喜欢有贝都因
人在沙漠的边缘徘徊,因为这样他们就可以做买卖,交换很多
物品。这是哈耶特(Hajet)讲给我听的。

　　换句话说,穆齐尔解释了这种随季节迁移放牧的生活规律。
夹在阿拉瓦与外约旦沙漠之间的这片地区处于和平安宁的状态,
由于其地貌特点使得贝都因人无法真正进入瓦迪哈萨以北的定居
区。③ 只要贝都因人在收获季节前远离农民的田地,农民们就把
贝都因人视为有用的因素,因为可以与他们进行实物交易。我们
在第二章中看到,贝都因人会和平地将他们的羊群赶入村中收割

　　　(接上页注)旁有一座很小的 *castellum*。该城一直延续到乌玛亚时期;B. de Vries,
　　　DRBE i 227—241;Kennedy and Riley,183—185。作为乌德鲁考古项目的组成部
　　　分,还考察了其他几个地点,参见 A. C. Killick,*DRBE* i 431—436 以及参考文献。
　　　关于在外约旦的其他调查,参见 J. M. Miller,*BASOR* 234(1979),43—52;B. Mac-
　　　Donald,*BASOR* 245(1982),35—52;S. Hart,*Levant* 18(1986),51—58。
①　E. B. Banning,*BASOR* 261(1986),25—50;对其的批评参见 S. T. Parker,*BASOR*
　　　265(1987),35—51,班宁对此的回应,52—54。另见 E. B. Banning and I. Koehler-
　　　Rollefson,*ZDPV* 102(1986),152—170。
②　Musil,*Arabia Petraea*,ii 15.
③　对照 Banning,*BASOR* 261,43;关于该地区的游牧方式,参见 G. L. Harris,*Jor-
　　　dan:Its People,Its Society,Its Culture*(1958),51—53。

后满是庄稼茬的田地里。这个相似的场景本身并不能证明任何事情,但需要注意的是,在任何时期,迁徙活动都会受到地貌特征的制约和限定。在奥斯曼时期,贝都因部落有时会与叙利亚的城市之间发展起贸易和政治关系。①

有人指出,在经济层面上,阿拉伯的游牧民、半游牧民和定居人口长期以来一直处于相互依存的关系。② 前者依靠后者得到很多他们自己无法生产的必需品,如各种食品、布匹和金属制品。他们也出售一部分牲畜和相关产品,为商队担任向导和警卫并收取保护费。另外,在这些不同群体之间还存在着多种社会和宗教纽带。③ 所有这些并不是说该地区的生活平安无事和令人愉快,但存在着一种 *modus vivendi*(暂时性的妥协)是有可能的,其状态良好以至于令罗马当局克制自己不去进行大规模的干预。

217　　罗马的政策有可能导致了与我们在奥斯曼帝国观察到的完全不同的情况。在死海以东的沙漠地区进行的调查没有发现罗马和拜占庭时期的重要证据,这里的定居阶段似乎是在铜石并用时代/早期青铜器时代和纳巴泰时期/早期罗马时期。这或许表明罗马的占领结束了该地区的定居状态,而在以后的时期中再没有得到恢复。④ 与这些有关沙漠地带的结论迥然不同的是,在沙漠与死海之间的沃土地区,定居活动似乎在4世纪时有所恢复,在其他非沙漠地区也是如此。⑤ 这些结论都还只是基于地表的考察,因此只能作为有可能的假设而已。在犹地亚和内盖夫,显然拜占庭时期目睹了前所未有的发生在大片区域上的定居地扩张,这种扩张永远是繁荣和安全的表征,特别是当定居地数量多而面积小时尤

---

① N. N. Lewis, *Nomads and Settlers in Syria and Jordan*, 1800—1900(1987), 6f.

② Donner, 26f.

③ Donner, 27f.

④ V. A. Clark, in Parker, *Roman Frontier*, 107—163.

⑤ Frank L. Koucky, in Parker, *Roman Frontier*, 78.

其如此。

　　但所有这一切都不能掩盖以下事实,即军队继续在人口稠密的定居地区维持治安。我们在第三章中讨论了匪盗活动以及后来在巴勒斯坦出现的更加严重的骚乱,而第六章将进一步讨论军队在城市中充当警察部队的作用。不过,我们在罗马帝国后期,主要的冲突区域仍然位于罗马/拜占庭与波斯之间;而大部分军力也都被投入到这些冲突中去了。

218

第五章　塞普蒂米乌斯·塞维鲁时期以后的敌人与盟友

　　罗马帝国在 2 世纪末征服了美索不达米亚北部,这个事件造成了多个后果,特别是紧张程度的加剧导致了长达一个世纪的频繁战事。帕提亚王朝被萨桑王朝取代,伴随这一变局的是波斯在宗教、政权和社会方面发生了诸多变化。到 3 世纪中叶时,近 300 年来第一次出现了罗马在东方行省的军力不敌敌国的情形。我们不打算重述 2 世纪时罗马在幼发拉底河以东地区实施扩张后这几百年中罗马与波斯之间的关系史,但我们要对 3 世纪到 6 世纪期间所发生的这些变化加以讨论。

　　罗马与波斯之间的冲突在这一时期带上了不同的特点,原因有几个。首先,这两个敌对帝国之间的实力对比和美索不达米亚那些经过重重设防的城市,使得任何一方都更难以取得持久性的征服成果。

　　其次,当地人口的参与程度提高了。这并非是一个全新的现象:图拉真的征服成果就是因为新被征服的民族举行暴动而丢失的;他和塞普蒂米乌斯·塞维鲁都无法制服哈特拉人民的反抗活动。我们应该将罗马与帕提亚之间在 1 世纪和 2 世纪中的战争描述为一系列只有两个帝国的军队参与的战役,但在后来的战争中就完全不是这么回事了,经过设防的城市和"萨拉森"盟友都在其中扮演了重要角色。①

第三,在 4 世纪时匈奴人来到了高加索山以北的地区,从那里给两个帝国都造成了显著增大的压力。帝政时代的罗马偶尔采取过一些措施来防止有人跨越高加索山发动入侵,例如阿里安就曾调动军队去对付阿兰人,但那个时候并没有像在后来时期中发展起来的那种经常性的、或是十分严峻的压力和威胁。到后来,这种无时无刻不有的警觉状态本身成了两个帝国相互争斗中的一个重要因素。

虽然我们还会进一步讨论两个帝国在相互关系方面的目标,以及它们之间发生冲突的原因,但有 4 个话题值得我们重点探讨:(1)帕尔米拉在东方取得的短暂优势;(2)高加索地区在两个帝国之争中的重要性;(3)两个国家中萨拉森(游牧民)盟友所起的作用;以及(4)边境地区设防城市发挥的作用。在本章结束时,我们将试图对在拜占庭时期以及变化了的环境下两个帝国之间持续发生冲突的原因作出具体的解释。

帕尔米拉的独立

帕尔米拉的倏然崛起发生在 259/260 年沙普尔入侵罗马并在罗马领土上大肆破坏、击败并活捉了瓦勒良之后。② 这些都是影

---

① 在这里,"萨拉森"被用来泛指东方边境行省中的游牧民,而不论其种族和语言。像阿米阿努斯这样的古代史料来源似乎就是这样使用该词的(如见 Ammianus xiv 4;xxii 15,3;xxiii 6,13)。在《塔木德经》这样的古代史料中,"阿拉伯人"经常指具有游牧生活方式的人民,而不是某个语言或种族群体,但为了避免混淆,我用该词只指那些"讲阿拉伯语的人",而在谈论前伊斯兰历史时不用"贝都因"这个词。

② J. G. Février,*Essai sur l'histoire politique et économique de Palmyre*(1931),81ff. 事件年表参见 D. Schlumberger,9(1942—1943),35—50;G. Lopuszanski,*Cahiers de l'Institut d'études Polonaises en Belgique* 9(1951);T. Pekáry,*Historia* 11 (1962),123ff. ;PIR^2L 258;A. Alföldi,*Berytus* 4(1937),53ff. (=*Studien zur Geschichte der Weltkrise des 3 Jahrhunderts*(1967),138ff.)。

响巨大的重要事件,人们对它们进行了各种评估。主要的问题是,
帕尔米拉是依靠谁的帮助才得以上升为这样一个强邦,或换句话
说,是什么力量使得一个地方王朝居然能够让一个东方行省脱离
帝国,哪怕只延续了很短的时间。要弄清这些问题就必须考虑,帕
尔米拉的统治者们以为自己手中把握着的是一个什么样的帝国。
首先,我们必须回顾一下当时的现实状况,然后,我们将仔细研究
授予帕尔米拉的欧德纳托斯、后来又被其家人继承的那些称号。
这个话题本身意义并不大,但它反映出罗马帝国东部这些新冒出
的统治者们希望在民众心目中建立起何种形象。

欧德纳托斯集结了一支军队,当沙普尔返回时,在卡雷附近向
他发起攻击,并给他造成了严重的损失。① 在 261 年,欧德纳托斯
支持加里恩努斯(Gallienus)与两名皇位觊觎者开战,并在埃默萨
击败了他们。② 就是在此时,欧德纳托斯获得委任,负责指挥在东
方的罗马军队。③ 他利用从叙利亚的征税所得,强化了自己麾下
的罗马军队和帕尔米拉部队的作战能力,④并于 262 年发动反攻,
重新夺回了卡雷、尼西比斯以及所有那些原先属于罗马的美索不
达米亚地区。为此,加里恩努斯于 263 年荣获了"大获全胜的波斯
征服者"(Persicus Maximus)称号。⑤ 在此后的几年中,欧德纳托

220

① Festus xxiii;Jerome,*Chron.* 221(Helm);SHA,*Tyr. Trig.* 15;Malalas 297;Syn-cellus 716(Bonn).

② Zonaras xii 24;SHA,*Gallienus* 3,4;Petrus Patricius,*FHG* iv 195(Dio,ed. Boissev-ain iii 744);对照 A. Alföldi,*Berytus* 5(1938),47。

③ Zosimus i 39.1. 另见 SHA,*Gallienus* 10.1:"Odaenathus rex Palmyrenorum obtin-uit totuis Orientis imperium ... ";*Tyr. Trig.* 15.1—2;对照 Syncellus 716(Bonn)。

④ Festus xxiii:"Sub Gallieno Mesopotmia invasa etiam Syriam sibi Persae coeperant vindicare,nisi quod turpedictu est,Odenathus,decurio Palmyrennus,collecta Syro-rum agrestium manu acriter restitisset et fusis aliquotiens Persis non modum nos-trum limitem defendisset,sed etiam ad Ctesiphontem Romani ultor imperii,quod mirum dictum est,penetrasset."另见平行史料;ed. Eadie,91f. 。

⑤ *CIL* viii 22765; *ILS* 8923.

斯率军进入了属于波斯的美索不达米亚,并到达了泰西封,也许还不止一次。[1] 在打了这场胜仗后,欧德纳托斯可能给自己封了一个 *restitutor totius Orientis*("光复东方的统治者")的称号。[2] 到258 年时,[3]欧德纳托斯已经成了 *vir consularis*("前执政官"),此外,他作为帕尔米拉的统治者还被授予了"万王之王"(*mlk mlk'*)的称号。[4] 这个称号还出现在一篇用希腊文写的、献给一位 Sep[timius Herodi]anus(塞普[蒂米乌斯·赫罗狄]亚鲁斯)的颂词中,此人很可能就是欧德纳托斯之子,也被叫作哈伊兰(Hairan)。[5] 这段铭文清楚地将获得国王称号与在俄闰梯河击败波斯人联系起来。有关这些称号的证据均来自帕尔米拉语铭文,我们无法确定哪些称号是由罗马皇帝正式册封的,不过早在 258 年欧德纳托斯就在未征得允许的情况下自封为 *vir consularis* 这种称号,几乎是不可能的事。有人认为他还被授予了 *imperator*("绝对统治者")和 *dux Romanorum*("罗马军事统帅")等称号,[6]但这在

---

[1] Festus,loc. cit. ;SHA,*Tyr. Trig.* 15. 1—4;*Gallienus* 10;Eutropius 9,10;Jerome,*ann.* 266,p. 221(Helm);Orosius vii 22. 12。据 Zosimus,i 39. 1—2 记载,欧德纳托斯曾两次包围了泰西封。相同的暗示参见 Syncellus,712。对照 Février,86—89。

[2] *CIS* ii 3946:"mtqnn' dy mdnh' klh"=*restitutor*(或就是统治者),而不是 *corrector*,J. Cantineau,*J. Asiatique* 222(1933),217,对照 Février,97—99。没有迹象表明这个特殊称号得到了罗马当局的承认。最后一个宣称自己是 *restit(utor) Orientis* 的人是瓦勒良,见 256 年的钱币背面,对照 Alföldi,*Berytus* 4,46 and pl. xi,7—10(*Studien*,130f.)。关于欧德纳托斯的称号,另见 Schlumberger,*BEO*,35f. 。

[3] *IGR* iii 1031; Waddington,no. 2602; J. Cantineau,*Inventare des inscriptions de Palmyre* iii,no. 17.

[4] Cantineau,*Inventaire* iii,no. 19 记录了在欧德纳托斯死后,帕尔米拉军队最高统帅塞普蒂米乌斯·扎布达于 271 年为他奉献了一座雕像。关于前者,参见 Zosimus,i 51. 1。

[5] Cantineau,*Inventaire* iii 3。另见下文,关于献给塞普蒂米乌斯·哈伊兰的题词,他是帕尔米拉的议员和"大主教",题词时间为公元 251 年。

[6] Alfödi,*Studien zur Geschichte der Weltkrise*,193 with n. 97。瓦巴拉图斯在继承父位时,给自己头上安了这些称号,Alfödi 认为如果瓦巴拉图斯在那个阶段就得到了欧德纳托斯的称号将会满足。另见 Février,99f. 。

古代史料来源中并未得到证实。

尽管有些因素尚未确定,但我们面对的确实是一系列前所未有过的事件:一位帝国城市的本地显贵打垮了入侵的波斯军队,击败了两名皇位觊觎者,被正式任命为罗马东方军队的统帅,将战火烧到敌国领土,并因此获封了帝国能够授予非帝国皇室成员的最高称号。

欧德纳托斯与其子赫罗狄亚鲁斯(于 266/267 年)在埃默萨遇害后,由他的另一个儿子瓦巴拉图斯(Vabalathus)继位。[①]据一份内容混乱的报告透露,这次谋杀可能在背后受到了一名罗马行省总督的唆使。[②] 因此,人们有理由怀疑是罗马皇帝或他的某个代理人,以十分卑鄙的方式背弃了这位帝国的救命恩人。

瓦巴拉图斯被授予了 *corrector totius Orientis*("东方统治者")和"万王之王"的称号。[③] 270 年,他以 *v(ir) c(larissimus)*("最尊贵者")、*consul*、*dux Romanorum* 和 *imperator* 的身份出现。同样,我们并不清楚哪些头衔是罗马授予的,哪些是他在未经批准的情况下自封的,但不管怎样,这些称号,尤其是第一个和最后一个,反映出他在帝国中的地位:只有对皇帝才能罗列这样的一系列称号,没有哪位皇帝希望把这些称号颁予他人,除非是自己的心腹。相关的证据都是确凿可信的,包括来自亚历山大里亚的钱币和来自叙利

---

① Zosimus i 39. 2. 但根据 Syncellus 716f. (Bonn),他在一次哥特人入侵时,于卡帕多西亚遇害。

② 总督可能是鲁菲努斯(Cocceius Rufinus),他被证实是这一时期的阿拉伯使节。Petrus Patricius,frs. 166,168(Dio, ed. Boissevain, iii 744＝Müller, *FHG* iv 195); John of Antioch,fr. 152(*FHG* iv 599),对照 Alföldi,*CAH* xii,176f. 据 Malalas,298f. 所言,欧德纳托斯被加里恩努斯杀害,并且丝诺比娅侵入阿拉伯是为了报杀夫之仇。关于鲁菲努斯,参见 M. Sartre,*Trois études sur l'Arabie romaine et byzantine*(1982),56;93。

③ *CIS* ii 3971:"pnrtt"dy mdnh klh. 对照 Février,111—114;F. Millar, *JRS* 61(1971),9f. with n. 109。

亚、犹地亚和阿拉伯的里程碑。① 后者显然与 269 至 270 年间帕尔
米拉对埃及的远征有关。实施这次远征的军队由帕尔米拉人、叙利
亚人和蛮族(游牧民?)部队组成。② 这支大军横跨过了阿拉伯，可
能受到了来自那里的罗马第三"昔兰尼加"军团的抵抗。③

据里程碑上的拉丁语碑文记载，帕尔米拉的军队在当地占有
优势，这一点值得注意。在阿拉伯的图拉真道路沿途有两个系列
的里程碑已经得到了确认，在时间较早的系列中，"奥古斯都"的称
号被省略了，同时也省去了其他所有皇帝的称号，④而在时间较晚
的里程碑系列中，却给了瓦巴拉图斯完整规格的奥古斯都称号，此
外还添加了只有罗马皇帝打了胜仗时才用的那类称号。⑤ 在犹地
亚的锡索波利斯以北的地方发现了两块石碑，上面同样省略了"奥

222

---

① 关于来自埃及的证据，参见 P. J. Parsons，*CE* 42(1967)，397；对照 BMG Alexandri-
a，309，no. 2387。关于来自叙利亚的帕尔米拉-埃默萨道路的里程碑(希腊文)，参
见 Waddington，comments on no. 2610 and no. 2628；对照 H. Seyrig，*Mélanges
Michalowski*，659ff. 关于来自阿拉伯和犹地亚的里程碑，参见下文。事件年表参
见 Millar，*JRS*，9。

② Zosimus i 44；7 万名士兵；对照 SHA，*Claud.* 11. 1—2。H. Seyrig，*Syria* 31
(1954)，214—217 公布了一段可能最初来自豪兰的碑文，其中提到很多在埃及遇
害的人。左希姆所说的"蛮族"军队并不能证明罗马人在东方面对的是一场"本地
人的暴动"。如果在那时真有可能发生这样的事情，我们或许应该对此有更多的
信息。

③ 据 Malalas，299 所言，丝诺比娅入侵阿拉伯为其丈夫报仇，击败了"特拉索斯"
(Trassos)，阿拉伯的 *dux* 及其军队。H. Seyrig，*Syria* 22(1941)，46(*IGLS* xiii 1，
no. 9107)来自波斯卓，记录了尤庇特哈蒙(Jupiter Hammon)之庙的重建，该庙曾
被毁"a Pa[l]myrenis hostibu[s]"。尤庇特哈蒙是军团的守护神，对照 A. Kindler，
The Coinage of Bostra(1983)，92f.。

④ T. Bauzou，*DRBE*，1—8. 波斯卓-费城道路上有两处碑文："L(ucius) Iulius Aureli
[us Septi]mius [Va]ballath[us Ath]enodorus Co(n)s(ul) [Impe]rator dux [R]
omanorum."多谢 Bauzou 先生告诉我，他还发现了另一处尚未公布的瓦巴拉图斯
的碑文。

⑤ P. Thomsen，*ZDPV* 40(1917)，38，no. 73b；44，no. 96b.；Bauzou，*DRBE*，2. 三处石
碑文："Im. Caesari L. Iulio Aurelio Septimio Vaballatho Athenodoro Persico
Maximo Arabico Maximo Adiabenico Maximo Pio Felici Invicto Au(gusto)"。

古斯都"称号,但并未提到其他任何统治者。① 对埃及和亚历山大
里亚的征服已经得到了可靠的证实。② 那里存在着对帕尔米拉人
的有力支持。③

帕尔米拉的控制权延伸到了叙利亚北部,尤其是安条克,这些
都发生在同一时期,可能是在埃及战役以后。④ 在安条克同样有
对帕尔米拉人的支持。⑤ 丝诺比娅被授予了"奥古斯塔"(Augus-
ta)的称号,她的儿子瓦巴拉图斯则被授予了"奥古斯都"的称号,
这是在克劳狄乌斯二世去世以后的事,很有可能是在 272 年。⑥
我们无法得知他们狄颁这些称号是否会对他们的地位产生实质性
的影响,因为这时对埃及的远征已经成为无可挽回的一步,这使得
与皇帝重归于好已经变得不可能。我们并不清楚帕尔米拉的控制
力在其最辉煌时达到了何种程度,但据说到奥利安继位时,帕尔米
拉人已经控制了安卡拉以东的整个小亚细亚地区,并正计划向西
推进。⑦ 导致帕尔米拉军队在 272 年被奥利安击败的那些事件与
我们此处讨论的问题无关。⑧ 然而,值得注意的是,到底是什么性

223

① "Vaballatho| Athenodoro | VC Regi Cons | Imp Duc Roma | norum",尚未公布。
② Alföldi,*Studien*,207—9;Millar,*JRS*.
③ 根据 Zosimus i 44.1—2。
④ 参见 Millar,*JRS*。有关的文献史料并不清楚,但暗示了后来对叙利亚的占领,参
   见 Eutropius ix 13.2;Orosius vii 23.4;Festus xxiv.
⑤ 参见下文第 271 页(按:原书页码)。
⑥ 在一处来自帕尔米拉的时间为 271 年 8 月的碑文中,丝诺比娅尚未称作"奥古斯
   塔":Cantineau,*Inventaire* iii,no.20(*OGIS* 648),该碑是由上文第 295 页注释④中
   提到的那些军官奉献的。安条克的铸币厂在 272 年春天才使用了"奥古斯塔"这
   一称号:Schlumberger,*BEO*;H. Seyrig,*Mélanges*,659。Millar,*JRS*,9 n.99 引述
   了陶片上的文字,时间为 271 年 5/6 月,*O. Mich*.1006,其中将奥利安和亚提诺多
   鲁斯(Athenodorus)均称为"奥古斯提"(Augusti)。另见 *IGR* iii 1065(摘自对
   Waddington,no.2611 的评论)和 *OGIS* 647:在巴比罗斯(Byblos)附近的叙利亚沿
   海道路上发现了一座里程碑;注意上文提到的来自阿拉伯的里程碑。
⑦ Zosimus i 50.1.
⑧ G. Downey,*TAPA* 81(1950),57—68;ibid.,*A History of Antioch* (1961),266—
   269.

质的军队使得帕尔米拉王朝能够在如此广袤的地区成为这样一个强权。

　　无论是在古代史料，还是在现代文献中，对于帕尔米拉的统治特点已经有了各种诠释。在前者中，我们经常无法将事实与谣传剥离开来。例如，关于欧德纳托斯，我们被告知他当初先是向沙普尔示好，只是在遭到拒绝后才转而与波斯为敌，成了罗马东方的救星。[1] 而另一个史料来源却声称是加里恩努斯背叛了罗马，幸亏有波斯图穆斯（Postumus）在西方而欧德纳托斯在东方，这才使帝国幸免于难。[2]

　　在现代文献中，帕尔米拉往往被描述为代表的是本土、东方或当地人，而不是罗马和西方的势力。[3] 例如，阿尔弗迪就持如下这种观点：

> 对于罗马来说，最幸运的是，帕尔米拉在波斯那边没有找到任何支持他反对罗马的势力。不仅沙普尔犯了那些没头没脑的错误，加里恩努斯也施展了灵活的外交手段，再加上最后数年中出现的那些盘根错节，迫使女王在罗马的背景下以罗马的形式为了东方而决战。我们并不想否认伊朗在这个环境中的影响力。很明显，欧德纳托斯被视为一个纯粹的野蛮人，不仅是那些活跃在东方的罗马指挥官们这样看，而且埃默萨的叙利亚人也这样认为。[4]

---

[1]　Petrus Patricius, fr. 10, *FHG* iv 187.

[2]　Eutropius ix 11. 1: "Ita Gallieno rem publicam deserente Romanum imperium in Occidente per Postumum, per Odenathum in Oriente servatum est." 对照 Festus xxiii.

[3]　关于这点，参见 Millar, *JRS*。Bowersock, *Roman Arabia* (1983), 129—137 讨论了帕尔米拉与阿拉伯部落之间的关系，依据的是我无法评价的阿拉伯史料。

[4]　*CAH* xii. 178.

对于另一个有分离主义倾向的实体,即在同一时期由罗马将军扶持起来的高卢帝国,就没有人说过这样的话。对于这些话,我们必须根据对于帕尔米拉的强势以及它在东方受到何种支持的了解进行重新思考,虽然我们知道的还不多。本书关注的并不是东方的阿拉米-希腊文化的性质以及它对当地人看待罗马帝国的态度能施加何种影响,那是一个非常复杂的重大主题。在目前的讨论中,我们只能述及关于社会身份的明白无误的话语。尽管我们有可能会受到那些纯粹形式上的宣布和宣称的误导,但通过考察人们在帕尔米拉主张的某种尊严,我们可以了解到很多有关帕尔米拉社会的政治与社会性质的情况。

224　　我们已经就有关帕尔米拉在帝国中的地位进行了一些讨论(参见上文第三章)。在 3 世纪中,该城产生过好几位元老院成员,有可能都来自同一个家族。① 这个家族的成员在双语铭文中自豪地将自己称作罗马的元老院成员,这些铭文具有罗马东方行省的此类文字中所有那些常见的特征。② 显然,这些人是在 3 世纪早期当帕尔米拉城成为罗马殖民地时获得公民身份的,这与其他行省城市——不论是在东方,还是西方的行省——相比,时间已经很晚了。那些地方的当地贵族往往在其城市被整合进罗马行省的结构后,很快就被同化并进入了罗马的等级体制,例如有很多来自其他城市的叙利

① 有记载的第一位是塞普蒂米乌斯·欧德纳托斯,哈伊兰之子,伟大的欧德纳托斯之父,他可能是在菲利普(Philippus)统治期间取得了元老院资格:*CIS* ii 4202;Waddington, no. 2621(见 *IGR* iii 1034)。对照 Bowersock, *Atti del colloquio internazionale AIEGL su Epigrafia e ordine senatorio*, Roma 1981, *Tituli* 5(1982), 651—668。关于欧德纳托斯的家庭和生平,参见 M. Gawlikowski, *Syria* 62 (1985), 251—261。
② 另一位议员是塞普蒂米乌斯·哈伊兰,欧德纳托斯之子,帕尔米拉"大主教",可能就是那位据说与其父一起遇害的赫罗狄安(Herodianus):*CIS* ii 3944;Cantineau, *Inventaire* iii, no. 16, 对照 D. Schlumberger, *BEO* 9, 35—38;Gawlikowski, *Syria* 62, 254, no. 4, and 255, no. 20;赞美了 Septi[mius Herodi]anus(塞普蒂[米乌斯·赫罗狄]安),"万王之王"。

亚裔议员。[1]　这种差别显示出,在塞普蒂米乌斯·塞维鲁以前,帕尔米拉的地位与其他那些重要的行省城市是无法相比的。

2世纪中不乏会骑术的军官,[2]他们效力的岗位特别适合于带领帕尔米拉士兵,如在弓箭手部队中、在沙漠里以及在骆驼骑兵部队里。有来自帕尔米拉的骑马军官,并不能被当作是表现帕尔米拉人被吸收进帝国上层社会结构的征兆,而只是帕尔米拉部队通过军事整合进入了罗马帝国军队这一结果而已。

帕尔米拉的地位发生重大变化的标志是它被授予了罗马殖民地的地位。从这时起帕尔米拉开始采用这类城市中惯常的组织形式,从224年到262年该城的几位行政长官都被称作 *strategoi*(双军政官),这是出现在希腊语和帕尔米拉语文字中的拉丁词 *duo-viri* 的希腊语同义词。[3]　他们当中有一位名叫尤利乌斯·奥略留·芝诺比乌斯(Julius Aurelius Zenobios),也叫作扎普狄拉斯(Zabdilas),此人可能就是丝诺比娅的父亲。另有一位名叫塞普蒂米乌斯·弗洛蒂斯(Septimius Vorodes),此人不仅是商队头领,还是一位 *iuridicus*(法官),而且是 *ducenarius*(两百夫长)级别的地方财政兼行政长官。[4]　给这些人,特别是欧德纳托斯和瓦巴

225

---

[1]　列举详见 Bowersock,*Atti.* 。

[2]　关于来自帕尔米拉的骑马军官,参见 H. Devijver,*DRBE*,183。另见塞普蒂米乌斯·弗洛蒂斯,下文会提及;Aurelius Vorodes,*hippikos and bouleutes*,AD 258—259(Cantineau,*Inventaire* iii,no. 12);Julius 'Ogga,*eques*,AD 259(ibid. no. 15);Marcus Ulpius Malchus,一名完成了 *tria militia* 的军官(Cantineau,*Inventaire* ix,no. 24);Julius Aurelius Salmes,是那些赞美塞普蒂米乌斯·弗洛蒂斯的人之一,他本人也是一名 *eques*(骑马军官)(Cantineau,iii,no. 6＝Waddington,no. 2609)。

[3]　Cantineau,*Inventaire* iii,nos. 14f. ＝Waddington no. 2601;－5;尤里乌斯·奥略留·奥伽(Julius Aurelius 'Ogga),也叫色琉克斯(Seleucos),他的骑手地位已提到过;Cantineau,iii,no. 22＝Waddington,no. 2598;提到了尤里乌斯·奥略留·扎布狄拉(Julius Aurelius Zabdilah),他负责接待塞维鲁·亚历山大及其部队(公元242—243年);Cantineau,iii,no. 5＝Waddington,no. 2597。帕尔米拉文本中使用了相同的称号注音。

[4]　Waddington,nos. 2606—2610;Cantineau,*Inventaire* iii,6—11。

拉图斯,加上"酋长"的称号完全是现代文献中的做法;没有迹象表明他们会把自己称作阿拉伯人,会觉得这种称呼能比其他描述更准确地表明其身份。古代的史料来源将他们称作帕尔米拉人,[①]但却从不说他们是蛮族人。[②] 欧德纳托斯"被皇帝认为无愧于他获得的荣誉乃是因为他的祖上"。[③] 当然,帕尔米拉语是阿拉伯语言的变种,但帕尔米拉城在 3 世纪时的官方语言采用了双语制。这本身就是一个非常特殊的情况。在波斯卓这座平常而简陋的行省首府和军事基地中发现的铭文都只使用希腊语和拉丁语。在帕尔米拉西边的邻城埃默萨,也只发现了用希腊文撰写的铭义。诚然,丝诺比娅与希腊的文学人物有联系,[④]但希腊文化可能只影响到了帕尔米拉人口中很小的一部分。考虑到瓦巴拉图斯被称作 *Arabicus Maximus*("最伟大的阿拉伯人")这一事实,我们甚至无法坚称说这些帕尔米拉人是在有意识地将自己与其人民脱离开来。

当帕尔米拉的统治者将自己称作国王和罗马议员时,这其实是一种创新。就我们所知,帕尔米拉过去从未有过国王,它在很长一段时间里正式从属于叙利亚行省。根本没有任何证据支持那种有时被人坚持的说法,说该家族作为帕尔米拉王朝已经延续了很多代人。直到 3 世纪 60 年代,该城还是由 *strategoi*(*duoviri*)统治,而且帕尔米拉王朝在它处于军事强盛期时所使用的那些称号,

---

① 例如,Zosimus,i 39. 1 and *passim*;Festus xxiii;*decurio Palmyrenus*;SHA,*Gallienus* 10. 1;*Tyr. Trig.* 15. 1—2;*Valerian* 4. 2。

② 在 Zosimus i 45. 1 中,帕尔米拉人与蛮族人出现在同一个句子中,显然是不同的群体。只有在 Malalas,298f. 将他们称作萨拉森野蛮人,但他不知道的是这些人其实是帕尔米拉人。来自波斯卓的碑文(见上文第 297 页,注释④)将帕尔米拉人称作"敌人"。*Digest* L 15.1(乌尔比安)将帕尔米拉说成是一个邻近蛮族的罗马殖民地,但它本身并不是蛮族:"Est et Palmyrena civitas in Provincia Phoenice prope barbaras gentes et nationes collocate"。

③ Zosimus i 39. 1.

④ Millar,*JRS*,and the references in his nn. 56f. 朗吉努斯退回到丝诺比娅的宫中,在埃及,丝诺比娅视自己为克莉奥帕特拉(Cleopatra)。

不论是授予的,还是自封的,都强调了帕尔米拉是罗马国家结构的
延续:如元老院成员资格、执政官地位以及军事领导人的身份。当
瓦巴拉图斯最终自封皇帝称号时,他也不过是在跟随这一时期任
何其他罗马统治者或篡位者使用的同一个套路而已。① 帕尔米拉
人用来宣示自己控制权的方式其实都是传统的手法:如借助里程
碑和钱币。在叙利亚的里程碑和钱币都采用希腊文,而在阿拉伯
和犹地亚的里程碑用的是拉丁语,这是里程碑碑文的常规语言。
这并非是说瓦巴拉图斯作为奥古斯都与其他的皇帝或是篡位者并
无二致。让他与众不同的并不是他的出身——在数十年前就曾经
出现过一位阿拉伯人皇帝——而是其权力基础的本地特色,事实
上,他代表的是一个特殊的城市,该城市在帝国中始终不过是一个
边缘因素。帕尔米拉事件之所以具有空前绝后的独特性,可能就
是因为帕尔米拉本身具有独一无二的特点。

　　这就把我们带到了下一个话题:帕尔米拉在东方获得支持的
基础,对此,似乎我们最好承认自己并没有掌握多少信息。埃及对
帕尔米拉的远征有强大的支持,这恰好是在该行省整个地区,特别
是在亚历山大里亚,爆发了严重内乱的时期。② 在安条克也有势
力支持帕尔米拉。③ 有用拉丁语撰写的里程碑碑文几乎确定地表
明,犹地亚和阿拉伯的部队中存在着对帕尔米拉的支持。我们知
道,欧德纳托斯被授予了对该地区罗马军队的指挥权,这些军队可
能仍然对丝诺比娅和被杀害的瓦巴拉图斯保有忠诚度。如果情况
真是这样,就可以用一种可能在东方广为散布的感觉来解释,人们
觉得在这个位置上的并不是一名异国或蛮族的国王,而是在危难
时刻证明了自己具有有效行动力的军事指挥官。那些支持帕尔米

① 有关里程碑文字,参见上文第 297 页注释④、⑤和第 298 页注释①。
② Zosimus i 44。关于骚乱,参见 Alföldi,*Studien*,187,207f. 。
③ Zosimus i 51. 3.

拉的罗马军官和士兵可能会觉得他们的这种举动,与其他所有那些在外地篡位的人得到其部队支持时发生的事情并无二致。

事实上,我们知道,就在几年前,在更靠西边的地方,就发生过可以说是非常相似的事件。我们只是从钱币上得知那位篡位者名叫乌拉尼乌斯·安东尼纳斯(Uranius Antoninus),几乎可以肯定地确认此人就是埃默萨的太阳神祭司桑普色杰拉姆斯(Sampsig-eramus),他于 253 年在埃默萨城附近成功抵挡了波斯人的进攻。[①] 这一点也得到了事实印证,在沙普尔本人对征服行动所做的笔记中显示,他没能到达埃默萨,虽然他已经拿下了紧靠北边的阿瑞图萨(Arethusa)。瓦勒良到达东方后镇压了篡位的图谋。我
227 们没有足够的事实依据来判断这一篡位行动的性质。在埃默萨的祭司中有好几个人的名字都叫桑普色杰拉姆斯,而且篡位者的全名是 L. 尤里乌斯·奥略留·萨尔皮西乌斯·塞维鲁·乌拉尼乌斯·安东尼纳斯(L. Julius Aurelius Sulpicius Severus Uranius Antoninus)。这说明他属于之前就产生过篡位者埃拉加巴卢斯的家族。埃拉加巴卢斯不同寻常地坚称自己与其家乡的本地神明有联系,这表现在他特别强调自己的出身。[②] 另一方面,针对波斯军队的军事行动取得了成功,如果不假定除了当地的支持外还有其他因素的话,就很难对此作出解释。与后来帕尔米拉的情况一样,桑普色杰拉姆斯有可能得到了来自部分叙利亚军队的支持。

那么,我们从帕尔米拉在其昙花一现的强盛期成为帝国都城这十分独特的历史一幕中可以了解到什么呢? 首先,这显示了从对一个重要道路驿站的控制中可以发展出非凡的实力和影响——因为帕尔米拉就是一处道路驿站。它从商品和军队的运输中获

---

① H. R. Baldus,*Uranius Antonius*,*Münzprägung und Geschichte*(1971),结合钱币证据以及 Malalas 296f.(Bonn) 中含混不清的信息。
② 对照 F. Millar,*JJS* 38(1987),157f. 另见 A. von Domaszewski,*Arch. f. Rel. wiss.* 11(1908),223—242。

利,并通过自己那些适应了沙漠环境的部队积累起了财富和军事实力。其次,我们看到,罗马的将军们在东方的权力斗争中只要对他们有利时就会毫不犹豫地下手破坏整个结构。这座繁荣的"商队之城"被一处罗马军事基地所取代,其作用无非是为了保证罗马对这片绿洲的控制而已。

第三,很明显欧德纳托斯和他的家族在东方获得了权力,尽管他的种族和文化因素可以发挥某种作用,但实际上却并没有。帕尔米拉始终处在边缘化的位置,它的那些最显赫的公民直到3世纪时才被整合进帝国的上层阶级,而且从行政角度讲,帕尔米拉城从未成为一个通常意义上的行省城市。在一场危机中,该城领导人的权威被埃及、叙利亚和其他行省的诸多民众所接受,显然,其种族身份以及所有那些随之而来的因素被看作是无足轻重的。在一段时间里,帕尔米拉的统治者作为帝国皇位的竞争者被人们所接受,正如很多将军在自己军队的支持下取得了权力。帕尔米拉人最终被另一名罗马将军摧毁,并不是因为他们是"蛮族",而是由于与庞贝和安东尼同样的原因。最后,在欧德纳托斯离世一个世纪以后,安条克的人们仍然怀着感激之情记得他,"他的名字令波斯人发抖,他在各处连打胜仗,挽救了众多城市和它们的属地……"。①

228

东 北 地 区

在帝政时代,也就是在本书第一章中讨论的时期,帝国东北部除了由罗马驻军把守的位于黑海东岸的舰队补给站之外,其他地方都没有太大的意义。② 高加索山以南的各个民族都成了罗马人

---

① Libanius, *ep.* 1006, ed. Foerster, vol. xi, p. 135 提到一名欧德纳托斯的后人;对照 no. 1078, Foerster xi, p. 195. 对照 P. Petit, *Libanius et la vie municipale* (1955), 184. 另见 SHA, *Tyr. Trig.* 15—17,虽然有很多缺陷,但此处的描述是属实的。
② 参考书目见第一章。

的附庸。越过高加索隘口的入侵显然并不对罗马行省的安全构成真正的危险。这些隘口易守难攻,防守它们的任务落在了当地人身上。

有几个地区相对更重要些:首先是伊比利亚(现代格鲁吉亚的东部地区),该地区有经过达留尔关隘到达北方的两条最佳路径之一;其次是西部地区,那里有靠海的补给站,在内陆有几个难以穿越的关口通向北方。第三个地区是东部的阿尔巴尼亚(大致等于阿塞拜疆),那里有通过里海边上达尔班隘道的最佳路径,但这与我们目前讨论的话题无关。在 4 世纪以及其后的整个拜占庭时期中,阿尔巴尼亚人都是波斯的盟友。① 在亚美尼亚,导致产生敌对情绪的因素与帝政时代相比已经大为减弱,我们将对此进行简短的讨论。

在伊比利亚,罗马的地位并不稳固。沙普尔一世曾宣布自己是"……亚美尼亚、伊比利亚、马切洛尼亚(Machelonia)、阿尔巴尼亚(巴拉色甘(Balasagan))、远至高加索山、"阿尔巴尼亚之门"、以及整个普雷索尔山(Pressouar)[即厄尔布鲁士山(Elbruz)]地区"的国王。② 伊比利亚曾经频繁易手:以 297 年达成的尼西比斯和平为结束,波斯人承认了罗马在亚美尼亚和伊比利亚的主权。③ 在 361 年,亚美尼亚和伊比利亚的国王接受了罗马人的贿赂并因此效忠于罗马。④ 在 369 年,罗马废黜了伊比利亚的附庸王,⑤然后该国分裂成了一个罗马附庸国和一个波斯附庸国。⑥ 由此可

---

① Ammianus xviii 6. 22;xix 2. 3;普罗柯比补充说,这些人是基督徒;i 12. 2;另见 Zacharias Rhetor xii 7,p. 254。对照 M. -L. Chaumont,*Historia* 22(1973),664ff. 。

② *Res Gestae Divi Saporis*,A. Maricq,*Syria* 35(1958),295—360,esp. 305f. 在戈尔迪安三世战败而死后腓力皇帝放弃了对亚美尼亚的宗主国权利。对照 Chaumont,*Historia*。

③ Petrus Patricius,fr. 14,Müller,*FHG* iv 189.

④ Ammianus xxi 6. 8.

⑤ Ammianus xxvii 12. 4.

⑥ ibid. ,16f.

见,4世纪标志着罗马在东北地区的地位下降。在这个时候发生这件事,其后果要远比如果发生在较早时期严重。

　　到4世纪时,对高加索隘口的控制带上了前所未有的重要性,因为在高加索以北出现了一个新的民族:匈奴。① 匈奴人在4世纪中叶首次打进了波斯的领土,这并没有让罗马人感到担心,但是到了这个世纪末时,罗马人就有了严重担忧的理由。狄奥多西(Theodosius)于394年将他的军队从东方撤走。② 于是,匈奴人进入了波斯、麦利蒂尼和叙利亚,一路挺进到西里西亚。③ 在同一时期,他们还经过达留尔关隘和亚美尼亚,发动了入侵。④ 在441年,有多股入侵者制造了麻烦,其中就包括匈奴人。⑤

　　到5世纪时,波斯人要求罗马在防守达留尔关隘方面给予合作和财力支持。⑥ 在6世纪时,阿纳斯塔西乌斯错失了一个夺取

---

① 总体参见 J. O. Maenchen-Helfen,*The World of the Huns:Studies in their History and Culture*,ed. M. Knight(1973)。

② 他自以为可以通过与波斯结盟,将军队撤回来对付篡权者马克西姆斯(Maximus)和尤金尼厄斯(Eugenius):Claudian,*in Ruf*. ii 156—158,104—119。

③ Philostratus xi 8;Claud. *in Ruf*. ii 36;28—35.

④ Jerome,*ep*. 60. 16.

⑤ Marcellinus Comes,*Chronica minora*,ed. Mommsen,ii 80;"Persac,Saraceni,Tzanni,Isauri finibus suis egressi Romanorum sola vastaverunt. Missi sunt contra hos Anatolius et Aspar magistri militiae pacemque cum his unius anni fecerunt."

⑥ Priscus fr. 31,Müller,*FHG* iv 105(AD 464);另见 fr. 37,p. 107 讲述了466年的一次入侵,被部署在隘口附近的波斯驻军化解。接着就提出了在士兵和财力支持方面的更多要求,但遭到罗马方面的拒绝。另见 John Lydus,*de mag*. 52f. ed. Bandy,215:在和平协议中,罗马同意参与对"里海之门"的防守。Z. Rubin,*DRBE*,683 认为这是441—442年的协议。显然,Priscus 和 John Lydus 在讨论"里海之门"时指的都是达留尔关隘和叫作"艾诺伊帕奇"(Iouroeipaach)或"比拉帕拉奇"(Biraparach)的堡垒,因为据 John Lydus,52 所言,从阿尔塔沙特去那里最容易。这对达留尔关隘来说肯定是对的,而对于达尔班隘道则不然。在 John Lydus,53 中,说阿里安在他写的阿兰人历史以及《帕提亚战争》第3卷中对"里海之门"作了准确描述,但这也只可能是达留尔关隘。在不同的现代著作中存在着相当多的混淆,明确的讨论可见 *RE* iii 1,col. 489 s. v. Biriparach(Tomaschek);xi,col. 58 s. v. Kaukasiai Pylai(Mittelhaus)。

关隘控制权的机会。对匈奴人来说,如果他们想要跨越高加索山发动侵略的话,达留尔关隘是最为便利的路径,但这个关隘很容易被切断。[1] 当时,边境堡垒的指挥官是一名波斯的盟军将领,他主动提出将防御建筑和关隘控制权交给罗马。至少在有的人看来,这是一次绝佳的机会,出现在波斯面临严重困难、正遭受内忧外患困扰之际,但阿纳斯塔西乌斯却得出结论,说无法在隘口维持一支罗马驻军。这个决定也许是合理的,尽管普罗柯比对此予以了斥责。在无法确保补给和交通的情况下,的确不可能在高加索维持一支守备部队,而没有一套精密的军事组织和内地民众的合作,也不可能维持补给和交通。在罗马和波斯瓜分了亚美尼亚之后,伊比利亚不可避免地落入了波斯的势力影响范围,因为在亚美尼亚的北部首府(现代埃里温附近的阿尔塔沙特)与伊比利亚的首府(汉莫兹卡,靠近现代的第比利斯)之间有一条状况良好的道路。[2]

要想在这个地区发动战争十分困难:

> [它]基本上具有山地战的特点:为争夺马鞍形的山脊和峡谷而战斗,然后攻打那些控制着河谷沿线主要交通要道的设防地点。由于补给和交通的困难,只能使用规模相对较小的、习惯于高地苦寒气候的部队。过去的战争经验表明,在失去了具有制高点的马鞍形山脊后,设防地点仍然可以承受长时间的包围,因为进攻一方很难将重炮和包围部队所需的补给运上去。[3]

在 19 世纪时,俄国军队用了几十年的时间在高加索地区作战。我们在第一章中看到,第比利斯地区很自然地被以波斯而不

---

[1] Procopius, *Bell.* i 10. 4—12.
[2] 在《波底加地图》上有显示。
[3] W. E. D. Allen and P. Muratoff, *Caucasian Battlefields: A History of the Wars on the Turco-Caucasian Border* (1953), 7.

230

是以安纳托利亚为大本营的势力所控制。阿纳斯塔西乌斯可能比普罗柯比更加清楚地明白,要想控制达留尔关隘需要付出多大的代价。[①] 于是,波斯人将那里的堡垒据为己有。

　　在这个时期,拜占庭曾经想夺回在伊比利亚的影响力,但却无功而返。[②] 有关隘口控制权的问题出现在了 530 年的谈判和 532 年的协议中。波斯人一开始时对罗马提出要求,要么给维持关隘的守备部队提供支援,不然就拆除美索不达米亚边境小城达拉的设防工事。[③] 在协议中,罗马同意向波斯支付一大笔钱,由波斯方维持在"里海之门"(即达留尔关隘)的守备部队,而罗马则完好地保住了在达拉的设防工事。[④] 540 年,库斯罗入侵了叙利亚,他再次向罗马提出了给钱的要求,作为保持达拉和关隘现状的交换条件。[⑤] 在 562 年达成的协议中规定,由波斯人把守关隘并防止外敌入侵拜占庭的领土,条件是由拜占庭当局支付驻防费用和奖金。[⑥]

231

　　重要的是,以后拜占庭政权就依赖波斯来看守这两处位于黑海与里海之间的重要关口,将匈奴入侵者挡在远处。这是波斯人能够做到、也愿意做的事情,因为在阻挡匈奴人方面,他们与罗马人的利益是一致的。既然罗马没有贡献军队,波斯就要求它为维持在达留尔关隘的驻军提供经济支持。这个要求是引发两个帝国之间多次产生冲突的原因之一,对此,我们下面就会看到。

　　在更靠西边的科尔基斯地区,普罗柯比将此地称作拉奇卡,在

---

① John Lydus, *de mag.* 52, ed. Bandy, 212 提出了不同观点:伊比利亚自然受到建立在大亚美尼亚的阿尔塔沙特政权的控制。这样波斯人就会离达留尔关隘更近,因此他们别无选择,只能守住它。他们无法承受过重的负担,因此要求罗马提供财力支持。

② Procopius, *Bell.* i 12. 2ff. ; ii 15. 6; ii 28. 20f.

③ Procopius, *Bell.* i 16. 7.

④ *Bell.* i 21. 3—5, 18. 这是"永远的和平"。罗马放弃了在波萨米尼亚(Persarmenia)的两处要塞,波斯则从拉奇卡撤军——暂时而已。

⑤ *Bell.* ii 10. 21—24.

⑥ Menander Protector, fr. 11, Müller, *FHG* iv 206—217, esp. 208; 212. 参见下文。

查士丁尼时期以前,罗马在该地区的地位看似稳固。① 据普罗柯比说,拉兹人(Lazi)是罗马的附庸,他们无需缴纳赋税,也不受罗马人的直接统治。② 他们的国王由罗马皇帝正式提名,而他们唯一的职责就是把守与其领土相通的高加索隘口,防止匈奴人经过他们的领土大举入侵。③ 我们注意到,匈奴人也在拿了罗马的奖金后保持了友好的姿态。④ 科尔基斯人并未给罗马军队充当辅助军,罗马也没有在他们的土地上驻军。拜占庭在该地区的利益十分有限:它只保留了几个沿海站点,但对当地人民并未提出什么要求,只要他们守住关口就行了。

到 6 世纪时,这种安排就变得不合时宜了。各种诱因(它们的细节与目前的讨论没有直接关系)导致拜占庭在该地区建立了直接统治,而波斯人则要求罗马将该地交给他们。在 6 世纪时,拜占庭与属于波斯的科尔基斯之间的战争演变成了一场打斗戏,波斯变得非常积极,要把罗马人从该地区驱赶出去。⑤ 出现这种情况的部分原因很可能是,在这个地区似乎能够相对容易地获得大片土地,而在美索不达米亚每前进一寸都必须通过对设防坚固的城镇展开耗费人力的围城攻坚战。⑥ 当然,这还只是一种猜测而已。

232   据普罗柯比说,波斯对占有这一地区感兴趣有 3 个原因。首先,它能够强化波斯对东边的伊比利亚的控制,那里发生暴动的可能性并非不存在。其次,波斯将不再受到匈奴人的袭击威胁,因为

---

① 关于对拉奇卡战争的调查,参见 J. B. Bury, *History of the Later Roman Empire* (1958),ii 113—119。

② *Bell.* ii 15. 1ff.

③ 关于这些关隘,参见上文第 47 页(按:原书页码)。与达留尔关隘和达尔班隘道相比,这些路线不那么重要。

④ Procopius, *Bell.* ii 10. 23. 关于罗马支付的奖金,参见 Maenchen-Haelfen,180—186。

⑤ 长篇描述详见 Procopius, *Bell.* i and ii, continued in viii。

⑥ 这里将不讨论波斯与拜占庭之间在阿拉伯南部的影响力之争;参考书目见 R. N. Frye, *The History of Ancient Iran* (1984),328 n. 105。

他们的攻击可能会转而针对罗马的领土。第三,这个地方可作为一处基地,便于对罗马治下的小亚细亚展开军事行动。① 同时,普罗柯比还强调,说库斯罗对当地人的可靠程度不抱幻想,因此在他对该地的兴趣中并没有经济上的考量。这是一个贫穷地区,经济发展水平原始落后。不论这是否符合事实,我们可以认为这反映出当时的人如何理解波斯为何会对该地抱有野心。②

在 4 世纪时,罗马军队在黑海东岸上的几个站点保持了驻军。左希姆曾提到"法希斯[里奥尼河]附近的兵营"。③《罗马帝国官职录》中列出了从特拉布松到皮提乌斯的一系列兵营。④ 在 396 年,狄奥多西的一名前任将军亚本当提乌斯(Abundantius)被流放到皮提乌斯,"他在那里什么都缺"。⑤ 约翰·克里索斯托于 407 年被派往了那里。⑥

普罗柯比告诉我们,尤克西奈海边的两座兵营,利苏斯(Rhizus)和塞巴斯托波利斯(Sebastopolis),都是在查士丁尼时期重建的,⑦后者曾与皮提乌斯一同被拆除,因为害怕它们被波斯人夺去。在法希斯南边的拉奇卡,据说有几个关口被罗马控制了,而且查士丁尼还对该地区的佩特拉(斯克伊斯兹里(Tsikhisdziri),在现代巴统的北边)进行了设防。⑧ 由于罗马在这一地区的战事中

---

① *Bell.* ii 28. 18—23. Frye,323 认为库斯罗在拉奇卡的干预与控制通往中国的丝绸之路的野心有关。
② 根据是 Strabo,xi 2. 19(499),科尔基斯土地肥沃,经济繁荣。当然,在从斯特拉波到普罗柯比这 500 年间,其经济已经衰落。
③ ii 33. 1.
④ *Not. Dig. Or.* xxviii 15ff. 对照 *DE s. v. limes*,1311—1313;van Berchem,*L'armée de Dioclétien et la réforme Constantinienne*(1952),31f. 。
⑤ Jerome,*ep.* lx 16:"Abundantius egens Pityunte exulat. "
⑥ Palladius,*Dialogus de vita S. Johannis Chrysostomi*, xi 37f. (*PG* xlvii 5—82);对照 Sozomenos viii 28。
⑦ *De aed.* iii 6. 3—7.
⑧ Procopius,loc. cit. 据说,该遗址已进行了考古发掘:D. M. Lang,*Cambridge History of Iran* iii 1. 521。

失利,所有这些地点的人员都被撤走,①佩特拉成了波斯在该地区的基地。在科尔基斯的战争持续了很多年。根据 562 年签订的协议规定,波斯将把拉奇卡归还给罗马。② 时间可能为 578—582 年的《新律汇编》中提到了为在拉兹人地区、博斯普鲁斯和切索尼斯(Chersonesus)的战船提供 *annona*(税粮)。③ 这表明在那个时候,拜占庭对黑海东部地区的控制是有效的。

　　我们用了较长的篇幅来讨论这一地区所发生的事件,是因为两个大国之间在该地区的矛盾冲突代表了那个时代的发展特征。它缘于这样一个事实,要想在美索不达米亚作出实际的推进已经变得不可能,而来自群山以北的民族又形成了新的威胁。后者与本书的一个中心主题高度相关:边疆军事设施的防御价值。原始史料清楚地说明,在这里(高加索地区),那些阻断隘口的要塞事实上对于防止游牧民入侵并不总能起到关键的作用,但在 4 世纪匈奴人到来之后的时期里则的确是这样。这是一个例外的情况,其原因是这几道难以通过的关隘构成了黑海与里海之间唯一可以翻越高加索山脉的路径。显然,古代的作者已经清楚地认识到了这一点,他们在其他地方都倾向于忽视军事基地的防御作用。这成了两个主要帝国之间产生摩擦的核心问题。如果哪位皇帝对此采取了忽视或是漠不关心的政策,他将招致严厉的批评,正如我们在阿纳斯塔西乌斯与达留尔关隘的例子中所见。那种认为皇帝对要付的代价和可用的手段进行了现实评估的不同观点,在古代史料中是见不到的。显然,人们非常清楚这些路径对于帝国安全至关

---

① Procopius,*Bell.* viii 4. 4—6.

② Menander Protector,fr. 11,Müller,*FHG* iv 208. 对照 *Nov. Iust.* 28,将皮提乌斯和塞巴斯托波利斯说成是要塞,而不是城镇。在拉奇卡有佩特拉、阿基奥波里斯(Archaeopolis)、罗德波利斯(Rhodopolis)等城镇,此外还从波斯人手中夺取了几个 *phrouria*(瞭望塔)。

③ *Nov. Inst.* clxiii 2. 关于格鲁吉亚在 6 世纪后期和 7 世纪早期的历史,参见 Lang,*Cambridge Hist. Iran* iii 1. 522—524。

重要,但拜占庭却没能保住对它们的控制权。既然这会造成危险或导致波斯人要求支付更多的奖金,那我们最好还是认为拜占庭只是缺乏控制这些关隘的手段罢了。

从 1 世纪以降,亚美尼亚就一直是造成冲突的主要诱因之一。在 4 世纪时,沙普尔二世曾试图恢复对亚美尼亚和美索不达米亚北部的控制权。这一努力随着朱利安的战争以及随后的协定而结束。在朱利安远征进入美索不达米亚(363 年)以后某个尚无法确定的时候,亚美尼亚被罗马和波斯瓜分了。[①] 虽然罗马因此失去了对伊比利亚的控制,但这一举动暂时解决了两个大国之间最严重的难题之一,开启了两国关系相对和平的时期。然而,当敌意再起时,亚美尼亚的两个部分与其他有接触的地区一样被牵扯其中。在阿纳斯塔西乌斯统治期间发生的战争(502—506 年)以波斯人侵该地区开始,查士丁尼统治时期的战争也是如此。到了拜占庭时期,亚美尼亚不再是首要的战争焦点,因为拜占庭此时正在经历它自己的帝政时代,不过,亚美尼亚由于其地理位置,所以仍然是一个不断上演战争戏的舞台。

234

游牧民盟友

我们首先需要注意的是,与帝政时代相比,游牧民族在较晚的时期中获得了相对重要性。在前 3 个世纪里,即使在本地的或地区性史料来源——如约瑟夫斯或《塔木德经》文献——中都只会偶尔提到这些民族,并将其称为异国的蛮族。[②] 从 4 世纪以降,所有

---

① 最新的讨论参见 R. C. Blockley, *Historia* 36(1987),222—234 以及注释 1 中的参考文献。

② 例如,在下文第六章将引述这段文字,关于大拉比约哈南·本·扎开去往犹地亚的以玛忤斯:Mekhilta de Rabbi Ishmael, Bahodesh, i, ed. Horovitz-Rabin, 203f.《新约》中有一次提到阿拉伯人,在《使徒行传》2:11。

讨论东方战争的作者以及所有本地性史料中——无论是否知道伊斯兰的征服最终将取得成功——都把萨拉森人说成是一个重要的因素。需要注意的是,到伊斯兰的征服时,阿拉伯人的军队作为两个帝国的盟军,已经有几个世纪的参战经历了。

　　拜占庭和波斯双方都鼓励自己的盟友去攻击另一个大国的领土。蒙受两个大国之间由于突袭和战争造成的苦难最多的又是美索不达米亚。① 阿米阿努斯在讨论 356 年的东方战争的早期阶段时,说波斯人运用了一种新的手法:他们现在采用的是偷袭战和游击战,而不是阵地战。② 他们的萨拉森盟军 *ad furta bellorum appositi*(擅长于游击偷袭),其专长就是抢掠财产和牲口。③ 这种偷袭战的特点是在不影响到自身撤退的情况下,尽量深入敌方领土,而且在敌国的疆域里尽可能地大肆破坏。偷袭战的成功目标就在于使敌国政府在当地民众面前丧失信誉;信誉损失是衡量袭击者成功的尺度。然而,阿米阿努斯似乎对这种创新是否奏效有他自己的怀疑。他发现萨拉森人不论是作为盟友,还是作为敌人,

235

---

① 罗马人和波斯人并不是最后使用这一手法者。后来的马穆鲁克总督由于一直身陷纷争,于是就煽动贝都因人去进攻自己敌人的领地。参见 M. Sharon,"The Political Role of the Bedouins in Palestine in the Sixteenth and Seventeenth Century",in M. Ma'oz(ed.) *Studies on Palestine During the Ottoman Period*(1975),15。

② Ammianus xvi 9. 1:"At Persae in oriente per furta et latrocinia potius quam(ut solebant antea) per concursatorias pugnas hominum praedas agitabant et pecorum."阿米阿努斯用同样的语汇讲述了伊索利亚土匪采用的战术(xix 13. 1;对照 xiv 2)。有时波斯人取得成功,有时罗马军队又与之平分秋色。Ammianus, xiv 3. 2在谈到 354 年时说,整个美索不达米亚地区都饱受频繁的攻击,因此要由 *praetenturis et stationibus agrariis* 来防守。

③ xxiii 3. 8;xxxi 16. 4:"Saracenorum cuneus ... ad furta magis expeditionalium rerum,quam ad concursatorias habilis pugnas."关于阿米阿努斯和萨拉森人,参见 John Matthews, *Roman Empire*;另见 I. Shahîd, *Byzantium and the Arabs in the Fourth Century*(1984),82—86,107—124。关于波斯盟友,参见 C. E. Bosworth,"Iran and the Arabs Before Islam", *Cambridge Hist. Iran* iii 2. 593—612。

都很令人讨厌。① 这让我们回想起修行者约书亚对波斯与阿纳斯塔西乌斯统治下的罗马之间的战争所作的评判："对于两方的阿拉伯人来说，这场战争是一个获利的来源，他们将自己的意愿强加在了两个王国身上。"②约书亚对这种战争的性质和效果进行了大量的描述。③

我们很难从战略的角度来评判这种新的军事政策是否真的毫无用处。双方都坚持这种政策长达几个世纪之久，我们不能否认游牧民完全有能力完成这种军事行动。让我们借用一位军事专家的话：

　　　我们能得到的最大资源就是部落民，他们非常不习惯于正规战争，他们的长处是机动性和忍耐力强，具有个人智慧，了解本地情况，并且勇敢。我们必须迫使土耳其人拉起尽可能长的防御线（从物资上讲，这是最为昂贵的战争形式），方法就是把我们的前沿拉伸到最大程度。在战术上，我们必须发展一种高度机动、装备精良的军种，采用小规模建制，用他们在土耳其战线的各个分布点依次发动袭击，迫使土耳其人不得不向他们把守的岗站增兵，让岗站人数超过符合经济效益的 20 人最小值。④

在伊斯兰的征服以前，游牧民并不采用包围战。每当攻打乡村定居地时，他们并不去进攻居住地本身，而是扑向设防区域以外

---

① 　xiv 4. 1："Saraceni tamen nec amici nobis nec hostes optandi … "
② 　79(*The Chronicle*，*Composed in Syriac*，AD507，text and trans. W. Wright，1882)。
③ 　57 和 79 讲述了这种进攻方式，罗马人和波斯人的阿拉伯盟军都使用这种方式，与主力军队协调行动。
④ 　T. E. Lawrence，引述参见 B. H. Liddell Hart，T. E. Lawrence：*In Arabia and After* (1934，repr. London 1965)，177。

所有有价值的东西,烧掉或践踏庄稼、毁坏棕榈树和果树、填埋水井、或是捣毁供水系统。① 沙漠环境可以被任何知道如何善加利用的人转变成自己的武器。普林尼在写到昔兰尼加时说,直到最近,罗马军队都无法进入加尔芒特人(Garmantes)的土地,因为"那个民族的匪徒们用沙子填满了水井——由于熟悉当地情况,他们自己无需挖掘很深就能找到水源"。② 不过,穆齐尔解释了如何利用类似的招数在长途奔袭中对付贝都因人本身:在讨论哈里德(Hâled)从安巴(Anbar)行军(500 公里)穿过敌国领土到达帕尔米拉时,他说:"他们的全部任务就是用石脑油、蝗虫或死动物对沙漠中的两个取水处下毒,哈里德几乎无法挽救其军队免于渴死。"③当游牧民在为他们自己而战时,最后的结果一般都是,他们收到用现金或物资支付的好处,然后就不再搞破坏。当他们为了某个帝国的利益去发动袭击时,情况就不是这样的了。

　　然而,在对付城市时,或在阵地战中,游牧民的战术却永远都无法取得效果。④ 阿米阿努斯反复谈到了这一点,⑤我们从 6 世纪时库斯罗采用的战术中也可以清楚地看到。每当他将要对城墙发起猛攻时,他就把萨拉森士兵排在其他部队之后,目的是不让他们参加攻城,而是在城破后去捕捉逃难者。⑥ 对萨拉森人如果使用

---

① P. Mayerson, *Transactions and Proceedings of the American Philological Association* 95(1964),180—184;L. I. Conrad, Al-Abhath;*Journal of the Center for Arab and Middle East Studies*,*Faculty of Arts and Science*,*American University of Beirut* 29(1981),7—23;F. Donner,*The Early Islamic Conquests*(1981),29f.

② Pliny,*NH* v 5. 38.

③ A. Musil,*The Middle Euphrates*,303. 据说,沙普尔(一世或二世?)用沙子填埋水井,以此对付阿拉伯人:T. Nöldeke,*Tabari*(1879),56。

④ 这些关于罗马和拜占庭时期的观点,其重要性已得到验证,参见 Ammianus, xxv 6. 8;Procopius,*Bell.* ii 19. 12,经常被引述。

⑤ 参见上文,注意对萨拉森人所用战术的描述(xxv 1.3):避免与罗马步兵主力发生接触。

⑥ Procopius,*Bell.* ii 27. 30.

得当、能让他们发挥出自己的特长的话,也可以变得非常有效:有
一次,他们甚至挽救了君士坦丁堡。

　　阿米阿努斯的观点显然是正确的,他认为两个帝国都有系统
地利用萨拉森袭击者是 4 世纪中的一个创新。他本人就亲眼目
睹过袭击者在近东地区乡村造成的破坏效果。不过,罗马人与近
东地区的游牧民和半游牧民之间发生接触,这本身并不是什么新
鲜事,这种接触自从帝国延伸到叙利亚地区就已经开始了。公元
前 51 年 12 月,有人错误地怀疑卡西乌斯任由一群阿拉伯人进入
了他管辖下的行省。① 为什么他会受人怀疑并不重要。我们从
中可以得知的是,阿拉伯人在那个时候作为偷袭者就已经为人所
知了。

　　公元前 4 世纪,恺撒和奥古斯都时代的作者狄奥多罗斯(Di-
odorus)曾用了相当长的篇幅来描述"阿拉伯人"(也就是游牧　　237
民)。② 斯特拉波对奥古斯都时期的关系作了如下说明:

> 　　幼发拉底河以及河对岸构成了帕提亚帝国的边界,河这
> 边的土地则由罗马人和阿拉伯首领(部落长)控制,一直到巴
> 比伦尼亚,他们当中那些与罗马人相邻的成了罗马人的盟友;
> 靠近河边(住在帐篷里)的森奈特(Scenite)游牧民却不大友
> 好,那些住在更远的地方、离"幸福阿拉伯"较近的人就更是
> 如此。③

　　这是第一次有人将部落长,即游牧民首领,说成是罗马人的盟

---

① 　Cicero, *ad fam*. iii 8. 10:"Sed de Parthorum transit nuntii varios sermons excita-
　　runt … A te litterae non venerunt et, nisi Deiotari subsecutae essent, in eam opinio-
　　nem Cassius veni‹eb›at, quae diripuisset et Arabas in provinciam immisisse eosque
　　Parthos esse senatui renuntiasse."
② 　xix 94. 2—95. 2.
③ 　xvi 1. 28(748).

友。① 有几座游牧民首领立的石碑,从上面的希腊语碑文中可以看出,他们正式承认罗马的权威。② 据我们所知,最早的一座石碑位于巴塔内亚,由"奥古斯塔"(?)军团大队指挥官(?)兼游牧民的 *strategos*(将军)(?)卡雷斯(Chares)之子献给亚基帕国王。③ 另一座来自巴塔内亚的刻字石碑是一块墓碑,墓主人是"哈德良,也叫索安达斯(Soaidos),是马勒克斯(Malechos)(之子?)、本地长官和游牧民的 *strategos*"。④ 这两位游牧民首领显然都是罗马的某种附庸王。来自塔伯村(Tarba)的另一段碑文再次将这种关系展现在我们面前,在这段碑文中,从游牧民中招募的士兵向一位总督致以赞颂。⑤ 特别重要的是一处用希腊语和纳巴泰语刻写的双语碑文,发现于阿伊拉东南方大约 200 公里汉志山区的卢瓦发。⑥ 据这段碑文记载,萨穆德人民(或联盟)在长官克劳狄乌斯·莫德斯图(Claudius Modestus,167—169 年任阿拉伯使节)的主持下修建了一座庙宇,献给马可·奥略留和路奇乌斯·维鲁斯。在纳巴泰语文字中提到了他的前任安提斯提乌斯·亚德温特斯(Antistius Adventus,任期为 166—167 年),⑦他可能在一次部落间争端中调

238

---

① 对照 Festus, *Breviarium* 14, ed. Eadic, 56f. ; "… sub Lucio Lucullo … Phylarchi Saracenorum in Osrhoena cessere superati. "这显然是后来的术语。

② 相关讨论详见 M. Sartre, *Trois études*, 123—128。关于较早的清单和历史调查,参见 R. Devreesse, *RB* 51(1942), 263—307。

③ Waddington, no. 2112 from El-Hit;对照 *OGIS* 421; *IGR* iii 1126。

④ Waddington, no. 2196. *ethnarch* 这个称号并不普遍,是比 *tetrarch* 更高的官阶,如果它真是罗马人授予的话;对照 Schürer, *History* i 333—334 n. ; Sartre, *Trois études*, 125。

⑤ Waddington, no. 2203.

⑥ 第一次是由 J. T. Milik 发表于 P. J. Parr, G. L. Harding and J. E. Dayton, *BIAL* 10 (1972), 54—57。相关讨论参见 D. F. Graf and M. O'Connor, *Byzantine Studies* 4 (1977), 52—66; Graf, *BASOR* 229 (1978), 9—12; J. Beaucamp, *SDB* 9 (1979), 1467—1475; G. W. Bowersock, *Le monde grec: Hommages à Claire Préaux* (1975), 513—522; Satre, *Trois études*, 27—29; Bowersock, *Roman Arabia*, 96f. ; Graf 即将发表论文:*Qura 'Arabiyya and Provincia Arabia*。

⑦ 关于这些总督的时间,参见 Sartre, *Trois études*, 84。

停了和平。

这段碑文证明，阿拉伯行省总督的活动范围远远超出了其所在行省的边界。[①] 这显示了罗马帝国具有承认其宗主国权威的盟邦，这些盟邦本身并不构成行省管理结构的组成部分。这种关系经常被认为属于拜占庭时期，但这并不正确。这种情况可能还进一步证明了存在着一个游牧民联盟，就像那些在前伊斯兰时期时不时形成的联盟一样。[②]

到 3 世纪时，由塔努赫人（Tanukh）占据了类似的位置，他们的祖国显然是在阿拉伯半岛的东北部。[③] 据说，他们与帕尔米拉的芝诺比亚之间发生了冲突，他们与罗马之间的关系通过一段来自阿拉伯行省东北部乌姆埃尔吉马尔的双语铭文得到了证实。铭文中提及了伽地玛索斯（Gadimathos）（嘉德希玛（Jadhima））的一位教师，也是塔努诺也人（Thanouenoi）的国王，[④]阿拉伯传说中曾提到过这个人物。

另一则时间为 328 年的著名碑文提到了一位"阿拉伯人的君主"。[⑤] 这处碑文发现于杰伯德鲁兹山东北边的纳玛拉，碑文采用

---

① 我同意 D. Graf 在即将发表的文章中所作的解读。其重要性还表现在其中一段文字用了"纳巴泰人"的说法，并把萨穆德称作 *ethno*s 或是 *srkt*，这可能表示是一种联盟。关于萨穆德及该地区其他阿拉伯民族的早期研究，参见 R. Dussaud，*La pénétration des Arabes en Syrie avant l'Islam*（1955），第五章。

② E. A. Knauf，*Ismael*（1985）指出以斯玛利人是一个"以贝都因为原型"的联盟，包罗了整个阿拉伯北部的各个部落，杜玛是其信仰和政治中心。

③ 有关这个民族的证据大多发现于阿拉伯文献，而我对此并不熟悉。参见 Sartre，*Trois études*，134—136；Bowersock，*Roman Arabia*，132—134。

④ E. Littmnn，*PES* iv. A，no. 41，with comments；对照 Sartre，*Trois études*，134 with no. 50。

⑤ 最新讨论和更多参考书目详见 Sartre，*Trois études*，136—139；Bowersock，*Roman Arabia*，138—142；I. Shahîd，*Byzantium*，32—53；J. A. Bellamy，*JAOS* 105（1985），31—48 以及修改过的文字辨析。我引述 Bellamy 在第 46 页上给出的译文："这是 Imru'u l-Qays 的墓地纪念碑，他是'Amr 之子，阿拉伯人的国王；而且（?）他的荣誉称号是'Asad 和 Madhij 的主人'，他制服了 Asadis，征服了他们的国王（转下页注）

纳巴泰字母书写，是用古阿拉伯语写下的最古老的文件。这段文
239　字十分难懂，人们对其作出了各种诠释。伊姆鲁库阿斯（Imru'l-
qais）也在阿拉伯的原始史料中得到了证实，显然，他与希拉（Hi-
ra）新建立的莱赫米王朝有关系，但根据阿拉伯传说，该王朝本身
也属于塔努赫人联盟。① 单看这段文字中那威风凛凛的语言，我
们很难判断这位君主握有的实际权力如何。② 我们不清楚 *mlk* 一
词在当时的真正分量。阿米阿努斯显然用这个词（*malechus*）来指
称一位部落首领（见下文）。哈特拉的国王被称作阿拉伯的
"*mlk*"。③ 然而，铭文证据和原始史料都透露出他的活动地域十分
广泛，包括阿拉伯半岛的中部和南部以及波斯湾地区。这处铭文
的发现地和铭文内容都显示伊姆鲁库阿斯是罗马人的忠实
盟友。④

　　尽管盟友的重要性在 4 世纪及后来的时期中有所增加，关于
这些盟友，我们手中只有一些支离破碎的信息。波斯人的盟友是
居住在希拉的莱赫米王朝。⑤ 那里有一支波斯部队。莱赫米人在
阿拉伯半岛上拥有广泛的影响力。他们与有实力的酋长们达成协

（接上页注）然后他又赶跑了 Ma ‹d› hij，将他们赶入 Najrān 和 Shammar 城的大门，
　　他还征服了 Ma'add，与部落贵族友好地打交道，任命他们作为代表他的当地总
　　督，这些人都成了为罗马人效力的族长。没有哪位国王的功绩能够与之相比。他
　　后来于 223 年在 Kaslūl 的第 7 天辞世。啊，祝那些曾是他朋友的人好运吧！"

① 最早提到莱赫米统治者的是来自纳塞赫（Narseh）地区帕伊库里（Paikuli）的波斯
　　碑文（293—302 年）；最新的译文参见 Frye，*History of Ancient Iran*（1984），附录
　　五，第 375—378 页以及第 375 页的版本说明。

② 对此持保留意见，参见 R. E. Brünnow and A. v. Domaszewski，*Die Provincia Ara-
　　bia* iii（1909），283f. 。

③ MLK' DY 'RB，对照 B. Aggoula，*Syria* 63（1986），353—374。

④ Shahîd，*Byzantium*，46：是并无真正独立性的藩属王。另见来自纳玛拉的其他碑
　　文，Waddington，nos. 2265—2285，很多都是由罗马军队所立。

⑤ T. Nöldeke，*Geschichte der Perser und Araber zur Zeit der Sasaniden*（1879）；G.
　　Rothstein，*Die Dynastie der Lahmiden in al-Hira*（1899）；Devreesse，*RB* 51，263—
　　307；Bosworth，*Cambridge Hist. Iran* iii 1. 593—612；esp. 597—609。

议,为莱赫米的军队输送兵源以确保商队线路的安全,并在有可能的地方征收赋税。另一个重要的群体就是金达部族(Kinda),该部落起源于半岛的中部和北部地区。① 他们是莱赫米人最严峻的对手,有一个时期曾将莱赫米人从他们的都城中赶出去达 3 年之久。到 6 世纪后半叶,莱赫米人已经失去了大部分影响力,他们的重要地位在 7 世纪初终告结束,萨桑帝国本身也在不久后土崩瓦解了。

　　罗马人最早的盟友是在幼发拉底河以西沙漠中的塔努赫人。② 他们在接近 4 世纪末时被萨利赫人(Salih)所取代,萨利赫人控制了叙利亚和美索不达米亚沙漠的大片区域。③ 在接近 5 世纪末时,萨利赫人的角色又被加萨尼德人(Ghassanids)取而代之。④

240

　　在游牧民盟友的第一批重要人物中,我们将会提到名字的一位就是"玛勒克斯(Malechus)[国王],其本人名叫波多萨斯(Podosaces),是亚萨尼的萨拉森人部落长,这是一股臭名昭著的土匪,长期以来对我国的边境地区进行偷袭,干尽了各种残暴的坏事"。⑤ 从 4 世纪以降,游牧民部落被整合到近东的军事布局中,他们被用来担任那些能够充分发挥其特殊本领的角色。利用他们

---

① G. Olinder, *The Kings of Kinda*(1927). 在他们将活动范围向北延伸以前,有关其作用的记载可回溯到 5 世纪末,参见 Bosworth, loc. cit.。

② 参见上文第 239 页(按:原书页码)。Shahîd, *Byzantium*, 465—476.

③ Sartre, *Trois études*, 146ff.; Shahîd, *Byzantium*.

④ T. Nöldeke, "Die Ghassanischen Fürsten aus dem Hause Gafnas", *Abhandlungen der königlichen preussischen Akademie der Wissenschaften zu Berlin* (1887); I. Kawar(Shahîd), *JAOS* 77(1957), 79—87; *Arabica* 5(1958), 145—158; *Der Islam* 33(1958), 145—158; F. E. Peters, *AAAS* 27—28(1977—1978), 97—113; Sartre, *Trois études*, 155f.，Zeev Rubin 指出阿姆瑟索斯属于这场运动。

⑤ Ammianus xxiv 2. 4: "Malechus Podosacis nomine, phylarchus Saracenorum Assanitarum, famosi nominis latro, omni saevitia per nostros limites diu grassatus ..."对照 Sartre, *Trois études*, 139f; Shahîd, *Byzantium*, 119—123。

来偷袭敌军成了进攻中的惯常特征,两个帝国都利用游牧民盟军来对主力部队的行动加以补充,例如在上文中提到过的 356 年的波斯战争中,以及在 363 年的战争中,波多萨斯就发挥了这种作用。

波斯在 531 年时的政策也是如此,当时,它的萨拉森盟友将幼发拉底西亚(曾经的康玛格尼)那些防守薄弱的地区,而不是重兵把守的美索不达米亚北部,作为自己的攻击目标。① 在底格里斯河对岸,早在 4 世纪时就已经有了防御设施。阿米阿努斯在 363年罗马人撤军期间看到过这些防御工事:"利用堤坝,人为地增加了河岸的高度,为的是防止萨拉森人进入亚述进行骚扰"。② 这种对付偷袭的手段显示,萨拉森人是一个长期存在的顽疾。③ 当贝利萨琉斯于 541 年入侵波斯时,同样的侵入亚述进行偷袭的使命被交给了拜占庭下面的部落长和附庸王;④在 7 世纪,当波斯入侵拜占庭领土时,也有萨拉森人发动的偷袭相伴随。⑤ 378 年,萨拉森人的偷袭战术再次奏效,当时他们效力于罗马军队,正与哥特人

241

---

① Procopius,*Bell.* i 17f. ,esp. 17. 34ff. 普罗柯比认为,这并不是新奇的想法,波斯的诺霍达里斯(Nohodares)将军在 354 年就已尝试过:Ammianus xiv 3。那次计划由于叛徒而遭受挫败。卡瓦德在 502 年没能成功征服阿米达,他派努曼(Nu'man)率领莱赫米人进入奥斯若恩,那里的农夫正在田野中收割庄稼。他们抢走了大批奴隶和牲口:Joshua Stylites,50 and 51。在 5 世纪和 6 世纪早期有几次萨拉森人发动的袭击被提及:在狄奥多西二世统治时期(Theophanes, ed. de Boor,85)、芝诺时期(ibid. 120)、阿纳斯塔西乌斯时期(ibid. 143)以及查士丁纳斯时期(ibid. 171)。

② xxv 6. 8.

③ 对照 S. Lieu,*DRBE*,487—490 引述了我并未读过的《阿基来行传》(*Acta Arche-lai*),其中对 4 世纪早期的越界袭击作了解释。

④ Procopius,*Bell.* ii 16. 15;19. 12—18,26—28. I. Kawar(Shahīd)已经说明,普罗柯比对阿勒萨斯的变节指控是不实的:*Byzantinische Zeitschrift* 50(1957),39—67;362—382;*Byzantion* 41(1971),313—338。

⑤ Theophanes,*Chron.* AM 6104(AD 611),ed. de Boor,p. 300;Michael the Syrian,*Chron.* ,ed. Chabot,ii 401.

打仗。[①] 531 年,加萨尼德人在阿勒萨斯率领下在卡利尼古姆(Callinicum)参与了一场激战。[②] 萨拉森人能够出色完成的另一种任务就是侦查敌军和收集情报。[③]

在战争时期,部落长们经常单独行动。在所有那些进行偷袭的游牧民首领中,最恶名昭彰的要数莱赫米的蒙达,他在多年的时间中"劫掠了整个东方",而拜占庭的针对措施从未真正发挥过效用,这是普罗柯比的说法。[④] 在罗马与波斯之间于 545 年达成了一项 5 年协议后,罗马这边的盟友加萨尼德人阿勒萨斯与波斯人的盟友蒙达,"在没有罗马和波斯的支持下互相打了起来"。[⑤] 550 年,在拜占庭与波斯之间的谈判过程中,波斯大使指责罗马人违反了停战协议,他声称罗马人的萨拉森联盟成员在和平时期攻击了波斯的联盟首领。[⑥] 563 年,阿勒萨斯在君士坦丁堡控告他的对手莱赫米人发动攻击。[⑦]

游牧民对于定居人口的攻击根本不是两个大国决策的结果。游牧民一直以来都是极易怂恿而难以驾驭。

塔穆拉耶人(Tamūrāyē)也是如此,他们居住在波斯人的

---

① Zosimus iv 22:对快速骑兵避开敌军主力、专杀零散士兵的作战方式的传统描述(对照 Paschoud(ed.),*Zosime*,ii(1979),pp. 378f. no. 145)。Ammianus,xxxi 16. 6 生动讲述了在阿德里安堡战役后进攻君士坦丁堡时哥特人发挥的动摇敌军军心的作用。据 Sozomenos,*HE* vi 38 记载,马维亚在与罗马人缔结和平后派萨拉森人去增援。这是盟友必须承担的典型义务。另见 Theophanes,*Chron.* AM 5870,ed. de Boor,65。关于马维亚最新的讨论,参见 Z. Rubin,*Cathedra* 47(1988),25—49(希伯来语)。

② Procopius,*Bell.* i 18. 35—37;Malalas,*Chron.* 464.

③ 例如 Procopius,*Bell.* i 17. 35;ii 19. 16。对照 I. Kawar,*Arabica* 3(1956),196f.;Lieu,*DRBE*,491。

④ *Bell.* i 17. 29—48;ii 1.

⑤ *Bell.* ii 28. 12—14.

⑥ Procopius,*Bell.* viii 11. 10.

⑦ Theophanes,AM 6056,ed. de Boor,p. 240.

土地上,当看到他没有什么东西可以给他们时就起来背叛了
他(即波斯王卡瓦德(Kavād))。他们非常信任他们居于其中
的高山,经常下山来破坏和抢劫周边的村庄,还(抢劫)商人,
不论是外国人,还是本地人,抢完之后又回到山上。①

在干旱时节,这种压力会尤其增大。没有多少史料清楚明白
地讲述过这种情景,但我们有一封时间为 484 年的书信,是尼西比
斯的主教写给涅斯多留派(Nestorian)长老的。② 在这个案例中,
让情况变得更加复杂的因素就是边境地区的问题。人们指责波斯
的尼西比斯行省总督,要他为那些越过边界蹂躏村庄的阿拉伯人
的行为负责,但他却无力约束这些阿拉伯人。③ 在罗马和波斯于
公元 562 年签订的协议中,特别说明在边界两边的萨拉森人将受
到该协议的约束。④ 这其实是换一种方式说,协议双方必须负起
责任将他们各自的盟友置于控制之下。虽然刚才引述的这封信是
唯一具体谈及游牧民越境袭击的材料,但我们注意到,在这个地
区,人们经常笼统地提到游牧民攻击那些用来对付他们的军事
设施。

显然,参与全面战争并不是部落长们最重要的任务。基本上,
他们发挥了 4 种作用:

---

① Joshua Stylites 22.
② 引述参见 J. -B. Chabot, *Synodicon Orientale* (1902),532f. ,另见 F. Nau, *Les Ar-*
   abes Chrétiens de Mésopotamie et de Syrie(1933),13—15。关于匪盗活动,参见上
   文第二章。
③ 另见 Marcellinus,[Auctarium] an. 536(ed. Mommsen,p. 105):"Ipso namque anno
   ob nimiam siccitatem pastura in Persida denegata, circiter quindecim milia Sara-
   cenorum ab Alamundaro cum Chabo et Hesido fylarchis limitem Eufratesiae ingres-
   sa ubi Batras dux eos partim blanditiis,partim districtione pacifica fovit et inhiantes
   bellare repressit".
④ 参见下文。

（1）已经讲过的：他们对敌国领土上的乡村人口实施偷袭。

（2）他们保护自己这边的平民不受敌对帝国的萨拉森盟友袭击。

（3）他们保护行省中的定居人口不受一般游牧民的袭击。

（4）他们偶尔会协助本土防卫军履行维持国内治安的职责。

第（2）、（3）项作用的重要性并不亚于第（1）项。"这些民族由于有快马，除他们本族人外，没有谁打得过他们。即使包围了他们，也捉不到人，而他们在撤退时跑得比敌人快。"①有一个经常被人引述的情节，在 528 年，一位罗马的部落长，金达人阿勒萨斯，因为与巴勒斯坦的 *dux* 发生争执而不得不逃入沙漠深处。在那里，他被波斯的部落长蒙达所杀。② 于是，查士丁尼命令腓尼基、阿拉伯和美索不达米亚等几个行省的 *duces* 和他们的部落长一起去讨伐蒙达。后者撤退到了沙漠的更深处，"这里从未有罗马人到过"。于是，罗马人及其盟军袭击了蒙达的营地，抓了很多俘虏、骆驼和其他牲畜，解救了很多被俘的罗马人，还烧毁了 4 座波斯要塞。这是一次联合行动，由 *limitanei* 与几位部落长合作实施。在其他一些情况里，史料中提到了针对波斯部落长的行动，我们并不清楚这些行动是否都是罗马军队与阿拉伯盟友的联合军事行动。③

最终，这些部落长成了拜占庭行省结构中一个常规的组成部分。查士丁尼颁布法令，批准任命了一名"调解人"，他在阿拉伯行省中具有特殊权力，该法令就这名官员相对于 *dux*、部落长、祖传宗教职位以及其他职务具有何种权力作出了规定。④ 至少有一个

243

---

① Evagrius, *HE* 20.

② Malalas, 434f. ; Theophanes, AM 6021, ed. de Boor, p. 178.

③ 例如，在 498 年（参见下文，未提及罗马族长）或 503 年，罗马同盟向纳阿曼（Na'aman）进军，根据 Joshua Stylites 58（对照 Sartre, *Trois études*, 161）。

④ *Nov. Iust.* 102.

地方暗示了社会融合:一个部落长家庭与一名拜占庭官员之间的联姻。① 这让我们回想起那个传闻,马维亚的女儿,萨拉森叛乱分子的女王,嫁给了罗马指挥官维克特(Victor)。②

　　由阿拉伯联盟提供的服务可以有多种形式。一个突出的例子就是所谓的"strata 争端"。540 年,库斯罗请求蒙达给他制造一个借口,以便违反与拜占庭签订的协议,于是蒙达就故意找茬,与加萨尼德人阿勒萨斯就帕尔米拉以南的草原展开舌战。③ 最后,库斯罗发动战争是出于另外的原因,但在普罗柯比讲述的故事中有几点十分有趣。蒙达宣称他可以偷袭罗马领土而不违反任何协议,因为在协议中并未提到萨拉森人,普罗柯比认为这种说法是符合事实的,因为协议中的确没有单独提到萨拉森人,他们总是在包括在波斯人或罗马人的名下。无疑正是由于这个缘故,562 年签订的协议中就明确提到了萨拉森人。④ 第二个兴趣点是,阿勒萨斯宣称这片土地属于罗马,因为所有人都用"strata"这个名字来称呼此地,这个地名是由 strata Diocletiana("戴克里先大道")演化而来的,指从叙利亚南部通往帕尔米拉的罗马道路。这表明我们从里程碑上所熟知的这个地名实际上被人们普遍使用,⑤甚至阿拉伯联盟也这样使用这个词。显而易见,整个地区都借用了这条道路的名称。同时,这也表明 6 世纪时的人们知道,这样的道路是典型的罗马建造物。最

244

---

① IGLS 297:Silvanos,一名军官与一位族长的女儿成婚。碑文发现于亚纳萨沙村(Anasartha),位于阿勒颇东南 60 公里处。另见 nos. 281,288,292。

② 不同意这种说法的有 Mayerson,*IEJ* 30(1980),128;I. Shahîd,*Rome and the Arabs* (1984),159ff.;接受此说法的有 Rubin,*Cathedra*,28。来自叙利亚南部的一处时间确定为 425 年的碑文,记录了一位名叫马维亚的妇女奉献了一座教堂:*AE* 1947. 193。另一个马维亚,是拜占庭族长金达人库斯(Qais)之子(或之女?),按照协议被当作人质送往查士丁尼的宫廷:Nonnosus,*FHG* iv 179。

③ Procopius,*Bell.* ii 1.

④ Menander Protector,*FHG* iv 208ff.

⑤ 据 Malalas,308 记载,为皇帝(戴克里先)立了"石碑"(stelae),并为恺撒在叙利亚的 *limes* 也立了碑,显然是指"戴克里先大道"沿途的里程碑。

后，如同我们在上一章中所观察到的，整个故事传递出这样一种印象，帕尔米拉周围的地区已经不再有任何罗马军队驻守了。

库斯罗为发动战争找的借口是 *casus belli*（开战原因），而不是"*strata* 争端"，这是另一场涉及蒙达的争论。库斯罗指责查士丁尼企图通过给蒙达许诺大笔的金钱来诱劝他加入罗马政营。他还声称查士丁尼曾经试图诱使匈奴人入侵波斯。不论这些指责是否属实，我们必须注意的是，这些做法基本上就可以被视为是 *casus belli* 了。

部落长的第(3)项作用显然与第(2)项有关。罗马人给游牧民首领们支付奖金以换取他们的保护。我们无法说清楚这种做法从什么时候起成为了一种惯例，但在 363 年，朱利安的军队发现在底格里斯河对岸地区的萨拉森人很不友好，"因为朱利安禁止像过去那样给他们发放奖金和大量的礼物"，[1]很明显，这种做法在当时已经成了惯例。《新律汇编》中一条 443 年的法令向 *duces* 发出警告，他们无权从发给萨拉森盟友和其他部落的补给中抽走或挪用任何部分。[2] 这说明这些盟友是通过 *duces* 收到按规定发放的补给，与 *limitanei* 的情况相似，而且似乎这里面存在着我们熟悉的腐败问题和高层官员的从中盘剥。普罗柯比代表库斯罗说道，罗马人每年都给一些匈奴人和萨拉森人支付黄金，他们不像属民那样缴纳税赋，反而还要给他们付钱，条件是他们必须时刻保卫罗马领土不受侵犯。[3]

这并非是说拜占庭心甘情愿地支付这种费用。当查士丁（Justin）二世决定效仿朱利安的做法停止向阿拉伯首领支付保护费时，对拜占庭领土的偷袭就又开始了。[4] 在波斯方面，他们同样

① 　Ammianus xxv 6.10.
② 　*Nov. Theod.* xxiv 2(443 年 9 月 12 日)："De Saracenorum vero foederatorum aalia-rumque gentium annonariis alimentis nullam penitus eos decarpendi aliquid vel auferendi licentiam habere concedimus"。
③ 　Procopius, *Bell.* ii 10.23.
④ 　他还停止了给波斯支付奖金，导致战事重起。

也不情愿履行对其萨拉森盟友的义务:库斯罗二世于 602 年废黜
了最后一位莱赫米附庸王,此举导致波斯失去了对阿拉伯北部地
区游牧民的权威。①

245　　　遭受打击的个人经常跑到敌方的领土上去寻求避护。② 自
然,我们无法准确地追踪各个游牧民部族的动向,但至少我们有一
些证据表明,在两个帝国之间出现过大规模的人口迁移。从本地
史料中发现了涉及人口迁移的信息绝非偶然。③ 420 年,亚斯皮
拜托斯(Aspebetos,其波斯称号为 *spahbadh*),一名属于波斯势力
范围的阿拉伯部族首领,跑到了罗马人这边,并经过地区指挥官的
同意在罗马的领土上定居下来。很有可能,这种移民和定居现象
发生得比我们所知道的更加频繁。④ 与少量的个人行为不同,大
量接受人口迁移在波斯王看来就是一种敌对行为。

　　亚斯皮拜托斯被接纳为盟友,并被任命为"阿拉伯的罗马联盟
部落长"。这个称号的规格似乎比那些之前授予的部落长称号更
高,它暗示了管辖阿拉伯(行省?)所有部族的权力。这个部族皈依
了基督教,⑤并在巴勒斯坦的营地(*parembole*)居住下来,亚斯皮

---

① Bosworth,*Cambridge Hist. Iran* iii 2. 607—609.

② N. Garsoïan,*Cambridge Hist. Iran* iii 1. 571,573. 在瓦伦斯统治期间,波斯为被雅
　利安人驱逐的支持尼西亚(Nicaean)的基督徒提供了庇护:对照 Lieu,*DRBE*,492。

③ Cyril of Scythopolis,*vita Euthymii*,ed. Schwartz, 18f. 另见 Socrates,*HE* vii 18,
　PG lxvii 774—778。对照 Sartre,*Trois études*,149—153;Rubin,*DRBE*,680f. 。

④ G. E. M. de Ste. Croix,*The Class Struggle in the Ancient Greek World* (²1983),ap-
　pendix iii,509—518 讨论了"蛮族"在罗马帝国定居的情况,未提及这里所讲的个
　案。关于同一时期在帝国定居的阿拉伯移民,参见 *Nov. Theod.* ii 24(443 年 9 月
　12 日)。

⑤ Cyril 20f. 关于在阿拉伯行省信奉基督教的阿拉伯人,参见 R. Devreesse,*RB* 51
　(1942),110—146。关于在波斯的基督徒,参见 J. Labourt,*Le Christianisme dans
　l'empire Perse sous la dynastie Sassanide* (1904);J. M. Fiey,*Assyrie chrétienne*,3
　vols. (1965—1968);ibid. ,*Communautés syriaques en Iran et Irak des origines à
　nos jours* (CSCO 54,1977);J. P. Asmussen,*Cambridge Hist. Iran* iii 2. 924—948,
　and bibliography on 1355—1357。

拜托斯也改名为彼得勒斯(Petrus)，并担任其部族的主教。① 这件事非同寻常：一位游牧民首领得到拜占庭当局的首肯，担任了某种"超级部落长"的职务，不仅与很多其他部族一样皈依了基督教，而且本人还被选任为主教。主教的位置显示了在拜占庭帝国中具有权力的程度，这从关于围城的描述中也可以清楚地看出，这些人在保卫城市的行动中起着核心作用。在关于马维亚暴动的故事中，我们更为清楚地看到，对主教的任命是非常重大的事件。关于主教不可或缺的作用，通过对修建达拉的描述来加以说明是再好不过了。阿纳斯塔西乌斯的将军们命令由阿米达(Amida)的主教主持修建达拉，资金则由皇帝提供。② 在更高的层次上，主教们还经常被两个帝国用作全权大使，因此他们与边界两边的社群都保持有接触。③

246

　　6世纪中叶，亚斯皮拜托斯的一名后人成了"该地区萨拉森人的部落长"。④ 这个例子让我们看到波斯的游牧民盟友如何迁徙到属于拜占庭的地区，他们如何被整合进拜占庭的行省结构，以及他们所经历的宗教皈依和定居化的过程。

　　随着这些阿拉伯人的定居化，他们变得容易遭受其他游牧民和半游牧民的袭击。我们听说，在阿纳斯塔西乌斯统治期间，他们就遭到过攻击。⑤ 我们在第二章中看到，沙漠地区和沙漠边缘地带有很多这类的小规模骚扰活动。这让我们想到，拜占庭政府为保证和平和安全所采取的措施，始终也没能产生人们期望现代国家应该拥有的那种控制程度。那些地处偏远或是没有得到足够支持的社区就只能求助于他们自己的 *modus vivendi*（妥协方式）。

---

① Cyril 25.
② Zachariah of Mitylene, *Chron.* vii 6.
③ Garsoïan, *Cambridge Hist. Iran* iii 1. 573 with n. 1.
④ Cyril 18.
⑤ Cyril 67.

一个实例就是位于西奈的建有高墙的法伦城。一段写于约 400 年的记叙讲述了该城议事会如何派出代表团去见当地的一名酋长，因为他违反了与该城订立的协议，该协议明显地意味着要缴纳保护费。[①] 据说，法伦城在 570 年是由 800 名骑手组成的民兵来防守的(这种防御显得不够充分?)。[②] 从这两个事例中我们清楚地看到，法伦人在没有中央政府帮助的情况下只能寻找自己的办法来保护其社区。

部落长在地区语境中扮演的角色通过伊奥塔布岛(Iotabe)事件得到了最清楚的展示。[③] 一位名叫阿姆瑟索斯(Amorcesos，即伊姆鲁库阿斯，不要把他同一个也叫该名字的、更早时被安葬在纳玛拉的人弄混淆了)的阿拉伯酋长从波斯控制下的地方搬到了罗马的边境地区，[④]他在那里针对波斯属民发动袭击。他夺取了伊奥塔布岛的控制权，赶走了罗马的海关官员，并由他自己来征收关税。[⑤] 他还占领了该地区的几个村庄。在经过谈判之后，阿姆瑟索斯被授予了部落长的地位，并确认了他对伊奥塔布岛的所有权。与早是马维亚、后是亚斯皮拜托斯的情况一样，皈依基督教是协议中不可或缺的条款。[⑥]

498 年，拜占庭政府采取了行动。[⑦] 这场战争旨在降服和驱逐几个行省中的游牧民群体，在战争中，巴勒斯坦的 *dux* 重新夺

247

---

① Nilus,*narrationes*,*PG* lxxix,col. 661. 对照 P. Mayerson,*Proc. Am. Phil. Soc.* 107 (1963),162。

② Ps. -Antoninus Placentinus 40,*CCSL* clxxv 149f.

③ F. -M. Abel,*RB* 47(1938),510—537. 伊奥塔布岛的位置不详。有人无视众多考古学者得出的结论，自信地说它就是以拉他/亚喀巴海湾入口处的提兰岛(Tiran)，考古学者在该岛未发现任何古代遗迹。

④ Malchus Philadelphensis,fr. 1,Müller,*FHG* iv 112f.

⑤ 对照 Sartre,*IGLS* xiii 1,no. 9046,with comments on pp. 116f. 。

⑥ 另外，注意佐克穆斯(Zokomos)族长的信仰皈依：Sozomenos,*HE* vi 38,并对照 Sartre,*Trois études*,144—146;Rubin,*Cathedra*,35—38。

⑦ Theophanes,AM 5990,ed. de Boor,pp. 140f.

回了伊奥塔布岛。① 有关伊奥塔布岛的故事其重要性在于这样一个事实，它是一个位于帝国边缘的地方，拜占庭当局有时能控制它，有时就不得不把它留给别人，如果有可能就通过订立某种协议来维持和平。

对大约同一个地区的另一位酋长我们知道得稍微多一点，这就是阿巴克哈拉玻斯（Abokharabos，即阿布卡里布（Abūkarib）），查士丁尼任命他为巴勒斯坦的部落长。② 此人将行省边界以外的棕榈树林作为礼物献给皇帝，"他还随时守卫着疆土不受侵犯"。③ 那些作为其子民的蛮族人和敌人都惧怕他。这里，我们再次看到一名酋长，其权力范围部分是行省的地区，部分在行省以外：他负有保护罗马公民不受游牧民袭击的责任，显然这意味着在行省边界以外展开活动，因为对于游牧民来说是无法用静态的方式来维持治安的。赛奥凡尼斯（Theophanes，译注：6世纪拜占庭历史家）在一份有关633—634年的陈述中说，阿拉伯部落因为把守了西奈的沙漠入口处（*stomia*）而拿到了微薄的奖金。④

第（4）种作用，即协助维持国内治安的职能，至少在一个529/530年的案例中得到了证实，当时巴勒斯坦的部落长插手对撒马利亚人暴动的镇压。⑤ 对于目前的讨论来说，重要的不是他的身

---

① Theophanes, AM 5990, ed. de Boor, p. 141；Evagrius iii 36. 对照 Sartre, *Trois études*, 156。25年后提到该岛，是为针对希米亚（Himyar）国王的战争提供船只的地方之一：*Life of Saint Arethas*, ed. Boissonade, 我并未参阅此资料。参见 Abel, *RB* 47, 528f. ；Sartre, *IGLS* xiii 1 p. 116 n. 4. 伊奥塔布岛提供了7艘船，阿伊拉15艘，克莱斯玛20艘。535—536年，加沙的科里奇乌斯（Chorieius）在讲话中再次提到伊奥塔布岛。他告诉我们，巴勒斯坦的 *dux* 把占据该岛的犹太人逐出了阿拉伯半岛：Choricius Cazaeus, *Laud. Arat. et Steph.* 66f. , ed. Foerster and Richtsteig, 65f. 。

② Procopius, *Bell.* i 19. 8—13；对照 Kawar, *JAOS* 77（1957），85—87；Sartre, *Trois études*, 169ff. 。

③ 可能是塔布克（Tabūk）和塔伊玛（Taymā）绿洲。

④ Theophanes, AM 6123—4, ed. de Boor, i 335. 对照 P. Mayerson, *TAPA*, 156—160。

⑤ Malalas 445—447.

份,而是他能够对巴勒斯坦内地的事务进行干预。在暴动的最后阶段,他抓捕了2万名逃到特拉可尼去的年轻人,并将他们"贩卖到波斯和印度各地"。① 这再次显示出这些盟友的快速机动性。

248　　在以上呈现的所有信息中或许最突出的特点就是,与游牧民的关系使得在很大程度上无法区分他们到底是属民,还是外族。部落长是联盟成员,承认皇帝的权威。在发生重大战事时,由他们去执行特殊的任务,经常独立于正规部队或与正规军并肩作战。他们为了罗马的利益与各种敌人战斗,控制自己的部落民众,镇压反叛的行省属民。他们在行省内外都拥有地盘,但也在行省内部采取行动,与军队当局联手合作。然而,他们的人民是游牧民,因此他们的地位从来都不会处于静态,也不稳定。他们在行省中进进出出。在某个行省中,协助平定叛乱的部落长可以把他的俘虏押送到波斯的领土上去贩卖。似乎很多东西都取决于这些酋长的个性和权力,这个特点也是后来贝都因部落的典型特征。君士坦丁堡当局授予各个部落长的权力似乎各有不同:例如,亚斯皮拜托斯似乎拥有较高的地位。而于328年被安葬在纳玛拉的那位伊姆鲁库阿斯就声称,自己曾经"与部落贵族们[他在阿拉伯降服了这些人]温和地打交道,任命他们做行省都督,而他们也成了为罗马效力的部落长"。在蒙达成功地对罗马领土发动了袭击后,查士丁尼给他自己的部落长、加萨尼德人阿勒萨斯授予了管辖其他部落长的权力。② 对本书而言,特别重要的结论就是,任何试图为这一时期的罗马帝国划出一个政治上或军事上的边界线的努力都将会徒劳无功。

　　最后需要指出的是,这些盟友作为勇敢之士的特征非常适合

---

① 　Malalas 447.
② 　Procopius,*Bell.* i 17.45—47;Theophanes,ed. de Boor,240;对照 Kawar,*JAOS* 75 (1955),205—216;Sartre,*Trois études*,170—172.

于这几个世纪中罗马与波斯之间战争的性质。他们是发动偷袭和实施劫掠的行家里手,从3世纪以降,这些行动成了两个帝国间战争的关键因素,尽管这种形式的战争代价高昂且极具破坏性,从未给任何一方带来可以持久的胜利果实。我们已经指出,这反映出在这个时期战争的目的发生了(部分)改变。朱利安没能追随亚历山大的步伐,其后拜占庭与波斯之间的战争本身变成了只是袭击性质的远征。我们不能说,除此之外,任何一方还有什么其他的理性计划决定了两个帝国间敌对行为的性质。

美索不达米亚

　　我们在第一章中曾讲到过,波斯战争的事件年表显示,那些3世纪和4世纪中爆发的战争很大程度上缘于下面这个事实,即波斯人无法接受在幼发拉底河以东地区有罗马驻军存在。7世纪以前,波斯人只有两次抵达了安条克,而罗马人却是一而再、再而三地踏足美索不达米亚南部。[①]

　　帝国当局和军队迫使平民承担军事单位造成的沉重负担,这个现象在美索不达米亚表现得比其他地方更为突出。[②] 该地区是罗马与波斯这两个帝国之间对峙最直接的地方。359年,曾有人向波斯建议"放弃对那些(在美索不达米亚的)边疆城市的围城,跨

249

---

① 相关调查,参见 W. Eilers, *Cambridge Hist. Iran* iii 1. 481—504;bibliography in iii 2. 1308—1310;A. Oppenheimer et al. , *Babylonia Judaica* (1983)。

② 由这些城市负责维护和把守道路驿站,参见 John Chrysostom, *ad Stagirium* ii 189f. (PG lx 457)。另见据说是约哈南・本・扎卡伊(Johanan ben Zakai)所说的话,在上文已引述过。J. B. Segal, *PBA* 41(1955),114f. 所引史料讲述了一位主教在美索不达米亚修筑桥梁和道路。另有人修补了城墙。关于美索不达米亚的军事地点,参见 *DE* s. v. *limes*, iv 1325—1336。如前所述,这篇文章没有区分驻军城市和那些只具有军事性质的地点。两个帝国的对峙给边境地区平民造成的影响,参见 Lieu, *DRBE*, 475—505。

过幼发拉底河打开一个缺口,入侵那些在过去所有战争中(除了在加里恩努斯时代)都未被波及、由于长期和平而繁荣富庶的行省"。① 阿米阿努斯道出了一个基本的真相,即叙利亚和卡帕多西亚很少受到外敌的入侵或是袭击,而美索不达米亚却是经常性地遭到攻击,并在罗马军队发动针对波斯的军事行动时被用作大本营。无论是在363年签订协议之前,还是之后,情况都是如此,即使当双方都无法成功地对边界作出实质性改变时,在东方的这一地区仍然频繁发生敌对行为,偶尔也会爆发大规模的战争。

6世纪时,阿尔蒙达曾向波斯王卡瓦德(Kavad)提出了相同的建议:

> 美索不达米亚的城市和那个叫作奥斯若恩(Osroene)的地区,因为它们离您的边界最近,所以防御比其他地方都更严密,到处布满士兵,这种情况过去从未有过,因此,如果我们去那些地方开展战事,将会有危险。但是在幼发拉底河对岸地区以及在旁边的叙利亚,那里没有设防的城市,也没有值得一提的军队。②

有人指出,对美索不达米亚的分割将一个在很大程度上是同一个民族的整体一分为二,他们有共同的语言和历史传统。③ 狄奥在批评塞维鲁对美索不达米亚的征服时承认了这一点,他说帝国现在触动了的民族更接近于米提亚人(Medes)和帕提亚人,而不是罗马人,因此,罗马人是在打一场其他民族的战争。对这一地区的部分征服和兼并,结果造成了罗马与波斯之间长期处于冲突

250

---

① Ammianus xviii 6.3: "posthabitis perniciosis obsidiis perrumperetur Euphrates … "
② Procopius, *Bell.* i 17.34.
③ Segal, *PBA*, 109—141. 关于亚美尼亚的类似观点,参见 Mommsen, *Römische Geschichte* v 356f.。

状态。双方都不满足于现状。普罗柯比对此结果进行了清晰的
描述：

> 罗马与波斯之间的其他边界大致如下：这两个国家的领
> 土彼此相连。他们从各自的国土上进军去与对方作战或是解
> 决争端，这也是所有具有共同边界线但习俗与制度不同的人
> 民的一贯做法。然而，在过去的康玛格尼，现在叫作幼发拉底
> 西亚的地方，他们相互之间离得很远。沙漠将他们彼此隔
> 开了。①

在本书另一处引述过的一段文字中，普罗柯比描述了亚美尼
亚的科尔扎纳（Chorzane，即现代的基吉（Kighi）地区），在查士丁
尼"为所有偏远的边境地区修筑了防御工事"以前，边界线就从此
处经过：②

> 这里没有边境线的标志，两个国家的属民彼此之间没有
> 恐惧，也不担心对方会发动攻击。相反，他们互通婚姻，一起
> 举办集市。每次当一个帝国的国王命令将军们向另一方进
> 军时，他们总会发现毗邻的民族毫无防备。因为，虽然两边
> 的土地接近且人口稠密，但自从古代以来都没有修筑任何
> 要塞。

于是，查士丁尼将该地区的一座小城变成了"一座坚不可摧的
要塞"，派了一名 *dux* 率正规部队驻守在那里，"强化了该边境地
区的整体防卫"。他没有告诉我们在通婚和集市方面发生了什么

---

① *De aed.* ii 8.3f.
② *De aed.* iii 3.9—14.

变化。

　　在东方,罗马和拜占庭在安纳托利亚以东地区的统治延续了
7 个世纪。自从拜占庭于 363 年失去了尼西比斯以后,边界在一
个较长时期中保持了大致稳定的静态。① 在这一时期没有出现重
大变化,乃是因为双方谁都无法在实际发生过的多次战争中取得
有效的战果。战争的数量也少于其他大多数世纪,这可能是由于
在 4 世纪后期和 5 世纪早期,双方都在与来自北方的入侵者的厮
251　打中被拖得精疲力竭。

设 防 城 市

　　在两个帝国之间的战争中设防城市是一个基本问题,这些城
市承受着战争的正面冲击。任何一座设防城市如果落入敌方手中
都将是一个重大的打击,正如阿米阿努斯对 363 年尼西比斯投降
所作的叙述中显示的。据他说,查士丁二世由于达拉沦陷并被敌
军占领而失去了理智。城市的市民们经常要在没有罗马军队帮助
的情况下进行自卫。② 例如,阿米阿努斯描述了辛格拉的一个军
事地点。③ 这个地方在塞普蒂米乌斯·塞维鲁兼并了该地区后被
选作军团大本营,后来于 363 年被波斯连同尼西比斯和贝扎布德
一起夺走。④ 在这里能够很方便地观察敌军的动向,但是此地的
环境使得无法对它提供足够的支援,因此它多次被敌军攻占,而守
卫的部队也损失掉了。普罗柯比、修行者约书亚和米蒂利尼(Mi-

---

① Ammianus xxv 8. 13—9. 2 讨论了尼西比斯的投降。在 363 年以前,尼西比斯多次
　易手。Qidushin 72a,《巴比伦塔木德》说它是那些被罗马"时而吞入口中,时而又
　吐出来"的城市之一。关于该城,参见 Oppenheimer,319—334。
② 关于叙利亚的史料,参见 Segal,*PBA*,113。
③ xx 6. 9.
④ 参见第一章、第四章和第八章。

tylene)的撒迦利亚(Zachariah)都讲述过,在502年阿米达被包围期间,市民们担负起了保卫城池的职责。① 在拜占庭时期一位佚名作者写的探讨战略的文章中,理所当然地认为边境线上的烽火塔起着向平民人口警告敌军逼近的作用,以使他们有时间逃走。② 这篇文章告诉我们,边疆警戒哨所($\varphi \rho o \upsilon \rho \iota \alpha$)的首要功能就是提供有关敌军动向的信息,并作为开展跨境刺探活动的基地。③ 与阿米阿努斯关于辛格拉那个军事地点的评述一样,这篇文章也建议在这种地方不应有大量人口聚集,否则会引诱敌军前来对其进行围攻,罗马军队往往很难到达这些地方,而敌军却可以快速地撤走。④

芝诺比亚就是一个位置孤悬的绝佳例子。查士丁尼对该城进行了设防,“由于它所处的位置远离任何相邻地区,因此始终处于危险之中,因为附近根本没有罗马人可以施以援手”。⑤

252

所有这些都充分证明狄奥的暗示是对的,罗马的边界线被拉得过长,而波斯的边界线在兼并了美索不达米亚北部之后反而缩短了。罗马的防御系统是基于如下原则,即市民们能够在敌军围城的情况下坚持,直到正规部队赶到。即使是在那些有正规军的地方,“土著”部队也要协助保卫城市。⑥ 普罗柯比曾经生动地讲述了当库斯罗一世入侵叙利亚时许多城市中的情况。“所有罗马

---

① Procopius,*Bell.* i 7. 1ff. ; Joshua Stylites 50 and 51;Zachariah of Mitylene,*Chronicle* vii 3—5.

② H. Köchly and W. Rüstow,*Greichische Kriegsschriftsteller* ii. 2(1853),64.

③ 关于通过使馆收集情报,参见 A. D. Lee in *DRBE*,455—461。

④ Köchly and Rustow,66。

⑤ Procopius,*de aed.* ii 8. 15. J. Lauffray,*Halabiyya-Zenobia,place forte du limes oriental et la Haute-Mésopotamie au vi siècle*,i(1983),esp. ch. VIII,修筑这些墙的时间尚未确定。没有任何遗迹可以有把握地确定为属于帕尔米拉崛起时代。

⑥ 例如,Ammianus xviii 9. 3:“(Amida) Cuius oppida praesidio erat semper Quinta Parthica legio destinata,cum indigenarum turma non contemnenda”;xx 6. 1:“(Singara) Tuebantur auxilio equitum,illic ob repentinum malum clausorum”。

人,无论军官,还是士兵,根本不会考虑要去面对敌军或阻挡他们,
而是尽可能守在他们的要塞里,觉得只要保住这些要塞并给自己
留下一条命就足够了。"①对当地民众的领导职能被主教们接了过
去,普罗柯比在记叙中把这一点说得透彻极了——说明主教在这
一时期发挥了核心的作用。

在这种情况下,依靠市民来保卫自己的城市反倒可能是一个
有效的系统。普罗柯比所举的例子充分表现了很多城市的民众在
围城中那种坚忍不拔的精神。例如,塞尔吉奥波利斯的市民以
200 名士兵与库斯罗的 6000 人军队作战,最终挽救了自己的城
市。② 那种认为平民武装无法开展有效战斗的观念属于在欧洲发
展起常备职业军队的时期。但即便是在现在这个大规模火力的时
代,我们也看到当地民兵武装在保卫自己家园时能够表现得非常
出色。以色列的独立战争,以及 1982 年的黎巴嫩战争都显示了这
一点。"在黎巴嫩南部,真正的战争并不是由法塔赫的半正规军
[在以色列军队逼近时就已经瓦解了],而是由难民营中的民兵武
装来打的。这是一场静态而顽强的战斗,该地区建筑物密密麻麻,
中间只有勉强能驶过一辆汽车的狭窄巷道……"③在战争爆发前,
负责军事情报的人这样解释了原因:"你可以从前哨基地逃跑,但
是在城市中,如果你想站起来跑就没那么容易了,尤其是在难民营
中,那里有家庭——老人和孩子。他们会在这样的地方作战;这些
地方正是他们日常生活的重要中心。"④

253   所有这些,包括对密集房屋的描述,对于古代城市来说就更是
如此了,古代城市有坚固的城墙环绕,而且面对的是没有热兵器的
军队。关于由未经训练——或只是稍加训练——的平民来守卫城

① *Bell.* ii 20. 19.
② *Bell.* ii 20. 11—15.
③ Ze'ev Schiff and Ehud Ya'ari, *Israel's Lebanon War* (²1986), 137.
④ ibid. , 137f.

池与专业军队作战,最好的叙述当数约瑟夫斯对耶路撒冷围城所作的描述。重要的是,我们必须知道,在拜占庭帝国中确实有一支大众的民兵武装;但组成该武装的并非像人们经常以为的那样是 *limitanei*,而是居住在城中的平民。

美索不达米亚的城市经过了大规模设防加固这一事实本身就意味着,戴克里先和他的继任者们已经放弃了保护乡村地区不受重大袭击的念头。在万一发生重大威胁时,军队可以快速行军到达前线,而农民则逃到城里去寻求庇护,但他们的财产将遭毁坏。然而,即便是这样一个系统,也并不总是像设想的那么管用,读过普罗柯比著作的人都会清楚这一点。① 正规部队可能不会去进行干预,而城市居民也经常并未对敌军围城做过准备。

阿米阿努斯给我们留下了一段令人印象深刻的描述,讲的是罗马针对波斯 359 年的入侵进行备战("焦土策略")的情况:农民们被强制转移到有设防的地方,卡雷因为无法防守而被放弃,平原被点燃了,"从底格里斯河两岸远至幼发拉底河,见不到任何绿色"。② 按照阿米阿努斯的说法,君士坦提乌斯对阿米达进行设防的目的就是要为农民提供一个避难处。③ 据一名后来向敌人泄露了罗马在阿米达的军事措施的人说:"罗马士兵……在这个地区,以小股形式四处游荡,欺负那些可怜的农民……"④城市常常没有人管而要自我保卫,否则就只好投降,所有这些肯定对该地区的社会和经济生活造成了严重影响。

在罗马与波斯的战争中,城市堡垒变得比过去任何时候都更

---

① 例如 *Bell.* i 21.4—9:对马泰洛波利斯的围城。城墙很容易被攻破;缺乏补给和战争器具;拜占庭救兵不敢介入。

② xviii 78.3:"ut ad usque Euphraten ab ipsis marginibus Tigridis nihil viride cernetur."

③ xviii 9.1.

④ Procopius,*Bell.* i 9.7.

加重要。它们具有多种不同的功能：

（1）作为军队的庇护所。根据几则原始史料，（505—506 年）在罗马领土上靠近与尼西比斯交界的地方修建达拉城的动机之一，就是当军队遭遇比自己更强的敌军时可将此地用作避难所。

254　修行者约书亚说，将军们建议在边境上建一座城市，他们声称部队伤亡惨重，因为离得最近的基地是特拉（Tella）和阿米达。① 527 年，罗马试图攻占尼西比斯的努力失败了，军队撤了回来；结果骑兵成功到达了达拉（但步兵却没有）。②

（2）作为战争补给站。尼西比斯被波斯用作补给基地。③ 修建达拉是为了在针对尼西比斯的行动中发挥类似的作用。④

（3）作为武器库。撒迦利亚在对修建达拉的叙述中强调了这一功能。⑤

（4）作为海关关口。在不同时期里，尼西比斯对两个国家都起着海关关口作用。⑥

（5）作为保护当地人口不受游牧民偷袭的部队大本营。⑦ 我

---

① 90. Similarly Zachariah, *HE* xi (*PG* lxxxv 1162)："Hunc imperatorem rogabant ut urbem aliquamprope montem fabricari mandaret, quae exercitui perfugium esset et statio, armorum officina, et regionis Arabicae praesidium adversus Persas latrones atque Ismaelitas; porro Daram … aedificandam muniendamve suadebant." 另见 Michael the Syrian, ix 8 (trans. J.-B. Chabot (1899), ii 1, p. 159). 普罗柯比提供的关于达拉及其设防工事的信息的可靠性成为最近两篇论文的主题：B. Croke and J. Crow, *JRS* 73 (1983), 143—159; M. Whitby, *DRBE*, 737—783. 对照 Whitby, *DRBE*, 717—735 总体讨论了普罗柯比和罗马在上美索不达米亚的防御建设。

② Zachariah, *HE* ix 1.

③ Procopius, *Bell.* i 10. 14, 17. 25; Zachariah, *HE* ix 3.

④ Zachariah, *HE* vii 6.

⑤ Zachariah, loc. cit.

⑥ 戴克里先以后的尼西比斯：Petrus Patricius, *FHG* iv 189, no. 14。根据 408/409 年的一条法律：*Cod. Inst.* iv 63. 4（以及卡利尼古姆和阿尔塔沙特）。尼西比斯和达拉遵守 562 年的协议：Menander Protector, ed. Bekker and Niebuhr, 360f. ed. de Boor, 180。

⑦ 参见上文有关塔诺里斯和达拉的讨论（本页注释①）。

们不清楚这些部队在战时防御大规模袭击方面的效果如何，但很可能在和平时期对付较小规模的偷袭是足够奏效的。

（6）作为爆发重大战事时当地人口的庇护所，对此，我们前面已讨论过了。

美索不达米亚和叙利亚的设防城市及道路系统常常被说成是防御系统的组成要素。我们在本书中已反复讲过，很多著述将道路与设防的边境线混为一谈。在美索不达米亚这方面的情况就更为混乱，因为人们对于不同时期的实际边界划定无法达成一致意见。坡伊德巴德在其不朽的著作中沿着哈布尔河和呀呀河(Jagh-jagh)寻找"*limes*"的踪迹。① 他把自己拍过照片的那些地点确定为罗马和拜占庭的边境要塞，但根本没有任何证据作为基础。很多遗迹实际上是可以追溯到亚述时代的古老定居点。萨勒(Sarre)和赫茨菲尔德不带任何先入之见地对这些地点进行了勘查，他们在由这些地点构成的连线上并未发现罗马的边界线。② 最近对哈布尔河中游地区的调查清楚地表明，这些地点在不同的时期被人占用过。③ 奥茨(Oates)认为这些地点"位于近东地区最重要的干线道路上，考虑到它们的有利条件和曾经在不同时期经历过繁荣，它们被寄予了与其规模并不相称的文化重要性。"④

255

---

① *La trace de Rome dans le désert de Syrie*(1934).

② F. Sarre & E. Herzfeld, *Archäologische Reise im Euphrat-und Tigris-Gebiet*, i (1911),172ff. 关于哈布尔河谷，参见 p. 175；189ff. ："Es ist voller Ruinenhügel, in einer Dichtigkeit, wie wir sie bisher nur in der Ebene östlich Aleppo beobachtet hatten". 关于这个领域中后来的研究，参见 M. E. L. Mallowan, *Iraq* 9(1947);他统计出至少 500 个古代定居地(11)。在巴里谷地(Balih)(Iraq 8(1946),111—159),他见到数十个古代定居地;他认为与哈布尔河一样，这是一条自然的运动路线(112)。但已公布的材料均无法印证这里在朱利安以后就成了一道军事防御线的结论(122)。

③ 我得到的只有几页纸的初步报告:J.-Y. Monchambert, *Annales Archéologiques Arabes Syriennes* 33(1983),233—237,esp. the tables on 235f. 。

④ D. Oates, *Studies in the Ancient History of Northern Iraq*(1968),9. 对有关调整美索不达米亚的"*limes*"的不同观点所做的调查，参见 iv 1327f. 。

　　除了设防城市外,迄今为止,人们实际发现并描述过的真正的
罗马要塞并没有几个。那些已知的,如安斯努(Ain Sinu)、特尔布
拉克(Tell Brak)和特尔巴里(Tell Bali),"这三座要塞都位于重要
的干线道路上,有良好的水源"。① 对于幼发拉底河边苏拉以南的
塞尔吉奥波利斯(雷萨法),萨勒与赫茨菲尔德认为在这个光秃秃
的地方存在着一个定居点,唯一的解释就是它位于一条重要的商
队路线上。② 据一处铭文显示,该镇北边有一处不起眼的房屋曾
被加萨尼德人用作 *praetorium*。在每年一度的圣瑟吉厄斯朝圣
活动期间,加萨尼德人从他们位于赫蒙山以东和以南的那些中心
城市来到这里,并在此暂住,另外也有很多阿拉伯朝圣者。塞尔吉
奥波利斯是游牧民部落联盟的传统宗教和政治中心之一,如同更
早时期的杜玛(Duma)和卢瓦发,只不过在后两个地方信奉的是基
督教,但前者的重要性要广泛得多。正是在这个地方,库斯罗二世
将刻有希腊语铭文的礼品献给帝国神庙,以感谢拜占庭在他争夺
王位的斗争中给予的援助。③ 尼科夫琉姆(Nicephorium)-卡利尼
古姆(阿尔拉卡(ar-Raqqa)),"一座设防坚固的城市,繁荣的贸易

256

---

① *Studies*,90. Oates 用大量篇幅讨论了位于安斯努的要塞布局及可能的用途,但并
　未得出确定的结论。关于现在正进行考古发掘的幼发拉底河中部的罗马(或帕尔
　米拉)要塞,参见上文第 147 页(按:原书页码)。
② Sarre & Herzfeld,i 136—141;关于废墟,ibid. ii 1—45,并见 W. Karnapp,*Die
　Stadtmauer von Resafa in Syrien*(1976)。关于该遗址的出版物,另见上文第
　272 页,注释③。我们或许注意到这条商队路线就是坡伊德巴德所说的"*lim-
　ites*"之一。然而,萨勒和赫茨菲尔德却说它是一个与任何防御体系都不沾边的
　地区道路系统。关于从巴巴利索(Barbalissos)经苏拉和特特拉皮基亚(Tetra-
　pyrgia)到雷萨法的道路沿途的描述,参见"Martyrium SS Sergii et Bacchi",*PG*
　cxv 1017,1025,1027。苏拉被说成是一处 *phrourion*(经过设防加固的建筑群),
　雷萨法过去曾是一个 *polis*(城市),并曾经是 *phrourion*。根据一则著名的碑文,
　雷萨法对加萨尼德人起着 *praetorium* 的作用:J. Sauvaget,*Byzantion* 14(1939),
　115—130。
③ Evagrius vi 21,ed. Bidez and Parmentier,235f. 对照 P. Peters,*Analecta Bollandi-
　ana* 65(1947),5—56。Nonnosus,*FGH* iv 179 提到萨拉森人的双年度会议。

中心",①位于巴利克河和幼发拉底河的汇合处,被用作 *equites promoti Illyriciani*("伊利里克"传统骑兵部队)的大本营。②

　　在幼发拉底河边的蒂普希法拉吉(Dibsi Faraj,古代的亚蒂斯(Athis)?)有一个引起关注的考古发掘点,位于苏拉以西约 60 公里的地方。③ 在这里,一座要塞被嫁接到了一处原本就有的平民定居点。要塞是在 3 世纪后期通过加建了围廊和一处 *principia*(司令部)而形成的,并在 6 世纪中进行了重建。考古发掘者认为这里没有长期驻军,只有一些野战部队在需要时可以使用的设施。因此,它的作用与那些设防的城镇相似,只不过规模更小罢了。另一种可能是,和那些设防的大城市一样,它的作用是在战时为乡村人口提供避难所。

　　与沙波(Chapot)和坡伊德巴德的假设相反,在美索不达米亚并不存在任何设防的防御线,迪勒曼(Dillemann)清楚地看到了这一点。④ 人们对于这一地区的边境线达不成一致意见,这一事实本身就证明边境线是一个无关紧要的军事概念。对于前戴克里先时期,迪勒曼认为该地区的军事焦点是城市,是尼西比斯和其他城市。对于以后的时期,他就说得不那么清楚了,主要因为与其他人一样,他误解了在古代史料中已经得到证实的 *limes* 一词的含义。⑤ 我

---

① Ammianus xxiii 3.7.

② *Not. Dig. Or.* xxxv 16. 另见 Procopius, *de aed.* ii 7.17:查士丁尼修复了城墙。关于该遗迹,参见 M. al-Khalaf and K. Kohlmeyer, *Damaszener Mitteilungen* 2 (1985),132—162。

③ R. P. Harper,补充参见 T. J. Wilkinson, *DOP* 29(1975),319—338;R. P. Harper, *SMR* ii 453—460; *Actes du colloque de Strassbourg* 1977, ed. J. C. Margueron (1980),327—348。

④ L. Dillemann, *Haute Mésopotamie orientale et pays adjacents*(1962),198—203: "les plus fortes densités de postes y correspondent à des besoins de sécurité et non de défense militaire."

⑤ ibid. ,212—226. Dillemann 的结论是,在戴克里先以后,要塞的选址仍然是沿着主要道路和河流,关于该系统的性质如何,他语焉不详。

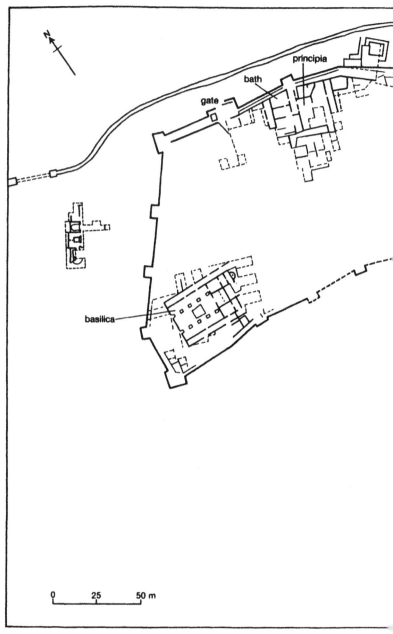

图13 蒂普希

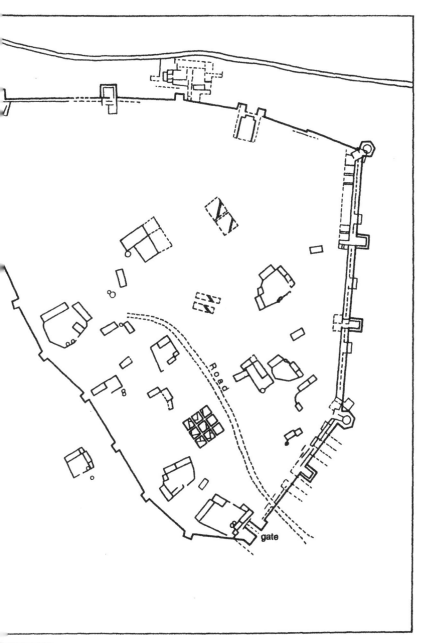

御布局图

们在讨论阿拉伯的要塞时讲过,保证当地的安全和交通是已知的这些乡村要塞最有可能的目的。阿米阿努斯曾说过,因为骚扰频繁,美索不达米亚的所有地方都是由 *praetenturae*(城市哨兵)和 *stationes agrariae*(农园人员)来放哨站岗的。[①] 有几个史料来源都提到查士丁尼在巴拉德辛贾尔以西修筑的那些要塞,特别是塔诺里斯。[②] 据普罗柯比讲,这些要塞的目的是为了阻止萨拉森人渡过哈布尔河偷袭生活在乡村的民众。

257　　对于那种认为在东方除了设防城市以外还有一道"设防边境"的观点,最明显的反驳论据就是以下事实,在阿米阿努斯和普罗柯比关于重大波斯战争的叙述中,都没有提到设防边境发挥过任何作用。(而用来证明这个规律的高加索隘口是一个例外情况,在那里,一座要塞就可以挡住匈奴人,也可以拦住那些行走在科尔基斯与伊比利亚之间隘道上的人。)只要稍微读一下他们的著作就能看出,在美索不达米亚展开的这些战争都是为了争夺城市,而不是为了争夺防御线。文献史料中确实提到过维持边界安全的警戒哨所,但它们的作用是防止游牧民的小规模偷袭。它们存在于主要的设防工事旁边,显然,这些设防工事在战争中扮演了非常重要的角色。但是该地区的实地考古工作尚未勾勒出一个警戒哨所系统的粗略轮廓,更不要说细节描述了。美索不达米亚局势的发展是由于罗马与波斯之间的特殊关系所造成的。这种关系只存在于该地区而有别于其他地方;不仅如此,局势的发展十分缓慢,而且并不是由于哪位皇帝的一系列决策所造成。[③] 无论我们研究罗马的

---

① 　xiv 3.2.

② 　Procopius, *de aed*. ii 6.15f.; Zachariah of Mitylene, *Syriac Chronicle*, ix 2, trans. F. J. Hamilton and E. W. Brooks(1899),222f.:"当查士丁(应该是查士丁尼)在世时,这位国王得知塔努里斯(Thannuris)是一处适合建城之地,可作为沙漠中的躲避处,还可以部署一支军队来保护'阿拉伯人对付掠夺成性的萨拉森土匪……'"

③ 　Croke and Crow,143—159,以达拉为例,说明查士丁尼在东方的修建活动被普罗柯比过分强调了,很多归功于他的成就其实是由阿纳斯塔西乌斯完成的。(转下页注)

哪一个边境地区,都必须首先承认地区性差异,然后才能对一般性政策有所了解。

拜占庭与波斯

我们已经较为详细地讲述了冲突的三个方面:东北部地区、游牧民盟友的作用,以及拥有设防城市的美索不达米亚。我们将看看是否能够对冲突作出一个全面而正确的观察。

最好的出发点就是 562 年签订的协议,该协议的文本得以大体完整地留存于世。[①] 协议规定波斯人将从拉奇卡(科尔基斯)撤军。[②] 而拜占庭每年给波斯支付 3 万金索里迪,另外必须分几次预付 7 年和 3 年的款项。[③] 协议有效期为 50 年。由梅南窦护国公(Menander Protector)引述的协议文本包含了以下条款:[④]

（1）波斯人不允许匈奴人、阿兰人或其他蛮族经过"里海之门"(达留尔关隘)去侵犯罗马的领土,罗马人也不能入侵波斯领土。

（2）双方的萨拉森盟军受协议约束,不得攻击另一国家。

（3）商人必须通过传统规定的收费站进口货物。

260

(接上页注)其他学者此前也在几项研究中得出了相同结论。Sarre and Herzfeld,i 138 指出雷萨法被称作阿纳斯塔西乌波利斯(Anastasiopolis)(Georgius Cyprius, 883),而且根据《官职录》,那里留有驻军;他们认为查士丁尼只是修复了城墙并建造了几处地下蓄水池。Dillemann,105 就拉布蒂姆(Rhabdium)得出了类似的结论;Oates,*Studies*,106 就辛格拉得出了相同结论。对普罗柯比提供的信息价值和真实性进行辩护,参见 M. Whitby,*DRBE*,717—783。

① Menander Protector, fr. 11, Müller, *FHG* iv 208ff. 对照 I. Kawar, *Arabica* 3 (1956),181—213; Z. Rubin, *DRBE*,684f. ; E. Winter, *Münstersche Beiträge zur antiken Handelsgeschichte* 6(1987),46—74。

② *FHG* iv 208.

③ ＝4162/4163 磅黄金。参见 Rubin,*DRBE*,684ff. 。

④ *FHG* iv 212f.

（4）双方的大使和特使进行公务旅行时，有权使用这两个国家的 *cursus publicus*（公共邮驿系统），对他们的财物也不得课税。

（5）萨拉森和其他蛮族商人不得使用不为人知和很少使用的路线，而是必须经过尼西比斯和达拉，并得到官方批准。如有违反，将承受惩罚之苦。

（6）战时难民和逃兵可以不受伤害地回到自己的国家。战后双方均不得接受对方的难民和移居者。

（7）双方均不得在边境对设施进行设防。

（8）附庸国和联盟成员及其土地不受攻击。

（9）在达拉的军队人数不得超过把守该地所需兵力，东方军队的指挥官不可居住在那里，以避免对波斯发动攻击。

（10）双方国家要对己方城市或个人给对方施加的暴力和伤害承担责任。

另外，还有一项单独协议，保证在波斯帝国的基督徒拥有信奉其宗教的自由。①

这份协议反映出双方帝国的统治者都感觉到的状态，在经过旷日持久的血腥战争后，两国是可以和平相处的。通过对协议进行逐项分析可以看出，几乎所有条款都涉及到几个真正值得关注的问题。

首先是拜占庭向波斯支付款项的问题，这个议题反复出现。据修行者约书亚说，支付这种款项也出现在 5 世纪时签订的协议中：②

　　　　另外，还有一份希腊人与波斯人签订的协议，规定他们在

---

① 　*FHG* iv 213.

② 　Joshua Stylites 8, trans. Wright, p. 7. 关于奖金的重要性，参见 Rubin, *DRBE*；关于这段文字，参见其注释 17。

与他国进行战争时,如果需要对方,将彼此给予协助,按照需 261
方的要求,提供 300 名壮士及武器马匹,或是按每人 300 希腊
金币支付款项……波斯的国王们派出使节并接受金钱为其所
用;但这些钱并非像很多人以为的那样是他们收取的贡赋。

　　他在另一处说道:"即使到了我们现在这个时代,波斯人的国
王佩罗兹(Pêrôz)由于他与库夏纳亚人(Kûshânayê)或是匈奴人
之间的战争,经常从希腊人那里得到金钱,但并不是向他们索要贡
赋……"①约书亚对波斯的情况看得非常清楚。瓦拉什(Valash)
国王(484—488 年)"是一位谦和的人,爱好和平,他发现波斯的国
库已空,匈奴人使其国家土地荒废,人口流失"。芝诺婉拒了他对
于给钱的要求。② 瓦拉什"因为没有钱来维持军队而在军人眼中
受到鄙视"。他被罢黜后,由卡瓦德接替,卡瓦德给芝诺的继任者
送去一份最后通牒,但仍然遭到拒绝。③ 这只是导致 6 世纪和 7
世纪中那些战事中第一场长期战争的诸多情节之一。
　　认为所付款项并非贡赋的论点后来又再次出现:540 年,当
库斯罗要求付款时,他强调说这并不是贡赋,而是对波斯守卫
"里海之门"的服务报偿。④ 这些款项与那些支付给匈奴人和萨

---

① Op. cit. 9.
② Joshua Stylites,18,trans. Wright,12.
③ ibid. ,19f. ,trans. Wright,13f. 有关阿纳斯塔西乌斯统治期间另一场战争的史料来
　源是:Zachariah of Mitylene, esp. books vii and ix, ed. and trans. E. W. Brooks,
　CSCO,Scriptores Syri , iii/vi;英译本: The Syriac Chronicle Known as That of
　Zachariah of Mitylene ,trans. F. J. Hamilton and E. W. Brooks(1899)。
④ Procopius,Bell. ii 10. 21—24. 在叙利亚人米迦勒(Michael)的编年史中也发现了
　这种联系:J. B. Chabot,ed. and trans. Chronique de Michel le Syrien(1899),ii 178
　(trans.):卡瓦德要求查士丁尼出钱支付波斯军队把守关隘、抵御匈奴人的费用。
　当要求遭拒后,他派游牧部落军侵入了罗马领土,大肆破坏并掳走俘虏。"塔亚亚
　人(Taiyaya)蒙达"蹂躏了从巴利克到哈布尔的整个边境地区。罗马人也组织了类
　似的远征军侵入波斯领土。

拉森人的款项相似,并不是税赋,而是用来换取对罗马领土的保护。① 当 551 年达成停战协议时,罗马人更愿意一次性付清,而不是每年分期支付,因为这样他们看上去就不像是在按年缴纳贡赋了。②

262 　　让我们对协议条款做进一步的讨论:

（1）上文中提到过"里海之门"（达留尔关隘）的重要性。当匈奴人到达高加索以北时,对此处的防守变得至关重要。罗马并未采取积极步骤去防守此地,因而波斯认为它有理由为此要求得到奖金。

（2）我们已经讲过,550 年,波斯大使指责罗马人违反了停战协议,因为阿勒萨斯及其联盟攻击了蒙达,或他们宣称这样做了。这可以被视为承认了两个大国均对其盟友的行为负有责任。但是在发生"strata 争端"时,蒙达却声称他不受罗马与波斯之间现有协议的约束。在下次签订的协议中对这种问题作出明确规定是符合逻辑的做法。结果,我们就看到阿勒萨斯在君士坦丁堡控告莱赫米酋长发动攻击。③ 他认为这种事务应该在首都由罗马当局和波斯人按照两国协议来处理。

（3）、（4）、（5）有关海关关税、特使和走私行为的规定不过是传统的手法而已,国家可以借此来规管和平时期的双边关系。双方于 297 年同意将尼西比斯——此时仍控制在罗马手中——建成商贸中心。④ 有一条 408/409 年的法律规定,只能在经双方同意

---

① 也许还有其他要求:在 545 年,库斯罗要求用钱和某个医师来换取停战:Procopius, *Bell*. ii 28.7f. 。在泰西封的皇家医师往往是基督徒,他们很多人是帝国皇室随员。对照 N. Garsoïan, *Cambridge Hist. Iran*, iii 1.571 with n.1; Lieu, *DRBE*, 491f. 。

② Procopius, *Bell*. viii 15.2. 不过,有东方的史料说,波斯人称他们是从罗马纳贡,Rubin, *DRBE*, 686f. 。

③ 对该条款的长篇讨论,参见 Kawar, *Arabica* 3(1956),197f. 。

④ Petrus Patricius, fr.14, Müller, *FHG* iv 189.

的地方允许商人开办集市,如尼西比斯、卡利尼古姆和阿尔塔
沙特。[1]

（6）罗马与波斯在 5 世纪时签订了一份协议,其中有一条规
定,双方均不得接纳来自另一国的萨拉森盟友的叛军。[2] 在 5 世
纪中出现过两位声名狼藉的部落长,分别是亚斯皮拜托斯和阿姆
瑟索斯,他们背叛了波斯而转投罗马,这两人在上文中已经提到
过。后来,库斯罗称查士丁尼曾试图贿赂蒙达让他加入罗马阵
营。[3] 不论这是否属实,从原则上讲,这样做被视为违反了协议。
双方都必须保证不接纳这种移民。

（7）对于边境地区设防城市的重要性,我们无需再作说明。
在 441—442 年,双方均同意不得在靠近边境的地方对设施进行设
防加固。[4] 到 6 世纪时,波斯人认为这条规则仍然适用。[5]

（8）将协议规定延伸到附庸国和盟友十分重要,因为波
斯已经下了大力气想要征服拉奇卡这个拜占庭的附庸国。它
们的阿拉伯盟友——蒙达与阿勒萨斯——早就在没有罗马或
波斯的支持下打得不可开交。[6] 在新的协议条款下,拜占庭和
波斯均承认对其盟友的行为负有责任,并承诺不去攻打对方的
盟友。

（9）达拉的目的是用作军事基地和树立声威,它的重要地位
显而易见。562 年的协议安排代表了某种妥协:达拉的设防工事
得以保留并由罗马控制,但军队将从大部分工事中撤走。

263

---

[1]　*Cod. Iust.* iv 63.4;理由是为了防止刺探活动:"ne alieni regni,quod non convenit,
scrutentur arcane"。

[2]　Malchus Philadelphensis,fr. 1,Müller,*FHG* iv 112f. Rubin,*Mediterranean Histor-
ical Review* 1(1986),34 指出所说的是 422 年的协议。

[3]　Procopius,*Bell.* ii 1.12f.

[4]　*Bell.* i 2.15.事件年表参见 Rubin,*DRBE*,682,with n. 12。

[5]　*Bell.* i 10.16;对照 16.7。

[6]　*Bell.* ii 18.12—14.

波斯帝国中基督徒的地位是一个很大的话题,也是 562 年协议最后一项条款的内容,这个话题我们无法在此处展开讨论,因为它牵涉到诸多因素:波斯不同程度的宗教自由、被波斯视为不可容忍的罗马干预和传教活动、有时企图利用这些基督徒的双向忠诚等。① 这份 562 年达成的协议,目的就在于平息造成冲突的潜在矛盾。

最后的岁月

562 年的协议清楚地显示出这两个国家如何考虑解决最紧迫的问题。同样明显的是,这些问题以不同的方式组合出现,被用作 *casus belli*。当然,这并不意味着某个问题或问题组合就是两个帝国间产生冲突的最终原因。相反,战事持续不断,在后来的 6 世纪中甚至还逐步升级。② 查士丁二世继位后,敌对行为又再次开始,他拒绝向波斯支付每年的款项,并支持了 572 年的亚美尼亚暴动。这第一种行为在那些导致拜占庭时期爆发战争的事件中始终是因素之一,而第二种行为在很多罗马与东方邻国之间的战争中都普遍存在。拜占庭与波斯在最后半个世纪中的对峙,是以敌对行为的升级和两国之间国力对比的大幅波动为标志的。6 世纪末(591 年),拜占庭军队开进了波斯的首府。③ 在伊斯兰的征服发生前不久,东方教区大部分、西里西亚和埃及都曾经被波斯短暂占领过,而其后的反攻再次将拜占庭的军队带到波斯的首都。这些战争除了削弱双方的国力外没能产生任何根本性的变化。波斯对东方的征服,与公元前 1 世纪的那次征服一样,是由于罗马发生内战才有

———————————

① 参考书目详见上文第 328 页,注释⑤;Lieu,*DRBE*,481—486。

② 概述和参考书目详见 Frye,334—339 and no. 120。

③ 或许可以从塞奥费拉克图斯·西摩卡塔(Theophylactus Simocatta,译注:7 世纪初期拜占庭历史家)和赛奥凡尼斯的著述中还原这些事件。

了可能。① 同过去一样，与战争相伴的还有由游牧民袭击制造的大规模破坏和骚乱。②

结　论

在对本章进行总结时，我们必须说，很难把两个帝国之间的冲突归因于某个单一原因。说这场对峙是为了权力和金钱乃是一种老生常谈。只有将同时代在其他地方发生的事件考虑进来，才能够全面地看到两个帝国之间的关系：罗马在北方和西方的战争，以及波斯在东方遇到的麻烦。③ 古代的史料经常显示这些事件具有影响作用。当不受这些事件影响时，时间顺序方面的规律就有可能给我们以启发。这里，我们只能提出几个总体性的观点。

在庞贝兼并了叙利亚以后的几个世纪中，罗马人存在着这么一种观念，认为波斯帝国是可以摧毁的。朱利安或许仍然这样认为，但没有证据显示后来的拜占庭统治者梦想过要效仿亚历山大。也没有迹象表明这个时期的波斯国王们比他们的帕提亚前朝更具扩张性。朱利安有一次曾声言波斯人想要征服整个叙利亚，④而事实上，当时他们仅仅是包围了尼西比斯而已。

拜占庭的东方军事政策给人的印象是，说得很多，却没有战略。有一种观念认为两个帝国应该携手维护人间的秩序，但这个

---

① 与更早的几个世纪中一样，人口中有相当一部分不会效忠于君士坦丁堡：基督一性论者、撒马利亚人和犹太人。他们反而更喜欢波斯，参见 M. Avi-Yonah, *Geschichte der Juden im Zeitalter des Talmud* (1962), 257—274。例如, Michael the Syrian, *Chronique*, ed. and trans. J. -B. Chabot (1901), ii. 400f. xi 1 (AD 593)："Les Juifs à cause de leur haine pour les chrétiens, achetaient ceux-xi (指那些在耶路撒冷的人) aux Perses, à vil prix, ct les mettaient à mort"。

② Michael the Syrian, op. cit. 403 (同一年)。

③ 基本概述参见 Z. Rubin, *Mediterranean Hist. Review*, 13—61。

④ Julian, *Or.* i, 27A. 另见 17Cff. 讨论了对波斯战争以及朱利安的看法。

265　　观点只表达过两次——都是由波斯人说出来的。① 两国之间偶尔也有友好的交往。在阿卡迪乌斯(Arcadius)皇帝去世时,他将自己襁褓中的儿子托付给波斯君主监护,而年轻的王子也受到了波斯人的接纳和悉心保护。② 然而,这种合作共存的观念似乎并未被罗马所接受。在一个世纪以后,当卡瓦德一世要求罗马偿还这笔人情债时,查士丁一世却拒绝接纳波斯国王最钟爱的王子。③

　　在连年不断的战事中,焦点都集中在抢掠,并在可能时夺取美索不达米亚北部的某个城市。两国在该地区为了取得战术优势而战斗。罗马可能已不再有能够效仿亚历山大的人了,但即便如此,它也绝不从那些会与波斯发生直接接触的地区撤走。这样拜占庭就永远屈居劣势,它不得不防守美索不达米亚北部,而该地区在食物储备、补给线路和驻军城镇方面都对波斯有利。同时,拜占庭拒绝把为防御来自东北的入侵者而承担军事或财政责任视为自己的长期义务。没有证据显示拜占庭采取过积极的政策去提升东方的军事水准。从我们在第四章中讨论过的 4 世纪早期的军队重组开始,直到 6 世纪中叶的查士丁尼时代,罗马从未对这一地区的军事政策做过认真的回顾审视。④

　　事实上,我们并不清楚,拜占庭的统治者们在与波斯争斗时,其战略目标除了有限度的征服、或在支付奖金的问题上掌握主动

---

① 　Petrus Patricius,fr. 13,Müller,*FHG* iv 188;波斯大使,3 世纪晚期;Theophylact Simocatta iii 18. 6ff. ;在 3 个世纪以后,库斯罗二世说的话惊人地相似:两个帝国就像两只眼睛,一起照亮了世界。这种说法一定是 *topos*(惯用笔法)。

② 　Procopius,*Bell.* i 2. 7—10.

③ 　*Bell.* i 11. 6—22.

④ 　该观点参见 E. Demougeot,*De l'unité à la division de l'empire romain* 395—410 (1951),504 nn. 54ff. 。约 400 年,大马士革成为腓尼基黎巴嫩的都城:Honigmann,*RE* s. v. Syria,1699—1701;Eisfeldt,s. v. Phoinikia,*RE* 1940。368 年左右,推罗城成了腓尼基帕拉利亚的都城。426 年以后,科勒-叙利亚被再分为两个行省:第一行省的首府是安条克,第二行省的首府是阿帕米亚。不过,这些变化只涉及行政结构而已。

外,到底还有什么。而在波斯方面,军事战役的成功具有重要的社会、政治和经济效果,因为在这些战役之后,往往紧接着就是建立新的城市,让被俘人口定居其中。[①] 在军事胜利和成功征服后进行人口迁移是近东地区的古老做法。有人指出,萨珊王朝建立新城市有一个特殊的目的,即牺牲贵族的利益并借此巩固王室的权力。[②] 可能的确如此。然而,即使是在没有统计数字的情况下,显然也无法把两国之间的战事解释为经过理性决策和精密算计的结果。

266

在很多战争中,主要的动机是贪婪或经济困难,而不是意识形态。因此才会发生围绕为波斯在北方的驻军提供奖金的争端,也因此才会出现像库斯罗在 6 世纪 40 年代中发动的那种掠夺式战争。很可能因为北方的部落运动出现了太多的麻烦,使得两个帝国中没有哪个会认真地考虑摧毁自己的对手,但这只是臆测而已。我们不知道他们当中是否有一方认为自己的存在受到了对方的威胁。

在这些世纪中,战争具有以下主要特征:

(1) 在中部,美索不达米亚的设防城市及其市民发挥了关键性的作用。在这里,前线已经高度固化,以至从 363 年直到 7 世纪都再未发生过任何实质性的变动。城镇居民自己发挥了主要作

---

① Adams, *Land Behind Baghdad : A History of Settlement on the Diyala Plains* (1962),69f. ;Lieu,*DRBE*,475—505.

② Adams,loc. cit. 冈达伊萨伯尔(Gundaisabur)(比拉帕特(Be Lapat))由沙普尔一世建立,并让那些在 259—260 年战争中抓获的罗马俘虏定居此地:Oppenheimer, 86—90。后来建立的其他城市有米西尼的萨德萨伯尔(Sadsabur)和法尔斯的比沙普尔:对照 Lieu,*DRBE*,477—479。布苏尔格-萨伯尔(Buzurg-Sabur)(乌克巴拉(‘Ukbara))由沙普尔一世或二世建立:对照 Oppenheimer,452—456。沙普尔二世建立了在胡齐斯坦(Khuzistan)(埃兰(Susiana))的伊兰沙赫尔-沙普尔(Eran-shahr-Shapur):Oppenheimer,77。维安条克(ve Antioch)是由库斯罗一世在成功袭击拜占庭领土后建立的。

用,当波斯人发动进攻时,是他们而不是野战部队承受了战斗的冲击。我们在帝政时代从未听说过有这些情况,那时很少将围城作为战役的重点。①

（2）在边缘地区,两个帝国为了东北部的偏远地区大打出手,那里前所未有地把重点放在了对山口关隘的防守上,这些关隘可能会被匈奴人利用来进行入侵。关隘的战略价值就好比一个水龙头:那些控制了它的人可以释放出一股匈奴入侵者。但是一旦匈奴人通过了关隘,就再也无法控制他们的走向了。两个帝国都有可能受到他们的攻击。所以控制高加索隘道并将其用作讹诈另一个帝国的手段,其价值十分有限。控制隘口是防止灾难所必须的,但这种控制本身并不产生任何直接效益。这种局面在帝政时代找不到先例,那时不是靠阻断关隘来将"野蛮人"拒之门外,而是通过到他们的土地上去攻打他们。经过高加索的两条最佳路线显然都在拜占庭军队的触角范围以外,处于波斯的势力影响范围内。因此,拜占庭不得不将它们的控制权留给波斯。

（3）也是在边缘地区,萨拉森盟友位于沙漠边缘地带。由于他们的机动性使得无法确定拜占庭时期的军事边界线,而在帝政时代也无法标出这种边界线。在和平时期,联盟在维持沙漠边缘地带的安全中扮演了相当重要的角色。然而,在战争时期,萨拉森人用他们自己的方式发动战事,造成的后果大多是负面的:他们导致了经济破坏和民众受苦,而且并无迹象表明他们的主人从这些活动中获得过关键性的战略优势。最后,完全没有证据显示任何一方认为自己受到了来自南方的严重威胁。他们自然对阿拉伯南部和埃塞俄比亚感兴趣,但主要是出于商业动机。他们没有明显

① 图拉真和塞普蒂米乌斯·塞维鲁对哈特拉的围城是个例外。70 年对耶路撒冷的围城是另一次例外情况,但在战争中的价值却大不相同:夺取耶路撒冷城有效地扑灭了犹太暴动。

的理由害怕被阿拉伯人摧毁,因为谁都没有预料到伊斯兰的崛起。最后是一场完全出乎人们意料的思想与宗教的战争击溃了已有的秩序。

第六章　东方的军队与平民

与帝国北方和西方的情况不同,在东方的罗马军队往往都驻扎于城市中。上文我们已列举过很多证据,说明在城镇中有军队长期驻守,但尚未讨论军队在城镇中的功用和当地有军队存在的结果。在描述军队作为占领军而不是前线国防军的各章中,讨论这个问题并无不妥之处。不过,在本章中,我们将力图对已知的东方城市中的军民关系作出描述。这并非是想试图取代麦克穆伦(R. MacMullen)的那部著作《士兵与平民》中的任何章节。① 本章的目的在于梳理由东方边疆行省中特殊的军队结构所造成的军民关系的各个方面。为此,我们将讨论 3 个主题:城市中的军队、军队与征税以及宣传活动。

城市中的军队

塔西佗在讲述科布罗的军队时写道:

① 关于军队对平民的镇压,另见 J. B. Campbell, *The Emperor and the Roman Army*, 1984,246—254。

……他的那些军团被从叙利亚调走了，军队由于长期和平而变得松散，士兵对军营中的日常勤务都难以忍受。毫无疑问，军队中有的老兵从未担任过维持秩序和站岗放哨的任务，这些人看见城墙和壕沟都觉得稀奇，他们不戴头盔和护甲，衣着优雅而富贵，在城市中任职。①

弗龙托也认为安条克的舒适环境对军纪造成了十分有害的影响：

您接管的军队由于生活奢靡、品德败坏和长期闲散无事而变得毫无斗志。在安条克的士兵已习惯于把时间用在为演员鼓掌上，你经常看到他们在身边的咖啡园里，而不是在队列中。②

《罗马皇帝传》中有一封被误以为是马可·奥略留写的书信，其中也表达了类似看法：

我派阿维狄乌斯·卡西乌斯去指挥叙利亚的军团，这些军团由于奢侈的生活而堕落，他们追求的是达夫尼（Daphne）的生活方式。③

这则原始史料清楚地传递出一个众所周知的情况，在安条克驻有军事单位，时间大致就在《罗马皇帝传》的作者所生活的年

---

① Ann. xiii 35.
② Fronto, *ad Verum imp*. ii 1(128 Naber＝ii 148 Haines). 弗龙托对哈德良和罗马军队的论述，参见 R. W. Davies, *Latomus* 27 (1968), 75—95. 对照 Mommsen, *Römische Geschichte* v 448f. ; B. Isaac, *Talanta* 12—13(1980—1981),34f. 。
③ SHA, *Avidius Cassius* 5.5.

代。① 不过,那种反复出现的说法,说城市中、尤其是东方城市中的军人变得游手好闲和缺乏斗志,不如将其当作一种文学上的"*topos*"(惯用笔法)。正如我们在上文所见,塔西佗和弗龙托所说的那些关于军纪的坏话显然是某种标准论调,用来批评东部地区实行的消极的边防政策。② 那些在城中服役的士兵的确很舒服惬意,但如果不是有必要在城中驻军的话,他们根本也不可能待在那里。有 3 个城市提供了相当可靠的证据表明有军队长期驻扎,它们是安条克、66 年以前的耶路撒冷和亚历山大里亚。

安 条 克

我们有理由认为在安条克一直有大量驻军。我们缺乏在城中有大批军力的铭文证据,只有 390 年代的文献史料才明确提到了一支长期性驻守部队。③ 但证据缺失并不能证明任何问题。安条克是行省总督的府邸所在地,他拥有一支人数颇众的 *singulares*(禁卫军或私人部队),④而且在前面引述的那些文献史料都暗示了城市中有士兵存在。在一篇希罗狄安认为是塞普蒂米乌斯·塞维鲁为了提升权力而做的演说中,讲到了在叙利亚的部队,说他们"满足于留在那里,并将奢华的生活视为利用帝国现在仍处于不稳定局面给他们带来的好处。油滑而世故的诙谐,这是叙利亚人最

270

---

① 同样地,SHA *Severus Alexander* 52f. 。

② 参见上文第 23 页起(按:原书页码)。

③ P. Petit, *Libanius et la vie municipale à Antioche au IV siècle après J.-C.* (1955), 187, and J. H. W. G. Liebeschuetz, *Antioch:City and Imperial Administration in the Later Roman Empire* (1972),116—118 认为在这个时期以前,那里并无大量军队存在。有关 390 年的证据在 Libanius, *Or.* xlvi 13 中有所涉及。其他时期由于史料更少,我们最好不作缺乏证据的结论。

④ 只在杜拉和赫里奥波里斯发现了证据是一个偶然情况。对照 M. Speidel, *Guards of the Roman Provinces* (1978),8f. ,13f. ,103ff. 。

擅长的了,特别是那些在安条克的叙利亚人"。① 我们不必相信塞维鲁真的说过此话,或者只要他说过,就一定是真实的情况,但这个故事肯定反映出人们所知道的事实:叙利亚的部队是部署在城中的,而安条克是最重要的城市。 显然,当时广泛存在着一种成见,认为这些部队缺乏军纪,而这也并不见得毫无根据。另外要补充说明的是,已有证据表明在安条克还有一支由市民组成的民兵武装。②

在安条克保持军力是有充分理由的。该城在 1 世纪中曾经是犹太人与非犹太人之间发生冲突的所在,而到拜占庭时期这种冲突又再次出现。③ 175 年,安条克成了阿维狄乌斯·卡西乌斯暴动的中心地之一。194 年,该城成了普雷斯尼乌斯·奈哲尔的大本营,并热情地给他提供帮助。④ 260 年,安条克的议员马勒亚德斯(Mareades)引波斯人入城;⑤有消息说,此举得到了城中部分民

---

① Herodian ii 10.6f.
② 在 75 年的里程碑上,几乎可以肯定出现在"milites legionum … item cohortium (viginti),[item?] Antiochensium … "这些语句之后,修订后的文字辨析参见 *BJb* 185(1985),85ff. 。
③ 关于前者,参见 E. Schürer,*The History of the Jewish People in the Age of Jesus Christ*,iii 1,ed. G. Vermes,F. Millar and M. Goodman(1986),13,n. 23;关于后者,参见 G. Downey,*A History of Antioch in Syria* (1961),426—433,497—499, 505f. 。关于其他犹太人口较多的城市,参见 Schürer,iii 14,and vol. ii,ed. G. Vermes,F. Millar and M. Black(1978),paragraph 23。
④ Downey,238f. The SHA,*Hadrian* 14.1,有一个关于哈德良与该城之间发生冲突的虚构故事,显然受到较晚事件的影响,对照 R. Syme,*Historia Augusta Papers*(1983),180—189。G. W. Bowersock,*Bonner Historia-Augusta-Colloquium* 1982/1983(1985),75—88 指出这段话中有真实的因素,因为它反映了除安条克以外,还给大马士革和推罗城授予了 *metropolis*(大城市,都市)的地位,该举措降低了安条克的地位,因为它不再是叙利亚唯一具有这种地位的城市。
⑤ Ammianus xxiii 5.3;另见 Malalas,Dindorf,p. 295f. ;Anon. cont. Dio,fr. 1,Müller,*FHG* iv 192。参见 Downey,254—259,with further sources on p. 255 n. 103;对照 S. Lieu,*DRBE*,476f. 。

众的支持。① 在不久以后，安条克有很多人支持帕尔米拉的芝诺
比亚将自己打造成一个东方帝国的企图。②

　　《天下事阐释》(*Expositio Totius Mundi*)这份文件可能发布
于 359 年，其中将安条克当作了一个重要的军事基地，但这或许是
271　因为那里驻有一支针对波斯的远征军。③ 公元 387 年发生了一次
短暂的反抗增税的暴动，④被一支弓箭手部队在得到由 *comes Ori-
entis*(东方总督)率领的部队增援后镇压了下去。⑤ 5 世纪 70 年代，
基督一性论和正统论两个教派之间发生了骚乱。⑥ 伊拉斯(Illus)
于 484 年担任 *magister militum per Orientem*(东方大元帅)，并从
481/482 年开始在安条克驻军，他企图篡位，但被芝诺皇帝平定。⑦
在安条克的异教徒和基督教正统派中都有人支持伊拉斯。在这个
世纪行将结束时，安条克又出现了教派冲突和反犹太骚乱。⑧ 507
年，在阿纳斯塔西乌斯统治期间，这些冲突又再次抬头。⑨ 这两次
骚乱都是被 *comes* 平定的。在查士丁时期，宗教政策发生了变化，
变得有利于基督教正统派，这在安条克引发了严重的动乱，因为这
里是基督一性论者的活动中心。伴随这些动乱的还有 520—526 年
间的蓝绿教派之争。⑩ 尽管当局试图镇压，但冲突于 529 年又再度

---

① Petrus Patricius, fr. i, *FHG* iv 192.
② Zosimus, i 51.3 谈到在 272 年奥利安攻克该城时，支持帕尔米拉的群体准备逃离，但最后没跑是因为皇帝颁布了大赦令。
③ 27:"… Laodicia, quae suscipiens omne negotium et emittens Antiochiae magnifice adiuvit et‹exercitui›"(Rougé 的理解);28:君士坦提乌斯建设了塞琉西亚的新港口供城市和军队使用。提到波斯战争和在东方的帝国军队, ibid. ,36。
④ 关于史料来源，参见 Downey, 426—431;对照 Liebeschuetz, *Antioch*, 124。
⑤ Libanius, *Or.* xix 34—36. 据利巴尼乌斯说, *comes* 在听说弓箭手与叛军交战后，亲自赶到，并带来援军。这表明在城里或城外附近就有军队，当出现动乱时，只要一声令下，就能奔赴出事现场。另见 *Or.* xxii 9。
⑥ Downey, 484—490.
⑦ Downey, 490—496.
⑧ Malalas 389f. , 392f. 对照 Downey, 497—499, 504。
⑨ Malalas 395—398;对照 Downey, 504—507。
⑩ Downey, 515—519.

爆发,而就在这一年,巴勒斯坦还爆发了撒马利亚人大暴动。① 最后,在福卡(Phocas)统治期间(公元602—610年),安条克发生了教派斗争,留下了一些耸人听闻但自相矛盾的传闻。②

这还只是我们从一些偶尔的信息片段中碰巧听说的情况。这些事件应该说具有代表性,反映了大规模的城市化过程给古代社会造成的紧张关系。这也清楚地印证了安条克作为东方帝国首府之一的重要性,我们可以有把握地假设,在安条克城中和附近都有军事单位来保证对该城的控制,就像在罗马城和亚历山大里亚城驻有军队一样。

尽管古典史料反对将军队部署在城市中,主要的理由是城市对军纪有负面影响,这些史料也不否认驻军对于城市来说也是一种厄运。阿里斯提德斯声称罗马帝国的城市中一般没有军队,只有几个超大型城市需要守备部队,并将这一情况与雅典帝国的城市所遭的罪作了对比。③ 就他本人生活的时代来说,这种判断只符合帝国部分地区的情况,东方的边疆行省并非如此。

左希姆批评君士坦丁将驻军强加给城市,这种决策对城市来说是一种厄运,并削弱了边境防御,当然,也只有他这样说而已。④ 303年发生了有500名士兵参与的哗变,当时,他们正被派遣在皮埃里亚的塞琉西亚进行加深海港出口的工程。这支部队任务非常繁重,士兵甚至必须在夜里自己准备食物,因而导致睡眠不足。⑤

---

① Malalas 448f.
② 对照 Downey,572—574。
③ Aristides,*Roman Oration* 67;对照52。
④ ii 34.关于这段话,另见上文第163页(按:原书页码)。
⑤ Libanius,*Or.* xi 158—162;xix 45f.;xx 18—20;另见 Eusebius,*HE* viii 6.8;对照 Downey,330 n.55。这件事并不重要,利巴尼乌斯再次讲到它乃是因为戴克里先对此反应激烈,还无端惩罚了——据利巴尼乌斯称——塞琉西亚和安条克的显贵。在莫里斯(Maurice)统治期间的588年,发生在东方的一次哗变要危险得多,但对安条克只有间接的影响,参见 Downey,567—569。

利巴尼乌斯叙述了事变的过程:

> 一名士兵在集市上寻衅滋事,他嘲笑一名商贩,用言语刺激他,然后用手抓住他,拖得他团团转。这名商贩可能也发怒了,但显然他的还手与那名士兵的行为完全无法相比:人们是不得对士兵高声说话或动手打他们的,这名活该受罪的商贩被抓住,并被带到了部队总部,他必须付钱才能不被打死。每天都有这样的仇恨被种下和被收获,与下面要说的相比,这些都是小事:职位的报酬……①

利巴尼乌斯还详细讲述了驻扎在安条克周围农村的军队如何建立保护伞。据他说,佃农们拒绝缴纳地租,破坏了已有的乡村秩序,在被安置与他们同住的士兵影响下,反而去当了土匪。② 当士兵们支持佃农时,当地的卫兵对此视而不见,也不试图去阻止他们。③ 我们在另一处读到,下层平民在遭受士兵欺负时求告无门。④ 虽然如此,普通的士兵本身也并不富裕。利巴尼乌斯反复声称那些高级军官自己拿了很多好处,而普通士兵却在受穷挨饿。⑤ "我知道,我是代表士兵和议员来提出这些申诉的,我这样做是对的,因为他们正在挨饿,在寒冷中冻得发抖,身无分文,这都是拜他们那些校官和将军的'公正'所赐,这些人使他们落得惨不忍睹的境地,但却肥了自己的腰包。"⑥军官们克扣士兵的军饷和

----

① *Or.* xlvii 33;对这段文字的诠释,参见 ed. Reiske, ii 522 n. 37; Liebeschuetz, 115 with n. 4。

② *De Patrociniis*, *Or.* xlvii 4f.

③ ibid. ,6。有人提出 *magister militum* 参与了此事,参见 L. Harmand, *Libanius*, *Discours sur les patronages*(1955);Liebeschuetz, 201—208。

④ *Or.* xlvii 6.

⑤ *Or.* xlvii 32.

⑥ *Or.* ii 37.

用来购买饲料及马匹的钱款。士兵们得到的食物配给不足,还得 273
养家糊口。① 结果,就如利巴尼乌斯所说,军队的战斗力严重
退化。

强制性分派士兵住到平民家中所造成的痛苦,是在城市中保
持军队存在的自然后果,对此,我们将在下文中予以讨论。

在不同时期中,安条克的长久性驻军规模有所变化,但只有在
波斯战争爆发时,该城才真正被军事化。据《罗马皇帝传》记载,在
塞维鲁·亚历山大发动的波斯战争期间发生了军队哗变,是由对在
安条克附近的达夫尼的浴场行为不轨的士兵施以纪律处罚而引发
的。② 不论这个故事是否属实,重要的是作者认为,在读者看来,这
件事是可信的。约 333 年,一支远征军在叙利亚的存在与一场严重
饥荒发生的时间正好一致,而且毫无疑问,军队是造成这次饥荒的
原因,在安条克和西尔胡斯以及它们所在区域的情况尤其糟糕。③
另一次饥荒可能也是由一支军队的军需要求造成的,这支军队于
354 年在高卢斯·恺撒(Gallus Caesar)率领下向波斯进发。④ 还有
一次饥荒发生在 360 年,当时正是为波斯战争进行准备的阶段。⑤

在帕提亚战争和波斯战争期间,安条克经常被用作军团总部
和后方基地,在这种时候,该城也常常是帝国首脑的住地。附录二
中列出了多次出现这种情况的时间。确实,从 190 年到 220 年的

---

① 利巴尼乌斯十分尊崇昔日的罗马军队,特别提到在那个时代,士兵都不结婚成家。
   我们知道,直到塞维鲁时期,士兵才可以合法结婚,但实际上士兵一直都与妇女生
   活并养育儿女,因此有军人许可证一说。
② SHA, *Severus Alexander* 53.
③ 关于这两个事件之间的联系,参见 Downey,354,with references in n. 160。
④ Downey,365 指出这些史料不大可靠,干旱也许是引发粮食短缺的另一原因。
⑤ Libanius, *Or.* xi 177f. ;Julian, *Misopogon* 370ʙ;Socrates, *HE* iii 17(*PG* lxvii 424);
   对照 Downey,383。据 Ammianus,xxii 12.6 记载,朱利安过分热衷于献祭活动,有
   时一次就耗费 100 头公牛,每天那些喝得醉醺醺、喂得过饱的士兵们都被从神庙
   抬回兵舍。

30 年间,帝国领导人待在安条克使得该城几度成为争夺皇位的中心焦点。① 希罗狄安曾讲述说,卡拉卡拉和盖塔(Geta)建议将帝国一分为二。盖塔表示愿意接管东方,他声称将把东部地区的元老院成员都转移到他自己的都城去,不是安条克,就是亚历山大里亚。② 不论这个说法是否属实,依照 4 世纪的情势发展,这种想法从社会条件来看是符合现实状况的,而且要注意,这个东部帝国将肯定会像罗马那样设立元老院。③ 这显示出安条克和亚历山大里亚在 3 世纪时作为帝国东方行省的中心所具有的地位。《天下事阐释》在谈及 4 世纪时,说安条克是一座"皇家城市,各方面都尽善尽美,世界之主居于斯"。④

　　我们在上一章中讨论过帕尔米拉在东方取得控制权的那段历史。与帕尔米拉不同,安条克本身并没有什么实力地位;它永远也无法像帕尔米拉在 3 世纪时那样特立独行。没有谁能够在尚未控制安条克的情况下统治东方行省,但是安条克的市民并没有自己的军事实力。在 270 至 272 年间,帕尔米拉的影响力似乎蔓延到了安条克,在城中有一个人数相当多的群体支持帕尔米拉。⑤ 当奥利安挥军杀向帕尔米拉人时,丝诺比娅和她的将军扎伯达斯(Zabdas)决定在安条克组织第一道抵抗,而战败的结果决定了她将失去对叙利亚的控制权。⑥ 以下事实可以对此作出解释,任何

① 公元 202 至 222 年期间,安条克发行了印有卡拉卡拉、马克里努斯和埃拉加巴尔(Elagabal)的 4 德拉马克银币,对照 A. R. Bellinger, *The Syrian Tetradrachms of Caracalla and Marcrinus*(1940), 21—29。Bellinger 提出 214 至 217 年间发行银币是想用来资助帕提亚战争。

② iv 3.5—9.

③ 该观点详见 Fergus Millar, *A Study of Cassius Dio*(1964), 187f.。

④ 23:"Est ergo Antiochia prima, civitas regalis et bona in omnibus, ubi et dominus orbisterrarum sedet."另见 36,其中说到东方行省接受了来自亚历山大里亚的粮食支援,"propter exercitum imperatoris et bellum Persarum"。

⑤ 关于安条克在 260 年代局势的证据,参见 F. Millar, *JRS* 61(1971), 8—10。

⑥ Zosimus i 50f. 对照 Downey, 266—269。

人如果想要从安纳托利亚去往叙利亚西部,安条克是第一个必须经过的主要中心地点——这个事实非常重要,不仅对于丝诺比娅来说,而且很大程度上也决定了安条克在整个古代时期都是一座重要城市。

从 333 年直到瓦伦斯(Valens)于 378 年去世,安条克作为东方的军事总部几乎没有受到任何干扰。有时,它还是某位东方的奥古斯都或恺撒的住地,成了东方的帝国首府。值得注意的是,后来帝国将首府建在位于欧亚之间的君士坦丁堡,但这丝毫没有削弱安条克作为东部行省中心的重要地位。

在以后的帝国中,安条克是东方几座重要城市之一,也是帝国武库的所在地,其他几个城市分别是大马士革、埃德萨、卡帕多西亚的恺撒利亚、尼克米底亚(Nicomedia)和萨狄斯(Sardis)。[①]

在查士丁尼时期的波斯战争期间,从 528 年到 561 年,安条克一直是罗马军事指挥官的总部和通讯中心。这个时期地震频发,进一步加重了战争造成的苦难。自 3 世纪以来,安条克及其属地第一次遭到敌军的袭击,分别于 523 年和 529 年受到阿尔蒙达的攻打。接着就是 540 年的大灾难,波斯人攻陷了安条克,并将该城洗劫一空。[②]

───────────────

[①] *Not. Dig. Or.* xi 18ff.:"Fabricae infrascriptae:Orientis V:Scutaria et armorum,Damasci. Scutaria et armorum,Antiochiae. Clibanaria,Antiochiae. Scutaria et armamentaria,Edesa. Hastaria Irenopolitana Ciliciae:Ponticae tres:Clibanaria,Caesarea Cappadociae. Scutaria et armorum,Nicomediae. Clibanaria,Nicomediae. Asianae una:Scutaria et armorum,Sardis Lydiae."马拉拉斯在 307 年说,戴克里先在安条克、埃德萨和大马士革建立了军械库。Ammianus,xiv 7.18 中叙述的一个细节显示,这种设施的存在在不稳定的时期具有一定重要性:据说,*tribuni fabricarum*(武器制造官)作出保证,在高卢斯·恺撒的有生之年只要发生叛乱,就一定会提供武器。另见 *Cod. Theod.* x 22.1,比较了公元 374 年时,在君士坦丁堡和安条克两地生产头盔的速度。安条克的生产速度较高。在那些年,安条克是瓦伦斯的波斯战争指挥部所在地。

[②] Malalas 479f.;Procopius,*Bell.* ii 8ff.

275

　　虽然一般认为自从安条克成了罗马行省首府之后,那里就有一支长期驻军,但显然该城是慢慢逐渐发展成为帝国政府和军事中心的。在罗马取得控制权的前 3 个世纪中,安条克是科勒-叙利亚总督的府邸所在地,其后,它成了东方 3 位主要官员的居住地:comes Orientis(东方总督)、consularis Syriae(叙利亚执政官),以及 magister militum per Orientem(东方大元帅),后者几乎可以肯定从 4 世纪以后就一直住在安条克。① comes 是文职官员,但在很多时候,他似乎都在忙于军事行动。如上文所述,至少在 3 个不同的时间,他率领属下部队平定了动乱。magister militum 出现在利巴尼乌斯的著作中,这是一个凶恶危险的家伙,他想方设法捞取了大量实物和金钱,②为利巴尼乌斯控诉的那种保护伞勾当撑腰,③还将公共场所的店铺据为己有,牟取私利。④

　　安条克是帝国的伟大城市之一,它地处战略位置,是一座文化与艺术之城。安条克成了行政中心,有时候还被用作军事指挥中心,这一事实给它的居民带来了深重的不幸。偶尔的慷慨馈赠根本不足以补偿军人的强取豪夺和官员的无尽贪欲——对此,我们将在下文和第八章中重点讲述。即便是在没有战争的时候,当某位皇帝来到该城时,社会关系似乎也显得十分紧张,经常爆发派系冲突。发生动乱的情况肯定远比我们从零星细碎的信息中所得知的要多。

---

① 关于 comes Orientis 和 consularis Syriae,参见 Liebeschuetz,110—114;关于利巴尼乌斯时代的 magister militum,参见 ibid. ,114—116;关于 5 世纪时他在安条克的府邸,参见 Downey,454,494f. ,625f. 。
② Or. xlvii 33.
③ Or. xlvii 13.
④ Or. xlvi 20;对照 Liebeschuetz,115f. 指出在利巴尼乌斯的著述中提到这位官员的地方少得出奇。

亚历山大里亚

苏埃托尼乌斯讲述过一个可能是虚构的故事,可以借此说明亚历山大里亚在帝政时代的重要性。在罗马的民众中散布着一个流言,说尤利乌斯·恺撒"计划带着帝国的财富转移到亚历山大里亚或伊利翁(Ilium),通过赋税来榨干整个意大利,并将该城交给他的友人来管理"。① 不论事情的真伪如何,有趣的是,亚历山大里亚居然能成为有这种可能性的候选城市;而对伊利翁的选择则显示出,早在拜占庭变成君士坦丁堡以前,此地就被认为可以用作统治整个帝国的中心。与伊利翁不同,亚历山大里亚只是一个大城市,与叙利亚的安条克属于同一档次。

亚历山大里亚是埃及离边境最远的地方,那里部署有两个军团。公元 38 年开始了一项血腥的计划,实施者是亚历山大里亚的暴民,但实际上却是受皇帝盖乌斯(Gaius)及其行省总督弗拉库斯(Flaccus)所煽动。② 据菲罗(Philo)所言,后者本来可以在一小时内就平定骚乱。③ 弗拉库斯派他的士兵到犹太人家中去搜查武器,方式十分粗暴无礼。④ 约瑟夫斯谈到那里的士兵经过第一次犹太暴动后,已经熟知如何镇压犹太人与希腊人之间的争斗。⑤ 他还引述了亚基帕二世的话,亚基帕在那篇著名的针对犹太人的演说中大声疾呼:"……(在埃及)怎么能有亚历山大里亚这么一个

---

① *Divus Iulius* 79. 3:"Quin etiam varia fama percrebruit migraturum Alexandream vel Ilium,translatis simul opibus imperii exhaustaque Italia dilectibus et procuratione urbis amicis permissa … "

② Philo,*Legatio* 18—20(120—137); *In Flaccum* 68(36) ff. ;对照 Schürer,i,389—391。

③ *Legatio* 20(132).

④ *In Flaccum* 11(86—91).

⑤ *BJ* ii 18.8(494—498).

反叛中心……!"他还说:"在城中驻扎了两个军团来防止这场动乱
波及到埃及和马其顿那些高傲的贵族们。"①亚基帕所讲的话是带
着偏见的说辞。然而,重要的是他对这些行省及其军队所作的描
述:在他视察帝国的整个过程中,都自然而然地认为行省军队的职
能是控制当地民众。他甚至从未提到过边境防御的问题,只是模
277 模糊糊地间接提到日耳曼人渡过了莱茵河。

　　《异教殉道者事迹录》收录了一系列发生在 1 世纪和 2 世纪的
故事情节,使我们不再怀疑在亚历山大里亚,人们对罗马当局有一
种深藏十心的敌对情绪。② 周边的乡村地区同样可能是骚乱的策
源地,透过 170 年代的事件可以清楚地看到这一点,当时,德尔塔
(Delta)的 *fellahin*(农民)击败了一个罗马军团,并差点攻占了亚
历山大里亚城。③ 2 世纪时,一个名叫克劳狄乌斯·特伦提努斯
(Claudius Terentianus)的士兵在写给其父亲的信中说:"您知道
吗? 我们现在非常辛苦,我们正在镇压城中的骚乱和无政府
行为。"④

　　215 年,帝国首脑对亚历山大里亚的巡视导致了一场屠杀,对
于事件的原因,各种史料都没给出清楚的解释。⑤ 据狄奥讲,这次
屠杀发生后,在城中修筑了石坎墙和岗哨。⑥《奥古斯都编年史》
讲述了一名在加里恩努斯统治时期于亚历山大里亚引起兵变的士

① 　 *BJ* ii 16. 4(385). Aristides,*Roman Oration* 67,当谈论需要驻军的大型城市时,无
　　 疑还包括亚历山大里亚。

② 　 H. Musurillo,*The Acts of the Pagan Martyrs*,*Acta Alexandrinorum*(1954),with
　　 commentary.

③ 　 Dio lxxii 4,其中有常见的对食人行为的指控。

④ 　 P. Mich. iii(Oxford,1951),no. 477,inv. 5399,1. 28—30. 在评论中(第 61 页)指出,
　　 特伦提努斯与其父之间的书信,根据古文书学研究确定时间为 2 世纪早期,但在
　　 提到这次骚乱时语气过于随便,很难与图拉真时期的犹太战争那些艰苦岁月联系
　　 在一起。因此,人们认为那只是指该城周期性发生的动乱之一。

⑤ 　 关于证据和讨论,参见 Millar,*Cassius Dio*,156—158。

⑥ 　 lxxvii 23. 3(401).

兵。史料记载曾有暴徒攻击过 *dux* 的府邸。① 据说,在戴克里先统治时期还爆发过另一次叛乱,戴克里先亲自前往亚历山大里亚并铁腕平叛。② 约写成于 350 年的《天下事阐释》中说道:

> 结果,你会发现这个城市强迫行省总督接受它的意志;亚历山大里亚这个地方的民众很快就起来造反了;行省总督们进入该城时都充满害怕和恐惧,生怕受到民众的正义制裁,因为人们会毫不犹豫地向他们厌恶的行省总督投掷火把和石块。③

阿米阿努斯在 4 世纪后半叶时也还在说,亚历山大里亚蒙受了长期内部冲突的严重困扰,特别是在奥利安统治期间的 272 年。④ 苏格拉底(这是公元 4 世纪时的教堂史家)解释了亚历山大里亚人为什么喜欢 *staseis*(叛乱分子)胜过其他城市的人民,他讲述了骚乱的过程,这次动乱的结果是犹太人在 5 世纪初被逐出了亚历山大里亚城。⑤ 亚历山大里亚在 455 年又发生过多次动荡:“士兵们毫不手软地杀死亚历山大里亚人。”⑥ 在帕尼翁的普利斯库斯(Priscus Panites,5 世纪时的罗马外交官、历史家和雄辩家)所著《历史》一书的片段中,我们读到有关这些年间发生骚乱的真实描写,也显示是

278

---

① SHA,*Tyr. Trig.* 22. 这个时期在亚历山大里亚没有 *dux*。

② Malalas 308f. ;Eutropius ix 24 [15];Orosius vii 25 并对照 Eusebius Chron. ad an. ccxcii。

③ 28,ed. Rougé,p. 174:“Iam et civitatem iudicibus bene regentem invenies; in contemptum se‹ facile movet › solus populous Alexandriae; iudices enim in illa civitate cum timore et tremore intrant,populi iustitiam timentes; ad eos enim ignis et lapidum emissio ad peccantes iudices not tardat. ”

④ xxii 16. 15;Eusebius,*HE* vii 21. 1; 22. 1.

⑤ *HE* vii 13(ed. Hussey,753—757)。

⑥ Michael the Syrian ix 1 (trans. J. -B. Chabot (1899),ii 1, p. 126f.);另见 viii 2 (Chabot,p. 11f.)。

市民主动攻击了行政长官。① 被派去弹压动乱的士兵遭到民众的石块攻击,他们逃到古老的塞拉皮斯(Serapis)神庙,被暴民包围在这座建筑物中,并被活活烧死。之后,行省总督又派了 2000 名士兵前去增援,这才总算让当地民众平静了下来。

耶 路 撒 冷

在 67 年以前的耶路撒冷,有辅助军驻守在两个军营中。至少有一个步兵大队长期驻扎在城中;②据说,其指挥官同时担任保民官,即 χιλιαρχος 或 φρουραρχος。③ 该大队中有部分骑兵,④军营设在位于圣殿北边的安东尼亚堡垒(Antonia)的庭院中,⑤这座堡垒是由哈斯蒙尼人修筑的,后来又由希律王对其进行了加固,它控制着圣殿山和城市东区。⑥ 用约瑟夫斯的话来说,"如果说圣殿像一座控制全城的堡垒,那么安东尼亚堡垒就控制着圣殿,那个地点的驻军就等于是所有这 3 个地方的卫兵。"⑦这些士兵在城中和圣殿

① Priscus fr. 22 from Evagrius, *HE* ii 5, Müller, *FHG* iv 101.
② Josephus, *BJ* v 5.8(244). 另见 B. Isaac, in *SMR* iii, *Vorträge des 13. Internationalen Limeskongresses*, Aalen 1983(1986), 635—640. 最近的研究见 D. B. Campbell, *BJb* 186(1986), 117—132, esp. 122—125 讨论了耶路撒冷的辅助军部队拥有炮火的证据。
③ John 18:12; *Acts* 21:31; 对他的称呼见 Josephus, *Ant.* xv 11.1(408); xviii 4.3 (93); 对照 Schürer, i 366。
④ 押送保罗从耶路撒冷到恺撒利亚的有 200 名士兵、70 名骑兵和 200 名轻装士兵:《使徒行传》23:23。
⑤ 关于兵营,参见《使徒行传》21:34。约瑟夫斯提到在安条克有驻军, *BJ* ii 17.7 (430),并说士兵住在堡垒的庭院中。
⑥ 最详尽的描述,参见 Josephus, *BJ* v 5.8(238—246)。关于该遗迹,参见 Soeur Marie-Aline de Sion, *La Forteresse Antonia à Jérusalem et la question du Prétoire* (Jeruslem, 1956); L. H. Vincent and A. M. Stève, *Jérusalem de l'Ancient Testament* (1954), 193—221; J. Simons, *Jerusalem in the Old Testament* (1952), 325—328, 374—381, 413—417, 429—435; P. Benoit, *HTR* 64(1971), 135—167。
⑦ *BJ* v 5.8(245), trans. Thackeray, Loeb. 对照 *BJ* ii 15.5(328—331)。

山担任着警察的职能:"……在宴会期间,一队武装士兵全体登上岗哨,防止在人群如此集中的地方发生混乱。"①《使徒行传》用了大量篇幅讲述这些士兵如何在城中被用作警力,并在发生动荡时用来控制骚乱。②

279

　　希律王的王宫位于耶路撒冷城西区的制高点,此处也被建成了一座城堡:"上半城有它自己的堡垒:即希律王的王宫。"③在犹地亚被兼并成为行省后,这座堡垒被罗马当局接管。与安东尼亚堡垒一样,它的庭院中也设有兵营。④ 这座建筑物一直都被用作堡垒,后来经历了多次改建和重建,希律王宫的一座高塔现在依然矗立在那里。⑤ 第一次犹太暴动后在耶路撒冷城西区建立了第十"夫累腾西斯"军团的总部,可能就在这些高塔附近。⑥ 在图拉真发动的帕提亚战争期间,这个军团临时被第三"昔兰尼加"军团的一个分遣队所替代。⑦ 第十"夫累腾西斯"军团保留了它在城中的大本营,直到在 3 世纪后半叶,它被调到红海边上的阿伊拉,这有可能是在戴克里先统治期间。《官职录》提到过一支驻扎在爱利亚的"伊利里克毛里"骑兵部队(*equites Mauri Illyriciani*)。⑧

　　在各个小城和乡村的战略地点都矗立着外观相似但规模较小的要塞,这些设施除了其他作用外也被用作仓库和武器库,因

---

① 　*BJ* ii 12.1(224).

② 　*Acts* 21:31—36.

③ 　*BJ* v.5.8(246). 对包围王宫的描述参见 *BJ* ii 3.1(44)-4(51—54);*Ant.* xvii 10.1(253);*BJ* ii 17.7(431)-8(440)。

④ 　*BJ* ii 17.8(440).

⑤ 　关于考古遗迹,参见 Vincent and Stève,222—232,pls.55—60;Simons,265—271;C. N. Johns,*QDAP* 14(1950),121—190;*PEQ* 72(1940),36—58;R. Amiran and A. Eitan,*IEJ* 20(1970),9—17;22(1972),50f. 。

⑥ 　参见上文第 105 页(按:原书页码)和下文附录一。

⑦ 　*CIL* 13587(*ILS* 4393),公元 116/117 年的一处献给朱庇特・萨拉匹斯(Jupiter Sarapis)的颂词,现已遗失。

⑧ 　*Not. Dig. Or.* xxxiv 21.

此在紧张时期和发生民变时,这些地方就成为了攻击目标。① 在这些时候,耶路撒冷的守备部队会得到增援。彼拉多(Pilate)有一次将他的军队调到那里的冬季营地。② 弗洛卢斯先往耶路撒冷派遣了一个步兵大队,③接着又增派了两个步兵大队。④ 后来,他将增派的两个大队中的一个留在耶路撒冷城中作为守备驻军。⑤ 如果有需要,罗马会从叙利亚调来军团,至少有一次,一个军团被留在耶路撒冷作为驻军。⑥ 这个军团与那些较小的部队一样,把兵营安置在安东尼亚堡垒、圣殿山上以及城市西区的希律王宫中。⑦

结　论

　　总的来说,近年中有关东方城市存在军队单位的考古证据增加得不多。不过,现在铭文的数量已经有不少。⑧ 在杜拉-欧罗普斯和帕尔米拉的考古发掘仍然具有特别意义,因为它们提供了有关 3 世纪时城市驻军的信息。⑨ 现在,在乌姆埃尔吉马尔有了一

---

① 国库:Josephus,*Ant.* xvii 9. 3(222f.);10. 1(253)。位于西弗里斯的王宫用作军械库:xvii 10. 5(271)。

② *Ant.* xviii 3. 1(55).

③ *BJ* ii 14. 6(296);对照 15. 6(332)。

④ *BJ* ii 15. 3(318ff.).

⑤ *BJ* ii 15. 6(332).

⑥ 在希律去世后交由昆克提尼乌斯•瓦鲁斯完成:*Ant.* xvii 10. 1(251);*BJ* ii 3. 1(40);*Ant.* xvii 11. 1(299);*BJ* ii 5. 3(79)。

⑦ *BJ* ii 3. 1(44);*Ant.* xvii 10. 2(255)。

⑧ 参见上文第三章。在 217—218 年和 231—233 年,第二"帕提亚"军团肯定在阿帕米亚:*AE* 1971. 469。

⑨ 对照 M. I. Rostovtzeff(ed.),*Excavations of Dura*(1934)(report on the fifth season,1931—1932),201ff;T. Wiegand,*Palmyra*(1932),85—106,pls. 9—10,45—54;D. van Berchem,*Syria* 31(1954),257ff. ;R. Fellmann,"Le camp de Dioclétien à Palmyre",*Mélanges P. Collart*(1976),178—191;M. Gawlikowsky,*Palmyre viii, les principia de Dioclétien*(1984)。

些新的发现,①对波斯卓军团大本营的地理位置也有了更准确的划定。②

我们在第一章和第三章中看到,有关东方行省中军队的证据多来自于城市。这主要包括内容简单的铭文,往往只记载了某个部队的名称,但并未告诉我们部队在这些地方实际做了什么。③不过,它们确实有助于我们了解到,这些行省中的军队常常被部署在城市中心。这是 4 世纪时军队的情况,而在早期帝政时代也同样如此:即使当军队的活动延伸到荒芜地区时,军团的大本营也几乎都位于城市。只有外约旦的里琼和乌德鲁是例外。

另外还有一个规律就是,在本来并不是城市的地方建立了军团大本营,而后大本营周围的地方逐渐发展为城镇,这种现象在西部行省中非常普遍,但在东方并不很常见,虽然有几个已经证实的例子。我所知道的实例有叙利亚的拉菲尼亚、卡帕多西亚的麦利蒂尼和撒塔拉,以及在犹地亚的第六"费尔塔"军团营地。普罗柯比在讲述麦利蒂尼时对这一过程作了非常清楚的描述:

> 在古代的小亚美尼亚有这么一个地方,离幼发拉底河不远,那里驻扎着一队罗马士兵。这个小城叫作麦利蒂尼,而这支部队据说是一个"军团"。在早先的时代里,罗马人曾在那里修筑了据点,那是一片广场,与地面齐平,足以用来作为士兵的兵营,并为他们提供了安插旗帜的地方。后来,经罗马皇

281

---

① B. de Vries, *DRBE*, 227—241. 另见 S. T. Parker, *Romans and Saracens* (1986), 26—29。谈到在大马士革发现了一处罗马(?)蓄水池,C. Watzinger and K. Wulzinger, *Damaskus, die antike Studt* (1921),54—46, pl. iii. 对此持怀疑态度,参见 A. Poidebard, *La trace de Rome dans le désert de Syrie* (1934),54,并参考了 Sauvaget 的著述。有关这些地点的参考文献详见 *DE s. v. limes*。
② 参见上文第 124 页(按:原书页码)。
③ 相反的例子参见 P. Yadin no. 16(公元 127 年),证实拉巴特莫巴的一名骑兵长官参与了该地区的人口登记事务,并未提及他的部队。

帝图拉真决定,这个地方被授予了城市地位,成了行省中的都
市。随着时光荏苒,麦利蒂尼城变得越来越大,人口也越来越
多。由于人们已无法再生活在防御工事里(正如我说过的,这
些工事的规模非常有限),他们就在相邻的平原上居住下来,
在那里筑起了祭坛,修建了行政官住所、集市以及其他所有那
些供人们售卖商品的地方,城市中建有大大小小的街道和柱
廊,还有浴池和剧场等所有能为一座大城市添色生辉的建筑
物。由于这种发展方式,麦利蒂尼大部分城区都没有城墙保
护。因此,阿纳斯塔西乌斯皇帝开始给整个城市围上了一圈
城墙……①

　　或许我们要问,普罗柯比认为平民生活在军团要塞范围以内
的观点是否准确。他将麦利蒂尼说成一个很小的地方,这本身就
表明了军团只有部分兵力驻扎在那里,但也许我们不能过分强调
这一点。除此之外,这是一段对于一般只有通过考古发掘才能发
现的发展过程的绝佳描述。这里的重点在于,城市是在紧靠要塞
的地方发展起来的,而不是与要塞隔开一段距离,这里并没有任何
我们在西部行省中看到的那种分隔形式。②

征税与罗马军队

　　在《塔木德经》文献中,我们发现了下面这段陈述:

　　　　利未拉比说:无论是谁,只要是拿了用非法手段取得的棕

---

① *De aed*. iii 4. 15—19, trans. H. B. Dewing, Loeb 作了少许修改。
② 关于城市中军队的概述,参见 R. MacMullen, *Soldier and Civilian in the Later Ro-*
　　man Empire(1963), 77—85。MacMullen 认为给军队单位提供住宿是到 3 世纪时
　　才形成的(第79页)。现在我们清楚地知道,这一直就是军队在东方的一个特色。

桐树枝,就如同坐在交叉路口抢劫过往途人的土匪。有一次,有个在该地区收"demosia"(即公共税)的士兵走过他身边,他就站起来夺走了他收取的所有钱财。①

　　这段话在两个意义上对我们有所教益。首先,它提醒我们在罗马帝国中匪盗活动是多么普遍,即使是在有罗马军队驻守的地方;其次,它说明罗马军队在连保障国内基本安全都做不到时,居然还担当着收缴税款的差事。另外,这里所说的税还不是像 *annon militaris*(军粮)那样的具体的军队税。这种证据的价值弥足珍贵,因为它为我们忠实刻画出了在东方行省中一部分民众是如何看待帝国制度的。很多现代著作中引述的有关征税的信息,几乎没有例外都是从法律文本和铭文中抽取出来的,换句话说,是来自于那些由当局制作并为当局服务的文件。但《塔木德经》史料却以几乎未经审查删改的形式表达了行省属民的看法。在接下来的几页中,我们将只讨论那些因为军队本身而征收的各种形式的赋税。其他税种在帝国的各个行省中都是一样的,因而在这部关于罗马军队在东方的著作中并不是需要特别讨论的话题。一般来讲,很难说清过度征税与士兵的抢劫行为之间有何区别。正如我们在《福音书》的路加福音中所读到的:

　　　　那些税官们也来接受洗礼,并对他说:"老师,我们应该怎么做?"于是,他对他们说:"不要收取比规定你们收取的更多。"士兵们也问他:"那么我们呢,我们应该怎么做?"他对他们说:"不要为了给你们自己发饷,用暴力或诬陷方式抢劫别

---

① Leviticus Rabbah xxx 6, ed. Margulies, 702; 对照 Tanhuma Emor xviii; Tanhuma Buber Leviticus, p. 99; Midrash Aggada ii, ed. Buber, 56。

282

人的财物。"①

　　自然,这里暗示的含义是,对这些人来说,为非作歹已经成了一种常态。

　　罗马征税造成的负担在《塔木德经》文献中偶有提及。② 在确定了原始史料的时间后,似乎可以看出在税赋水平和犹太人与当局的关系之间存在着直接的相关性。比如,在 3 世纪的危机时期,人们就感觉税赋负担特别沉重。我们从莱希·拉奇(Resh Laqish)的文字中可以找到对此现象多彩多姿的生动描写,他是这个时期巴勒斯坦亚摩兰(*amoraim*)(公开讲解家)的主要人物之一。

　　　　于是,约哈南拉比说:"让他(指弥赛亚)来吧,不要让我见到他。"莱希·拉奇对他说:"为什么要这样呢?"我们能不能说,是因为书上写了:"就好比有个人,刚逃脱了狮子的追赶,又碰上一头熊;或是进到屋里,用手扶着墙,却被毒蛇咬了"(《阿摩司书》5:19)。来,我给你看一个我们自己这个时代的例子。有个人去下地种田,他碰到一名执行官,就像是遇到了狮子一样。当他进到城里时,又遇上了收税官,就好像遇到了熊。当他回到自己家中时,发现他的儿女正在忍饥挨饿,就感觉好像被毒蛇咬了一样。③

　　不用说,税赋负担在几次犹太人暴动以后加重了——而这些暴动本来就发生在艰难时期。在西塞罗的《为佛恩忒尤斯辩护》

---

① Luke 3:12—14.
② 《塔木德经》文献中有关征税的内容,参见 M. Hadas-Lebel, *REJ* 143(1984),5—29。
③ b. Sanbedrin 98b.

中,以理所当然的口气说道:对新近征服的高卢人,要没收他们的 283
土地;为了西班牙战争大量征兵,而军饷就去向他们的同胞收取;
为了在西班牙的军队而索要粮食。① 在犹地亚,这种情况十分严
重,甚至威胁到犹太人作为一个民族在自己土地上的生存。这可
以通过一些安息年(Shevi'it)的规定来说明。在巴柯巴暴动后的
时期里形成的哈拉卡经(*halakhah*)中有以下内容:

> 不适合(作证)的人有:任何在罐中研磨的人,将钱借给别人
> 收取利息的人,放鸽子飞的人,用第 7 年的农产品进行交易的
> 人。希米翁拉比说:过去人们习惯性地将这种人称作"第 7 年农
> 产品的收集者"。然而,当 *anasim*(敲诈者)成倍增加时,人们就
> 改口了,转而将他们称作"第 7 年农产品的非法贩卖者"。②

在正常的年份里,罗马当局会免除犹太人在安息年的收成
税。③ 但在巴柯巴暴动以后的迫害时期中,这种免除显然被取消
了。在这种背景下,希米翁·巴尔·犹哈伊(Shimeon bar Yohai)
拉比决定,由于有太多的"敲诈者",显然是指为当局效力的收税
人,那些在安息年中收集农作物的人不再被包括在不适合做证者
的名单中,他们在自己的社区中将仍然是 *persona grata*(受欢迎
者)。换句话说,实际上已经允许在安息年收获庄稼,以便将收成
交付给收税人。

一般而言,在巴柯巴暴动之后,这一代人中的哈卡拉(*halak-
hot*,译注:犹太教口传律法的统称)和塔卡纳(*taqanot*,译注:犹太
律法和法令条规)延续了由犹太人领袖们在第一次犹太暴动后制

---

① *Pro Fonteio* 5.13.
② m. Sanhedrin iii 3;对照 tos. Sanhedrin v 2。
③ 如见尤利乌斯·恺撒的公告,引述参见 Josephus, *Ant.* xiv 10.6(202—206)。

定的那些规则,所以我们发现在第一次犹太暴动以后生效的那些律法在第二次犹太暴动后得到了增加和细化。有关安息年的哈卡拉在圣殿被毁后得到了强化,因为它们是涉及与圣殿基本无关的土地出产物的唯一重要宗教戒律。遵守这些戒律有助于在耶路撒冷被毁城、圣殿不复存在的情况下维持犹太教的延续。所以在雅夫尼(Yavneh)时期,村庄和城镇中的地方政府被组织起来,监督人们认真执行有关安息年的戒律。①

284

Annona Militaris

有关安息年的规定逐步放宽也是与税赋负担加重相联系的,例如,在 3 世纪的危机时期,罗马当局广泛而毫无节制地征收维持军队的费用,也就是 *annona*(该词在希伯来语中是"arnona")。②为了对前面讨论过的犹太律法进行解释,《巴比伦塔木德》中说:"敲诈者成倍增加,他们到底是些什么人? *annona*(的征收者),正如雅乃拉比所说:去吧,(即使)在安息年也去播种吧,因为有 *annona*。"③雅乃拉比是第一代主要的巴勒斯坦亚摩兰(220—250 年)

---

① S. Safrai,"The Commands regarding Shevi'it in practice after the Destruction of the Temple",*Tarbiz* 35(1966),310—320.

② 关于 *annona militaris*,参见 D. van Berchem,"L'annone militaire dans l'Empire Romain au IIIe siècle",*Mem. Soc. Nat. Antiq. France* 8/108(1937),117—202。关于埃及的 *annona*,参见 M. Rostovtzeff,*Roman Empire*,483—485,721 n. 45 给出了具体数目的骆驼、牛皮、用来制矛的棕榈木、奶牛、小牛、山羊、干草以及给士兵的酒。两份时间分别为公元 298 年和 300 年的重要文件,内容几乎都是关于 *annona* 和军需供应:T. C. Skeat,*Papyri from Panopolis in the Chester Beatty Library*,*Dublin*(1964)。其他地方有关 *annona* 的具体规定,参见 Rostovtzeff,743 n. 42。有关本章讨论的各种税赋的碑文证据,另见 F. F. Abbott and A. C. Johnson,*Municipal Administration in the Roman Empire*(1926),nos. 139(现在可见 Mihailov,*IGBR* iv 2236,pp. 197—229)and nos. 141—143;参考文献详见 *IGBR* iv 207f. and iii p. 121 and no. 1960。

③ b. Sanhedrin 26a.

之一，这里，他似乎是在呼吁民众在安息年也要耕种土地，因为 *annona* 的负担令人不堪其苦。确实，在来自《耶路撒冷塔木德》的平行史料中，雅乃拉比的条例似乎制定得更加严格一些，只允许在安息年对土地进行初耕。[①] 但我们不明白，如果按照这个版本去做的话，怎么解决安息年的 *annona* 问题呢，看来在这种情况下还是《巴比伦塔木德》中所说的律法条例更为合理，但是《耶路撒冷塔木德》在这里作的一个区分值得注意，它反映了在巴勒斯坦的犹太人如何看待罗马的征税。有人问，在安息年劳作是否也适用于这个条款："他宁愿被杀死，也绝不违反犹太教圣经（*Torah*）中的戒律"。给出的回答是，这并不适用于目前的情况，因为"此时（当局的）的目的不是为了迫害，而是为了征收 *annona*"。[②]《塔木德经》在这里区分了"迫害时期"（实施对犹太人的压迫和迫害）与 3 世纪危机时期的赋税增加（目的并不是为了迫害犹太人）之间的区别。同时，有人继续强调，即便是在征收军队维持费有所增加的情况下，仍然需要遵守有关安息年的戒律，对此，我们可以从同一时期的艾萨克（Issac）拉比的话中得知："他（遵守了安息年戒律之人）看到自己的土地没有耕种，葡萄园也没有种植，但他交付了 *annona* 而且一声不吭，你还知道有哪位英雄比这个人更伟大吗？"[③]

　　在《塔木德经》文献中，特别是犹太学者的文献中，经常将 *annona* 与 *tributum capitis*（人头税）放在一起谈论。[④] 显然，这反映了一个起源于 3 世纪危机时期的过程，在此过程中，*annona* 逐渐

285

---

① 　y. Sanhedrin iii 21b. 参见 Safrai, *Tarbiz*, 39f. ; Y. Feliks, "Go and sow your seed in the Sabbatical year because of Arnona", *Sinai* 73 (1973), 235—249（均为希伯来语）。

② 　y. Sanhedrin, loc. cit. 高卢斯统治下，发生暴动期间允许在安息日烤面包，理由相同，参见下文第 290 页（按：原书页码）。

③ 　Leviticus Rabbah i 1, ed. Margulies, 4 以及平行史料。

④ 　《耶路撒冷塔木德》中的大多重要篇章都如此。参见 y. Ketubot xiii 35d 及平行史料；y. Shevi'it iv 35b 及平行史料；y. Peah i 15b 及平行史料。

变成了一种固定税,而不是额外税。征收 *annona* 方面的另一个发展可以从要求缴纳的种类繁多的物品中看出来。坦纳经史料(大约为 1 世纪和 2 世纪)提到 *annona* 时说它涉及牲畜和生面团。①有一则显然反映了亚摩兰时期(3—4 世纪)的史料也提到了食物、酒和布匹,强调罗马人要求务必交出最好的东西:

> 吾等之先师摩西在《申命记》中写道:"这些对你和你的后人都将是永远的迹象和征兆,因为你们没有带着愉悦之心为得到的赐福去侍奉我主上帝。所以你们将在饥渴之中、在衣不蔽体的极度贫困之中去侍奉我主派来惩罚尔等的敌人"(《申命记》28:46—48)。为何会有"饥"呢?当有人急切地想吃哪怕是大麦饼而不可得时,外国人却要他交出细面面包和上好的肉。为何会有"渴"呢?当有人渴望喝哪怕是一滴醋或一滴啤酒而不可得时,外国人却要他交出世上最好的美酒。为何会"衣不蔽体"呢?当有人急切地想穿哪怕是(粗)羊毛或布衣而不可得时,外国人却要他交出丝绸衣服和来自各地的 *kulk*。②

犹大·哈纳西(Judah Hanassi)拉比通过一项裁决规定,交付 *annona* 与其他税项一样,必须在各种影响个人财产的义务中给予优先保证。③ 这个裁决反映出较好的经济状况,以及在犹大·哈纳西拉比的时代(2 世纪后期 3 世纪早期)关系有所改善。我们再次看到,哈拉卡经认为必须把农产品的一部分交给军队是理所当

286

---

① 例如,tos. Hallah i 4(面包);tos. Bekhorot ii 2(动物)。

② Avot de-Rabbi Nathan, version A, xx, ed. Schechter, p. 71. 史料中并未具体提到 *annona*,但说的很可能就是它。对照 G. Alon, *The Jews in their Land in the Talmudic Age*, i(1980), 67。关于 *kulk*,参见 S. Lieberman, *JQR* 36(1946), 345 n. 114:"用山羊毛根处的绒毛织成的面料"。

③ y. Ketubot x 34a.

然的:"当有人从撒马利亚人那里租了一块土地后,他留出一小部分收入向地主支付应收的地租,一小部分交给国库,一小部分交给百夫长。"①另有一则哈拉卡经显示在 3 世纪后期,*annona* 的负担引发民众逃亡以躲避课税,而逃亡者的税赋被转嫁到其他人头上:"约书亚·本·利未拉比说:在任何情况下,他(逃亡者)都无需向他(交税者)偿还,除非涉及到 *annona* 和 *tributum capitis*。"②

也许我们要指出,在最早时,所有军队征用的物资都是要付钱购买的,例如在西塞罗的《弹劾卫利斯演说集》中,作者强调说在西西里征用的供行省总督使用的谷物是以慷慨的价格购买的。我们无法仔细地追溯这个制度是如何被逐渐滥用的。西塞罗曾对此有过描述。③ 在讨论不列颠政府时,塔西佗将征用物资称作一种无需解释的负担;④这种负担只能免除而无法减少。最后,戴克里先将有偿征用变为税赋,因此失去了付钱的理由。

《狄奥多西法典》中有两章的内容涉及这些税赋:第十一章第一节,关于各种实物税和贡赋("de Annona et tributis"),以及第七章第四节,有关维持军队税("de erogatione militaris annonae")。酒也属于 *annona*,⑤另有一个单独的标题,涉及将军将布匹列作一个强制性税项。⑥ 很多文本都关注了一个《塔木德经》文献中没有提到的问题,那就是军方的滥用权力,他们收钱而不是以实物形式缴纳的维持军队税。⑦ 来自贝尔谢巴的帝国法令残片与这里的话题

---

① tos. Demai vi 3. 对照 D. Sperber, *Latomus* 28(1969), 186—189。S. Lieberman, *Tosefta Kifshutah*, ad loc.，p. 265 将"qitron"解释为 *actarius* 或 *actuarius*,即军需官,负责给士兵发放定量。词典认为该词指百夫长,可能是正确的引申,对照 Dig. xiii 7. 43. 1,引述见下文第 292 页(按:原书页码)。

② y. Ketubot xiii 35d 及平行史料。

③ *Verr*. ii 3. 163—203.

④ *Agricola* 19. 3;"frumenti et tributorum exactionem aequalitate munerum mollire …"

⑤ vii 4. 6; 25. 另见麦秆(vii 4. 9)。

⑥ vii 6, *de military veste*.

⑦ vii 4. 12; 18; 20—22.

有关：①这些法令中很可能公布了所列社区必须缴纳 *annona* 的实物所折算成的现金值，目的是保护平民百姓不受贪婪的官吏和士兵的敲诈。② 这种诠释从一段法律文字那里得到了佐证：

287

考虑到边境地区士兵的利益，以及在第一、第二和第三巴勒斯坦的土地所有者的利益，公布了一项规定，如果民众已经按固定税率缴纳了税款，那么就必须停止征收实物税。但是 *dux* 的总督府以凡尔萨米纳（Versaminum）和牟诺尼姆（Moenonium）两地驻军为理由，企图废止这项行之有效的条例……③

我们要顺便指出，这里提到的 *limitanei milites* 并不是农垦

---

① A. Alt, *Die griechischen Inschriften der Palästina Tertia westlich der ʿAraba* (1921), nos. 1—4, pp. 4—8；对照 Clermont-Ganneau, *Recueil d'archéologie orientale*, v(1902), 13—147, 以及其他 Alt 罗列的出版物。另见 P. Mayerson, *ZPE* 684 (1986), 141—148。

② Alt, p. 5 译文可能没抓住要点：“[Es sollen ihre Abgaben entrichten die … der] jeweiligen Duces, sowie die treuergebenen unter[stellten] Grenzsoldaten [und die übrigen Steuerpflichti]gen Jahr für Jahr in folgender Weise.”… *duces* 和士兵的[?]将得到报酬，但不会给其他人付钱。在阿拉伯发现了阿纳斯塔西乌斯统治时期的类似文本，参见 E. Littmann et al., *Publications of the Princeton University Archaeological Expedition to Syria*, in 1904—1905 iii, *Greek and Latin Inscriptions*, A2 (Leiden, 1910), p. 33, frs. 15—19；*IGLS* XIII 1. No. 9046；J. Marcillet-Jaubert, *ADAJ* 24 (1980), 122f. ; D. L. Kennedy, *Archaeological Explorations on the Roman Frontier in North-East Jordan* (1982), 44—48；这段文字讲了由官员支付的罚金，其中提到“那些负责巴勒斯坦和幼发拉底西斯（Euphratensis）的 *limes* 的人”（例如康玛格尼）。关于这些碑文对 *limitanei* 一词含义的重要性，参见 Isaac, *JRS* 78 (1988), 125—147。

③ *Cod. Theod.* vii 4. 30 (409 年 3 月 23 日) = *Cod. Iust.* xii 37. 13：“Limitanei militis et possessorum utilitate conspecta per primam, secundam ac tertiam Palestinam huiuscemodi norma processit, ut pretiorum certa taxatione depensa speciorum inte[r]mittatur exaction. Sed ducianum officium Versamini et Moenoni castri nomine salutaria st[a]tuta conatur evertere”等等。

士兵,而是"在边疆部队服役的士兵",有别于野战部队的士兵。在讨论 *limes* 的含义时,我们必须知道,不仅在包括内盖夫和约旦南部沙漠地区的第三巴勒斯坦有这种士兵,在第一和第二巴勒斯坦中也有,这些地方并不靠近任何一段边境。即使我们同意 *limes* 一词的含义只是"边境地区",第一和第二巴勒斯坦也没有任何地方可以用它来指称。因此,我们必须认为,所谓的 *limitanei milites* 是指一个具体的士兵种类,他们受 *dux* 的指挥,而 *dux* 的指挥范围覆盖了 3 个巴勒斯坦行省。这个文本将这些士兵称作 *limitanei milites* 一定是带有某种行政上的意思;这些士兵也许从未在叫作 *limes* 的地区驻扎过。① 换句话说,他们可能在巴勒斯坦的任何地方服役,上述法律适用于所有 3 个巴勒斯坦行省。

这个文本清楚地表明,在征收赋税为军队提供物资补给的过程中存在着舞弊行为。*Pretia*(税价)与 *species*(实物)之间的区别十分重要:如果已经以现金支付了按财产估价的税额,就不允许再征收任何实物税。该文本后面又再次重复了这一点(即 *specierum exactio*(具体实物细则)与 *adaeratio statuta*(实物折价规定)的区别)。再有,我们引述的那段文字的开头部分,显然是为了维护土地所有者而不是士兵的利益,这本身就是一个 4 世纪时的新生事物。在一份来自埃及的帕诺波利斯(Panopolis)、时间为公元 298 年的纸莎草文卷中记载,军用物资的征收人接受民众用钱来代替肉类,而这种做法在当时是受禁止的。② 但在该纸莎草文卷的时间(298 年)与我们现在讨论的法令(409 年)之间的这段时期里,要求以现金而不是实物方式缴纳 *annona* 已经成了惯常的做法。其发展过程十分清楚:在最初的时候,军队有权征收各种实物物资。

288

---

① R. Grosse,*Römische Militärgeschichte von Gallienus bis zum Beginn der byzantinischen Themenverfassung*(1920),66 指出有些 *limitanei*,如在伊索利亚和上埃及,并未驻扎在边境地带。

② Skeat,1.229ff.

后来发现以钱来代替实物有利可图。当局试图阻止这种纳税方式
的措施一直都缺乏效力,于是就颁布了法令来防止军队向民众敲
诈税款。409 年的法令针对的是同时以现金和实物方式征税的情
况。298 年的文卷中还提到收税人征收物品的数量比明文规定的
多了很多倍;要求缴纳的大麦和干草数量也比官方规定的要多。
这种做法在公元 28 年曾引发了弗里斯人(Frisii)暴动。他们要缴
纳的赋税中包括军队使用的牛皮,①但是一名贪婪的 *primipilaris*
(率领军团第一大队第一方阵的首席百夫长)规定将 *uri*(野牛)皮
作为衡量标准,而不是弗里斯人饲养的个头较小的家养牛牛皮。

最后,好像在使用私有草地(在安条克)或公共土地(在阿帕米
亚)放养属于军队的牲畜方面也产生过争端。②

公元 536 年,查士丁尼的《新律汇编》第 102 条和第 103 条(特
别是前者)强调,税款只能由新任命的高级别总督来征收,并明确
禁止军队从事这些事务。从文字中可以清楚看出,由 *duces* 收税
导致了敲诈和随之而来的动荡,因此将征税事务交回地方当局,试
图改善平民人口的生活状况和抑制腐败行为。当然,我们无从得
知 536 年所采取措施的效果如何。在 4 世纪中叶的埃及,军队从
事征税事务已经变得十分普遍,不论是征收 *annona*,还是其他常规
税种。虽然有征税官负责运送钱物,但实际收税是由士兵来完成
的。③ 这种做法似乎经常引起平民与军事当局之间发生摩擦。④
人们指责士兵抢劫财物盗窃牲畜,在收税过程中滥用暴力,⑤借酒
发疯,行为粗暴。⑥ 我们必须记住,就是这同一支部队还在该地区

289

① Tacitus,*Ann.* iv 72—74.
② *Cod. Theod.* vii 7.3(398 年 3 月 11 日)。
③ H. I. Bell et al., *The Abinnaeus Archive*(1962),no. 13,pp. 55—58. 关于征收 *annona*,参见 no. 26,pp. 73—75;no. 29,pp. 78f.。
④ 在阿庇尼乌斯档案中有大量证据:nos. 13—15,pp. 55—60;nos. 26;29。必须承认这只能代表一个地区在短时间内的情况。
⑤ No. 27,pp. 75f.
⑥ No. 28,pp. 76f.

执行着维持治安的任务。①

　　缴纳 *annona* 的义务非常苛刻并容易引起摩擦,尤其是在犹太人与当局之间关系紧张时。在高卢斯统治下出现了所谓叛乱时期,高卢斯的将军乌尔西努斯(Ursicinus)执掌军权的年代就有圣贤允许犹太人在安息日烤面包,而在可能是高卢斯的军官"普罗克拉(Proqla)"(普罗库鲁斯(Proculus)?)任职的年代里,圣贤们允许犹太人在逾越节烤发酵面包,这些都是相关的例证。②

　　不仅战争或叛乱会导致索取的增加以满足加大的军需补给,另一种不幸是帝国首脑对行省的巡视。菲罗在他的《出使盖乌斯》中生动地讲述了如何对计划中帝国首脑到埃及的巡视进行组织安排。皇帝将乘船前往埃及,但每天都要在岸上过夜。

> 　　必须在叙利亚的所有城市中准备动物饲料和大量的食品储备,特别是在沿海地方。因为将有大批人员从海上和陆上到达,不仅是从罗马和意大利前来,而且还有从前往叙利亚沿途各个行省来的人,这些人中有高级官员,也有士兵,有步兵、骑兵和水兵,而服务人员的人数也不少于军事人员。所需物资不仅要计算绝对的需求,还要预计盖乌斯可能提出的额外花销。③

　　我们恰好有材料证明菲罗并未夸大其词。298 年的纸莎草文卷内容主要就是关于为戴克里先即将展开的埃及之行做准备。④这些准备工作重点包括了安排部队随同皇帝出行。特别能说明问题的是,当时任命了一长串的官员负责征收和分配一项特别的

---

①　No. 9,pp. 50f. ; no. 12,pp. 54f. ; no. 42,pp. 96f.

②　y. Betzah i,60c；y. Sanhedrin iii,21b. 对照 Lieberman,*JQR*. 352。

③　*Legatio* 33(251f.),trans. F. H. Colson,Loeb.

④　Skeat,no. 1. 另外,注意征收钱物为哈德良于公元 130 年巡访埃及做准备的相关记录;P. Sijpestijn,*Historia* 18(1969),109—118。

annona来供给这些部队。这份纸莎草文件讲述了所需的大量各种
食物,包括扁豆、肉类、谷壳、面包、大麦和小麦。酒类将会被征
用。① 将准备一个设备完整的面包房,要给在那里干活的面包师提
290 供生活用品,这样才能保证对军队的供应不会中断。② 要按照献祭
的时间安排提供所需动物。③ 需要的还不只是食物:有人上书告
状,说用来加固两座要塞的大门和后门的牛皮被老鼠啃得残缺不
全。④ 将从各地搜罗手工艺人和技术工匠来大量制作头盔、胸甲和
护胫甲。⑤ 武器库需要的铁匠将被关押并派兵连同他们的工具一
同送来。⑥ 至于宫廷本身,在每个停留点都会有一名负责寝具的主
管。⑦ 为了能够使用尼罗河上的帝国哨站要准备小型帆船和船员,
并做到随叫随到。⑧ 事实上,我们这里见到的是另一种额外赋税,
即angaria(征用运输),我们将在下一节中对其进行讨论。所有这
些留给我们的印象是,每次皇帝出巡都将使行省蒙受一场灾难。当
然,比这还要糟糕的情况是,皇帝带领一支整编大军从此地经过,去
往美索不达米亚,这是东方行省中经常发生的情况。⑨

有一系列法律文书都涉及为军队运送物资。⑩ 看来行省属民

---

① Skeat,no. 1. 205ff.
② 334ff. ,374ff.
③ 381ff.
④ 385ff.
⑤ 342ff.
⑥ 211.
⑦ 256ff.
⑧ 254ff.
⑨ The *Expositio Totius Mundi* 36,可能公布于 359 年,说埃及用谷物支援了东方行
省,"propter exercitum imperatoris et bellum Persarum"。
⑩ 这种礼仪在埃及得到证实,参见 Rostovtzeff,*Roman Empire* 484f. ; 743f. n. 44,引
述 B. Grenfell,*P. Oxy.* 1412. 14,*P. Oxy.* 1261 的注解:关于将农产品作为礼仪运
送给巴比伦部队的声明。但不清楚这些农产品本身是否是作为 annona 征收的。
概述参见 F. Oertel,*Die Liturgie* (1917),esp. 88—94,关于埃及的 angareia,参见
N. Lewis,*Inventory of Compulsory Services in Ptolemaic and Roman Egypt*,re-
vised edn. ,1975(American Studies in Papyrology,iii),s. v. "transport"。

们还要负责 *annona* 的运输和交付："缴纳的实物税物品将按照军事地点和所属土地的远近被运送到 *limes* 去。如果税收登记官因为害怕运输过程中通常受到的折磨而对他们平时的欺诈行为有所收敛的话,这项命令就会得到顺利的执行。"①这就把我们带到了将要讨论的下一种额外的税赋形式。

Angaria

"额外征用邮递用马使很多人失去了房产,却喂饱了某些人的贪欲。"②*Angaria*(征用运输)在《福音书》中就被提到过,③是另一 291 种形式的税赋,在《密西拿》和《塔木德经》时期的人都知道,而且还在缴纳这种税。④ 坦纳的哈拉卡经(即《密西拿》时期的哈拉卡经,时间为1—2世纪)中规定:"当有人雇用了一头驴,而这头驴变瞎了,或被拉去做 *angaria*——此人就可以(对驴的主人)说:给,这是你的驴。"⑤在《法学汇编》中(涉及 *annona* 的部分),我们也能找到类似的规定:

提提乌斯(Titius)用一些葡萄酒囊作为抵押,从盖乌

---

① *Cod. Theod.* xi 1. 11;另见 xi 1. 21,37; vii 4. 15(Cod. Iust. xii 37. 4)。

② *Cod. Theod.* viii 5. 7(354[360]年 8 月 3 日):"Paravedorum exaction patrimonia multorum evertit et pavit avritiam nonnullorum."

③ Matt. 5:41; 27:32; Mark 15:21.

④ 关于 *angaria*,参见 M. Rostovtzeff,*Klio* 6(1906),249—258;Rostovtzeff 认为罗马当局发现 *angaria* 是帝国东部地区早已存在的体制,于是采纳了该体制,并在戴克里先以后将其扩展到其他地方;另见同一作者,*Roman Empire*,381—387。注意有碑文记载,3 世纪时,佛里吉亚的村庄之间就公共邮政的 *angareia* 如何分配进行过一场旷日持久的争论:W. H. C. Frend,*JRS* 46(1956),46—56。对已公布的重要碑文最完整的讨论,参见 Pisidia,S. Mitchell,*JRS* 66(1976),106—131。关于埃及,参见 Lewis,*Inventory*,s. v. "billeting"。

⑤ m. Bava Metzi'a vi 3;对照 tos. ibid. ,vii 7;y. ibid. ,v 11a;b. ibid. ,78b。

斯·塞伊乌斯(Gaius Seius)那里借了一笔钱。塞伊乌斯将酒囊放在了自己的仓库中,这时一名当值负责征收物资的百夫长以 annona 的名义拿走了这些酒囊。后来,在债主盖乌斯·塞伊乌斯的要求下,这些酒囊又被送了回来。我的问题是,到底是债务人提提乌斯还是债权人塞伊乌斯应该承担这一过程中造成的损坏和费用。答案就是,在这里所述的案例中,没有人应该对造成的损失负责。①

这段话被认为是由马可·奥略留时代的一名陪审员斯凯沃拉(Scaevola)所写,因此这是在较早时对 annona militaris 的提及。正如将驴抓来当作 angaria,坦纳的哈拉卡经中还以类似的方式谈到将一名下地干活的劳工抓来当作 angaria:"如果有人雇佣了劳工而劳工被当作 angaria 抓走了,他就不能对他(劳工)说:'这是你自己的(错)。'他必须为劳工的劳役支付报酬。"②

《巴比伦塔木德》中对"将予归还的 angaria"和"不予归还的 angaria"进行了区分。③ 也就是说,在有的情况下,牲口被暂时牵走,为当局服务,而在另一些时候,牲口就永远失去了。这种区别是由属于第一代巴比伦尼亚亚摩兰(220—250 年)的拉弗和塞缪尔(Samuel)作出的,他们二人都生活在巴勒斯坦,因此他们的话很可能反映出在 3 世纪的危机中该地区的课税程度之严厉。在这则史料中,angaria 一词指被夺取的财产,而不是提供财产的义

292

---

① Scaevola in *Dig*. xiii 7. 43. 1:"Titius cum pecuniam mutuam accepit a Gaio Seio sub pignore cullerorum. Istos culleos cum Seius in horreo haberet,missus ex officio annonae centurio culleos ad annonam sustulit ac pastea instantia Gaii Seii creditoris reciperati sunt;quaero,intertrituram,quae ex operis facta est,utrum Titius debitor an Seius creditor adgnoscere debeat. Respondit secundum ea quae proponerentur ob id,quod eo nomine intertrimenti accidisset ob non teneri. "

② tos. Bava Metzi'a vii 8.

③ b. Bava Metzi'a 78b;对照 y. Bava Metzi'a vi 11a。

务。① 我们从帕诺波利斯得到了这样的命令,要"将那些有牛车和牛的人派来……到采石场去服役……这样才会把他们的牛车和牛还给他们"。② 显而易见的是,在这种情况下,牛车和牛很可能根本就不再归还了。有一条 4 世纪时的法律禁止严重虐待作为 *angaria* 送来的牲口,③这是对"不归还 *angaria*"的情况的另一个解释,而在同一个地方,先前的法律只规定说,不得将正在耕田的牛牵走。

属于第 4 代巴勒斯坦亚摩兰(320—350 年)的阿哈拉比讲过一个例子,反映了军队随心所欲地征收 *angaria* 的现实状况:

> 阿哈拉比说,有一个人卖掉了自己家中的全部物品,并把得到的钱都用来买酒喝了,他卖掉了自己的房梁,把钱都买酒喝了,他不得不寄宿在儿子家中,他的儿子们说:"我们的父亲啊,他快要死了,而且死后不会给我们留下任何东西。我们该拿他怎么办呢? 来吧,让我们给他弄酒,让他喝醉,让他倒下,我们把他抬出去,我们就说他已经死了,让我们将他放入墓穴……"有几个赶骡人正去往那个小城。他们听说城里要交 *angaria*,于是说:"来吧,让我们把这些山羊皮酒囊卸下来藏到墓穴中,我们逃吧……"当他(那位老者)从睡梦中醒来,发现头上放着一只皮酒囊。他拧开酒囊塞,将其放入嘴中,开始喝起酒来。他喝足了酒就开始唱起歌来。当儿子们来看他们的父亲怎么样了时,发现他坐在那里,嘴里含着一只酒囊在喝酒,于是他们说:"既然有人从天堂给你(酒喝),我们真不知道该拿你怎么办好了。来吧,让我们把他扶回(家)去,让我们立下一条规矩和不变的律条(*katastasis*)。"他们做了安排,轮流

---

① 在上文第 389 页注释④所引的佛里吉亚碑文中,*angareia* 同样有双重含义。

② Skeat,2. 154. Oertel,90 区分了"Zwangsvermietung"、"Zwangsverkauf"和"Zwangsgratislieferung"几个术语的区别。

③ *Cod. Theod.* viii 5. 2.

每人一天给他们的父亲提供酒喝。①

　　显然,这些酒贩子是害怕他们的商品会被没收充公,正式的说法就是缴纳 *annona*,而且那些财物被充公的人似乎经常还要被迫自己去运送物资,这就叫作 *angaria* 或 *prosecutio annonae*。

　　有一则被认为属于第二圣殿被毁后那段时期的史料,其中提到了好几种皇室税,特别是 *angaria*,形式是以各种强制性劳役为当局干活:

293
　　　　约哈南·本·扎开大拉比正去往犹地亚的以玛忤斯,在路上,他看到一个小女孩正从马粪中捡大麦粒。约哈南大拉比向自己的门徒们问道:"这个小女孩是谁?"他们回答说:"她是个犹太人。"他又问道:"那是谁的马?"门徒们回答:"马属于(阿拉伯)游牧民骑手。"于是,约哈南大拉比对门徒们说:"我一辈子都在念这句话,但直到现在我才明白它的全部意思:'如果你们不知道,哦,最美的女子(沿着羊群的足迹往前走),在牧羊人的帐篷边喂你的孩子。'(旧约《雅歌》1:8)你们不愿意按照圣经的规定按'每人一贝卡'缴纳人头税(《出埃及记》38:26),所以现在你们将在敌人的统治下被迫缴纳 15 谢克尔。你们不愿意去修补通往圣殿的道路和街道,所以现在你们将被迫去修补通向皇城的 burgasin 和 burganin。"②

---

① Leviticus Rabbah xii 1, ed. Margulies, pp. 245—247;对照 Esther Rabbah v 1。*katastasis* 是一个 *hapax legomenon*(罕见的用语),从而使该史料更像是原始材料。

② Mekhilta de-Rabbi Ishmael, Bahodesh, i, ed. Horovitz-Rabin, pp. 203f. 这篇文章的译文来自 Alon, 68f.。全文及译文参见 J. Z. Lauterbach, *Mekilta de Rabbi Ishmael* (1933)。在 Oxford 版本中,约哈南大拉比去到"犹地亚的玛忤斯(Maus)",这显然是指以玛忤斯。这比其他版本中所说的"犹地亚的玛昂(Ma'on)"更准确。Mekhilta 著作中的谚语被认为是大拉比约哈南·本·扎开所讲,他是 (转下页注)

至少从共和时代晚期开始,行省民众就被强迫修筑道路了,这从西塞罗《为佛恩忒尤斯辩护》中的一篇文章里就可以清楚地看到。① 来自小亚细亚的铭文也讲述了同样的故事。② 163 至 165年,从大马士革经由巴拉达旱谷(Wadi Barada)通往赫里奥波里斯的道路是由军队修缮的,但阿比林城(Abilene)得为这项工程出钱。③ 我们在第一章中提到过一处铭文,其中记载了在幼发拉底河边的埃伊尼修建的一处水利设施。该工程由一支军团特遣队完成,但要由当地社区支付费用。在犹地亚,有各种迹象表明里程碑是由当地社区设立的④——例如,里程碑给出此处"离城市"的距

294

(接上页注)70 年神庙被毁后雅夫尼的民间领导人。篇章的开头和对《雅歌》的引述,看上去都像是对第一次暴动失败后现状的真实描写,而已经证实在以玛忤斯有一支"*Petraei*"驻守,这一事实也更加深了这一印象:*AE* 1924.132;下文附录一第 429 页(按:原书页码)。但接下来的内容,"你们不愿意支付⋯⋯",是由 Mekhilta 的编撰者加的,说的是后来时期的现实状况,显然是帝国在 3 世纪中经历的危机时期。证据就是,在所有平行史料中都找不到这一部分:tos. Ketubot v 10;Sifre Deuteronomy 305,ed. Finkelstein,p. 325,发现了另一个别人添加的内容;y. Ketubot v 30b-c;b. Ketubot 67a;Lamentations Rabbah i 48;Pesikta Rabbati xx-ixxxx,ed. Friedmann,p. 140a。对照 E. E. Urbach,"The Jews in their Land in the Tannaitic Period",*Behinot Beviqoret Hasifrut* 4(1953),70(希伯来语)。

① 8. 17f. 对照 T. Pekáry,*Untersuchungen zu den römischen Reichsstrassen*(1968),115f.。佛恩忒尤斯被指通过免除修筑或维修道路的义务来收受贿赂。从这里可以看出,这是一种常规性的义务。参见 Pekáry,91—119 对财政问题和罗马道路的长篇论述。

② 来自色雷斯和小亚细亚的碑文显示使用了当地劳力修筑道路,参见 L. Robert,*Hellenica* i 90—92;*Opera minora* i 298—300;J. and L. Robert,*Fouilles d'Amyzon*(1983),30—32。特别注意 *OGIS* 519f. ,1251;Frend,*JRS* 46ff. 。对照 *Digest* xlix 18. 4. 1,在修路和 *angaria* 方面,退伍老兵并未享有豁免权。

③ *CIL* iii 199:(M. Aurelius and Lucius Verus)"viam fluminis vi abruptam interciso monte restituerunt per Iul(ium) Verum leg(atum) pr(o) pr(aetore) provinc(iae) Syr(iae) et amicum suum impendiis Abilenorum."*CIL* iii 200—1:"Pro salute Imp(eratorum) Aug(ustorum) Ant[o]nini et Veri M(arcus) Volusius Maximus(centurio) leg(ionis) XVI F(laviae) F(irmae) qui oper(i) institit v(otum) s(olvit)."这两则铭文位于一处劈开岩石修建的通道两端,分别在岩石上刻写了两遍。

④ B. Isaac and I. Roll,*Roman Roads in Judaea*,i(1982),76,93f.

离,而不是"从锡索波利斯"到此的距离,或是在接近城市时多次出现不规则的缩写形式。用希腊语标出从最近的城市算起的距离,而不是用拉丁语标出到远得多的地方的距离,同样明显地反映出这一过程。① 在 4 世纪的《狄奥多西法典》中,法律条文列明了要求所有人必须提供的附加劳役,包括修筑道路和桥梁,当然,那些被豁免劳役的人除外。② 特别是我们从埃及获得了可靠的证据,证明民众有强制参与维持治安的义务。③

　　另外,还有证据表明存在着个人的 *angaria*,例如有一段关于第 3 代巴勒斯坦亚摩兰(280—320 年)的扎伊拉(Ze'ira)拉比的叙述,说他被抓去做 *angaria*,任务是将香桃木运到"palatin"(*palatium*)去。④ 这里的 *palatium* 并不一定是某位帝国领导人的居所,因为这个词逐渐被用来指任何官方的中途停留地。⑤ 因此,其功能与 *praetoria* 相近,*praetoria* 这个词出现在两则法律文本中,第一个规定试图阻止官员使用 *palatia*,然后又有规定说,如果城市远离公共道路并且没有 *praetoria* 时,方能使用 *palatia*。⑥ 我

---

① 显然是在从安条克到托勒迈斯的沿海道路上:R. G. Goodchild,*Berytus* 9(1948),91ff.;另外,关于从恺撒利亚到锡索波利斯以及从雷基欧到狄奥恺撒里亚的道路,参见 Isaac and Roll,66f.,84 n. 27。

② *Cod. Theod.* xi 16.10(362 年 3 月 13 日);15(382 年 12 月 9 日);18(390 年 7 月 5 日)。The *Digest*,L 4.1 列出了加在个人而不是其 *patrimonium*(可继承财产)上的义务,包括修路。

③ 参见上文第三章;Oertel,263—286。

④ y. Berakhot i,2d. 对照 *Cod. Theod.* xvi 8.2 中所说的"prosecutiones"。

⑤ 观点详见 F. Millar,*The Emperor in the Roman World*(1977),41f.。关于 *palatia*,参见 R. MacMullen,*Athenaeum* 54(1976),26—36,esp. 33ff. 指出很多为四帝共治政权在 325 年以后所建。但在目前这则史料中,至少有一处暗示指的是帝国皇宫,因为在后面讲到人们可能愿意为参观此处而掏钱。

⑥ *Cod. Theod.* vii 10.1(405 年 7 月 10 日);2(407 年 11 月 23 日)。对照 xv 1.35(396):总督们必须修补"quidquid de palatiis aut praetoriis iudicum aut horreis aut stabulis et receptaculis animalium publicorum ruina labsum fuerit"。更多的证据详见 Millar,loc. cit.(n. 168)。

们从法学史料和纸莎草文卷中可以清楚地看出，有可能会要求土
地拥有者亲自把用来交实物税的物资送到 *cursus publicus*（公共
邮驿系统）的站点去，关于扎伊拉比的叙述无疑反映了当时的现
实状况。"除了向 *limitanei* 缴纳 *annona* 外，不得要求任何土地拥
有者提供 *mansiones*，或是远距离运送实物税物资，但要考虑整个
路程和这样做的必要性。"①显然，这条法律的措辞非常灵活。或 ²⁹⁵
许我们注意到，有两条在公元 330 年生效的法律免除了犹太教会
所有官员的各种 *munera*（公共服务——译注）义务，其中包括
prosecutiones（审判活动，属于 *angaria*）。②

在罗马的法学史料中，*angaria* 一词并不用来指这种运输义
务，而是指征用的牲口。与此相似，*parangaria* 是指额外的驮运
动物，而 *paraveredi* 指额外的驿马。③ 用于"运输义务"的词是
translatio。实际上，牵走牲口有两个不同的目的。一个是用于帝
国邮政，叫作 *vehiculatio*，后来又叫作 *cursus publicus*。牲口被充
公后用于这个机构，而照看帝国邮政各站点的任务是要求行省属
民个人承担的义务之一。④ 正如人们都知道的，邮政是一个极其
沉重的负担，而且经常被那些有机会滥用的人所利用。另一个目
的是用于"运输义务"，即转送物资，供当局和军队使用。也许这里
有必要引述一条法律，其中列举了常见的要求行省属民提供的额
外服务：⑤烤面包、烧石灰、贡献木材、马匹和车辆用于邮政、修建

---

① *Cod. Theod.* xi 1. 21："Nemo possessorum ad instruendas mansiones vel conferendas species excepta limitaneorum Annona longius delegator, sed omnis itineris ac necessitatis habita ratione."对照 *Cod. Iust.* x 16. 8。

② *Cod. Theod.* xvi 8. 2 and 4；对照 A. Linder, *Roman Imperial Legislation on the Jews*（希伯来语，1983），96—100。

③ 如见 *Cod. Theod.* vi 23. 3—4；viii 5；de curso publico angariis et parangariis, passim；xi 16. 18；... paravedorum et parangarium praebitio。

④ *Cod. Theod.* xiii 5. 36(381 年 2 月 27 日)，规定缺席者判处死刑。

⑤ *Cod. Theod.* xi 16. 18(390 年 7 月 5 日)。

和维护公共建筑、道路和桥梁等。运送军用食品补给以及缴纳木炭用于铸造货币或是武器等义务属于一个特殊的种类，因此普通的豁免条件并不适用于该义务。375 年 7 月的一条法律（适用于非洲）中强调："必须把军服全程送到士兵的营地。因为士兵不得离开岗位，哪怕是再短的距离也不行。"①

利巴尼乌斯曾经用了整场演说，"要给农民说说有关 *angareia* 的事"，他讲述了住在安条克的 *comes* 对劳役的肆意征用，强迫农民用自己的骡子将瓦砾运出城市。② 我们可以从《狄奥多西法典》中有关公共工程的部分清楚地看到，在 4 世纪时，行省总督负有修造城市公共建筑的职责，他一般都会雇佣当地劳工。③ 这里没有出现 *angareia* 一词；显然，建筑工程是一个本地的强迫义务，从法律上与帝国法令所规管的强制运输义务区别开来。但对于不得不接受这些义务的农民来说，这并没有什么不同。就我们目前的讨论而言，重要的是，强加这项义务的并不是军队，而是地方当局，但要借助士兵来强制执行。"也发生过由主管士兵执行鞭刑的事。"④

Akhsaniah（*hospitium*）⑤

Akhsaniah（*hospitium*，即强制性为军队提供住处）以及相关

---

① *Cod. Theod.* viii 5. 33.

② *Or.* 1.

③ xv 1. 5（338 年 7 月 27 日），决定总督可以批准豁免。不能强迫议员提供强制劳役：xv 1. 7（361 年 5 月 3 日），这条规定表明其他所有人都包括在内。

④ *Or.* 1. 27.

⑤ 在建立这项制度方面，罗马帝国绝非独有。在奥斯曼帝国，农民往往宁愿逃亡，也不接待行军途中的士兵或是巡游途中的显贵，参见 N. N. Lewis, *Nomads and Settlers in Syria and Jordan*, 1800—1980（1987），12, with n. 22。关于 *hospitium militare*，另见 Daremberg-Saglio, *Dictionnaire*, iii 302f. (Cagnat)。

义务所造成的负担,在我们讨论过的案例和哈卡拉经中都有所反
映。《耶路撒冷塔木德》中转述了一场关于以下问题的哈拉卡式讨
论,是否应该允许向负责安排士兵住所的军需官行贿。最后的结
论是"在罗马人到来以前,可以贿赂军需官[阿拉米语中"parkha"
一词是从 *xenoparchos* 演化而来的],但如果军队已经到达后,就
不得这样做了"。①　作出这种限制的原因可能是,在那个阶段的贿
赂只会将负担从一个人转嫁给另一个人。我们从《耶路撒冷塔木
德》的其他地方了解到,有可能会从一家要清理来用作 *akhsaniah*
的客栈中赶走住客。虽然也有一些相反的证据表明,在那些有权
征用民居的人来到时,并不会将私人房屋里的住户赶走,②但很明
显,在实际操作中,确实有人被从自己的家中赶走:"'我将用那些
非本民族的人去激怒他们'(《申命记》32:21),不要念成 belo 'am
(不是一个民族的),而要念成 bilway 'am(一个民族的友人),(我
将激怒他们,用)那些来自其他国家和王国的人,把他们逐出自己
的家。"③史料中区分了两种人,一种是有权征用民居而接受强制
性住宿分配的人,另一种是接受住宿分配但并无权征用民居的人。
史料中还讨论了分配住宿的原则,"*akhsaniah* 是应该按人头分配
(*per capita*),还是按各家房屋有多少扇门来分配"。④

297

　　我们在第四章中看到,尤其是在拜占庭时期,很多客栈显然
就是修来让军队使用的。如果客栈有足够的空间,则不应再把士
兵强行分配到私人住所中去,特拉可尼的菲纳镇有一处铭文是这

---

①　y. Bava Qamma iii 3c. 军需官的拉丁语是 *mensor*;见于 *Cod. Theod.* vii 8.4,讲的是
　　人们把 *mensores* 写在自家门口柱子上的、安排在家中住宿的士兵名字抹去。Veg-
　　etius,ii 7 用 *metatores* 来指那些在行军途中为军队挑选扎营地点的人。这两个词
　　可能最初指的是同一个职能。

②　y. 'Eruvin vi 23c.

③　Sifre Deuteronomy cccxx, ed. Finkelstein, p. 367,翻译和诠释详见 Lieberman,
　　JQR,355。这个文本可能来自 3 世纪早期。

④　y. 'Eruvin vi 23b;b. Bava Batra 11b。对照 Lieberman,*JQR*,354—356。

样说的："既然你们已经修了客栈,你们就不再有义务在家中接
待陌生人"。[1] 与通常的情况一样,这段话显示出该镇在向当局
请求,因为在实际操作中,这个系统并不按照它应该的方式去运
作。在叙利亚南部的村子里,"公共客栈"是一个非常普遍的特
色。[2] 只要有对 *hospitium* 的要求,公共客栈就会被用来为军队
服务。

强制提供住宿并不仅限于提供睡觉的地方,还包括给在当值
期间住在民居中的士兵和军官提供食品。下面这个例子发生在 2
世纪早期的雅夫尼时期,也许可以说明问题:

> 有一次,希米翁·哈特玛尼在节日的夜晚没有走出家门
> 去读经室。第二天早上,犹大·本·巴瓦(Judah ben Bava)
> 拉比碰到他时问道:"昨晚你为什么没来读经室呢?"他回答
> 说:"我有机会去遵从宗教义务(*mitzvah*),于是我就这样做
> 了。一队非犹太人的巡逻队进到城里来,他们(城里的百姓)
> 害怕他们(士兵们)会伤害他们,因此我们为他们准备了一头
> 牛犊,供他们吃,给他们酒喝,给他们身上抹油,这样他们就不
> 会加害于城中的百姓了。"他(犹大拉比)对他说:"我不知道你
> 得到的是否比失去的多,因为他们说过,一个人不能在节日里
> 为非犹太人或狗准备食物。"[3]

在后来的一个时期,加沙的主教组织民众为士兵提供补给,就
是为了防止引起麻烦。[4]

---

[1]　Waddington,no. 2524(*OGIS* 609).

[2]　H. I. MacAdam,*Berytus* 31(1983),108,由于碑文太多而无法一一列举。

[3]　tos. Betzah ii 6(Vienna MS);Mekhilta de-Rabbi Shimeon ben Yohai,Bo 12:16,ed.
　　　Epstein-Melamed,21;b. Betzah 21a。另见上文第 116 页(按:原书页码)。

[4]　Choricius,*Laud Marc*. ii 24(p. 34).

哈拉卡经针对强制提供住宿实行了几项减负措施。允许提供被认为是 *demai* 的食物,即人们怀疑还没有分出用于缴纳什一税部分的食品:"可以用属于 *demai* 的农产品给穷人和强制住宿的士兵吃。"①同样,也允许在有 *hospitium* 的情况下提供安息年的农产品,但如果并不是出于 *hospitium* 的原因,在此住宿的非犹太人房客则禁止这样做:"可以用安息年的农产品给强制住宿的士兵吃,但不得用安息年的农产品给非犹太人或是雇来的劳力(日工)吃"。②

有关为路过的部队提供住宿的情况大致如此,但某些有权有势的个人也可能会要求提供 *hospitium*。③ 事实上,当局可以为使用邮政系统签发证书,也就是可以享受免费运输外加索要食宿的权利。④

就我所知,有关这个问题的早期法律提到最多的就是本章中所讨论的这些义务:"一个人无论被免除了个人义务,还是同时也免除了公民义务,都不能成为逃避 *annona*、*angariae*、提供驿马、强制提供住所、提供船只、缴纳人口税等义务的借口,只有士兵和退役军人除外。"⑤当然,绝非巧合的是,那些从这个制度中获利最

298

---

① m. Demai iii 1 以及平行材料。

② tos. Shevi'it v 21(Vienna MS);对比"与你生活在一起的人中包括 *akhsaniah*"(Sifra Behar i 7,ed. Weiss,106c;对照 y. Demai iii 23b)。在 Erfurt MS 版中,Tosefta 的话是这样的:"不能用安息年的农产品给在民舍住宿的军队吃。"如果我们接受这个译法,Tosefta 和 Sifra 的说法之间就会产生矛盾,参见 Alon,704。似乎我们不得不更偏向 Vienna MS 版和标准版;对照 Lieberman,*Tosefta Kifshutah*,ad loc.,560。

③ 规则的制定参见 *Cod. Theod.* viii 6,*de tractoriis*。

④ *Cod. Theod.* viii 5.2,强调这种许可不能不加区分地发放。

⑤ *Digest* L 4.18.29:"sive autem personalium dumtaxat sive etiam civilium munerum immunitas alicui concedatur,neque ab annona neque ab angariis neque a veredo neque ab hospite recipiendo neque a nave neque capitatione,exceptis militibus et veteranis,excusari possunt."(Arcadius Charisius)

多的人并不会承受这个制度造成的重负之苦。上面那段文字被认为是君士坦丁时期一名陪审员写的,他接着就引述了维斯帕先和哈德良作出的书面答复表明,在某种程度上,这些义务到了弗拉维时期已经不再生效了。教师、医师、演说家和哲学家都被豁免了强制提供住所的义务。①

　　毋庸多言,在提供住所的义务方面还有其他更多的豁免条件。《狄奥多西法典》中的"*de metais*"标题下列出的好几条法律都涉及 *hospitium*。它们规定了批准给元老院成员、②犹太教堂③以及其他人的各种豁免权。④ 住所中的普通住客可以分得房屋的三分之一,房主人可以支配的部分(即 *illustrissimi*)占房屋的一半。⑤不得再要求征用男丁或他们的牲口,而且军队必须尽快地、连续地走完路程。⑥ 这条法律似乎只涉及在非洲的私人房产,但它很清楚地表明其目的是为了限制已经非常普遍的滥用权力的行为,我们从《塔木德经》史料中可以明显地看到日常现实中的情况。有法律规定,不得要求民众提供油和木材。⑦ 这条禁令在不到 80 年的时间里被重复了 3 遍,由此可见,这些法律的效力非常有限。一封由霍诺里厄斯写给在西班牙的部队的信值得关注,其中提到了

———————————————

① ibid.,30:"Magistratis qui civilium munerum vacationem habent,itemgrammaticis et oratoribus et medicis et philosophis,ne hospitem reciperent,a principibus fuisse immunitatem indultam et divus Vespasianus et divus Hadrianus rescripserunt."

② vii 8.1(361 年 5 月 3 日)。免除 *angaria* 和免除 *hospitium* 被放在一起,参见 *Digest* L 15.2:"Paulus libro primo sententiarum:Angariorum praestatio et recipiendi hospitis necessitas et militi et liberalium artium professoribus inter cetera remissa sunt."

③ vii 8.2(*Cod. Iust.* ⅰ 9.4),368 年(或 370 年或 373 年)5 月 6 日,确认犹太教堂被免除了 *hospitium*。关于这条法律,参见 Linder,116—118。

④ vii 8.3(384 年 9 月 16 日);8。

⑤ vii 8.5(398 年 2 月 6 日)。

⑥ vii 10.2(413 年 6 月 12 日)。

⑦ vii 9.1(340 年 8 月 12 日);2(340/361 年 10 月 11 日);3(393 年 7 月 29 日);垫子:4(416 年 5 月 10 日)。

299

hospitium。① 这份文件的意思好像是在说,即将派去执行任务的部队应当移往别处,并要按照有关 *hospitium* 的规定("*hospitiis obsequamini*")来行事。② 人们对铭文中提及强制提供住所而引起的窘困也是耳熟能详。③

这种由大量的占领军存在所导致的问题,不论有多么严重,在官方文献中往往都不会触及。这些问题对于罗马的元老院成员们或骑士们来说无关痛痒。在一封据说是由奥利安写的信中就如何保持对士兵的控制提了建议,并列举了很多犯罪行为。《罗马皇帝传》的作者暗示,他知道这些行为在军队中相当普遍:"任何人不得盗窃他人的鸡或羊。任何人不得摘取(他人的)葡萄或是弄走他的粮食,任何人不得征用油、盐、木材,让所有人都满足于自己的分配额……让他们在住所中行为规矩,任何人引发了打斗都将受到鞭刑惩罚。"④

法学史料中提到过 *hospitium*,但这只反映出当局试图要阻止滥用该制度的情况,并通过法律来规管上等阶层提出的名目繁多的豁免理由。为了获得在占领军下那种生活状态的图景,我们需要由当地行省属民提供的原始史料。这种史料在西方行省中找不到。在巴勒斯坦,我们可以到《塔木德经》史料中去找,而在美索不达米亚,我们可以从《修行者约书亚纪事》中找到十分可信的平行材料:⑤

300

---

① E. Demougeot,*Revue historique de droit francais et étranger* 36(1956),33f.;A. H. M. Jones,*The Later Roman Empire* (1964),1106 n. 44. 已发表的新版本详见 H. S. Sivan,*ZPE* 61(1985),273—287。

② 对此的诠释参见 Sivan,274,282。Demougeot 对文本进行了校订,并将其解释为帝国批准在需要时要求提供 *hospitium*。

③ *IGBR* 2236.

④ SHA,*Aurelian* 7,5—7:"nemo pullum alienum rapiat,ovem nemo contigat. Uvam nullus auferat,segetem nemo deterat,oleum,salem,lignum nemo exigat,Annona sua contentus sit … in hospitiis caste se agant,qui litem fecerit vapulet. "

⑤ *The Chronicle of Joshua the Stylite*,*Composed in Syriac AD* 507,原文和译文参见 W. Wright(1882),93。

普通民众抗议说:"不应该把这些哥特人强行安排给我们提供住所,而是应该交给拥有土地的地主。"在显贵们的要求下,*dux Romanus* 下令,这些哥特人必须全部按月受到招待:每月一埃斯帕达的油、200 磅木材、每两人准备一张床和寝具。这导致了暴动的发生,这项决定也未能得以实现。①

所有这些苛捐杂税根本不会取代《塔木德经》史料中也提到过的那些常规税种,即 *tributum capitis*(人头税)和 *tributum soli*(土地税)。我们无法确定由维斯帕先实施的特别犹太税是何时取消的。② 另外,《塔木德经》史料中还提到过几个我们尚无法确定的税种,但有可能与那些大家熟悉的税种有部分相同之处。③

有一种税,最初带是军事性质,但后来逐渐转变为一种特殊的补充性收入税,这就是为金皇冠而缴纳的税款。④ 在犹大·哈纳西拉比的时代(2 世纪末 3 世纪初),有关史料中都提到了这种税。例如:

当皇冠税被强加在提比里亚人民头上时,他们跑来见拉比(犹大·哈纳西),他们跟他说:"让圣贤们也缴纳他们应该交的那一份吧。"他拒绝了。他们说:"(那么)我们将会逃亡。"他说:"去吧。"于是众人中有一半的人跑了。于是当局免除了

---

① 对照 95(公元 505—506 年):军队被部署在埃德萨为远征做准备;此外,军队也住在村庄和修道院中。对照 39,66,82,93—96。

② 关于犹太税,参见 V. Tcherikover, A. Fuks, and M. Stern, *Corpum Papyrorum Judaicorum*(1957—1964), i 80—88; ii 111—116, 119—136, 204—208。另见 Schürer, *History*, ii 1 122f.。

③ 如见 y. Pe'ah i 15b;阿巴拉比说:(这意味着)如果你从自己的衣袋中取出东西来施舍他人(出于自愿),那么主将赐福与你,保护你免受"pissim"、"zimayot"、*tributum*、*capitis* 以及 *annona* 之苦。y. Pe'ah i 16a;西弗里斯的 *bouleutai*(元老院成员)有"tzumut"(公共事务会议?)。

④ 关于一般的皇冠金,参见 *Cod. Theod.* xii 13;Millar, *Emperor* 140—142。

要求征收的一半税款。剩下的一半人又来见拉比，对他说：
"让圣贤们缴纳他们的那一份吧。"他拒绝了。他们说："那我
们将要逃跑了。"他说："逃吧。"于是众人都逃走了，只剩下一
名漂洗工。这笔钱要他出，结果他也跑掉了。于是缴纳皇冠
税的规定就被取消了。①

这里与其他那些谈及 *aurum coronarium*（金冠费）的地方一
样，犹大·哈纳西拉比看起来好像是负责实施征税的人：在上述案
例中，他必须决定圣贤们是否要支付一部分税款；在另一个场合，
他必须决定当地政府在强征税赋中负有的责任。② 该案例中另一
个值得注意的情节是那些无力缴纳税款的人集体消失。在 3 世纪
时，无论是在巴勒斯坦，还是其他地方，逃避收税人的做法都相当
普遍。几则《塔木德经》史料对此都有颇带传奇色彩的描述。③ 一
个最相似的情况见于来自色雷斯的斯盖普托帕拉（Scaptopara）的
一段铭文，其中引述了村民们就 *hospitium* 和征用物资提出的请
求。他们以逃亡相威胁，除非授予他们对这些义务享有豁免权的
帝国法令得到执行。④ 铭文强调了收入方面的损失，由于村民逃

301

———————————

① 　b. Bava Batra 8a. S. Safrai 试图将这些事件说成是塞维鲁·亚历山大在 222 年的
让步：*Proceedings of the Sixth World Congress of Jewish Studies*，ii（Jerusalem
1975），56f. 。

② 　b. Bava Batra 143a；y. Yoma i 39a. 有趣的是，犹大·纳西阿拉比，犹大·哈纳西拉比
之孙，并未免除圣贤们分担修筑提比里亚城墙的费用（b. Bava Batra 7b-8a）。与其说
是犹太祖先的形象转变，还不如说是反映 3 世纪危机时期环境状况发生了变化。

③ 　例如 y. Shevi'it ix 38d（恺撒利亚潘尼阿斯（Paneas）的居民）；对照 Lieberman，*JQR*，
350—352. 关于埃及的情况，对照 Rostovtzeff，*Roman Empire*，484f.，487f. 。*P. Oxy.*
1414. 19ff.，由 Rostovtzeff 加以引述，与此处所引《塔木德经》史料是很好的平行材料。

④ 　Mihailov，*IGBR* iv no. 2236，11. 59—66，91—93（公元 238 年），对照他在第 212 页
上的评论。斯盖普托帕拉是位于两个军事基地之间的村庄，有温泉浴场。总督和
代理行政官都有权享受礼遇，但很多士兵也要求礼遇。另见 Abbott and Johnson，
no. 142：帝国土地上的村民威胁说将躲到私人领地去寻求保护以逃避勒索。大土
地主们能比皇帝更好地保护其佃农。

亡而使 *fiscus*（国库）受到影响。

有一则 5 世纪早期的法律条文不无悲伤地说："行将耗空的国库使得必须要征收减刑费来用于招募新兵和购置马匹。"①

我们从几个史料来源那里得知，强制征兵和付费免除兵役（*tironia, aurum tironicium, adaeratio*）的情况早在 3 世纪时就开始存在了，《塔木德经》史料中似乎有所提及，虽然并没使用这个术语。② 例如：

> 异教徒国王提达尔（Tidal）（《创世纪》14：1）——就是这个邪恶的王国，对世上所有的民族征收 *tironia*（免征兵役费）。③

> 有一次，正在招募新兵。有个人把别人的儿子拉来入伍。他说："看看我的儿子，多么棒的小伙，真是个英雄，他多高大啊。"做母亲的也说："看看我们的儿子，他多高大啊。"负责征兵的人回答道："在你们的眼中，他是个英雄而且很高大。我不知道。让我们来看看他是否高大。"于是他们给他量了一下身高，结果发现他太矮，于是拒绝让他当兵。④

我们从这些《密德拉什》篇章中可以清楚地看到，人们对征兵

---

① *Cod. Theod.* xi 18（409 年 2 月 15 日；412 年 2 月 16 日）。
② 关于强制征兵或"*synteleia tironon*"，参见 M. Rostovtzeff, *JRS* 8（1918），26—33。这方面的证据不多：对来自色雷斯的皮泽（Pizus）一处著名碑文的解读，以及一处来自利狄亚（Lydia）的未确定时间的碑文，Rostovtzeff 将时间定为 3 世纪。关于来自皮泽的碑文，参见 Mihailov, *IGBR* iii, no. 1689, pp. 102—125, esp. 1. 61, with comments on p. 120。涉及的军队不是正规军，而是当地警察和哨兵。自然，罗马人会从新征服的民族中征募大量新兵，以补充其军队并削弱有关民族。对此的明确阐述详见 Cicero, *Pro Fonteio* 5. 13，讲的是新征服的高卢人。
③ Genesis Rabbah xli 4, ed. Theodor-Albeck, p. 409 以及平行篇章。
④ Aggadat Genesis xl 4, ed. Buber, p. 82. 这是一个不同寻常的情况，当父母的居然希望其子被接受去服兵役。

之事并不陌生,但光凭这点还不能证明它存在于巴勒斯坦。我们或许可以从下面这段文字中发现清楚的线索:

> 在玛纳(Mana)拉比生活的年代,在西弗里斯有一支 *numerus*(集群,译注:罗马军队的新建制单位),他们(指色弗里亚人(Sepphoreans))的儿子们被抵押给了他们(指 *numerus*)。到了孩子们离开的那一天,玛纳拉比宣布了一条根据伊弥(Immi)拉比的精神制定的法律,他说:"我并不同意他的观点,但(我这样决定)是为了色弗里亚人的利益,这样他们的孩子将不会被当作抵押品带走。"①

尽管这段话中并没有使用 *tironia* 一词,但我们可以看出这种制度的存在,至少从第5代巴勒斯坦亚摩兰的玛纳拉比的时代,也就是4世纪后半叶就开始了。同样明显的是,与其他行省属民一样,犹太人更愿意交钱,而不是送自己的孩子去当兵。用阿米阿努斯的话来说:"行省属民们乐于献出黄金而不是他们的躯体,这种情况曾数次危及罗马政权。"②

376年,瓦伦斯批准大批哥特人在色雷斯定居下来,据阿米阿努斯说,他之所以这样做部分是希望哥特人能为军队提供大量的新兵。这将使政府能够在行省中出售有偿的兵役豁免权:③"……

---

① y. Pesahim iv 31b; trans. S. S. Miller, *Studies in the History and Traditions of Sepphoris*(1984).犹太法的语境是,在这种情况下,玛纳拉比允许西弗里斯的民众出售其房屋,尽管这些房屋中有租客居住。

② xix 11.7,说的是君士坦丁时期:"aurum quippe gratanter provinciales pro corporibus dabunt,quae spes rem Romanam aliquotiens aggravavit"。

③ xxxi 4.4:"... fortunam principis ... quae ex ultimis terries tot tirocinia trahens,ei nec opinanti offerret,ut collatis in unum suis et alienigenis viribus,invictum haberet exercitum,et pro militari supplemento,quod provinciatim annuum pendebatur,thesauris accederet auri cumulus magnus."

运气真是好,没想到居然从世界的尽头给他拉来了这么多兵源。把他自己的部队与外国人组成的部队加在一起,将会成为一支不可战胜的军队。同时,国库可以借此增加大量的黄金,而不用让各个行省每年派增兵过来。"事实上,这种做法导致了在哈德良诺波利斯的惨败。教堂史家苏格拉底(约 380—450 年)曾指责瓦伦斯由于热衷于收取兵役豁免费而忽视了军队的征兵。[①] 在 4 世纪时,这项收费被开列于强制性公共服务项目之中。[②]

然而,我们并不能就此认为,没有有偿豁免的强制性兵役到 4 世纪时已不存在了。阿庇尼乌斯(Abinnaeus)档案(约公元 342 年)提供的一个例子显示,埃及的一个本地议事会与征召新兵的军队之间发生了冲突。[③] 在后来的拜占庭时期,继承性征兵似乎只对 *limitanei* 保留了下来,作出这个判断只是因为原始史料中对此情况均未提及,包括查士丁尼的《新律汇编》。[④] 在上面那个案例中(来自埃及的史料),服兵役似乎被视为是一种特权,而不是一种义务。[⑤]

宣 传 活 动

在有关军队与平民的章节中讨论某些宣传活动的因素或许是有意义的,这种活动对每一位研究早期帝政时代的学者来说都不陌生。此处并不宜于对帝国的宣传作文学层面的探讨,也不适合

---

① *HE* iv 34(*PG* lxvii,cols. 553,556)并对照 Rostovizeff,*JRS*,27f. 。

② *Cod. Theod.* xi 16.18(390 年 7 月 5 日)。也被提及于 *Digest*,L4. 18. 3,同时提到的还有其他个人义务:提供马匹或其他牲口、运输义务、缴纳税金、提供 *annona* 或供应衣物。

③ Bell,*The Abinnaeus Archive*,no. 18,pp. 62f.

④ *Cod. Iust.* xii 47.1.2;对照 J. F. Haldon,*Recruitment and Conscription in the Byzantine Army*,c. 550—950(1979),20—408。

⑤ 该观点详见 Jones,*Later Roman Empire*,i 669 with n.146。

讨论罗马城里的宣传行为,①而只会涉及那些行省居民能接触到的宣传活动,主要通过铭文和铸币来进行讨论。关于宣传,我将集中讨论无处不有的最常见的一类铭文,即里程碑铭文。我们根本无法估计当初人们在一个行省的各条道路沿途可以看见多少座里程碑,但碑文内容的高度重复性使我们不得不问,这个系统的目的到底是什么,这些文字是刻给谁看的?

我们不能说里程碑纯粹是为了实用,因为它们的分布情况颇为奇怪。在东方行省中有人定居的地区里程碑非常多,而在沙漠中则几乎阙无,这我们在第三章中已经看到。如果设立里程碑是为了实用需要,那么沙漠中才是它们应该出现的地方。罗马对沙漠地带的渗透相对而言比较晚,四帝共治时期对沙漠的控制才得到加强。因为在君士坦丁以后不再竖里程碑,这就解释了为什么在那个时期以后修建的道路沿途都没有里程碑。但问题是,在早在 2 世纪初就首次铺设的道路沿途也很少见到里程碑。在佩特拉以南的图拉真道路上几乎连一座里程碑也找不到。在荒芜的约旦河谷,沙勒姆城的军事地点以南的锡索波利斯-杰里科道路沿途,也未发现刻有铭文的里程碑;而另一方面,在有的地方却有大量石碑集中出现,在这些地方的每隔 1 英里站点处常常就有 5、6 座里程碑。我们在其他地方也遇到了类似现象:在苏格兰只发现了一座里程碑,在安纳托利亚没有城市化的东部地区也只发现了 3 座里程碑。

因此,结论只能是,计算里程是——或变成了——一个次要问题。如果标示距离不是最主要的动机,那另一个因素,里程碑上帝国首脑的头衔称号,肯定就是最重要的内容了。我们必须问这种

304

---

① 　J. B. Campbell,120—156 讨论了帝国军队的光荣以及军事宣称的重要性;关于塞普蒂米乌斯·塞维鲁时期的情况,参见 Z. Rubin,*Civil-War Propaganda and Historiography*。

帝国宣传措施的对象是谁。很容易设想,对象无非就是行省的居民们,他们一定会对这些在大路沿途反复出现的统治者姓名和头衔留下印象。这个假设的前提条件是,行省当局在乎行省居民的想法。反过来说,如果能证明宣传的目的是针对他们的,那么显然当局十分看重那些识字的行省属民的民意。

然而,事实上,我们看到,至少在东方行省中,行省属民被视为无足轻重。里程碑上帝国首脑的头衔称号无一例外用的都是拉丁语。里程碑碑文在这部分采用双语的只出现过一次,那是在犹地亚的一座里程碑上(时间约为 150 年)。[1] 其他地方很少见到希腊语碑文。[2] 在叙利亚,我还没听说过任何这样的例子。在阿拉伯,朱利安的那些次一等的碑上碑文偶尔会用希腊语。[3] 另一方面,在犹地亚、叙利亚和阿拉伯,对于距离的标示始终采用希腊语和拉丁语双语,在 2 世纪晚期以后,甚至就只用希腊语了。[4] 东方行省中的民众讲阿拉米语,这是另一种闪语,他们也讲希腊语。如果碑文用拉丁语刻写,那就不是为了给行省属民,而是为了给军队看的。关于铭文语言还将在后面第七章中加以讨论。这里我们只需注意以下这点就够了,即士兵和士兵家属,以及罗马老兵殖民地的罗马公民都使用拉丁语刻写私人铭文,至少在 4 世纪以前是这样。官方铭文只要涉及到帝国当局和军队时均使用拉丁语。市政当局的铭文则多采用希腊语。

---

① Isaac and Roll,73,no. 10.

② 例如,那个双语石碑标志着共和时代对埃格纳提亚大道(via Egnatia)的修建,时间可能在公元前 2 世纪:C. Romiopoulou,*BCH* 98(1974),813—816 and figs. 1—2; P. Collart,*BCH* 100(1976),182。不过,在小亚细亚南部和西南地区发现了希腊文的里程碑,如见 D. French,*Epigraphica Anatolica* 8(1986),86。这是一个没有什么军队的城市化地区。

③ 例如,*CIL* iii 14149. 41ff. ; P. Thomsen,*ZDPV* 40(1917),126a 2,etc. ;127a 2,etc. 。

④ Isaac,*PEQ* 110(1978),57—59.

因此,很清楚,里程碑上帝国首脑的头衔称号是写给军队看
的,他们是这些行省中最主要的拉丁语使用者,而且道路也首先是
由他们、也是为他们修筑的。由于皇帝的地位取决于军队的忠诚
度,因此这种假设颇有道理,虽然目前尚无结论性的证据,而同时,
皇帝在行省属民中是否受欢迎则无关痛痒。在帝国中,从来用不
着举行大选,我们必须将帝国的宣传活动放在君主统治的背景下
来加以理解。

但是军队的士兵果真是这种宣传运动的目标呢,抑或只是
表面上如此? 这些文字与向苏联工厂工人展示的那些赞美口号
是否有相似之处? 在苏联,宣传的目标并不是工厂的工人,而是
党的机构,必须让他们看到工厂管理层对党的忠诚。同理,我们
可以想象那些帝国首脑的头衔称号出现在里程碑上,为的是让
君主及其随从相信行省总督和他的军队对帝国的忠心。[①] 关于
这种假说的佐证——不可能有更好的了——我们或可指出,如
在犹地亚一样,在不列颠和在潘诺尼亚的第一个里程碑系列都
是哈德良时期设立的,而哈德良是自从克劳狄乌斯以来第一位
到访不列颠巡视的皇帝,[②]显然,他也在 118 年和 124 年到访过
潘诺尼亚。[③] 我们还注意到,里程碑上经常出现行省总督的名

[①] 参见 Pekáry, *Untersuchungen*, 16—22, "Zum Dedikationscharakter der Meilen-
steine",坚称里程碑上的文字始终都由行省总督核查并送皇帝批准,这过于牵强。
以下论点参见 I. König, *Chiron* 3(1973), 419—427。我见过许多碑上的文字都是
由对拉丁语法和拼写连基本常识都没有的人编写的。

[②] 关于这些里程碑,参见 R. S. Collingwood and R. P. Wright, *The Roman Inscrip-
tions of Britain*, i(1965), nos. 2244, 2265, 2272,对照 J. P. Sedgley, *The Roman
Milestones of Britain*(1975), 2。关于哈德良治下的不列颠,参见 S. Frerre, *Bri-
tannia*(1967), ch. 7。

[③] 关于哈德良的到访,参见 W. Weber, *Untersuchungen zur Geschichte des Kaisers
Hadrianus*(1907), 71—76, 153—155。关于最早的里程碑,参见 A. Mócsy, *Pan-
nonia and Upper Moesia*(1974), 108f.;关于哈德良治下的军事建设工程,参见
ibid., 104—111。

字,而部队番号虽然出现过,但却很少。① 军事政变都是由将军
们组织发动的,而不是部队单位。只有在发生严重危机的时候,
整个军团的忠诚度才会成为问题,如在塞维鲁与奈哲尔之间发
生战争的时期。

　　我们不应就此认为,与道路建设相伴的只有里程碑的设立,在
我们提到的这 3 个行省中,有很好的证据表明还有其他重要的军
用建筑项目。在哈德良时期出现的里程碑应被看作是军队在向一
位喜欢军事建设的皇帝表忠心,而修筑道路正是军事建设的一个
方面。这位皇帝在各行省中长途跋涉,热衷于见到别人对他宣誓
效忠。

　　在帝国的宣传活动中,这种趁帝国首脑巡访时宣示忠心的特
殊手法,在伯珊山谷的沙勒姆城发现的遗迹中得到了有趣的展
现。② 我们已经说过,在锡索波利斯-杰里科道路上的里程碑到这
个军事地点为止就没有了,而且最早的时间为 129 年,正是哈德良
巡访该地的年份。在这处要塞的遗址上发现了这位皇帝的精美铜
像的残存部分。③ 在遗址附近还发现了刻有哈德良称号的大幅纪
念性铭文残片。④ 我们不知道这些铭文是刻在什么建筑上的,是
进入营地和 *principia* 的主入口,还是凯旋拱门,如同 130 年在格
拉森为哈德良修建的那座凯旋门。⑤

　　总结一下,里程碑和其他类似的军事铭文必须视为专制环境
中的宣传手段。它们经常并不是为了表面看去的那些用途,譬如
给途人提供有用的标志,而是一种政治控制方面的运作。在君主

① 最近的一个例外:French,*Epigraphica Anatolica*,87。
② 参见附录一。
③ G. Foerster,*Qadmoniot* 7(1975),38—40(希伯来语);'*Atiqot* 17(1985),139—
　160;*Israel Museum News* 16(1980),107—110。通过碑文将驻扎在那里的部队确
　定为第六"费尔塔"军团分遣队,参见 N. Tzori,*IEJ* 21(1971),53f.。
④ 迄今为止,只在每日新闻中有所报道。感谢 G. Foerster 博士给我提供信息。
⑤ C. H. Kraeling,*Gerase:City of the Decapolis*(1938),plan IV and inscr. no. 58.

体制中,对宣誓忠诚的机械重复实际上并非旨在规劝民众保持忠心。它们是军事指挥官对自己的上司发出的信号,表示体制运转正常。自然君主们希望而且也要求得到这样的信号,他们往往对篡位的企图毫无察觉,哪怕这种企图早已开始。

　　在本书所关注的行省中,后来的里程碑系列都与特殊事件有关:如帝国首脑的到访、重大的东方战役、或是内战爆发时需要对某一方宣誓效忠,而后者并不一定意味着付诸行动。宣传内容的性质并未发生变化,里程碑向我们展示了宣传活动的某种机械的特征。在编写碑文时,各个行省都遵照自己的标准。在叙利亚和阿拉伯,哈德良时期以前和以后的里程碑上往往会提及行省总督,但哈德良时期的碑文中就不会提到行省总督。犹地亚的第一批 *milliaria*(里程碑)属于哈德良时期,在这些以及以后所有的里程碑系列中都见不到行省总督的名字。哈德良时期的里程碑上不提行省总督显示这一安排被统一用于 3 个行省。后来,犹地亚的里程碑上也省去了行省总督,其他地方也回到先前的做法,对此最好的解释就是将其视为各地区本地作出的变动。①

　　我们已经看到,里程碑经常在一些站点大量出现,而其他有的站点一座也没有。对此最好的解释就是设想那些负责立碑的人只把石碑安放在他们见到已经有碑的地方,而对那些未见到有里程碑的里程站点则弃之不顾。这显示出立碑的程序既粗心大意,又机械刻板。另外,这些石碑经常切割得马马虎虎,碑文中包含着大量的错误,刻字时只大致地随手刻成而没有通过划线来将字体排列整齐,以至整个碑文斜向一边。没有任何迹象表明这些工作是由对统治者充满爱戴的公民来完成的。这就是体制的病态表征,

307

---

① 　关于证据,参见 Isaac,*PEQ* 110(1978),56f.。我怀疑自己过分解读了那篇文章中所说的现象。

它使得任何没有制作这种机械的宣示效忠的官员都成了可疑分子。

有一个里程碑碑文格式方面的变化值得一提：在塞维鲁的统治以前，皇帝称号中的"共和"因素是从来不会缺失的。① 在 198 年，第一次不再提到皇帝的保民权，而在以后的系列中则总会出现军事上的 *cognomina*（绰号），但保民称号却经常缺失。这可以被看作是反映了君主本人的态度和他的优先次序。这种重点的转变在没有征得君主的许可下是不可能发生的，而且这种变化就是想放在那里让所有人都看到的。② 这在据卡西乌斯·狄奥说是塞维鲁给其儿子提的忠告里有最直接的反映："要团结，让士兵们发财，其他人则一概不管"。③

我们没有理由认为宣传活动涉及复杂的行政事务。最初是由军队来负责的——这解释了为何在不同行省中存有那些共同的特点。可能从塞普蒂米乌斯·塞维鲁的时代开始，改由城市来完成这项任务，如上文所述。犹地亚里程碑上的特点就足以证明这一点，例如在某个城市附近不同道路边的石碑上发现了同样的错误。④ 对距离的标示要么同时采用希腊语和拉丁语，要么只用希腊语这一事实说明，这部分文字是由这个城市的人制作并且是为了给市民看的。⑤ 然而，帝国首脑的称号与先前一样，只用拉丁语，因为这些里程碑是由城市替军队设立的。尽管还没有证据证明，但里程碑上的距离标示可能与该时期的道路维修责任划分相对应，在这同一个时期中，我们还目睹了带有长期特征的 *annona militaris* 制度、*Itineraria*（游记）的产生，以及对帝国邮政系统的

---

① 证实这条规定有例外的情况：Isaac and Roll，*JRS* 66(1976)，14；对照 *PEQ*，52f. 。
② 关于皇帝的军事 *cognomina*，参见 J. B. Campbell，128—133。
③ lxxvi 15. 2.
④ Isaac and Roll，*Roman Roads*，i 76，93f.
⑤ 关于犹地亚里程碑上的 *capita viarum*，参见 Isaac，*PEQ*，57—59。

重新整合。①

结　论

我们在本章中看到,东方边疆行省中军队与平民之间的关系在很多方面有别于其他地区。城市中保留长期驻军的情况在西方行省中很少出现,因为那里的城市化程度比不上东方——除了罗马城以外,在罗马当然有守备部队,②此外,还有其他几个中心城市,如迦太基,从那里将谷物运往意大利,波佐利(Pozzuoli)和奥斯提亚(Ostia),是谷物运达的地方,以及里昂(Lyons)。③ 所有的史料来源都说,在城市中有军队存在是一件不受欢迎的事情,但也难以避免,因为大城市的人口中经常怀有敌意,无法采用其他办法施加控制。然而,正是士兵的存在造成了严重的紧张气氛,有时会引发动乱,而这些动乱最终难免导致屠杀。将部队安置在城中驻扎会败坏军纪——没有理由怀疑史料在这方面的真实性——使得很难再在战争中使用这些部队;即使试图让这样的军队上战场也会招致哗变。同样清楚的是,这个系统会、而且确实也导致了严重的腐败,利巴尼乌斯关于保护伞的演说就是最好的佐证,在《塔木德经》史料中也有迹可循。

《塔木德经》史料为我们生动地刻画出为了军队利益而横征暴

---

① Isaac,*PEQ*,59;道路维修与帝国邮政之间的关系,参见 Pekáry,*Untersuchungen*,146;关于 *annona militaris* 和 *itineraria*,参见 G. Rickman,*Roman Granaries and Storage Buildings*(1971),ch. viii,esp. 280f. 。我的感觉是,在阿拉伯和犹地亚,距离往往是从一个城市开始计算直到另一个城市,中间不做转换。换句话说:从 A 到 B 路途上的里程碑从 A 开始计数直至道路抵达 B,呈连续数列。后来的另一个系列可能又从 B 一路数到 A。不过还需要更多的证据。目前尚难证明这点,因为在古代里程碑的计数上确有变化。

② 对此的扼要研究参见 L. Keppie,*The Making of the Roman Army*(1984),153f. 。

③ ibid. ,188f.

敛的现实状况。它所证实的也是我们反正都能预想得到的,曾有
很多法律试图规范和减轻对平民百姓的索取,但结果并不奏效。
明显的是,强加在民众身上的税赋变得难以承受,特别是在 3 世纪
309 的危机时期。当时,君主依赖军队支持的程度甚至比过去更甚,那
些试图在军事化的行省中保护平民的措施注定起不了作用,因为
没有有力的权威来实施这些措施。

　　君主对军队忠诚的依赖自然是众所周知的事情,但它在里程
碑上的表现还是令人惊奇的,在东方行省中,里程碑显然是为了军
队而设置的,先是由军队、后又改由地方当局负责立碑,可能是那
个规定平民必须为官员和军事人员提供劳役的制度的组成部分。
里程碑上用拉丁语刻写着对皇帝的效忠誓言,并被立在军队可以
看到的地方,以及偶尔皇帝及其宫廷随员可能会经过的地方。这
种碑文最后终止于君士坦丁统治时期,可能是因为到 4 世纪时,这
310 种对高喊口号的信任已经不复存在了。

第七章　罗马老兵殖民地的军事功能

　　确定退伍老兵殖民地的功能显然是一件有意思的事情,建立这些定居点是出于什么动机? 在将战败民族转变为罗马行省属民的过程中,殖民地发挥了怎样的作用? 人们经常讨论殖民地的经济、社会和文化,但这些并不是我们目前要关注的方面。[①] 将大批公民迁移到其他地方去定居,会对罗马和意大利造成何种影响这固然重要,但在这部关于行省的著作中,我们将不去考虑这个话题。我们特别感兴趣的是帝国的东部地区,而对这一地区任何想将其"罗马化"的希望都可以放弃了,因为这个目标根本不会被东方的罗马政策制定者认真考虑。在东方缺乏进行"罗马化"的基础设施,而那些存在的设施都被赋予了重要的军事功能;我们的问题是这种说法是否正确。然而,我们无法对这个话题进行孤立的讨论,因此还必须先谈一谈在构成本书主题时空以外的其他地区和其他时期的罗马殖民地的情况。

[①]　关于恺撒的殖民活动,参见 Z. Yvetz, *Julius Caesar and His Public Image*(1983), 143—150。

普遍的特征

我们从《剑桥古代史》中得知,奥古斯都建立老兵殖民地体现了"一个精心策划的阴谋,不仅满足了士兵的要求,而且还使像西班牙西部或皮西狄亚(Pisidia)这种人烟稀少的山区有人看守并保持约束。"①在贝来图斯和赫里奥波里斯建立的老兵殖民地"将起到驻军的作用,有助于牵制黎巴嫩各部落。"②这是重复了琼斯(A. M. Jones)在一篇著名文章中表达过的观点,他在该文中说伊图利亚人的国家"现在被两个老兵殖民地牢牢地看管着,这两个殖民地的领地连接起来将那个国家一分为二。"③在更近的一篇论文中,雷柯库阿(J. -P. Rey-Coquais)谈到"exe de penetration de la Méditerranée vers la Syrie intérieure, qui coupait en deux les pays ituréens encore dangereusement insoumis"。④

萨尔曼(E. T. Salmon)将奥古斯都建立的殖民地称作"帝国的堡垒",并以奥古斯塔多灵(Augusta Taurinorum)和奥古斯塔普雷托利亚(Augusta Praetoria)为例:"⋯⋯建在战略位置以控制通过阿尔卑斯山西侧的隘口;而且它们还有助于埃珀雷狄亚(Eporedia)约束新近才被制服的皮埃蒙特(Piedmont)的那些

---

① M. P. Charlesworth, *CAH* x(1934),120.

② J. G. C. Anderson, ibid. ,281f.

③ "The Urbanization of the Ituraean Principality", *JRS* 21(1931),267.

④ *JRS* 68(1978),51. 这些都与莫姆森较早时的观点明显不符:"Die wenigen Kolonien welche hier angelegt worden sind, wie under Augustus Berytus und wahrscheinlich auch Heliopolis, haben keinen anderen Zweck gehabt als die nach makedonien geführten, nehmlich die Unterbringung der Veteranen"。(*Römishche Geschichte*, v 450)

311

部落。"①

这些作者都将老兵殖民地的作用视为从根本上讲具有防御功能:它们被建立在帝国边境上靠近但不是山区和荒野的地点,保卫帝国不受那些敌对的、尚未完全征服的民族的攻击、偷袭和入侵。然而,萨尔曼称山中隘口被殖民地所控制,这可能意味着还不仅是静态的防御,因为不能指望仅仅坐在近旁的平原上从山下仰望群山就能控制住山上的隘口。这需要某种形式的定期巡逻或在路线沿途长期驻军。

下面提到的这些著作都没有试图去解释,这些老兵殖民地如何以及通过何种手段来发挥影响如此深远的战略功能。威廷霍夫(Vittinghoff)努力想说得更多一点:"老兵殖民地在政治权力方面十分重要……从苏拉的时代开始,退伍老兵就往往与他们的保民官和百夫长一同接受集体安置,这样从建立新殖民地的第一年开始,他们就构成了一支后备部队,在需要时能够立即征召。"②鲍尔索克(Bowersock)用类似的话表达了自己的观点:"老兵殖民地构成了一种临时守备部队……它们的功能很明显。一旦老兵们在殖民地安家,他们就被组织起来并进行训练,以备将来某一天需要他们效力"。③"这种军营殖民地",他总结道,"代表了一种预防性……措施"。④ 勒特韦克写道:

---

① *Roman Colonization under the Republic* (1969),144. 莫姆森对以征服萨拉西人(Salassi)为结果的军事战争和建立奥古斯塔普雷托利亚之间作了明确的区分。对于后者,他只说其作用不过是控制小圣伯纳德隘道(Little St. Bernard)的立足点而已(v 18);对照 R. A. van Royen, *Talanta* 5(1973),66f. 。

② F. Vittinghoff, *Römische Kolonisation und Bürgerrechtsspolitik unter Caesar and Augustus* (1952),52.

③ G. W. Bowersock, *Augustus and the Greek World* (1965),69f.

④ ibid. ,71. 类似观点还见于一篇关于高卢殖民地奥古斯塔劳利卡和朱利亚埃克斯里斯之功能的文章:K. Kraft, *Jb RGZM* 4(1957),82—95。不同的观点参见 J. C. Mann, *Legionary Recruitment and Veteran Settlement during the Principate* (1983),8。虽然强调了定居地的军事性质,但结论是恺撒利亚和奥古斯都殖民地建立的原因,乃是那个时期的实际需要和经济上的考量,而不是军事方面的计划。

312

     殖民地是战略控制的第二种工具……最主要的目的并不是作为进行罗马化的中介力量,这些殖民地是在一个仍然只具有部分支配力的帝国中,由罗马直接控制的孤岛……不论是位于行省,还是位于附庸国的领土上,这些殖民地都提供了可靠的观察和控制基地。它们的居民实际上是现成的民兵,由退伍军人和军人的儿子们组成,在发生侵袭时,他们能够保卫自己居住的城镇,并坚持到帝国的军队赶来。①

    威廷霍夫和鲍尔索克提出的理论隐含着一个与我们引述的其他人不同的观点。按照这个观点,退伍兵与其说是实际的防御部队,不如说是一种战略储备,以备在发生危急情况时征召。换句话说,他们的军事作用在和平时期处于蛰伏状态,只有在战争期间,他们才会发挥军事作用。另外,这种作用是短期的。当老兵们年迈死去,定居点也就不再是军营殖民地了,因为他们的下一代不会生下来就是老兵。退伍兵的儿子们可能会去参军,过了 25 后再作为退伍兵回来,但那就是另外一回事了。

    在接下来的部分,我们将提出一个论点,罗马的殖民地事实上并没有像现代学者宣称的那样发挥作用:它们没有被期望在发生大规模敌对行动时能够保卫帝国,也没有控制其属地界限以外的广泛地域、部落群体或是交通路线。

西塞罗与塔西佗对克雷莫纳(Cremona)和普拉森提亚(Placentia)的描述

    萨尔曼将奥古斯都建立的殖民地称为"帝国的堡垒",这显然是呼应了 *propugnaculum*(堡垒)一词,西塞罗与塔西佗曾用该词

---

①   E. Luttwak, *The Grand Strategy of the Roman Empire* (1976), 19.

来描述更早时的平民殖民地而不是老兵定居点。[1] 塔西佗在谈到克雷莫纳时，说它建立于公元前 218 年，"……作为一座 *propugnaculum*，它防范着阿尔卑斯山南侧的高卢人，或其他任何可能翻越阿尔卑斯山的军队"。西塞罗泛泛地说道："我们的祖先……在这些恰当的地点建立了殖民地以阻挡危险，因此它们不仅是意大利的城镇，而且是帝国的堡垒。"与许多现代学者不同，西塞罗知道他用的是一个暗喻。

　　这些话的确可能听上去像是明显的证据，说明共和时代的殖民地就是被建来保卫帝国不受外族攻击的。然而，我们必须注意，说这些话的时间已经是建立这些殖民地几百年以后了。这些话反映出我们经常遇到的一种态度，人们倾向于将帝国的扩张和对新近获得的地域进行整合看作是为了祖国的国防需要。历史学者不应该像现代新闻媒体的读者那样，未经批判性思考就接受那些由有利害关系的人（在后来的时间）对征服异国作出的解释。

　　事实上，莫姆森已经说明，克雷莫纳根本不是塔西佗所说的那种意义上的 *propugnaculum*。因苏布雷人（Insubres）于公元前222 年战败，4 年以后，在他们的领土上建立了克雷莫纳，[2]显然，它是被建来确保并利用从因苏布雷人那里收走的土地。当克雷莫纳和它的姐妹殖民地普拉森提亚建立起来后，它们成了孤悬在外的前哨基地，将它们称作 *propugnacula* 的意思只是说明它们的后方，即伊米利亚（Emilia），当时还没有被帝国兼并。[3] 这些殖民地无法保卫自己，更不要说保护南方抵御入侵者了，当玻伊人（Boii）和因苏布雷人对罗马没收土地一事大动肝火并攻打新建殖民地时，我们对此可以看得很清楚。[4] 在 206 年，来自克雷莫纳和

313

---

①　Tacitus,*Hist.* iii 34; Cicero,*de lege agrarian*,ii 27. 73.

②　对 *CIL* V 1,p. 413 的评价。

③　对照 W. Harris,*War and Imperialism in Republican Rome*(1979),225 讨论了普拉森提亚和博洛尼亚（Bononia）的建立。

④　Polybius iii 40;Livy xxi 25; xxxi 10; xxxiv 56.

普拉森提亚的使者抱怨说,"他们的领地遭受邻近的高卢人袭击成了一片荒原,现在他们的城市人口锐减,土地荒芜,人员逃走"。显然,殖民地需要来自罗马的积极帮助,但罗马的支援直到 2 世纪 80 年代才姗姗来迟。①

西塞罗在《为佛恩忒尤斯辩护》中谈到高卢的纳尔榜玛提厄斯时,再次使用了 *propugnaculum* 一词,时间大约为公元前 70 年稍后一点。② 他把殖民地说成是"罗马人民的岗哨,一座堡垒,建立来对付这些民族(指高卢人)",但是上下文语境显示这些词语中带有太多的怒气。这个地区的高卢人经过一系列艰苦的战役最终被罗马所制服,接着就是没收土地、驱逐、大规模强制征兵和横征暴敛。该地区到处都是罗马人,以至于如果没有罗马公民的参与任何高卢人都无法进行买卖交易。佛恩忒尤斯被高卢人指控敲诈,来自马西利亚和纳尔伯(Narbo)的市民和居住在该行省的罗马公民都来为他的辩护充当证人。西塞罗的论点就是,不能接受野蛮的高卢人的证词来反驳罗马公民的证词。

恺撒与奥古斯都

我们可以通过考察其他几个殖民地来对这个论点作出进一步的解释,这几个殖民地几乎是随机选取的,分别属于恺撒时期、奥古

① 阿奎莱亚(Aquileia)是另一个并非为防御目的而建立的前哨基地,为的是占领到那时(公元前 181 年)仍处于罗马控制范围之外的土地:Livy xliii 1。Livy 暗示这次军事冒险行动是为了阻止和平的高卢人移民,他们对罗马领土并未构成威胁。另一个有趣的地方是,与克雷莫纳和阿奎莱亚一样,该殖民地发展缓慢,必须向罗马求援(分别于公元前 171 和前 169 年)。另外,注意有关公元前 194 年建立 8 个意大利沿海殖民地的初衷的争论。虽然有人说建立它们是因为预料叙利亚有可能会入侵,但 Harris,221 却认为这些殖民地的初衷是为了保护和利用从支持汉尼拔的意大利人手中罚没的土地。

② 5.13:"Narbo Martius,colonias nostrorum civium,specula populi Romani ac propugnaculum istis ipsis nationibus oppositum et obiectum … "

斯都时期以及后来的哈德良时期。不过,我们首先要提出一个普遍观察到的现象。共和制度下的罗马没有职业常备军,只有由公民组成的民兵,以及来自盟邦和属国的部队作为援军。公民殖民地一般都被免除了军事义务——除非是在异常紧急的情况下——这可能是由于它们要负责当地的安全。① 拉丁殖民地原先都是独立的群落,有自己的军队。② 换句话说,殖民地的部队不属于构成罗马军队的正规部队,除非在有紧急需要的情况下,一般是不能指望他们的。到帝政时代,罗马的确已经有了一支职业化的常备军队,入伍的军团战士必须服役 25 年。这可不是由后备人员组成的军队。只有在像发生内战这种危急时刻,才会将退伍军人召回来服役,如在公元 6 年伊利里亚人叛乱使意大利受到威胁时。③

因此,将已经退伍的士兵召回来服役的可能性,在组织老兵殖民地时并不像人们以为的那样是一个重要的考虑因素。毕竟,即便是今天那些 40 多岁的复员军人也没有多少时间可供召回了,更不要说是在罗马时代!

在高卢的朱利亚埃克斯里斯(Julia Equestris)和奥古斯塔劳利卡 (Augusta Raurica)

恺撒时期建立了殖民地朱利亚埃克斯里斯(尼永(Nyon))和奥　315

---

① Livy xxvii 38.5;xxxvi 3.4—6;对照 *Lex Ursonensis* 103。
② G. Tibiletti,*Athenaeum* 28(1950),222—224.
③ 公元前 43 年,恺撒的退伍老兵被召回,参见 L. Keppie,*The Making of the Roman Army,From Republic to Empire* (1984),118,121f.；*Colonisation and Veteran Settlement in Italy*,47—14 BC(1983),24f.；G. Walser,*Der Brifwechsel des L. Munatius Plancus mit Cicero*(1957),nos. vii,xii,xxv. 关于公元 6 年的潘诺尼亚人暴动,参见 Velleius ii 110.1. 关于 69 年对退伍兵的召回,参见 Tacitus,*Hist.* ii 82.1. 关于《乌尔索奈尼西斯法》(*Lex Ursonenisis*)中具体列明的豁免义务,参见 *CIL* i 2.594,对照 Cicero,*Phil.* v 19.53,并见 A. N. Sherwin-White,*The Roman Citizenship*(²1973),82f.。

古斯塔劳利卡(奥格斯特(Augst)),它们的作用成了人们长期争论的话题。[1] 与同时代的里昂一起,它们被认为是守卫连接莱茵河与罗纳河(Rhône)、从而连接高卢与意大利的道路的关键位置。[2] 威廷霍夫将这个理论再往前推了一步,认为这些殖民地连成了一条线,保卫意大利不受高卢的侵扰。[3] 克拉夫特(Kraft)认为,从地理和历史方面看,这样的观点必须予以反驳:劳利卡和埃克斯里斯的选址是为了挡住从瑞士平原到高卢的通道,这使得不会再次出现赫尔维蒂人(Helvetian,即瑞士人)企图大规模迁移到高卢的情况。

这些理论的问题就在于它们均无法证明。在建立了殖民地以后的时期里,日耳曼人和赫尔维蒂人没有入侵过高卢或意大利,但我们无法证明,如果没有这些殖民地就会有入侵行为发生。

自然,我们不知道赫尔维蒂人是否有能力——或者看似有能力——在恺撒击败了他们以后还会试图做这种大规模迁徙。克拉夫特的理论来自于一种常见的推理,即认为罗马人一定是在组织防御,而事实上,他们当时是在整合新近获得的地区,可能还在为进一步的扩张推进做准备。另外,这个理论没有考虑到全面战争中重大的敌对行动,与和平时期维持治安的职能之间的根本区别。虽然我们无法设想一个老兵殖民地就能够阻止部落迁徙,但它在自己的地盘上担任少量的治安任务却是可以想象的。[4]

---

① C. Jullian, *Histoire de la Gaule*, v 88 n. 1; F. Stähelin, *Die Schweiz in römischer Zeit* (³1948), 95f., 102; Vittinghoff, 69; W. Schleiermacher, *Jb RGZM* 2(1955), 245—252; K. Krft, *Jb RGZM* 4(1957), 81—95.

② 因此, Jullian、Stähelin 和 Schleiermacher 持这种观点。

③ "Die caesarischenn Kolonien der Narbonensis und Galliens Sperrten in einer verlängerten Mittelmeer-Rhone-Rheinlinie die drei Gallien von Italien ab." (Vittinghoff, loc. cit.)

④ 凡·贝尔黑姆指出,这是从来自埃克斯里斯的碑文上可以推测的意思,该碑文提到一名 *praefectus arcendis latrociniis*,即专门负责打击土匪活动的军官;*CIL* xiii 5010; "C. Lucconi Cor(nelia) Tetrici, praefecti pro duoviro, duoviri bis faminis Augusti"。对照 D. van Berchem, "Nyon et son 'praefectus arcendis latrociniis'", 参见 *Les routes et l'histoire* (1982), 47—53。

里昂的市民曾有一次宣称自己是"罗马殖民地,因而也是军队的一部分"。① 不过,这个情况显然是他们在作出某个特别的恳求。塔西佗讲述的故事让我们清楚地看到,这些殖民地的居民希望利用他们与军队有关系的特殊身份,来呼吁人们支持军人对付他们那些没有殖民地地位的邻居。与我们后面将要讨论的阿里亚加皮特里纳一样,里昂是一个有军队长期驻扎的殖民地。②

卡姆罗顿纳姆(Camulodunum)

接下来,让我们看看不列颠埃塞克斯(Essex)的卡姆罗顿纳姆(科尔切斯特(Colchester))。当军队在 49 年被调往西边时,在此地建立了老兵殖民地,据塔西佗说,目的是为了可以将驻扎在那里控制特里诺文特人(Trinovantes)的军团调到威尔士南部去帮着制服西卢尔人(Silures)。③ 因此,这个殖民地的建立具有双重目的:"有助于防范叛乱,同时也为了帮助盟友熟悉他们的法律职责。"④塔西佗说,一支强有力的老兵队伍被安置在没收得来的土地上。塔西佗生动地讲述了这个过程:老兵们将不列颠人从他们的家园赶了出去,没收了他们的土地,将他们当作奴隶对待。军队——显然,有一些部队还留在该地——帮助了老兵。卡姆罗顿

316

---

① Tacitus, *Hist.* i 65. 该殖民地建立于公元前 43 年,对照 *CIL* x 6087。据 Dio lxvi 50 记载,这是为那些被阿洛布罗基人(Allobroges)逐出维也纳的人批准建立的殖民地。

② 第十三"厄巴纳"军团步兵大队(*Urbana*),后来被重组为第一"弗拉维亚•厄巴纳"军团步兵大队。关于城市中的军团大队,参见 H. Freis, *Die Cohortes Urbanae = Epigraphische Studien* ii(1967)。

③ *Ann.* xii 32. 4.

④ Tacitus, loc. cit. : "subsidium adversus rebelles et imbuendis sociis adofficia legume."这证实了 John Mann 的主张,认为老兵殖民地建立在过去的军团大本营所在地:*Recruitment*, 26, 60。

纳姆镇在不列颠人眼里是一个"奴役场",塔西佗告诉我们,不列颠人对罗马老兵充满了刻骨仇恨。帝国的宗教崇拜建立起来后,当地人被强行要求参与,修起了一座圣克劳狄乌斯神庙作为宗教活动的中心,是一个"arx aeternae dominationis"(建设帝国宗教边疆的皇帝崇拜仪式)。①

即使在这样的情况下,卡姆罗顿纳姆镇也并没有设防。在建立殖民地 11 年后,它受到突袭并立即被攻占,只有神庙没被攻破,老兵们在那里坚持了两天。② 我们可以从这些事件中了解到什么呢? 看来这个具体的殖民地在结构上并无任何特别之处。在其他地方殖民地也遭人嫉恨。在塔西佗笔下,领导了日耳曼人暴动的阿米尼乌斯(Arminius)的一篇演说用这样的言辞表达了罗马行省统治的精髓:"dominos et colonias novas"(通过新建殖民地来实施统治)。③ 阿格里皮纳殖民地(科隆)的城墙被说成是"munimenta servitii"(发放土地所有证的服务处)。④

317　　卡姆罗顿纳姆也是一个典型的、在抢来的土地上建起的平民殖民地;它与其他殖民地的不同之处或许就是它在当地人的暴动中遭到摧毁。与两个半世纪以前阿尔卑斯山南侧的殖民地一样,在遭到敌人的强攻时,它并没有自卫能力,也从未被组织成能够经受住这样的攻击,而是必须依靠军队来保护殖民地的居民。

---

① 关于卡姆罗顿纳姆的帝国宗教崇拜,参见 D. Fishwick,*Britannia* 3(1972),164—181;4(1973),264f. ;P. Crummy,*Britannia* 8(1977),65—105,esp. 70f. 。关于克劳狄乌斯之庙,参见 P. J. Drury,*Britannia* 15(1984),7—50。关于殖民地以前的军事存在,参见 ibid. ,pp. 21—24。

② *Ann.* xiv 31f.

③ *Ann.* i 59. 8. Appian,*BC* v 12—14 讲述了在意大利安置老兵所引发的问题。

④ Tacitus,*Hist.* iv 64.

东方的殖民地

贝来图斯和赫里奥波里斯

现在,让我们转到黎巴嫩的贝来图斯和赫里奥波里斯。这两个城市的战略价值经常被说得天花乱坠(见上文第 311 页,按:原书页码)。我们从斯特拉波和约瑟夫斯那里获悉了罗马人在黎巴嫩要防范的对象。斯特拉波还继续讲述了贝来图斯如何被夷为平地,以及后来又如何被罗马人重建成一个老兵殖民地。

公元前 14 年,阿格里帕(Agrippa)将退役军人安置在贝来图斯。[1] 显然,赫里奥波里斯(巴勒贝克(Baalbek))和贝卡谷地都被划给了贝来图斯殖民地,直到塞普蒂米乌斯·塞维鲁时期。[2] 罗马人面临着盘踞在山中和沿海地带的土匪。各个历史时期,包括我们自己的时代,都显示了要解决这个问题有多么困难。让退休的军人定居在土地肥沃的平原上,将能确保那里有一股既忠诚又可靠的势力存在,但同时军队必须在山区采取行动,在土匪的地盘上与之作战并维护道路安全,包括那条穿过群山连接贝来图斯和贝卡谷地的危险道路。退役军人是不可能长时间承担这种任务的。事实上,斯特拉波就曾说过,叙利亚的安全是靠罗马军队建立起来的。在这方面,他并未提及退伍老兵。[3]

最先在贝来图斯竖起了一座著名的石碑,赞颂了一名骑兵军

---

[1] 有些老兵在更早的时候,在亚克兴角(Actium)海战以后到公元前 27 年以前,就被安置在那里:*CIL* iii 14165. 6。关于贝来图斯的情况,参见 E. Schürer, *The History of the Jewish People in the Age of Jesus Christ*, i(1973), 323 n. 150;J. Lauffray, *ANRW* ii 8. 135—163。

[2] 参考文献和讨论详见 J. -P. Rey-Coquais in *IGLS* vi 34 n. 9 and *JRS* 68(1978), 51f. 。

[3] Strabo xvi 2. 20(756).

官,在 1 世纪初,他被叙利亚行省总督派来捣毁伊图利亚人建在黎巴嫩山中的一座堡垒。① 我们注意到,这位军官后来成了 *quaestor*(政务官)、*aedilis*(市政官)、*duumvir*(与另一人同时担任同一职务的人)以及殖民地的 *pontifex*(祭司)。这段碑文居然被保存了下来。我们没有理由认为该类铭文就只有这一处。利用现代的经验来判断,为了类似的目的肯定还发动过其他多次远征。贝来图斯起着军事行动大本营的作用,如同托勒迈斯-阿卡的殖民地在 67 年时所起的作用。② 铭文证明,赫里奥波里斯(巴勒贝克)存在现役士兵,③这显示在该地区有一支军队积极活动着。铭文材料清楚地表明了退伍老兵在这两个中心及其属地定居下来所造成的社会和文化影响一直延续到 3 世纪时。老兵们被安置在城中、城市周围和贝卡谷地,但没有在山区。这些地方都成了帝国政府的土地,这从哈德良时期的铭文中大量提到帝国森林就可看出。④

　　给人的感觉是,城市和乡村的发展过程相当缓慢。人们没有发现多少 1 世纪后半叶以前的能够确定时间的铭文,而这时殖民地已经建立了将近一个世纪。该地区的道路系统在 2 世纪时才用里程碑进行了标识。

　　在由城镇设立的公共石碑上,碑文都用拉丁语刻写,这在罗马的老兵殖民地是可以预想得到的,哪怕是在东方。⑤ 吉列姆发现,虽然东方的军团也从当地人中征兵,但军团士兵中很多人要么是

① *CIL* iii 6687；*ILS* 2683；E. Gabba, *Iscrizioni greche e latine per lo studio della bibbia*(1958),52—61,pl. 3. 碑文让人想起 *ILS* 740,是较晚时在伊索利亚竖立的。
② 关于托勒迈斯-阿卡,参见下文第 322 页(按:原书页码)。
③ 关于贝来图斯和赫里奥波里斯,另见下文第八章。
④ 完整发布及讨论详见 *IGLS* viii 3.
⑤ 已经公布的来自贝来图斯的材料在数量上远少于赫里奥波里斯,但即便在那里碑文也都采用拉丁语,例如 J. Lauffray, *Bull. Mus. De Beryrouth* 7(1944—1945),13—80,esp. 60,67f.,77. 甚至当竖碑者的名字为犹太名时也如此,如见第 67 页:"I. O. M. H(eliopolitano) Ti. Claudius Zmaragdus"和"I. O. M. Malechia Brudeno"。

某种程度的罗马人,要么至少在祖籍上与他们服役所在行省的民众有些不同。① 用希腊语刻写的铭文少之又少,能确定时间的都不早于 4 世纪。② 更有趣的是,由私人立的石碑上碑文大多也用拉丁语。如果这些私人是现役军人,③或者石碑用来纪念现役军人,④那也就不奇怪了;这很可能证明了在镇上或附近驻有军事单位。但显然重要的是,周围属地上的平民也使用拉丁语。⑤

让我们特别感兴趣的是来自位于贝卡谷地的尼阿(Niha)的材料,那里有一系列由 *Pagus Augustus* 竖立的石碑,用拉丁语刻写的碑文记载了那里曾有一座"尼阿的叙利亚女神"的神庙。⑥ *Pagus Augustus* 显然是一个讲拉丁语的罗马公民组织,在贝来图斯被建为罗马殖民地时就已经在那个地方定居了。这里有让我们可以感觉到社会融合的证据。⑦ 这座神庙保持了本地特色,神祇也没有取希腊-罗马式的名字。与该神庙形成对比的是,在赫里奥波里斯的牧师和女先知倒是 *peregrini*(外邦人)。⑧ 另外,有一则用拉丁语写的献给米色努斯神(Mifsenus)的颂词。⑨ 在铭文中出

319

---

① *Bull. Am. Soc. Papyrologists* 2(1965),65—73 = *Roman Army Papers* (1986),281—287,esp. 283.
② *IGLS* vi. nos. 2740,2827f. ,2830f. 四帝共治时期的一处拉丁语碑文,*CIL* iii 14165. 7. 就我所知,最晚的拉丁语碑文时间为公元 344 年(*ILS* 1234)。
③ 例如 nos. 2711f. ,2714,2789,273f. ,2848。
④ 例如 nos. 2786f. ,2789,2798。
⑤ 例如 nos. 2894,2904,2908f. ,2925,2955。
⑥ Nos. 2936,2942. 来自尼阿的碑文有 nos. 2928—2945。关于 *pagi*(附属于城市的乡村地区或社区)和 *vici*(农村定居点),参见 *RE* xviii 2418—2439;R. Chevallier,*ANRW* ii 1(1974),参考书目从第 777 页开始(没有关于东方行省的内容);L. A. Churchin,*REA* 87(1985),327—343,关于西班牙碑文的情况,概论参见第 328、338 页。Churchin 的结论是,那些西班牙的碑文必须放在它们的语境中来理解;对于其他行省来说可能也如此。关于在托勒迈斯的 *pagi*,参见下文第 460 页,注释①。
⑦ J. -P. Rey-Coquais,*Sociétés urbaines,sociétés rurales dans l'Asie Mineure et la Syrie hellénistiques et romaines:Actes du colloque organisé à Strasbourg (novembre 1985)*,ed. E. Frézouls(1987),191—216,esp. 198—207,pls. II-IV 1.
⑧ *IGLS* vi 2935 and Rey-Coquais,pl. II 2.
⑨ *IGLS* 2946,对照 Rey-Coquais,203。

现的人名也显示出融合的迹象,例如有一个叫 C. 克劳狄乌斯·马塞卢斯的人,他的子女就取了闪米特人的名字。①

很多铭文都显示,殖民地的公民既有军事职业,又在当地行政部门任职,有的人升到了很高的职位。② 很多公民的名字都反映出他们具有长期的公民资格。③ 总的来说,男性采用 *tria nomina*(三名法)、女性采用 *filiatio*(父姓法)的拉丁姓名远比希腊式、闪米特式或混合式姓名更常见,来自城镇的铭文中是这样,而来自周围属地的铭文中也同样如此。④ 这些现象显然与如来自埃默萨的材料形成了鲜明对比,埃默萨城就在赫里奥波里斯往北一点的地方,但在该城及其属地上发现的所有拉丁语铭文都只限于刻在里程碑或是界碑石上的文字。⑤

很明显,军团老兵定居点造成的影响具有非同寻常的持久力。在贝来图斯有一个与众不同的罗马法学流派,一直以来被视为代表了这个小城的拉丁特质。⑥ 有证据显示至少有两名元老院成员来自贝来图斯,表明这里曾产生过帝国高层成员。⑦ 已经证实有

320

---

① IGLS 2940,并对照 Rey-Coquais,loc. cit. 也发现了石柱风格上的相互影响。

② Nos. 2781,2786f.,2793f. 2795,2796f.,2798. No. 2795 提到一个元老院成员的家庭,在 2 世纪中就产生过 3 名执政官,此事在贝来图斯也被提及。对照 G. W. Bowersock,*Atti del colloquio internazionale AIEQL su epigrafia e ordine senatorio*,Roma 1981(1982),ii 651—668,esp. 665f.,nos. 16—18。

③ No. 2714:L. Antonius Silo. 2716:L. Julius Severus. 2781:L. Antonius Naso. 另见在上一注释中提到的人。

④ 统计数字并不能证明什么,但在早期帝国时期该比例至少为 3∶1。

⑤ 参见 IGLS v,Émésène. 拉丁文的界碑石:nos. 2549,2552。里程碑:2672、2674—2676;另见 2704、2708。

⑥ 有时,甚至通过种族歧视的方式表达出来,例如 Vittinghoff,134f. :"Den einzigen grossen Sieg einer römischen Kolonie gegen die hellenistisch-östliche Umwelt hat in Syrien die alte Hafenstadt und Veteranenkolonie Berytus … ,eine 'lateinische Insel im semitischen Ozean' (Cumont,CH xi 626) errungen"。

⑦ Bowersock,*epigrafia e ordine senatorio*,nos. 11 and 12:M. and S. Sentius Proculus,可能是两兄弟。

骑兵军官来自赫里奥波里斯(公元 2 年)和贝来图斯(公元 4/5 年)。[1] 其中的两三个人是唯一得到证实的 1 世纪时来自叙利亚的骑兵军官,这并不令人吃惊,如果考虑到定居者背景的话。已经证实的骑兵军官在人数上超过这两个地方的只有 2 世纪时的帕尔米拉。[2] 铭文证据表明,定居老兵对于贝来图斯和赫里奥波里斯这两个地方的城中及周围地区的社会和文化影响,至少持续到了 4 世纪中。

　　总的来讲,在罗马看来,贝来图斯和赫里奥波里斯是非常成功的殖民地,但它们并没能平息伊图利亚乡村的骚乱或驻守在那个地区。这些任务都是由罗马军队来完成的。

小亚细亚南部

　　芭芭拉·利维克(Barbara Levick)指出,小亚细亚南部的罗马殖民地连在自己的地域内都从未或是没有能力去镇压匪盗活动。[3] 在公元 68 年发生了一起严重的伊索利亚人闹事事件,不得不靠马可·普劳提乌斯·西尔瓦努斯(M. Plautius Silvanus)率领正规军前来平定。[4] 西里西亚也一再出现骚乱。[5] 在克劳狄乌斯统治期间,利西亚(Lycia)总督维拉尼乌斯(Q. Veranius)的活动也反映出那里的动乱持续不断。[6] 在将近 3 个世纪以后,据说罗马皇帝普罗布斯(Probus)曾讲过这样的话,"挡住土匪不让他们进

---

[1]　H. Devijver, *DRBE*, 183.

[2]　Devijver, loc. cit.

[3]　B. Levick, *Roman Colonies in Southern Asia Minor* (1967), 173.

[4]　Dio lv 28. Iii; Velleius Paterculus ii 112. 对照 R. Syme, *Klio* 27(1934), 139ff. 。关于在伊索利亚的骚乱,另见上文第二章。

[5]　Tacitus, *Ann.* ii 42;公元 17 年;xii 55:"saepe et alias commotae"(公元 52 年)。

[6]　A. E. Gordon, *Quintus Veranius, Consul AD* 49(Univ. of California, Publ. in Classical Archaeology, ii 5, 1952).

来要比赶走他们容易".① 此话不论是否真的出自普罗布斯,都是一句至理名言。根据同一则史料,在 280 年时,他将退伍老兵安置在原有的老兵殖民地,没能控制住匪患的地方。老兵的儿子们长到 18 岁时都被征召入伍,"这样他们就不会去学着当土匪了".②

321　这个故事不一定真实,但它有可能反映了后来时期的现实状况。③

托勒迈斯(阿卡)

关于殖民地在战争时期发挥作用的方式,我们可以从在叙利亚-腓尼基的托勒迈斯(阿卡)这个例子中观察到。④ 这个地点是在克劳狄乌斯统治期间犹太人与撒马利亚人发生严重冲突后建立的。⑤ 叙利亚的行省总督对这里进行了实地考察。约 52 年,犹地亚的总督被罢免。4 个叙利亚军团的老兵于 51/52 至 54 年间被安置在位于托勒迈斯的新殖民地,并从叙利亚的安条克新修了一条道路通到该殖民地。⑥ 犹地亚发生的动乱与这些举措之间

---

① SHA,*Probus* 16.6. 对照 Levick,173—175。

② SHA,*Probus* 16.6.

③ 该主张详见 J. Rougé,*REA* 68(1966),284ff. 。

④ L. Kadman,*The Coins of Akko-Ptolemais*(1961);N. Makhouly and C. N. Johns,*Guide to Acre*(1946);H. Seyrig,*RN* 4(1962),25—50;*Syria* 39(1962),192—207;Schürer,ii(revised ed. 1978),121—125. 另外 *Encyclopedia of Archaeological Excavations* i 14—23;M. Avi-Yonah,*Gazetteer of Roman Palestine*(1976),s. v. ,89;Isaac,*Talanta* 12—13(1980—1981),37f. 。

⑤ Schürer,458—460,462. 城市名中包含"日耳曼尼卡"这个成分,虽然最早是在殖民地以前克劳狄乌斯统治时期的钱币上得到证实(Schürer,ii 125),但可追溯到在提庇留时期日耳曼尼库斯对东方的巡视。相关信息的缺失并不重要,因为阿卡在这一期间并未发行钱币,而来自比提尼亚(Bithynia)的平行材料十分确定:恺撒利亚的日耳曼尼卡城发行的钱币上印有日耳曼尼库斯的头像,另外在一则传奇故事中将日耳曼尼库斯说成是该城的创建者:B. V. Head,*Historia Numorum*(²1911),511. 这条材料是由 Alla Stein 女士提供给我的。

⑥ 在成为殖民地以前,托勒迈斯最后一次发行钱币的时间为公元 51/52 年:Kdman,nos. 86—90;Seyrig,*RN* 4,39. 更多参考书目详见 A. Kindler and A. Stein,(转下页注)

是否有关现在还无法证实。约瑟夫斯没有提到这个殖民地的建立，但是事件的时间顺序显示可能有些许关联。托勒迈斯在紧靠犹地亚西北边界的地方，位于大海与犹太人居住的低加利利之间一个像是突出部的地方。它拥有恺撒利亚以北最后一个良港，也是从叙利亚走沿海道路去往犹地亚的途人要经过的最后一个大镇。这条道路是那些从北方、西北方和东北方走陆路的人最常选择的路线，对此，下面这段话或许可以说明："帕普斯（Pappus）和卢利阿纳斯（Lulianus）在从阿卡到安条克的路上摆好了桌子，给那些来自移民社群的迁徙者们提供食物。"①《使徒行传》21:1 描述了保罗正在（分段地）乘船从以弗所（Ephesus）去往推罗城，"船只将在那里卸掉货物"。在推罗城停留了一个星期后，保罗又搭船去往托勒迈斯，然后可能再走陆路到达恺撒利亚。② 乌尔比安说托勒迈斯位于巴勒斯坦与叙利亚之间。③ 在 67 年，该城

322

（接上页注）*A Bibliography of the City Coinage of Palestine*(1987),5—18。关于克劳狄乌斯（终年 54 岁）建城，参见 Pliny,*NH* v. 17. 75;"Colonia Claudi Caesaris Ptolemais,quae quondam Acce …"公元 56 年的里程碑上记载了修路"ab Antiochea ad novam coloniam Ptolemaida";R. G. Goodchild,*Berytus* 9(1948—1949),91—123,esp. 120。关于军团,参见公元 66 年带 *vexilla* 的创建者纪念币:Kadman,nos. 92ff.。没有证据证明下面这段陈述,据 M. Avi-Yonah,*RE*,Sup. xiii,s. v. Palaestina,col. 382 记载,在克劳狄乌斯死后,尼禄的大臣们为了平息这位皇帝是遭人谋杀的谣传,通过建立殖民地的方式来纪念他。

① Genesis Rabbah 64, ed. Theodor-Albeck, 710; 对照 G. Alon,*The Jews in their Land in the Talmudic Age* ii(1984),436—438。那些有桌子（"trapezin"）的地方可能是金融中心,移民社群在犹太人去往耶路撒冷的路上给他们提供借贷。

② 关于托勒迈斯作为港口的情况,另见 m. Nedarim 3. 6:"……如那些从阿卡驾船前往雅法的人……"

③ Ulpian,*Dig.* L 15. 1. 3:"Ptolemaeensium enim colonia, quae inter Phoenicen et Palaestinam sita est, nihil praeter nomen coloniae habet. "就是说,该殖民地不享有其他的财政特权,如 *ius Italicum*（"意大利权利"）或恺撒利亚和阿里亚加皮特里纳享有的那些税赋减免。它也许在埃拉加巴卢斯统治时期获得过 *ius Italicum*,因为这个时期该城的钱币上印有"Marsyas"字样（Kadman, no. 163）。但对这一主张不敢太肯定。乌尔比安说的话有时被人误解,例如 Schürer, ii(1907),148 以及后来的修订版(1978),125;Avi-Yonah,*Gazetteer*,89。

证明了它的作用,当时,它被维斯帕先用作开展军事行动的大本营,而这正是老兵殖民地可以发挥的功能。① 虽然托勒迈斯的老兵们不可能去与反叛的犹太人战斗,但他们可以给罗马军队提供一个可靠的基地。显然,我们必须把托勒迈斯的老兵殖民地,与也是在克劳狄乌斯治下几个城镇获授特权的情况加以区别,例如提比里亚被授予了"克劳狄奥波利斯"(Claudiopolis)的城名。② 建立殖民地需要对所属土地进行严厉的重新分配,将土地分给退伍老兵,而土地不论是买来的,还是没收所得,都是从原先的土地主手里拿走的,退伍老兵的进入意味着给当地强加了一个新的领导阶层。这当然不同于只是授予一个新的名称和相应特权,建立殖民地对当地原有人口来说无疑是一件非常不利的事情。

阿里亚加皮特里纳

　　我们在下一章中还将继续讨论的一个殖民地就是阿里亚加皮

---

① 直到完成了对加利利的征服后,维斯帕先才将指挥部搬到恺撒利亚:Josephus,*BJ* iii 2.4(29),4.2(64ff.),9.1(409)。在塞硫王朝后期,托勒迈斯成了一处军用补给站:Y. H. Landau,*IEJ* 11(1961),118—126(*SEG* xix 904;对照 xx 413);对照 S. Applebaum,*Essays in Honour of C. E. Stevens*,ed. B. Levick(1975),64f.,n. 48。
② "克劳狄奥波利斯"出现在图拉真时期以及后来的钱币上:A. Kindler,*The Coins of Tiberias*(1961),45f.;关于时间为 135 年以后的一处罗马碑文:*IGR* i 132。阿帕米亚得到了类似的特权:J. and J. C. Balty,*ANRW* ii 8.120f.。另见 Gaba Hippeon:Schürer,ii(revised edn.),165 n. 421;M. Rosenberger,*The Rosenberger Israel Collection*,ii(1975),43,no. 1;现在可见 A. Kindler,in B. Mazar(ed.),*Geva,Archaeological Discoveries at Tell Abu-Shusha,Mishmar Ha-' Emeq*(1988),43ff. 在第 61 页有一览表(希伯来语)。有些克劳狄亚吕卡斯(Claudia Leucas)的钱币上印有从公元 47/48 年至 53/54 年之间某个"纪元"开始计算的年代。Seyrig 认为该城就是巴拉内(Balanea)(*Syria* 27(1950),24)。*BMC,Galatia、Cappadocia and Syria*,这些钱币被列为属于"克莱索罗斯河(Chrysoroas)上的吕卡斯"。

特里纳。第十"夫累腾西斯"军团的老兵们就安置在这个殖民地，但同时该镇仍然是这个军团的总部所在地。因此说安置在那里的老兵守卫着军团显然是废话，因为正规的军团就驻扎在这个殖民地。这个由哈德良建立的殖民地其性质颇值得关注。在 70 年以后，耶路撒冷成了军团大本营。哈德良将阿里亚加皮特里纳重新设立为罗马殖民地，而这就导致了一个反常的情况：军队大本营与罗马殖民地之间的距离太近。约翰·曼恩所曾解释过，建立老兵殖民地一般都是当军团已经调往别处，该军事地点空出来时，才在那里或附近建立殖民地。① 在阿里亚加皮特里纳发现的为数不多的证据表明，那里的居民是"夫累腾西斯"军团的退伍老兵。这从殖民地铸造的钱币上印有的 *vexilla*（旗瓣）和军团军徽就可断定，②从这个时期的几则铭文中也可看出。出现这种反常情况有可能是因为在东方行省中，军队与城市定居点之间的关系与西方不同（我们所知道的情况大都来自西方）：在东方边疆行省中，军事单位经常驻扎在城中，这一事实可能使得这种情况就显得不那么反常了。另外，爱利亚是在罗马行省中最后建立的几个殖民地之一。③ 可以想象，那时罗马过去的常规做法已不再被视为具有绝对的重要性。

　　虽然哈德良根本没有着手将爱利亚建成一座城市，建立老兵殖民地本身从罗马的角度来看是具有好处的。它能吸引军团的退伍士兵在那里安家落户，尤其是这里与恺撒利亚一样享受着不用纳税的特权。④ 老兵们及其后人将成为在犹地亚腹地的一个忠实

323

---

① 　Mann, *Recruitment*, 60—63；同一作者, *BJb* 162 (1962), 162—164。

② 　L. Kadman, *The Coins of Aelia Capitolina* (1956), nos. 1 (*vexillum*), 5 (eagle on shaft), 6 (boar). 更多参考文献详见 Kindler and Stein, *Bibliography*, 22—37。另见 Isaac, *Talanta*, 31—54。

③ 　Mann, *Recruitment*, 60f., 65.

④ 　Ulpian, *Digest* L 15. 1. 6; Paulus, *Digest* L 15. 8. 7.

于罗马的核心,而老兵的后代可以像恺撒利亚的公民那样为行省军队提供新兵兵源。①

　　来自阿里亚加皮特里纳的铭文不多,但值得注意的是,所有16 则时间确定为从 70 年的毁城到君士坦丁期间的铭文都使用了拉丁语。其中包括两则哈德良时期以前的军队铭文、②一些献给皇帝的纪念性铭文,③以及一则献给军团特使的铭文,④有几则铭文来自老兵的墓碑,⑤最重要的是,平民墓碑上的碑文用的不是希腊语,而是拉丁语,人名也是罗马名字。⑥ 拜占庭时期的铭文虽然在数量上要多得多,但都使用希腊语。这些在君士坦丁之前的碑文形式,让我们想起了在赫里奥波里斯发现的材料中观察到的情况。阿里亚加皮特里纳似乎确实具有东方老兵殖民地的特征,它的居民讲拉丁语,更认同于罗马,而不是泛希腊化的东部地区。到3 世纪中叶,军团仍然留在耶路撒冷,一枚耶路撒冷城的钱币说明了这一点,上面印有赫伦尼乌斯·埃特鲁斯柯斯(Herennius Etruscus)的头像和军团的军徽。⑦ 尤西比厄斯曾提到过在他那个时代(约 260—340 年),军团就驻扎在红海边的阿伊拉。⑧⑨⑩

324

---

① 关于来自老兵殖民地的新兵,参见 Mann,*Recruitment*,65f. 认为在东方从老兵殖民地招募新兵的做法不大为人知晓。关于爱利亚也并无相关证据,但总体而言在爱利亚的老兵后代可能确实加入了军队。

② *AE* 1978. 825;*CIL* iii 13587.

③ 例如 *CIL* iii 1168(6639)。

④ *CIL* iii 6641(12080a).

⑤ *CIL* iii 14155. 3;*AE* 1939. 157;J. H. Hiffe,*QDAP* 2(1932),123,no. 4.

⑥ J. E. Hanauer,*PEFQSt* 35(1903),271,此处参见 P. Thomsen,*Die greichischen und lateinischen Inscriften der Stadt Jerusalem*(1922),no. 179;*CIL* iii 14155. 4;E. L. Sukenik and L. A. Mayer,*The Third Wall of Jerusalem*(1930),45f,此处参见 Thomsen,*ZDPV* 64(1941),no. 182a。

⑦ *BMC*,*Palestine*,100,no. 104.

⑧ Eusebius,*Onomasticon* 6. 17—20(Klostermann).

⑨ Tacitus,*Ann.* xiv 27. 4;Hyginus,*Grom.* pp. 160,176.

⑩ Mann,8;Keppie,*Colonisation*,110ff.

地方民兵武装

公元前 4 年,在瓦鲁斯前往犹地亚的途中,贝来图斯为他提供了 1500 名步兵。[1] 有人认为,这件事说明贝来图斯作为一个老兵殖民地具有军事性质。[2] 如果真有这回事,这些士兵应该是老兵重新转为现役军人;而约瑟夫斯在《犹太战记》中的确用过 $\delta\pi\lambda\iota\tau\alpha\iota$ 一词,可能指的就是军团士兵。但在《犹太古史》中,他又把这些人称作 $\varepsilon\pi\iota\chi o\upsilon\rho o\iota$(辅助军),他也用这个词来描述塞斯提乌斯·加路斯于 66 年从叙利亚的城市中收集的大量士兵,同样为的是前往犹地亚进行远征。[3] "这些人",他说,"虽然缺乏正规军的经验,但他们斗志昂扬而且憎恨犹太人,可以通过战术训练弥补他们的缺陷"。这个评语通过对战争第一阶段的描述得到了印证:塞斯提乌斯·加路斯洗劫了迦布侬(Chabulon)的城市及其属地,然后回到了托勒迈斯。"而当叙利亚人,尤其是那些从贝来图斯来的人还在忙于抢劫时,犹太人获悉塞斯提乌斯已经离开了,于是他们重整士气,出其不意地扑向留下来的部队,杀死了约 2000 人。"由此可见,这些部队缺乏战时经验和军纪,具有地方民兵武装的典型特征。另外,贝来图斯显然只是在叙利亚有这种部队的多个城市之一。[4] 在犹地亚,早在第一次犹太暴动时,加巴(Gaba)就给罗马军队提供过辅助军。[5]

莫姆森收集了一些关于各行省中非正规的辅助军的证据。[6] 来自东方的重要例证是从塔西佗那里找到的,他告诉我们说,在公

---

① Josephus,*BJ* ii 5.1(67);*Ant.* xvii 10.9(287).

② Bowersock,*Augustus*,71.

③ *BJ* ii 18.9(502;506).在围困耶路撒冷期间,提图斯也有这样的部队:*BJ* v.1.6 (42).

④ 关于贝来图斯和赫里奥波里斯老兵殖民地的长远影响,参见上文.

⑤ 参见下文第 329 页(按:原书页码).

⑥ Mommsen,*Gesammelte Schriften*,vi,"Die römischen Provinzialmilizen",145ff.

元51年,卡帕多西亚的骑兵长官派利纳斯(Paelignus)征召了行省的民兵。① 阿里安在列举盟邦部队时似乎也是指的这种军队,他说除了军团士兵外,还有来自亚美尼亚和特拉布松的步兵、科尔基斯人,以及利泽人的 λογχοφοροι(即来自特拉布松以东利泽(Rize)的长矛部队)。②

　　注意,这里提到了来自特拉布松的部队,那个镇中有一支正规守备部队。《年代记》第十五章第三节可能还提到了另一种部队:公元62年,科布罗将其军团部署在幼发拉底河岸上,并武装了一批非正规的行省辅助军。③ 我们不大清楚这些非正规部队与其他地方提到的"*iuventus*,被武装起来并受过训练的民兵"之间到底有什么区别。④ 这些部队中可能至少有一部分执行了维持当地治安的任务,因为在帝政时代行省中还没有正式的警察机构。我们通过奥维德(Ovid)的作品(经托米(Tomi)转述),⑤从尼永有一名负责平定匪盗的军官(朱利亚埃克斯里斯)这一事实中,就可以清楚地看到这一情况。⑥ 现在有证据表明,在叙利亚的安条克也同样存在着由市民组成的民兵武装;他们配合军团支队和辅助大队,在城市附近修了一条运河。⑦

---

①　*Ann.* xii 49.2:"auxiliis provincialium contractis. "
② 　*Ectaxis* 7,对照 14。
③ 　"tumultuarium provincialium manum armat.""Tumultuarius"对在紧急状况下征集的军队来说非常普遍,例如 *Ann.* i 56.1:"Igitur Germanicaus quattuor legiones, quinque auxiliarium milia et tumultuarias catervas Germanorum … tradit"。
④ 　*Hist.* i 68:"hinc Caecina cum valido exercitu,inde Raeticae alae cohortesque et ipsorum Raetorum iuventus,sueta armis et more militiae exercita. "对照 Hist. iii 5:"igitur Sextilius Felix cum ala Auriana et octo cohortibus ac Noricorum iuventute ad occupandam ripam Aeni fluminis,quod Raetos Noricos que interfluit,missus. "
⑤ 　奥维德(Ovid)一再讲到葛特人(Getae)引起的骚乱,例如 *Ex Ponto* i 2.808ff.。镇民们有时也必须应付这种情况:i 8.5—6;iv 14.28。但有正规军的介入:iv 7。
⑥ 　参见上文第 422 页,注释④。
⑦ 　见 75 年的里程碑,可能用来标志安条克附近的一条运河,文字解读参见 D. van Berchem,*BJb* 185(1985),85ff. 。

很明显,行省中存在着军事化或半军事化的组织,没有理由说殖民地就不应该与其他地方一样也存有这种组织。这与那种认为罗马殖民地的军事功能十分有限的观点并不抵触。[1] 这并不是说市民武装永远都是效能低下的队伍。一支训练有素的市民部队在保卫家园的战斗中可以表现得非常有力,就像我们在拜占庭时期美索不达米亚那些城市的经历中所见到的。但要做到这点必须具有高度的灵活性、机智的领导者和患难与共的意识。这些特质在叙利亚那些跟随塞斯提乌斯·加路斯进军的城镇居民身上并不具备。他们是在抢劫其他民族的财产,而不是在保卫自己的家园,因此最后被敌军打得一败涂地。

326

希律时期的定居地

希律在他的王国中建立了一种在性质、功能和社会构成上都有所不同的定居地。我们目前的讨论只关注那些人口中具有明显军人成分的定居地;希律对该地区城市化建设的贡献将在下文中加以讨论。不过,我们顺带注意一下,约瑟夫斯就持这种观点,认为有几个希律时期的小城虽然没有安置退伍老兵,但也起着提供安全的作用。在《犹太古史》中,约瑟夫斯先是解释了希律如何维持对耶路撒冷的控制,[2]接着他就讲述了希律为保证王国其他地方的安全所采取的措施。[3] 这些措施包括,首先建立了定居人口并将撒马利亚重建为色巴斯(Sebaste),然后建立了恺撒利亚城

---

[1] 就我所知,唯一成功击退过危险进攻的罗马殖民地是一个叫萨隆纳(Salona)的平民殖民地,在公元 6 年经受住了由伊利里亚人反叛领袖发动的进攻:Dio lv 29.4。关于萨隆纳,参见 J. J. Wilkes, *Dalmatia*(1969),220—238。与此同时,一支由仍在服役的老兵组成的大部队却在偏远地区被歼灭了:Velleius ii 110.6。

[2] 参见上文第六章。

[3] *Ant.* xv 8.5(292—295).

（这是希律的主要项目之一），在加利利建立了加巴，在佩拉伊亚（Peraea）建立了艾斯本（Esbon）。"这些都是他一个接一个地想出来的措施，一方面把守备部队分布到各地的民众当中，目的是为了尽可能地消除民众那种稍遇刺激就独自翻身作乱的习惯，他们向来如此。这样，当有人确实制造了麻烦时就无法逃脱，因为在他们身旁随时有人发现并制止动乱的发生。"

在约瑟夫斯看来，这些定居点无论是否有退役军人居住其中，它们的一个重要功能就是在那些动不动就造反的犹太人身边或当中构成了忠于罗马的成分。并不能指望定居者本身去控制住犹太人，但他们可以让希律时刻了解犹太人当中是否存在着任何危险活动。我们认为，罗马老兵殖民地也为罗马当局起着完全相同的作用。

327   赫希本（Heshbon）到底是不是军人殖民地值得怀疑；约瑟夫斯没说过它是。① 恺撒利亚完全是平民化的，尽管它也为军队输送兵源。色巴斯和加巴是军人殖民地。特拉可尼的扎玛里斯（Zamaris）也有军人安置点，但它在性质和组织方式上都完全不同。我们还需要对最后这 3 个殖民地再多说一点。

色巴斯-撒马利亚

"[希律]努力[在撒马利亚]安置了很多那些曾经在他的那些战争中为他战斗的军人，以及很多从邻近人口中来的人。他这么做是因为他有一个抱负，要把一个原先无足轻重的小镇建设成一座新的城市，更重要的原因是他急于要为自己争取安全感。他给

---

①   Schürer, ii(1978), 166 n. 429 推测 Josephus, *Ant.* xv 8. 5(294)认为这是一个军事殖民地。但在同一篇文章中提到的恺撒利亚肯定不是军事殖民地。这段文字意思模糊，对照 Schürer, 164, n. 417。关于该城发行的钱币，参见 Kindler and Stein, *Bibliography*, 117—119。

它改了名,将其称为色巴斯,并把周边属地中最好的土地分给了定居者。"①在《犹太战记》中有一段较短的话提到了此地,约瑟夫斯告诉我们有 6000 人在此定居,而且希律给这个城市带来了"完美的宪章"(?)。② 该城的建立在诸多方面与罗马老兵殖民地相似,它的人口由退役军人和当地民众混合构成,分配了该地区最好的土地。约瑟夫斯强调希律启动这项计划的一个重要考虑就是安全问题。我们没有听说色巴斯人参加过什么实际的战斗。不过,他们倒确实为当地的军队提供了几代人的兵源,在希律死后,色巴斯城帮助过罗马,而且在第一次犹太暴动期间显然也是这样。③ 的确,对于这样一个城市也只能指望这么多了。

加巴

"他把大平原上的土地分给从自己的骑兵部队中挑选出来的士兵,他建立了一个叫作加巴的地方,位于加利利附近(或是为了控制加利利)……"④过去,我们无法确定这个地方的位置,但是幸亏发现了几处铭文,⑤其中一处铭文在特尔舒什(Tel Shush),文字中包含有"加巴"这个地名,还在那里发现了很多加巴的钱币,⑥

328

---

① Josephus,*Ant.* xv 8.5(296). 关于希律在撒马利亚的修建工程,参见下文第 341 页(按:原书页码)。

② *BJ* i 21.2(403).

③ 参考文献详见 Schürer,ii 163。

④ Josephus,*Ant.* xv 8,5(294). 对照 *BJ* iii 3.1(36)。更多参考文献详见 Schürer,ii 164f.。特别注意 Pliny,*NH* v 19.75;Eusebius,*Onomast.* 70.9(Klostermann);Hierocles,*Synecdemus* 720.11(Parthy,44)。后两则材料显示该地在拜占庭时期继续存在,仍是一个小殖民地。

⑤ 关于提到该镇名称的碑文,参见 A. Siegelmann,*PEQ* 116(1984),89—93。另见 Mazar,*Geva*,224f.,谈到两处相关的碑文。

⑥ 关于钱币,参见 Kindler and Stein,*Bibliography*,120—124;Kindler,in Mazar,*Geva*,43—67。

此地位于米吉多(Megiddo)西北约 3 公里处,因此我们不再怀疑
这里就是加巴所在地。与色巴斯一样,它在第一次犹太暴动时支
持了罗马。在战争初期,它是负责指挥在耶斯列山谷中的部队的
十人长的总部,并为他提供了辅助军。[1] 这里,我们再次看到一个
建立了很久的老兵殖民地如何在战时发挥作用,最初的定居者早
已离开人世。殖民地成了一个便利的总部所在地,并把自己的民
兵交给罗马军队调遣。然而,与贝来图斯的情况一样,其民兵队伍
的战斗力令人怀疑。[2]

巴塔内亚的巴比伦尼亚犹太人

希律把一个完全不同的定居地放在了巴塔内亚。约瑟夫斯解
释说,它的首要目的就是为了保护犹太地区不受来自特拉可尼的
匪患滋扰。[3] 希律先让 3000 名伊杜迈人在特拉可尼定居下来。[4]
它存在了多长时间以及是否成功,我们全无所知。不过,后来,希
律"决定在特拉可尼与犹太人之间建一个村庄,其实从规模上讲是
一个镇,通过这个办法使他人难以侵入希律自己的地盘,而他却可
以从附近向敌人发起进攻,用偷袭手段打他们个措手不及"。[5] 希
律将一批巴比伦尼亚的犹太人安置在此地,其中包括 500 名骑兵
和 100 名他们在巴塔内亚的亲属,这个地方与特拉可尼毗邻,"因
为他希望将此定居点变成一座堡垒,他许诺这里的土地将予以免
税,而定居者们也无需缴纳所有的常规税赋……"[6]一名叫扎玛里

---

① Josephus,*Vita* 24,115. 先前与其他几个支持罗马的城镇一起遭到攻击:*BJ* ii 18.1
(459)。
② *Vita* 24.116;Aebutius 特别依赖骑兵部队。
③ 关于特拉可尼的匪患,参见上文第二章。
④ *Ant.* xvi 9.2(285).
⑤ *Ant.* xvii 2.1(23f.).
⑥ ibid.,(25).

斯的巴比伦尼亚犹太人分得到了一块土地,他在上面修筑了要塞
并建了一个村子,取名为巴提拉。① "此人起着抵御特拉可尼的堡 329
垒作用,不仅是对于当地人口来说,对于那些从巴比伦尼亚到耶路
撒冷去献祭的犹太人亦如此,这样,他们就不再遭受来自特拉可尼
的土匪抢劫了",② 约瑟夫斯说,这个定居地发展了起来,但随着时
间推移,这里的定居者逐渐失去了他们的特权,腓力开征了一些税
项,亚基帕一世和他的儿子又开征了更多的税项。后来,罗马人来
到此地,他们保留了定居地的自由地位,但通过征税对定居地人民
实施了极度的压榨。扎玛里斯的儿孙们曾为国王们提供了骑兵部
队、担任保镖并训练禁卫军。在犹太人暴动中,他们帮助亚基帕二
世镇压叛军。③ 文献和铭文证据都证明在后来的几个世纪中,巴
塔内亚一直有犹太人存在。④

　　这个定居地与老兵殖民地之间的区别在于,扎玛里斯的居民
并不是退伍兵,而是军事人员,他们因担任了具体的军事职责而获
分土地作为回报,不像老兵是在退休后被安置到一个新建的城镇
中。⑤ 因此,巴比伦尼亚人有良好的装备,他们与特拉可尼的居民
一样,是身怀技艺的弓箭手。⑥ 不过,显然他们的责任是有限的,
因为士兵的人数(500 人)有限。⑦ 他们的定居地不是 *polis*,而是
一个村庄——无权自己发行钱币。殖民地的人必须保卫自己的土

① Schürer,ii 14f. ; i 338,419f. ,479;G. Gohen,*TAPA* 103(1972),83—95.

② *Ant.* xvii 2.2(26).

③ 对照 Josephus,*Vita* 46—61,177—180,407—409;另见 *BJ* ii 17.4(421)。另见 *OGIS* 425;*IGR* iii 1144;亚基帕二世统治期间(公元 75 或 80 年)对一位现役军官 的颂词。其发现地颇为重要:在特拉可尼的苏尔(Sur)。

④ 参考文献详见 Schürer,ii 14f. ,n.46。

⑤ Cohen 强调与泛希腊化封建村落、特别是与公元前 260 年前后在亚摩尼提斯(Am- monitis)的托勒迈斯军事殖民地之间的相似之处。

⑥ 该观点详见 Cohen,84f. 。关于希律的军队中有来自特拉可尼的弓箭手,参见 *BJ* ii 4.2(58)。

⑦ 关于此点详见 Cohen。

地并防止土匪侵入,这基本上是当地警察的职能。他们必须派人把守建在各处的要塞。重要的是,在那瓦发现了一个犹太人定居点的废墟,这个地点位于从加利利经希珀斯(Hippos)到大马士革的主干道上,也是很多来自巴比伦尼亚的犹太朝圣者必走的路线。① 约瑟夫斯提到保护旅行者是定居者的主要义务之一。另一个犹太定居点在塔法斯(Tafas),位于从那瓦到德拉的半路上。② 我们或许注意到,约瑟夫斯两次使用了"堡垒"($\pi \rho \circ \beta \lambda \eta \mu \alpha$)一词来描述该定居点的功能,这是与 *propugnaculum* 意思最接近的同义词,西塞罗和塔西佗用后者来描述时间更早的没有安置老兵的平民殖民地。

　　定居者并未被指望参与在特拉可尼的重大军事行动,但他们的定居地可以用作希律及其军队的大本营,如果他想要在那里发起远征的话。在这个方面,该建设项目的确像是一个老兵殖民地。特别注意贝来图斯和赫里奥波里斯的类似情况,我们已经指出,它们本身从未有能力去镇压黎巴嫩的伊图利亚人土匪。最重要的是,它们的远期效果是一样的。巴比伦尼亚人的子孙与色巴斯人的子孙一样,为定居地创立者的后人提供忠心耿耿的军队士兵。在危急时刻,他们起来对抗叛乱分子。即使在过了几个世纪以后,他们与贝来图斯和赫里奥波里斯的市民一样,还保持有特殊身份,这通过文献和铭文史料清楚地反映了出来。

　　从某种程度上讲,即便是非军人定居者,在被安置到一个新的镇上时也可以为王室服务。注意约瑟夫斯对西弗里斯的描述,此地在被瓦鲁斯摧毁后,由希律重建为安提帕斯城(Antipas):"这座

---

① 关于叙利亚南部的道路系统,参见 T. Bauzou, *Hauran* i, ed. J.-M. Dentzer(1985),137—165。

② Frey, *CII* 861.

城市被建成一座堡垒来对付(周围农村地区的人),它地处非常有利的位置,可以为整个国家站岗放哨。"①安提帕斯的人口为犹太人,但在第一次犹太人暴动中却坚定地站在了罗马一方。

由希律父子建立的定居地颇能说明问题。即使在关于罗马老兵殖民地的讨论中,由于约瑟夫斯提供了有关殖民地功能的相对完整的信息,使我们了解到它们能给王权提供何种程度的服务,哪怕其人口中并无军队成员,以及哪些事情是这种定居地从来就无力完成的,哪怕其人口构成中有现役军人。

结　论

罗马殖民地在爆发全面战争时没有能力保卫自己。虽然它们不能用来平定敌对区域,但却可以被用作军队的行动基地。在贝来图斯和托勒迈斯-阿卡都有证据显示这种情况。殖民地最多也就是派出本地的民兵武装去参与一场帝国的战役,而在这种时候,他们的表现似乎并不出色。

331

也许有人期望殖民地能够在内部警察职能的层次上保证当地的安全。然而,正如我们在多个实例中所见到的,它们并没能提供解决匪患的办法。②殖民地与希律在巴塔内亚的军人安置地不同,无法取代现役部队单位。这并非否认殖民地是"帝国的工具",它们构成了在社会、政治和经济方面对军事实力的补充。老兵及其后代在几个世纪里起着忠实代表统治阶级的作用,坚定地驻守

---

① 　*BJ* iii 2.4(34):"在帝国的边境地区建了一座要塞,作为对其发起军事行动的基地"(Leddell & Scott)。关于其他文献中说西弗里斯是该地区实力最强的城镇,参见 *BJ* ii 18.11(511);*Vita* 45(232),65(346)。关于其建立,另见下文第 341 页(按:原书页码)。

② 　如上文第二章和第四章中所述,奥斯曼当局偶尔试图通过在战略地点安置定居者的办法来减缓游牧民袭击的问题,但由于各种原因,该措施收效甚微。

在从被征服的当地人手中夺来的土地上。当地政府的组织良好。与其他行省城市一样,殖民地按照分配给它们的属地承担财政义务。殖民地居民成了城中的土地持有阶层,因此可以委任他们来保证税收。老兵们往往将自己的男丁送去参军。①

殖民地就这样成为了"帝国的工具",但这样说的意思并不是相信殖民地是能够制约蛮族部落的前哨基地。我们在本书中多次指出,这种观点很可能产自于一种对罗马帝国及其制度抱有愧疚的心态。只要坚持说殖民地保护了帝国不受蛮族进攻,那么用现代人的眼光来看,建立殖民地一般都能够具有道德上的合理性。而要指出它们不过是巩固征服成果和驯服当地人的工具,这对那些仰慕罗马人的现代学者来说就不那么令人愉快了。但我们还是要坚持说,这种观点更好地反映了那些帝国缔造者的精神。

332

---

① 关于殖民地作为军队征兵的兵源地,参见 Mann, *Recruitment*, *passim.*。

第八章　城市化发展

人们很自然地以为那些数量最多、规模最大的罗马大型建筑都是由皇帝建造的，因为只有他们才握有对人力和物力无限的支配权。[①]

对吉本(Gibbon)来说，这只是自然假想的情况，但对其他很多人来说却成了肯定无疑的事。不过，吉本并未说任何话来验证他的这个假设。奥古斯都用大理石重建了罗马城，但罗马城是一个特殊情况。"在很少有像古罗马大竞技场那样傲视一切的宏伟建筑被献给罗马时，就已经修建了一批设计样式和建筑材料与竞技场相同、只是规模较小的建筑物以供使用，而这些建筑是由卡普亚城(Capua)和维罗纳城出钱给罗马修造的。壮观的阿尔坎塔拉大石桥(Alcantara)上有铭文证明，它被横搁在塔古斯河(Tagus)上，靠的是几个卢西塔尼人(Lusitanian)聚居地作出的贡献。"[②]吉本接着又用了两页的篇幅来讲述希腊富翁赫罗狄斯·阿提库斯(Herodes Atticus)的慷慨之举，然后再回到由皇帝在罗马城中修

---

①　E. Gibbon, *The Decline and Fall of the Roman Empire*, ch. II.

②　Gibbon, loc. cit. ; *ILS* 287, 287a.

造的那些公共建筑。吉本很细心地记录下了在罗马是谁在为工程掏钱，而在行省中又是由谁出钱。"哈德良用来装点帝国每一个行省的那些公共纪念碑不仅是他下令竖立的，而且也是在他的直接监督下完工的。"但是这里吉本却并没说哈德良为这些工程掏了腰包。因此，我们要问的问题是：行省中的公共建筑是由皇帝们出钱修造的吗？更重要的是，帝国当局在行省的城市化发展过程中发挥了什么样的作用？

　　关于罗马的行省当局对行省中的城市化发展所起的作用，人们沿着分歧很大的思路进行了不同的诠释。虽然很明显在罗马的统治下城市的数量增多了，但罗马在城市发展过程中的作用却是一个存在争议的问题。琼斯在他的经典著作《希腊城市》一书中写道："与此同时，罗马政府，它现在已经变成了王权统治，采用了泛希腊化时代那些国王们的传统政策，把通过促进城市发展来推进帝国文明当成了自己的使命。"①接着他颇带赞同地引述了古代的作者，如埃里乌斯·阿里斯提德斯的《罗马献辞》："在沿海和内陆地区都布满了城市，在您的号令下，通过您的行动，建立了新城，扩建了旧城。"罗斯托夫采夫（Rostovtzeff）虽然承认以下事实，即城市化发展是一个不能从上面强加的自然过程，②但在他有关罗马帝国的著作中，通篇都在给读者灌输一个观念，即罗马的皇帝们始终在大力推动城市化发展，并且他们是行省中城市生活发展的由来。他一再坚称是皇帝们"创建了"*municipia*（自治城市）和城镇，经常没有其他理由而只因为这些地方背着某位皇帝的名字。我们在他的书中读到，"我们可以肯定地说，在奥古斯都、克劳狄乌斯、维斯帕先和图拉真之后，他（哈德良）是在帝国城市化发展方面贡献最多的皇帝……虽然经历了克劳狄乌斯、弗拉维父子和图拉真，

① *The Greek City from Alexander to Justinian*(1940),60.
② *The Social and Economic History of the Roman Empire*(²1957),560 n.10.

在多瑙河流域的大多数行省中,城市生活尚处于婴儿期……"①

　　至于另一类观点,我们可以引述曼恩的话:"罗马人对这种城市化发展并没有多人的兴趣。他们的政策是建立当地政府组织来为分配给它们的属地承担义务,特别是财政义务。为此目的,他们把权力牢牢地放在城中富裕阶层的手里。"②我们必须注意,首先那种相信有积极支持城市化的政策的观点,想当然地以为罗马上层社会对行省属民的态度发生了显著转变。成为罗马人的属民被认为等于沦为奴隶,这一点已经被一再反复强调过了。虽然那些有自由的罗马公民居住的帝国城市显然具有不同的地位,但我们是否有理由认为,统治者把为行省出资修造城市建筑视为己任呢?罗马皇帝对帝国中那些城市负有的财政义务,在性质上自然与他对首都或其他皇帝本人居住的城市所负的义务大不相同。可能每位皇帝都将装点首都视为己任,但他们不会认为自己有义务为行省城市做同样的事。

　　在这方面,罗马的活动基本上包括以下几种:由帝国实施的大规模城市化发展计划、由帝国建立全新的城市中心区或由行省总督来作出这种举动;由皇帝启动某个具体的城市建设项目;由帝国对原来地方启动的建设活动给予财政资助;由帝国批准某个具体的建设项目;授予新的地位或重新命名。在本章中,我们的讨论将只限于有关帝国参与城市具体发展项目的证据。

334

　　其实我们并不缺乏像埃里乌斯·阿里斯提德斯这样的史料来源,其中包含着一种溜须拍马的陈词滥调,暗示皇帝总在忙于建立城市。狄奥·约翰·克里索斯托——再提一位就足以说明问题了——曾写道:"他(指统治者)致力于需要关注的事务,在需要速

---

①　ibid. ,366.
②　有关评论参见 G. Rupprecht,*Untersuchungen zum Dedurionenstand* ,in *Germania* 54(1976)。

度时,他就迅速采取行动,完成那些很难完成的工作,检阅军队、平定某个国家、建立某座城市、修建桥梁跨过河流、或是修筑一条贯穿该国的道路。"①在本章中,我们将考察是否有确凿的证据表明帝国政府从事这种活动是一个长期有效的政策,还是仅为例外的情况。

我们将只诉诸实实在在的证据,如记载了皇帝捐款或资助的铭文,因为单凭出现了皇帝的名字并不能证明任何事情。由官方撰写的陈述必须一一加以检视。例如,我们可能会认为约瑟夫斯的原始史料在有关希律的建设活动方面提供了可靠的信息,在有关哈德良的积极作为方面认为波桑尼阿斯的材料也同样可信;而另一方面,我们没有理由相信在 6 世纪时写作的马拉拉斯真的知道在 600 年前,尤利乌斯·恺撒是否为那些在安条克修造的建筑物捐过款。我们最好认为在马拉拉斯中看到的陈述,最多不过反映了作者在这些建筑物上见到了统治者的名字而已。② 因此,在本章中,马拉拉斯将不会被视为有关过去皇帝建造活动的信史来源。

之所以在此处讨论这个话题有两个原因。首先,在关于某个特定地区的罗马边疆政策分析中,需要去观察该政策是否包含着积极有力的城市化措施。其次,我们将看到有证据清楚地表明,在附庸王的统治与罗马的行省政府之间存在着根本性的区别。我们将讨论的区域是庞贝于公元前 63 年征服的地区,这是一个理想的出发点。

335

---

①   Dio Chrysostom iii 127.

②   G. Downey,*A History of Antioch in Syria*(1961),651 指出马拉拉斯似乎认为重要建筑物的规划和建设都应该是在统治者亲自监督下进行的,他觉得这类行动一定都是在统治者巡视期间展开的;因此,这些造就宏伟建筑的伟大时刻就只能发生在赢得战争之后。在讨论安条克的具体建筑项目时,Downey 似乎通篇都把马拉拉斯当作是这类问题上的可靠权威。马拉拉斯作为有关安条克的信息来源,另见 Downey,38—41。

盖比尼乌斯(Gabinius)

经常有人说庞贝重建了很多城市,但这些城市的具体重建却是由盖比尼乌斯来完成的,他在公元前 57—前 55 年任叙利亚总督。[①] 这肯定是一项规模浩大的计划:按照规划,在新兼并的地区将有一整系列的城市先是被恢复城市地位,然后再由罗马当局进行具体重建。现代文献中无一例外都想当然地以为情况就是这样。这个计划被不加保留地当作一个整体来讨论,各个城市都被说成是由盖比尼乌斯重建的,证据就是约瑟夫斯列出的那个城市名单。

这里有几点需要考察:首先,我们必须考虑约瑟夫斯在有关庞贝和盖比尼乌斯的城市化建设方面实际说了什么,或者他想表达的意思究竟是什么。换句话说,现代文献中对约瑟夫斯的诠释是否正确? 其次,必须对约瑟夫斯著作中的信息进行核实,检查其内在一致性和可信度,只有这样我们才能决定,是否有理由把约瑟夫斯所说的盖比尼乌斯的那些事迹放到具体的城市上。第三,我们必须检视是否有独立的证据表明犹地亚在这个时期出现过大规模的城市建设。关于庞贝的干预,约瑟夫斯在《犹太古史》中说他重建(ανεχτισε)了加大拉——

> 将希珀斯、锡索波利斯、佩拉、狄乌姆(Dium)、撒马利亚、马利萨(Marisa)、亚实突(Azotus)、加姆尼亚(Jamnia)以及阿瑞图萨等城市交还给了居住在那里的人民。除了那些被毁的

[①] A. H. M. Jones, *The Cities of the Eastern Roman Provinces*([²]1971), 257; Schürer, *The History of the Jewish People in the Age of Jesus Christ*, ii(revised edn., 1978), 91f. 以及原作: Schürer, *Geschichte des Jüdischen Volkes im Zeitalter Jesu Christi*, ii(1907), 102。

城市外,他给这些城市颁发了自由地位,并将它们和那些沿海城市,如加沙、约帕（Joppa）、多拉和斯特拉顿塔（Straton's Tower）,一起划给了（叙利亚）行省……①

这段话的意思是,庞贝忽略了被毁的城市,而将尚存的城市兼并到了叙利亚行省中。约瑟夫斯在《犹太战记》中说过同样的话,只是讲得稍为啰嗦一点：

> 他重新建立了被犹太人毁掉的加大拉,以取悦他的加大拉自由民德米特里（Demetrius）。他将那些地处内地尚未被毁的城市从他们的统治下解放出来,有希珀斯、锡索波利斯、佩拉、撒马利亚、加姆尼亚、马利萨、亚实突和阿瑞图萨,还有那些位于沿海的城市,如加沙、约帕、多拉和斯特拉顿塔……他把所有这些城市都交还给了它们的市民,并将它们划归叙利亚行省。②

换句话说,没有哪座被摧毁的城市得到了重建,除了加大拉,它被重建乃是一个例外,是为了取悦德米特里,那位庞贝的自由民。没有受到破坏的城市不过是从犹太人统治变成了由罗马行省当局统治。

关于盖比尼乌斯,约瑟夫斯在《犹太古史》中说了下面这段话：

> 他长途跋涉走过了犹地亚的其他地区,下令对所有被毁的城市进行重建。于是,撒马利亚、亚实突、锡索波利斯、安特顿

---

① xiv 4.4(75f.). Loeb 出版社的 Ralph Marcus 译本中含有严重错误："不仅是这些内地城市,还有那些被毁掉的城市……"。原句中的所有格从未有"还有"的意思,而是"除了"的意思。Jones, loc. cit. ,似乎也犯了同样的错误："这些城市很多遭到毁城,城中的平民们被驱散,庞贝在大多情况下做的无非是下令重建这些城市……"

② i 7.7(155f.).

(Anthedon)、拉菲亚(Raphia)、亚多拉(Adora)、马利萨、加沙以及其他很多城市都得以重建。人民遵照盖比尼乌斯的命令去做,结果那些荒废多年的城市又成了人们可以安居的地方。①

我们在《犹太战记》中读到:

  盖比尼乌斯长途跋涉,在那些未遭破坏的城市中恢复秩序,并重建了那些成为一片废墟的城市。这样,在他的命令下,锡索波利斯、撒马利亚、安特顿、阿波罗尼亚(Apollonia)、加姆尼亚、拉菲亚、马利萨、亚多利乌斯(Adoreus)、迦玛拉(Gamala)、亚实突和其他很多城市再次有人居住,定居民众欣喜地在那些地方安家立业。②

  这几段话中并无任何地方提到建设活动或是启动了具体的组织过程,更不要说是由罗马当局来进行了。这些信息的总体意思是,庞贝采取了行政措施将多个城市从犹地亚转交给了叙利亚行省,重新建立加大拉只是为了讨取某个人的欢心。然后,盖比尼乌斯重建了多个在犹地亚被人遗弃的城市。约瑟夫斯提到了安置民众,但并未谈到城市建设。

  有这种可能,约瑟夫斯著作中的信息只要诠释正确就是有价值的,但事实并非如此,因为在他的各个名单之间存在着太多的矛盾之处。特别令人不安的还不是这些矛盾的地方,而是归功于庞贝的那些举措,与据称是由盖比尼乌斯执行的计划之间有着明显的抵触。当谈及庞贝时,约瑟夫斯肯定地说那些提到的城市没有被毁,它们被并入到叙利亚。几年以后,他又引导我们相信盖比尼

337

---

① xiv 5.3(88).

② i 8.4(166).

乌斯对一大堆废弃的城市重新安置了人口，而其中有5、6个城市（我们先前已被告知）在63年时都还好好的。下表中列出了约瑟夫斯记录的被庞贝"分配给了叙利亚行省"或是被盖比尼乌斯"重新建立"的城市。为了便于进一步的比较，在第5列中增加了据约瑟夫斯说是由亚历山大·雅那流斯王（Alexander Jannaeus，103—176年）控制的小镇。①

庞　　贝		盖比尼乌斯		由犹太人控制
《犹太古史》	《犹太战记》	《犹太古史》	《犹太战记》	
加大拉	—	—	—	—
希珀斯	希珀斯	—	—	—
锡索波利斯	锡索波利斯	锡索波利斯	锡索波利斯	锡索波利斯
佩拉	佩拉	—	—	佩拉
狄乌姆	—	—	—	—
撒马利亚	撒马利亚	撒马利亚	撒马利亚	撒马利亚
马利萨	马利萨	马利萨	马利萨	马利萨
亚实突	亚实突	亚实突	亚实突	亚实突
加姆尼亚	加姆尼亚	—	加姆尼亚	加姆尼亚
阿瑞图萨	阿瑞图萨	—	—	—
加沙	加沙	加沙	—	加沙
约帕	约帕	—	—	约帕
多拉	多拉	亚多拉(?)	亚多利乌斯(?)	亚多拉(?)
斯特拉顿塔	斯特拉顿塔	—	—	斯特拉顿塔
—	—	—	阿波罗尼亚	阿波罗尼亚
—	—	—	迦玛拉	迦玛拉

---

① 　*Ant.* xiii 15.4(395). 这里只列出了与另一栏中的城市有对应的城镇。完整的名单还要更长些。

很明显,许多由盖比尼乌斯"重建"(或像有些人相信的那样,是重新修建)的城市,被说成在这个世纪较早时候处于犹太人控制下。如果我们假装能够从这种材料中正当地提炼出关于这些城市的准确历史信息,那就太有失严谨了,但一般来说,人们就是这样认为的。琼斯把这些名单叠放在一起,然后就再没做什么了,他甚至还加上了在钱币上印有庞贝纪元的城市,而这些城市有的属于晚得多的时期(3世纪时)①——这样,通过引入另一个不同范畴的证据把业已混淆的事情弄得更加复杂,而这个新的范畴本身有多重要并不清楚。我们注意到,约瑟夫斯或经他转述的史料来源,在所有地方用的都是帝国宣传中始终不变的标准用语:城市不是被征服,而是被解放,对反抗罗马占领的镇压被说成是建立法治和秩序,诸如此类。这可能对我们是一种警示,不能过分依赖这种信息。即便是那些不管什么矛盾不矛盾、主张对这些史料照单全收的人,也不得不同意根本没有任何地方提到过修建或是建设,而只是"重建"和"重新安置"。然而,这些声称却无一例外地被解读成、甚至被理解成好像它们讲的是实际意义上的重新修建。但是,"建立"可以仅仅是一道行政命令而已。"建设"则意味着要组织资金、监管和责任。盖比尼乌斯在一次旅途中就可以"下令"多座城市"将被重建"。即使约瑟夫斯声称盖比尼乌斯进行了建设,我们也不明白在这么短的时间里他到底能做些什么。②

---

① 关于叙利亚城市使用的庞贝纪元,参见 J. -P. Rey-Coquais, *JRS* 68(1978),45f. 。关于城市铸币方面的参考文献,参见 A. Kindler and A. Stein, *A Bibliography of the City Coinage of Palestine*(1987)。

② 卡纳萨城(Kanatha)制造的康茂德时代的钱币显示,该城当时的名称是"盖比尼亚(Gabinia)"。相关文献详见 Schürer, ii(1978),141 and n. 292;相关讨论参见 H. I. MacAdam, *Studies in the History of the Roman Province of Arabia : The Northern Sector*(1986),75—79。盖比尼乌斯还出现在锡索波利斯的钱币上:M. Reshef, *Alon* 5(1)(1937),7f.(希伯来语);另见 Y. Meshorer, *City-coins of Eretz-Israel and the Decapolis in the Roman Period*(1985),no. 103 on p. 40 and p. 113。或许,这无非意味着盖比尼乌斯给这些城市新授予了地位而已。这样的名称经常在时间晚得多的钱币上得到证实。

没有任何地方出现过建设活动的证据,在现存的建筑铭文中没有一处提到过盖比尼乌斯,也没有哪处考古发掘可以笃定地将修建活动的时间确定为这些年间。据说,只有在撒马利亚-色巴斯出土的建筑结构可以被归于这个时间段,[①]因此我们必须对该城的证据略加讨论。

撒马利亚-色巴斯是一座非常坚固的城市,经过长时间的艰苦围城后,在约公元前107年被约翰·海卡努斯的儿子们所征服。[②]该城被毁城,城中居民全体沦为奴隶。[③] 应该注意的是,约瑟夫斯在描述这次围城时,说撒马利亚后来是由希律重建的,完全不顾他自己在别处说过是盖比尼乌斯重建了该城。[④] 另外,那些对撒马利亚城进行考古发掘的人也只能暂时将那里的建筑归功于盖比尼乌斯。在本世纪30年代对该地进行了第二次考察,在考察报告中写道:"盖比尼乌斯担任总督期间,新城的四周修筑了城墙。"[⑤]但这肯定只是指在本世纪初第一次考察中发掘出来的那些房屋和一段城墙而已。约瑟夫斯可是说得明明白白,是希律修筑了新的城墙。[⑥] 有人还更想当然地认为该城如前所述被约翰·海卡努斯在约公元前107年毁城后就被遗弃了,直到50年代据说才由盖比尼乌斯对它进行了重新建设。现代文献中的这个假设,与约瑟夫斯白纸黑字地说该城是1世纪早期由犹太人控制的城市之一的说法相互抵触。我们在考古报告中找不到任何证据显示在该城被占领的时间上出现过缺口,但相信有这样一个时间缺口将有利于凯思

① G. A. Reisner, C. S. Fisher, and D. Gordon Lyon, *Harvard Excavations at Samaria* (1924),50—54.

② Josephus, *Ant.* xiii 10.2(275—283); *BJ* i 2.7(64ff.).

③ *Ant.* xiii 10.3(281); *BJ* i 2.7(65).

④ *Ant.* xiii 10.2(275). 关于希律的活动参见下文。

⑤ J. W. Crowfoot, G. M. Crowfoot, and K. Kennedy, *The Objects from Samaria* (1957),5.

⑥ 参见下页注释④。

琳·凯尼恩(Kathleen Kenyon)的先验假设,她认为通常被称作
"东方核桃"的陶器在时间上不可能早于公元前 1 世纪后半叶。①
这件陶器发现于撒马利亚,被认为与盖比尼乌斯时期有关。

在考虑了所有这些因素之后,似乎最安全的做法是,承认盖比
尼乌斯采取了各种行政性的措施,其效果可能对于很多城市的民
众来说相当重要。不过,没有证据表明他本人参与了实际的重建
工作。如果确实曾有城市居民将自己称作"盖比尼亚人(Gabin-
ians)",也只不过表明他们对这些行政措施抱有感激之情罢了。②

希律与希律王朝

与盖比尼乌斯不同,在希律的活动中不存在任何影子般虚无
缥缈的东西,当然,他不是罗马委任的总督,而是一位依附于罗马
的国王。约瑟夫斯对他的建设事业作了详细的描述,众多建筑被
一一说出名称。希律的项目分为两类:第一,是建立或重建整个城
市,包括城市的实际建筑结构,他只限于在自己的王国范围内承担 ₃₄₀
此类项目;第二,不仅在其王国中也在其他地方的城市中修筑房
屋。这两种活动在约瑟夫斯的著作中都有详细的记录,并从铭文
和考古遗迹中得到了证实。③ 我们这里无需进入细节,④在整个
犹地亚地区被约瑟夫斯归功于希律的项目历历在目:耶路撒冷神

---

① 参见结论部分,J. Gunneweg, I. Perlman and J. Yellin, *The Provenance*, *Typology
　and Chronology of Eastern Sigillata* (Qedem 178, 1983),78。对此,我要感谢 M.
　Fischer 博士。
② 提及此事的只有 Cedrenus, ed. Bekker, i, p. 323,除此之外,这篇文章内容混乱。
③ 参考文献详见 Schürer, i(1973),304—308。
④ 由于前面提到他刚在撒马利亚-色巴斯安顿下来,请注意,除了约瑟夫斯讲过的那
　道厚实的城墙,他还在那里的一处封闭围地上建了神庙:*Ant.* xv 8.5(296—298);
　BJ i 21.2(403)。这些均已得到考古确认:J. W. Crowfoot, K. M. Kenyon and E.
　L. Sukenik, *The Buildings at Samaria* (1966),31—33。

庙的宽阔平台,耶路撒冷希律王宫的一座高塔,在希律堡(Herodi-on)、马萨达、恺撒利亚及其港口的建设工程等等。① 这些地点都为人熟知。这里要强调的是,在全国许多地方都有大型的希律式建筑,这种有型证据与盖比尼乌斯那些模糊不清的"重建"之间,不仅在数量而且在类型和质量上都存在着极其显著的区别。

　　在希律的后继者中,他的儿子,四帝之一的希律·安提帕斯(Herod Antipas),也是一位出了名的、积极的城市建设者。他在自己的领土上建立或重建了3座城市。由他重建的城市是西弗里斯和利维亚斯(Livias)。② 约瑟夫斯说,他将西弗里斯建成了"能够装点整个加利利的饰品"。③ 在利维亚斯,他增修了城墙。④ 迄今为止,尚未发掘出明确属于这个阶段的考古遗迹,但我们没有理由怀疑约瑟夫斯提供的这一信息。由安提帕斯新建的城市是提比里亚,这也是他创建的最重要也最持久的城市。⑤ 其人口由不同种族构成,据约瑟夫斯讲,这位领主自己掏钱给定居者提供土地和房屋。

---

① 主要参考文献详见 Schürer, i 304—308;关于恺撒利亚的港口有数篇论文收录于 *Harbour Archaeology*: *Proceedings of the First International Workshop on Ancient Mediterranean Harbours* 1983, ed. A. Raban(1985)。其他重要的条目详见 M. Avi-Yonah and E. Stern, *Encyclopedia of Archaeological Excavations in the Holy Land*(1975—1978)。

② 关于西弗里斯,参见 Schürer, ii 172—176;L. Waterman et al. *Preliminary Report of the University of Michigan Excavations at Sepphoris*(1937);Avi-Yonah and Stern, iv 1051—1054;S. S. Miller, *Studies in the History and Traditions of Sepphoris*(1984)。该镇现在又在进行考古发掘。钱币方面的文献参见 Kindler and Stein, 230—238。关于利维亚斯,参见 Schürer, ii 176—178;另见 S. Waterhouse and R. Ibach, *Andrews University Seminar Studies* 13(1975),227f. 讨论了地表可见的遗迹。

③ *Ant.* xviii 2.1(27).

④ 同上。

⑤ *Ant.* xviii 2.3(36—38);*BJ* ii 9.1(168);对照 Schürer, ii 178—182;Avi-Yonah and Stern, iv 1171—1177;A. Kindler, *The Coins of Tiberias*(1961);Kindler and Stein, 239—248。

腓力建立了两座城市。恺撒利亚腓力比（Caesarea Philippi）
（巴尼亚斯（Baniās））是他的都城，是对一处已有的定居地进行改
造而成的城市。[①] 希律在那里为奥古斯都建了一座神庙。[②] 亚基
帕二世继续扩建了该城。[③] 他给位于提比里亚湖以北的一个叫
作贝斯萨伊达（Bethsaida）的村庄授予了城市地位，将其命名为
朱利亚斯（Julias）；他增加了那里的定居人口，并加固了设防工
事。[④] 关于这些活动的考古或铭文证据目前尚十分缺乏，但文献
史料中的相关叙述非常具体，使得我们没有理由对其产生怀疑。
由此可以得出的结论是，希律和他的儿子们都是积极的城市建
设者。

贝来图斯与赫里奥波里斯

希律还为在王国领域以外的城市中修造公共建筑资助了大笔
钱款。我们被告知他在贝来图斯和推罗城修建了半开放式大厅、
柱廊、神庙和讲坛。[⑤] 亚基帕一世在贝来图斯修建了一座极其富
丽堂皇的剧院，还有造价不菲的半圆形剧场、浴场和门廊。他捐款
上演大型表演，并为半圆形剧场提供了很多角斗士。[⑥] 亚基帕二
世在贝来图斯修建了（另一座？）昂贵的剧场，并出钱操办每年一度
的大型表演，花费了成千上万的德拉马克。他向市民分发谷物和

---

① *Ant.* xviii 2.1(28)；*BJ* ii 9.1(168)。对照 Schürer，ii 169—761；关于钱币，参见 Y.
　Meshorer，*INJ* 8(1984/1985)，37—58；Kindler and Stein，188—193。
② *Ant.* xv 10.3(363)；*BJ* i 21.3(404).
③ *Ant.* xx 9.4(211).
④ *Ant.* xviii 2.1(28)；*BJ* ii 9.1(168)；对照 Schürer，ii 171f. 。
⑤ 他还为的黎波里(Tripolis)、大马士革以及托勒迈斯建了 *gymnasia*(运动场)，为拜
　博拉斯修了一道墙，为西顿和大马士革建了剧场，为海边的劳迪西亚(Laodicea)建
　了水渠，为阿斯卡隆建了浴场、喷水池和石柱廊，更不用说，他还给希腊城市捐助
　了建设工程，参见 BJ i 21.11(422)。
⑥ *Ant.* xix 78.5(335—337).

橄榄油，用塑像和仿制的古代雕塑装点整个城市。[1] 人们从铭文中找到了佐证，这是一段题字铭文，记载了贝雷尼斯和亚基帕二世修复了一座由希律大王竖起的建筑物。[2] 这3位希律都在贝来图斯慷慨解囊一事非常有趣，因为这是一个罗马殖民地，如果我们期望有哪个地方能够得到帝国出资搞城市建设的话，自然应该是根据帝国法令新建立的军团老兵定居地了，这是在帝国中最享有特权的一类社区。在我们考察铭文证据之前，首先有两点需要说明。其一，希律和他的后继者们留下的所有建筑显然都不是由罗马当局修建的：这意味着，以贝来图斯为例，该城的建立不迟于公元前14年，直到50年或更长时间以后，才由亚基帕一世修建了剧院和半圆形剧场。其二，在这些篇章中都没有提到赫里奥波里斯，这显然有利于那种认为奥古斯都并未将其建成一个单独的殖民地的观点。

　　虽然来自贝来图斯的铭文证据比来自赫里奥波里斯的要难理解些，但已经公布的部分十分值得注意。[3] 我所知道的材料似乎总体上时间都较晚。最早提及皇帝的建筑铭文中提到的是克劳狄乌斯。[4] 接下来是刚才谈过的提及贝雷尼斯和亚基帕二世的铭文。有一处铭文中提到了维斯帕先。[5] 早期铭文的缺失本身并不

---

[1] *Ant.* xx 9.4(211).据这篇文章说，亚基帕还扩建了恺撒利亚腓力比。

[2] R. Cagnat,*Musée Belge* 32(1928),157—167；对照 *MUSJ* 25(1942—1943),31 n. 1.关于照片可见 J. Lauffray,*ANRW* ii 8.135—163,pl. ii 5。另见同一作者,*BMB* 7(1944—1945),13—80,esp.56；E. Gabba, *Iscrizioni greche e latine per lo studio della bibbia*(1958),102f.。

[3] R. Cagnat,*Syria* 5(1924),108—112,esp.109,111f.；Lauffray,*BMB* 7,13—80；8 (1946—1948), 7—16；R. Mouterde and J. Lauffray, *Beyrouth ville romaine* (1952)；R. Mouterde, *Regards sur Beyrouth*(1952), repr. 1966)；Lauffray,*ANRW*,135—163.

[4] *AE* 1958.163.对照哈德良在安提奴波利斯城的建设,定居安置是一个持续不断的过程；P. V. Pistorius,*Indices Antinoopolitani*(1939),91—93；另见第七章中有关共和时代殖民地的讨论。

[5] 一处赞美利柏耳·帕忒耳(Liber Pater,古罗马的葡萄树神和葡萄酒神)(＝马西亚斯(Marsyas)？译注：古罗马的森林之神)的碑文；Cagnat,*Syria* 5,111,no.7。

能证明任何事情,但至少说明没有清楚的迹象显示,在该殖民地的早期有系统的建设活动。因此,我们没有理由怀疑约瑟夫斯所说的,是希律父子有系统地启动了该城公共建筑的建设。

赫里奥波里斯的法律地位在这里对我们来说并不重要。它有可能是属于贝来图斯的一部分,直到塞维鲁时期才有记录表明它成了一个单独的殖民地。不管怎样,此地在奥古斯都时代被退伍老兵所占据。因此有必要看看铭文中告诉我们的有关这个城市及其附近地区的建设情况。这项材料公布在 IGLS(《叙利亚的希腊语和拉丁语铭文》)第 6 卷。这里我们同样缺乏有关老兵安置后紧接着的时期或早期发展阶段的证据。来自这一地区最早的帝国文字是在赫里奥波里斯-大马士革道路上的两处刻在岩石上的铭文,其中提到了尼禄。[1] 在赫里奥波里斯城中,有一处献辞(不是建筑物题字)提到了维斯帕先的名字。[2] 另有一处铭文是由公众献给殖民地(贝来图斯或赫里奥波里斯)的资助人亚基帕一世或二世的,这再次证实了此地对那位国王怀有感恩之情。[3] 给埃默萨的萨姆希杰拉姆斯(Samsigeramus)父子的献辞证实了类似的关系,后者也是该殖民地的资助人。[4] 来自赫里奥波里斯的建筑铭文中没有记载帝国有任何主动行为或给予过财力援助。一如既往唯一的例外就是数量有限的里程碑。至少有一座里程碑显示该城在卡拉卡拉统治期间负责了对道路的维修。[5]

343

---

[1] *IGLS* vi 2968f.

[2] ibid. , 2762.

[3] ibid. , 2759.

[4] ibid. , 2760. 另见 2917。

[5] *IGLS* vi 2918:"vias et milliari[a] per D. Pium Cassium praesidem prov. Syr. Phen. Colonia Julia Aug. et Hel(r)en(o)v[a] vit. "只能按字面意思来理解,而不能将其解读为标志殖民地范围的界碑石(如像第 36 页上有关碑文评论中那样诠释)。我在很多出版物中都指出,在犹地亚和相邻各省中,里程碑并不涉及属地范围。另见 nos. 1900, 29—58, 29—63, 另外,关于赫里奥波里斯-埃默萨道路,参见 *IGLS* v 2675f. , 2672, 2674。

我们在上文中讨论了在托勒迈斯(阿卡)建立罗马殖民地的情况。关于这个殖民地的建立,我们知之甚少。铭文不多,但已发现的几处铭文符合在赫里奥波里斯显现出的那种规律。[①] 如我们在前面所见,与只是给已有社区授予荣誉性名称或特权不同(托勒迈斯和其他几座城市在几年前就得到过这种授予),强行建立老兵殖民地的措施会对当地已有社区造成重大影响,不可能受到欢迎。我们掌握的信息实在有限,无法进行更多的讨论。有迹象表明那些显赫的家族可能都居住在城里,其中至少产生过一位杰出人物:执政官弗拉维乌斯 • 布伊苏斯(Flavius Boethus),162—166 年任巴勒斯坦总督,我们是从作为学者和哲学家同时又对医药深感兴趣的盖伦(Galen)的作品中得知他的。[②]

弗拉维时期

叙利亚和阿拉伯

维斯帕先在执政期间在叙利亚修建了道路,显然是作为对更广泛地区进行军事重组的一部分。[③] 有人提出,也有证据表明他通过建设工程推行了积极有力的城市化政策。[④] 这与目前的讨论

[①] M. Avi-Yonah, *QDP* 12(1946), 85 no. 2; "Imp. Ner. Caesari Col. Ptol. Veter. Vici Nea Com. Et Gedru."没有理由像编写者那样将此碑文与道路建设联系起来。ibid. , 86 n. 3, "Pago Vicinal(i)",显示其属地范围与赫里奥波里斯一样,是根据 *pagi*(译注:附属于城市的乡村地区或社区)来组织的。关于 *vici*(农村定居点)和 *pagi* 的文字材料,参见第 427 页,注释⑥。另见 Y. Soreq, *JQR* 65(1975), 221—224。在第一处碑文以南 1.5 公里处发现了一个百人团 *cippus*(纪念碑):J. Meyer, *Scripta Classica Israelica* 7(1983/1984), 119—125, with an appendix by Applebaum, 125—128。在不远处还发现了另一则拉丁语碑文残片:ibid. , 117f. 。

[②] 参考文献详见 E. M. Smallwood, *The Jews under Roman Rule*(1981), 552。

[③] 参见第一章。

[④] G. W. Bowersock, *JRS* 63(1973), 133—140.

有关而必须加以检视。

最后一位纳巴泰国王拉贝尔二世在波斯卓进行的建设活动，与皇帝的父亲、维斯帕先任命的叙利亚总督马尔库斯·乌尔皮乌斯·图拉努斯(Marcus Ulpius Traianus)在波斯卓有关，但在讨论藩属王的建设活动时，似乎不必考虑来自罗马的影响或压力。我们在前面看到，希律一个人在修筑和建造方面就远比所有罗马总督加在一起还要积极。① 关于将波斯卓打造成罗马的阿拉伯行省首府，我们将在下文中进一步讨论。帕尔米拉早期的城墙被认为是维斯帕先修建的。② 不过，有人指出"这座城墙与罗马的影响丝毫无关，很可能是由帕尔米拉人自己垒起来的"，时间早在弗拉维时期以前。③

格拉森城在 1 世纪时采用了新的城市规划。有人提出整个这个计划可能都是由图拉努斯主动发起的。④ 然而，考古发掘者们相信它早在 60 年代或更早时就已开始。⑤ 另外，没有迹象表明该工程是由帝国当局率先启动的。建筑物题词留给我们的印象是，格拉森在 1 世纪和 2 世纪时发展速度很快。铭文中时间最早的那些记载了宙斯·奥林匹欧斯(Zeus Olympios)神庙的修建：第一则铭文的时间为公元 22/23 年，记载了神庙由一位曾为提庇留·凯撒担任

344

---

① 关于亲罗马的波斯卓，参见 M. Sartre, *Bostra, des origines à l'Islam*(1985),56—62. 另见 J.-M. Dentzer, *Berytus* 32(1984),163—174 谈到在纳巴泰圆拱附近进行的声波探测。

② Bowersock, *JRS* 63,137.

③ J. F. Metthews, *JRS* 74(1984),161.

④ Bowersock, *JRS* 63,138 讨论了来自格拉森城时间为 75/76 年的碑文 no.50,该碑文记载了西北门的修建(此处以及下文注释中的碑文编号均根据 C. H. Kreling, *Gerasa: City of the Decapolis*(1938))。

⑤ Kraeling,39ff., esp. 41:"根据西北门(碑文 no.50),格拉森城采用新规划的时间上限被定在 75/76 年。如果我们能肯定公元 66/67 年的碑文 no.45 和 no.46 说的是城墙而不是其他项目，或许我们就能将 *terminus ad quem*(终点)延后几年，但 *terminus a quo*(起点)仍不清楚……。"他的结论是，采用新城市规划的时间可能在约 1 世纪中期的 22—76 年之间。

祭司的公民个人出资修建;①第二处建筑铭文属于尼禄时期。② 在弗拉维父子治下,修建了西北门,时间为 75/76 年,接下来还有更多的建设活动。③ 在 2 世纪后半叶,修筑活动达到了顶峰。④ 这包括在 161—166 年盖起了一座新的宙斯神庙,用以取代在提庇留统治期间修建的老神庙和阿耳忒弥斯(Artemis)神庙,成为新城市规划的核心象征,也是格拉森最宏伟的建筑巨制。在建成于 1 世纪和 2 世纪的众多建筑物中,没有哪座据说是由帝国当局出资修建的。在 3 世纪中建了一座拱廊。⑤ 另有两处铭文可能与建筑有关。⑥ 到 5 世纪和 6 世纪时,建筑铭文就多得不计其数了。

　　另外,还有几个要点值得一提。首先,有 6 处铭文是献给阿拉伯地方行政长官的,另有一处铭文是由行政长官手下一名 *cornicularius*(小队长)设立的。⑦ 由于在行省首府波斯卓并未见到这种文字——那里有大量的铭文歌颂或是提到总督,同时也兼任驻扎在该城的军团司令官——看来行省的财政机关好像是设在格拉森,这里在商业和财力方面的重要性都超过波斯卓。不过,总督(叙利亚总督,106 年以后成为阿拉伯总督)也出现在许多铭文中。⑧ 似乎在格拉森城或其附近有一支驻军,这是东方行省中人们熟悉的现象。为第一"奥古斯塔·色雷斯"军团骑兵队现役士兵

345

---

① No. 2;对照 nos. 3—10。

② Nos. 45f. ,公元 66/67 年(本页注释⑤);no. 49,公元 67/68 年。

③ 参见 nos. 51f. 以及记载了莱匹乌斯·马克西姆斯(Lappius Maximus)在担任叙利亚总督时修建剧场的碑文,时间为公元 90/91 年: J. Pouilloux, *Liber Annuus* 27 (1977),246—254;29(1979),276—278. Rostovtzeff 关于弗拉维在外约旦的活动的离奇观点,参见下文第 347 页(按:原书页码)。

④ No. 53,公元 119/120 年和 130 年的 no. 58,接着是 nos. 60,63—65,69。

⑤ No. 74,公元 259 年。

⑥ Nos. 105f. ,公元 293—305 年,286—305 年。

⑦ Nos. 173,175—179,207f.

⑧ 关于叙利亚总督,参见本页注释③和碑文 no. 50;关于阿拉伯总督,参见 nos. 160—162,165,170。no. 1 纪念了一位纳巴泰国王,最后一则碑文是纪念阿雷塔斯(Aretas)或拉贝尔的。其意思不过是说明关系友好。

立的碑文,显示这支部队在那里待过一段时间。① 其他碑文中提到了第三"昔兰尼加"军团的士兵或整个军团。② 格拉森有好几位市民都在军中服役。有几个人既在军队,也在市政当局长期任职,与出现在赫里奥波里斯的情况一样。③ 有人既在行省行政长官的机构,又在城市当局任职。④ 当地的权贵们保持了帝国的宗教崇拜,⑤罗马的皇帝们也受到铺天盖地的赞誉。⑥ 大量铭文和一系列神庙体现了泛希腊化的诸神,对他们的崇拜反映在许多人名中。这些铭文传递出的印象是舒适安逸的上层和中层阶级,他们在帝国中生活优裕,发挥着当局希望他们发挥的作用。这个地方的人名也很有意思,大多数人用的是希腊-罗马混合式名字,也有人用纯罗马式姓名;但很少有人用闪米特式姓名。⑦ 铭文中使用的语

---

① Nos. 199—201.

② Nos. 23,31,211,213. 另外注意 no. 171,这是一则哈德良时期的碑文,其中提到了第六"费尔塔"军团:C. B. Welles,*ap.* Kraeling,435,no. 171;对照 D. Kennedy,*HSCP* 84(1980),298f. 。

③ no. 52:老兵和 *decurio*(十夫长)。no. 62:一名百夫长,曾任该城祭司,其子是 *eques*,*bouleutes*,*strategos*(=*duovir*)。No. 102 和 no. 219:埃利乌斯·日耳曼努斯(Aelius Germanus),*primipilarius*(由首席百夫长升任的骑马军官)。no. 183:一名百夫长。no. 119:T. Flavius Flavii Cerealii f. Quirina Flaccus(公元 115/116 年),几乎可以断定其祖上在犹地亚的第五"马其顿"军团服役,指挥官名叫赛克斯·维图勒努斯·赛里阿利斯(Sex. Vettulenus Cerialis),并因此获得公民身份。约瑟夫斯把赛雷阿利斯称作赛雷阿琉斯(Cerealius),例如见 *BJ* iii 7.32(310)。关于赛里阿利斯,参见 Schürer,i 515;这种士兵沿用其指挥官名字的情况,参见 B. Isaac,*Heer und Integrationspolitik*,eds. W. Eck and H. Wolff(1986),259—262。公元 152 年的 no. 164:L. 乌尔皮乌斯·赛里阿利斯(L. Ulpius Cerialis),其祖上可能是被维图勒努斯·赛里阿利斯招募入伍的,后在图拉真统治期间复员并遣散。

④ Nos. 62,189f. 另外注意 no. 53,公元 119/120 年,由安条克帝国神庙的祭司为他身为 *agoranomos*(营造官)的儿子所立。

⑤ Nos. 2(上页注释①),10,53。

⑥ 图拉真于 115 年:nos. 56/57,no. 119;哈德良,于 129/130 年访问该镇:nos. 143—145 and no. 58(凯旋拱门)。

⑦ 例如 no. 15:马尔克斯(Malchos),马尔克斯之子狄米特里奥斯(Demetrios)之子;no. 16:拉格罗斯(Rhagelos)之子亚莫罗斯(Ameros);no. 29:马尔克斯之子利奥尼达斯(Leonidas)。

346 言几乎没有例外都是希腊语,拉丁语只限于由或是为帝国官员和士兵刻写的铭文。① 来自格拉森的铭文中没有多少内容让人想起当地的土著人口背景。

与来自赫里奥波里斯的材料进行一番比较很有意思。出现在赫里奥波里斯的材料中的一个社会阶层在格拉森并不存在,在格拉森没有发现任何证据表明当地有 *equites*(骑士)或元老院成员,更不用说执政官了。② 格拉森的本地人口不用拉丁语,但在这两个城市中几乎都看不出它们有闪米特背景;而另一方面,正如我们后面将看到的,这与来自波斯卓的材料形成了颇为惊人的反差。

犹地亚

"公元 70 年的巴勒斯坦战争导致弗拉维皇帝试图用一系列希腊化的城市来包围犹地亚这个宗教狂热主义的中心,以此用一个希腊化的铁环来封锁住犹太主义……维斯帕先和多米提安将大批罗马退伍老兵安置在外约旦,这些人要么是希腊人出身,要么已经彻底希腊化了。"③显然,罗斯托夫采夫与监察官老加图一样,对反对帝国当局的叛乱分子没有多少同情心。这是一个选择立场和意识形态的问题。但弗拉维皇帝用一系列城市和老兵定居地来包围犹地亚的说法,我们可以对其进行验证,看结果是得到证实,还是应予否决。这关系到如何看待罗马对暴动的反应,以及利用城市建设中的积极主义作为手段来控制帝国中的那些敌对群体。

我们在上文中看到,事实上,并无证据表明弗拉维在推进叙利

① 我统计了下,有 5 处平民立的拉丁语碑文,5 处士兵立的希腊语碑文,3 处士兵立的双语碑文。
② 参见 G. W. Bowersock, *Epigrafia e ordine senatorio*,651—658:没有来自犹地亚/巴勒斯坦或来自阿拉伯的元老院成员。关于 *equites*,参见下文。
③ M. Rostovtzeff,*Caravan Cities*(1932),67.

亚和外约旦的城市化发展方面有什么行动。不过,这仍然留有一
种可能,即我们有可能在犹太人的地域周围发现弗拉维的那个"希
腊化铁环"的相关证据。① 我们在某种程度上知道他在犹地亚行
省中采取的措施。约瑟夫斯说过下面这些话:

> 在大约相同的时候,恺撒给巴苏斯和当地的行政长官拉
> 贝里乌斯·马克西姆(Laberius Maximus)发去命令,要他们
> 把所有的犹太土地都处理掉。因为他在保持犹太人的领土时 347
> 连一个自己的城市都没有建立,只分配了 800 名退伍老兵到
> 一个叫作以玛忤斯的地方建立了定居地⋯⋯②

在这段经常遭人误解的话中,约瑟夫斯想要强调的是,维斯帕
先下令将所有在犹地亚没收来的土地进行拍卖。犹太人的土地并
未被分配给来自异国的定居者,因为维斯帕先并没有建立一个新
的弗拉维城(即老兵殖民地)来取代耶路撒冷。这当然是罗斯托夫
采夫想象出来的那个"希腊化城市系列"中的第一环。约瑟夫斯明
确提到,在以玛忤斯人数不多的定居安置是一个例外情况。这个
定居地可以肯定就是莫萨(Moza),③位于耶路撒冷周围一个土地
最肥沃、环境最怡人的谷地中,那里水源充足,有大片农田,并位于
从沿海平原到耶路撒冷的主干道上。就是这样一个老兵殖民

---

① 关于弗拉维在暴动后的巴勒斯坦开展城市化建设的观点,亦可参见 M. Avi-Yo-
nah,*RE* Supp. xiii(1974), s. v. Palaestina, col. 398;*The Holy Land*(revised edn.
1977),111f. 。不完全清楚 Avi-Yonah 如何看待这一过程。他似乎认为,将一个地
区改变为城市的行政决定就会促进该地的城市化发展。
② *BJ* vii 6.6(216),译文及诠释详见 B. Isaac,*JJS* 35(1984),44—50。
③ Schürer,i(revised edn.),512 n.142;最新的研究结果即将发表,参见 M. Fischer,
B. Isaac and I. Roll,*Roman Roads in Judaea*,ii. 必须强调这不是具有 *polis* 地位
的定居地,更不是罗马殖民地了。它没有出现在《法学汇编》列出的罗马殖民地名
单中,没有作为殖民地被普林尼提及,也没有发行过钱币。

地——由于太小而未能获得殖民地的地位——也都留下了印记。19 世纪时,这个村子的村名仍然是"Qolonia"(意即殖民地),在该村还发现一名年轻女子的墓碑上用的是罗马姓名,碑文用的是拉丁语。[①]

我们在第三章中已经讨论了现有的、关于犹太战争以后在犹地亚进行军事整合的证据。在那里强化了驻军,并且耶路撒冷成了军团总部所在地。约瑟夫斯提供的这方面信息也得到了印证。然而,并无证据表明在从维斯帕先到哈德良期间有大规模的由军队实施的建设活动。犹地亚有两个城市获得了"弗拉维亚"的名称,分别是佐培(雅法)和奈阿波利。[②] 这两个地方都是在战争中遭受严重破坏的社区。[③] 没有证据显示有新的定居者被安置到这些城市,或是原先居住在那里的犹太人和撒马利亚人被赶走。在佐培发现了相当数量的犹太墓地。[④] 已经证实在图拉真统治期间那里有一名犹太人 *agoranomos*(营造官)。[⑤] 在多米提安治下,奈阿波利发行的钱币上不再使用异教字体。维斯帕先给恺撒利亚授予了殖民地地位,但显然与此同时并没有将退伍老兵安置到这个

---

① Y. H. Landau, *Acta of the Fifth International Congress of Greek and Latin Epigraphy*, *Cambridge* 1967(1971), 389: "Valeria L. f. Sedata vix(it) an(nos) iiii."

② 佐培:关于从卡拉卡拉到塞维鲁·亚历山大时期的钱币,参见 A. Kindler, *Museum Haaretz Yearbook* 20/21(1985/1986), 21—36;对照 Kindler and Stein, 157—159。奈阿波利:多米提安的钱币时间不早于 82/83 年, *BMC Palestine*, 45, no. 2。对照 Pliny, *NH* v 13. 69: "intus autem Samariae oppida Neapolis, quod antea Mamortha dicebatur ... "; Josephus, *BJ* iv 8. 1(449)。对照 Kindler and Stein, 162—176。

③ 关于佐培,参见 Josephus, *BJ* ii 18. 10(507—509);iii 9. 2—4(414—431)。奈阿波利,曾经叫作玛阿巴沙(Ma'abartha),位于基里心山脚下,参见 *BJ* iii 8. 32(307—315)。

④ Frey, *CII* ii, nos. 892—960.

⑤ *SEG* xxxi 1410:用来秤铅重量的刻有文字的模子,时间为公元 107 年和 110 年。这位 *agoranomos* 名叫犹大。

城市来定居。① 授予地位是对当地在犹太战争中支持过罗马的一种奖励,并可能以此纪念维斯帕先在恺撒利亚被他自己的军队拥立称帝这一事实——所以这个殖民地的全称才会是:*Colonia Prima Flavia Caesarea*("弗拉维亚恺撒利亚第一殖民地")。② 授予殖民地地位将产生深远的影响,这意味着该城的部分市民将获得罗马公民资格;也会批准该城享有免税的特权。③

　　根据这些情况,我们将如何评价在犹地亚的活动呢? 驻军得到加强。唯一与安置老兵有关的证据也只涉及以玛忤斯的一个小小社区。耶路撒冷遭到毁城。有 3 个城市被授予不同程度的特权。然而,没有任何证据表明弗拉维采取过具体的步骤来促进城市的战后重建。在恺撒利亚有希律的纪念碑和一座哈德良时期修建的高架渠。或许在弗拉维治下有过一些建设活动,但相关证据阙无,也没有任何依据可以让我们认为帝国或行省当局资助过或哪怕是鼓励过城市建设。弗拉维的犹地亚政策中最奇怪之处就是没有进行大规模的重组和重建。罗斯托夫采夫所宣称的弗拉维的措施至多不过代表了他自己认为罗马人应该做的事情。

图拉真:阿拉伯

　　图拉真兼并了纳巴泰王国。那里的守备部队是一个罗马军团

---

① 引述的论点详见 *Talanta* 12—13(1980—1981),39—43。
② "Prima"的意思是该城"忠诚度第一"。并无时间方面的含义,因为同一称号也被授予弗拉维在帕埃斯图姆(Paestum)建立的老兵殖民地或被殖民地采用:"Colonia Flavia Prima Paesti"。参见 L. Keppie,*PBSR* 52(1984),100—103,esp. 101。
③ Paulus,*Dig.* L. 15. 8. 7:"Divus Vespasianus Caesarienses colonos fecit non adiecto, ut et iuris Italici essent, sed tributum his remisit capitis; sed divus Titus etiam solum immune factum interpretatus est. Similes his Capitulenses esse videntur." Ulpian,*Dig.* L. 15. 1:"In Palaestina duae fuerunt coloniae, Caesarienses et Aelia Capitolina, sed neutra ius Italicum habet. Divus quoque Severus in Sebastenam coloniam deduxit."

及其辅助军,从在北部的波斯卓到红海边上的阿伊拉修筑了一条
新的大路。① 军团总部设在波斯卓,这里也成了总督的府邸所在
地,并被重新命名为"新图拉真"(Nova Traiana)。② 有人可能会
憧憬这将导致该城的快速发展。③ 在波斯卓发现了大量的建筑铭
文,但其中只有区区两处的时间为 259/260 年到查士丁尼期间。
不出我们所料,有一座为罗马和奥古斯都修建的神庙。④ 该城献
给宙斯·埃皮卡皮乌斯(Zeus Epicarpius)的祭坛修建时间已确定
为 181 年。⑤ 这或许表明过去这里也有一座神庙。除此之外,再
没有其他关于波斯卓在纳巴泰王国被兼并为罗马行省后,进行过
实际建设的信息了,更不要说有关帝国给予直接鼓励或支持的证
据了。有一个例外的情况,那就是在 3 世纪时对该城进行了设防
加固。与亚德拉阿的情况一样,工程是由总督启动的。数量最多
的建筑铭文属于 5 世纪末 6 世纪初这一时期。⑥ 这些铭文中也有
一部分提到了修筑或修缮设防工事。

　　来自波斯卓的铭文材料可以让我们得出各种有趣的观察。首
先,当地人口与军队在任何社会层次上都没有发生融合。与我们
在格拉森和赫里奥波里斯见到的情况截然不同,似乎没有任何城
市行政官或 *bouleutai*(元老院成员)在军中任职,⑦军官们似乎也
都没有像在帕尔米拉那样担任文职职务。⑧ 重要的是,目前没有

① 关于该城,参见 A. Kindler, *The Coinage of Bostra*(1983);Sartre, *Bostra*。另见 F.
　 E. Peters, *JAOS* 97(1977),266—275 讨论了被罗马兼并以前的波斯卓。
② Sartre,76f. ;关于城市制度,参见第 78—87 页。新名称首次得到证实,参见 *IGLS*
　 xiii 1 no. 91,并出现在安东尼纳斯·庇护的钱币上;Kindler,105f. ,nos. 2,4。
③ 关于该城 2 世纪和 3 世纪的建筑物,参见 Sartre,ch. IV。
④ *IGLS* xiii 9143.
⑤ *IGLS* xiii 9104.
⑥ Sartre,122—129.
⑦ 唯一的例外是弗拉维乌斯·克莱门斯(Flavius Clemens),他是老兵,并曾任 *bene-*
　 ficiarius:*IGLS* xiii 9422.
⑧ H. -G. Pflaum, *Les Carrières procuratoriennes* , nos. 155 and 180; H. Seyrig, *Syria*
　 14(1933),152—168.

证据表明从波斯卓或任何其他阿拉伯城市中产生过元老院成员。① 我们只知道有 6 名 *equites* 来自这个行省,其中有 3 个人还不能确定。② 铭文使用的语言也同样引人注意。在 229 处用希腊语刻写的墓碑碑文中,只有 5 处说明逝者为士兵。在 35 处拉丁语墓碑碑文中,只有 6 处记载了是平民的坟墓。军事碑文中包括由士兵为其亲属立的墓碑或由士兵家属为士兵立的墓碑;在身为母亲和妻子的女性当中,没有什么证据表明她们与当地有关。除了墓碑碑文外,还有超过 46 处铭文是由官员、军事单位和士兵个人设立的;这些铭文当中只有 6 处用了希腊语,其他均使用拉丁语。建筑铭文中除一处外均使用希腊语。在铭文材料中明确地表现了总督和军团总部的存在,但很有可能阿拉伯的地方行政长官总部设在格拉森,因为该城作为财政中心具有更多的重要性。

350

　　最近有人对人名材料进行了详细研究。③ 并不让人感到奇怪的是,士兵和帝国官员都坚持使用罗马姓名。他们的姓名都采用希腊式和罗马式。而另一方面没有多少平民和当地官员可以通过 *nomen gentis*（祖姓）和 *cognomen*（姓氏）被有把握地认定为罗马公民。唯一的例外是 *bouleutai*,有数处官方铭文和两处墓葬铭文中都提到了这些人。④ 很多平民和极少数士兵采用了闪米特姓名。⑤

　　让我们小结一下。在波斯卓的铭文中清楚地反映了由皇帝特

---

① 名单详见 Bowersock,*Epigrafia* ii 664—668。阿拉伯人腓力皇帝本人就是一名 *eques*（骑士）。

② H. Devijver,*DRBE*,191f. 他指出（第 198 页）根本没有来自卡帕多西亚、亚美尼亚或美索不达米亚的骑士军官。

③ Sartre,ch. IV 以及索引和评论。

④ *IGLS* 9403,9409.

⑤ *IGLS* 9169;另见 9199。但是,J. C. Mann, *Legionary Recruitment and Veteran Settlement during the Principate*（1983）,42,with Table 26 说明,到 3 世纪时,至少有部分新兵加入了第三"昔兰尼加"军团,而且这些人中很可能至少有部分来自波斯卓或其属地。

使率领的驻军存在,但这些铭文中并未提供表明军队与平民之间发生了社会和文化融合的证据,好像来自赫里奥波里斯和许多西方行省的材料那样。[①] 也许我们可以说,波斯卓是一个希腊化而不是罗马化的阿拉伯人城市。通过建筑铭文判断,这座城市的发展要比格拉森城缓慢得多。波斯卓是行省首府,但事实上没有迹象表明在帝政时代它是一座繁荣的"商队城市"。来自赫里奥波里斯、格拉森和波斯卓的材料显示,泛希腊化文化和罗马的征服对每个城市造成的影响各有不同。在赫里奥波里斯这个重要的宗教圣地和繁荣的老兵殖民地,那些特征直到 3 世纪时还可以观察到。格拉森是个稍稍兴旺的小城,定居人口已彻底希腊化。它有可能是阿拉伯行省负责财政的行政长官的官衙所在地。有部分证据表明那里驻有军事人员,但在规模上无法与波斯卓的军队相提并论,后者是军团总部和行使总督的官府所在地。在波斯卓,希腊化的纳巴泰人与军队成员及其亲属之间划有一道明确的界线。似乎很明显,在赫里奥波里斯观察到的那种模式在东方的老兵殖民地中具有代表性,虽然来自贝来图斯、托勒迈斯和阿里亚加皮特里纳的证据要少得多。

有确凿的证据证明为图拉真治下实施的建设项目,只有公元 106—114 年修建的一条通到卡纳塔的高架渠工程。[②]

我们必须强调,在本章和前一章中加以详细研究的这些城市在选择上带有机会主义味道。没有提到帕尔米拉是因为它的独特性,没有选择安条克乃是因为它作为古代的大都市,很难确定哪些

351

---

① 3 世纪中期的钱币上倒印着这样的词语"Concordia Bostrenorum, Zeus-Ammon",驻军的人格化象征站在波斯卓城的提喀女神对面;Kindler, nos. 48 and 56。Kindler, 92f. 指出由该城铸币当局(而不是行省铸币厂)发行的钱币不像爱利亚或阿卡的殖民地钱币,上面并没有印 *vexilla*(特遣支队)或是"III Cyr."(第三"昔兰尼加"军团的缩略形式)字样。

② *IGR* iii 1291;*OGIS* 618;对照 *SEG* vii 969。

是罗马的征服所造成的影响。不过,就目前来看,我们得出的这些结论似乎还是有效的。

哈 德 良

哈德良被认为开展了广泛的建设活动。借用舒勒(Schürer)的话来说:"无论是去到哪里,他都将文明的工程推进一步。既有装饰功能又有实用价值的建筑物被竖立起来。他举办庆典运动会:他是所有行省的'光复者'。"①哈德良确实想要被人们称作"光复者"、"创始者"等等;当然,他也的确举办过庆典运动会。不过,在东方行省中并没有多少建筑物可以肯定地归功于他的善举。历史学家和考古学者们太轻易地相信,每一处刻有皇帝名字的建筑物就是由这位皇帝出钱修造的。② 其实正相反,有的铭文将一座建筑物献给某位皇帝,但同时清楚说明了资金是由某个私人提供,例如大列普齐斯(Lepcis Magna)上的铭文,③以及著名的阿尔坎塔拉大石桥上的铭文。④

不过,官僚体系的各种活动还是有迹可循的。在黎巴嫩的帝国森林被用刻字碑仔细地进行了标志。⑤ 这是一个值得注意的材料,它显示出在这一地区帝国领土的覆盖范围:森林都在山区,而有人耕种的平原被保留为城市属地。⑥ 在帕尔米拉和埃默萨的属

---

① Schürer,i 541f.

② 对 L. Robert 毫无道理的批评,参见 Ch. Ricard,*RA*(1963),110f. with fig. 3.

③ *ILS* 5754:(Hadrian in abl.)"Q. Servi[1]ius Candidus sua impensa aquam quesit[a]m et elevatam in coloniam perduxit. "

④ 参见上文第 333 页(按:原书页码)。

⑤ 都收集于 *IGLS* viii 3,ed. Jean-Francois Breton(1980)。

⑥ 我不太清楚编写者这样写想要表达什么意思:"les inscriptions forestières attestent la pérennité d'un domaine impérial qui correspond approximativement au territoire de la colonie Béryte"。

地之间设立了界碑石。① 在叙利亚的城市中进行了人口登记。②
著名的帕尔米拉税收法在哈德良时期被刻在了石碑上。③ 哈德良
在叙利亚、阿拉伯、特别是在犹地亚修筑了道路,如上文所述,不过
那都属于军事方面的整合活动。

　　对本章来说,重要的是有关系统的城市化发展的证据,包括对
新的城市和原有旧城进行实际的建设和帮助。让我们从犹地亚开
始。我们知道有两座被叫作"哈德良纳伊昂"(Hadrianeion)的建
筑物,分别在恺撒利亚和提比里亚。④ 我们对这些建筑物的性质
一无所知,也没有证据表明是哈德良启动了它们的建造。在锡索
波利斯以南有一座丰碑样式的建筑物,可能是一座凯旋拱门,上面
清楚地刻有哈德良的名字。⑤ 这可能与他到该省巡视过有关,
但没有迹象表明是谁出钱修了这座拱门。恺撒利亚接受了一条由
军团分遣队修筑的高架渠。⑥ 然而,在整个帝国中,同其他建筑相
比,高架渠更经常是由军队来修建的,这可能是因为修高架渠需要
某些在民间很难找到的专门技术。⑦

　　哈德良在犹地亚行省中的主要计划当然就是建设他的新耶路
撒冷,按照卡西乌斯·狄奥的说法,阿里亚加皮特里纳被建立来取
代已遭毁城的耶路撒冷。⑧ 狄奥还补充说,哈德良"修建了另一座

---

①　*IGLS* v 2550;对照 D. Schlumberger,*Syria* 20(1939),43—73。边界线最早是由克
　　雷提库斯·希拉努斯(Creticus Silanus)划定的,他从 11/12 年到 16/17 年一直任
　　总督。另见 J. Matthews,*JRS* 74(1984),175 n. 10。

②　Rey-Coquais,*JRS* 53 n. 114.

③　Matthews,*JRS* 74,esp. 175 n. 10;H. Seyrig,*Syria* 22(1941),163—165。

④　参考文献详见 Schürer,i 542;Smallwood,*Jews*,432。

⑤　参见上文第 307 页(按:原书页码)。

⑥　参考文献详见 B. Isaac and I. Roll,*Latomus* 38(1979),59f. 。

⑦　不过,关于资助修建高架渠,参见 W. Eck in *Die Wasserversorgung Antiker
　　Städte*,ed. Frontinus-Gesellschaft(1987)。Eck,77 认为军队的贡献并不重要。关
　　于皇帝的贡献,参见 76f. 。

⑧　Dio lxix 12. 1。关于后来发生的巴柯巴暴动,参见 B. Isaac and A. Oppenheimer,
　　JJS 36(1985),33—60。

圣殿献给宙斯,而不是上帝"。这里明确提到了至少有一座神庙是在皇帝的命令下修建的。但在现代文献中,哈德良不仅被认为主动创建了一座新城,还说他实际重建了被维斯帕先夷为废墟的城市。来自拜占庭的史料中的确列出了城中的各所公共建筑;①但我们没有必要指望一位拜占庭时期的作者,对于阿里亚加皮特里纳有哪些建筑真的建成于哈德良时代能够知道多少。最早的目击证人是来自于波尔多(Bordeaux)的朝圣者们,他们在 333 年到访了耶路撒冷城,这已是经过了君士坦丁的建设活动以后了。② 他们提到的罗马式建筑只有圣殿山上的两座帝国雕塑(statuae duae Hadriani("两座哈德良的塑像"))、③西罗亚(Siloam)水池处的 4 座门廊和城墙、当然还有君士坦丁建的圣墓大教堂。由此可见,并无明确的证据表明哈德良本人或他下属的政府当局,负责修建过任何建筑物。重要的是,即便是在希菲林纳斯(Xiphilinus)编辑的版本中,狄奥也没有提到哈德良在耶路撒冷进行过任何城市建设,尽管他提到了哈德良在别处的行动。据说,他在多个城市中修建了剧场。④ 在埃及,他修复了庞贝的纪念碑,并建起了安提奴波利斯城(Antinoopolis)。⑤ 他还出钱在雅典修建了奥林匹亚神庙,但在耶路撒冷,我们只知道他宣布建城并修了一座神庙。

　　如果有考古发现的话,这些就都不重要了,特别是如果有铭文显示耶路撒冷是在哈德良治下得以重新建设的话。但是,没有哪

353

---

① *Chron. paschale*,ed. Dindorf,i,p. 474.

② *Itinerarium Burdigalense* 589—597,ed. P. Geyer,*Itinera Hierosolymitana*,*CCSL* clxxv 15—19.

③ 对照 Jerome,in *Esaiam* i 2.9(*CCSL* lxxiiia 33):"ubi quondam erat templum et religio Dei,ibi Hadriani statua et Iovis idolum collocatum est";*Com. in Matt.* 24:15 (*CCSL* lxxvii 226):"potest autem simpliciter aut de Antichristo accipi aut de imagine Caesaris,quam Pilaatus posuit in templo,aut de Hadriani equestri statua quae in ipso sancto sanctorum loco usque in praesentem diem stetit"。

④ Dio lxix 10.1.

⑤ lxix 11.1—2.

怕一处来自耶路撒冷的建筑铭文记载了该建筑是由哈德良所建。最早的殖民地铭文是刻在一座雕塑底座上的文字,其中提到了安东尼纳斯·庇护,[1]另外,两处有时间的铭文都来自塞维鲁时期。[2] 这两处均不是建筑铭文。由于从哈德良到君士坦丁期间的铭文本来就不多,所以我们可以说缺少提及哈德良的铭文本身并不重要。不过,如果与考古证据结合起来,这就变得很重要了。自从 1967 年以来,在阿里亚加皮特里纳旧址南部已经进行了大量的考古发掘,[3]没有发现任何时间为 2 世纪和 3 世纪的建筑遗迹。[4]我们能够得出的基本结论就是,阿里亚加皮特里纳的建设进展很慢。耶路撒冷在拜占庭时期成了基督教朝圣中心和帝国资助的重点这一事实,并不能作为依据得出爱利亚在哈德良到君士坦丁时期是一座繁华之城的假设。唯一经过验证确定为军团士兵所修的建筑物是一座高架渠。[5]

在叙利亚和阿拉伯,似乎也同样缺乏铭文证据来证明由哈德良启动的建设活动。在格拉森修建凯旋门是为了庆祝帝国首脑的到访,显然这是市民方面在宣示忠诚,而不是皇帝对城市建设作出的贡献。[6] 帕尔米拉城的一处碑文也是如此,其目的是为了感谢

354

---

① *CIL* iii 116(6639).

② M. Avi-Yonah,"The Latin Inscription from the Excavations in Jersalem",in B. Mazar,*The Excavations in the Old City of Jerusalem*,*Preliminary Report of the First Season*,1968(1969),22—24. *CIL* iii 6641(12080a).

③ 关于在耶路撒冷的考古成果,参见 H. Geva,*IEJ* 34(1984),239—254。另见下文第 427 页(按:原书页码),关于在耶路撒冷的第十"夫累腾西斯"军团大本营。

④ Geva,240—244,2351. 在耶路撒冷南部地区进行了大规模考古发掘,目前只发表了初步报告和大众性报道:N. Avigad,*Discovering Jerusalem*(1983);M. Ben Dov,*In the Shadow of the Temple*(1985). 在后一本书中,第 195—198 页提到一个房间中发现了 2 世纪和 3 世纪的物品和钱币;另见第 199—205 页,有这一时期发现物的照片。

⑤ 见百人团碑文,收集于 L. Vetrali,*Liber Annuus* 17(1967),149—161,figs. 1—5。

⑥ Welles,*ap.* Kraeling,no. 58;与哈德良在该城有关的另一处碑文,参见 nos. 30,143—145。

一位市民,他在哈德良于 130 年到访该城时慷慨解囊,提供了油料并在各方面协助接待帝国巡视团,特别是他本人支付了修建宙斯神庙(或称为巴尔夏明(Baalshamin)神庙)的花销,这座神庙"有一个前厅和另一座石柱廊"。① 如果皇帝本人在其巡访过程中对此也出资赞助过的话,有关证据已经无迹可寻了。

　　哈德良一般被认为在发起和资助城市建设项目方面比其他任何皇帝都做得更多。虽然本书只关注东方边疆行省的情况,但通过考察哈德良在其他地区的杰作有何证据,以此来检验我们在本章中得出的那些结论是否在总体上站得住脚,将是有效的做法。这绝非试图对哈德良时期的建设项目作一个全面的叙述,而只是在阅读了方便的材料基础上作一个大致的勾画而已。这种做法似乎被证明有其合理性,因为并不是零星的例外情况,而是大部分材料都显示出同一种行为模式。这些材料来自韦伯(Weber)关于哈德良的著作,再用后来公布的碑文材料作为补充。②《罗马皇帝传》中声称哈德良"在所有城市中都进行了建设,并举办了运动会"。③ 还说,"尽管他在各地修造了无数的建筑物,但他只把自己的名字刻在了其父亲图拉真的神庙上"。④ 对于这些说法不能未经有力的验证就轻易接受。如果皇帝的名字并未出现在这些建筑物上,那作者又是怎么知道这些建筑物是由哈德良修造的呢?

　　在 2 世纪中叶写作的波桑尼阿斯煞有介事地说:"有些诸神的神庙是他重新修建的,而有的则是由他来献给众神并提供器

---

①　*IGR* iii 1054.

②　W. Weber, *Untersuchungen zur Geschichte des Kaisers Hadrianus* (1907, repr. 1973).

③　SHA, *Hadrian* 19. 2:"in omnibus paene urbibus et aliquid aedificavit et ludos edidit."

④　ibid. ,19. 9:"cum opera ubique infinita fecisset,numquam ipse nisi in Traiani patris templo nomen suum scripsit."

具；他给希腊的城市赐予了礼物，也给那些请求他帮助的蛮族人以恩赐：所有这些都记录在了雅典的帕特农神庙中。"①而在一则同时代的史料中却只提到了神庙和礼物。狄奥宣称哈德良还有其他的丰功伟绩："他帮助了几乎所有的城市，有的城市他赏赐了高架渠，有的他资助修建了港口，其他城市则得到了食物、公共工程、钱财和各种荣誉。"②这的确是一份哈德良为这些城市建设项目的捐资记录。③　不过，作者把这些都描述成特别的个案，因此，我们仍不清楚这些工程的规模到底有多大。只有铭文证据才能为我们提供直观的感受，但重要的是不要被铭文中那些浮夸的语言所误导。

　　关于误读，一个绝妙的例子就是雅典的"哈德良拱门"上那则著名的铭文，在拱门的一面刻写着："这就是雅典，曾经的忒修斯之城"，而在拱门的另一面刻的是"这是哈德良的城市，而不是忒修斯之城"。④　如果仅从表面上去解读这两段铭文势必导致这样一个结论，它们说的是一回事："这已不再是忒修斯的城市了，因为它已经由哈德良重新建立"。此乃这位皇帝自大狂式的宣言，他居然想要取代神话中的忒修斯成为雅典的创建者。⑤　然而，据我所知，所有现代的评论者们都遵循着一位古代注释者说过的话："当哈德良到访雅典时，他延长了雅典的城墙，他在原有城墙的地方写下了：'这是忒修斯所建，而不是哈德良。'而在他自己奠基建墙的地方又写下了：'这是哈德良所建，而不是忒修斯。'"⑥显然，这位注释者误读了这些铭文。然而，常有人说，这些文字说明这座拱门标志着

---

① 　i 5.5.
② 　lxix 5.2.
③ 　另见 *Orac. Sibyll.* 12.163—175，其中提到了神庙。
④ 　*IG* iii 401. *IG* iii 402. 总提参见 P. Graindor, *Athènes sous Hadrien* (1934)。
⑤ 　如果不是这样，那就是雅典人对喜好奉承的皇帝作出的谄媚姿态。对照纪念哈德良作为普拉提亚(Plataea)创建者的碑文(*AE* 1937.8)。
⑥ 　Schol. Aristid. Panath. iii 201.32 Dind.

雅典旧城与哈德良修建的新城区之间的分界线。关于这个新城区
的存在并无可靠的证据证明。① 在雅典,已知的由哈德良帮助获
得资金修建的最重要的建筑物就是宙斯神庙,他在这座建筑上有
自己的个人利益。② 波桑尼阿斯还提到过一座赫拉神庙和泛希腊
宙斯神庙(Zeus Panhellenios)、一座万神庙、一座图书馆和一座运
动场。③ 但狄奥对此作了某些改动。④ 他说哈德良批准希腊人以
他的名义修建了被称作"泛希腊"的圣殿。保塞尼亚斯(Pausani-
as,译注:公元 2 世纪希腊历史家、地理学家)是跟哈德良同时代的
史料来源,他对哈德良的"新雅典"保持沉默是具有决定意义的。
狄奥也从未提到这个叫法。⑤ 也许哈德良在雅典建设了很多项
目,但我们不能说对此已有可靠的证据。⑥

　　埃及的安提奴波利斯城可能是一个例外。我们的确知道哈德
良在这里创建了一座新城,而且有可能他实际上还经手了该城的
具体建设,尽管这只是假设,尚未得到证实。⑦ 在第三章中讨论过
的哈德良道路的建设也与这座城市的创建有关,但该道路并不是
城市建设的组成部分。

　　其他地方的证据都少得可怜。能够确定的是哈德良出资修建

① 　SHA,*Hadrian* 20.4:"Et cum titulus in operibus non amaret,multas civitates
　　Hadrinopolis appellavit,ut ipsam Carthaginem et Athenarum partem."这无非证实
　　了哈德良重新命名了雅典的一个城区,而不是说他修建了这座城市。如果它有意
　　义的话——我们并未听说雅典有任何地方叫作"哈德良诺波利斯"——可能是与
　　Pausanias i 5.5 中提到的叫作"哈德良尼斯(Hadrianis)"的 *phyle*(宗族)名弄混了。

② 　Pausanias i 18.9 以及一段错误百出的文字,来自 Stephanus Byz. s. v. Olympieion。
　　另见 *AE* 1916.24f.。

③ 　i 18.6.关于奥林匹亚宙斯神庙的废墟(Olympieion),参见 Graindor,218—225;关
　　于该藏书阁,参见 ibid.,230—245。

④ 　lxix 16.1f.

⑤ 　lxix 16.1 只提到了奥林匹亚宙斯神庙废墟。

⑥ 　另见 *AE* 1912.214。

⑦ 　H. I. Bell,*JRS* 30(1940),133ff. 另外,P. V. Pistorius,*Indices Antinoopolitani*
　　(1939);A. Bernard,*Les portes du désert*(1984),23—107。

了庙宇,正如波桑尼阿斯所说。① 斐洛斯特拉图斯(Philostratus)告诉我们说,哈德良出资修建了一个谷物市场、一座运动场和一座位于士麦那(Smyrna)的神庙。② 在以弗所,他拨出资金修建了庙宇和港口。③ 在卢比亚(Lupia),有一个码头也是哈德良修建的。④ 他在特拉布松修建的港口已在上文中提到过。⑤ 这些都验证了狄奥的说法,他说哈德良修建了港口。其他有确凿证据的建筑物还有海姆波利斯(Hyampolis)的拱廊⑥和科林斯(Corinth)的浴场。⑦ 据狄奥说,与其他皇帝一样,哈德良的确修建了高架渠。这经常是由罗马当局提供的一项服务。我们已经讲过"海上恺撒利亚"的高架渠。已经证实是由哈德良修建的高架渠还出现在雅典、⑧萨米泽盖图萨(Sarmizegetusa)、⑨狄尔哈琴(Dyrrhachium)、科林斯和尼西亚(Nicaea)等地。⑩ 在科西嘉岛(Corsica)的阿莱西亚哈德

① x 35.4:在亚拜(Abai)的阿波罗神庙;i 42.5:在麦加拉(Megara)的阿波罗神庙;viii 10.2:修复曼提尼亚(Mantineia)的波塞冬神庙。波桑尼阿斯对这两类建筑物作了区分,一种只是挂上了皇帝的名字,而另一种由皇帝实际出资修建。如果我们相信 Historia Augusta,*Hadrian* 12.3 中所言,哈德良为修复塔拉库(Tarraco)的奥古斯都神庙出了钱。来自 Nomentum,*AE* 1976.114,经人大肆篡改后,内容模棱两可。

② *Vit. Soph.* i 25.531 K. 同一作者,*Vit. Soph.* ii 1.548K,讲了一个有关在亚历山大里亚的特洛亚(Troas)(伊利翁)修建高架渠的故事,其中包括著名的赫罗狄斯·阿提库斯的父亲讲述了哈德良在乡村慷慨撒钱的效果。故事暗含的意味是,哈德良为修筑高架渠准备了大笔资金,但这个项目却是由赫罗狄斯·阿提库斯和他父亲完成的。对照 F. Millar,*The Emperor in the Roman World*(1977),199。

③ *Syll.*² ,289.

④ Pausanias vi 19.9.

⑤ 参见上文第 48 页(按:原书页码)。

⑥ 据 Pausanias x 35.6 记载,哈德良建了拱廊,以自己的名字命名。

⑦ Pausanias ii 3.5.

⑧ *CIL* iii 549;A. Kokkou,*Arch Delt.* 25(1970),150—172.

⑨ *CIL* iii 1446;(Hadrian in abl.)"aqua inducta colon. Dacic. Sarmiz. per Cn. Papirium Aelianum legat. eius pr. pr."

⑩ 狄尔哈琴:*CIL* iii 709。科林斯:Pausanias viii 22.3;对照 W. Biers,*Hesperia* 47 (1978),171—184。尼西亚:S. Sahin,*Die Inschriften von Iznik*,i(1979),no. 55。哈德良统治期间,在大列普齐斯建了一座高架渠,但由市民分摊费用(*ILS* 5754;*AE* 1977.848)。

良(?)修建了某种水利设施。① 除此之外,证据表明他只是偶尔会对蒙受灾害的城市给予一些帮助,而一般认为每位皇帝均负有这种义务。② 最后,也是重要的一点,在众多采用哈德良历法的城市中,包括雅典和加沙,只有两个名不见经传的小城在这位皇帝驾崩后还将这个历法继续沿用了一段时间。③ 这显示出那些城市对哈德良并没有多少真心的感恩之情。

这个考察也许还远远说不上全面,但却表明有关哈德良主动建设的证据远不如古代史料中所暗示的、以及现代文献中所宣称的那么多。然而,据说,没有哪位皇帝比哈德良更慷慨大方了;如果他的业绩都如此平庸无奇,那我们对其他的罗马统治者还能寄予多少期望呢?

哈德良对城市建设的帮助十分有限,这一点如果与他在其他领域中的活动作个对比就更加明显了。我们无需多说他在很多行省中殚精竭虑地进行军事建设。他对于行政和官僚体制的浓厚兴趣就拿在东方行省中已经证实的情况看就够引人注意了:在黎巴嫩对帝国森林设立界线、对其他各种分界线进行标定、出台帕尔米拉税法。大量的铭文证明他在帝国的其他地方也开展过类似的活动,特别是界碑石的设立。④

让我们来总结一下,我们看到哈德良从事过的活动,确实有证

---

① *AE* 1968. 283.

② 尼克米底亚遭受地震后收到了资助:Weber, 127f. 提到文字史料;Robert, *BE* 1974. 571, p. 295. 碑文证实修复了昔兰尼及周边在图拉真时期的犹太暴动中被破坏的神庙、浴场和道路(P. M. Fraser, *JRS* 40(1950), 77—90; S. Applebaum, *Jews and Greeks in Ancient Cyrene*(1979))。

③ E. Schwertheim, *Epigraphica Anatolica* 6(1985), 37—42 说明在密西亚(Mysia)、哈德良诺伊(Hadrianoi)和哈德良尼亚(Hadrianeia)使用哈德良纪元直到 3 世纪。

④ *AE* 1981. 600(Maritime Alps);*AE* 1936. 137(Madura, Africa);*AE* 1981. 658(cippus from the Colonia Canopitana, Africa);*AE* 1939. 160(Cirta, Algiers);*AE* 1938. 144 (cippus marking the boundary between Dorylaeum and Nacolea in Asia Minor);*AE* 1937. 170f. , Robert, *BE* 1972. 270, p. 420(repartition of lands for the benefit of Abdera in Thrace);*AE* 1924. 57(Vilolishta, Western Macedonia). 另见 *ILS* 5947a。

358   据表明他启动或资助过各种建设项目,但数量并不是很多。他对宗
教方面特别感兴趣,这导致了多座神庙的修建。有几处高架渠和其
他水利工程,罗马当局经常为行省社区修建此类设施。只有两个城
市是他新创建的,安提奴波利斯城和阿里亚加皮特里纳,在后者,我
们无法证实有任何由政府发起的建设工程;而与之形成鲜明对比的
是,他在许多行省中大搞军事建设,并从事了大量的行政活动。[①]

我们的最后一个观察。毫无疑问,在哈德良治下,资助行省建
设活动的证据比其他时期都多。但这本身并不能证明这位皇帝比
其他皇帝采取了更多的行动。作为一位总是在巡游的皇帝,哈德
良比起那些待在首都的皇帝来说将会面对更多的求助。[②] 一般而
言,一位皇帝为城市中的某个建设项目出了钱,并不一定就意味着
该项目是由他主动发起的,或者他积极地支持了这个项目。它只
能证明下面请求帮助的愿望得到了满足而已。

塞普蒂米乌斯·塞维鲁

塞维鲁改变了东部地区很多地方的地位,经常是作为对这些
地方在罗马与奈哲尔的战争期间所持态度的奖励或惩罚。[③] 在叙
利亚-巴勒斯坦,贝丝戈夫林和莱迪达获得了城市地位,分别改名
为埃勒夫特罗波利斯和狄奥斯波利斯(Diospolis)。[④] 由于缺乏来

---

① 关于哈德良官僚作风的证据,另见 E. Mary Smallwood,*Documents Illustrating the
Principates of Nerva*,*Trajan and Hadrian*(1966),ch. XV;注意界碑石:455、
465—467。

② 对照 Cassius Dio,lix 6.3 中所讲有关哈德良的轶事,引述详见 Millar,*Emperor*,3。

③ 名单详见 *Dig.* L 15.1 and 8。

④ 埃勒夫特罗波利斯城的钱币:A. Spijkerman,*Liber Annuus* 22(1972),369—384;Kin-
dler and Stein,112—116。狄奥斯波利斯城的钱币:*BMC Palestine*,141,nos. 1ff. ;M.
Rosenberger,*City Coins of Palestine*,ii(1975),28—31;iii(1977),80;从塞普蒂米乌
斯·塞维鲁到埃拉加巴卢斯时期的钱币共有 10 种类型;Kindler and Stein,96—99。

自这些城市的考古和铭文材料,对它们的讨论无法得出结果,但我们没有理由认为这里涉及的不仅是法律地位上的变化。色巴斯被授予了罗马殖民地的地位。[1] 这发生在 201 至 211 年间,如该殖民地的钱币所示,有可能是在 201/202 年。[2] 就在近旁的奈阿波利被暂时掳夺了城市地位,因为它在 194 年支持了奈哲尔。[3] 也许对某个城市的暂时性惩罚与增强相邻城市的实力是相互联系的。

　　色巴斯在这个时候得到了辉煌的重建。属于这个时期的建设项目包括对圣殿的改建、公共论坛、石柱廊、一座长方形大会堂、一条有石柱点缀的大街以及剧场和运动场。[4] 有人以为在授予殖民地地位与其后的建设计划之间存在着关联。[5] 但色巴斯的考古发掘者们得出的结论是,建设计划的多个组成部分当时已经存在了,也就是说,这些部分的存在要先于城市地位上的改变。[6] 在这些建筑物上没有铭文标明时间。[7] 很可能色巴斯市民的富庶使得他们自己就有能力完成如此宏大的建设计划。如果情况果真如此的

359

---

① Paulus, *Dig.* L 15. 8. 7: "In Palaestina duae fuerunt coloniae, Caesariensis et Aelia Capitolina, sed neutral ius Italicum habet. Divus quoque Severus in Sebastenam civitatem coloniam deduxit."

② *BMC Palestine*, xxxix, 80, nos. 12f. ; COL L SEP SEBAASTE. 殖民地以前,时间最晚的钱币为 201/202 年;Kindler and Stein, 226—229。

③ SHA, *Severus*, 9. 5: "Neapolitanis etiam Palaestinensibus ius civitatis tulit, quod pro Nigro diu in armis fuerunt."

④ G. A. Reisner, C. S. Fisher, D. Gordon Lyon, *Harvard Excavations at Samaria* (1924), 50—54; J. W. Crowfoot, K. Kenyon and E. L. Sukenik, *Buildings*, 33—36.

⑤ 指出这种联系,参见 Smallwood, *Jews*, 490。关于考古结论,参见 Crowfoot et al. *Objects*, 6, 48; Crowfoot et al. , *Buildings*, 35f. 。

⑥ *Objects*, 6: "……在运动场、广场和大街旁的石柱廊可能早已存在了。"

⑦ 长方形大会堂的一块楣梁上的铭文中提到了 *strategoi*,这是希腊语中对罗马殖民地 *duoviri* 的通常叫法,对照 Reisner et al. , 250, no. 7 and pl. 59c。神殿的重建时间被确定为塞维鲁时期,有祭坛上的铭文为证,ibid. , 20, no. 30: "Mil. Vexil. Coh. P. Sup. Cives Sisc. "(见附录一);21, no. 31;尚未公布任何文字。

话,很可能正是这种情形促成了皇帝给该城授予殖民地地位的决
定,而不是授予地位后再由帝国提供慷慨资助,我们并未见到有这
样的记录。

　　塞维鲁对新建的美索不达米亚行省进行了整合。有好几个城
市从他或他的后继者们那里获颁了殖民地地位:包括雷萨埃那、尼
西比斯和卡雷。① 除了授予地位之外,我们就什么也不知道了。
雷萨埃那有可能是第三"帕提亚"军团(*Parthica*)的大本营,该军
团的名称出现在了雷萨埃那城的钱币上。② 因此这个殖民地有可
能是按照阿里亚加皮特里纳的模式来进行组织的,后者也具有殖
民地地位并设有军团总部。另一个军团基地是辛格拉,第一"帕提
亚"军团驻扎在那里,它获得殖民地地位的时间不详。③

360 　　在卡拉卡拉和埃拉加巴卢斯统治期间,东方行省中很多城市
的地位都发生了变化,但没有证据表明这除了形式或行政外还涉
及到其他因素。④ 例如,在犹地亚,不仅以玛忤斯,甚至连希律创
建的安提帕底(Antipatris)都从埃拉加巴卢斯那里获颁了城市地

---

① 　A. H. M. Jones, *Cities of the Eastern Roman Provinces* ([2] 1971), 220f. ; Kindler,
　　INJ 6—7,79—87。关于尼西比斯,参见 A. Oppenheimer et al. *Babylonia Judaica*
　　in the Talmudic Period(1983),319—334。

② 　关于钱币,参见 K. O. Castellin, *Numismatic Notes and Monographs* 108(1946),
　　14f. ,45f. 。认为雷萨埃那的钱币上提到该军团,表明这是一个老兵殖民地,但那
　　又不太可能。Mann,*Recuitment*,43f. 说明这个时期钱币上的 *vexilla* 和有关军团
　　的铭文已不再指真正的老兵安置地了。此外,值得注意的是,所刻"Leg III P"字样
　　用了拉丁字母,而美索不达米亚的殖民地钱币上的铭文都使用希腊语,这本身就
　　是罗马殖民地钱币的一个与众不同的特征。我们对雷萨埃那城知之甚少;参考文
　　献另见 *DE* iv, s. v. "limes",1333。

③ 　Jones,*Cities*,220. 在戈尔迪安三世时期的钱币上,其名称为"AVR SEP COL SIN-
　　GARA";*BMC Arabia etc.* , cxii and 134—136, nos. 1—15。另见 *DE* s. v. *limes*,
　　1330. 现在可以确定第一"帕提亚"军团驻扎在辛格拉:M. Speidel and J. Reyn-
　　olds,*Epigraphica Anatolica* 5(1985),31—35,并对照 ILS 9477。对涉及该军团
　　的材料汇集,参见 Ritterling,*RE* xii, s. v. "legio",另见 Speidel and Reynolds,34 n.
　　10。

④ 　相关调查参见 A. Kindler,*INJ* 6—7;Jones,*Cities*。

位。① 在阿拉伯,波斯卓和佩特拉被授予地位,成了罗马殖民地。② 在奥斯若恩,埃德萨在最后一位国王阿布加(Abgar)九世遭废黜后,立即被提升到罗马殖民地的级别。③

阿拉伯人腓力与腓力波利斯

腓力本人可能就是来自沙赫巴村(Shahba),他给这个村庄授予了殖民地地位,并将其改名为腓力波利斯。④ 这是一座具备了所有常见设施的城市。⑤ 在拜占庭的史料中,它仍然被列为阿拉

---

① 关于以玛忤斯,参见 Jones,*Cities*,279 and n. 72;Schürer,i 512—513 n;Kindler and Stein,177—179. 现在已知安提帕底的钱币大约有 7 种,都来自埃拉加巴尔统治时期:*BMC Palestine*,xv f. ,11;N. van der Vliet,*RB* 57(1950),116f. ,nos. 11—12;Meshorer,*City Coins*,nos. 149—152;Kindler and Stein,41f. 。来自波尔多的朝圣者将其称作 *mutatio*(换马地),而不是 *civitas*(城):*It. Burd.* 600. 1. 耶柔米说它是个 *semirutum oppidulum*(半毁的小城),由此可见其衰落:Peregrinatio Paulae,*Ep.* 108. 8. 后来被列为一个主教辖区。在卡尔西顿再次出现(451):R. Le Quien,*Oriens christianus* iii,579f. 。它也被"塞浦路斯的乔治"(Georgius Cyprus,7 世纪早期的拜占庭地理家)列出,1001,ed. Gelzer,51;Hierocles,*synecdemus* 718. 3,ed. Parthey,43。Avi-Yonah,*Holy Land*,145—147 在对安提帕底的属地进行充满臆想的描写时,浑然不知其地位已发生了变化。另见 *IGR* i 631,重新公布于 L. Robert,*Les gladiateurs dans l'Orient grec*(1940),103f. ,no. 43 提到一名安提帕底和奈阿波利两地的 *bouleutes*;另见 nos. 41f. 。其他文献详见 Schürer,ii 167f. 。
② S. Ben Dor,*Berytus* 9(1948—1949),41—43.
③ A. R. Bellinger and C. B. Welles,*YCS* 5(1935),93—154;新版本参见 J. A. Goldstein,*JNES* 25(1966),1—16。
④ Aurelius Victor 28. 1:"Igitur M. Julius Philippus Arabs Trachonites,sumpto in consortium Philippo filio,rebus ad Orientem compositits,conditoque apud Arabiam Philippopoli oppido Roman venit."关于腓力波利斯的钱币,参见 *BMC Arabia*,43—44,nos. 1—10;A. Spijkerman,*The Coins of the Decapolis and Provincia Arabia*(1978),258—261;Kindler and Stein,209—211. 关于阿拉伯人腓力,参见 G. W. Bowersock,*Roman Arabia*(1983),122—127。
⑤ 关于腓力波利斯的文物古迹,参见 Brünnow and Domaszewski,*Die Provincia Arabia*,iii(1909),145—179;H. G. Butler et al. ,*Publications of the Princeton University Archaeological Expeditions*(1907—1908),iia 359ff. ;H. C. Butler,(转下页注)

伯的一个主教辖区,它派出代表参加在卡尔西顿(Chalcedon)的议
361　事会。① 人们自然地以为是腓力本人主动修建了该城的城墙和公
共建筑。② 的确,《西比路神谕》(*Sibylline Oracles*,xiii 64—68)曾
模棱两可地间接提到过对波斯卓[和?]腓力波利斯的扩建。在建
筑风格方面,有人说现在在遗址上见到的残垣断壁都属于一个很
短的时期内修造起来的建筑物。③ 不过,这只是一个无法证实的
论点而已。这个社区有可能在并未得到帝国资助的情况下逐渐繁
荣起来。它位于杰伯德鲁兹山区一个人口密集的地方,从西北和
南方都有道路通到那里。

　　为了获得确凿的信息,也许我们应该对来自那里的铭文作一
番考察。有一则 177/178 年的建筑铭文中提到了皇帝们、叙利亚
总督 P. 马提乌斯·维鲁斯、一名百夫长以及当地的 *strategos*(将
军)。④ 这说明它在当时是叙利亚南部众多蓬勃兴旺的村庄之一,
这些村庄有它们自己的行政官员和由百夫长指挥的小股驻军。其
他地方的铭文中提到了该城的两名 *bouleutai*。⑤ 特别有意思的

（接上页注） *Architecture and Other Arts* (1903),376—396;P. Coupel and E.
Frézouls,*Le Theatre de Philippopolis en Arabie*(1956);A. Segal,*Journal of the
Society of Architectural Historians* 40(1981),111,fig. 8;G. Amer and M. Gaw-
likowski,*Damaszener Mitteilungen* 2(1985),1—16。关于钱币,参见 Spijkerman,
Coins,258—261。腓力波利斯只在腓力统治时期发行过钱币。

① 　Georgius Cyprius,1069,ed. Gelzer,54,with comm. on p. 204;Hierocles,*synecde-
mus*,722. 12,ed. Parthey,46. 关于在卡尔西顿参与的腓力波利斯城的何尔米达
(Hormisdas),参考文献详见 Gelzer,loc. cit. 。

② 　对照 Jerome ad a. 2264:"Filippus urbem nominis sui in Thracia(sic) construxit"。
这也许能支持腓力建设了该城的观点,但耶柔米居然不知道该城的位置,使得这
条史料有可疑之嫌。据 Zonaras,*Ann.* xii 19 记载,腓力在波斯卓建了一座城,并以
自己的名字命名。同样成问题的还有 Cedrenus i,ed. Bonn,p. 451,22,这里说的是
同一件事,但却把波斯卓放在了欧洲。唯一可靠的史料来源是 Aurelius Victor(参
见上页注释④),其只记载了腓力创建了该城。

③ 　Butler,*Architecture*,376—396.

④ 　Waddington,no. 2071 并有评述。在 2 世纪时,该地区属叙利亚行省。

⑤ 　Waddington,nos. 2019 and 2506.

是,有一处铭文的落款日期是"本城元年"。① 设立该铭文的目的是为了感谢"腓力皇帝父子通过两位 *bouleutai* 对本城施加的保护",但实际上在铭文内容中并未提到感谢皇帝们对该城的任何慷慨资助。另外,还有两处铭文也歌颂了皇帝们,一处是由邻村设立的,②另一处是由代理长官(*ducenarius*)设立的,几乎可以肯定这是叙利亚行省的财务代理官。③ 这两处铭文均未感谢皇帝的捐资或建设措施。同样,还是这位代理长官赞颂了神圣的 M. 尤里乌斯·马林努斯(M. Julius Marinus),即皇帝的父亲。④ 皇帝的这位父亲还在其他两处嵌在一座小庙石墙上的铭文中得到了颂扬,并显然有叙利亚特使(*hypatikos*)的签名,这表明该神庙是由行省当局修建的,用来祭拜皇帝的父亲。在同一时期的另一处铭文中,该城的一名 *bouleutes* 兼 *syndic*(市政官)赞扬了尤里乌斯·普利斯库斯(Julius Priscus)之子,美索不达米亚的地方行政长官,⑤他很可能是皇帝的兄弟。在这处铭文旁边还有一则内容相似的铭文,由地方行政长官的前任 *beneficiarius*(军事事务官)设立。⑥ 此外,还有两则铭文,但时间都较晚。⑦

　　来自腓力波利斯的铭文数量不多,但有趣的是,在 9 处铭文中有 7 处都涉及腓力皇帝及其家人。行省当局在皇帝一家的发祥地

362

---

① Waddington,no. 2072.

② Waddington,no. 2073,由 *Eakkotai*(伊艾卡人)(伊艾卡(Eacca),萨卡(Sacca),即现代的夏略)建立。关于此地,另见上文第 135 页(按:原书页码)。

③ Waddington,nos. 2073f.,Pflaum,*Carrières* 中并未列出,后者在第 614 页指出,*ducenarius* 作为实体是希腊语中的普遍用法。他还认为在 3 世纪后半叶,该头衔被用于较低级别的代理行政官(第 950 页)。可以想象,这并不是叙利亚的代理行政官。

④ Waddington,no. 2075. 钱币正面印有圣马林努斯头像:Spijkerman,260 n. 1.

⑤ Waddington,no. 2077. 评论了尤里乌斯·普利斯库斯的身份。这位 *bouleutes* 可能是 no. 2072 中提到的人之一。

⑥ Waddington,no. 2078.

⑦ Waddington,nos. 2079f.

歌颂他们,当地的显贵们也跟着这么做。这些铭文中没有任何一个提到资金方面的捐助,或是在皇帝的慷慨资助下完成了建造工程。当然,我们不能就此推断从未有过这种捐助。人们想当然地以为腓力对该城给予了慷慨馈赠,而全然不顾所有 7 处铭文均未提及此事。也许腓力波利斯只是获得了殖民地地位,城市本身则是后来由当地人筹资建起来的。① 尽管尚无证据证明,皇帝的恩赐可能还包括免除税赋。

　　阿拉伯有好几座城市在 3 世纪后半叶被赏赐修建城墙。我们在第三章中已经讨论了有关的证据和可能的背景情况。在同一时期,加利利的提比里亚对城墙进行了修缮,但《巴比伦塔木德》中的一段法学讨论谈到,提比里亚的市民得自己掏钱完成这个工程:②

　　　　以利亚撒拉比问约哈南(Johanan)拉比(提比里亚,约250—279 年):"[当为了修筑或修缮城墙而向城市的市民强行摊派时],是应该按(每个家庭的)人数,还是按财产(的多少)来收钱呢?"他回答说:"应该按财产,而且,以利亚撒,我的孩子(意思是学生),拿钉子来钉牢这条规则吧(意即务必遵守它)。"其他人说:"他问的是应该按财产,还是按房屋的远近来收钱……"

这段讨论后面又继续讲道:

　　　　犹大·纳西阿拉比(西弗里斯,约 250—285 年)将(修补西弗里斯城城墙的)花费[也]摊在拉比们头上。若西·拉克

---

① 腓力还给大马士革和奈阿波利授予了殖民地地位;K. W. Harl, *American Numismatic Society*, *Museum Notes* 29(1984),61—97,关于奈阿波利;ibid. ,62 n. 3,关于大马士革。
② b. Bava Batra viib-viiia. 我引用的译文出自 D. Sperber, *JESHO* 14(1971),242。

西(Resh Lakish)于是对他说："拉比们是不需要保护的,(因此他们不应该参与出资)……"

363

公元 4 世纪

这种以授予城市更高地位作为奖励的做法至少延续到了君士坦丁时期以前。例如,在第二巴勒斯坦行省,有两个社区被授予了地名和城市地位。一个是马克西米安努珀利亚(Maximianoupolia),原先的地名叫"雷基欧",是在米吉多东边一点、第六"费尔塔"军团大本营附近的一个平民定居地。① 另一个是海伦诺波利斯(Helenopolis),这个地方直到现在也未能确定在何处。它有可能是由君士坦丁创建的,但除此之外就无从可考了。② 这些地方没有给我们提供任何历史信息。不过,君士坦丁的其他建设项目却具有直接的重要性。他下令在耶路撒冷修建了圣墓大教堂的长方形廊柱大厅。③ 他的母亲亲自监督在伯利恒和橄榄山修建教堂。④ 在这位皇帝的命令下,第 4 座教堂被建在了玛默拉(Mamre)的亚伯拉罕祭坛所在位置。⑤ 除了为建设项目本身提供资金,君士坦丁及其后继者可能还给这些教堂捐了大笔的钱。⑥ 据说,君士坦丁在叙利亚的安条克启动了八边形大教堂的修建。这位皇

---

① 参考文献详见 Isaac and Roll. i 10f. 。
② Georgius Cyprius,1038,ed. Gelzer,53;Hierocles,*synecedemus*,720. 8,ed. Parthey,44;对照 F. -M. Abel,*Géographie de la Palestine*,ii(1967),205。
③ Eusebius,*Vita Const.* iii 25ff. ,33ff. ,iv 43 ff. 对照 E. D. Hunt,*Holy Land Pilgrimage in the Later Roman Empire*,AD 312—460(1902),10—14;G. Stemberger,*Juden und Christen im Heiligen Land*(1987),54—60。
④ *V. Const.* 41,43;对照 Hunt,14ff. ;Stemberger,61—64。
⑤ *V. Const.* iii 51ff. ;对照 Hunt,15f. 。
⑥ Hunt,141—145. 证据不多,在罗马捐赠教堂可作为平行材料。这种比较是否有效值得怀疑,因为即使在拜占庭时期,也不能用罗马城作为行省城市所受待遇的模型。

帝将恰当的纪念性基督教建筑赐给东方行省的主要城市并不是什么不可能的事。不过,相关的证据还不够可靠。①

　　关于安条克的公共建筑,有的信息值得我们高度重视,尤其是在利巴尼乌斯的著作中。② 他很少谈到君士坦丁皇帝忙于建设事务。这很重要,因为帝国首脑经常住在安条克。除了君士坦丁修建的教堂外,利巴尼乌斯还提到了该地区的 4 处建设项目。戴克里先在安条克建了一座宫殿,③但这不能算作帝国在城市建设中的作为。君士坦提乌斯在皮埃里亚的塞琉西亚建成了一座新的港口,可能就是我们在戴克里先时期听说过的那个港口。这是一个具有军事价值的工程,因此军队参与了它的建设,至少在戴克里先统治期间有军队参与。④ 而安条克本身被赏赐了门廊和喷泉池。⑤ 有报道说,瓦伦斯在安条克修了一座公共讲坛,但我们只是从马拉拉斯那里听说了此事。⑥ 利巴尼乌斯曾请求狄奥多西为该城的一座建筑捐款,我们不知道这个请求是否得到了满足。⑦

364

---

① 参见 Downey,*Antioch*,342/349,以及完整论述。有几处扼要提到该项目,少量信息来自 Malalas,317f. 而 Downey,650—653 显示其中满是错误和歪曲。

② 对照 P. Petit, *Lebanius et la vie municipale à Antioche au IV siècle après J. -C* (1955),314—330;W. Liebeschuetz,*Antioch*(1972),132—136。

③ 归功于戴克里先是因为来自 Malalas,306 的一句话,说它是戴克里先在加里恩努斯打下的基础上建造的。对此的反驳参见 Downey,259 n. 126,他认为安条克在整个 6 世纪都处于帕尔米拉控制下,因此加里恩努斯不可能在那里建宫殿。然而,Fergus Millar,JRS 61(1971),8—10 认为没有迹象表明帕尔米拉在公元 270 年以前对安条克有实质性影响力。因此,加里恩努斯在安条克为修宫殿打基础并非不可能之事,但这本身并不能证明马拉拉斯所说属实。关于宫殿的描述,参见 Libanius,*Or.* xi 203—207;对照 Downey,318—323。

④ 据 Libanius,*Or.* xi 263;Julian,*Or.* i 40 D;*The Expositio Totius Mundi*,28 记载,修建港口是为了城市和军队使用;更多原始史料参见 Downey,361,with n. 198。

⑤ 朱利安在献给君士坦提乌斯的颂词中提到它们(*Or.* i 40 D)——此外,唯一特别说明收到捐赠的城市是君士坦丁堡。

⑥ 338f. 马拉拉斯此处所言尤不可信,他同时称安条克的很多建筑物为瓦伦提尼安(Valentinian)(瓦伦斯在帝国西部的同僚)所建。

⑦ *Or.* xx 44。利巴尼乌斯提到在达夫尼的新宫殿,由狄奥多西建造。

　　据说,在这个时期的行省城市中,公共建筑的修造一般都是
由总督们发起的,并总要为此征用强制性劳役和服务。① 元老院
及其成员显然已不再有权力来做这些事了,但这并不意味着这
些项目就会由国库出资。修建它们的费用通过动用城市收入和
对议事会成员强行摊派来支付,而议事会成员这个级别以下的
人则必须提供强制性的体力劳动,譬如去运送建筑材料。我们
在第六章中已经讲到过,农民承担着处理建筑垃圾的强制性
义务。

拜占庭时期

　　在君士坦丁捐助了那些建设项目之后,皇帝又提供资金在巴
勒斯坦修建了另一座教堂,并于 407 年在加沙落成,建教堂的钱由
阿卡迪乌斯之妻尤多西娅(Eudoxia)交给了主教波菲里乌斯(Por-
phyrius)。② 这笔资金的最初来源很有意思,我们还记得尤多西娅
从腐败贪财的将军阿巴泽吉乌斯(Arbazacius)那里弄了相当多的
钱,她保护了这位将军,以此作为交换取得了他从伊索利亚抢来的
部分战利品。③

365

　　对于皇室在加沙的慷慨资助,我们所知道的在某种程度上讲
只是一条偶然的信息。也许还有其他教堂也是由皇帝出钱建造
的,但我们没有听说过那里有任何建设成就,可以与耶路撒冷那些
由狄奥多西之妻欧多吉娅(Eudocia)在她于 437—438 年到访期
间,发起并组织的大规模建设项目相媲美,特别是她从 441/442 年

---

①　*Cod. Theod.* xv 1.
② 　Marcus Diaconus,*Vita Porphyrii*,53f. ,84;对照 Carol Glucker,*The City of Gaza in the Roman and Byzantine Periods*(1987),47—49;Stemberger,64—66。
③ 　Zosimus v 1. 3—4;Eunapius,*Hist.* fr. 84. 对照 Zosimus,ed. Paschoud,iii 1. n. 52, p. 190。

开始就常住在耶路撒冷,直到 460 年去世。① 欧多吉娅建了教堂、修道院和为朝圣者提供服务的客栈,这些做法在拜占庭时期成了常态。人们相信她还在耶路撒冷延长了往南去的城墙。在那里,她花费时间精力最多的项目是圣史蒂芬长方形大教堂建筑群。② 然而,她的教堂建设还不只局限于耶路撒冷。她在君士坦丁堡新建了一座圣波利乌科托斯(St Polyeuktos)教堂,③这座教堂在 6 世纪时(公元 524—527? 年)被另一座规模更大的、由安尼西娅·朱利安娜(Anicia Juliana)捐资修建的教堂所取代,这是另一位与皇室有关的贵妇人。④ 在加姆尼亚,欧多吉娅建了一座附带有病患者康复之家的教堂。⑤ 她还在巴勒斯坦出资建了几座修道院。⑥ 她曾两次在去往耶路撒冷的途中访问安条克,不仅展示了她的文学天赋也显现了其慷慨大方。据说,在第一次到访时,她就捐了 200 磅黄金来修复部分被烧毁的瓦伦斯浴场。⑦ 她第二次到访的结果是安条克的城墙得到了延长。

我们不可能在这里用大量篇幅来讨论查士丁尼及其作品。普罗柯比的《建筑》一书就以此为主题,而这部作品本身是存在问题的。⑧ 它给我们留下的印象是,皇帝独自一人就将一个满目疮痍的帝国变成了一个到处是繁荣昌盛、设防牢固的城市的帝国,并提

---

① Hunt. Ch. 10.
② 来自该教堂祭坛上的铭文:*SEG* viii 192。
③ C. Mango and I. Ševcenko,*DOP* 15(1961),243ff. 对该教堂进行了大量考古发掘;R. M. Harrison,*Excavations at Sarachane in Istanbul* i(1986);相关证据参见第 5—10 页。没有遗迹显示此处原先还有另一座教堂。
④ 关于安尼西娅·朱利安娜及其慷慨资助的背景,参见 Harrison,418—420。注意该项目是在帝国的首都,不能作为典型,代表在行省中对建设项目的资助。
⑤ *Life of Peter the Iberian*,114f.
⑥ 参考文献详见 Hunt,ch. 10。最近一个重大发现是皇帝的一首诗,庆贺加大拉的浴场落成并镌刻在那里:J. Green and Y. Tsafrir,*IEJ* 32(1982),77—91。
⑦ Evagrius,*HE* i 20.
⑧ Averil Cameron,*Procopius*(1985),84—112.

供了教堂和其他所有需要的一切。我们不会在此处探讨这里面有多少内容大致符合事实,但查士丁尼在城市重建或建设方面有多少主动作为却是一个重要的话题。

　　首先,把普罗柯比作品中那些冗长细碎的描述,譬如对达拉城进行设防加固或修建索菲亚大教堂(Hagia Sophia)的叙述,与那些语焉不详的评语区分开来,似乎是一种明智的做法,这些评语几乎像是一种事后才想起来再加进去的东西,如说皇帝"还修建了柱廊、浴场以及一个 *polis* 需要的所有设施"。对那些详细的描述我们要认真对待,而这些评语则必须在有佐证的前提下才能接受。有时候,人们发现过这种证据。普罗柯比曾长篇大论地描述过耶路撒冷那座巨大的新教堂(Nea),其遗迹现在已经部分出土了,而且还公布了在那里发现的一则建筑铭文。① 在西奈的 6 世纪的圣凯瑟琳修道院遗址已经得到证实,而且当时的铭文保存至今。② 在阿拉伯,有一处铭文记录了对哈拉伯特堡的修复。③ 有两处铭文记录了 550—551 年在卡尔斯西(金纳斯林(Kinnesrin))的建造活动。④ 另有一处尚未公布的铭文,据说记录了叙利亚西尔胡斯的民众对查士丁尼捐赠城墙一事表达感激。⑤ 因此,我们可以说,

366

---

① 　N. Avigad,*IEJ* 27(1977),145—151. 在塞巴要求下为巴勒斯坦的教会项目捐了几次款,提到此事的不仅有普罗柯比,还有 Cyril of Scythopolis,*Vita Sabae* 72—32,75(ed. Schwartz,175ff.）。

② 　参见上文第二章第 94 页(按:原书页码)。

③ 　D. Kennedy,*Archaeological Explorations on the Roman Frontier in North-East Jordan*(1982),40,no. 4,pl. vi.

④ 　W. K. Prentice,*Publ. of an American Archaeological Expedition to Syria*,1899—1900,iii,*Greek and Latin Inscriptions*(1908),nos. 305f. ; C. Clermont-Ganneau,*Recueil d'archéologie orientale* vii(1906),228—230；viii(1924),81—88；Procopius,*de aed*. ii 11. 1,8. 这几处铭文并未描述相关建筑。第一处铭文提到建造者是伊西多罗斯(Isidoros)。第二处提到由皇帝出资建造。

⑤ 　D. Frézouls,in *Apamée de Syrie*,*Bilan de recherches archéologiques* 1965—1968,Janine Bally(ed.)(1969),90 n. 2.

普罗柯比所讲的那些军事和宗教建设项目中有些是可以找到铭文材料加以确定的。而当其他项目尚未被确认时,我们就不应接受诸如"重建了整个城市"之类的夸夸其谈有失准确的说辞。在没有更多信息的情况下,我们不知道应当怎样去理解这些话,例如说查士丁尼"建起了查士丁尼诺波利斯城(Justinianopolis),这里过去曾叫作阿德里安诺波利斯(Adrianoupolis)"。[①] 很可能我们可以用"重新命名"来取代"建起"一词。

其次,普罗柯比的《建筑》中有关民用城市项目的内容其实很少。书中重点讲述的主要都是军用建筑,因此很清楚,在这一时期对城市进行设防有时被视为是皇帝的职责。这一事实本身就很重要,可以追溯到 3 世纪时在阿拉伯的设防活动。[②] 由阿纳斯塔西乌斯在达拉修筑的设防工程也是由帝国国库出资。[③] 尽管如此,如果要说设防或重新设防总是有赖于帝国的主动作为那就错了。加沙的城墙是在查士丁尼统治期间重建的,但却是由当地的主教马尔基安努斯(Marcianus)发起的,这个项目得到了总督史蒂梵努斯(Stephanus)的积极支持与配合。史蒂梵努斯是加沙本地人,也是该城的显赫人物。[④] 没有迹象表明那个时候的加沙处于受到任何实质性攻击的威胁之下,[⑤]对城市进行重新设防可能只是由于这位重量级人物想要让加沙城变得更美、地位更高罢了。这位总督对加沙施与援手也许因为他就是该城的本地人。马尔基安努斯主教也修建了两座壮观的教堂,并对另外两座教堂进行了修复,他还延长了主街道旁的柱廊,并在城中新建了一处

367

---

①   *De aed*. iv 1.36.

②   参见上文第 133 页(按:原书页码)。

③   对照 Zachariah of Mitylene,vii 8。

④   Choricius Gazaeus, *Laud. Arat. et Steph*. 54(63.4—9);Laud. *Marc*. i 7(4.16—19);对照建筑铭文 *SEG* viii 268。普罗柯比未提及此项目。相关讨论和更多参考文献详见 Glucker,55—57,140f.。

⑤   Choricius, *Laud Marc*. ii 16(32.7—9).

室内浴场。① 这些项目普罗柯比均未提到,尽管他也是该行省的本地人。科里奇乌斯(Choricius)详细地讲述了这些项目,他并未提到有来自帝国的资助。

普罗柯比明确地说,在查士丁尼治下,帝国所有地方修建或修复教堂都全部由帝国出资。② 这个说法肯定不符合事实,③这对我们如何评价这位作者有重要意义:他自己肯定知道这个说法不真实,而且也明白读者知道这并不真实,就像他随口说查士丁尼"废黜了"limitanei 一样。④ 但他也的确指名道姓地提到过由查士丁尼修建或修复的很多教堂。他还用了很多篇幅去讲述道路维修、运河和高架渠,这些工程都是罗马当局的传统责任。⑤

而另一方面,普罗柯比只在最不起眼的地方将城市中的民用项目一笔带过,而且经常讲得含糊其辞。例如,在东方行省中,他告诉我们在比提尼亚(Bithynia)的海伦诺波利斯,即君士坦丁的母亲海伦娜(Helena)的出生地,⑥"查士丁尼修了一道高架渠、一个浴场、多座教堂、一座宫殿、柱廊、行政官府邸,总而言之,让这个地方看上去像是一座繁华的城市"。他对尼西亚、尼克米底亚、比提尼亚的皮提亚(Pythia)、卡帕多西亚的默塞萨斯(Mocesus)、幼发拉底西亚的塞尔吉奥波利斯(雷萨法)、叙利亚的安条克、以及埃德萨都说过类似的话。既然所有这些话都被他说过了,看来我们最好还是不要以为在查士丁尼统治期间,帝国在建设项目的轻重

368

---

① Glucker,55.
② De. Aed. i 8.5. 这可能还包括各种相关的设施,如招待所和修道院等,普罗柯比对这些一般不会讲述。
③ 据 Justinian,Nov. lxvii 记载,只要主教同意就可建教堂和修道院。当然,私人也可以建教堂,大量铭文显示有很多人这样做。前面提到的加沙的教堂显然就是由当地人自己修建的。
④ 参见上文第 210—213 页(按:原书页码)。
⑤ Averil Cameron 认为《建筑》中有 3 个主题:教堂建筑、防御工事和供水设施。
⑥ De aed. v 2.1—5。君士坦丁授予了城市地位,但并未建设该城。

缓急方面发生了急剧的转向。

　　现在,让我们来总结一下,从君士坦丁以降,帝国对巴勒斯坦的兴趣显现出急剧的转变,原因就在于这个地区对基督教的重要意义。然而,我们并不能说,在这一时期,帝国参与行省城市建设的总体状况发生了根本变化。与帝政时代一样,并没有积极鼓励或帮助城市建设的政策。事实上,新城市的建立反而不如以前那么常见了,这可能是因为城市数量已达饱和。美索不达米亚的边疆城市受到特别关注乃是由于政治和军事原因,我们在第五章中已对此作了解释;据说,查士丁尼创建了一些新城,但其中没有哪个位于东方行省中。① 给予资金支持或其他主动作为只是例外,而不是常规情况。在资助建设方面,那些有可靠证据的例子都是通过请愿、宫廷私人关系②或帝国直接出资参与的结果,比如由海伦娜和欧多吉娅采取的行动。在后来的帝国中与早先一样,对在行省中的建造项目给予帮助经常是申请求助的成果,而不是帝国或官方积极干预的结果。修建和维护公共建筑与为军队维修道路或运送衣物一样,③成了众多法律规定的强制性无偿个人徭役,这一事实清楚地显示,帝国政府并不情愿掏腰包为城市建设支付费用。

结　论

　　军事建设自然是国家大事,而民用建设则不然。皇帝们可能会因为政治或意识形态方面的原因,在他们感兴趣的地方有一些主动作为。所以哈德良广建庙宇,而君士坦丁及其后继者们在教

---

① 　Procopius, *de aed.* iv 1.19—42.
② 　例如,波菲里乌斯和塞巴现身宫廷的结果。
③ 　*Cod. Theod.* xi 16.18(390 年 7 月 5 日)。

堂上大撒钱财。但这些资源却都要由行省来准备,因为皇帝送出
去的东西必定会从其他地方索取回来。[①] 也许君士坦丁皇帝对基
督教教堂感兴趣的程度超过了过去那些古老的非基督教宗教。虽
然我们对此难以断定,但这也是自然而然的事,因为通过教堂帝国
当局能够有效地将权力行使到哪怕是社会的最底层,这是任何异
教宗教从来都无法提供的。从 4 世纪以降,君士坦丁堡取代罗马
成了展现建设宏图的焦点,但这个机制似乎并未发生什么改变。
从未有过对行省城市发展主动提供帮助的举动。给城市授予一个
新的地位并不一定意味着当局将启动大规模的建设。我们发现帝
国会偶尔对城市中的个别项目给予资助,但通常都是对某些特殊
类型的工程,如高架渠的修建。对于那些蒙受灾祸的城市,皇帝在
收到请愿后可能会给予帮助。但很可能在其他大多数情况下,帝
国对于实际建设的支持,同样也只有在收到特别请求后才会发生。
几乎没有什么实质性的证据表明当局经常性地主动作为。这就解
释了为什么像哈德良这样一位"旅途中的皇帝"为城市建设拨的钱
要比那些待在家里的皇帝多,如安东尼纳斯·庇护。因为与后者
相比,有更多的人可以接触到哈德良,从而向他提出诉求。

　　城市的建设和发展是当地状况和本地行动的结果,而非想象
中的"国家城市建设部"取得的成果。这个过程比我们以为的要多
样化得多。它远远不只是依赖于皇帝个人的突发奇想,而更多是
依赖于有关地区的社会和经济发展状况。只有这样,我们才能解
释有多个位于内盖夫沙漠的新定居地出现了惊人的繁荣和活动。
我们在本章中看到,这里讨论的行省中有很多城市,其发展速度似
乎比我们常常以为的要缓慢得多。铭文中揭示了社会和文化关系
方面呈现出的变化多样的模式,赫里奥波里斯与波斯卓之间的区

---

① 　Millar,ch. IV;关于建教堂的资金,参见第 583 页。关于 4 世纪和 5 世纪时的情
　　况,参见 Hunt,142f. 。

别就是最好的例子。

罗马当局与希律王朝的附庸王们在开展建设活动的程度方面差别十分显著。那些经常被说成是罗马皇帝的成就其实是由这些附庸王取得的。我们很难判断他们的臣民是否对他们抱有感激之情，但至少他们大部分的慷慨资助，虽然不是全部，是花在了自己的领土上，而不是花在了罗马或君士坦丁堡的宫殿上。约瑟夫斯有一个著名的观察，他认为当耶路撒冷的圣殿重建工程完成后将会产生严重而危险的失业问题。[①] 不论这些努力取得了何种成就，我们都必须牢牢记住，藩属王国与行省之间在这方面有很大的不同。

如果要从本章考察过的材料中得出一个总体结论的话，那就是，每一个城市的发展与衰落都必须根据它自身的情况去进行研究，我们不应带着夸张的眼光来看待帝国意志中的建设性力量。[②]

---

① *Ant.* xx 9.7(219—222).

② 我要感谢 Stephen Mitchell 博士当时为我提供了他尚未发表的、有关帝国在建设小亚细亚和对城市化所作贡献的论文，后来发表于 S. Macready and F. H. Thompson(eds.), *Roman Architecture in the Greek World* (1987)。M. Mango 博士给我提供了其 1984 年的博士论文"Artistic Patronage in the Roman Diocese of Oriens, AD 313—641"(即将发表)。这部著作对现有建筑和资助情况的证据进行了全面调查。

第九章　边疆政策——是否有所谓的"宏大战略"？

> 战争在大多情况下就是一场大乱，既在战场上，也在人们的头脑中：有一半时间，你都无法弄清谁是赢家，谁是输家。战事中的胜负是由将军们事后决定的，也是由那些写史书的作者来决定的。
>
> ——摘自普里莫·莱维（Primo Levi）
> 《如果不是现在，更待何时？》第一章

我们在第一章中曾提出过一个观点，说罗马在东方的边疆政策时断时续，但始终以扩张为目标。至少在戴克里先时代，从罗马的实际行动中可以清楚地看出这一点。从弗拉维时期以降，在叙利亚和卡帕多西亚的罗马军队所占据的位置，用进攻而不是防御目的可以得到更好的解释。关于在拜占庭时期以前罗马如何看待波斯，我们知道的虽然不多，但并不支持那种流行的观点，认为罗马把波斯构想为主要的威胁，需要针对波斯采取积极的防御政策。在第二章到第四章中，我们提出在阿拉伯和犹地亚几乎没有什么需要应付的"边境问题"。那里的军队从事于各种维护内部安全的警察职责。正如我们在第六章中所说，维持城市，尤其是大都市的

治安,从埃及到叙利亚都需要有相当数量的驻军存在。到拜占庭
时期,东方军队的部分警察职能被萨拉森盟军所接替。与波斯的
关系发生了变化。在朱利安以后,罗马的皇帝们不再寄希望于摧
毁波斯帝国或是能够追随亚历山大的足迹,但这并未导致出现一
种建设性合作的态度,而此时最需要的乃是一种能够抵御来自北
方游牧民族压力的政策。在两个帝国之间爆发的多次战争中,战
事最激烈的地方往往是美索不达米亚。我们在第五章中已清楚地
看到,即便是在这一地区的这一时期中也并不存在什么管用的防
御系统,军队在那里的任务是防止游牧民的偷袭突破。在展开重
大的远征行动时,双方都能轻易地跨过边界,进入敌方领土,行动
的重点是对牢固设防的城市进行围城攻打,而保卫城市的责任首
先落在了当地人口身上。

372

　　我们所描述的罗马的东方边疆政策,在很多方面都有别于现
代学者普遍持有的观点。为此,本章将试图把罗马的边疆政策放
到一个更加广阔的视野中来加以考察。

　　人们一般认为,罗马对于什么样的边境才能确保帝国的安全
和稳定有十分清晰的想法。对异国的征服,如图拉真发动的那些
战役,经常被解释成动机是为了寻求易守难攻的边界。在一本最
近出版的书中,作者甚至提出早在共和时代情况就是如此。①

　　我们必须看到,这些学者所依赖的证据往往不过是一只空壳:
各时期中军队和营地位置的不完整清单,以及一些并未描述该系
统运作方式的文献材料。首先,我们对于帝国的扩张,哪怕是让帝
国保持敌对姿态的动机,根本没有任何准确的理解。人们往往想
当然地认为,帝国的存在这一成就本身就会随时随地承受压力,而

---

① S. L. Dyson, *The Creation of the Roman Frontier* (1985);对此的批评参见 J. Rich,
Liverpool Classical Monthly 11. 2(1986),29f. ;S. Mitchell, *JRS* 76(1986),288f. 。
相反的观点认为,罗马共和时代的战争是扩张性而非防御性的战争,参见 W. V.
Harris, *War and Imperialism in Republican Rome*, 327—370 BC(1979)。

且在所有时期都存在着分裂的危险。事实可能并非如此。史家们一次次地探寻罗马帝国为何会衰落并最终崩溃的原因。如果能对帝国的形成和维持给出一个前后一致的解释将具有重大意义。我们可以用下面这个逻辑作为基础，建立起一系列假设，这个逻辑就是，有这么一个时期，环境条件有利于而不是威胁到多个民族聚合为一个政治整体。虽然这样建立起来的假设可能无法加以验证，但相比于那些被广泛接受的旧观点，认为罗马人始终感受到保卫边境的需要，而且他们也正是这样去做了，这些假设很可能会更好地契合于我们已知的事实。

　　一个常见的研究方法是假定在帝政时代，建立安全的边境是罗马人在制定边疆政策时的首要考虑因素。这个假定想当然地认为，各行省中居民的安全对当局来说是当务之急。换句话说，它把一系列动机强加在罗马人身上，这些动机都出于一个经过清楚定义的意识形态：这种意识形态将战争视为邪恶，但对于那些想要维护国家完整的人来说，战争有时是必要的。

　　这种方法论假设，罗马发动战争的决定常常是理性思考的结果。① 它进一步假定，随着时间延续建立起来的边境大部分都是罗马有意识选定的。这又有赖于进一步假定，地理因素决定了罗马人如何选择帝国的形状；而这又意味着，罗马的策划者们在地理方面有着清楚的认识，他们运用地理知识来指导政策制定。此外，还需要这样一些假设，认为罗马人知道如何防御性地利用特殊地理环境来作为国家的屏障，同时也了解人造屏障的作用有多大。这意味着罗马走向战争是为了保障行省的和平。最后同样重要的是，这种对于罗马战略的重新构筑不可避免地依赖于对考古学者发现的遗迹实地进行分析，包括在边境地区修筑的人工屏障。人

373

---

① 对此的详细论证和坚信，参见 J. B. Campbell, *The Emperor and the Roman Army 31 BC-AD* 235(1984), 133ff. 382ff. 。

们相信可以通过从这些废墟以及它们被发现的地理位置,来推断出有关军事单位的战略或战术作用。

　　下面我们将论证,在接受这些假设时必须保持审慎,这些假设有的是受到现代战略和现代战争的启发而形成的。特别是"纵深防御"的概念尤其如此,这个概念现在被广泛用来当作 4 世纪时罗马军事部署的基础。我们记得,这个术语也经常被用来指称今天北约组织所遵循的原则。北约国家被整合起来防御一个公开实施进攻与侵犯政策的敌人,这个敌人有在规模和武器上占有优势的军队作为支撑。北约的这个原则,如果没有能从海外得到快速大规模增援,以及以核报复相威胁作为前提条件的话,就完全失去了意义,而这些条件均不适用于罗马政策的语境或古代当时的现状。有关罗马政策的其他观念都取决于个人偏好,或产自于一种信念,认为罗马帝国证明了它作为一个机构,比其他形式的社会组织更有能力改善其公民和属民的生活。

　　本书力图展示的是,我们有合理的理由提出一个不同的观点。这并不是要给罗马帝国打出一个好或差的评分,将它说成是和平主义者或侵略者。在对罗马帝国进行道德评判时,我们应该将它与其他古代的帝国进行比较,而我们根本没有把握说这些帝国中有任何一个能从现代的观察者那里得到高分。不过,对我们有帮助的是,在战争决策的动机以及战争的目的方面能够让我们获得一些感知。

　　这些问题经常是通过战略来加以讨论的,人们经常不加多想就以为罗马人有能力在现实中做到他们用语言都无法说清楚的事情。① 这种假设认为,我们可以通过诠释文献史料和考古遗迹来掌握现实情况,再从这个现实中提炼出理论性的概念。但这种做

374

----

① 　最成功的现代研究是 E. N. Luttwak, *The Grand Strategy of the Roman Empire* (1976)。

法有一个危险，在尚不充分的证据上强加一个看上去颇具吸引力的诠释，而之所以有吸引力，无非是因为我们知道得太少而已。让我们随便举个例子，现代的历史学者们可能会宣称某个具体的作者"没有兴趣去分析任何可能决定了罗马要塞布局的防御战略"。但是没有去分析并不一定是由于缺乏兴趣；可能是根本缺乏这种能力的问题。没有哪位古代的作者，不论他是否是一名将军，进行过这种分析。相比于罗马人，希腊的史家们也同样如此。修昔底德对于布拉西达斯（Brasidas）为何选择在色雷斯发动战役给出了各种解释。① 然而，却是李德·哈特（Liddell Hart），而非修昔底德，从战略的角度来讲述了他的动机，说这场战争是"针对敌国势力的根源而不是枝叶的行动"。② 李德·哈特说布拉西达斯的远征是第一个有记载的"间接途径战略"的实例，这种说法是否正确并非我们这里讨论的问题。关键是这种形式的抽象与合理化解释在古代作者那里是找不到的。让我们以一个与本书更接近的作者普罗柯比为例，显然他对于各个军事设施的功能并没有真正深入的认识。我们已经看到他对于查士丁尼给西奈山的修道院设防的用意作出了多么幼稚可笑的误读。③ 另一个随手拈来的例子是他说雷萨法（塞尔吉奥波利斯）是一座有围墙环绕的教堂。④ 这座教堂通过积累财富逐渐变得强大而出名，正是由于这个缘故（按照他的说法），查士丁尼才新修了围墙和蓄水池。他没有认识到，这座教堂是一处位于主要战略路线上的重要站点，因此需要设防加固。普罗柯比是贝利萨琉斯随行人员中的一名评估员，作为一个头脑聪颖的战争参与者，他直接经历过军事事务。如果连他都会犯这种低级错误的话，显然我们必须小心自己强加给罗马和拜占庭的

---

① 　iv 80—88.
② 　B. H. Liddell Hart, *Strategy, The Indirect Approach* (^{3}1954), 31f.
③ 　参见上文第 94 页（按：原书页码）。
④ 　*De aed.* ii 9. 3.

策划者们的战略性见解达到了何种程度。

勒特韦克曾观察道：

375
　　　罗马人显然并不需要一个克劳塞维茨来将其军事能量置于
政治目标的制约之下，他们似乎也不需要现代的分析技术。在
对"系统分析"这门新科学一无所知的情况下，罗马人设计并修
筑了规模浩大极其复杂的安全系统，成功地整合了军队的部署，
将防御设施、道路网络和信号链接组合成了一个连贯的整体。
在更抽象的战略层面中，显然，或借助智慧，或通过传统直觉，罗
马人明白威慑力的所有那些微妙之处，也明白其局限性。①

　　这种看待罗马人及其军队的态度并不新鲜。将罗马的战术和
战略用于现代战争的做法，自从在 15 世纪恺撒的《高卢战记》被重
新发现以后就一直很流行，用李德·哈特的话来说，"那是一部关
于官方欺骗的杰作"。② 不过，传统研究的主题一直是古代的战
役——例如坎尼战役或恺撒的高卢战役等。像勒特韦克那种试图
对帝政时代的边境进行合理化解释的努力是较为新近的现象。这
两个研究领域之间存在着根本的区别。

　　关于古代的战役，我们有来自古代的叙述，而这些叙述可能
带有片面性或误导性。事实上，有人指出，拿骚的莫里斯（Mau-
rice）和古斯塔夫·阿道弗斯（Gustavus Adolphus）在试图重现
罗马军团时，其实是在追逐一个幻影，因为他们被恺撒著作中那
歪曲事实的描述导入了歧途。③ 但尽管古代的叙述有着这样那

---

① Luttwak, 3.
② B. H. Liddell Hart, *T. E. Lawrence: In Arabia and After* (1934), 277.
③ John Keegan, *The Face of Battle: A Study of Agincourt, Waterloo, and the Som-
me* (1976), 62f., 63—68, 将恺撒的文章与修昔底德的文章作了仔细比较，认为后
者可信度更高。

样的缺点,它们却存在于斯。它们描述了军队在战场上的具体行动。16 世纪的将军们在研究古代的"战争艺术"时大量阅读了古代作者的著述,并在其中发现了关于技巧和战术的具体描述。

在这些描述中没有任何内容可以帮助那些试图描绘出罗马边疆政策目标的人。古代的作者并未每次都能清楚地解释帝政时代的罗马战争为什么会发生,而当他们确实给出了解释时,这些解释往往只是简短地提到"荣誉"或是征服某个民族的欲望。罗马的文献中没有为那种认为罗马人让其军事能量受到政治目标制约的观点提供什么依据。部队在边疆的分布和要塞选址背后的道理,从来也没有成为古代文献的讨论话题。这使得勒特韦克的主张遇到了问题,他认为不论是由于智慧,还是传统直觉,罗马人明白战略的所有微妙之处。如果说他们是凭着智慧明白的,他们对此保持了沉默。所以现代的研究者们才不得不求助于对军队部署的解释以及对军事行动的意义作出"符合逻辑的"假定,而对于这些行动,古代的作者们并未给出解释。但是,如果我们已经被告知在帝国宫廷中的完整决策过程,就如当时的元老院成员所宣布的那样,"皇帝诉诸战争是为了征服敌人,兼并其王国"的话,那我们又怎么能假定在现实中还有一个高度复杂、但却没有表达出来的实力经济学原则,罗马皇帝正是受了这个原则的驱动去发动战争的呢?因此,我们不得不问,一种先验的对罗马帝国军队的具有"现代主义"色彩的假设,是否是一种带有时代错误的态度,会导致对罗马价值观和组织能力形成扭曲的认识。我们在本章中提出的论点是,一般而言,历史学者和考古学者们在他们对罗马边疆的研究中追逐的不仅是一个幻影,而且还是一个乌托邦。

勒特韦克已经用系统化的方式讲述了罗马的战略。他认为罗马建立了一个具有内在逻辑性的连贯系统,并且这个系统的连贯

性和动态模式是可以描述的。我们佩服他对材料的那种清澈透明
的分析,接受他的很多洞识,并欣赏他的系统性手法,但我们还是
要追问,作为分析对象的这个系统是否实际上真的存在。我们问
这个问题,其实也要感谢勒特韦克那令人仰慕的综合推论。但他
的核心假设,即认为存在着一个以保卫和强化帝国安全为目标的
防御系统,是一个建立在与现代军事组织进行类比基础上的假说。
它并非基于对古代文献史料或考古材料的独立分析,而是来自对
现代军事文献的熟读,结果就是在大多从事罗马边疆研究的专家
学者的著述中,这种方法已然成了无需说明的惯用手法。这个假
说不幸带有历史研究中经常遇到的一个缺陷:无法用客观的方法
来进行证实或证伪。我们所能做的,就是检验这个假说所依据的
那些基本前提,方法是查证古代史料来源和考古材料。我们在本
章中将指出,检验的结果证明这个假说并不像它看上去那么正确
有效。

决策活动与战争目的

　　或许我们要问,罗马在最高层次上的决策过程是否真的遵循
377　着一个无意识的内在逻辑和一致性。一位敏锐的观察者在谈论第
二次世界大战时说过下面这段重要的话:

　　　　事实上,很少有这样的时候,政策经过了清醒的思考,虽
　　然某些浪漫主义者或"伟大人物"的崇拜者们喜欢这样以为。
　　经常的情况是,政策是在一千个小的安排、想法、妥协和逐点
　　取舍的基础上形成的。靠人的意志造成决定性改变的情况其
　　实并不多。这正如一场军事战役的计划,并不是从某些大师
　　级的将军那里一产生就已经是完全成熟了;它成长于上校、少
　　校和上尉的某种布朗运动,而将军们能做的顶多就是在事后

将其合理化而已。①

即便在今天,我们显然也无法确定有多少时候,政治家和将军
们能够在现实中实现一个经过深思熟虑的、从理论上看既合理又
可靠的战略。现在,50多个国家里有将近300个战略研究机构,
其中95%都是近20年中建立的。未来的研究者们将会考察这些
机构对历史进程产生了怎样的影响和作用。② 我们已经看到,罗
马人即便在事后,也并不做任何事情来将他们的行动合理化。

即使是当信息十分丰富时,也很难确定哪怕是一方、更不要说
双方大动干戈的目的了。明文宣布的战争缘由可能不过是一个方
便的借口罢了。任何一方公开宣称的目的都可能并不是真正的目
标。当我们面对古代的文献时,对于那些记载下来的战争目的,经
常很难确定它们是否仅仅是靠了上层社会中的传闻、或是官方宣
传才散播开来。在一场战争中,开战的目的是会发生变化的,会根
据战争的结果被人修改。在一场战役胜利后,最初并不起眼的目
的可能会被雄心勃勃的目标所取代。目的也会根据战争的结局而
被重新打造;③如果这种情况是由于扩张计划的失败而导致的话,
那对我们的探究就显得尤为重要了。在分析如此复杂的过程时,
如果假装自己已经掌握了足够的关于罗马战争的信息,将是一种
鲁莽轻率的行为。

在对帝政时代的叙述中,一再出现下面这种规律:说某部落对
罗马领土实施了袭击(他们真的这样做了吗?)。于是皇帝决定发

---

① C. P. Snow, *The Light and the Dark*, ch. 34. Cambpell, ch. IX, esp. p. 393 认为皇帝
在诸如战与和、外交政策、兼并领土以及组织和使用军队方面,事实上会征询顾问
和心腹的意见,这些人主要来自上层社会。因此,我们承认这种决策形式使得对
军队的使用是有克制的。

② "The Fog of War Studies", *The Economist* 16—22 April, 1988, 72.

③ B. Lewis, *History, Remembered, Recovered, Invented* (1975).

动战争。说他击败了某部落。于是某部落被并入了帝国或没有。至于最初的目的和后来的行动动机,我们往往得依赖质量经常并不可靠的文献史料。我们很难知道所说的袭击比告诉我们的更严重,还是没那么严重,皇帝是真的打算保卫行省,还有乐于借此展现自己的勇武之气,他是真的希望扩大帝国版图并付诸行动,还是对某地的兼并只是后来才想到的。这些看起来似乎是显而易见的东西,但现实情况往往在对具体战争的讨论中被忽略掉了。特别明显的是,当文献史料中宣称某一场罗马发动的征服战争完全是由于皇帝本人的野心时,现代的历史学者们很容易忽略这样的文献史料。人们经常认为事情不可能这么简单。然而,当史料来源说皇帝驱军奔赴边疆是因为受到某部落的威胁时,人们对此就没有这种怀疑了。

　　罗马的战争目标经常是由偶然的因素所决定。每一位罗马研究者都对罗马史家讲述的那些在早期帝国时代由雄心勃勃的将军们发动的战争耳熟能详,如在日耳曼的日耳曼尼库斯战役,或是科布罗在低日耳曼发动的那些战役。① 战争的地点取决于这些领导者的军事权限范围;如果战争没有继续打下去,乃是因为皇帝不允许。另一方面,庞贝和恺撒以及他们之前的众多共和时代的将军们的确将战事继续了下去,因为无人能够阻止他们。仅仅是这样一个事实,有一条 *lex Iulia*(译注:指由恺撒或奥古斯都提议的道德立法)禁止总督在未经授权的情况下发动战争,表明这其实是一种普遍的做法。由罗马人无缘无故地发动进攻,导致与条顿民族发生首次遭遇——而这发生在阿尔卑斯山以外,是证明罗马无视所谓天然屏障所具有的防御价值的又一个例证。②

---

① Tacitus, *Ann.* xi. 18—20.
② 关于 *lex Iulia*,参见 Cicero, *in Pisonem*, 21. 50;关于与条顿人相遇,参见 Appian, *Celt.* 13;这两则文献均摘自 P. Brunt, *Historia* 10(1961),192。

本书并不会全面考察罗马整个国家或其在东方的帝国主义行径,但显然任何有关边疆政策的讨论都会触及这个话题。罗马共和时代的帝国主义是一个有争议的话题,帝政时代的帝国主义也是如此。在我们目前的讨论中,只要能找出罗马早期与后来时期之间影响这个问题的几个基本区别也就足够了。

在帝政时代,有关战争与和平的决定由皇帝作出,他的权力有赖于常备军的支持,而当他作出打仗的决定时,受到直接影响的也正是这些军队。[1] 帝国或首都的平民人口往往并不能从这种战争事业中得到多少好处;但皇帝不是由他们选出来的。那些坚持认为打仗常常是为了保卫边疆行省的人会争辩说,这些地区的人口会受益于得到强化的安全状况。但确定无疑的是,正如上面第一个例子所显示的,军队和朝廷从他们的土地上经过,使得这些地方的人民饱受其苦,而不是从中获益。普林尼与图拉真之间的书信显示出,那些小镇即便是在和平年代对那些旅行者们也已经是不堪其扰。拜占庭是行军的大队人马必须经过的一个主要站点,它为此得到过一些资助。而那些较小的边疆城镇就得自己去尽力应付了。[2] 普林尼在另一个场合将图拉真路过行省(最好的情况)与多米提安路过行省(最坏的情况)进行了一番对比:

> 车辆被有条不紊地征用,在住所方面没有吹毛求疵的挑剔,食物供应也与所有人一样。您的宫廷人员组织严密,服从命令……而最近另一位皇帝的巡游却大不一样! 说它是巡游,还不如说是破坏,征用民房就意味着驱赶房主,将房屋左右周围烧得寸草不留,并大肆破坏,糟蹋得好似被另一个国家

①　Campbell,*The Emperor and the Rome Army*,该书的主题。
②　*Ep.* x 77f. Campbell,250f. 图拉真自然认为制造麻烦的旅行者大多是士兵。关于拜占庭在军队行进路线中的地位,另见 Tacitus,*Ann.* xii 62。关于军队经过小亚细亚地区,参见 S. Mitchell,*AFRBA*,131—150。

或民众避之唯恐不及的蛮族入侵了一般。①

　　狄奥在卡拉卡拉时期就为军队提供物资的花费所作的抱怨表明,即便是元老院的议员们也认为战争是一种沉重的负担。②

　　而另一方面也很清楚,成功的扩张战争对于所有参战军人来说是有利可图的。就我所知,对这一时期缴获战利品的情况尚未进行过系统整理,但我们绝对不乏史料表明,打赢战争的获利颇丰。③ 众所周知,"在战争中,那些身强力壮的人总能抢到战利品"。④ 当提图斯拿下耶路撒冷后,"所有的士兵都全身装满了抢来的东西,以至叙利亚的黄金价格贬值了一半"。⑤ 提图斯将那些特别勇敢的士兵召集起来,"将金冠戴到他们头上,送给他们金脖链、小金矛和银制军旗,还给他们全体晋升一级军阶;他又从战利品中拿出很多金银衣饰分给他们"。⑥ 当然,绝非偶然的是,这些段落都来自我们现有的对帝政时代一次军事胜利的最全面的记叙中。在犹太人战争中,C. 瓦琉斯·鲁弗斯(C. Velius Rufus)受到了美化,那处著名的讲述了其一生功绩的铭文清楚地表明,能打仗的军人在战争中和战后会得到快速提拔。⑦ 还不止于此,塔西佗在据他说是指挥官们的战前动员讲话中强调了战利品的重要性。科布罗"告诉他的士兵们,要确保荣誉和抢掠两不误"。⑧ 而情况

380

---

① *Pan.* 20.3—4.

② lxxvii 9.3;5—7(382f.). 对照 Rostovtzeff,*Roman Empire*,358ff. 424ff.。

③ 对此的简评参见 V. A. Maxfield,*The Military Decorations of the Roman Army* (1981),58f.;关于恺撒的高卢战争,参见 L. Keppie,*The Making of the Roman Army*(1984),100f. G. R. Watson,*The Roman Soldier*(1969),108—114 列出了皇帝在士兵入伍时和在特殊时刻对他们的赠与,目的是为了获取效忠。他似乎在暗示,战争过后皇帝就不再给钱了。Campbell 并未讨论战利品的问题。

④ Tacitus,*Agricola* 14.

⑤ Josephus,*BJ* vi 6.1(317).

⑥ *BJ* vii 1.3(14f.),trans. Thackeray,Loeb.

⑦ *IGLS* vi 2796,对照 D. Kennedy,*Britannia* 14(1983),183—196。

⑧ *Ann.* xiii 39:"hortatur milites ut … gloriaeque partier et praedae consulerent."

也的确如此,在战役结束后,敌方的成年男子被屠杀殆尽,"平民人口被拍卖出售,其余的战利品都落入了征服者的腰包"。① 苏埃托尼乌斯在对布狄卡发动关键性的战役前,也用类似的话讲到了荣誉和战利品。② 毫不费力的荣誉和杀戮(男人、女人和牲畜)不会让罗马有任何损失,自然是士兵喜欢的战斗结果。事实上,在打了胜仗后,被允许大开杀戒似乎是罗马士兵的特权之一,在古代和不那么古老的世界中的其他军队也无不如此。③ 战争的成果以杀人的数量而不是战略收益来衡量。④ 塞维鲁的军队获准对泰西封及其周边地区肆意抢掠。⑤ 狄奥对这场战争持批评态度,他说,除此之外,塞维鲁没有取得任何成就,好像抢劫该地区就是这次远征的唯一目的。⑥ 自然,有人会说,破坏敌人的领土、摧毁其经济基础本身就是有效的战略措施,将会使敌方很难将战争继续下去,但狄奥显然并不认为这是塞维鲁的目标,或即使这是他的目标,狄奥也不认为这样做是明智之举。⑦ 希罗狄安对于卡拉卡拉的波斯战争也有过类似的描述。⑧ 狄奥和希罗狄安都将战争说成是在借口非常牵强、并未受到任何挑衅的

---

① *Ann.* xiii 39:"et imbelle vulgus sub corona venundatum,reliqua praeda victoribus cessit."
② Tacitus,*Ann.* xiv 36.4.
③ Josephus,*passim.*
④ *Ann.* xiv 37:"clara et antiquis victoriis par ea die laus parta."这不过是在这场代价高昂而且有害的叛乱中的一次决定性交战而已。
⑤ Dio lxxvi 9.4(347);Herodian iii 9.10f.;SHA,*Severus* xvi 5.6.将允许军人抢劫和保留战利品说成是"一大笔馈赠"。
⑥ 另见 SHA,*Sev.* 16.5:"... donativum militibus largissimum dedit,concessa omni praeda oppida Parthici,quod milites quaerebant"。
⑦ 关于在希腊战争中破坏敌方庄稼的做法,参见 G. B. Grundy,*Thucydides and the History of his Age*(²1948),chs. ix and x. Grundy 指出,不仅出于社会经济原因,也出于军事原因,由重装步兵组成的市民军队进行的希腊战争必须是短暂激烈、一决胜负的交战。目的是毁坏敌方农田,并及时回师去收割自己的庄稼。罗马帝国军队的目的当然是由各种不同的考量和需要来决定的。
⑧ iv 11.7f.

情况下发起的远征行动。① 军队行军穿过帕提亚,直到他们烧杀抢掠得厌烦了,才回到罗马的行省中。狄奥和希罗狄安都认为这种战争毫无用处。阿米阿努斯说朱利安曾讲过这样的话,罗马士兵常常被抢夺战利品的欲望所诱惑。② 朱利安的友人利巴尼乌斯讲述了他对朱利安的波斯战争进展状况的预见,如果一切顺利的话,"破坏乡村,抢劫村庄,夺取要塞,跨过河流,挖开墙脚,占领城市……军队在对波斯人的屠杀中欢欣雀跃"。③

镇压内乱同样也有利可图。215 年,卡拉卡拉应允他的部队对亚历山大里亚实施了抢掠,还给士兵们捐了一笔款。④ 在塞维鲁·亚历山大的波斯战争之前和之后,军队都得到了捐赠。⑤ 除了军人们将战利品带回家外,表现勇敢的士兵在战后还能得到了晋级。这种做法非常普遍,在文献和碑文史料中都有记载。⑥

在战争中获胜是士兵和军官改善其物质条件和社会地位的最佳机会,而且还不用让帝国来支付成本。在一封据称是奥利安写的信中就如何约束士兵提了建议,信中说:"让他们以从敌人那里抢夺战利品为生,而不是让行省的属民流泪"。⑦ 奥利安受到赞扬,因为他"指挥军队收复了边境地区,将战利品分给士兵,用抢来的牛、马和奴隶给色雷斯增添了财富"。⑧ 这也许只是作者的想象,但它清楚地反映出作者如何评判一位优秀的统治者。在 360

---

① Dio lxxviii 1;Herodian iv 9. 10:卡拉卡拉渴望得到"帕提亚"的称号,在东方打赢一场战争。

② xxiii 5. 21.

③ Or. i 132.关于这种精神,对照 SHA,*Claudius* 8. 6;9. 6 中臆想连篇的描写。

④ Dio lxxvii 23(401).

⑤ Herodian vi 4. 1(战争以前);6. 4(战争以后)。

⑥ Maxfield,236—240,并有大量例证。

⑦ SHA,*Aurelian* 7. 5:"de praeda hostis, non de lacrimis provincialium victum habent. "

⑧ ibid. ,10. 2:"... exercitum duceret, limites restitueret, praedam militibus daret, Thracias bubus,equis,mancipipis captivis locupletaret ... "

年,君士坦提乌斯放弃了对贝扎布德的围困,他似乎并不情愿这样做,因为"就好像财富的大门已在他面前开启,而他却空手而归"。① 阿米阿努斯的语言足够清晰,他关于为下次战争进行备战的描述也同样如此:"在行省各地都招募了新兵,各行各业都要被折腾一番,要提供衣物、武器、弹药,甚至金银、大量生活物资以及各种用来运载物资的牲口。"②

狄奥对卡拉卡拉的指责颇有意思:这位皇帝希望把钱都用在士兵身上,但却不断要求平民百姓给他敬献金冠,借口是他打败了敌人。③ 在罗马的政策制定中,看重钱财收益或损失是一个经久不衰的特征,正如我们从 5 世纪和 6 世纪时给把守达留尔关隘的驻军支付报酬的重要性中看到的。

然而,如果是处于和平状态,士兵们就没什么好处可捞了:由于服役的年限是固定的,在和平时期,士兵也不能提前复员,这点与共和时代不同。④ 我们得出的结论是,由于很多切实的原因,军队是欢迎开战决定的。常备军的存在是罗马政策中的一个重要因素,很可能会增强发动征服战争的政治意愿。⑤ 使这个倾向得到强化的是这样一种氛围, 军事荣誉会提高皇帝的声望并加强他与

---

① Ammianus xx 11. 31:"quod velut patefacta ianua divitis domus,irritus propositi reverteretur. "

② xxi 6. 6.

③ Dio lxxvii 9. 1. 对比 SHA,*Marcus Antoninus* 17,赞扬了马可·奥略留,因为他通过出售帝国财产而不是征税来资助马可曼尼战争。通过这场获利颇丰的战争,他把一切都赚了回来。

④ B. Dobson,"The Roman Army:Wartime or Peacetime Army?",*Heer und Integrationspolitik:Die römischen Militärdiplome als Historische Quelle*,ed. W. Eck and H. Wolff(1986),10—25.

⑤ Campbell,ch. IX 在讨论军队的政治作用时否定了这种可能性。随便举个例子,针对塞维鲁·亚历山大的兵变就是为了抗议他不进兵攻打日耳曼人,推行用黄金换和平的政策:Herodian vi 78. 9—10,并对照 SHA,*Alexander* 63. 5—6,Maximini 7. 5—7。

军队之间的关系。[1]

这并不是在暗示这一过程非常简单。罗马帝国中没有一个强大的"军官阶层",也没有集中的军队指挥权。如果行省军队有发动战争的诱因,也只能通过军团指挥官、行省总督和前任总督传达到皇帝那里。如果有事先协商好的行动来废黜皇帝的话,皇帝也就无法统治了,但是军队并没有制度化的手段来像现代的军事独裁者那样对政治决策施加压力。由于缺乏一个终生享受佣金的高级职业军官阶层,没有我们这个时代里的那些个不仅有能力组织军事政变,还可以在国内不断释放政治影响力的上校们,使得军队不可能以这种方式插手政治事务。终生任职的百夫长们社会地位并不高,而那些有社会地位的人,如元老院成员和 *equites*(骑士),又没有长时间的任期。关于那个给罗马军队提供了手段来废黜和强行拥立自己心仪的皇帝的机制,我们已经知道得很多了,[2]但我们并不能说,皇帝是由作为一个整体的军队来废立的。抱有野心的军队领导人利用手中控制的部队来罢免对手,并将自己的友人强加给帝国。反叛是由指挥官们而不是各级官兵来组织的。几乎没有证据表明军队在没有危机时能够施加任何影响力。[3] 不过,明显的是,每一位皇帝都意识到他对于军队的依赖。为了避免出现危机,加强他在士兵心目中的地位成为势在必行。一位统治者,如果除了其他方面外还是一名富有战斗经验和战斗能力的勇士的话,那他在士兵和上流阶层中就会得到应有的尊重。同时,军队始终是对统治阶层的一个潜在的威胁。

如果能够在不发动战争的前提下兼并新的领土也是有利可图

---

[1]　关于帝国荣誉,参见 Campbell,120—156。

[2]　Campbell, ch. IX.

[3]　部队对提饷和馈赠的一般要求,除了提高军人自身的物质地位外,并不在其他任何方面构成政治影响。

的。我们只要看看对卡帕多西亚和康玛格尼的兼并、①或塔西佗关于布狄卡暴动原因的讲述就足以说明问题。② 当总督在威尔士打仗时,繁荣昌盛的爱西尼王国(Iceni)在其国王去世后就被兼并了。"王国受到百夫长们的抢掠,王宫被(代理长官的)奴隶们洗劫一空,就好像这些地方是通过战争夺取来的一样",这种叙述无非说明,这是在战争中对待被征服民族的惯用方式。那些爱西尼的达官贵人们,其祖传财产被剥夺殆尽。早先已被纳入帝国的特里诺文特人(Trinobantes),参加暴动是因为对老兵殖民地卡姆罗顿纳姆的憎恨,这个殖民地建立在被驱离的原住民的土地上。塔西佗在这些问题上直言不讳,他说:"抢劫、杀戮和强夺,罗马人居然把自己称作帝国;他们造成了破坏和萧条,却将其称作和平。"③

在经过了早期阶段后,兼并依然有利可图。据斯特拉波说,埃利乌斯·加卢斯(Aelius Gallus)发动阿拉伯远征的动机就是为了谋取长期收益。④ 当图拉真在他的美索不达米亚战争中到达红海时,立即开始强征关税。他打算将关税作为一个长期的收入来源。兼并还为直接干预提供了可能,如为当地的罗马公民提供支援。当斯特拉波从一位去过佩特拉的友人那里得知,那里生活着"很多罗马人和其他外国人,那些外国人经常卷入互相间或与当地人之间的法律纠纷,但当地人互相之间却从不提起诉讼,他们对自己人绝对保持和平"。⑤ 在恺撒所著的《内战》中,我们发现了一个已然成为某种标准用语的说法,指"所有那些安条克的人民和居住在此的罗马商人"。⑥ 那时,安条克成为罗马行省的一部分才只有15

384

① 在兼并卡帕多西亚后,征税减少了:Tacitus,*Ann.* ii 42.6。
② *Ann.* xiv 31.
③ *Agricola* 30.6,因为一位古苏格兰长老。
④ xvi 4.22(780).
⑤ xvi 4.21(779).
⑥ BC iii 102:"… omnium Antiochensium civiumque Romanorum,qui illic negotiarentur … "

年的时间。显然,强制实行罗马法将有利于罗马公民。西塞罗写于公元前 70 年以后某个时间的《为佛恩忒尤斯辩护》就是一个清楚的例子。高卢行省中挤满了罗马的商人,以至于没有哪桩买卖可以在没有罗马公民的干预下成交,没有哪笔钱款的转手不在罗马人的账簿上留下记录。① 佛恩忒尤斯被高卢人指控敲诈勒索,而居住在该行省中的多个不同的罗马公民团体为辩方做目击证人。西塞罗建议陪审团不要听取野蛮人针对忠诚的罗马公民的证词。

有关罗马公民在这些地区存在的信息只是偶尔出现,但他们的存在所导致的仇恨,在关于反抗罗马统治的暴动中发生大屠杀的描述里得到了清楚表现。最著名的是在公元前 88 年,亚洲行省中有成千上万的罗马公民被杀身亡,这不仅显示了受害人数之多,同时也证明了他们的存在所制造出的仇恨。② 当伊利里亚人于公元 6 年举行暴动时,"罗马公民们被打败了,商人们遭到屠杀,大量的老兵在远离其指挥官被杀害的地方给有色人种干活"。③ 发生在 21 年的特雷维里人(Treveri)暴动也是以屠杀罗马商人开始的。④

因此,有两个罗马人群体能够从征服战争和随后的兼并中获益,那就是军队和居住在行省属民当中的罗马人。不过,这并不是说发动征服战争首先是为了这些阶层的利益,或者说在帝政时代或后来的帝国时期,这些人对宫廷中的决策过程有决定性的影响力。他们碰巧成了征服和兼并的工具并从中得利,但绝无迹象表明他们在政治中扮演的角色比边疆行省的属民更加积极。除非我

385

---

① *Pro Fonteio* 1.1:"referta Gallia negotiatorum est,plena civium Romanorum. Nemo Gallorum sine cive Romano quidquam negotii gerit; nummus in Gallia nullus sine civium Romanorum tabulis commvetur."

② 关于共和时代罗马公民在行省的情况,参见 Harris,95—102。

③ Velleius ii 110.6.

④ Tacitus,*Ann.* iii 42.1;*Ann.* ii 62.4 描述了在马可曼尼人(Marcomanii)中出现了这样一名 *negotiatores*(谈判者)时的情况。

们非要无视几个世纪的罗马历史和文献,我们会发现让帝国投入一场征服战争的决定是由帝国意志作出的,而不是由有利害关系的特定群体所施加的压力造成的。① 与任何时候的将军们一样,如果部队的斗志受到破坏,罗马皇帝是无法成功发动战争的——正如狄奥描写的塞维鲁的军队在哈特拉遭遇失败之前的那种状况。② 但开战的决定是由皇帝一个人作出的,并有他的心腹在旁边帮着出主意。③

这些亲信可能来自几乎任何阶层:皇帝的家人、元老院成员、*equites*、自由民、甚至是——在贵族们看来——更糟糕的"杂耍演员和戏子"。那些给皇帝出主意的人并不是由具体的利益集团挑选的,也不作为他们的代表。④ 帝国首脑的顾问们有时被说成是一个群体:狄奥就经常提到一个集合用语"我们",有时他们又被单独拿出来作为握有权势的个人。他们的社会阶层被认为很重要。一个好皇帝会听取受过良好教育的元老院成员的意见,而一个坏皇帝才会去听那些粗鄙的暴发户的话。不过,我们并不清楚,对扩张持支持抑或反对的态度和意识形态,是否可以与某些特定的社会群体挂钩。换句话说,并不存在具有在宫廷延伸某些特别动机的能力和愿望的、长期性的"院外活动"。古代的原始史料经常描述皇帝在战争与和平的问题上征求亲信的意见。⑤ 好的皇帝被说成是拥有良友。⑥ 有时,甚至有人说,皇帝听取亲信的意见是非常

---

① F. Millar, *The Emperor in the Roman World* (1977), ch. III, "Entourage, Assistants and Advisers".

② lxxv 12.

③ 总体参见 J. Crook, *Consilium Principis* (1955); Millar, ch. III, "Entourage, Assistants and Advisers"。

④ Millar, 113.

⑤ 例如 Tacitus, *Ann.* xi 19; xii 20。

⑥ Suetonius, *Titus* vii 2;另见 SHA, *Marcus Antoninus* 22. 3; *Severus Alexander* 66,习惯性地带有保留意见。

例外的情况,只有当某些亲信在相关问题上具备专门知识时,皇帝才会这样做。①

　　从未有人暗示过这些亲信是被挑选来代表某个特定的意识形态。他们的个性、阶层、品德,或是缺乏这些资格,被古代的作者说成是最重要的特征。帝国首脑的顾问之间发生冲突无不是围绕那些直接关系个人利益的问题:影响力和财富,而不是政策和国家大事。皇帝一般在重大事务上确实会采纳其亲信的建议,但他也完全可以对此忽略,正如狄奥用自己的亲身经历讲述的卡拉卡拉的所作所为。② 狄奥在塞普蒂米乌斯·塞维鲁治下肯定也经历过同样的情况,因为他说这位皇帝发动的两场重要战争都毫无用处,甚至有害。康茂德则因为相反的原因受到批评:他没有听取其父的元老院顾问的建议,决定不再继续北方的战争。③ 同样,卡拉卡拉在军队上花钱远远超出了其母亲和顾问们认为合适的程度,狄奥抱怨说,他所在的阶层遭受的沉重损失绝不亚于那些富有的个人或群体。这个政策直接伤害到皇帝的亲信们的个人利益。

　　这些都是在确定有哪些动机说服了皇帝去发动战争时需要考察的重点。让我们回到本书中反复引述的一句话:据狄奥说,塞维鲁只是假称他征服美索不达米亚是为了叙利亚行省的利益。他真正的动机是想取得军事上的荣誉和满足个人的欲望。④ 与此相似,卡拉卡拉走向与帕提亚的战争乃是因为他执着于成为亚历山大的念头,这也是和他很熟的狄奥告诉我们的。⑤ 荣誉、光辉,特别是想要成为昔日统帅的愿望,是决定选择战争还是和平时的真

---

① Dio lvii 17. 9；SHA,*Severus Alexander* 16. 3.

② lxxviii 11. 5；18. 2—4.

③ Dio lxxii 1—2.

④ 另见 SHA,*Severus* 15："Erat sane in sermone vulgari Parthicum bellum adfectare Septimium Severum,gloriae cupiditate non aliqua necessitate deductum".

⑤ lxxvii 7—8.

正因素。"科布罗认为要想无愧于伟大的罗马人民，就必须重新征服那些曾经被卢库鲁斯和庞贝夺取过的地方。"①"对于一个私人家庭来说，只要保有自己的家园，就是值得称颂的了，而对于一位国王来说，却必须为夺取他人的土地而战斗。"②在罗马，并不存在着这样一个现成的群体，他们具有政治影响力，并在维护和平、保卫边疆以及避免军事冒险主义方面有着巨大的既得利益。在扩张战争的问题上，皇帝可能遇到的唯一的反对意见是由那些认为此举浪费钱财的个人提出的。

对边境线的选择

　　罗马的边境线大多不太可能是经过选择，或是通过有意识地决定在某地停止继续推进的过程来决定的。相反，至少在 2 世纪时，一位想要赢得众多罗马同僚尊重的总督会不遗余力地争取"拓展行省的荣誉"；③因此，有人表达过这样的观点："边境地区冻结在了帝国的边界线附近：它们是自动出现的。"④

　　有几个例子可以说明这一点。在日耳曼的跨莱茵河战役是提庇留在其统治早期的一次持续努力，想要在莱茵河以东重建罗马的权威，最后他很不情愿地放弃了这个目标。⑤ 在 83—85(?)年多米提安针对卡蒂人的战争中，有 5 个军团和一个来自不列颠的分

387

---

① 　Tacitus, *Ann.* xiii 34. 4："et Corbulo dignum magnitudine populi Romani rebatur parta olim a Lucullo Pompeioque recipere."

② 　*Ann.* xv 1. 5："… et sua retinere privatae domus, de alienis certare regiam laudem esse."

③ 　Tacitus, *Agricola* 14. 2："fama aucti officii."

④ 　J. C. Mann, "The Frontiers of the Principate", *ANRW* ii 1(1974), 513f.

⑤ 　很清楚这才是战争的目的。如见据说是日耳曼尼库斯所说的话, *Ann.* ii 14："propiorem iam Albim quam Rhenum neque bellum ultra, modo se, patris patruique vestigia prementem, isdem in terris victorem sisterent", 并对照 *Ann.* ii 22. 1 引述的碑文片段。

遣队参战,虽然阵势浩大,但结果却只是在莱茵河以东的韦特劳地区(Wetterau)扩张了很小一片土地。有人指出,在最初的计划中,进军的幅度要恢弘得多,这是有可能的;如果真是这样,这次进攻一定是强度逐渐减弱,最后在达到目标无望的情况下被放弃了。①

斯特拉波详细解释了为何没有必要占领不列颠:"当地的首领们已经使整个不列颠岛几乎成了罗马的财产"。他继续说道,不列颠人很容易就忍受了沉重的进出口关税,"因此没有必要在岛上驻军。否则需要至少一个军团和一些骑兵来向不列颠人征收贡赋,如果贡赋增加的话,关税就势必减少。另外,如果使用武力的话,还会产生某些危险。"②斯特拉波认为,总的来说,罗马人已经拥有了值得拥有的一切。这个世界上尚未被征服的地方不是贫穷之地,就是游牧民地区。③ 在 2 世纪时写作的阿庇安觉得不列颠那些尚未被占领的地区不值得操心,"而且即便是那些他们已经占据的地方,也没有太多的好处"。④ 这些都是为什么不进行领土兼并的合理原因。两个多世纪以后,这种声音又在狄奥那里重新响起,他反对对美索不达米亚北部的兼并。⑤ 以上这 3 位作者都认为没有好处的扩张是令人反感的,他们话中的弦外之音是,他们并不反对有利可图的征服。他们不赞同征服异族并非出于道德原因,而且也绝没说过战争只应该是防御性的。更重要的是,事实上,斯特拉波明确地把对不列颠的征服判定为在经济上和财政上不合需要,这表明最终征服不列颠的决定是在不顾经济和财力考量的情况下作出的,哪怕所需军力是斯特拉波预计的 4 倍之多。克劳狄乌斯希望光明正大地获得一次战胜的荣耀,他选定不列颠作为攫

①　Schöberger, *JRS* 59(1969),158.

②　iv. 5. 3(200f.).

③　xvii 3. 24(839); vi 4. 2(288).

④　*Praef.* 5.

⑤　参见上文第 26,387 页(按:原书页码)。

取这种荣耀最合适的地方。① 苏埃托尼乌斯在身为帝国首脑秘书的同时也是一名作家,与卡西乌斯·狄奥和斯特拉波一样,他清楚地知道皇帝们的重大决定是在什么样的观念层次上作出的。不过,他用不着克服什么心理障碍就直截了当地说了,这些就是征服不列颠的原因。

在不列颠的边境线后来有过几次向北和向南的移动。这种一前一后的摆动似乎与指挥官的雄心和实际控制力之间存在着函数关系。根据塔西佗的描述,阿格里科拉(Agricola)曾经满怀惆怅地反复唠叨,说他本来可以用一个军团和一些辅助军就能够征服爱尔兰,而斯特拉波也认为这点军力已足以将不列颠置于控制之下。② 塞维鲁在不列颠北部打了几场战役来教育他的儿子们,因为他看到军团由于无所事事导致战斗力退化,同时他也想为自己捞取个人荣誉,希望征服整个不列颠。换句话说,这是一场由皇帝挑选地点并主动发起的战争,边疆的骚乱只不过是借口罢了。这条信息是由当时一名塞维鲁和卡拉卡拉时期的元老院成员兼 *amicus*(法官顾问)提供的,此人曾两次担任执政官,其中一次与皇帝一同担任 *ordinarius*(正式执政官),因此他清楚地知道有关战争与和平的决策是如何出炉的,不论他自己对这些决策是否赞同。③ 塞维鲁几乎将军队开到了苏格兰最遥远的地方,并在为第二次战役做准备时死在了约克。卡拉卡拉急忙回到罗马去巩固自己的帝位。这次远征的初始目标是什么呢? 有人提出这场远征服务于两个主要目的,驱逐迈亚泰人(Maeatae)并建立一个以哈德

①　Suetonius,*Claudius* 178. 1:"Cum … vellet iusti triumphi decus,unde adquireret Brianniam potissimum elegit … "

②　*Agricola* 24. 3;关于这点对照 J. C. Mann,*Britannia* 16(1985),23f. 。

③　关于塞维鲁发动不列颠战争的目标,参见 Dio lxxvi 11—12(365—367);esp. 13. 1:塞维鲁希望征服整个不列颠。另外,注意,当部落坚持抵抗超过一定程度时就被当作是叛匪;ibid. ,15. 1;对照 Herodian iii 14. 2;5。关于狄奥的生涯,参见 F. Mill-ar,*A Study of Cassius Dio*(1964),ch. I。

良长城为基础的新的边境体系。① 这种观点认为狄奥是在说谎，
389　远征取得的那一点成果从一开始时就是它的目标。我们也可以争
论，说狄奥（和希罗狄安）知道塞维鲁曾想要征服整个苏格兰，但这
个计划后来被放弃了，可能是塞维鲁本人放弃的，也可能是卡拉卡
拉在其父去世后放弃的。② 有证据显示，撤军的决定是在塞维鲁
还活着的时候就作出的。③ 换句话说，有一种诠释将这场战争视
为防御性战争，但与当时的史料来源相左；另一种解释则接受当时
的人对这场远征的描述，认为它是一场以失败而告终的征服战争。
按照这种解释，那种认为我们在此处看到的是罗马对威慑力之重
要性的直觉认识的说法自然就成了一句废话。我们无法证明哪种
解释正确，但由于有当时史料中的陈述，因而那些声称这是一场防
御战争的人，就有义务拿出证据来证明它并不是一场征服战争。

　　如果我们同意出于拓展疆域、获得荣耀或满足个人贪欲等原
因，曾经有过以失败而告终且代价高昂的扩张企图，那么就可以列
出几个这样的例子。《罗马皇帝传》中称马可·奥略留打算在北方
创建新的行省。④ 当古代的史料，尤其是像《罗马皇帝传》这种材

----

① Millar, *Cassius Dio*, 148 参考了 K. A. Steer in I. A. Richmond(ed.), *Roman and N-
　ative in North Britain*(1958), 91—111；相同的观点参见 S. Frere, *Britannia：A
　History of Roman Britain*(1974), 199—203。P. Salway, *Roman Britian*(1981),
　227—231 认为不列颠战争在性质上并非防御性，也不是有意要打的战争。M.
　Todd, *Roman Britain*, 55 BC-AD 400(1981), 175—180 认为有可能是皇帝在远征
　途中改变了最初的计划。

② D. J. Breeze and B. Dobson, *Hadrian's Wall*(1978), 134—137.

③ 印有"Severus Pius Aug. Brit."字样的钱币，时间为 210/211 年，印有"Adventus
　Augusti"字样显示已经预计皇帝会提前返回：*BMC Emp.* v 366, no. 50, pl. 54. 8。
　这则文献是 Alla Stein 女士为我提供的。

④ SHA, *M. Antoninus* 24. 5："Voluit Marcomanniam provinciam, voluit etiam Sarma-
　tiam facere, et fecisset, nisi Avidius Cassius rebellasset sub eodem in oriente."
　ibid. , 27. 10："triennio bellum postea cum Marcomannis Hermunduris Sarmatis
　Quadis etiam egit et, si anno uno superfuisset, provincias ex his fecisset."认为这些
　是真实的陈述，参见 C. Parain, *Marc-Auréle*(1957), 164；A. R. Birley, （转下页注）

料,在谈到未能完成的计划时,我们应当保持怀疑。的确,狄奥就没有谈到过这个打算,他坚称如果马可·奥略留能活得更久一些的话,将会制服整个地区。[1] 事实上,在马可去世时,我们可以观察到几个被逐渐吸收的成分。175 年时,马可曼尼人、夸地人和伊扎吉斯人(Iazyges)已经接受了对自己并不有利的条件成了罗马的盟友,这意味着他们成了帝国的组成部分。[2] 以伊扎吉斯人为例,他们为罗马军队提供了骑兵。[3] 178 年,有罗马部队驻扎在马可曼尼人和夸地人中间。[4] 据狄奥说,康茂德本来可以轻而易举地消灭马可曼尼人,但他却太懈怠而没有这么做。他缔结了一个不错的条约,然后就把军队撤了回来。[5] 这里暗含的意思很明显:在这里一场征服战争又再次被中断,因为继位者没能继承其父亲为罗马开疆拓土的宏图大略。马可·奥略留打仗的地区与图拉真

390

(接上页注)*Roman Frontier Studies* 1967(1971),10—12;另见同一作者,*Marcus Aurelius*(1966),222f. and Appendix III. A. Mócsy,*Pannonia and Upper Moesia* (1974),184 同意这些话,但认为该计划在更早阶段就已放弃。G. Alföldy,*Historia* 20(1971),84—109 指出从一开始,这就是一场防御战争:马可·奥略留从未想要扩大帝国版图或建立新的行省,而康茂德在达成谈判协议后撤军乃是遵照其父亲的计划行事。更多讨论详见 Alföldy in R. Klein(ed.),*Marc Aurel*(1979), 389ff. and esp. 425—428;M. Stahl,*Chiron* 19(1989),289—317。

[1]　lxxi 21(275).

[2]　关于将附庸国和盟友视为帝国组成部分,参见 Harris,133ff.(republic);C. M. Wells,*The German Policy of Augustus*(1972),248f.(Augustus)。

[3]　Dio lxxi 16(263);对照 18。

[4]　Dio lxxi 20(274f.). 军队使得部落无法继续正常的经济生活,但又不许夸地人移走。"通过这种行动",狄奥说,"(马可)希望不用没收土地却能惩罚其人民"。我不同意下面这种解读,参见 J. Dobias,*Corolla Memoriae Erich Swoboda Dedicata* (1966),115—125,esp. 123:"Er wollte also weniger das Land erobern,als vielmehr die Bewohner bestrafen"。另见 Birley,*Roman Frontier Studies* 1967,10f. ;同一作者,"Die Aussen-und Grenzpolitik",in Klein,488;Alföldy,in Klein(参见上页注释④)。狄奥并未论及征服、纳入帝国或实行兼并,而是在讲没收土地和如何对待刚被征服的人民。他们已经属于帝国,虽然现在还不属于某个行省。如下文所说,被并入行省的不是一块领土,而是一个民族。

[5]　Dio lxxii 1—3(282—284).

大致相同：在北方和东方。我们知道，在东方有所扩张：随着阿维狄乌斯·卡西乌斯的帕提亚战争，杜拉-欧罗普斯（以及其他军事地点？）被部署了长期驻军。我们没有理由否认，在北方的战争也是出于类似的期望而发动的。

我们可以推测，怀有敌意的原始史料会包含某些针对康茂德的不公指责；可能他是理智的，利用外交手段来结束了一场代价高昂且举步维艰的战争，采取重大军事行动的前景可能并不像狄奥宣称的那么好。但在北方的扩张有明确计划的迹象，如果想对这一事实进行搪塞将会毫无益处。我们在本书中一再指出，相信战争的结果总是像罗马预计的那样乃是一种谬误。战争的双方都在根据战事的进展情况对战争目标进行着调整和修改。

我们在第一章中说过，在东方，已有的边界线从来就没有被认为令人满意而得到接受。尼禄统治期间为高加索战役进行了筹备，只是由于温德克斯的暴动而被迫中断。可以说，甚至到图拉真以后还时不时地在不列颠，在日耳曼，以及在北方出现扩张的企图，但即便在其他地区的战争已大多变成防御性战争以后，试图征服美索不达米亚的波斯人的努力仍然时常发生，而且坚持不懈。就是在这个地区，罗马当局也举棋不定，不知道自己是应该抢占先机扩展领土，还是应该留在原地抵御蛮族的袭击。这种态度表现得最明显的例子就是查士丁尼时期。

391　　　因此，我们无法坚持认为，在早期帝国有一个一以贯之的努力，谋求易守难攻的边界。除了很多非常成功的扩张战争之外，还有一些计划的或实际发动了的战争由于种种原因而中途夭折，或没能取得预期结果。我们不难证明，那些经常被说成是防御性的战争，实际上是征服战争。以苏埃托尼乌斯为例，他把多米提安针对卡蒂人的战役说成是毫无道理的、是在对友人和父亲的意见充耳不闻的情况下发动的，目的仅仅是为了让自己在权力和尊严上不逊色于其兄。① 我们已经指出，这场战争的结果可能是收获远远小于最初的期望。

希罗狄安在谈到马克西米努斯（Maximinus）的日耳曼战争时是这样说的：

> 一旦他大权在握，就开始为军事战役做准备。由于他相信自己是靠着身材高大、浑身有力并具有战斗经验才获得现在的位置，因而他希望能用行动来向民众证明他的名声和士兵对他的评价，他试图证明亚历山大那种在采取军事行动方面迟疑胆怯的做法已经过时。因此，他不停地训练和演习新兵，自己随时佩戴武器并要求部队也这样做。他筑起了桥梁，准备跨过河去攻打日耳曼人。②

正如我们在本书中经常做的那样，我们必须追问，历史学家们是否有理由给罗马的决策者们安上一系列并未在原始史料中得到反映的动机和盘算，同时又对史料中的确说过的内容视而不见。在古代文献中不乏作者宣称赢得辉煌和荣耀是发动战争的合法理由。"获得高卢、色雷斯、西里西亚和卡帕多西亚这些最富裕最强大的行省是好事也是光荣之举，亚美尼亚和不列颠虽然没有太多实际用处，但却能让帝国威名远扬……"③按照普林尼的说法，图拉真大动干戈是受到"帝国尊严"的驱使，他本人并不热衷于军事远征行动。④ 如果我们相信那些溢美之词，他认同的是那种在战

---

① Domitian ii 1；vi 1；对照 Syme，*CAH* xi，162—164。

② vii 1.6f. 关于马克西米努斯在北方的志向——以及假设的成功几率：ibid. 2.9 and SHA，*Maximinus* 13.3。

③ Florus，*epitome* i 47.4f.

④ *Pan.* 178.4："Meruisti proximas moderatione，ut quandoque te vel inferred vel propulsare bellum coegerit imperi dignitas，non ideo vicisse videaris ut triumphares，sed triumphare quia viceris." 另见 16.1—5，普林尼赞扬了图拉真的温和（转下页注）

392 胜敌国之后产生的和平,而不是通过谈判妥协取得的和平:"让他们请求甚至乞求,而我们按照有利于帝国尊严的方式给予同意或加以拒绝。"①

据阿米阿努斯说,朱利安发动针对波斯的战争有 3 个原因:为了上一次战争惩罚波斯人,因为他厌倦了无所事事,也因为"他心急火燎地想要在自己的光荣胜利纪念碑上加上'Parthicus'(帕提亚)的称号"。② 阿米阿努斯引述了他向军队的讲话:"必须消灭这个最险恶的民族……我们的父辈们用了好几个时代的时间来消灭任何让他们恼火的东西。"③在谈到由君士坦提乌斯在君士坦丁去世之后发动的波斯战争时,朱利安赞美了君士坦提乌斯。他讲得再清楚明白不过了,是敌人破坏了和平,摆出咄咄逼人的架势,所以君士坦提乌斯必须迎战。④ 君士坦丁是成功的,因为他在敌人的土地上取得胜利并"解放了城市",也就是说,他防止了尼西比斯被敌人夺去。⑤ 这可以说是对一场战果平平的战争的溢美之词,但即便是溢美之词也表现出他似乎知道自己在为何而战,战争的目标是什么,如果他真的知道的话。

现代的学者们经常质疑这些以及其他很多这里未加援引的陈述,并用一种罗马行为的形象来取而代之,但这种概念在古代文献中却无法找到明确的佐证支持。而对另一种更加可疑的方法却能找到大量的支持材料。用上几十个带有学术味道的"一定是"和

(接上页注)和节制。但"在过去,总是在敌人先对帝国大不敬之后,我们才去打败他们。现在,如果有任何蛮族国王竟敢如此无礼和疯狂,激起了您的愤慨和怒火的话……",那世上就没有任何东西可以保护他躲过图拉真的威力。

① *Pan.* 12. 2.

② xxii 12. 2.

③ xxiii 5. 19f.

④ Julian,*Or.* i 18B.

⑤ *Or.* 22 A-C.

"肯定"并不能让皇帝们变成具有同情心而不是野心勃勃充满虚荣的人。古代的史料来源与现代的历史学家不同，他们并不试图去劝说读者要对罗马的统治者姑且信之。

　　另外一个需要考虑的问题就是，罗马统治者愿意在多大程度上接受对行省安全承担责任。现代的人们自然而然地认为国家理应保障公民的人身安全。但是我们并不能明显地看出，罗马皇帝认为他有保护人民的义务，就好像今天我们认为那是自己的权利一样。① 事实上，我们已在第五章中指出，在属于罗马这边的美索不达米亚，自我保卫是永恒的生活现实。帝国中的各个属民民族基本上都被看作是奴隶。这在很多原始史料中都是一个最基本的事实。塔西佗说那些叛乱分子"尚未被奴役折断筋骨"。② 在约瑟夫斯认为是亚基帕所做的一个演说中，他一次又一次地强调，说被罗马征服就等同于奴役，难以忍受，但却无可避免。③ 弗洛卢斯在一句话中形象地将征服比喻成"奴役的缰绳"和"刚刚套上的牛轭"。④ 当然，在很久以前通过和平方式整合的行省中，用来描述其民众的语言也会有所不同。然而，我们仍然有理由对这个假设前提提出质问，即得到保护不受各种形式的攻击是民众的自然权利。帝国完全可能有其他优先考虑的事务，如军队的忠诚和皇帝的君权、意大利等地的安全以及征税等等。这并不是说保护人民不受外国侵略被看得不重要，只是说从罗马的角度来看，它并不像人们有时认为的那么重要。

393

---

① Luttwak,130ff. 在讨论 4 世纪的军队时对这些方面进行了思考，但他的结论似乎完全基于要塞的地点而不是古代文本中的说明。

② *Ann.* xiv 31. 4.

③ *BJ* ii 16. 4(345—401).

④ *Epitome* ii 21. 12："Nova quippe pax, necdum adsuetae frenis servitutis tumidae gentium inflataeque cervices ab inposito nuper iugo resiliebant." 另见 27. 17："(Thraces) a Piso perdomiti in ipsa captivitate rabiem ostendere. Quippe cum catenas morsibus temptaverent,feritatem suam ipsi puniebant. "

民族和领土

接下来的一个考察点是人们普遍持有的一个观点,认为领土动机决定了罗马的战争目标,而且边界线是根据战略考量来选择的。让我们引述两段话就足以说明问题了:"(维斯帕先)……立即着手在东方建立起一道符合科学的边境线……。"①另外,"……正如在图拉真登上帝位时的帝国地图所示,这道边境线很难防守……在安条克对面……罗马控制的领土纵深几乎不到 100 英里——根本不足以遏制帕提亚的军队……。"②狄奥的确告诉我们,塞维鲁说过这样的话,这显示出这个概念是存在的,但他不相信这是塞维鲁大动干戈的真实原因。③狄奥是在事后写作的,他已经知道这次扩张根本不是为了保护叙利亚,相反,扩张本身就是继续战事的原因。事实上,塞维鲁对美索不达米亚的征服并没能阻止安条克在 253 年(和 260 年?)被敌方攻占。这次征服可能还间接地导致了安条克的丢失。塞维鲁声称他对美索不达米亚北部的征服巩固了帝国的安全,这种说法,就好像阿格里科拉坚称对爱尔兰的征服将给帝国提供一个在西班牙与不列颠之间的中途停留站一样,既不诚实,也不正确。④

更重要的是,罗马帝国主义的核心无疑更倾向于种族,而不是领土或地理。罗马人要征服的是其他民族,而不是土地。这从众

---

① J. G. C. Anderson,*CAH* x 780. 我曾试图找出"符合科学的边境"这个奇怪术语的源头,但未成功。它让人想起在 18 世纪写作的萨克斯元帅(Saxe)那句著名的话:"战争是非常模糊和不完美的科学,传统和偏见再经过无知作为背书就成了战争唯一的基础和支撑。"

② Luttwak,107f.

③ lxxv 3. 2.

④ 另外,值得注意的是,罗马在幼发拉底河以外地区的扩张其实早在马可和路奇乌斯统治时期就已开始。

多史料来源所用的语言中就能清楚地看到。罗马人谈论的是"Imperium Populi Romani",意思是"罗马人民的大国",而不是任何地理意义上的 Imperium Romanum(罗马帝国)。① 拉丁文献中谈论的无不是与一个民族或他们的国王之间的战争。② 罗马人知道的是藩属王,而不是藩属王国。签订条约部署也总是与国王个人而不是某个国家,在公元前 1 世纪和公元 1 世纪中对叙利亚的整合方面出现的混乱情况就足以说明这个问题。例如,我们可以在奥古斯都的《神圣沙普尔功绩录》中注意他如何阐述帝国扩张的方式:"我为罗马人民扩大了所有与尚未臣服于我们帝国的国家交界的行省。"③

　　对于我们所说的"帝国",一般被描述为"臣服于罗马统治的各个民族"。④ 帝国并不是被想象成一个领土上的实体。在帝国中有行省,这些行省是可以进行地理划界的。然而,古代的史料来源很少说明帝国的领土界限。当他们提到这些界限时,也非常模糊不清,往往是讲到某个地区最远的范围或是提到某些独有的自然特征。如奥古斯都继续说道:"我平息了高卢、西班牙和日耳曼行省,这些地方从加德斯(Gades)到易北河(Elbe)河口都被大海包

---

①　例如,公元 297 年写给君士坦提乌斯的 *Panegyricus*(《颂词》),viii(v) 3.3:"Partho quippe ultra Tigrim redacto ... aucta atque augenda res publica et qui Romanae potentiae terminos virtute protulerant,imperium fillio pietate debebant"。

②　随便举几个例子:Aurelius Victor, *de Caesaribus* 13.3(关于图拉真的征服):"... cunctae gentes,quae inter Indum et Euphratem amnes inclitos sunt,concussae bello ... "Festus xx:(Trajan)"... Armeniam receipt a Parthis ... Albanis regem dedit, Hiberos,Bosphoranios,Colchos in Fidem Romanae dicionis receipt,Osrhoenorum loca et Arabum occupavit ... Seleuciam,Ctesiphontem,Babyloniam accepit ac tenuit ... Provincias fecit Armeniam,Mesopotamiam,Assyriam ... "以这种方式谈论城市,行省亦如是。

③　*Res Gestae Divi Augusti* v 26:"Omnium prov(inciarum populi Romani),quibus finitimae fuerunt gentes quae n(on parerent imperio nos)tro,fines auxi."

④　例如 Josephus,*Ant.* xviii 8.1(258)。

围着。"①另一个例子是他在阿尔卑斯山的凯旋门上刻下文字：
"……从亚得里亚海到地中海，所有的阿尔卑斯山区民族都臣服于
罗马人民的帝国。对阿尔卑斯山区民族的征服……"②

395

　　在安东尼纳斯·庇护时期写作的阿庇安，清楚地表达了在他
那个时代罗马所持的态度：③

　　　　这些皇帝们在原有民族的基础上又把更多的民族置于自
　　己的统治($\eta\gamma\epsilon\mu o\nu\iota\alpha$)之下，他们镇压了那些试图脱离的民族。
　　总的来说，他们小心翼翼地掌握着最好的土地和海域，他们选
　　择了保持帝国($\alpha\rho\chi\eta$)现状，而不是无止境地扩大地盘去覆盖
　　那些贫穷而无利可图的野蛮民族。我在罗马见到过这些蛮族
　　派来的使节，他们主动要求成为罗马属民，但是皇帝并不接受
　　他们，因为他们对他来说毫无用处。对于另一些民族，人口庞
　　大不可胜数，他们（即皇帝们）为他们立了国王，而不愿意自己
　　去管理这些民族。有的属民民族，皇帝们在他们身上花的钱
　　比得到的还多，虽然在这些民族身上无利可图，但放弃他们被
　　视为是可耻的做法。

　　我们注意到，在这整段话中都只提到了民族和国王。在这方
面，阿庇安的语言反映出罗马所有时期中的一个共性。不过，这段
文字中还有另一个因素是只有在 2 世纪中叶的几个作者才具有的

---

① "Gallias et Hispanias provicia(s et Germaniam qua inclu)dit Oceanus a Gadibus ad
　ostium Albis flum(inis pacavi). "对照 v 30:"Pannoniorum gentes … imperio populi
　Romani s(ubie)ci protulique fines Illyrici ad r(ip)am Danui"。
② Pliny, *NH* iii 20. 136:"gentes Alpinae omnes quae a mari supero ad inferum per-
　tinebant sub imperium p. R. sunt redactae. Gentes Alpinae devictae … "
③ Appian, *Praef.* 7/25—8;关于这段话的其他方面，参见 F. Millar, *Britannia* 13
　(1982),12。另见 Appian xii 17. 119—121,讲述了米特拉达提(Mithradatic)战争，
　其中有几处提到公元前 1 世纪时帝国的疆土范围。

特点,很典型地代表了一种意识形态,例如,阿庇安认为收益——而不是帝国的光辉与荣耀——是决定属民民族地位的唯一要素,尽管放弃帝国的任何部分都被认为是不光彩的。但是这种与古代一般政治思维不同的意识形态,这种以统治者和各民族组成政治实体的构想并不只局限于罗马的思维。我们只需举一个例子,在波斯的那则纪念沙普尔击败戈尔迪安和奥利安的三语铭文中,也使用了相同的语汇。①

　　阿庇安谈论的并非是"帝国的边界",而是"臣服于罗马人的民族的边界"。② 施伦贝格尔(D. Schlumberger)曾讨论过一个奇特的事实,找不到标志帝国边界的界碑石。这说明边界的概念本身在古代是无足轻重的。③ 一个明显的例外是划定奥斯若恩行省与阿布加鲁斯王国边界的界碑石(公元 195 年)。④ 这显然只是一个例外情况,因为在罗马看来,这只是帝国中的两个部分、一个行省与一个附庸国之间的边界而已,⑤这里提到的是行省,而不是帝国的界碑石。⑥ 当然,即便"行省"最初也并不是一个领土概念,而是指一个政府机构。不论怎样,尽管没有石碑来标志帝国的边界,标志行省边界的石碑也很少,但界碑石的确存在。⑦

396

---

① 原文参见 A. Maricq,"Res Gestae Divi Saporis",*Syria* 35(1958),295—360。

② *Praef.* 1.

③ *Syria* 20(1939),71.

④ J. Wagner in *AFRBA*,113f.

⑤ 罗马认为所有附庸国都是帝国的组成部分。对照 P. Brunt in P. Garnsey and C. R. Whittaker(eds.), *Imperialism in the Ancient World* (1978), 168—170; Wells, 248f.; Harris,131ff.。最近的研究参见 D. C. Braund, *Rome and the Friendly King*(1984)。

⑥ 同样如此的还有一处公元 205 年的里程碑,发现于距祖格玛 48 英里处,上面记载了在奥斯若恩修路的情况:"… viam ab Euphrate usque ad fines regni Sept(imii) Ab(g)ari a novo munierunt,per L. Aelium Ianuarium,Proc(uratorem) Aug(usti) prov(inciae) Osrhoenam(*sic*)…"(*AE* 1984.920)。

⑦ 除了上述例子,另见 *AE* 1973.559 和 559(2)。这些碑文记录了西奈的沿海道路,从佩鲁休姆到叙利亚-巴勒斯坦边界。它们注明了去往埃及行省和叙利(转下页注)

在整个帝国中,那种行省内各个行政单位——城市、村庄和其他
社区——之间的界碑石都非常普遍。其原因显而易见。与帝国或行
省边界不同,这些分界线划分了征税的土地范围。在共和时代,行省
边界得到了承认。它们可以用来限定总督们的各种行动,但这些边
界并未被说成是帝国的边境。在帝政时代,人们有时会提到"帝国的
边界",但只是以非常模糊和抽象的方式,如:"现在已不再是帝国的
土地和以河为界的边境,而是军团的冬季宿营地和领土的所有权受
到了威胁。"[1]或者我们可以注意,据塔西佗说,是奥古斯都给出的建
议,现代的学者们对此一再引用:"将帝国限制在它(目前)的界限
内"。"要么是因为恐惧,要么是出于嫉妒",作者补充道,但这些话经
常被那些称赞帝国的边疆政策谨慎稳重的人所故意遗漏。[2] 即便是
法律方面的史料,当它们提到帝国的边界时也十分含混不清:"在腓
尼基行省中也有一座帕尔米拉城,靠近野蛮的民族和国家。"[3]

397   当提到帝国具体而确切的边界时,它们总是以具体的行省来
定义的:"皇帝即将跨过雷蒂亚(Raetia)行省的边界,进入蛮族[的
领土],以便消灭敌人。"[4]在图拉真道路旁的里程碑上用阿拉伯语
刻写着:"(图拉真)将阿拉伯组织成一个对外开放的行省,并铺设
了一条从叙利亚边境到红海的道路。"[5]这里并未提到帝国的边

(接上页注)亚-巴勒斯坦行省边界的路线,但本身并不是分界线的标志。时间确
定为 233 年,或与波斯战争有关,对照 B. Isaac, *PEQ* 110(1978),54f. 。关于拉丁
语中"行省"的概念,参见 A. Lintott, *Greece & Rome* 28(1901),53—67, esp. 54。

[1] Tacitus, *Agricola* 41. 2:"nec iam de limite imperii et ripa, sed de hiberniis legionum
     et possessione dubitatum."

[2] *Ann.* i 11:"addideratque consilium coercendi intra terminos imperii, incertum metu
     an per invidiam."

[3] *Digest* L 15. 1:"Est et Palmyrena civitas in proincia Phoenice prope barbaras gen-
     tes et nationes collocate …"

[4] *ILS* 451, Acta Arv. (213 年 8 月 11 日):"per limitem Raetiae ad hostes extirpandos
     barbarorum [*sc.* Terram *vel sim.*] introiturus est …"。

[5] 里程碑目录见 P. Thomsen, *ZDPV* 40(1917),1ff. ;"redacta in formam provinciae
     Arabia viam novam a finibus Syriae usque ad mare rubrum aperuit et stravit …"。

界，对于现代的学者们来说，不可避免的后果就是造成了诸多混乱并引发了关于阿拉伯行省南部边界的讨论。

我们现有的唯一一张古代地图《波底加地图》(*Tabula Peutingeriana*)在这方面极富启发性。上面没有用任何符号或文字标出帝国的边境线。在东方部分有两处说明文字值得一提。有一处在波斯，标注的是："Areae fines Romanorum"。这是指两个民族之间的分隔线；完全没有涉及主权的意思。另一处写着："Fines exercitus Syriaticae et conmertium Barbarorum"。① 这里指的是在叙利亚行省的军队进行军事占领的最远范围。在地图的其他部分有时也对重要的地理特征进行标注，但所有的边境都被忽略了。②

有一些详细记载的案例说明，罗马军队在行省边界以外设立了长期驻军。在一篇即将发表的论文中，格拉夫(D. Graf)解释说在阿拉伯半岛的西北部地区就有这种情况。汉志山山区肯定在罗马行省整合的区域以外，但罗马军队在该地区的驻军已经从碑文中得到证实。③ 在埃及南部也是如此。当托勒迈斯王国被奥古斯都兼并成为罗马的一个行省后，阿斯旺(Aswan)和"第一瀑布"(First Cataract)仍然保留了传统的南部边界。④ 但罗马军队对边界以南地区的占领是有确凿证据的。⑤ 从公元前 22 年直到 2 世

---

① 对照 *Expositio Totius Mundi* 19："... Post hos sunt Persae, Romanis propinquantes ..."
22："Post hos nostra terra est. Sequitur enim Mesopotamia et Osdroene"提到了美索不达米亚的城镇，主要有尼西比斯和埃德萨，两个帝国间的贸易活动都集中在那里。

② *Expositio Totuis Mundi* 21，同样对波斯与罗马之间的边界语焉不详。

③ D. Graf,"Qurā 'Arabiyya and Provincia Arabia"，即将发表于 *Géographie historique au Proche-Orient, notes et monographies techniques*, 23。

④ Strabo xvii 1. 12(797); Pliny, *NH* v 10. 59; xii 8. 19; Aelius Aristides, *Or.* xxxvi 48f. 对照 J. Desanges, *CE* 44(1969), 139—147; L. P. Kirwan, *PBA* 63(1977), 13—31; W. Y. Adams, *JARCE* 20(1983), 93—104。

⑤ Kirwan, *PBA*, 22 n. 2; *DE*, s. v. limes, pp. 1376/11—15; Z. Zàba, *The Rock Inscriptions of Lower Nubia* (1974), nos. (Latin) 236, 239, 240, 242 均来自卡拉布萨(Kalabsha)(塔尔米斯(Talmis))，时间为 144—147 年，并提到第二"伊图利亚"步兵大队。

纪,在普里密斯(Primis)(伊布林堡(Qasr Ibrim))设有一处罗马驻
军兵营,位于边界线以南 150 多公里的地方。① 2 世纪时,边界线
似乎向南移动了,后来在戴克里先时期又有所回缩。② 人们的观
察是,"以发现行政、种族和军事方面的边界各不相同为起点,认识
到这些边界线并不总是相互重合的"。③

我们已经总结过,在奥古斯都时期的日耳曼,边境线与军事据
点的前沿线并不一致。"罗马的控制延伸到其武力能够到达的最
远范围;而且军队具有高度机动性。"④塔西佗在一篇很著名的文
章中提到在莱茵河以外"占领并保留了土地以备士兵们使用"。⑤
2 世纪时,罗马人似乎允许日耳曼民族在靠近罗马要塞线的地方
定居。有人提出当时存在着某种结盟关系。⑥ 在多瑙河以北的斯
洛伐克发现了一处碑文,记录的是一名百夫长的葬礼,他为夸地人
充当翻译,并且是负责贸易关系的官员。⑦ 在同一地区的日耳曼
人定居点出土了一所晚期罗马的屋舍。⑧ 这种遗迹十分重要,它

---

① M. E. Weinstein and E. G. Turner,*JEA* 62(1976),125ff. ;Adams,95—98.
② 《波底加地图》和安东宁的路线图被引为证据,但并非确凿无误;另见 Philostratus, *Life of Apollonius* vi 2,其中的证词令人信服:"因为当他来到埃塞俄比亚与埃及之间的边界时,该地的地名是斯卡米纳斯(Sycaminus)……"
③ Adams,98.
④ Wells,248.
⑤ *Ann.* xiii 54. 2;"agrosque vacuos et militum usui sepositos";对照 55. 3。在莱茵河北岸发现了一处碑文,其中提到"prata Aureliana",还有一处军用砖厂,"tegularia Transrhenana";对照 H. von Petrikovits in J. E. Bogaers and C. B. Rüger,*Der niedergermanische Limes*(1974),26—28。马可·奥略留强迫夸地人和马可曼尼人搬走,在多瑙河边上腾出一条38赛道长(译注:每赛道长约为200码)的狭长地带,而在伊扎吉斯河边则腾出了两倍宽的地方(Dio lxxi 16)。
⑥ Schönberger,170. 他引述了一种假设,涉及在吉森(Giesen)附近紧靠"韦特劳线"以北的日耳曼墓地的由来。人们相信这些墓葬属于联盟的 *exploratores*(侦察兵),他们本来就生活在一个人烟稀少的地区。
⑦ T. Kolnik,*Act. Arch. Ac. Sc. Hung.* 30(1978),61—75(*AE* 1978. 635);"interprex leg(ionis) XV idem(centurio) negotiator. "时间为 1 世纪后半叶。
⑧ T. Kolnik,*Akten des 11. Int. Limeskongresses*(1977),181—197.

们证明了罗马在当地奉行的是低度干预政策。

美索不达米亚的尼西比斯也是这样,在该地区被塞普蒂米乌斯·塞维鲁兼并成为罗马行省以前,尼西比斯可能是一处军事前哨,因为狄奥告诉我们,在 195 年,奥斯侯尼人(Osrhoeni)和亚迪雅本尼人(Adiabeni)"反叛并包围了尼西比斯,但最终被塞维鲁击败……"①狄奥还提到在塞维鲁不愿意撤军的地区的其他一些驻军点,他把这个地区称作"敌人的领土"。198 年的战争显然是因为类似的原因而发动的。狄奥说帕提亚军队在战役中征服了美索不达米亚,差点夺走了尼西比斯。② 我们可以推测,当时该地区尚未被征服和整合成一个行省,处于被部分占领的状态,可能从 2 世纪 60 年代的罗马战争开始就是这种状态了。

我们讲述的这些例子均来自于文献材料和考古证据的结合。在碑文中有清楚的表达,说明了在 1 世纪 60 年代,提庇留·普劳提乌斯·西尔瓦努斯·埃里亚努斯(Tiberius Plautius Silvanus Aelianus)担任梅西亚总督期间,那些有记载的罗马官员如何看待自己在责任、义务和权力方面的地理范围。③ 碑文中列出了在多瑙河以外地区的 6 种不同形式的活动。尽管没有明确将多瑙河说成是界线,但"在他保护下的河岸"这一说法④显示了承认对多瑙河以南地区的安全负有完全责任,而且从碑文中可清楚看出,只在这个地方才征收税赋。⑤ 但是多瑙河绝不是罗马的权威或军事活动的界线。除了那些可以解释为只是为了保卫行省的军事行动

399

---

① lxxv 1. 2;对照 D. L. Kennedy,*ZPE* 36(1979),255;*Antichthon*(即将出版)。

② lxxv 5.

③ *ILS* 986. 照片及完整的参考材料,参见 A. E. Gordon,*Illustrated Introduction to Latin Epigraphy*(1983),no. 49,p. 127 and pl. 31. 相关评论参见 Millar,*Britannia*,8;P. Conole and R. D. Milns,*Historia* 32(1983),183—200。后者将这场战役解读为纯粹的防御性军事行动。

④ "ripam quam tuebatu"。

⑤ 向梅西亚转移了 10 万多"多瑙河过河移民"*ad praestanda tributa*。

外，①"那些罗马人民以前闻所未闻的或是心怀叵测的国王们在他的保护下被带到河边，向罗马的法则表达敬意"。这只会是深入敌国领土作战才有可能取得的结果。这段文字的作者也并未假称这是一次防御性战争；对"以前闻所未闻的国王"是没有必要进行防御的。这里直截了当地声称新立的国王成为了帝国的附庸。"至于巴斯塔奈人(Bastarnae)和罗索拉尼人(Rhoxolani)的国王，他们的儿子被放了回去，对于大夏人（的国王？），他的兄弟（们）在战争中被俘或是被他们的敌人解送过来，也被放了回去。对这些王国，有的收取了人质，以确保并推广该行省的和平。"这是控制附庸国的典型方式。"推广该行省的和平"这一说法的含义清楚无疑。②罗马干预的界限是克里米亚人。③ 这里描述的态度和行动都是传统性的。整篇文字除了在开头和结尾处提到了皇帝外，基本上就

400

---

① "... motum orientem Sarmatar(um) compressit ... "

② Conole and Milns，184 and n. 78 考虑如何翻译"持续的和平"。对照 Tacitus，*Agricola*，30. 6："solitudinem faciunt et pacem appellant"。最新的说法是："背起白人的负担，野蛮的和平战争"云云。

③ "Scytharum quoque rege{m} a Cherronensi，quae est ultra Borustenen，opsidione summoto."在 44/45 年，另一位梅西亚总督狄第乌斯•加卢斯(Didius Gallus)动用军队进行干涉，将他的人选摆放在博斯普鲁斯王国的王位上，并因此获颁胜利勋章：Tacitus，*Ann.* xii 15—21；*ILS* 970。在 2 世纪时，博斯普鲁斯王国显然是通过比提尼亚和本都的总督来缴纳贡赋：Lucian，*Alexander* 57 提到"高贵者"国王(Eupator)派来的使团正要到比提尼亚去缴纳年度贡赋。从恺撒以降罗马与博斯普鲁斯之间的关系，参见 M. Rostovtzeff，*JRS* 7(1917)，27—41，esp. 39ff. 。其正式地位有所变化，但该地区在整个 1 世纪和 2 世纪中都从属于罗马军力。著名的杜拉-欧罗普斯盾牌，上面刻有从奥德索斯(Odessos)到潘提卡佩昂(Pantikapaion)的尤克西奈海沿岸简略地图，时间确定为 3 世纪中叶，该地由一名附庸王子统治，但有一支罗马驻军。关于盾牌，参见 F. Cumont，*Syria* 6(1925)，1—15 and pl. I；同一作者，*Fouilles de Doura Europos*，1922—1923(1926)，323—337，pls. CIX f. ；O. A. W. Dilke，*Greek and Roman Maps* (1985)，120—122；详细讨论参见 R. Rebuffat，*Syria* 63(1986)，85—105。铭文证据显示，在克里米亚河边的切索尼斯(Chersonesos)或其附近有一个 *statio beneficiariorum*：E. I. Solomonik，*Akademiya nauk Ykrainskoi SSR*，*Institut Arkheologii* (Kiev 1964)，121—132。

好像是共和时代写出来的东西一样。诚然，在这里，河流好像是行省的边界，但这并不是什么新鲜事物。在共和时代该行省就有了边境线，但这些边境线从未被视作是限定罗马行动和影响范围的帝国边界。

同样，在 4 世纪军事边境区和这些地区中的属民民族进行整合时，可以超越行省的边界线。从下面这个例子中看出这点，菲斯特斯(Festus)用他那个时代——当时的边境地区由一名 *dux* 管辖——的术语谈论了由图拉真建立的一个位于底格里斯河以外的东方军事边境区(*limes*)，[1]以及戴克里先对这一地区的重新设立。[2] 这个地区被认为地处美索不达米亚行省的范围以外。

地理概念与情报

下面我们将讨论地理特征在决定帝国边界方面的重要性，边境线在很多地区呈不规则的曲线状，对此最好的解释无非是罗马人根本不在乎边境线从哪里经过。[3] 费格斯·米勒(Fergus Millar)指出，就我们所了解到的古代绘制地图的过程表明，罗马人对地形学没有很清楚或准确的概念，使他们能够用全球战略来构想全面的军事格局。[4] 韦格蒂乌斯曾建议，所有的军队调动都应该在绘制精准的 *itineraria picta*(以图案显示的地图)帮助下进行策划，但这只是指道路方面。关于这方面，我们有几个例子，最著名

401

---

① *Breviarium* xiv，ed. Eadie，p. 57；"et per Traianum Armenia，Mesopotamia，Assyria et Arabia provinciae factae sunt ac limes Orientalis supra ripas Tigridis est institutus. "

② 同上；"Mesopotamia est restitute et wupra ripas Tigridis limes est reformatus，ita ut quinque gentium trans Tigridem constituarum dicionem adsequeramur"。对照 xxv；"(Persae) Mesopotamiam cum Transtigritanis regionibus reddiderunt"。

③ J. C. Mann，*ANRW* ii 1(1974)，508—533.

④ *Britannia* 13(1982)，15—20，esp. 15—18.

的就是《波底加地图》,①它是拜占庭制图法保存得最完好的样本。地图保存下来的部分已足以显示,观看这样的地图一定是件赏心悦目的事情,但同样明显的是,当今时代的军事计划制定者会觉得我们面前的这份材料根本无法使用。② 这种地图完全无助于形成战略构想。我们所知的有关军事战役和地理方面的情况,大多是以报告的形式在战争完全结束之后才呈递上去的;③我们对于事先的准备几乎没有任何信息。有一个例外是由盖乌斯·恺撒策划的阿拉伯远征行动,但史料来源也只提到准备了两份协议,尽管如此盖乌斯·恺撒仍然被说成是"ardentem fama Arabiae"。④

没有迹象表明罗马帝国对罗马控制区域以外地区的信息进行过系统的收集和诠释。德贝沃伊夫指出,罗马在东方的情报工作之糟糕乃是众所周知的事。有大量证据表明,罗马人在即将展开重大军事战役时,对他们将要去往的地方连基本的常识都不具备。

当恺撒决定入侵不列颠时,"除了商人,没人会无缘无故去往那个地方,而即使商人,也只熟悉沿海和高卢对岸的地区。结果,尽管

---

① Dilke,102f. 简要谈及来自法兰西的一块砂岩,上面有凿痕,可能被用来标志法兰西的西海岸。他提出这也许出自军事勘测员之手。这只是臆测而已,正如 Dilke 所说:"如果军队勘测员的地图意识有这么强的话,那我们没有发现其他类似的涂写就颇令人费解了。"军事绘图的一个真实例子是上文第 534 页注释③中提到的来自杜拉-欧罗普斯的盾牌。

② 参见 Y. Tsafrir,*DOP* 40(1986),129—145 关于 6 世纪的圣地地图。仍然只有《玛德巴地图》,虽然在约旦带有建筑示意图的镶嵌图案同同一时期的城镇图绘相当普遍:N. Duval,"Architekturdarstellungen in Jordanischen Mosaiken",in *Byzantinische Mosaiken aus Jordanien* (1986),175—180,大量实例目录见 M. Piccirillo, 211ff. ;M. Piccirillo,*Liber Annuus* 37(1987),177—239。

③ R. Sherk, "Roman Geographical Exploration and Military Maps", *ANRW* ii 1. 534—562.

④ Pliny,*NJH* xii 31. 56。毛里塔尼亚的朱巴国王(Juba)写了一篇献给盖乌斯的学术论著,参见 Pliny,*NH* vi 31. 14;而查拉克斯(Charax)的狄奥尼索斯(Dionysius)也为他写了一篇,这里或许有误,应该是查拉克斯的伊苏都拉(Isidore)。参见 *NH* xii 31. 56;xxxii 4. 10;并对照 G. W. Bowersock,*JRS* 61(1971),227;F. E. Romer, *TAPA* 109(1979),205。

他召集了各地的商人，也没能了解这个岛屿的面积有多大，有多少
人民居住在那里，他们以何种方式打仗，有什么风俗习惯，或者其港
口是否适合很多人船停泊"。①　于是，恺撒就派了一名军官驾船去
尽可能地打探一番。"沃卢塞努斯(Volusenus)观察了不敢上岸的
人所能看到的所有地区，又委托了一些蛮族人。4 天以后，他回到
恺撒那里，描述了他所观察到的情况。"②于是，恺撒凭着一个人在
船上用 4 天时间收集到的情报就发动了入侵不列颠的战争。

　　恺撒的运气不错，他的远征并未导致像埃利乌斯·加卢斯在
阿拉伯南部所遭遇的那种惨败，我们是从斯特拉波在当时所做的
叙述中得知这场败仗的。③　之所以发动这次战役，是由于总有人
跟高卢斯说，"他们非常富裕，靠售卖芳香植物和十分珍贵的宝石
来换取金银，但从来不在外国人那里花他们挣得的收入"。埃利乌
斯·加卢斯先是打造了一支船队，但他并没有使用船队，然后整个
大军在沙漠中迷失了方向，用了 6 个月的时间才到达阿拉伯南部。
如果罗马人事先知道哪怕一丁点有关此地位置的情况，他们根本
就不会想要征服这个地方了。我们被告知，狡猾的纳巴泰盟友塞
勒乌斯(Syllaeus)故意将罗马的指挥官带入歧途。④　不过，这也是
军事上吃了大败仗后常见的借口。克拉苏和安东尼乌斯(Anto-
nius)对帕提亚发动的远征行动以灾难性失败而告终，我们在对这
次远征的描述中也发现了类似的借口，这两次远征都出了大错以

---

① 　*BG* iv 20.
② 　*BG* iv 21.
③ 　xvi 4. 22(780)ff. 对照 S. Jameson，*JRS* 58(1968)，71—84（关于时间顺序）；H. von
　　Wissmann，*ANRW* ii 9. 1(1976)，308—544；M. G. Raschke, ibid. 901—903；G. W.
　　Bowersock，*Roman Arabia*（1983），45—48；E. Sidebotham，*Latomus* 45（1986），
　　590—602；同一作者，*Roman Economic Policy in the Erythra Thalassa*（1986），
　　120—130. 某些现代学者喜欢把这次远征说成是"探索"，而不是一次野心的失
　　败，该趋势源自 Pliny，*NH* vi 32. 160f. 他在谈到此事时采用了低调处理。
④ 　xvi 4. 23(780).

至到了无可挽回的地步，庞大的军队在没有经过充分准备和组织的情况下被人领着穿过陌生的土地。① 事实上，这种对当地向导的依赖不过是进一步验证了我们的感觉，罗马军队在发动重大的对外战争之前并未掌握足够的地理信息。

有人指出，在中欧地区，直到瓦鲁斯损失了其军队后，罗马人才开始认真考虑，如果要想守住莱茵河以东的日耳曼地区，必须将多少人口置于控制之下。②

斯特拉波引述波斯多尼乌斯（Posidonius）的话说，里海与尤克西奈海之间的地峡宽度为 1500 个赛跑场长度（约等于 280 公里）。地峡的实际宽度是这个数值的两倍。不过，斯特拉波并不相信波斯多尼乌斯的话，"虽然他是庞贝乌斯的友人，曾经走过从里海到科尔基斯海（尤克西奈海）的整个路程去征讨伊比利亚人和阿尔巴尼亚人"。③ 这次失利真是丢人现眼，因为此处的问题并非什么复杂的地理状况，不过是直线上两点之间的距离而已，只需花一天的时间走一遍就可以测量出来。

可见罗马人并没有对共和时代罗马军队的远征行动进行系统评估，以从中汲取地理方面的教训。到了帝政时代，情况依然如此，我们从尼禄计划远征高加索的目标上就可得出这个结论。普林尼是这样说的：

> 这里我们必须纠正一个很多人都犯过的错误，那些最近与科布罗一同参加了亚美尼亚战争的人也犯了这种错误，因为他们将"里海之门"的地名误给了位于希伯利亚（Hiberia）的关隘。我们曾说过，那个关隘叫作"高加索之门"，从那里送

① 关于阿拉伯酋长要弄克拉苏一事，参见 Plutarch, *Crassus* 21 and 22；关于安东尼的远征，参见 Strabo xi 13. 4(524)；xvi 1. 28(748)；Plutarch, *Antony* 50. 2。
② Wells, 7f.
③ xi 1. 5f. (491).

回来的当地草图上都写的是前一个名称。另外，他们把尼禄皇帝的军事威胁也说成是指向里海之门，但实际上，他的意图是经过希伯利亚去往萨尔马提亚人的地方，翻过那些山脉几乎并不能到达里海。而且在各个里海民族附近还有其他的一些"里海之门"，这些地方之间的区别只有通过那些参加过亚历山大大帝远征的人（讲述）才能弄清楚。[1]

塔西佗说，军队"被派往'里海之门'去实施他策划的与阿尔巴尼人的战争"。[2] 这里所说的"里海之门"其实是达留尔关隘——这个关隘并不通向阿尔巴尼人居住的地方。[3]

在这里，我们的这两位作者都无法解释清楚尼禄的远征到底是打算向何处去的。普林尼努力想说清问题，但似乎不太成功。重要的是，普林尼虽然没弄明白，但他很勤奋，他把有关亚历山大

404

---

[1] *NH* vi 15. 40："Corrigendus est in hoc loco error multorum, etiam qui in Armenia res proxime cum Corbulone gessere. namque hi Caspias appellavere portas Hiberiae quas Caucasias diximus vocari, situsque depicti et inde missi hoc nomen inscriptum habent. et Neronis principis comminatio ad Caspias portas tendere dicebatur, cum peteret illas quae per Hiberniam in Sarmatas tendunt, vix ullo propter oppositos montes aditu ad Caspium mare. sunt autem aliae Caspiis gentibus iunctae, quod dinosci non potest nisi comitatu rerum Alexandri Magni. "

[2] *Hist.* i 6. 2："quos ... electos praemissosque ad claustra Caspiarum et bellum quod in Albanos parabat. "

[3] 参见 *Ann.* vi 33. 2，塔西佗指的是达留尔关隘。因此，我们似乎应该将其读成"Alanos"，但这一解决办法并不令人满意。E. L. Wheeler, *Flavius Arrianus : A Political Biography* (issertation, Duke University, 1977), 117—123 认为塔西佗的意思是说，士兵们受命往该关隘方向行进，但并不打算翻越高加索山；他们会继续前行到里海去与阿尔巴尼亚人作战。这并不是拉丁语原文的意思。关于各关隘，参见 A. R. Anderson, *TAPA* 59(1928), 130—137；关于"里海之门"，参见 J. F. Standish, *Greece & Rome* 17(1970), 17—24。托勒密是古代唯一一位对 3 处关隘作了区分的作者：达留尔关隘、达尔班隘道，以及梅地亚与帕提亚之间穿过从厄尔布鲁士山脉突出来的卡斯皮乌斯上(Caspius)的一系列峡谷。后者的正式名称为"里海之门"。

战争的信息,与他自己时代由部队送回来的材料加以对比,这个做法甚至比弄清尼禄的目的地更有价值。他所看到的"situs depic-ti"显然不是现代意义上的军用地图,而是由军官或士兵画的草图。斯特拉波和不那么持批评态度的普林尼均发现,从前方战场送回来的情报并不靠谱。

塔西佗给我们讲述了征服爱尔兰的好处:他说爱尔兰位于不列颠与西班牙之间,并控制着高卢海。① 然而,这个信息是他从阿格里科拉那里得来的,阿格里科拉是一位刚毅能干的将军,他通过一场成功的战役打到了苏格兰,对远征爱尔兰十分感兴趣。

塞普蒂米乌斯·塞维鲁洗劫了泰西封,但却没有占领它,(据狄奥说),"就好像他发动战争的唯一目的就是对这个地方劫掠一番而已。他又一次离去了,部分是由于对这一地区缺乏透彻的了解,部分也由于缺乏补给"。② 我们注意到,塞维鲁的这次远征已经是在不到一个世纪的时间里第3次在该地区采取军事行动了,这个地区似乎就在《波底加地图》上。狄奥也许弄错了,塞维鲁撤离泰西封地区有其他原因,但这并不影响上面这段话的重要性,因为不论塞维鲁采取军事行动的真实原因是什么,那些明说的原因,显然对狄奥和他的读者来说基本上是可信的。对狄奥来说难以相信的——但在现代文献中有时却被人提出来过——是假设塞维鲁那样的远征行动,其唯一目的就是抢掠巴比伦尼亚。

塞维鲁的另一次重大军事行动是在不列颠,发动的理由也大致一样。阿格里科拉在多米提安统治时期到过那里,而那时罗马在不列颠的统治范围延伸到远至安东宁(Antonine)长城的

---

① R. M. Ogilvie and Sir Ian Richmond,*Agricola*(1967),comments on 10. 2,pp. 166f.
② lxxvi 9. 3—4,Boissevain,iii 347,trans. Cary,Loeb.

地方。狄奥身处的位置使他几乎获得了在皇帝身边的人能够得到的所有信息，他对敌对的民族喀里多尼亚人（Caledonii）和迈亚泰人所作的描述，被有的人说成是"概括总结与旅行故事的离奇结合……几乎毫无价值"。① 他提供的唯一确切的信息就是该岛的测量数据，但这些数据都错得离谱。有人说，塞维鲁的远征在地理知识方面的贡献仅仅是印证了阿格里帕的结论，知道了不列颠乃是一座岛。② 狄奥非常瞧不起那些声称不列颠是一块大陆的人，但他自己也曾解释说，不列颠与高卢和几乎整个伊比利亚是平行的。③

约翰·马修斯（John Mattews）曾注意到，阿米阿努斯在对朱利安发动的另一次美索不达米亚战争的记叙中，"没有详细说明这次战役的计划目标是什么，而且似乎他对于为什么对泰西封的围城甚至还没开始就被放弃并下令撤军——或许是要进一步深入波斯腹地？——也很不明白"。④ 阿米阿努斯参加了朱利安的波斯战争，他对波斯作了长篇大论的描述，他使用的材料"是他小心翼翼地从那些关于当地民族的描述中收集而来的，而对于这些民族，简直很少有人会实话实说"。⑤ 这还是在波斯王国边上生活了4个多世纪以后的结果。

我们不得不得出结论，那些想要通过观察小幅地图、或甚至是大幅地图来对罗马的战略得出结论的人，其实是在使用对罗马人来说并不存在的工具，所以由此得出的构想也是罗马人从未有过

---

① Steer, in Richmond, *Roman and Native*, 93 对其的引述参见 Millar, *Cassius Dio*, 149。
② Dio xxxix 50(ii 493f.)；对照 lxvi 20(iii 155f.)。
③ Todd, 177 认为塞维鲁可能是利用阿格里科拉的急件，来详细解释他对苏格兰东部的占领以及战况。他相信帝国档案中可能存有可用的地图，但这些假设并无任何证据支持。
④ J. F. Mathews, *DRBE*, 550.
⑤ xxiii 6.1.

的。不仅如此,大量的证据表明罗马人在战争中也不是按照这样的构想去操作的。我们在有关边境线和地理状况的讨论中已经看到,罗马人在决策中的考量并不是根据领土,而是根据人口。最后,让我们回到第三章和第四章的主题,没有证据表明罗马人在建立边界线时,主要是根据防御需要来进行考虑的。这一点在东方显而易见,而在其他地区也同样如此。

　　一个相关的问题就是在属民当中收集情报。没有清楚的迹象表明,罗马帝国具有一个制度化的国家安全警察机构。虽然有证据显示存在各种类型的军事人员从事相关的职能(*frumentarii*),但我们对于这些活动背后的组织程度所知甚微。我们在第二章中看到,在兼并和整合的敏感阶段,想在刚刚征服的民族中发现暴动苗头的努力遭受了典型的失败。虽然军队的哗变是一个多次出现的问题,并最终导致了3世纪中的危机时期,但我们没有证据表明在4世纪以前或以后,有哪支部队的功能是对其他部队实施政治管控。如果说皇帝的安全得到了保护,那也是由并未收编到正规军中的皇帝私人卫队和特殊部队来完成的。

　　据说,直到拜占庭时期,通过收取报酬的密探或商人为罗马和波斯收集情报才成为一种常规做法。"在罗马人和波斯人当中有一个古老的习惯,就是由国家出钱雇佣密探,悄悄地在敌人中间游荡,目的是准确地观察情况并回来向自己的统治者提交报告。"①公元408/409年通过的一条法律规定:

　　　　不仅商人必须效忠于我国政府,那些身为波斯国王的臣民者亦然,当与上述国达成协议时,不得在协议商定范围以外

————————

① Procopius, *Bell.* i 21. 11—13. 普罗柯比在此处讲了一名探子的故事,他跑到罗马人一方,而后又回到波斯,带回了错误的情报。对照 i 15. 6: 派卫士去刺探敌军情况。

开办市场，以防任何一方的国家机密受到泄露（而这样是不恰当的）。①

商人们不得去往比尼西比斯、卡利尼古姆和超过阿尔塔沙特的地方。前两个地方是分属于两个帝国的边境小镇，而阿尔塔沙特是亚美尼亚的首府。②

不过，这种刺探活动似乎十分有限，如果我们通过编写于约600年的拜占庭军事战略手册来判断的话。③　总的来说，情报活动的唯一目的似乎就是收集有关敌方在军力和动向方面的信息，以防自己受到突然袭击。④　手册中的确强调过："身为将军应该了解所在地区的状况是否健康安全，周边环境是否对部队不健康和不友好，是否有必需的物资，如附近是否有水源、木材和饲料。因为如果这些物资离得很远，获取它们就会困难而且危险，尤其是当有敌军存在时。"⑤不过，手册并未说明将军应该怎样获得这种信息。该作者还在另一处写道，在进入敌方领土前，"应该付出认真的努力，活捉该地的居民，以便从他们那里获得有关敌军兵力和计划的信息"。⑥　这种收集情报的方式是大家所熟知的，并在图拉真纪念柱上反复得到生动的再现。然而，这种方法只有在战事实际发生时才起作用，永远无法当作战略计划工具来使

407

---

① *Cod. Iust.* iv 63. 4, trans. S. P. Scott, *Corpus Iuris Civilis*, *The Civil Law* (1932). 参见 A. D. Lee, *DRBE*, 455—461 指出罗马和波斯帝国互派使臣传递统治者的具体讯息，认为事先就有关于敌方计划的情报。

② 根据 *Expositio Totius Mundi* 22, 两个帝国间的贸易集中在尼西比斯和埃德萨。该史料只提到禁止出口金属给敌国。

③ *Das Strategikon des Maurikios*, ed. G. Dennis, trans. E. Gamillscheg, Corpus Fontium Historiae Byzantinae 17 (1981)；*Maurice's Strategikon*, *Handbook of Byzantine Military Strategy*, trans. G. Dennis (1984).

④ *Strategikon* vii 3.

⑤ vii 2. 75, trans. Dennis, p. 89.

⑥ ix 3；trans. Dennis, p. 97.

用。在拜占庭的战略手册中几乎没有提到过地理位置和地形地
貌；没有任何暗示说在制定计划之前必须获得这些信息，或是这
样的因素将会影响战争的目标。虽然确实强调了有关敌军动向
的情报很重要，但这并不是什么新的提法。在交战国中一直都对
这方面有着高度的关注。①

边境线的功能

我们讨论的下一个话题是罗马人如何看待帝国的边界，这些
边界或以人工屏障或以天然险阻为标志。在现代学术出版物中，
经常用一个词来指称罗马帝国的"有防守的边界"，这个词就是 *li-
mes*。19 世纪时，对边境地区军队部署的研究变得时兴起来，*limes*
渐渐被人们接受成为了一个概念，它表达的意思是从 1 世纪以降
沿帝国边界修筑的防御系统。② 现代历史学者和考古学者将该词
用于每一个已证实有罗马士兵驻守的边境地区，这已成了一种标
准做法。一旦用了 *limes* 这个词就意味着或人们认为这就意味
着，我们面对的是一个防御系统。我已在别处讨论过 *limes* 一词
的含义，这里只需重复一下得出的结论即可。③

（1）只有不多的文献史料中提到了 1 世纪的日耳曼战争，在
这场战争中使用了 *limes* 一词来描述对军用道路的修筑。

（2）从 1 世纪后期到 3 世纪，该词被用来表示帝国的设有标
志的领土边界。因此，它并不指军事建筑或边境部署，也没被用来

---

① Frontinus, Strategemata i 2 关于如何发现敌方计划。前一部分强调了隐蔽己方计
划的重要性。其手段包括狡诈地施展诡计、提供假情报，如见 i 1.6；对照 Dio xlix
19。现在这些当然都是所谓军事情报的重要因素，但从 Frontinus 的描述来看，它
们并未在战略层面的决策中起到任何作用。

② 例如 Gibbon 就从不使用该词。

③ JRS 78(1988),125—147.

指称以河流作为的分界线。事实上，我们在 4 世纪以前很少碰到该词。

（3）从 4 世纪以降，该词成为一个正式的用语，指在一名 *dux* 管辖下的边境地区。它代表的是一个行政概念，同样，与该地区可能存在的军用建筑之间没有联系。*limes* 总是被用来与帝国的边境相区别。将 *limes* 说成是一个制成品或建造物，这样的例子连一个都找不到，但该词现在倒是经常被用于这种意思。其词义发生改变的时间恰好就是戴克里先和君士坦丁进行改革之时。经过一段时间后，这个词开始被用作一个地理概念（而不是行政概念）了，指东方的沙漠地区。它失去了与具体罗马机构的联系。

（4）更为重要的是，拉丁语中找不到哪个词可以用来表达在现代边境研究中被说成是 *limes* 的设施，即有防御的边界，因此在边境地区发现了任何一排要塞就说那是一个 *lime*，这是没有道理的。

这意味着边境这个概念本身也需要加以修正。那种对边界线和边境军事化的先入之见是一种现代的思维方式，我们看不出这个概念在罗马的军事思维中占有特别重要的位置。用吉本的话来说："从奥古斯都时期到塞维鲁·亚历山大时代，罗马的敌人都是在罗马人的胸中。"

如果 *limes* 一词真的还有另外一个与军事设施或边境防御无关的含义，那我们就必须考虑这种可能，在不同时期和不同地区，军事设施服务的目的是有所不同的。我们还必须注意另一种可能，我们或许并不总是能弄清楚军事设施最初的那个或多个功能。军事设施的遗迹当然值得关注，但如果以为我们能很容易就知道当初为何选择某个特定地点来修筑要塞的话，那将是一种谬误。首先，人们经常以为军事当局选择了当地最佳的地点来修建军用设施，不论其目的为何。任何与军队或其他官僚机构打过交道的人都知道,总是有太多的因素使得无法作出最优化的决定,这包括为永久性基地选取地点。

我们只需提到一种可能就足以说明问题了,在战争过程中,一支小部队选中了某个具体的地点,原因只是这个地方很方便,可以让他们在此逗留一两晚。在战斗结束后,该部队在那个地方又待了一些时日,然后被一支较大的部队取代,这支大部队接着在该地修起了一些半永久性建筑和设施,以使这里的生活不至于难以忍受。其后这里慢慢就成了一处重要的军事基地。只有当这个地方的位置极不合适时才会将其放弃而另行选址。当时在那里的士兵们或许根本就不知道他们为何会驻扎在这个特定地点的真正原因,也没有哪位考古学者能够揭开事情的真相。他会假定是指挥高层运用智慧,根据当时的战略而选取了这一最佳地点。即便选址是通过完全理性的方式作出的,对那些后来被废弃的军事设施,也并不是总能解释清楚当初为何将它们建在那里——如果我们对该地区的敌情或需要加以控制的本地人口一无所知的话,就更是如此了。

任何一个军事地点,它的功能可能会随着时间而发生改变。让我们来考虑一下这个情景:在征服某个地区的过程中,有个地方被用作了临时营地。后来这个地方成了一处基地,为抵御敌军反攻的部队提供补给。接着它又被在该地区修筑军事基础设施的工程部队用作大本营。在此之后,它又被在周边乡村地区执行巡逻任务的部队用作住所。过了很久以后,这个地方被一支试图阻止敌军发起强攻的部队接管,最后在部队撤退期间,这里被用作地区总部。占领军的任何一个营地都完全有可能经历这样的过程。那么我们能期望在该地进行挖掘的考古学者时隔 2000 年后还能将所有这些过程还原出来吗?

事实上,有具体的证据支持这种假设,很多已知的例证都说明,罗马人在他们最初搭建临时营地的地方建立了永久性的要塞。① 我们从那些在奥古斯都的日耳曼战役中，被用作军事行动基地和冬季营地的地点就可以看出这点，这些地点在（公元 16 年）提庇留将日耳曼尼库斯召回以后就变成了永久性基地。②

天然屏障

　　我们在第三章中曾指出，河流并不是天然屏障，其与道路一样是横向的交通手段。我们也许需要考察罗马的文献，看看罗马人如何看待边疆地区天然屏障的战略作用。最早碰到以大江大河为界这一问题的将军是恺撒。恺撒向日耳曼部落展示了"罗马人民的军队能够也必将跨过莱茵河"。③ 恺撒并不是乘船过河的，他修了一座桥。④ 而日耳曼部落当然只能靠船只或木筏来渡河。"任何沼泽或森林都不能阻挡那些为战争和打游击而生的人。"⑤狄奥告诉我们，巴塔维人被训练成能携带武器游过多瑙河。⑥ 事实上，巴塔维人一向就以擅长游泳而著称。⑦ 在克劳狄乌斯的战役期间，日耳曼人全副武装游过了泰晤士河，为罗马人取得了重要的胜利。⑧ 据塔西佗讲，布狄卡曾说过："保卫了日耳曼人的是河流，而

410

---

① 该观点参见 Wells，162。
② Bogaers and Rüger，9，list Nijmegen-Kops Plateau，Vetera，Asciburgium，Novaesium，Mogontiacum. 卡农顿是"琥珀之路"的终点，公元 6 年提庇留统治期间，罗马军队从那里向马可曼尼王国发起进攻（Velleius ii 109.5）。公元 14 年，那里成了第十五"阿波罗"军团（Appollinaris）的大本营；对照 E. Swoboda，*Carnuntum：seine Geschichte und seine Denkmäler*（⁴1964）。或许，在东方的例子就是撒塔拉，很可能被科布罗的军队用作后勤基地，并因此在维斯帕先统治期间被选作军团大本营所在地。
③ *BG* iv 16.1.
④ *BG* iv 17f.
⑤ *BG* vi 35.7.
⑥ lxix 9.6（iii 230）.
⑦ Tacitus，*Ann.* ii 8；Hist. ii 17.
⑧ Dio lx 20（ii 681f.）.正规军也设法在不架桥的情况下渡过了该河（梅德韦河（Medway）？）。部队得以跨过泰晤士河显然是因为本来就有一座桥。

不是海洋(好像不列颠人那样)。"①这里强调的重点是,河流是一道天然屏障,尽管不是什么重要的险阻,但如果说有哪支军队会受到河流的阻碍,那一定是罗马人的军队,而不会是日耳曼人。但狄奥注意到罗马人能够易如反掌地在河上架桥,因为士兵们不断地演练在多瑙河、莱茵河和幼发拉底河上搭设桥梁,如同其他的军事训练一样。②

我们没有理由认为河流所起的作用会在几个世纪的时间里发生变化。在作者佚名的《论军事》(De rebus bellicis)一书中有一段非常重要的话:

> 首先,必须知道,那些疯狂的本地部落人遍地发出短促的尖叫声,从四面八方将罗马帝国包围在其中。那些狡诈的野蛮人,在天然险阻的保护下,威胁着我们的每一段边境。我所说的这些民族,大多要么躲在森林中,要么在我们无法到达的高山上,要么被雪原与我们隔开;有的游牧民有沙漠和炙热的太阳保护。也有些在沼泽地和河流的掩护下,甚至很难确定他们的位置,但他们却采用无法预料的突袭撕碎了和平与安宁。这些部落,要么受到这类自然天堑的庇护,要么受到高墙和塔楼的保护,必须利用各种全新的军事手段对其发动进攻。③

这段文字可能写于 368/369 年,其中有两个要点必须特别注意。④ 首先,这些话是古人对天然屏障作为边境的价值所作的真

① *Agricola* 15. 3:"et flumine,non Oceano defendi. "
② lxxi 3. 接着描述了有关技术。
③ *De Rebus Bellicis* (BAR International Series 63,1979),Part 2,the test ed. and trans. by Robert Ireland,vi,p. 28.
④ 该结论参见 Alan Cameron,ibid. ,Part 1:Aspects of *De Rebus Bellicis*,1—10。

实评价,评价者是一位对军事事务有职业性关注的人。这些屏障远不是有助于驱逐蛮族入侵者的工具,而是被视为使得当局无法采取适当行动的障碍。这从罗马的角度来看,与塔西佗加在布狄卡身上的那种手法是相同的。其次,对于那位佚名作者,他构想出的唯一战略就是跨过边界做阻止性或报复性的进攻。这从他设计的那些军事装备中也能够清楚地看出,尤其是可以运输的浮桥。① 将这些方法应用于实践的一个例子,是由君士坦丁在科隆修造的一座跨越莱茵河的大桥,目的是为了让部队能够进入敌国领土,而同时武装船只被放置在河流各处,士兵们被部署在莱茵河沿岸为进攻行动做好准备。② 在过河地点修起了像科隆道依茨(Köln-Deutz)这样的要塞作为桥头堡,在其他地方也发现了罗马在后来的时期修建的类似要塞。③ 不久前,曾有人提出,在多瑙河流经的行省中,在主要堡垒的河对岸修建了帮助跨河的要塞,建立了混成型的分遣部队驻守其中,以此形成一种永久性的桥头堡,目的是为了更好地实施进攻型军事政策。④《论军事》中建议,边境地区的

---

① 　ibid.,Preface,14:"在渡河发生困难时,有人建议用一种新式桥梁,重量很轻,便于运载:这种桥只需很少人手或是约 50 头驮载牲口就能运输,可用于渡河或通过沼泽地,非常有用。"对桥的描述见 ch. xvi。

② 　原文见 *Panegyricus*(《颂词》):vi(vii) 13. 1:"Insuper etiam Agrippinensi ponte faciundo reliquiis adflictae gentis insultas, ne umquam metus ponat, semper horreat semper supplices manus tendat, cum tamen hoc tu magis ad gloriam imperii tui et ornatum limitis facias quam ad facultatem, quotiens velis, in hosticum transeundi, quippe cum totus armatis navibus Rhenus instructus sit et ripis omnibus usque ad Oceanum dispositus miles immineat"。

③ 　Schöberger,183,with fig. 23:科隆道依茨(见图 21)、恩格尔斯(Engers)、莱茵布罗尔(Rheinbrohl,有可能)、雷马根(Remagen)北部。雷马根南部,军队在这里撤回到莱茵河,在那个时期,河右岸有几处要塞:威斯巴登(Wiesbaden),曼海姆内卡劳(Mannheim-Neckarau),有供船只使用的靠岸点,在巴塞尔(Basle)对岸的布莱萨克(Breisach)和维纶(Wyhlen)。阿米阿努斯提到了在日耳曼内陆地区的要塞:xvii 1. 11; xviii 2. 1 and 5。

④ 　P. Brennan,*Chiron* 10(1980),553—567.

本地防御应该是当地土地拥有者的职责,他们必须修建一系列要
塞,并组织瞭望哨和乡间巡逻。①

412
　　我们在拉丁语的颂词中可以一再见到这种对于天然屏障的态
度。普林尼对此做过清晰的表达:没有任何蛮族国王能够"用中间
隔着的大海、大河或是高山峻岭"来阻止图拉真的愤怒。② 在 2 世
纪时写作的弗洛卢斯谈到大夏人时说,他们过去常常在多瑙河结冰
时过河来对邻近地区实施破坏。③ 换句话说,至少在冬季中,这条
河是无助于将大夏人挡在帝国外面的,而他们自己却有群山作为掩
护,"使得要想靠近他们极其困难"。就在弗洛卢斯讲述的那个时
候,罗马军队渡过了莱茵河,并使大夏人无法接近河边。④ 再举个
例子,同样的态度还出现在下面这段文字里(写于公元 310 年):

　　　　现在保护我们的并不是莱茵河的河水,而是您的威名所
　　产生的恐惧。大自然并没有用一种勇气无法穿透的、高不可
　　攀的墙壁来封闭任何一块土地……只有用英雄的声望筑起的
　　防御之墙才不会受到敌人的猛攻。

　　法兰克人再也不敢生活在莱茵河附近了。"按等间距修筑的
要塞与其说保卫着 *limes*,不如说是对其加以了点缀。"⑤

──────────

① *De rebus bellicis* xx:"limitum … quorum tutelage assidua milius castella pros-
　picient,ita ut millenis interiecta passibus stabili muro et firmissimis turribus eriga-
　ntur."常被认为指的是哈德良长城。但 J. S. Johnson,ibid. Part 1,p. 69 指出:"没
　有提到用连续的长墙来连接这些每隔英里一座的堡垒,似乎边境应该理解为某个
　独立于这个 *castella* 系统之外的东西"。这里 *limites* 的意思是"边境地区",符合
　那个时期该词的一般用法。
② Pliny,*Pan.* 16. 5;另见 12. 3:结冰的多瑙河没能保护敌军抵挡图拉真的果断行动。
③ *Epitome* ii 28.
④ Loc. cit.:"Sic tum Dacia non victa,sed summota atque dilata est";对照 *Res Gestae*
　5. 30。Strabo,vii 3. 13(305)几乎将其视为帝国的组成部分。
⑤ *Pan.* Vi(vii) 11.

在 6 世纪时,普罗柯比观察到,波斯人可以毫不费力地渡过任何一条河流,因为他们在打仗时总是携带着架桥工具,这使得他们可以在任何地方快速渡过任何河流。① 因此,"贝利萨琉斯清楚地知道,即使有十万人马也无法阻挡库斯罗跨过(幼发拉底河)"。②

当然,这并非是要否认河流可以在军事战役中发挥重要作用,或它被罗马军队用来作为一种障碍物。③

人造屏障

在那些罗马人修筑了人工障碍的地方,如不列颠、上日耳曼和雷蒂亚,我们必须记住,关于这些障碍的作用是什么并无可靠的信息。我们只能依靠推测,而没有足够信息的推测很可能会出错。一个来自不同时期的例子可以说明这一点。在 1661 年,荷兰东印度公司的董事们给 扬 · 范里贝克(Jan van Riebeeck)下指示说——

> 应该摒弃任何将殖民地扩大到海角半岛界限以外的想法,范里贝克曾经试图通过在地上修建一道带刺的篱笆来实现这个目标。篱笆的好处是造价低廉;但问题是效果可能不佳。结果无论是带刺的篱笆,还是其他"审慎的措施",都没能让四处放牛的布尔人却步,不论他去到哪里,政府的管辖权马上就得跟到那里。④

413

---

① *Hist.* ⅱ 21.21f.
② ⅱ 21.18.
③ 如见 Ammianus ⅹⅷ 7.6;另见 Procopius,*Hist.* ⅱ 30.23—27(在法希斯的较低处,该河又深又宽,水流湍急)。
④ John S. Galbraith,*Reluctant Empire*,*British Policy on the South African Frontier* 1834—1854(1963),3.

可以想象，一名研究罗马帝国的考古学者，当他发现类似的建筑物时（如果真有的话），会解释说这是一道防御线，保护人们不受蛮族的袭击。①

让我们再回到古罗马时代，可能有人提到过几处位于本书讨论的区域范围以外的人造屏障：首先就是哈德良长城。沿着这道墙至少每隔 7 公里就有一处辅助性要塞。每隔 1 英里就有一座小碉堡，控制着墙上的门洞，碉堡之间还修有间隔塔。即便如此，人们现在并不认为这道长城在过去任何时候被用作作战的平台。有人提出它的修筑并不是为了抵御大规模进攻，而是作为控制交通的手段。② 对于哈德良时代在努米底亚（Numidia）修筑的 *fossatum Africae*（非洲壕沟），有人也提出了类似的假设。③ 我们看到，没有证据显示 3 世纪后半叶以前在努米底亚存在着严重的来自游牧民的压力。由于种种原因，"非洲壕沟"似乎并不具备什么军事价值。④ 这使得有人提出，与努米底亚的道路系统一样，它是被设计来控制和指挥进出占领区的人流车流交通的。

其次是在德国西南部的美因河（Main）与洛尔希（Lorch）之间的所谓"上日耳曼界墙"（Obergermanischer Limes）。 这是一道著

---

① 同样，未来的考古学者在面对柏林墙时如果没有历史材料的话，可能也会认为它是用来保卫西柏林的。

② D. J. Breeze and B. Dobson, *Hadrian's Wall* (1976). 最早从这方面考虑建墙目的的是 R. G. Collingwood, *The Vasculum* 8 (1921), 4—9。对 *limites* 的考察参见 John Wacher (ed.), *The Roman World* (1987)。Breeze, i 208 提出该墙的主要目的是标出军事区域的南部边界："它是罗马版的带刺铁丝网。"另一方面，Charles Daniels 在对非洲的军事组织进行考察时 (i 226f.)，指出在东方沙漠中的罗马设施构成了一道 *limes*。

③ E. W. B. Fentress, *Numidia and the Roman Army* (1979), 66, 98ff. 对突尼斯南部得出过类似结论，参见 P. Trousset，发表于 W. Hanson and L. Keppie (eds.), *Roman Frontier Studies*, 1979 (1980), 931—942。

④ 该观点参见 van Berchem, *L'Armée de Dioclétien et la réforme Constantinienne* (1952), 42—49。

名的建筑物,对它的重建经常见诸报道。[1] 请记住,罗马的领土在
西边,而没被罗马占领的土地在东边,我们从西向东看,可见一连
串独立的瞭望塔,这些塔的四周有壕沟;有一条道路;有一道防御
墙;一道延绵不断的深沟;还有一道栅栏。结果是从瞭望塔上向东
看时,前沿地带的视野被防御墙和栅栏给挡住了。如果我们设想
塔上的士兵有可能被躲在栅栏后面的敌人瞄准的话,情况会非常
糟糕。这些建筑物经常是建在向西边倾斜的山坡上——或者在洛
尔希以东的地方是向南倾斜。这就预先排除了罗马人具有观察
"敌方领土"的良好视线的可能性。同样值得注意的是,这些瞭望
塔没有任何防卫手段,甚至在图拉真纪念柱上刻画的那种简易的
篱笆墙都没有。在修复这些塔时往往给它们加上了侧窗;但在图
拉真纪念柱上的塔式建筑并没有这种窗户,要想瞭望或发信号的
话就只好去到外面的塔台上。[2] 因此,我们或可以提出,这整个建
筑结构在发生无论何种程度的敌对行为时都不会起任何作用。[3]
只有在无人胆敢攻击罗马军人的情况下,它们才能起到阻止入侵
的作用,哪怕每座塔上只有区区 4 名士兵而已。[4] 另外,在这道屏
障以外的地方很少发现有定居点的考古遗迹。这种地方很难引起
有人在此定居的愿望。[5]

　　我们只有在考虑了不同人造屏障之间的区别后,才能对其用

414

---

[1]　如见 Schönberger, 144—197; D. Baatz, *Der römische Limes: archäologische Ausflüge zwischen Rhein und Donau*(1974), 39f.; W. Beck and D. Planck, *Der Limes in Südwestdeutschland*(1980), 34。

[2]　该观点参见 Sir Ian Richmond, *Trajan's Army on Trajan's Column*(^{2}1982), 38。

[3]　不同的观点参见 Baatz, 45, with a "taktisches Schema zur Abwehr eines kleineren germanischen überfalls am Limes"。

[4]　对照 Mann *ANRW*, 520:"事实上,在上日耳曼用堤坝和壕沟重新加固了栅栏,而在雷蒂亚则是用一道狭窄的石墙取而代之……当然,这些变化对于战略问题来说并不重要,似乎只在古文物研究方面有意义。"

[5]　Schönberger, 170.

途作出较为满意的解释。我们只需提到一个例证:在不列颠的两
道长城上都设有穿过墙体的通道系统,这是建筑物的内在组成部
分。虽然这些通道严格按照等距的方式设置,有时甚至不顾穿过
长城的道路,但罗马道路事实上确实延伸到了长城以北,在长城以
外的地方也发现了军事基地。在日耳曼的界墙上,有的地方开了
通道,可能是在实际需要的地方开通的,但日耳曼修筑这道屏障的
目的并不允许正常的道路在任何地方穿过屏障。主要道路要么沿
着莱茵河和多瑙河,要么与这道屏障平行,显然这些道路只能提供
该地区的内部交通。没有证据显示通往这条线上那些要塞的罗马
道路继续穿过界墙进入到日耳曼更深的地方。①

　　我们在本书第三和第四章中讨论了东方行省中的建造物,这
些建造物甚至不是任何屏障,而是设有驿站和要塞的道路。② 本
415　书的一个目的就是要说明,只有清楚了解了这些作为道路的路线
有何特点后,才有可能开始理解罗马对东方的组织和整合。不仅
如此,任何有关罗马战略的理论都必须考虑到,罗马人在该地区选
择路线时并不是经常有创新之举:很多主要道路在他们到来前就
早已存在了,而且一直保留到今天。当然,也有例外的情况,罗马
的技术和人力使得他们能够从森林密布的地方或沼泽地中开出一
条路来。③ 另一个例外的情况是穿过特拉可尼的道路,这条道路
需要大规模的安全设施。同样,对某种布局方式的偏好可以有所
不同:在伊斯兰时代初期,开始逐渐使用穿过深谷地带的道路,而
罗马军队当初对这样的线路是尽量避开不用的。但在这些变化背

---

① 参考书目见 R. Chevallier, *Roman Roads* (1976), 247f. 。

② 人们一般同意在东方行省中没有人工修筑的屏障。不过,请见 I. Carnana, *Iraq* 48
(1986), 131f. pl. xx 讨论了一张空中俯瞰的照片,可以见到一条线,看似一道墙
体。现在已发现这只是一道天然形成的露出地面的岩石而已:S. Gregory, *DRBE*,
325—328。

③ 关于那条穿过几乎无法穿越的橡树林和沼泽地的道路——安提帕底-恺撒利亚道
路,参见 S. Dar and S. Applebaum, *PEQ* 105 (1973), 91—99, esp. 95, 97。

后的事实是，对罗马军队的部署是为了保障和管理军队自己的交通运输，而不是为了阻截其他人的活动。

结　论

　　我们在本章中提出，罗马的边境政策中并不存在着一个什么宏大战略。宏大战略这个概念所隐含的矛盾就是，从未有罗马的史料来源交代过这个战略的目的是为了取得什么清晰的目标。即便如此，可以设想或许有一个连贯的战略，指向实现某个被罗马的统治者们心照不宣地接受了的目标。然而，我们在本章中看到，罗马边境政策的组成因素并不足以产生一个宏大的——或哪怕是前后一致的——战略。影响罗马决策机制的主要是皇帝在维护自己地位和增加自身荣耀方面的兴趣。与哪怕是一场稍稍成功的扩张战争比起来，保持偏远地区的和平与繁荣实在引不起皇帝们太多的兴趣。我们在这里要强调，任何一场开始时真是由防御引发的冲突都有可能、而且经常也确实演变成了一场征服战争。

　　现代的研究者们往往过于强调防御是左右罗马政策的要素。罗马的扩张可能远不像人们常说的那么具有系统性。由于扩张本身就是目的，因此它带有机会主义的特征。罗马在它所能够的、而不是所应该的地方开疆扩土。发动战争的动机很少是为了抵达并占领一处易守难攻的边境线。[1] 对军事边境线的选择几乎从来也不是出自于建立合理防御系统的愿望。即使在对边境线的选择合乎理性时，选择这样的边境也是为了提供良好的交通和后勤保障。但更常见的情况是，边境线不过是在军事战役后向前推进的锋线

416

---

[1] 　*JRS* 78(1988)，125—147. 上文引述过（第 400 页，按：原书页码）提庇留・普劳提乌斯・西尔瓦努斯的碑文，其中讲了边境政策下的 6 种不同项目，但未提到任何 *limes*。我们看到，它在谈到多瑙河的 *ripa*(河岸)时，说它是划分国家责任的界线。但这条河绝不是一道军事分界线。

慢慢冻结在了可以守住的地方而已。

　　帝国边境的概念对罗马人来说没有什么意义。古代的帝国政策把对其他民族和城镇的控制视为主权的核心，最能说明这一点的就是始终依靠 *pomerium*——即城市的边界——作为罗马的边界，而同时帝国在不断扩大。领土只有在作为收入来源时才变得重要。这部分是由于一种思维态度的结果：古代与我们今天不同，在那时，领土并不是构成国家的关键要素。另一个原因是实用主义的态度，即允许多种不同的控制体系同时共存，只是干预的程度或高或低罢了。与表面看上去的情况不同，这种现象并没有在 1 世纪终结，而是在本书讨论的整个时间范围中一直延续。另外，罗马军事政策受到战场情况的左右乃是不可避免的事情，因为罗马军队不具备地理知识，因而无法在更高的层次上展开军事决策过程。

　　我们在本章和其他各章中用了相当多的精力来说明，要对罗马军事设施的实物遗迹进行诠释有多么困难。很清楚，由于罗马军队在整合军事化的边境时，例如在布设线性的人造屏障时，没有精准的地图，因此我们在理解这些建筑物时，就不能仅仅通过考察古代并不存在的现代地图。古代文献中找不到很多相关的陈述，但值得注意的是，史料中反复把天然屏障描述为并非是防御手段，而是罗马实施有效的越境军事行动的障碍。人造屏障在古代文献被谈及得更少，而且在这些屏障存在的地方，找不到理由相信它们在战争中发挥过任何作用。它们只在和平时期被用来控制跨越边界的活动。想要真正了解这些设施，就只能通过考察罗马当局与当地人口之间的关系，以及罗马在该地区的目的，才有可能获得更加深入的认识。

　　曾经有很多次，当罗马的边境处于严重的外来压力下时，并无
417　任何迹象表明实际的建筑设施为保卫帝国发挥过任何重要作用。一个明显的例外是 3 世纪到 7 世纪时的美索不达米亚的设防城市

（见第五章）；但这也只是一个例外的情况而已，因为这些城市是两大帝国在该地区的争夺焦点。这些城市在拜占庭时期的历史也极好地说明了另一个事实，即在罗马当局看来，边境地区的人口与其说是需要照顾的对象，不如说是可资利用的工具。

　　要想正确理解罗马军队的组织方式，就必须考察军队在和平时期的现实状况。军队的职能包含多种任务，如镇压本地骚乱、维持治安、定期跨过行省边界采取军事行动以使那些"野蛮人"保持安静、维护后勤和粮食补给、对平民人口征收税赋，以及为下一场战争进行备战。后者，尤其是当战争发生在东方时，从性质上讲往往是进攻性的，但对于这一点现代的历史学者们却大多不愿意承认。

418

后　记

在本书中，我们讨论了多个不同的主题，考察了一片广阔的地域和一段很长的时间跨度。现在，该来看看我们究竟能否取得一个共同的立场。确实，很多结论都是否定性的，可能会留下絮叨不断的问题。但不论如何，祛除掉错误的观念总会让事物变得更加清晰，或许能构成一个基础，有助于在将来对这方面的问题有更好的理解。

本书力图追踪罗马在东方边疆行省中实际介入的限度，时间为从共和时代结束时获得这些行省开始直到伊斯兰的征服。在本书的各个部分中，有 4 个问题被反复提了出来：罗马人的目标是什么，他们采用什么手段来实现这些目标，他们面临的问题是什么，以及他们进行干预的结果如何？现在，到了必须进行总结的时候了，看看我们对这些问题能够给出何种程度的回答。

"战略"一词是目前在讨论最高层的政治、军事计划及行动时经常使用的术语，但如果想要准确地还原过去的战略，就必须对政策的目标有相当确定的了解。在关于罗马的帝国政策方面，我们看到，人们常常将带有时代错误的价值判断强加其上。那些认为罗马曾经有一个宏大战略的人，自动地认为这个战略的目标就是保卫行省不受外敌攻击。我们在第九章中提出的论点是，根本不

存在什么宏大战略；罗马的决策是在一个完全不同的概念层次上
进行的。我们必须明白这一点，才能试图对其作出系统化的描述。
罗马人安在优秀的领导人身上的那些道德品质与我们今天所要求
的大不一样。皇帝的兴趣和野心经常是通过发动代价不菲的征服
战争，而不是花钱较少的防御措施来得到满足。那时的国家、领土
和边界概念都与今天不同。古代在地理和制图方面的局限导致了
那时的人们对政治实力与军事行动之间相互关系的看法，与我们
今天对此问题持有的观点相去甚远。现代的逻辑不足以用来解释
古代的人们对于边境线的选择。

　　我们已经指出，即便真的有过一个宏大战略，也不是现代人所
说的那种战略，因为在古代，防御作为一种考量远远不如征服重
要。我们在第一章中见到，这在东方表现得尤为明显。自从庞贝
兼并了原来塞琉王国的大部分领土后，追随亚历山大的足迹向东
扩张的念头让一个又一个罗马的统治者为此着魔；而对沙漠地带
进行军事占领和保卫定居地区不受游牧民袭扰，倒成了非常次要
的关注点。维持行省治安的确是军队的任务之一，但也只以保持
政治和财政上的控制为限。

419

　　我们在第三章中对通过军事手段取得后一个目标的情况进行
了描述。军事单位被部署在内地，尤其在城市中。由于罗马对沙
漠地区的兴趣度最低，在那里组织军事存在的进展速度也相应很
慢。军队对于罗马当局来说起着控制工具的作用，它并不是为了
民众的利益而建立的警察机构，因此城市本身被迫承担起维持道
路和城镇治安的义务。城市还要负责收税，并将收来的物资运送
给行省当局。

　　城市化建设被认为是罗马在行省中保持政治和财政控制的关
键因素，这种观点本身无疑是正确的，但人们往往会因此认为这势
必导致罗马积极参与行省中城市化生活的实际建设。我们在第八
章中看到事实并非如此。尽管当时的现行政策会给合乎资格的社

区授予城市地位,在修造活动和城市建设领域中,罗马主动出资、出力相助的情况只是个别例外,而非常态。城市化发展是一系列具体环境因素的结果,使得一些社会共同体能够在本地层面上主动作为,城市化代表的并不是帝国的意志,但这种现象事实上并未削弱罗马统治的影响力,因为是帝国创造了这些环境因素,而正因为有了这些环境因素城市才能得以发展。

有一种特殊的城市经常被说成是在行省中长期实行政治和军事控制的成果,这就是我们在第七章中讨论的罗马老兵殖民地。现在我们明白了,这种定居地永远也无法完成正规军事单位所执行的那些任务,它们也从未试图去完成那些任务,它们与其他城市社区一样易受攻击。不过,老兵殖民地的确在地区性的社会和经济控制中发挥了长期而显著的作用。这是否是建立这些定居地的初衷则是另外一个问题。我们发现老兵的后辈在创建殖民地以后的几个世纪中,成了行省上层社会利益的代表。

420

罗马人在实现他们的目标时面临了哪些问题呢?在东方地区的主要挑战并不是帕提亚/波斯帝国的扩张政策,而是这个事实,即罗马从未成功制服这个作为对手的帝国。这曾是很多罗马统治者的抱负所在,但波斯拥有的资源使得它没有被一个大本营位于叙利亚沙漠另一边的强国所吞没。距离和后勤问题使得在这种环境下的帝国战争变得代价高昂,难以持久。因此,罗马对美索不达米亚南部的远征军事行动都是按照一个固定模式来进行的:到达泰西封地区,在那里大肆杀戮一番并进行大规模的抢劫和破坏,但最后军队会撤回到罗马领土并基本上维持现状。我们很难说罗马人自己为何会觉得这种形式的战争是理智的行为,他们的思维逻辑可能与近代史中那些鼓吹战略轰炸的人差不多。

我们讨论的另一个主题(第二章),是军队在征服了一个地区之后的活动。对新征服地区进行整合需要花的力气,远比人们有时意识到的要大。在征服了异族之后,罗马的控制既不确定,也不稳固。即使没有可靠的证据我们也能够设想,在征服后的多年中罗马军队都必须在很多方面保持积极的活动。然而,特别的是,罗马人在这一阶段往往未能预见叛乱的发生。尽管可靠的信息不多,但很可能罗马军队在新征服地区的部署反映出维持内部控制的需要。

这在犹地亚的情况中表现得尤其明显,该地区的特殊性在于它长期从意识形态上抗拒罗马的统治,弗莱维乌斯·约瑟夫斯这位独一无二的史料来源在其著述中对此进行了描述。在 2 世纪中爆发了巴柯巴战争,尽管只有支离破碎的信息,但我们知道这场战争非常惨烈。不过,本书关注的并不是重大的战争,而是战争之间没有公开叛乱时的那些动荡不安的情况。关于第一次犹太暴动以前的时期,约瑟夫斯给我们提供了大量信息。在此之后,《塔木德经》史料又给我们精彩地呈现了当地政治性匪盗活动的状况。这些史料还说明一个事实,即犹太圣贤们从来都不承认罗马统治的合法性。当地较晚的原始史料同样揭示出匪患是日常生活中无法回避的现实,不论是在巴勒斯坦,还是在叙利亚,各地都是如此。然而,没有迹象表明罗马军队很积极地去弹压了匪盗活动,只要这些活动不会过分干扰到罗马控制的重要方面,或是影响到上层社会的安全感。在犹地亚很明显,反抗罗马统治所得到的回应就是罗马在整个行省的广泛驻军。在犹地亚,军队的首要职责就是维持罗马对行省人口的控制。

在其他地区,我们也遇到了类似的情况。本书的主题之一或许就是要考察,在那些既无内部动荡的迹象,也无证据表明行省各地有广泛驻军的地方,罗马军队是否也参与了维持内部安全。不可否认,帝国大部分地区都相对较为容易地接受了罗马的统治。

沙漠中的游牧民对各行省中定居地区的生活稳定没有造成多大威胁。正如我们在第三章中所见,直到 2 世纪末以前,(在约旦东北部的)罗马军队并未在沙漠中占据固定的地点。位于叙利亚沙漠中的帕尔米拉,在它被摧毁于一道耀眼的闪光中以前,一直是效忠于罗马的,这使得罗马不需要将自己的军队长期留在幼发拉底河中游地区。帕尔米拉负责商队贸易和经营商旅客栈,同时也让自己赚得不亦乐乎。在 4 世纪和 6 世纪时,史料来源开始注意游牧民,但主要是作为两个帝国的盟友(参见第五章)。他们偶尔会被编进正规部队,或被用作行省的内部警察部队,但通常他们都被用来实施他们所最擅长的战争:快速袭击,造成敌方经济破坏,并因此削弱其政治影响力。在整个拜占庭时期,有的游牧民群体获得了正式地位,成为获得帝国资助的同盟军,由一名酋长(*phy-larch*)指挥。季节性迁移的生活规律使得游牧民在行省的领土上进进出出,他们负责维持定居区边缘地带的相对平静。有迹象表明,这种政策非常成功。我们知道好几位出色的游牧民领袖的名字,并对那种权力转换游戏留下了印象,在这个游戏过程中,有的部落变得重要起来,而其他部落却相对衰落了。拜占庭时期最显著的特点就是,与过去的时代相比,这些民族变得相对重要起来。简言之,游牧民在两个帝国的争斗中发挥了作用,但没有多少证据表明他们本身是一个重要因素。当罗马与波斯之间处于和平时期时,游牧民在罗马的军事政策中就起不了什么重要作用了。

我们在第四章中看到,在 3 世纪晚期和 4 世纪早期,大批军事单位前所未有地向前推进,进入到叙利亚、阿拉伯以及巴勒斯坦的沙漠地区。对于实施这项政策的原因,我们尚无足够的信息。我们并不了解使用这些军队是要为了解决什么问题。我们探讨了多种可能性。这可能是缘于罗马接受了保护贸易路线安全的责任,而不是为了保卫行省的需要。很多部队似乎在后来的 4 世纪和 5 世纪中被撤回了,但是并无证据表明撤军导致了广泛的混乱。与罗马的统治者一样,拜占庭帝国与生活在长期驻军地区以外的各个民族保持着经济、政治和军事关系。他们之间交流着货币和商品,拜占庭授予他们称号,从内盖夫北部在拜占庭时期的繁荣状况来看,这个系统的运行状态良好。

　　罗马干预的规模把我们带到了下一个考察点:边境行省中罗马设施的性质和功能。由于我们对罗马人在行省中面临的问题并不十分清楚,因此很难确定他们的目标和取得成功的程度。只要承认罗马军队从未像很多现代的历史学者们想当然地以为那样,将保卫国土当作首要任务,我们就有可能考虑在边疆行省各地发现的那些罗马废墟的其他功能。我们已经看到,将沙漠中的每一处正方形建筑物都解释为边界防御系统的构成部分乃是一种谬见,就如同相信我们仅凭某个军事设施的布局,就能确定其原始目的一样是错误的。有多处大型建筑物可以看出其具有各种不同的功能,其他的建筑结构也可以推测它们具有多种功能。这些建筑物似乎被用作当地的行政中心或道路驿站,而另一些建筑物也可以作此推断。很多建筑物都可以试探性地解释为当地的权力中心、道路驿站、抑或军队开展巡逻或发动战役的基地。从4世纪以降,在美索不达米亚的军事部署似乎是个例外的情况(参见第五章)。两个相互竞争的帝国在一个没有天然屏障人口却相对同质的地区彼此相邻,双方都利用游牧民进行破坏性的偷袭,最终导致拜占庭当局组织起了瞭望哨和边境控制系统。然而,奇怪的是,我们主要是从文献史料中听说这一系统的。考古研究至今尚未让我们发现整体上好像是经过了组织的任何东西。

　　我们在第五章中指出,拜占庭时期的战争与早期帝国的那些战争一样无利可图。罗马仍然在高加索以南的地区努力想要改变实力对比——但并未取得多少成效。在其他地方发动战争的结果是造成了很多的劫掠和剥夺,但在6世纪末以前并未取得什么持久性的变化。不过,在这一时期的政治意识形态和战争中,倒是出现了一种不同于以往的现象。在4世纪以后,拜占庭的统治者们不再梦想摧毁作为对手的另一个帝国。此后仍然发生过战争,目的是为了决出实力高下,而导致战争的直接原因各不相同:宗教发

423

挥了作用,但更重要的原因是两个敌对的帝国在美索不达米亚直接为邻,没有任何地理或种族界线将两个帝国分隔开来。这导致了该地区的权力之争,该由谁来负责保护这一地区不受来自北方的侵略,在这个问题上发生了冲突。给波斯支付奖金让其守卫穿过高加索山脉的达留尔关隘成了一个关键问题。然而,对关隘的控制虽然很重要,但却不能带来直接的好处。这只不过是防止灾难性入侵的必要手段罢了,而这种方法在早期帝国中从未使用过。

在美索不达米亚,承受战争冲击波的是那些设防城市的市民们。从某种意义上讲,出现这种情况,是过去那种让城市负责所在区域安全的政策所造成的最坏后果。在美索不达米亚发生的战争代价沉重,而在战略上同过去的战争一样毫无收益。双方都没能取得可以持久的胜利。拜占庭统治者的政策精髓可以总结为,他们不再指望在领土方面有重大收获,但同时既也不情愿撤军,也不愿意将钱花在维持稳定上。

在考察了罗马人的目标、方法和他们面临的问题后,我们试图对东方行省中帝国政策的效果作出描述。由于本书并不讨论文化、社会或是行政方面的历史,我们对可能会受到罗马统治重要影响的古代生活方面并未加以考察。然而,在东方行省中,帝国政策的总体效果却是不能忽略的问题。在罗马于公元前1世纪征服的这个地区中,有着众多的民族、各式各样的政治体系以及同样花样繁多的效忠方式。位于西方"西里西亚之门"与东方幼发拉底河之间的地区,成为罗马的内在组成部分长达7个世纪之久。除了犹太人以外,该地区的各个民族逐渐认同了罗马的国家制度。情况确实如此,就连沙漠中的帕尔米拉的统治者们,当他们试图建立起一个独立的帝国时,也选择在里程碑上用拉丁文的碑文来歌颂自己,瓦巴拉图斯(Vaballathus)宣布称帝时用的也是罗马皇帝常用的那些称号。东方行省的很多地区被转变为城市领地,以一种统一模式进行管理。在没有城市的地方,我们经常看到具有城市制度的村庄。在拜占庭时期,很多地区的定居人口密度超过了其他任何现代以前的时代。所有这些都是罗马统治的结果。

　　然而,我们在这里最关注的问题,是罗马统治造成的直接和有形的影响,尤其是在军事方面。也许我们可以这样来总结,首先,罗马统治者们对幼发拉底河以外地区的野心达到了无可救药的程度。从克拉苏到朱利安,罗马皇帝们仅仅出于贪婪和野心,就发动了多场代价高昂却没有意义的战争。以后的战争均无明确目标,取得的征服成果也由于代价过高而难以维持,但往往也并未就此放弃。除了在 5 世纪时有过一段相对的安宁外,罗马当局不顾战争对帝国在钱财、粮食和人力方面造成的代价,连绵不断地发动战争,使其人力物力消耗殆尽。我们无法对用于战事的花销作出任何可靠的推算,但是关于税赋和罗马军队的讨论,至少可以让我们感受到了战争所造成的破坏。对于行省属民来说,每一场帝国战争不可避免将会带来的结果,就是被迫为经过的军队提供补给所造成的苦难。这还不算平时由于行省中的长期驻军,特别是驻扎在城中的部队,所导致的沉重负担。这些远征行动的另一个方面就是,它们经常为发生篡位和内乱提供了机会:皇帝在战争中被杀身亡,掌握军队的将军被拥立称帝。帕尔米拉的欧德纳托斯和芝诺比亚的盛衰兴亡,就是以前者对波斯打了胜仗为开始的。

　　那么,最后的问题就是,我们应该如何描述罗马的边境政策呢?我们在第九章中指出,发动战争是为了最高统帅的荣耀,而且各种群体从战争中得到好处,哪怕战事本身并不成功。决策是由一些临时性群体作出的:皇帝及其亲信随从。罗马并没有一个职业军官阶层去劝说或劝阻皇帝,为了"专业的"军事或经济原因发动或是不要发动战争。同样,对新征服地区的兼并显然是有利可图的。在罗马,不论有意无意中,都不存在一个所谓的宏大战略来指导统治者作出是否兼并的决定。

　　在保卫边境行省不受异国攻击方面的考虑要少得多。罗马军

队对此的自然反应永远是发动反攻,而平民的命运在任何时候都
是无足轻重的。即使认为平民具有重要性,我们也根本不清楚在
一个交战地带通过防御性政策又能为保卫平民做什么。从 4 世纪
到 7 世纪,美索不达米亚地区的战争过程似乎证明,拜占庭帝国没
有维持这种政策的能力。

　　罗马边境的组织特点是,军队活动的界限往往并不以固定的
边界线为准。即便是河流构成的边界也在很大程度上是交通线,
而不是防御线。在这方面,帝国某些地区修筑的人工屏障具有误
导作用。它们的重要性因为这些建筑物本身的抢眼而被人夸大
了。它们的布局是见机行事、而不是精密规划的结果。罗马军队
是前现代的军队,这对其运作的概念层面有重要影响。罗马的行
省具有边界:这些边界标志着行省当局的管辖权和财政责任范围。
但是罗马军队在它自认为适当的地方,或是觉得可以避免重大损
失的地方采取行动。对于晚期帝国和帝政时代均是如此。军事边
界的概念,不论这个边界是否适于防守,对于罗马人来说都不重
要。(如上文所见,在这方面的一个例外是帝国晚期的美索不达米
亚边界,但考古方面并没有什么发现)。我们未能发现有多少迹象
表明领土因素在军事策划中发挥了作用。罗马关于权力和军事活
动的观念都聚焦于民族和城镇,而不是地理区域。

　　在罗马边境政策的目标、达成目标的手段以及对民众生活的
影响等方面,我们的这些观点还有进一步完善的空间。自从吉本
以来,历史学者们一直在试图解释罗马帝国为什么会衰落和崩溃。
本书并不想假称能给这个恢弘的话题增加新的线索。然而,或许
应该考虑的是,我们需要对罗马帝国如何运作了解得更多,才有可
能讲清楚它为什么会停止运作。

附录一　犹地亚的罗马军队遗址

耶 路 撒 冷

　　耶路撒冷在第一次犹太暴动以前的驻军情况,已经在上文第六章中讨论过了。在70年,第十"夫累腾西斯"军团的总部被设立在耶路撒冷,为的是对这个产生了上一次暴动的中心加以保护。约瑟夫斯在3个不同的场合对此作了清楚的说明;[1]公元93年的一则外交文字也说明了这一点;[2]另外,从在耶城发现的铭文中也可明确地看到。[3] 在一篇最近发表的论文中,作者说,考古发掘区没有发现2世纪时的军事基地遗迹。[4] 可能我们不得不接受这个结论,但这并不证明在该城某处没有军事基地,或许在圣殿山,或许在城市北部的某个地点,这些地方都尚未进行考古发掘。在帕尔米拉和卢克索,罗马军队都是在旧有的神庙中建立军事总部。古代所有时期的文献都强调了这样一个事

---

[1]　*BJ* vii 1.1(1);2(5);1.3(17).另见 *Vita* 76.422。

[2]　*ILS* 9059:"qui militaverunt Hierosolymnis in legione X Fretense."

[3]　例如 *AE* 1978.825;*CIL* iii 12080 a;13587(第三"昔兰尼加"军团分遣队,公元116/117年)。

[4]　H. Geva,*IEJ* 34(1984),239—254 考察了耶路撒冷的考古成果。

实,罗马军队从来不在未经设防的营地中过夜。① 晚至 600 年时,拜占庭的军事战略手册中仍然强调,必须始终坚持建立设防营地,哪怕是在行军经过友好的地区时。② 塔西佗说过一句很重要的话:从未有人认为卡斯特拉维特拉会受到攻击,③但它仍然修了围墙,因而绝不会出现像卡姆罗顿纳姆殖民地在遭受布狄卡叛军攻击时的那种情况。④ 现在我们弄清楚了,第三"昔兰尼加"军团驻守在波斯卓北部一处呈常规形状、有明确界线的基地里,这可能显示出,在城市中的军团,其组织方式与在其他乡村地区的军团是一样的(参见第三章,第 123 页,按:原书页码)。同样,在杜拉-欧罗普斯城的军事区域中,包含有 *principia*、圆形剧场、浴场、指挥官住所以及 *dux ripae*(本地人指挥官)的府邸,一道分隔墙为城市的两个部分清楚地划出了界线。⑤ 人们在帕尔米拉见到,那里有四帝共治时期的要塞,同样也用墙体与城市的其他部分隔开。⑥ 因此,在一个只进行了部分挖掘的城市中缺少证据,并不能用来支持那种与众多第一手权威们所陈述的情况相左的说法。

---

① Polybius vi 26. 10—32,8;Josephus,*BJ* iii 5. 1(76—84);Vegetius,*epitome rei militaris* i 21—25;Ps. -Hginus Gromaticus,*liber de munitionibus castrorum*(ed. Domaszewski).

② *Das Strategikon des Maurikios*,ed. G. Dennis(1981),viii 1(26).

③ *Hist.* iv 23.

④ *Ann.* xiv 32. 4.

⑤ *Excavations at Dura-Europos*,*9th Season of Work*,1(1944),该卷末尾的平面图。C. Hopkins,*The Discovery of Dura-Europos*(1979),225:"在杜拉,城墙的作用是从两边保护营地,一道厚实的土砖墙将营地与城市中心分隔开。指挥官(即 *dux ripae*)的邸宅位于这个院落之外。"

⑥ M. Gawlikowski,*Le temple Palmyrénien*(Warszawa,1973),p. 11,fig. 1;J. Starcky and M. Gawlikowski,*Palmyre*(1985),figs. 3 and 8;R. Fellmann,*Mélanges d'histoire ancienne et d'archéologie offerts à Paul Collart*(1976),173—191. 参见上文第 165—167 页(按:原书页码)。

在耶路撒冷-雅法道路沿途的遗址

1. 吉瓦特拉姆(谢赫巴德,Sheikh Bader),距离耶路撒冷 2.5 公里。发现有砖砌的烤炉和要塞,已开始挖掘,但尚未公布结果。[①]

2. 摩察(Motza)(科洛尼亚(Qolonia)),距离耶路撒冷 5—6 公里,几乎可以肯定是由维斯帕先在犹太战争以后建立的老兵殖民地(据约瑟夫斯说是在一个叫作"埃莫斯"(Ammaus)的地方),也可能是在路加福音 24:13 中提到的叫作以玛忤斯的村庄。[②] 这个遗址位于土地肥沃、灌溉良好的山谷中。拜占庭的原始史料中提到当地有泉水,并有一处十字军要塞守卫该处。罗马道路经过了一座桥并穿过一段狭窄的隘路。[③] 在该地点发现了一处拉丁语铭文,[④]上面写着:"Valeria L. f. Sedata vix(it) an(nos) III"。尽管这只是一个孤证,但在这种地方只有老兵殖民地才会出现此类铭文。此外还在砖上发现了第十"夫累腾西斯"军团的徽章印记。[⑤]

---

① 简短且不够准确的注解,参见 M. Avi-Yonah, *BIES* 15(1950),19—24,pl. 6f. (希伯来语)。对照 D. Barag, *BJb* 167(1967),244—267 讲到此处发现的带有印记的瓦片。这只是很多已进行了考古发掘但尚未公布结果的重要遗址之一。

② Joshua 18:26: "Hamotza"; m. Sukkah 4. 5: "Motza"; y. Sukkah 54b, b. Sukkah 45a: "Motza-Qaloniah"; Cyril of Scythopolis, *vita Sabae* 67 (Schwartz, p. 168): "Kolonia". 关于维斯帕先的老兵定居地,参见 Josephus, *BJ* vii 6.6(217)。关于后来的史料以及确认方面的问题,参见 Schürer, i(1973),512f. ,n. 142. 其中对《塔木德经》提供的信息持合理的保留态度; L. H. Vincent and F. M. Abel, *Emmaüs, sa basilique et son histoire*(1932),382—385; Fischer, Isaac and Roll, *Roman Roads in Judaea*, ii(即将出版)。同样,在此遗址的考古发掘已经完成,但材料尚未公布。

③ 这座罗马桥一直用到 19 世纪才坍塌。现在已完全消失。泉眼和要塞尚能见到。

④ Y. H. Landau, *Acta of the Fifth International Congress of Greek and Latin Epigraphy*, Cambridge 1967(1971),389.

⑤ Barag,267. 经常有人错误地主张,说该定居地具有罗马殖民地地位。该地区所有罗马殖民地都发行过钱币并被列入《法学汇编》,而以玛忤斯这两个条件均不符合。

3. 阿布高什,距离耶路撒冷 13.5 公里。泉眼处有罗马时期的废墟。铭文写着:"Vexillatio Leg. X Fret"。[①] 在附近的小山上(基列耶琳(Kiriath Jearim),德尔埃尔阿扎尔(Deir el-Azhar))的第二处铭文写着:"Vexillatio Leg. X Fret"。遗迹中发现了残缺不全的字样:"... CO ..."。[②] 泉眼所在地一直都是一处重要的道路驿站。邻近的小山提供了对附近地区一览无余的视野。

4. 以玛忤斯-尼科波利斯(伊姆瓦斯(Imwas)),位于一处主要交叉口的重要城市,距离耶路撒冷 30 公里。据约瑟夫斯说,在犹太战争中对耶路撒冷进行围城以前,第五"马其顿"军团就驻扎在该地。[③] 在那里发现有 5 处铭文都提到了第五"马其顿"军团。[④]其中至少有两处是墓碑,属于公元 1 世纪后期某个时候死于以玛忤斯的现役士兵。[⑤] 这说明军队驻扎在该地的时间很长,才有可能建起石匠作坊。另一处铭文中提到了第六"Ulpi(a) Petr(aeorum)"(乌尔比亚·佩特拉)军团的 coh(ors)(步兵大队)。[⑥] 有一处残缺的铭文提到了一个从未听说过的军团大队。[⑦] 因此,有可能但不能确定,那里有部队长期驻扎。该遗址在军事上的重要性已在上文讨论过。

5. 在一个现在早已无人居住的叫作库巴布的村子里(靠近现代的米西玛阿亚龙(Mishmar'Ayalon),距离以玛忤斯约 5 公里),

---

① *AE* 1902. 230。关于该遗址,参见 R. de Vaux and A. M. Stève,*Fouilles à Qaryet el-'Enab Abu Gôsh*(1950)。我亲自查看过在此处发现的碑文。

② *AE* 1926. 136;de Vaux and Stève,54.

③ *BJ* iv 8. 1(445);另见 v 1. 6(42);2. 3(67)。

④ *CIL* iii 6647;14155. 11 and 12;J. H. Landau,*Atiqot* 2(1976),98f.

⑤ 该观点参见 L. J. F. Keppie,*DRBE*,420。"H(ic) S(itus) E(st)"的格式不会出现在 2 世纪中。因此,这一时间在巴柯巴暴动期间的可能性被排除了。

⑥ *AE* 1924. 132;Vincent and Abel,427,no. 4. 该部队被列于公元 139 年关于叙利亚巴勒斯坦的公文中(*CIL* xvi 87);可能还在 149—161 年的公文残片中出现过(Roxan,*RMD* 60);但肯定不在 186 年的行省公文中(*RMD* 69)。

⑦ *CIL* iii 13588 并见下一注释。

发现了两处铭文,其中一处肯定与军队有关。①

6. 稍微提一下另一处没有标明时间的铭文:"Leg X Fre /
Coh IIX"。现保存于以色列博物馆,其发现地不祥,但铭文内容可
能表示该军团第8大队在另一个地方有自己单独的基地。② 在一
处与此类似的哈德良时代的铭文中提到第1大队在该国北部(参
见下文,第 433 页,按:原书页码)。

在这方面还有 4 处遗址必须提到:

7. 吉瓦特扫罗(Giv'at Shaul),距离耶路撒冷 4 公里,距离第
1 号遗址(见上文)1.5 公里。已出土了一座哨塔(10×9.25 米),
在公元前 1 世纪和公元后 1 世纪此处均有人驻守,③也就是在第
十"夫累腾西斯"军团于犹太战争之后进驻耶路撒冷以前。公元 4
世纪时在该地点建了一座小型要塞,大小为 16×16 米。

8. 一处类似的拜占庭时期的要塞,已进行挖掘,但尚未公布
考古结果,在上一遗址西边不远处。④

9. 科尔贝堡(Khirbet el-Qasr),位于以玛忤斯以东,由费希尔(M.
Fischer)博士进行了考古发掘。⑤ 该遗址与第 7 号遗址一样,到公元
1 世纪末以前一直有人驻守,然后被废弃,在拜占庭时期被再次启用。

10. 在平行的伯和仑(Beth Horon)道路上,最近在上伯和仑
(Upper Beth Horon)以东出土了一座哨塔。该塔在犹太战争以
后就无人驻守了。⑥ 奇怪的是,就在这个哨塔所在的路段,塞斯提
乌斯·加路斯曾于 66 年遭受了重创。这恰好说明了此类建筑在

① Ch. Clermont-Ganneau,*Archaeological Researches in Palestine*,ii(1896),83f.
② Y. Meshorer,*The Israel Museum Journal* 3(1984),43f.(*AE* 1984.915),出处不详。
③ V. Tzaferis,*IEJ* 24(1974),84—94,pls. 14—16.
④ 简短的提及参见 R. Amiran on"Khirbet Ras el-Alawi",*Alon* 3(1951),43f.(希伯来语)。
⑤ 简要报告参见 M. Fischer,*RB* 86(1979),461f.;92(1985),426—428。进一步的讨论和报告将发表于 Fischer,Isaac and Roll,*Roman Roads in Judaea*,ii。
⑥ 将发表于 Fischer 等人的报告中。

429 发生重大战事时起不了什么重要作用。

在通往希伯伦的道路上

1. 拉玛拉哈勒(Ramat Rahel),耶路撒冷以南 3.5 公里处。遗址位于一座小山顶上,控制着从南方进入耶路撒冷的入口。考古发现了罗马式浴室,很多瓦片上带有军团印章。有列柱走廊式住宅,各种无法确定用途的用简易材料修造的建筑物。[①] 这些建筑物是否是军用性质还不能完全确定。

2. 在耶路撒冷-希伯伦道路上由军队修筑了一座高架渠。同时为拉玛拉哈勒的浴室和另一处位于耶路撒冷锡安山东坡的浴场服务。[②] 这里也发现了带有印章的砖块。

3. 在希伯伦城里或附近,驻扎着第一"千人色雷斯"大队。[③] 希伯伦位于十字路口,道路通向四面八方,其中有条道路通向恩戈地,在那里已证实有该大队的一名百夫长占据了一处 *praisidion*,两旁是士兵的营房。

在耶路撒冷以南犹地亚地区的大山中,已经发现了几条古老的道路。其中有些路线由被认为是罗马人修筑的瞭望塔、碉堡和小型要塞构成的系统保护着。然而,一系列这类遗址在经过考古发掘后被证明属于拜占庭时期。[④] 同样,在该地区用来随时监视

---

① Y. Aharoni,*Excavations at Ramat Rahel*,*Season* 1959 *and* 1960(1962),24—27;同前,*Season* 1961 *and* 1962(1964),38—40,plan I。

② 关于高架渠上的铭文,参见 L. Vetrali,*Studii Biblici Franciscani*,*Liber Annuus* 13 (1967),149—161,figs. 1—5。关于锡安山上的浴场,对照 Barag,266。

③ Roxan,*RMD* i 69. 据说来自希伯伦。对照 E. M. Smallwood,*The Jews under Roman Rule*([²]1981),422 n. 136;M. Speidel,*ZPE* 35(1979),170—172;对照 *AE* 1979.633。关于证实在恩戈地的一名百夫长,对照 H. Polotsky,*IEJ* 12(1962),259,现发表于 N. Lewis(ed.),*The Documents from the Bar Kokhba period in the Cave of Letters*;*Greek Papyri*(1984),no. 11。

④ 简要报告参见 Y. Hirschfeld,*Qadmoniot* 12(1979),78—84(希伯来语)。

整条道路的设施系统也不属于罗马时期；在行省中有大量驻军的时期，似乎比较大的部队都被集中起来，驻扎在不多的几个重要城市和地点。有证据显示进行了涉及供水和洗浴设施的工程建造活动。

通向北方的道路：奈阿波利和撒马利亚

1. 奈阿波利，古时称谢克赫姆（Shekhem）（那布卢斯（Nablus）），控制着一处十字路口，几条道路分别通向耶路撒冷、西部沿海平原、向东去往约旦谷、向北去往锡索波利斯（伯珊）。这里是撒马利亚人的传统中心，由他们的圣地基里心山居高临下控制着。有军队驻防的证据如下：（1）一处铭文残片中提到了一名 *tribunus*（保民官）和一名 *primuspilus*（首席百夫长）或 *praepositus*（长官）。[1]（2）第十二"福尔米纳塔"军团的钱币戳记可上溯至公元 86/87 年。[2] 在公元 86/87 年以后的钱币上都带有戳印，可能一直到 156/157 年。这几乎可以肯定地说明该军团（或其一部分）在 115—117 年或 132—135 年期间驻扎在奈阿波利。（3）第五"马其顿"军团的百夫长 M. 乌尔皮乌斯·玛格那斯（M. Ulpius Magnus）的墓碑，时间可能在巴柯巴暴动年间。[3]（4）位于斯托比（Stobi）的 C. 瓦列里乌斯的墓碑属于第三"弗拉维亚"军团的士兵，墓碑为其兄弟所立。[4]（5）一个署名为 Augindai eq(u)e(s) nomero(ru)m Maurorum 的人的墓碑。[5]（6）城市钱币：

430

---

[1] Clermont-Ganneau, *Archaeological Researches*, ii 315f.

[2] C. J. Howgego, *AFRBA*, 41—46.

[3] F. -M. Abel, *RB* 35(1926), 421—424, figs. 1 and 2 提出与公元 67 年的事件或巴柯巴战争有关。前者对其中一个乌尔皮乌斯来说是不可能的。

[4] M. Avi-Yonah, *QDAP* 12(1946), 92, no. 8.

[5] ibid. , 93, no. 9.

正面印有"Tribonianus Gallus"字样（251—253 年）；背面印有
"COL NE[A]POLI"字样和第十"夫累腾西斯"军团的徽章。①
(7)城市钱币：正面印有"Volusianus Augustus"字样（251—253
年）；背面印有"COL NEAPOLIS"字样和第三"昔兰尼加"军团的
徽章。②

2. 撒马利亚-色巴斯，古时称撒姆龙（Shomron），以色列王国
的都城，由希律在此建立军人殖民地。它控制着重要的南北道
路。军事驻防的证据如下：(1)纪念碑上的铭文为："Vexillatio
Leg. VI Ferr"；③(2)由"mil(ites) v(e)xi(lationis) coh(ortium)
Pa(nnoniae) Sup(erioris)、cives Sisci(ani)(et) Varcian(i) et
Latobici"献给朱庇特的颂词。④ 这些铭文是在考古发掘中发现
的，因此出处确凿可靠。⑤ (3)当然还有在色巴斯发现的军人墓
碑碑文残片："Arr[—] tesse[—] coh V[—] C R per C(aium)
Sabin[—]"。⑥ (4)据说在色巴斯还发现了另一处军事铭文残
片。⑦

---

① Stella Ben Dor,*RB* 59(1952),251f. ,pl. 9. 1;Kenneth Harl,*American Numismatic Society*,*Museum Notes* 29(1984),nos. 151 and 154,with comments on p. 68. 作者认为这一时期城市钱币上的军团标志显示该城有可能是老兵殖民地。不过，没有证据表明在哈德良以后还建立过这种殖民地，对照 J. C. Mann,*Legionary Recruitment and Veteran Settlement During the Principate*(1983),65—68。这一时期的军队徽章更可能显示在城中有驻军存在。当然，这并不排除驻军中的老兵有可能在基地附近定居下来。建立老兵殖民地意味着安置成建制的退役士兵、重新划分城市区域，以及对当地行政管理体系的重组。给一个已有的城市授予殖民地地位并不排除有老兵在那里定居的个人行为，但这个措施与建立老兵殖民地相比，在规模和性质上都有所不同。

② A. Kindler,*INJ* 4(1980),56—58.

③ G. A. Reisner et al. ,*Harvard Excavations at Samaria*(1924),251,pls. 59f.

④ *AE* 1938. 13.

⑤ 对哈德良的献辞据说最早来自撒马利亚，对照 *CIL* iii 13589,但这似乎有误，对照下文有关锡索波利斯的内容。

⑥ Avi-Yonah,*QDAP*,94f. ,no. 11.

⑦ ibid. ,94,no. 11.

耶路撒冷-杰里科道路

在这条道路上的一个地点发现了军队印章，①当然，这尚不足以得出结论。在玛勒阿杜明的要塞，从拜占庭时期的史料中得以证实，现在仍然存在，但尚未发掘（参见上文第 91 页，按：原书页码）。我们不清楚该处在罗马时代是否有军队驻守。

431

耶路撒冷-加沙道路

埃勒夫特罗波利斯（贝丝戈夫林）。纪念碑铭文为："Vexil-latio leg(ionis) VI Ferr(atae)"，据说来自该镇。② 在附近罗马道路的厄尔克哈拉（Erk Hala）处，发现了一段真人大小的雕塑的身体部分，显然是一位穿着军服的皇帝。③ 贝丝戈夫林位于与另一条通往希伯伦、阿斯卡隆、莱迪达和以玛忤斯等地的罗马道路的重要交叉口，在塞普蒂米乌斯·塞维鲁统治期间获得城市地位。

锡索波利斯-杰里科道路

沙勒姆城，距离锡索波利斯将近 11 公里（靠近第 7 个里程站）。有一处铭文提到了第六"费尔塔"军团的分遣队。④ 在该址发现了一尊哈德良的铜像，⑤在附近发现了大段铭文残片，其中提

---

① *AE* 1902. 231 来自喀德赫（Qa'adeh），离耶路撒冷不远。
② *AE* 1933. 158.
③ Clermont-Ganneau，*Archaeological Researches*，ii 441f. ；C. C. Vermeule III，*Bery-tus* 13(1959)，no. 288.
④ N. Tzori，*IEJ* 21(1971)，53f. 对该遗址可能的身份认定，参见 G. Fuks，*Scythopo-lis；A Greek City in Eretz-Israel*(1983，希伯来语)，110。
⑤ G. Foerster，'*Atiqot* 17(1985)，139—160.

到了哈德良。① 该遗址所在道路位于伯珊山谷与荒凉的约旦谷交界的区域。②

喀帕科特纳-柯法奥特尼(Kefar'Otnay)-雷基欧道路

　　第六"费尔塔"军团的大本营靠近古代米吉多的遗址,这是一个战略要点,恺撒利亚-锡索波利斯道路在此地到达耶斯列山谷。一条支路通向低加利利和西弗里斯的山区,然后再通到托勒迈斯-阿卡,另一条支路穿过平原直接通往托勒迈斯。另外还有一条路往东南方向去往撒马利亚。③ 军团堡垒所在位置是很多这类设施的典型地点。它似乎让我们想起在维特拉的旧大本营。该基地位于平缓坡地上的一个战略性十字路口附近,并不具有战术优势,与近旁的米吉多不同,米吉多位于一座易守难攻的山上。在巴柯巴暴动以前,那里就肯定有军人驻守了。④ 此地没有城市化的迹象。我们从 2 世纪的《塔木德经》史料中得知,柯法奥特尼是一个由犹太人与撒马利亚人混居的村庄。⑤ 据说,柯法奥特尼和安提帕底是犹太人从加利利往返于犹地亚时经常走的路线上的两处中途停

---

① 新闻媒体曾报道过这段碑文。现存于洛克菲勒博物馆,G. Foerster 博士好心地给我看过。另见有关遗址考古发掘的简报: *Hadashot Arkheologiyot* 57/8 (1976),17f. 。遗址的军用性质已得到证实,少量哈德良时代的钱币确证了其时间。

② 从这个地点没有道路通往奈阿波利,不少著作中的说法都是错误的。

③ 关于喀帕科特纳的遗址和道路系统,参见 B. Isaac and I. Roll,*Roman Roads in Judaea* ,i,*The Legio-Scythopolis Road* (1982),index。

④ 关于时间,参见 B. Isaac and I. Roll,*Latomus* 38(1979),54—66;*ZPE* 33(1979),149—156;47(1982),131f. 。W. Eck,*Bull. Am. Soc. Papyr.* 21(1984),55—67 认为犹地亚在图拉真治下成了领事级行省。这意味着会加强驻军,有可能就是在那个时候在雷基欧建立了一个军团。

⑤ m. Gittin i 5; vii 7;tos. Gittin i 4 and vii 9;tos. Demai v 3;tos. Bekhorot vii 3;对照 b Bekhorot 55a。

留地。① 军团基地的地名来自该村庄："喀帕科特纳"、"喀珀科塔尼(Caporcotani)"或是"卡帕科特内(Kaparkotnei)"。② 该地出现在《波底加地图》上,被标注为恺撒利亚-锡索波利斯道路上的驿站。后来"雷基欧"这个地名变得常用,当军团在 3 世纪某个时候离开此地后,该名称得以保留下来。③ 在基地附近发展起来的平民定居地变得非常重要,在四帝共治时期被授予了城市地位,叫作马克西米安努波利斯(Maximianoupolis)。④ 这个乡村地点被选作军团大本营,是因为它的位置靠近战略性十字路口。在那里兴起的一个小镇也是由于该基地的存在,就好像叙利亚的拉菲尼亚和卡帕多西亚的麦利蒂尼一样。

锡索波利斯

锡索波利斯是一个规模不小的城市,坐落于一处重要的十字路口。在第一次犹太暴动时,有一支(临时性的?)*ala* 驻扎在那里。⑤ 据说,有一处由第十"夫累腾西斯"军团第一大队献给哈德良的颂词就来自于锡索波利斯,不过对此尚不能完全确定,⑥但肯

---

① 　tos. Gittin vii 9.
② 　关于来自小亚细亚的碑文:*CIL* iii 6814—16 讲到《波底加地图》,由托勒密绘制。
③ 　这个名字最早在卡拉卡拉时期的里程碑上得到证实:Isaac and Roll,*Roman Roads in Judaea*,i 84f. n. 27。在军团离开后,它又出现于 *Onomasticon* of Eusebius,ed. Klostermann,*passim*. 特别注意 Jerome,ibid. 15. 20:*oppido Legionis*。这个名字在阿拉伯的村庄"里琼"(Lejjun)这一地名中依稀可辨。关于被伊斯兰征服以后的里琼,参见 Isaac and Roll,*Roman Roads* i 24f. n. 99。
④ 　该地名最早出现于 *Itinerarium Burdigalense*(公元 333 年):*Itineraria Romana*,i,ed. Cuntz,95f. ;*CCSL* clxxv 13。无法确定取名是缘于马克西米安努斯·赫库里乌斯(Maximianus Herculius,286—304 年),还是马克西米安努斯·伽勒里乌斯(Maximianus Galerius);Isaac and Roll,op. cit. 11。第 325、347、518 以及 536 页提到它是一个主教教区(参考文献出处同前,n. 61)。
⑤ 　Josephus,*vita* 24,120f.
⑥ 　Clermont-Ganneau,*Études d'Archéologie Orientale* II(1897),168—171,特别参见第 171 页关于该碑文的来源;对照 *CIL* iii 13589,声称其来自撒马利亚,对此的纠正参见 no. 14155. 14。

定是来自那个地区。这种铭文反映的是该军团整个第一大队暂时或长期在此驻守？还是其他什么情况？一处确在锡索波利斯发现的铭文纪念了 P. 埃利乌斯·加皮特(P. Aelius Capito)，一名在第十一"克劳狄亚"军团(*Claudia*)服役的马其顿人。此人去世时 35 岁，在军中服役 10 年。① 该军团的一个支队参与了对巴柯巴暴动的镇压。② 这支部队可能在该城或附近住过一段时间，但目前尚无"决定性"的证据。③ 最近的一项发现是，刻在一根立柱上的铭文中提到了 *ala Antiana*("安提亚纳"骑兵队)，④全名为 *ala Gallorum et Thracum Antiana*("色雷斯·安提亚纳高卢"骑兵队——译注)，说这支部队获得特许在 139 至 186 年间驻扎在叙利亚的巴勒斯坦。⑤

提 比 里 亚

奥略留·马塞利纳斯(Aurelius Marcellinus)，一名第十"夫累腾西斯"军团的百夫长，由其妻子安葬于提比里亚。⑥ 在一处拉丁语碑文中提到了"[P]ompeius [—]ullus"，一名来自欧罗普斯的第

① M. Avi-Yonah,*QDAP* 8(1839),57—59(*AE* 1939. 158)；"D(is) Manib(us) P. Aelius Capito natio(ne) Macedo mil(es) leg(ionis) XI Cl(audiae) vixit annix XXXV mil(i)tav[it] annis X Dol(enter) m[er](ito) fecit heres benef[i](ciatus) v(elut) t(estamento) i(ussus)."

② *CIL* iii 14155. 2(Clermont-Ganneau,*CRAI* 1894,13f.).

③ 对照来自以玛忤斯的碑文，其中提到第五"马其顿"军团，参见上文第 428 页(按：原书页码)。没有理由假定此人死于军事行动。

④ R. Last and A. Stein,*ZPE* 81(1990),224—228.

⑤ *RMD* i,no. 3,88 Nov. 7,Syria＝R. Mellor,"A New Roman Military Diploma",*The J. Paul Getty Museum Journal* 6—7(1978—1979),173—184,esp. p. 82；*CIL* xvi 87,AD 139；*RMD* i,no. 60,AD 149/161；*RMD* i,no. 69,AD 186. 该部队再次出现于 *Not. Dig. Or.* no. 33,被列于 *Dux Palaestinae*,ed. Seeck, p. 73；*ala Antana dromedariorum*,驻扎在亚德玛萨(Admatha)。

⑥ *IGR* iii 1204.

六"费尔塔"军团的百夫长。① 这还不能充分证明部队就在那里，但这两处铭文可能是该地留存下来的仅有的驻军证据了。

加 利 利

除了来自提比里亚的两处铭文外，在加利利有军事单位的证据少得令人吃惊。然而，仅以缺乏证据就得出结论乃是不成熟的做法。《塔木德经》史料中谈及了西弗里斯，该地区的两个主要小城之一，②但并无考古或碑文材料可资印证。《福音书》中出现了一条不经意的信息，说在迦百农（纳胡姆村（Kefar Nahum））有一名百夫长，③这意味着那里有驻军，我们对此别无所知。在霍瓦特亚宗（Horvat Hazon）发现了一块带有第六"费尔塔"军团印章的瓦片。④ 遗憾的是，我们对于在加利利海西南岸边的贝特耶拉（Beth Yerah）（科尔贝埃尔卡拉克（Khirbet el-Kerak））开展的考古发掘所知极少。⑤ 已经出土了要塞的一段围墙，看上去像是 4 世纪时的建筑物。⑥ 在附近发现了一处罗马浴池。⑦ 在要塞中唯

434

---

① M. Avi-Yonah,*QDAP*,91,no. 7;另外注意 no. 5 on p. 88,一则拉丁语墓碑碑文。

② 参见上文第 117 页（按:原书页码）。

③ Matt. 8:5—9; Luke 7:2.

④ D. Bahat,*IEJ* 24(1974),160—169. 奇怪的是,它发现于一个地下躲藏处的遗址,是在加利利发现的最早的遗址之一。

⑤ B. Maisler et al. , *IEJ* 2 (1952),222f. 简述参见 P. Bar-Adon,*Eretz-Israel* 4 (1956),50—55; R. Hestrin,*Encyclopedia of Archaeological Excavations in the Holy Land* ,i 253—262,平面图参见第 254 页。

⑥ 在 *IEJ* 2 中,考古发掘者认为它的时间为 2 世纪到 3 世纪,但在别处,他们又称其属于维斯帕先时期;参见 Bar Adon,op. cit. 除了将其试探性地认定为埃纳那布利斯(Ennabris)(或塞纳布利斯(Sennabris))外,尚未公布任何证据证明这个时间。对此地的提及参见 Josephus,*BJ* iii 9.78(4478); iv 8.2(455)。给出的测量结果为 60×60 米,但在平面图上的数据为约 60×约 75 米。它有向外突出的角楼和一道经过设防的大门。

⑦ *IEJ* 2,218—222,据说时间为 4 世纪或 5 世纪。

一可见的建筑物是一座犹太教堂,我们猜都猜得到它与要塞属于不同的时代。

尤西比厄斯在他的词典中没有提到在加利利的驻军,但这反映的是 4 世纪时的部署状况。我们在第三章中看到,在托勒迈斯-提比里亚道路以北没有证据显示有罗马道路存在,这与该地区缺乏城市化发展不无关系。

435

附录二　作为军队总部和帝国首脑住所的安条克

> 沉重的阿瑞斯(希腊战神)不会离你而去,可怜的安条克啊,一场亚述战争将会压迫着你:因为在你的楼宇中将会住着第一勇士,他将与所有投掷长枪的波斯人作战,他已经成为罗马人的君主和统治者。
>
> ——西比尔(Sibyll,译注:罗马帝国有名的神谕者,
> 被认为是神的化身),xiii 59—63

安条克城在图拉真的东方战争中扮演了不同寻常的角色。[①] 如果我们相信《罗马皇帝传》中所讲,在阿维狄乌斯·卡西乌斯于公元162—166年,以路奇乌斯·维鲁斯的名义发动的帕提亚战争期间,路奇乌斯·维鲁斯一直待在安条克、达夫尼和劳迪西亚(Laodicea)这几个地方。[②] 193年,佩西尼乌斯·奈哲尔(Pes-

---

[①] Dio lxviii 24 提供了可靠的描述:图拉真在那里度过了冬季,有很多士兵和平民从帝国各处赶赴那里去打官司、出使、办公或旅游。对照 G. Downey,*A History of Antioch*,212f. 。关于安条克作为军事总部,另见 P. Petit,*Libanius et la vie munici-ipal à Antioche au IV siècle après J.-C.* (1955),179。

[②] Dio lxxi 2;SHA,*Verus* vii 6.

cennius Niger)在安条克被其属下部队拥立为皇帝,并在该城建立了他自己的总部。① 这里有他的主要铸币坊,希罗狄安声称安条克人民热情地支持了他。② 在塞普蒂米乌斯·塞维鲁获胜后,安条克在他手中受到的惩罚与我们此处的讨论无关。可能塞维鲁曾将其用作总部,在这里指挥了那场发生在世纪之交的帕提亚战争。③

　　卡拉卡拉在他于 215 年发动的帕提亚战争期间住在安条克,④在 216 年也如此。⑤ 这些年间,这一地区的很多城市都发行过银币,这种情况非同寻常,因为由城市铸造的钱币通常为铜币。⑥ 显然,这些银币是为了给部队发军饷而铸造的。在安条克的铸币坊也很活跃,但这里发行银币却并非什么稀罕之事,因为作为行省的铸币坊这是家常便饭。当卡拉卡拉在指挥战役时,他的母亲朱莉娅·多姆娜(Julia Domna)就住在安条克,“并下令分检所有送来的邮件,以免皇帝在身处敌国时受到大量来信的骚扰”。⑦ 换句话说,当卡拉卡拉在安条克时,是由朱莉娅·多姆娜为皇帝处理了大部分政务,在他进行战役时,她也继续这样做,因而,在这一时期,安条克实际上就是罗马的政府行政中心。⑧ 朱莉娅·多姆娜在卡拉卡拉遇害时仍然留在安条克,马克里努斯立即

---

① 　Herodian ii 7. 9—8. 8. 对照 Downey,236,238f. 。

② 　iii 1. 3; 4. 1.

③ 　对照 G. J. Murphy,*The Reign of the Emperor L. Septimius Severus from the Evidence of the Inscriptions*(1945),21—24。唯一的文字材料是 SHA,*Severus* 16. 8。

④ 　Dio lxxvii 20(399).

⑤ 　Herodian iv 9. 8;*Cod. Iust.* ix 51. 1; J. Crook,*Consilium Principis*(1955),82f.

⑥ 　关于该钱币,参见 A. R. Bellinger, *The Syrian Tetradrachms of Caracalla and Macrinus*(American Numismatic Society, Numismatic Studies, No. 3, 1940),21—29。

⑦ 　Dio lxxviii 4. 2—3(405).

⑧ 　Dio lxxvii 18. 1—3(397):卡拉卡拉在位于尼克米底亚的冬季驻地为帕提亚战争做准备,而他的母亲负责行政事务,他举办公开招待会接待显贵,居然还能抽出时间研究哲学问题。

赶往该地去巩固自己的地位。① 他命令朱莉娅·多姆娜离开安条克,去往任何她选择的地方,而朱莉娅·梅莎(Julia Maesa)被命令回到她的故乡埃默萨。② 马克里努斯在他的整个统治时期都住在安条克,只在一次很短的帕提亚战役期间离开过该地。③ 在 218年的皇位争夺中,马克里努斯从阿帕米亚逃回到安条克。④ 马克里努斯与埃拉加巴卢斯之间的战斗在安条克属地上的一个村庄附近展开。⑤ 埃拉加巴卢斯住在安条克直到他的地位得以巩固。⑥后来塞维鲁·亚历山大再次把安条克用作他在波斯战争期间的总部,⑦40 年代发生了同样的事。⑧ 50 年代的战争期间,瓦勒良于255—258 年间肯定是待在安条克的。⑨

关于安条克在丝诺比娅时代所扮演的角色,我们已在第六章中讲述过了。下一位在安条克长期逗留的皇帝是戴克里先。⑩290 年时,他肯定在安条克城,并在那里度过了至少两个冬季,297/298 年和 298/299 年,这正是伽勒里乌斯的波斯战争期间。戴克里先和伽勒里乌斯在那里庆祝打了胜仗,而且戴克里先于299 年 1 月 1 日在安条克开始了他的第 7 个执政官任期。300 年2 月 12 日、3 月 26 日、6 月 25 日以及 301 年 7 月 4 日的皇帝诏书都是在安条克签署的。安条克很可能是他在 299 至 303 年间的常

---

① Dio lxxviii 23(428);Herodian v 1.

② Herodian v 3.2;对照 Whittaker 的注释,Loeb ed.,vol. ii 16。

③ Herodian v 2.3—5.关于马克里努斯的生涯,参见 *RE* xviii, s. v. Opellius(2),cols. 542f. (von Petrikovits);Pflaum,*Carrières*,no. 248;狄奥关于马克里努斯的论述,参见 F. Millar,*A Study of Cassius Dio*(1964),160—166。另见 Downey,247—250。

④ Dio lxxviii 34.5(443).

⑤ Dio lxxviii 37.3—4(446);38.2—4(447).

⑥ Dio lxxix 3(455).

⑦ 如第五章中所述。

⑧ Sibyll. xiii 59—63,上文中引述过译文。

⑨ T. Pekáry,*Historia* 11(1962),123—128.

⑩ 关于证据,参见 *RE* vii A,cols. 2431;2442f.;2445f. (Ensslin)。

设住所。

我们在第六章中注意到,驻扎在安条克的一支远征军曾三度引起过饥荒:分别在约 333 年、354 年和 360 年。君士坦提乌斯·恺撒从 333 年开始在安条克待了 4 年,直到君士坦丁去世。338 年,帝国发生了分裂,君士坦提乌斯成了东方的奥古斯都,将安条克立为首都。他住在这里,每隔一段时间就发动一次针对波斯的战役,直到他于 350 年成为唯一的奥古斯都。① 然后,高卢斯·恺撒被任命为东方的恺撒,在他于 354 年倒台前,安条克一直是他的居住地。朱利安于 362 至 363 年间在安条克的逗留闹得沸沸扬扬,人所共知,这都是因为他自己和利巴尼乌斯所写的那些东西。② 约维安不喜欢该城。"他在那里待了一段时间,苦于应付大量的各种公务,想要离开此地的愿望十分强烈,对他造成很大影响。"③瓦伦斯在 363 至 378 年间是东方的奥古斯都,他将安条克选为自己的住处,从那里多次发动了对波斯的战争。④

然后,这段与波斯之间战事连绵的时期就宣告结束了,帝国首脑与该城的频繁接触也随之终止。我们听说欧多吉娅皇后于 438 年到访过安条克。⑤ 与她在巴勒斯坦时一样,华丽的描述文字和皇室的慷慨赠与使得安条克给人留下了深刻印象。我们在第六章中见到,在 5 世纪最后的 25 年中,安条克曾被多股反对芝诺的叛军当作总部。

尽管并无确凿证据,但我们也许可以推测,在阿纳斯塔西乌斯统治期间(公元 502—505 年),安条克在波斯战争中扮演了它一贯的角色。在查士丁尼统治时期发动的波斯战争中,安条克在 528

---

① Downey,352—362.
② 对照 Downey,ch. 13。
③ Ammianus xxv 10. 4.
④ Downey,399ff.
⑤ Downey,450—452.

至561年间被用作罗马指挥官的军事总部和通讯中心。

　　在这些年里,安条克发生了多次地震,并受到袭击和洗劫,542年爆发了席卷整个帝国并数度复发的瘟疫,对安条克城的繁荣造成了持久的影响,该城城市人口大幅减少。①

438

---

① 　Downey,546—557.

补　记

以下几页是在本书于 1989 年 1 月第一版付印后收集到的参考文献。除了最新的文献外,我还收录了本书出版后找到的一些时间较早的其他材料。标出的页码表示在本书正文中的页码。本版中还增加了一个补充参考文献目录,与原来的参考文献编排方式相同。

第 1 页,注释①。C. R. Wittaker, *Les frontièrs de l'empire romain*（1989）,11—19 讲述了现代和当代的概念如何形成、甚至决定了人们对罗马边境地区的观点。

第 2 页,注释①。R. Syme, *Classical Antiquity* 7（1988）, 227—51, esp. 247—251.

第 16、236、266、425 页（按:原书页码）。H. Delbrück, *Geschichte der Kriegskunst*, ii(1921³),401—410 指出这是典型的罗马帝国后期的战争,罗马及敌国均无足够的资源来承受在大规模交战中蒙受重大损失的风险。狡猾的战术、阴谋诡计、以及最重要的“*Ermattungsstrategie*”,即消耗战策略,取代了对决战的偏好,决战是以往时期的特点。这方面的其他观点参见 W. E. Kaegi, *Some Thoughts on Byzantine Miliary Strategy*, The Hellenic

Studies Lecture(Brookline,Mass.,1983)。

第 17 页(按:原书页码)。"贝都因盟友"。在第 293 页注释①中,我用了"萨拉森人"而避免用"贝都因人"来指代前伊斯兰时期的游牧民。我很抱歉自己在这里并未做到前后一致,有时在本该用"萨拉森人"的时候却用了"贝都因人"。

第 26 页,注释①。Whittaker,*Les frontiers*,15f;所谓寻找自然边界,其实就是帝国用来表达其攻击性态度的言辞而已。

第 31 页,注释②。R. W. Davies,*Service in the Roman Army* (1989),71—90.

第 32 页,注释②。关于叙利亚为罗马军队作出的军事贡献,参见 D. L. Kennedy,*EFRE*,235—246。

第 26 页(按:原书页码)。"当罗马的另一位国王即将统治时,毁灭成性的阿瑞斯和他的杂种儿子将带来混乱的种族来对付罗马人,攻打罗马的高墙"(*Orac. Sib.* 13. 103—105);对照 *Orac. Sib.* 14,165,246。D. S. Potter,*Prophecy and History in the Crisis of the Roman Empire*(1990),288f. 认为并未暗示有任何对罗马城的实际进攻,此话应从比喻的角度来理解。这很具有说服力,但我不能接受他接下来的主张,认为这种表达方式显然是指他所称之为 *limes* 的东西。这些语句与阿庇安的类似话语一样,*Praef.* 7/28;Aelius Aristides,*Roman Oration* 26. 29,82—84;35. 36;Herodian ii 11. 5 是一种模糊的类比,将帝国说成好似一个希腊的 *polis*(城邦),四周有城墙,这个印象与罗马在边境地区军事政策的实际状况相去甚远。这些作者中没有谁曾亲眼见过哈德良长城,他们都将帝国想象成一个城市国家,在他们眼中,这是唯一重要的国家概念,而且在很大程度上,那些讲拉丁语的罗马人也这样看。罗马城的神圣边界,即 *promerium*,在整个古代时期都十分重要,而帝国的边界从未获得过这种重要性。在这方面对阿庇安和埃里乌斯·阿里斯提德斯的诠释,另见 Whittaker,*Les frontiers*,26—28。关于帝国边界的概念,参见本书第九章。

第 37 页,注释①。不过,更公允的调查参见 M. Sartre, *L'Orient romain*(1991),chs. 1 and 2。

第 41 页,注释③。250 年的大事记参见 Potter, *Prophecy and History*,189—196,290—297,329—337。译成英语的相关史料:M. H. Dodgeon & S. N. C. Lieu,*The Roman Eastern Frontier and the Persian Wars*(*AD* 226—363)(1991),chs. 2 and 3。

第 41 页,注释④。英语译文,同上条,chs. 2 and 3。Potter, *Prophecy and History*,372—375 提出萨桑王朝最早的那些国王与罗马开战的原由,是阿尔达希尔想要建立对像哈特拉和亚美尼亚这种边疆藩属王国的控制,而罗马认为这些地方是帝国的组成部分。

第 42 页,注释⑤。关于朱利安的波斯远征,参见 J. Matthews,*The Roman Empire of Ammianus*(1989),ch. VIII;关于 591 年的事件,参见 Theophylactus Simocatta,6. 7。

第 42 页,注释⑥。Potter,*Prophecy and History*,App. iii:Alexander Severus and Ardashir,370—380.

第 48 页,注释①。Sartre,*L'Orient romain*,71—75.

第 57 页,注释①。C. S. Lightfoot,*Epigraphica Anatolica* 17(1991),2,n. 7 指出该石碑并非由 D. Oates 发现。更为重要的是,我声称发现这一处铭文就表明罗马部队曾驻扎在该地区,这有点过于牵强。

第 57 页,注释③。D. Braund,*EFRE*,i,31—43.

第 60 页,注释④。关于碑文的照片和讨论,参见 A. I. Boltounova,*Klio* 53(1971),213—222。

第 67 页,注释②。G. Lordkipanidse & D. Braund,*Romn Frontier Studies* 1989(1991),335f.

第 84 页,注释③。该地名的后半部分可能来自阿拉米语中村庄一词,参见 Matthews,*Roman Empire*,402 with n. 46。

第 99 页,注释①。特别参见 xxii 5.1—2,阿米阿努斯笔下描述的萨拉森人,参见 Matthews,*Roman Empire*,342—353。

第 99 页,注释④。R. P. Lindner,*Past and Present*,92 (1981),3—19 发现在中欧的匈奴人出现了逐渐定居化过程,那些更靠东方的匈奴人不同,他们保持了其固有的生活方式。

第 100 页,注释①。关于伊索利亚,参见 Matthews,*Roman Empire*,355—367。

第 99 页(按:原书页码)。Whittaker,*Les frontièrs*,81f.,90—92 发现即便是像哥特人在罗马帝国后期进入罗马疆域那样的大规模异族迁徙,其实也是通过小股、无组织的群体慢慢渗入的过程,而不是像罗马的夸张修辞中所描绘的那种整个民族的全体移动。参见 Delbrück,*Geschichte der Kriegskunst*,300—316。

第 102、410—413 页(按:原书页码)。河流没有起到屏障作用:Whittaker,*Les frontièrs*,24f.。关于后勤保障、补给、河流以及河上运输:Whittaker,ch. 2,esp. 54f.。

第 142 页,注释③。最近发掘的拜占庭碉堡,位于犹地亚沙漠中通往恩盖迪(En Gedi)的道路上,参见 Y. Hirschfeld & A. Kloner,*Bulletin of the Anglo-Israel Archaeological Society* 8 (1988—1989),5—20。

第 167 页,注释③。N. Lewis(ed.),*The Documents from the Bar-Kokhba Period in the Cave of Letters*(1989),no. 16。

第 167 页,注释④。关于乌姆埃尔夸坦恩的遗址:D. L. Kennedy & D. N. Riley,*Rome's Desert Frontier from the Air*(1990)。

第 168 页,注释①。同上条,74f.,199—202。

第 170 页,注释②。对古代的"纵深防御"概念表示严重怀疑,参见 Whittaker,*Les frontiers*(1989),88f.。

第 174 页,注释②。关于俯瞰照片、布局和评论:Kennedy &

Riley, *Rome's Desert Frontier*, 170—172, 197f.。

第 182 页,注释④。被称作 *praetorium* 的建筑物,参见 Z. U. Ma'oz, *DOP* 44(1990), 41—46。

第 183 页,注释③。在 3 世纪的幼发拉底河中游地区,百夫长们显然是在履行维持治安的职责,对尚未公布的文件简介,参见 D. Feissel and J. Gascou, *CRAI*(1990), 558。

第 183 页,注释⑦。最近在文德兰达(Vindolanda)发现了一块石碑,编号为 946,显示百夫长们私自从事商业活动:他们进行谷物和皮革交易,参见 J. N. Adams & A. K. Bowman & J. D. Thomas, *Britannia* 21(1990)。

第 184 页,注释②。在西部行省中,从 1 世纪后期以降有 *centurio regionarius* 已得到可靠的证实: *RIB* 152. 583, 587, *CIL* XII. 2958, *AE*(1944), 103(and(1950), 105);对照 I. A. Richmond, *JRS* 35(1945), 15—29, esp. 20; A. K. Bowman & J. D. Thomas, *Vindolanda, the Latin Writing Tablets*(1983), no. 22, 1. 8 and comments on p. 110。Richmond 认为,这种军官担负着所在地区的警察职责和一些行政职务,这些地方是帝国属地,但我们也可以想象这些是城市化程度更低的地区。

第 199 页,注释③。关于厄尔塔耶(比布拉达?)的遗址,参见 Kennedy & Riley, *Rome's Desert Frontier*, 224f.。

第 188 页,注释②。M. P. Speidel, *Epigraphica Anatolica* 10(1987), 97—100 铭文显示有几支部队的新兵都驻扎在佛里吉亚的阿帕米亚附近,位于罗马控制的小亚细亚地区的中心。他们为什么会在那里原因不明。

第 205 页,注释①。Kennedy & Riley, *Rome's Desert Frontier*, 105f.

第 205 页,注释①。同上条, 178f.。

第 220 页,注释③。E. A. Knauf & C. H. Brooker, *ZDPV*

104(1988),179—181 讨论了 R. G. Khouri & D. Whitcomb,*Aqa-ba*"*Port of Palestine on the China Sea*"(1988)。指出由 Whit-comb 挖掘的遗址是 4 世纪时的军团大本营。对此意见的回应参见 D. Whitcomb,*ZDPV* 106(1990)[1991],156—161,作者认为该遗址在前伊斯兰时期没有驻军。军团大本营可能在附近。另见 H. I. MacAdam,*ZPE* 79(1989),163—171。

第 221 页,注释②。感谢 R. Fellmann 教授转达他从 Henri Seyrig 的一封书信中得到的信息。没有布局图和记载。关于营地的位置:J. Starcky,*Palmyre*(1952),Pl. iii,no. 41 = J. Starcky & M. Gawlikowski,Pl. III,no. 32. *ala Vocontiorum* 的铭文据报发现于那里(Starcky,*Palmyre*,42)。在后来的"戴克里先军营"遗址没有发现有更早的营地建筑。

第 224 页,注释①。关于乌德鲁的遗址,参见 Kennedy & Ri-ley,*Rome's Desert Frontier*,131—133。

第 224 页,注释⑥。有趣的是,马拉提亚(Malatyah)后来被用作 4000 名阿拔斯(Abassid)士兵的基地,参见 J. F. Haldon & H. Kennedy,*ZRVI* 19(1980),108。这显然是建立大型兵营的合适地点,不论军队是针对东方,还是西方。

第 225 页,注释④。有关读法和诠释的更多讨论,参见 H. I. MacAdam,*EFRE*,195—309。MacAdam 将其读成 *Dasianis*,而不是 Speidel 的读法 *Basianis*,另见 1. 9: *A Basienisa M. P. XXX.* 。

第 233 页,注释③。关于将 *skenai* 用作士兵的住所(不是临时的帐篷),编辑参考了 B. Kramer & D. Hagedorn,*Archiv für Papyrusforschung* 33(1987),13,note to 1. 5,最重要的引述是 Preisigke,*Wörterbuch*,s. v. 1;Photius & Hesychius,s. v. Polybi-us xii 8. 4;xxxi 14. 2。James Russel 教授告诉我,目前这个文件中所说的实际上可能就是帐篷。

第 235 页,注释③。关于阿兹拉克的遗址,参见 Kennedy & Riley,*Rome's Desert Frontier*,81—84,108f.,179—181。

第 237 页,注释③。*SEG* 36(1986),no. 1277,旅舍,建于公元 260 年,位于通往巴特内城(Batnae)的道路上靠近埃德萨的地方。

第 241 页,注释①。G. T. Dennis(ed.),*Three Byzantine Military Treatises*(1985),ch. 9,p. 28.

第 241 页,注释②。关于遗址,参见 Kennedy & Riley,*Rome's Desert Frontier*,118—121。

第 248 页,注释③。在通往耶路撒冷的道路沿途,一处哨塔的空中俯瞰照片显示,它四周有围墙,在一个角好像有 *clavicula*(锁骨状的结构)。这很有意思,因为在西北欧没有弗拉维时期以前的哨塔,而弗拉维时期的哨塔也是非常简易的木制结构:关于在苏格兰盖斯克山脉(Gask)的弗拉维时期的哨塔,参见 L. Keppie,*Scotland's Roman Remains*(Edinbrugh,1986),37,fig. 20,另参考 D. J. Breeze,"The Frontier in Britain,1989",35—43,esp. 38 and fig. 7.4。注意在陶努斯山(Taunus)或奥登山发现的哨塔。石塔是后来才出现的:评论参见 F. Lepper & S. Frere,*Trajan's Column*(Gloucester,1988),48 讲述了图拉真石柱上刻画的哨塔。

第 249 页,注释①。Kennedy & Riley,*Rome's Desert Frontier*,ch. 11:Towers.

第 249 页,注释②。俯瞰照片和相关讨论,参见 ibid.,218—220。

第 266 页,注释①。关于古赛尔(Quseir)-尼罗河道路,参见 R. E. Zitterkopf & S. E. Sidebotham,*JEA* 75(1989),155—189;关于在红海沿海的考古发掘,参见 Sidebotham,et al.,*JARCE* 26(1989),127—166。

第 274 页,注释②。关于完整的参考文献:M. Staroiewski,"Bibliographia Egerian",*Augustinianum* 14(1979),297—317。

第 276 页,注释②。另见俯瞰照片,Kennedy & Riley,*Rome's Desert Frontier*,196f.。

第 287 页,注释③。不过,现在可见 P. Crone,*Meccan Trade and the Rise of Islam*(Princeton,1987)。

第 288 页,注释④。关于犹玛亚马,另见 Kennedy & Riley, *Rome's Desert Frontier*,146—148。关于乌姆埃尔耶马尔:ibid., 183—185。

第 220 页(按:原书页码)。"萨拉森(游牧民)盟友"。必须注意,并不是所有的萨拉森盟友都是游牧民。他们当中有些是定居的阿拉伯人,尤其在 6 世纪时。在第 240 页(按:原书页码)和第五章的其他地方,我有时用了"罗马人的邦联"这一说法。作为术语,这个说法并不准确,因为没有证据显示譬如说加萨尼德人是一个联邦。"盟友"是正确的称谓,因为拉丁和希腊史料来源将他们称作 *foederati* 或 *symmachoi*。

第 293 页,注释②。译文中的史料来源:Dodgeon & Lieu, *The Roman Eastern Frontier* ch. 4,68—110。

第 295 页,注释②。Potter,*Prophecy and History*,392f. 认为欧德纳托斯是更正者,而不是复原者。

第 300 页,注释②。Ibid.,App. iv,381—394 关于欧德纳托斯的生涯。

第 302 页,注释④。R. Delbrück,*Die Münzbildnisse von Maximinus bis Carinus*(1940),160f. 对安条克铸币坊发行的印有瓦巴拉图斯的钱币,发现:"因为他处在东西方之间的位置,其特征就是既戴皇冠又戴帝国的月桂花环。他的头发按罗马的习惯剪得很短,因为他还是一个孩子。在亚历山大里亚发行的钱币上,他的头发长得好像'万王之王',属于波斯风格。后来他成了奥古斯都,头发就又变短,并又戴上了花环。"

第 319 页,注释①。I. Shahîd,*Byzantium and the Arabs in*

the Fifth Century(1989),543 and photographs on pp. 484 在卢瓦发的铭文中对萨穆德的主要称谓是 *šrbt*(部落),而不是 *šrkt*(邦联)。

第 321 页,注释②—④。Ibid. , *passim.*

第 330 页,注释③。关于阿姆瑟索斯和伊奥塔布岛事件:ibid. ,ch. iv.

第 326 页,注释①。Ibid. 227—232 for discussion of *IGLS* 297.

第 326 页,注释②。金达人马维亚的名字表示的意思是 Mu 'āwiya,包含一个"'*ayin*",这是一个男性的名字,对照 I. Shahîd, *BZ* 53(1960),59。

第 330 页,注释⑥。关于佐克穆斯,参见 Shahîd, op. cit. , *passim.* 。

第 331 页,注释①。关于拜占庭、波斯和阿拉伯南部,参见 Z. Rubin,*EFRE*,383—420。

第 334 页,注释③。有关西北边境地区社会的类似结论,参见 Whittaker,*Les frontièrs*,34—42。

第 337 页,注释②。Dennis, *Military Treatises*,ch. 8,p. 26. 对照 P. Pattenden,*Byzantion* 53(1983),258—299。

第 337 页,注释④。H. Köchly & W. Rüstow,*Griechische Kriegsschriftsteller*(1853),ch. 9,p. 28.

第 337 页,注释⑤。Kennedy & Riley,*Rome's Desert Frontier*,117—119.

第 342 页,注释①。俯瞰照片,参见 ibid. ,168—170,213—215(安斯努),186—189,215(特尔布拉克),并有讨论。

第 350 页,注释①。在阿开民王朝(Achaemenid)的宫廷中也发现有希腊医师:J. M. Cook,*The Persian Empire*(London, 1983),21。

第 249 页,注释③。有关阿纳斯塔西乌斯统治时期的拜占庭、波斯和阿拉伯南部,参见 Rubin,*EFRE*,383—420。

第 371 页,注释①。对照 S. I. Oost,*Classical Philology* 56 (1961),1—20。有关军队在亚历山大里亚的活动:O. W. Rheinmuth,*The Prefect of Egypt from Augustus to Diocletian* (1935)。

第 389 页,注释②。对照 Davies,"The Supply of Animals to the Roman Army and the Remount System",*Service in the Roman Army*(1989),153—173。

第 392 页,注释②。另一位同时代的史料来源在讲到这个时期时,也提到在耶路撒冷和莱迪达之间道路上的犹太女孩与游牧民(阿拉伯人)骑手:Lamentations Rabbah i 48。

第 402 页,注释④。L. Neesen,*Untersuchungen zu den direkten Staatsabgaben der römischen Kaiserzeit*（1980）, 142—125.

第 404 页,注释④。对征兵问题的概述,参见 Davies,*Service in the Roman Army*,3—30。

第 425 页,注释①。L. Okamura,*Historia* 37(1988),126—128;F. Millar in H. Solin and M. Kajav(eds.),*Roman Eastern Policy and Other Studies in Roman History*(1990),7—23.

第 321 页(按:原书页码)。在马萨达的支付报酬记录(公元 72 或 75 年)中提到一个来自贝来图斯的具有意大利名称的军团(C. Messius,C. f(ilius) Fab(ia) Beru(tensis)):H. M. Cotton & J. Geiger(eds.),*Masada*,II(1989),no. 722. 35f. ; comments, 49ff. 这名士兵极有可能属于第十"夫累腾西斯"军团。关于其他来自贝来图斯的新兵,参见 p. 50, n. 68。

第 434 页,注释①。但请注意 V. Kuzsinsky,*Aquincum* (1934),176:"D. M. Ael Silvano(centurioni) Leg II Adi domo

Syria Pal Coloniac Capitolina(e)"。

第 435 页,注释⑥。更多证据详见颁给塞斯比阿（Thespiae）的志愿兵的法令,这些志愿兵在 170—171 年参加了针对考斯托波奇人（Costoboci）的远征行动：A. Plassart, *Mélanges Glotz*, ii（1934）,731—778; *Nouveau choix d'inscriptions grecques*, l'Institut Fernand-Courby（Paris, 1971）, no. 15. 85—94。这里"neoi"一词是拉丁语中"invenes"的意思。这是一次紧急情况,参军只是为了这次战役。

第 447 页,注释②。与此类似：Sartre *L'Orient romain*,77f. 。

第 477 页,注释①。关于类似观点和讨论,参见 A. Adams in S. Walker & Averil Cameron（eds.）, *The Greek Renaissance in the Roman Empire*(1989),10—15 谈到由 C. P. Jones 做的一次未公开的讲座。

第 486 页,注释①。A. Bianchi, *Aegyptus* 63（1983）, 185—198.

第 508 页,注释②。关于后来的罗马-波斯战争的备战情况,参见 A. D. Lee,*EFRE*,257—265。

第 512 页,注释②。W. E. Kaegi,*Byzantine Military Unrest* 471—843(1981)认为在 4 世纪和 5 世纪时,东方有某种程度的内部军事稳定性,接着在 471—842 年期间,各皇帝的统治期内每隔 10 年几乎就会出现严重的动乱。但这并不意味着有任何形式的现代意义上的军队干预政治。

第 524 页,注释②。Whittaker,*Les frontièrs*,83—88 援引了大量实例说明,罗马帝国后期对外族和帝国的传统态度并未改变。3 世纪及其后帝国在领土方面的损失从未得到官方承认和接受。Whittaker 认为这并非是虚张声势。皇帝们确实也相信了他们自己的宣传。

第 525 页,注释③。Whittaker,*Les frontièrs*,32f. 指出古代

的边境是地带,而不是线条,他引述 Lucien Febvre 曾指出的,在 19 世纪以前"fins,confins,limites"和"frontières"从来都没被视为是同一回事:L. Febvre, *La terre et l'èvolution lumaine* (repr. , Paris,1970),331;"Frontièrc", *Rev. Synth. Hist.* 45(1928),31— 44,esp. 32,但我本人并未参阅。

第 526 页,注释①。对"符合科学的边境"这个奇怪术语的解释,参见 C. R. Whittaker,"Thorns in Rome's Side", *TLS* 22 Mar. 1991,23。该词"几乎可以肯定是罗伯茨爵士在 1890 年的第二次阿富汗战争中创造的,用来描述他试图在喀布尔和坎大哈之间建立的一道难以维持的界线"。另见 Surendra Gopal, *TLS* 3 May 1991 对第二次阿富汗战争的时间作出了更正,该战争为 1878— 1881 年。事实上,罗伯茨爵士试图做的事不切实际,就好像现代学者强加在罗马人身上的那些军事政策一样。

第 398 页(按:原书页码)。Whittaker, *Les frontièrs* ,49f. 援引了更多例证来说明罗马在行省边界以外的军事活动。

第 532 页,注释②。AE(1974),248 来自布达佩斯,记载了一名 *praepositus gentis Onsorum*。奥赛人(Osii)生活在多瑙河以北,对照 Whittaker, *Les frontièrs* ,36f. 。经常在行省边界以外的地区征集军队补给物资:ibid. ,65—68。

第 535 页,注释④。Syme, *Classical Antiquity* 7,227—251 承认文献史料中未提供直接证据显示对军事地理有良好的认知,但指出奥古斯都时期的战争说明有对我们所说的战略的把握。但 R. J. A. Talbert 强调,对古代制图学的全面研究得出的印象是,大多数希腊人和罗马人对地图的使用都极为有限(*JRS* 78(1987), 210—212; *Gouvernants et gouvernés dans l'Imperium Romanum* (1990),215—223)。Talbert,ibid. ,217 认为古代世界似乎更加依赖地理描述,而不是图形表现。他提到另一个重要现象:一直以来存在的对距离的低估。这对制定军事计划的人来说,后果是显而易见的。

第 536 页,注释①。对古代制图学的考察,参见 A. O. W. Dilke,"The Culmination of Greek Cartography in Ptolemy",in J. B. Harley & D. Woodward(eds.), *The History of Cartography*, i(1987),177—200;"Maps in the Service of the State:Roman Cartography to the End of the Augustan Era",ibid.,201—211;"Itineraries and Geographical Maps in the Early and Late Roman Empires",ibid.,234—257;以及"Gartography in the Byzantine Empire",ibid.,258—275。Dilke 指出,地图对于罗马国及其将军们的价值是得到广泛接受的。不过,他也总结道(第 242 页):"源于罗马的地理手稿,在制图学上的价值不如希腊的同类手稿。不论原因为何,用拉丁语书写这些话题并未形成一个延续的传统。我们经常很难判断,当一位罗马作者在写作时,他的面前是否摆放着一张地图,抑或他是否真的画了一张地图来说明某段文字。"关于地图的定义,参见 Harley and Woodward,ibid.,p. xvi:"地图是图形表现形式,有助于对人类世界的事物、概念、状况、过程或事件进行空间上的理解。"如果在罗马的世界中缺乏这种图形表达,或是这种表达存在严重缺陷的话,那罗马人对空间的理解能走出多远呢? 最后,可注意 6 世纪的《佚名氏战略专论》第 20 卷中给出的建议,参见 Dennis,*Thee Byzantine Military Treatises*,70(trans. p. 71):当部队行军进入敌方领土或接近敌军时,"恰当的计划是……绘制一张危险地带的草图,另外对适合伏击的地方更要如此,这样如果将来需要再次经过该地的话,我们就可以小心提防了"。对照韦格蒂乌斯关于使用 *itineraria picta* 的建议。从这些话中可以十分清楚地看出,拜占庭的指挥官们通常手边并没有准备什么像样的地图。该专论中也只是提出一个好的建议而已,这证明并没有正式的命令,要求对进入敌方领土的远征行动必须保留可靠的记录。

第 541 页,注释④。Matthews,*Roman Empire*,ch. viii.

第 541 页,注释⑤。W. E. Kaegi,*Klio* 73(1991),586—594.

第 544 页,注释③。此处以及 *JRS* 78(1988),125 应提及 Delbrück,*Geschichte der Kriegskunst*, ii. 131—133, 164—166。Delbrück 在论述 1 世纪日耳曼战役的文章中,正确地把提到 *limites* 的地方诠释为将道路修到敌方领土上去,而不是建立防御工事。

第 410—413 页(按:原书页码)。关于天然屏障的类似观点:Whittaker,*Les frontièrs*,23—26。

第 248 页,注释②。6 世纪的《佚名氏战略专论》第 20 卷中有一章讨论了渡河行动,包括对大马士革的阿波罗多洛斯(Apollodorus)设计的木筏的重要讨论(Dennis,*Three Byzantine Military Treatises*,70)。

第 572 页,注释③。在一份 128 年 4 月的文件中,*praisidion* 和士兵的住所已不在那里,该部队显然已在 124 至 128 年间被撤走了:Lewis,*The Documents from the Bar-Kokhba Period*,no. 19,有关礼物的公告(128 年 4 月 16 日),pp. 83—87;另见 no. 20 of 130。

第 575 页,注释⑤。R. A. Gergel,*AJA* 95(1991),231—251.

参 考 文 献

书籍与专论

ABBOTT, F. F., and JOHNSON, A. C., *Municipal Administration in the Roman Empire* (Princeton, 1926).

ABEL, F.-M., *Géographie de la Palestine*, 2 vols. (Paris, ³1967).

—— *Histoire de la Palestine depuis la conquête d'Alexandre le Grand jusqu'à l'invasion arabe*, 2 vols. (Paris, 1952).

ADAMS, R. McC., *Land Behind Baghdad: A History of Settlement on the Diyala Plains* (Chicago, 1965).

ADONTZ, N., *Armenia in the Period of Justinian* (trans. N. G. Garsoïan, Lisbon, 1970).

AHARONI, Y., *Excavations at Ramat Rahel: Seasons 1961 and 1962* (Rome, 1964).

—— *Excavations at Ramat Rahel: Seasons 1959 and 1960* (Rome, 1962).

ALFÖLDI, A., *Studien zur Geschichte der Weltkrise des 3. Jahrhunderts nach Christus* (Darmstadt, 1967).

ALFÖLDY, G., *Römische Heeresgeschichte: Beiträge 1962–1985* (Amsterdam, 1987).

—— *Noricum* (London, 1974).

ALLEN, W. E. D., *A History of the Georgian People from the Beginning Down to the Russian Conquest in the Nineteenth Century* (London, 1932).

—— and MURATOFF, P., *Caucasian Battlefields: A History of the Wars on the Turco-Caucasian Border* (Cambridge, 1953).

ALON, G., *The Jews in their Land in the Talmudic Age (70–640 CE)*, trans. and ed. G. Levi, 2 vols. (Jerusalem, 1980–84).

—— *Jews, Judaism and the Classical World: Studies in Jewish History in the Times of the Second Temple and Talmud* (Jerusalem, 1977).

ALT, A., *Die griechischen Inschriften der Palästina Tertia westlich der 'Araba* (Berlin and Leipzig, 1921).

ANDRAE, W., *Hatra, nach Aufnahmen von Mitgliedern der Assur-Expedition der Deutschen Orient-Gesellschaft* i, WVDOG 9 (Leipzig, 1908), ii WVDOG 21 (Leipzig, 1912).

APPLEBAUM, S., *Jews and Greeks in Ancient Cyrene* (Leiden, 1979).

—— *Prolegomena to the Study of the Second Jewish Revolt (AD 132–135)* (BAR Supplementary Series 7, Oxford, 1976).

—— (ed.), *Roman Frontier Studies, 1967* (Tel Aviv, 1971).

—— and GICHON, M., *Israel and Her Vicinity in the Roman and Byzantine Periods. The Seventh International Congress of Roman Frontier Studies, Notes Offered to Delegates* (Tel Aviv, 1967).

ASAD, T., *The Kababish Arabs: Power, Authority and Consent in a Nomadic Tribe* (London, 1970).

ASHKENAZI, T., *Tribus semi-nomades de la Palestine du Nord* (Paris, 1938).

AVIGAD, N., *Discovering Jerusalem* (Jerusalem, 1983).

AVI-YONAH, M., *The Madaba Mosaic Map* (Jerusalem, 1954).

—— *Geschichte der Juden im Zeitalter des Talmud: In den Tagen von Rom und Byzanz* (Berlin, 1962).

—— *The Jews of Palestine* (Oxford, 1976, trans. of the previous title).

—— *Gazetteer of Roman Palestine* (Jerusalem, 1976).

—— *The Holy Land from the Persian to the Arab Conquest (536 BC–AD 640): A Historical Geography* (revised edn., Grand Rapids, Mi., 1977).

—— and STERN, E. (eds.), *Encyclopedia of Archaeological Excavations in the Holy Land*, 4 vols. (Jerusalem, 1975–8).

BAATZ, D., *Der römische Limes: Archäologische Ausflüge zwischen Rhein und Donau* (Berlin, 1974).

BAGNALL, R. S., *The Florida Ostraka: Documents from the Roman Army in Upper Egypt* (Durham, NC, 1976).

——, SIJPESTIJN, P. J., and WORP, K. A., *Ostraka in Amsterdam Collections* (Studia Amstelodamensia ix, Zutphen, 1976).

BALDUS, H. R., *MON(eta) URB(is)–ANTIOXIA: Rom und Antiochia als Prägestätten syrischer Tetradrachmen* (Frankfurt, 1969).

—— *Uranius Antoninus: Münzprägung und Geschichte* (Bonn, 1971).

BALTY, J. (ed.), *Apamée de Syrie: Bilan de recherches archéologiques, 1965–68* (Brussels, 1969).

—— and J. C. (eds.), *Apamée de Syrie: Bilan de recherches archéologiques, 1969–71* (Brussels, 1972).

BALTY, J. C. and J. (eds.), *Actes du colloque Apamée de Syrie 1969–71* (1972).

BANDY, A. C., *Ioannes Lydus on Powers* (Philadelphia, 1983).

BARNES, T. D., *The New Empire of Diocletian and Constantine* (Cambridge, Mass., 1982).

—— *Constantine and Eusebius* (Cambridge, Mass., 1981).

BAUR, P. V. C., and ROSTOVTZEFF, M. I. (eds.), *the Excavations at Dura-Europos: Preliminary Report of Second Season of Work, October 1928–April 1929* (New Haven, Conn., 1931).

BAYER, E., *Grundzüge der griechischen Geschichte* (Darmstadt, 1964).

BECK, W., and PLANCK, D., *Der Limes in Südwestdeutschland* (Stuttgart, 1980).

BELL, H. I., MARTIN, V., TURNER, E. G., and VAN BERCHEM, D., *The Abinnaeus Archive: Papers of a Roman Officer in the Reign of Constantius II* (Oxford, 1962).

BELLINGER, A. R., *The Syrian Tetradrachms of Caracalla and Macrinus*, Numismatic Studies No. 3 of the American Numismatic Society (1940).

BEN DOV, M., *In the Shadow of the Temple* (Jerusalem, 1985).

BENVENISTI, M., *The Crusaders in the Holy Land* (Jerusalem, 1970).

BERCHEM, D. VAN, *L'armée de Dioclétien et la réforme constantinienne* (Paris, 1952).

—— *Les routes et l'histoire*, ed. P. Ducrey and D. Paunier (Geneva, 1982).

BERNAND, A., *De Koptos à Kosseir* (Leiden, 1972).

—— *Les portes du Désert: Recueil d'inscriptions grecques d'Antinoupolis, Tentyris, Koptos, Apollonopolis Parva et Apollonopolis Magna* (Paris, 1984).

BIRLEY, A., *Marcus Aurelius* (London, 1966).
BIRLEY, E., *Roman Britain and the Roman Army: Collected Papers* (Kendal, 1976).
—— (ed.), Congress of Roman Frontier Studies, 1949 (Durham, 1952).
BLOEMERS, J. H. F., *Rijswijk (Z.H.)*, *'De Bult': Eine Siedlung der Cananefaten*, 3 vols. (Amersfoort, 1978).
BOGAERS, J. E., and RÜGER, C. B., *Der niedergermanische Limes: Materialen zu seiner Geschichte* (Cologne, 1974).
BOWERSOCK, G. W., *Augustus and the Greek World* (Oxford, 1965).
—— *Roman Arabia* (Cambridge, Mass., 1983).
BRADSHER, H. S., *Afghanistan and the Soviet Union* (Durham, NC, 1983).
BRAUND, D., *Rome and the Friendly King: The Character of the Client Kingship* (London and New York, 1984).
BREEZE, D. J., and DOBSON, B., *Hadrian's Wall* (revised edn., Penguin, 1978).
BRÜNNOW, R. E., and DOMASZEWSKI, A. VON, *Die Provincia Arabia*, 3 vols. (Strasbourg, 1904–9).
BRYER, A., and WINFIELD, D., *The Byzantine Monuments and Topography of the Pontos*, i (Washington, DC, 1985).
BURCKHARDT, J. L., *Notes on the Bedouins and Wahabys*, 2 vols. (London, 1831, repr. 1967).
BURNEY, C., and LANG, D. M., *The Peoples of the Hills: Ancient Ararat and Caucasus* (London, 1971).
BURY, J. B., *History of the Later Roman Empire from the Death of Theodosius I to the Death of Justinian*, 2 vols. (repr. New York, 1958).
BUSCHHAUSEN, H. (ed.), *Byzantinische Mosaiken aus Jordanien: Katalog des Nö. Landesmuseums, Neue Folge, Nr. 178* (Vienna, 1986).
BUTLER, H. C., *Architecture and Other Arts* (New York, 1903).
—— et al., *The Publications of the Princeton University Archaeological Expeditions to Syria in 1904–5 and 1909*, 4 parts (Leiden, 1910–43).
CAGNAT, R., *L'armée romaine d'Afrique et l'occupation militaire d'Afrique sous les empereurs* (Paris, 1913).
Cambridge History of Iran: see Yarshater, E.
CAMERON, AVERIL, *Procopius* (London, 1985).
CAMERON, G. G., *History of Early Iran* (Chicago, 1936).
CAMPBELL, J. B., *The Emperor and the Roman Army* (Oxford, 1984).
CANTINEAU, J., STARCKY, J., and TEIXIDOR, J., *Inventaire des inscriptions de Palmyre*, 11 vols. (Beirut, 1930–65).
CASSON, L., and HETTICH, E. L., *Excavations at Nessana*, ii, *Literary Papyri* (Princeton, 1950).
CHAMPLIN, E., *Fronto and Antonine Rome* (Cambridge, Mass., 1980).
CHAPOT, V., *La Frontière de l'Euphrate de Pompée à la conquête arabe* (Paris, 1907, repr. Rome, 1967).
CHARLES, P. H., *Le Christianisme des Arabes nomades sur le limes et dans le désert Syro-Mésopotamien aux alentours de l'Hégire* (Paris, 1936).
CHARLESWORTH, M. P., *Trade Routes and the Commerce of the Roman Empire* (Cambridge, ²1926).

CHAUMONT, M.-L., *Recherches sur l'Histoire d'Arménie* (Paris, 1969).

CHEESMAN, G. L., *The Auxilia of the Roman Imperial Army* (Oxford, 1914, repr. Hildesheim).

CHEVALLIER, R., *Roman Roads* (London, 1976).

CHRISTENSEN, A., *L'Iran sous les Sassanides* (Copenhagen, ²1944).

CLERMONT-GANNEAU, C., *Archaeological Researches in Palestine*, 2 vols. (London, 1896–9).

—— *Études d'archéologie orientale*, 2 vols. (1895–7).

—— *Recueil d'archéologie orientale*, 8 vols. (Paris, 1888–1924).

COHEN, H., *Médailles impériales* (second edn., Leipzig, 1930).

COLLINGWOOD, R. S., and WRIGHT, R. P., *The Roman Inscriptions of Britain*, i, *Inscriptions on Stone* (Oxford, 1965).

COLT, H. D. (ed.), *Excavations at Nessana*, i (Princeton, 1962).

COMBEFIS, F., *Illustrium Christi Martyrum Lecti Triumphi* (Paris, 1660: sole existing edn. of the *Ammonii Monachi Relatio*).

COUPEL, P., and FRÉZOULS, E., *Le théâtre de Philippopolis en Arabie* (Paris, 1956).

CRAWFORD, M. H. (ed.), *Sources for Ancient History* (Cambridge, 1983).

CROOK, J., *Consilium Principis: Imperial Councils and Counsellors from Augustus to Diocletian* (Cambridge, 1955).

CROWFOOT, J. W., KENYON, K., and SUKENIK, E. L., *The Buildings at Samaria* (London, 1966).

——CROWFOOT, G. M., and KENYON, K., *The Objects from Samaria* (London, 1957).

CUMONT, F., *Fouilles de Doura Europos, 1922–1923* (Paris, 1926).

CUNTZ, O. (ed.), *Itineraria Romana* (Leipzig, 1929).

DAN, Y., *The City in Eretz-Israel During the Late Roman and Byzantine Periods* (Jerusalem, 1984, in Hebrew).

DAR, S., *Landscape and Pattern: An Archaeological Survey of Samaria, 800 BC–636 CE*, 2 vols. (BAR International Series 308, Oxford, 1986).

DASKHURANTSI, MOVSES., *The History of the Caucasian Albanians* (trans. C. J. F. Dowsett, Oxford, 1961).

DE LAET, S. J., *Portorium* (Brugge, 1949).

DE VAUX, R., and STÈVE, A. M., *Fouilles à Qaryet el-'Enab Abu Gôsh* (Paris, 1950).

De Rebus Bellicis, Part i, *Aspects of De Rebus Bellicis: Papers presented to Professor E. A. Thompson*, ed. M. W. C. Hassall; Part 2, *de rebus bellicis*: the text, ed. R. Ireland (BAR, International Series 63, Oxford, 1979).

DEBEVOISE, N. C., *A Political History of Parthia* (Chicago, 1938).

DEMOUGEOT, E., *De l'unité à la division de l'empire romain 395–410* (Paris, 1951).

DENNIS, G. (trans.), *Maurice's Strategikon* (Philadelphia, 1984).

—— (ed.) and GAMILLSCHEG, E. (trans.), *Das Strategikon des Maurikios*, Corpus Fontium Historiae Byzantinae 17 (1981).

DENTZER, J.-M., *Hauran I: Recherches archéologiques sur la Syrie du sud à l'époque hellénistique et romaine*, 2 vols. (Paris 1985).

DILKE, O. A. W., *The Roman Land Surveyors: An Introduction to the Agrimensores* (Newton Abbot, 1971).

—— *Greek and Roman Maps* (London, 1985).

DILLEMANN, L., *Haute Mésopotamie orientale et pays adjacents: Contribution à la géographie historique de la région, du Ve siècle avant l'ère chrétienne au VIe siècle de cette ère* (Paris, 1962).

DOERNER, F. K., and NAUMANN, R., *Forschungen in Kommagene* (Berlin, 1939).

DONNER, F. MCGRAW., *The Early Islamic Conquests* (Princeton, 1981).

DOUGHTY, C. M., *Travels in Arabia Deserta*, 2 vols. (third edn., London, 1936).

DOWNEY, G., *A History of Antioch in Syria from Seleucus to the Arab Conquest* (Princeton, NJ, 1961).

DUBOIS DE MONTPÉREUX, F., *Voyage autour de Caucase*, 4 vols. and atlas (Paris, 1839–40).

DUCREY, P., et al., *Mélanges d'histoire et d'archéologie offerts à Paul Collart* (Lausanne, 1976).

DUNAND, M., *Mission archéologique au Djebel Druse: Le musée de Soueida, Inscriptions et monuments figurés* (Paris, 1934).

DUNANT, C., *Le sanctuaire de Baalshamin à Palmyre, iii, Les inscriptions* (Institut Suisse de Rome, 1971).

DUSSAUD, R., *La pénétration des Arabes en Syrie avant l'Islam* (Paris, 1955).

—— *Topographie de la Syrie antique et médiévale* (Paris, 1927).

DYSON, S. L., *The Creation of the Roman Frontier* (Princeton, 1985).

EADIE, J., *The Breviarium of Festus* (London, 1967).

ECK, W., and WOLFF, H. (eds.), *Heer und Integrationspolitik: Die römischen Militärdiplome als historische Quelle* (Cologne, 1986).

EDDY, S. K., *The King is Dead: Studies in Near Eastern Resistance to Hellenism, 334–31 BC* (Lincoln, Nebraska, 1961).

ENSSLIN, W., *Zur Ostpolitik des Kaisers Diokletian* (Munich, 1942).

EUTING, J., *Sinaïtische Inschriften* (Berlin, 1891).

EVENARI, M., et al., *The Negev: Challenge of a Desert* (second edn., Cambridge, Mass., 1982).

FENTRESS, E., *Numidia and the Roman Army* (BAR International Series 53, Oxford, 1979).

FÉVRIER, J. G., *Essai sur l'histoire politique et économique de Palmyre* (Paris, 1931).

FIEY, J. M., *Nisibe, métropole syriaque orientale et ses suffragants des origines à nos jours* (CSCO vol. 54, Louvain, 1977).

FINLEY, M. I., *The Ancient Economy* (London, 1973).

FORSYTH, G. H., and WEITZMANN, K., *The Monastery of Saint Catherine at Mount Sinai: The Church and Fortress of Justinian* (Ann Arbor, 1973).

FRANK, T., *Roman Imperialism* (New York, 1929).

FRASER-TYTLER, W. K., *Afghanistan: A Study of Political Developments in Central and Southern Asia*, third edn., revised by M. C. Gillett (London, 1967).

FREEMAN, P., and KENNEDY, D., *The Defence of the Roman and Byzantine East: Proceedings of a Colloquium Held at the University of Sheffield in April 1986*, 2 vols. (BAR International Series 297, Oxford, 1986).

FRENCH, D. H., *Roman Roads and Milestones in Asia Minor*, Fasc. I, *The Pilgrim's Road* (BAR International Series 105, Oxford, 1981).

FRERE, S., *Britannia: a History of Roman Britain* (London, ²1978).

FREY, J.-B., *Corpus Inscriptionum Iudaicarum: Recueil des inscriptions juives qui vont du IIIe siècle avant Jésus-Christ au VIIe siècle de notre ère*, 2 vols. (Rome, 1936–52).

FRYE, R. N., *The History of Ancient Iran* (Handbuch der Altertumswissenschaft: Abt. 3, Teil 7, Munich, 1984).

FUKS, G., *Scythopolis: A Greek City in Eretz-Israel* (Jerusalem, 1983, in Hebrew).

GABBA, E., *Iscrizioni greche e latine per lo studio della bibbia* (Milano, 1958).

GALBRAITH, J. S., *Reluctant Empire: British Policy on the South African Frontier 1834–1854* (Berkeley and Los Angeles, 1963).

GAUBE, H., *Ein Arabischer Palast in Südsyrien: Hirbet al Baida* (Beirut, 1974).

GAWLIKOWSKI, M., *Le temple palmyrénien: Étude d'épigraphie et de topographie historique* (Warsaw, 1973).

—— *Les principia de Dioclétien: Temple des Enseignes*, Palmyre viii (Warsaw, 1984).

GÉNIER, F., *Vie de Saint Euthyme le Grand (377–473): Les moines et l'église en Palestine au Ve siècle* (Paris, 1909).

Geographical Handbook Series, *A Handbook of Mesopotamia*, 2 vols. (London, 1916–17).

—— *A Handbook of Syria (including Palestine)* (1920).

—— *A Handbook of Iraq and the Persian Gulf* (London, 1944).

—— *Western Arabia and the Red Sea* (²1946).

GERSTER, G., *Sinai, Land der Offenbarung* (1970).

GILLIAM, J. F., *Roman Army Papers* (Amsterdam, 1986).

GLUCKER, C. A. M., *The City of Gaza in the Roman and Byzantine Periods* (BAR International Series 325, Oxford, 1987).

GOODMAN, M., *The Ruling Class of Judaea: The Origins of the Jewish Revolt Against Rome* AD 66–70 (Cambridge, 1987).

GORDON, A. E., *Quintus Veranius, Consul* AD 49 (Univ. of California Publ. in Classical Archaeology ii, 5 Berkeley, 1952).

—— *Illustrated Introduction to Latin Epigraphy* (Berkeley and Los Angeles, 1983).

GORDON, CYRUS H., *The Bible World: Essays in Honor of . . .*, ed. G. Rendsburg et al. (New York, 1980).

GRAINDOR, P., *Athènes sous Hadrien* (Cairo, 1934).

GREGORY, S., and KENNEDY, D., *Sir Aurel Stein's Limes Report*, 2 vols. (BAR International Series 272, Oxford, 1985).

GRIFFIN, M., *Nero: The End of a Dynasty* (London, 1984).

GROUSSET, R., *Histoire de l'Arménie des origines à 1071* (Paris, 1947).

GRUNDY, G. B., *Thucydides and the History of his Age* (second edn., Oxford, 1948).

GRUNEBAUM, G. D. VON (ed.), *Studies in Islamic Cultural History*, Memoirs of the American Anthropological Association 76 (1954).

GUNNEWEG, J., PERLMAN, I., and YELLIN, J., *The Provenance, Typology and Chronology of Eastern Sigillata* (Jerusalem, 1983).

GUTSCHMID, A. VON, *Geschichte Irans und seiner Nachbarländer von Alexander dem Grossen bis zum Untergang der Arsaciden* (Tübingen, 1888).

GUTWEIN, K., *Third Palestine: A Regional Study in Byzantine Urbanization* (Washington, 1981).

HAALEBOS, J. K., *Zwammerdam—Nigrum Pullum* (Amsterdam, 1977).

HADIDI, A. (ed.), *Studies in the History and Archaeology of Jordan*, 3 vols. (Amman and London, 1982–7).

HALDON, J., *Recruitment and Conscription in the Byzantine Army c. 550–950: A Study of the Stratiotika Ktemata*, Oesterreichische Akademie der Wissenschaften, Phil.-Hist. Klasse, Sitzungsber., 357. Band (Vienna, 1979).

HANSON, W. S., and KEPPIE, L. J. F., (eds.), *Roman Frontier Studies 1979: Papers presented to the 12th International Congress of Roman Frontier Studies*, 3 vols. (BAR International Series 71, Oxford, 1980).

HARL, K. W., *Civic Coins and Civic Politics in the Roman East*, AD 180–275 (Berkeley and Los Angeles, 1987).

HARMAND, L., *Libanius, Discours sur les patronages* (Paris, 1955).

HARRIS, G. L., *Jordan: Its People, Its Society, Its Culture* (New Haven, 1958).

HARRIS, W. V., *War and Imperialism in Republican Rome, 327–70 BC* (Oxford, 1979).

HARRISON, R. M., *Excavations at Saraçhane in Istanbul*, i (Princeton, 1986).

HASEBROEK, J., *Untersuchungen zur Geschichte des Kaisers Septimius Severus* (Heidelberg, 1921, repr. 1975).

HAUPT, D., and HORN, H. G. (eds.), *Studien zu den Militärgrenzen Roms*, ii, *Vorträge des 10. internationalen Limeskongresses in der Germania Inferior* (Cologne and Bonn, 1977).

HENDERSON, B. W., *The Life and Principate of the Emperor Nero* (London 1905, repr. Rome, 1968).

HENGEL, M., *Die Zeloten* (Leiden–Cologne, 1961).

HEYD, U., *Ottoman Documents on Palestine 1552–1615* (Oxford, 1960).

HILL, G. F., *Catalogue of the Greek Coins in the British Museum: Palestine* (1914, repr. Bologna, 1965).

—— *Catalogue of the Greek Coins in the British Museum: Phoenicia* (1910, repr. Bologna, 1965).

—— *Catalogue of the Greek Coins in the British Museum: Arabia, Mesopotamia, and Persia* (1922, repr. Bologna, 1965).

HOBSBAWM, E. J., *Primitive Rebels: Studies in Archaic Forms of Social Movement in the 19th and 20th Centuries* (Manchester, 1959).

—— *Bandits* (Penguin, ²1985).

HOFFMANN, D., *Das spätrömische Bewegungsheer und die Notitia Dignitatum*, 2 vols. (Düsseldorf, 1969).

HONIGMANN, E., and MARICQ, A., *Recherches sur les Res Gestae Divi Saporis* (Brussels, 1952).

HOPKINS, C., *The Discovery of Dura-Europos* (New Haven, 1979).

HOWGEGO, C. J., *Greek Imperial Countermarks: Studies in the Provincial Coinage of the Roman East* (London, 1985).

HUNT, E. D., *Holy Land Pilgrimage in the Later Roman Empire* AD 312–460 (Oxford, 1982).

HÜTTEROTH, W.-D., and ABDULFATH, K., *Historical Geography of Palestine, Transjordan and Southern Syria in the Late Sixteenth Century* (Erlangen, 1977).

ISAAC, B., and ROLL, I., *Roman Roads in Judaea*, i, *The Legio–Scythopolis Road* (BAR International Series 141, Oxford, 1982).

JARDÉ, A., *Études critiques sur la vie et le regne de Sévère Alexandre* (Paris, 1925).

JAUSSEN, A., *Coutumes des Arabes au Pays de Moab* (Paris, 1948).

JONES, A. H. M., *The Greek City from Alexander to Justinian* (Oxford, 1940).

—— *The Cities of the Eastern Roman Provinces* (Oxford, ²1971).

—— *The Later Roman Empire: A Social, Economic and Administrative Survey*, 2 vols. (Oxford, 1964, repr. 1973).

JONES, J. F., *Researches in the Vicinity of the Median Wall*, Selections Records Bombay Government, NS 43 (1857).

JULLIAN, C., *Histoire de la Gaule* (Paris, 1908–26).

KADMAN, L., *The Coins of Caesarea Maritima* (Corpus Nummorum Palestinensium, Jerusalem, 1957).

—— *The Coins of Aelia Capitolina* (Corpus Nummorum Palestinensium, 1956).

—— *The Coins of Acco-Ptolemais* (Corpus Nummorum Palestinensium, 1961).

KARNAPP, W., *Die Stadtmauer von Resafa in Syrien* (Berlin, 1976).

KEEGAN, J., *The Face of Battle: A Study of Agincourt, Waterloo, and the Somme* (London, 1976; Penguin, 1978).

KENNEDY, D. L., *Archaeological Explorations on the Roman Frontier in North-East Jordan: The Roman and Byzantine Military Installations and Road Network on the Ground and from the Air* (BAR International Series 134, Oxford, 1982).

—— and RILEY, D. N., *Rome's Desert Frontier From the Air* (London, 1990).

KEPPIE, L., *Colonisation and Veteran Settlement in Italy, 47–14 BC* (London, 1983).

—— *The Making of the Roman Army from Republic to Empire* (London, 1983).

KETTENHOFEN, E., *Die römisch–persischen Kriege des 3. Jahrhunderts n. Chr.* (Wiesbaden, 1982).

KIENAST, D., *Untersuchungen zu den Kriegsflotten der römischen Kaiserzeit* (Bonn, 1966).

KINDLER, A., *The Coins of Tiberias* (Tiberias, 1961).

—— *The Coinage of Bostra* (Warminster, Wilts., 1983).

KINDLER, A., and STEIN, A., *A Bibliography of the City Coinage of Palestine, From the 2nd Century BC to the 3rd Century AD* (BAR International Series 374, Oxford, 1987).

KLEBERG, T., *Hôtels, restaurants et cabarets dans l'antiquité romaine* (Uppsala, 1957).

KLEIN, R. (ed.), *Marc Aurel* (Darmstadt, 1979).

KLEIN, S., *Sefer Hayishuv*, i (Jerusalem, 1977).

KLONER, A., and TEPPER, Y., *The Hiding Complexes in the Judean Shephelah* (Tel-Aviv, 1987, in Hebrew).

KLOSTERMANN, E. (ed.), *Eusebius: Das Onomastikon der biblischen Ortsnamen* (Leipzig, 1904, repr. Hildesheim, 1966).

KNAUF, E. A., *Ismael: Untersuchungen zur Geschichte Palästinas und Nordarabiens im 1. Jahrtausend v. Chr.* (Wiesbaden, 1985).

KÖCHLY, H., and RÜSTOW, W., *Griechische Kriegsschriftsteller* (Leipzig, 1853).

KOKHAVI, M. (ed.), *Judaea, Samaria and the Golan: Archaeological Survey 1967–1968* (Jerusalem, 1972, in Hebrew).

KRAELING, C., *Gerasa: City of the Decapolis* (New Haven, 1938).

KRAEMER, C., *Excavations at Nessana*, iii *Non-Literary Papyri* (Princeton, 1958).

KRAFT, K., *Zur Rekrutierung der Alen und Cohorten an Rhein und Donau* (Berne, 1951).

KUHNEN, H.-P., *Nordwest-Palästina in hellenistisch-römischer Zeit: Bauten und Gräber im Karmelgebiet* (Weinheim, 1987).

KUHRT, A., and SHERWIN-WHITE, S. (eds.), *Hellenism in the East: The Interaction of Greek and non-Greek civilizations from Syria to Central Asia after Alexander* (London, 1987).

KURZWEIL, B. (ed.), *Yuval Shay: A Jubilee Volume, dedicated to S. Y. Agnon* (Ramat Gan, 1958, in Hebrew).

LABOURT, J., *Le Christianisme dans l'empire Perse sous la dynastie Sassanide* (Paris, 1904).

LANDER, J., *Roman Stone Fortifications: Variation and Change from the First Century AD to the Fourth* (BAR International Series 206, Oxford, 1984).

LANG, D. M., *The Georgians* (London–New York, 1966).

LAUFFRAY, J., *Halabiyya-Zenobia: Place forte du limes oriental et la Haute-Mésopotamie au vi^e siècle*, i, *Les Duchés frontaliers de Mésopotamie et les fortifications de Zenobia* (Paris, 1983).

LAUTERBACH, J. Z., *Mekilta de-Rabbi Ishmael* (Philadelphia, 1933–5).

LE BAS, P., and WADDINGTON, H., *Inscriptions grecques et latines recueillies en Grèce et en Asie Mineure*, iii (Paris, 1870).

LEPPER, F. A., *Trajan's Parthian War* (Oxford, 1948).

LEVI, A. and M., *Itineraria Picta: Contributo alla studio della Tabula Peutingeriana* (Rome, 1967).

LEVICK, B. M., *Roman Colonies in Southern Asia Minor* (Oxford, 1967).

LEWIS, A. SMITH, *The Forty Martyrs of The Sinai Desert and the Story of Eulogios: From a Palestinian Syriac and Arabic Palimpsest* (Cambridge, 1912).

LEWIS, B., *History, Remembered, Recovered, Invented* (Princeton, 1975).

LEWIS, N. N., *Nomads and Settlers in Syria and Jordan 1800–1980* (Cambridge, 1987).

LEWIS, N., *Inventory of Compulsory Services* (American studies in Papyrology 3, Toronto, 1968).

LIDDELL HART, B. H., *T. E. Lawrence: In Arabia and After* (London, 1934, repr. 1965).

—— *Strategy, The Indirect Approach* (London, ^{3}1954).

LIEBESCHUETZ, J. H. G. W., *Antioch: City and Imperial Administration in the Later Roman Empire* (Oxford, 1972).

LINDER, A., *Roman Imperial Legislation on the Jews* (Jerusalem, 1983, in Hebrew).

LITTMANN, E., MAGIE, D., and STUART, D. R., *Publications of the Princeton University Archaeological Expeditions to Syria in 1904–5 and 1909*, iii, *Greek and Latin Inscriptions* (1921).

LUTTWAK, E. N., *The Grand Strategy of the Roman Empire, from the First Century AD to the Third* (Baltimore and London, 1976).

MA'OZ, M., *Ottoman Reform in Syria and Palestine, 1840–1861* (Oxford, 1968).

—— (ed.), *Studies on Palestine during the Ottoman Period* (Jerusalem, 1975).

MACADAM, H. I., *Studies in the History of the Roman Province of Arabia: the Northern Sector* (BAR International Series 295, Oxford, 1986).

MACDONALD, B., *Wadi El-Hasa Survey* (Wilfred Lauvier University, Waterloo, 1988).

MCDOWELL, R. H., *Coins from Seleucia on the Tigris* (Ann Arbor, 1935).

MACKENSEN, M., *Resafa, i, eine befestigte spätantike Anlage vor den Stadtmauern von Resafa* (Mainz am Rhein, 1984).

MACMULLEN, R., *Soldier and Civilian in the Later Roman Empire* (Cambridge, Mass., 1963).

MAENCHEN-HELFEN, J. O., *The World of the Huns: Studies in their History and Culture*, ed. M. Knight (Berkeley and Los Angeles, 1973).

MAGIE, D., *Roman Rule in Asia Minor to the End of the Third Century after Christ*, 2 vols. (Princeton, 1950).

MAKHOULY, N., and JOHNS, C. N., *Guide to Acre* (Jerusalem, 1946).

MANN, J. C., *Legionary Recruitment and Veteran Settlement during the Principate*, ed. M. M. Roxan (London, 1983).

MARICQ, A., *Classica et Orientalia* (Paris, 1965).

MARX, E., *Bedouin of the Negev* (New York, 1967).

MATTINGLY, H., *Coins of the Roman Empire in the British Museum*, v (second edn., London, 1975).

MAXFIELD, V. A., *The Military Decorations of the Roman Army* (London, 1981).

MAZAR, B., *The Excavations in the Old City of Jerusalem: Preliminary Report of the First Season, 1968* (Jerusalem, 1969).

—— (ed.), *Geva: Archaeological Discoveries at Tell Abu-Shushah, Mishmar Ha'emeq* (Tel Aviv, 1988, in Hebrew).

MESHORER, Y., *City-Coins of Eretz-Israel and the Decapolis in the Roman Period* (Jerusalem, 1985).

——*Jewish Coins of the Second Temple Period* (Jerusalem, 1967).

MICHAŁOWSKI, K., *Palmyre, Fouilles polonaises 1961* (contains: Première partie: camp de Dioclétien) (Warsaw, 1963).

MILLAR, F., *A Study of Cassius Dio* (Oxford, 1964).

—— *The Emperor in the Roman World* (London, 1977).

—— *The Roman Empire and its Neighbours* (London, ²1981).

MILLER, J. INNES, *The Spice Trade of the Roman Empire* (Oxford, 1969).

MILLER, S. S., *Studies in the History and Traditions of Sepphoris* (Leiden, 1984).

MITCHELL, S. (ed.), *Armies and Frontiers in Roman and Byzantine Anatolia* (BAR International Series 156, Oxford, 1983).

MITTMANN, S., *Beiträge zur Siedlungsgeschichte des nordlichen Ostjordanlandes* (Wiesbaden, 1970).

MÓCSY, A., *Gesellschaft und Romanisation in der römischen Provinz Moesia Superior* (Budapest, 1970).

———— *Pannonia and Upper Moesia: A History of the Middle Danube Provinces of the Empire* (London, 1974).

MONGAIT, A. L., *Archaeology in the U.S.S.R.*, trans. M. W. Thompson (Pelican, 1961).

MONTGOMERY, J. A., *The Samaritans* (Philadelphia, 1907).

MOUTERDE, R., *Regards sur Beyrouth, phénicienne, hellénistique et romaine* (Beirut, 1952, repr. 1966).

MOUTERDE, R., and LAUFFRAY, J., *Beyrouth ville romaine* (Beirut, 1952).

MURPHY, G. J., *The Reign of the Emperor L. Septimius Severus from the Evidence of the Inscriptions* (Philadelphia, 1945).

MUSIL, A., *Arabia Petraea*, 3 vols. (Vienna, 1907–8).

—— *Arabia Deserta* (New York, 1927).

—— *The Middle Euphrates* (New York, 1927).

—— *The Northern Heğaz: A Topographical Itinerary* (New York, 1926).

—— *The Manners and Customs of the Rwala Bedouin* (New York, 1928).

NAU, F., *Les Arabes chrétiens de Mésopotamie et de Syrie du VIe au VIIe siècle* (Paris, 1933).

NÖLDEKE, T. (trans. and comm.), *Geschichte der Perser und Araber zur Zeit der Sasaniden aus der arabischen Chronik des Tabari* (Leiden, 1879).

OATES, D., *Studies in the Ancient History of Northern Iraq* (London, 1968).

OERTEL, F., *Die Liturgie: Studien zur Ptolemäischen und Kaiserlichen Verwaltung Ägyptens* (Leipzig, 1917).

OGILVIE, R. M., and RICHMOND, I. A. (eds.), *Agricola* (Oxford, 1967).

OLINDER, G., *The Kings of Kinda* (Lund, 1927).

OPPENHEIM, M. VON, *Vom Mittelmeer zum Persischen Golf*, 2 vols. (Berlin, 1899–1900).

OPPENHEIMER, A. in collaboration with ISAAC, B. and LECKER, M., *Babylonia Judaica in the Talmudic Period*, Beihefte zum Tübinger Atlas des Vorderen Orients, B, 47 (Wiesbaden, 1983).

PARKER, H. M. D., *The Roman Legions* (repr. Cambridge, 1958).

PARKER, S. T., *Romans and Saracens, A History of the Arabian Frontier* (ASOR, Dissertation Series, 1986).

—— (ed.), *The Roman Frontier in Central Jordan: Interim Report on the Limes Arabicus Project, 1980–85*, 2 vols. (BAR International Series 340, Oxford, 1987).

PEKÁRY, T., *Untersuchungen zu den römischen Reichsstrassen* (Bonn, 1968).

PERKINS, A., *The Art of Dura Europos* (Oxford, 1973).

PETIT, P., *Libanius et la vie municipale à Antioche au IVe siècle après J.-C.* (Paris, 1955).

PFLAUM, H.-G., *Les Carrières procuratoriennes équestres sous l'Haut-Empire romain* (Paris, 1960–1).

PISTORIUS, P. V., *Indices Antinoopolitani* (diss. Leiden, 1939).
POIDEBARD, A., *La trace de Rome dans le désert de Syrie*, 2 vols. (Paris, 1934).
—— and MOUTERDE, P., *Le limes de Chalcis* (Paris, 1945).
PORTER, J., *Five Years in Damascus* (second edn., London, 1870).
PRENTICE, W. K., *Publications of an American Archaeological Expedition to Syria, 1899-1900*, iii, *Greek and Latin Inscriptions* (New York, 1908).
RABAN, A. (ed.), *Harbour Archaeology: Proceedings of the First International Workshop on ancient Mediterranean Harbours* (BAR International Series 257, Oxford, 1985).
RAJAK, T., *Josephus: The Historian and His Society* (London, 1983).
REISNER, G. A., FISCHER, C. S., and LYON, D. GORDON, *Harvard Excavations at Samaria (1908-1910)*, 2 vols. (Cambridge, Mass., 1924).
REY-COQUAIS, J.-P., *Arados et sa perée* (Paris, 1974).
—— *Arados et sa perée aux époques grecque, romaine et byzantine* (Paris, 1974).
REYNOLDS, J., *Aphrodisias and Rome* (JRS monographs 1, 1982).
RHOADS, D. M., *Israel in Revolution: 6-74 CE* (Philadelphia, 1976).
RICHMOND, I. A., *Roman and Native in North Britain* (London, 1958).
—— *Trajan's Army on Trajan's Column* (PBSR, 1935, ²1982).
RICKMAN, G., *Roman Granaries and Storage Buildings* (Cambridge, 1971).
ROBERT, L., *Études anatoliennes* (Paris, 1937).
—— *Les gladiateurs dans l'Orient grec* (1940, repr. Amsterdam, 1971).
ROSENBERGER, M., *City Coins of Palestine*, ii (Jerusalem, 1975); iii (1977).
ROSTOVTZEFF, M., *The Social and Economic History of the Hellenistic World*, 3 vols. (Oxford, 1941).
—— *Caravan Cities* (trans. by D. and T. Talbot Rice, Oxford, 1932).
—— *The Social and Economic History of the Roman Empire*, 2 vols. (second edn., revised by P. M. Fraser, Oxford, 1957).
—— et al., *The Excavations at Dura Europos: Preliminary Reports* (New Haven, 1929-56).
—— et al., *The Excavations at Dura Europos: Final Report* (New Haven, 1943-69; Los Angeles, 1977).
ROTHENBERG, B., *Tsephunot Negev* (In Hebrew: *Negev, Archaeology in the Negev and the Arabah*) (Jerusalem, 1967).
ROTHSTEIN, G., *Die Dynastie der Lahmiden in al-Hira* (Berlin, 1899).
ROUGÉ, J. (ed. and trans.), *Expositio Totius Mundi et Gentium: Introduction, texte critique, traduction, notes et commentaire* (Sources chrétiennes 124, Paris, 1966).
ROXAN, M. M., *Roman Military Diplomas 1954-1977* (London, 1978).
—— *Roman Military Diplomas 1978-1984* (London, 1985).
RUBIN, Z., *Civil-War Propaganda and Historiography* (Brussels, 1980).
STE CROIX, G. E. M. DE, *The Class Struggle in the Ancient Greek World from the Archaic Age to the Arab Conquests* (London, 1981).
SAHIN, S., *Die Inschriften von Iznik*, i (Bonn, 1979).
SALMON, E. T., *Roman Colonization under the Republic* (London, 1969).
SALWAY, P., *Roman Britain* (Oxford, 1981).
SALZMAN, P. C. (ed.), *When Nomads Settle* (New York, 1980).

SARRE, F., and HERZFELD, E., *Archäologische Reise im Euphrat-und Tigris-Gebiet*, 4 vols. (Berlin, 1911–20).

SARTRE, M., *Trois études sur l'Arabie romaine et byzantine* (Brussels, 1982).

—— *Bostra, des origines à l'Islam* (Paris, 1985).

SCHÄFER, P., *Der Bar Kokhba Aufstand* (Tübingen, 1981).

SCHIFF, Z., and YA'ARI, E., *Israel's Lebanon War* (second edn., London, 1986).

SCHLUMBERGER, D., *La Palmyrène du Nord-ouest* (Paris, 1951).

SCHUMACHER, G., *Across the Jordan, being an Exploration and Survey of Part of Hauran and Jaulan* (London, 1866).

SCHUR, W., *Die Orientpolitik des Kaisers Nero* (Klio, Beiheft 15/2 [1923]).

SCHÜRER, E., *Geschichte des jüdischen Vokes im Zeitalter Jesu Christi*, 3 vols. (Leipzig, 1901–9, repr. Hildesheim, 1970).

—— *The History of the Jewish People in the Age of Jesus Christ (175 BC–AD 135), A New English Version*, revised and edited by G. Vermes, F. Millar, M. Black, and M. Goodman, vols. i–iii. 2 (Edinburgh, 1973–87).

SCHWABE, M., and LIFSHITZ, B., *Beth She'arim, ii, The Greek Inscriptions* (Jerusalem, 1974).

SEDGLEY, J. P., *The Roman Milestones of Britain* (BAR 18, Oxford, 1975).

SEECK, O., *Geschichte des Untergangs der antiken Welt* (Berlin, 1920–21).

SEGAL, A., *The Byzantine City of Shivta (Esbeita), Negev Desert, Israel* (BAR International Series 179, Oxford, 1983).

SEGAL, J. B., *Edessa: 'The Blessed City'* (Oxford, 1970).

SESTON, W., *Dioclétien et la tétrarchie, i, Guerres et réformes (284–300)* (Paris, 1946).

SEYRIG, H., *Antiquités syriennes*, 4 vols. (Paris, 1934–65).

SHAHÎD, I., *Rome and the Arabs: A Prolegomenon to the Study of Byzantium and the Arabs* (Washington, 1984).

—— *Byzantium and the Arabs in the Fourth Century* (Washington, 1984).

SHERWIN-WHITE, A. N., *The Roman Citizenship* (second edn., Oxford, 1973).

SIDEBOTHAM, S. E., *Roman Economic Policy in the Erythra Thalassa 30 BC–AD 217* (Leiden, 1986).

SIMONS, J., *Jerusalem in the Old Testament* (Leiden, 1952).

SKEAT, T. C., *Papyri from Panopolis in the Chester Beatty Library, Dublin* (Dublin, 1964).

SMAIL, R. C., *Crusading Warfare* (Cambridge, 1956).

SMALLWOOD, E. M., *Documents Illustrating the Principates of Nerva, Trajan and Hadrian* (Cambridge, 1966).

—— *The Jews under Roman Rule from Pompey to Diocletian: A Study in Political Relations* (Leiden, 1981).

SPEIDEL, M., *Guards of the Roman Provinces: an Essay on the Singulares of the Provinces* (Bonn, 1978).

SPIJKERMAN, A., *The Coinage of the Decapolis and the Provincia Arabia* (Jerusalem, 1979).

STAEHELIN, F., *Die Schweiz in römischer Zeit* (third edn., Basle, 1948).

STARCKY, J., and GAWLIKOWSKI, M., *Palmyre* (Paris, 1985).

STARR, C. G., *The Roman Imperial Navy, 31 BC–AD 324* (second edn., Cambridge, 1960).

STEIN, E., *Histoire du Bas-Empire*, 2 vols. (Paris, 1949).

STEMBERGER, G., *Juden und Christen im Heiligen Land: Palästina unter Konstantin und Theodosius* (Munich, 1987).

STERN, M., *Greek and Latin Authors on Jews and Judaism*, 3 vols. (Jerusalem, 1974–84).

SUKENIK, E. L., and MAYER, L. A., *The Third Wall of Jerusalem: An Account of Excavations* (Jerusalem, 1930).

SWEET, L. E. (ed.), *Peoples and Cultures of the Middle East*, 2 vols. (New York, 1970).

SWOBODA, E., *Carnuntum: Seine Geschichte und seine Denkmäler* (Graz–Cologne, fourth edn., 1964).

SWOBODA, R. (ed.), *Corolla Memoriae Erich Swoboda Dedicata* (Graz–Cologne, 1966).

SYME, R., *Tacitus*, 2 vols. (Oxford, 1958).

—— *Ammianus and the Historia Augusta* (Oxford, 1968).

—— *Emperors and Biography: Studies in the Historia Augusta* (Oxford, 1971).

—— *Historia Augusta Papers* (Oxford, 1983).

TCHALENKO, G., *Villages antiques de la Syrie du nord*, 3 vols. (Paris, 1953).

TCHERIKOVER, V., FUKS, A., and STERN, M., *Corpus Papyrorum Judaicarum*, 3 vols. (Cambridge, Mass. and Jerusalem, 1957–64).

TEIXIDOR, J., *Un port romain du désert: Palmyre* (Paris, 1984 = *Semitica* xxxiv).

THOMSEN, P., *Die griechischen und lateinischen Inschriften der Stadt Jerusalem* (Leipzig, 1922).

TODD, M., *Roman Britain, 55 BC–AD 400* (Sussex, 1981).

TOUMANOFF, C., *Studies in Christian Caucasian History* (Washington, DC, 1963).

TRIMINGHAM, J. S., *Christianity Among the Arabs in Pre-Islamic Times* (London, 1979).

TSAFRIR, Y., *Eretz Israel from the Destruction of the Second Temple to the Muslim Conquest*, ii, *Archaeology and Art* (Jerusalem, 1984, in Hebrew).

TYLER, P., *The Persian Wars of the 3rd Century AD and Roman Imperial Monetary Policy, AD 253–68*, Historia Einzelschriften, Heft 23 (Wiesbaden, 1975).

ULBERT, T:, *Resafa*, ii, *Die Basilika des heiligen Kreuzes in Resafa-Sergiupolis* (Mainz am Rhein, 1986).

UNZ, C. (ed.), *Studien zu den Militärgrenzen Roms III, 13. Internationaler Limeskongress, Aalen 1983, Vorträge* (Stuttgart, 1986).

VINCENT, L. H., and ABEL, F.-M., *Emmaüs, sa basilique et son histoire* (Paris, 1932).

—— and STÈVE, A.-M., *Jérusalem de l'Ancien Testament: recherches d'archéologie et d'histoire*, 3 vols. and pls. (Paris, 1954–6).

VITTINGHOFF, F., *Römische Kolonisation und Bürgerrechtspolitik unter Caesar und Augustus* (Wiesbaden, 1952).

VOGÜÉ, C. J. M. DE, *Syrie centrale: architecture civile et réligieuse du Ier siècle*, 2 vols. (Paris, 1865–77).

WACHER, J. (ed.), *The Roman World*, 2 vols. (London and New York, 1987).

Waddington: LE BAS, P., and WADDINGTON, W. H., *Inscriptions grecques et latines recueillies en Grèce et en Asie Mineure*, ii (Paris, 1870).

WAGNER, J., *Die Römer an Euphrat und Tigris*, Antike Welt (Sondernummer) 16 (1985).

——*Seleukia am Euphrat–Zeugma*, Beiträge zum Tübinger Atlas des Vorderen Orients (Wiesbaden, 1976).

WALSER, G., *Der Briefwechsel des L. Munatius Plancus mit Cicero* (Basle, 1957).

——and PEKÁRY, T., *Die Krise des Römischen Reiches: Bericht über die Forschungen zur Geschichte des 3. Jahrhunderts (193–284 N. Chr.) von 1939 bis 1959* (Berlin, 1962).

WARMINGTON, E. H., *The Commerce Between the Roman Empire and India* (Cambridge, 1928).

WATERMAN, L., et al., *Preliminary Report of the University of Michigan Excavations at Sepphoris* (Ann Arbor, 1937).

WATSON, G. R., *The Roman Soldier* (London, 1964).

WEBER, W., *Untersuchungen zur Geschichte des Kaisers Hadrianus* (Leipzig, 1909).

WEBSTER, G., *The Roman Imperial Army* (London, 1969; ³1985).

——*Boudicca: The British Revolt against Rome AD 60* (London, 1978).

WEISSLEDER, W. (ed.), *The Nomadic Alternative: Modes and Models of Interaction in the African-Asian Deserts and Steppes* (The Hague, 1978).

WELLES, C. B., FINK, R. O., and GILLIAM, J. F., *The Excavations at Dura-Europos*, Final Report V, Part I, *The Parchments and Papyri* (New Haven, 1959).

WELLS, C. M., *The German Policy of Augustus* (Oxford, 1972).

WETZSTEIN, J. G., *Reisebericht über Hauran und die Trachonen* (Berlin, 1860).

WHEELER, E. L., *Flavius Arrianus: a Political Biography* (Diss. Duke University, 1977).

WHEELER, R. E. M., *Rome Beyond the Imperial Frontiers* (London, 1954).

WHITCOMB, D., *Aqaba: 'Port of Palestine on the China Sea'* (Amman; booklet published in conjunction with an exhibition at the Oriental Institute, University of Chicago, 1988).

WIEGAND, T., et al., *Palmyra* (Berlin, 1932).

WILKES, J. J., *Dalmatia* (London, 1969).

WILKINSON, J. (trans.), *Egeria's Travels to the Holy Land* (Jerusalem, ²1981).

WINFIELD, D., *The Byzantine Monuments and the Topography of the Pontos*, 2 vols. (Washington, DC, 1985).

WINNETT, F. V., and HARDING, G. LANKASTER, *Inscriptions from Fifty Safaitic Cairns* (Toronto, 1978).

WÖRRLE, M., *Stadt und Fest im kaiserzeitlichen Kleinasien* (Munich, 1988).

WOOLLEY, L., and LAWRENCE, T. E., *The Wilderness of Zin* (London, 1914–15).

WRIGHT, W., *The Chronicle of Joshua the Stylite Composed in Syriac AD 507, with a Translation into English and Notes* (Cambridge, 1882).

WROTH, W., *Catalogue of the Greek Coins in the British Museum: Galatia, Cappadocia, and Syria* (repr. Bologna, 1964).
WULZINGER, K., and WATZINGER, C., *Damaskus: die antike Stadt* (Berlin–Leipzig, 1921).
YARSHATER, E. (ed.), *The Cambridge History of Iran*, vol. 3 (i and ii), *The Seleucid, Parthian and Sasanian Periods* (Cambridge, 1983).
YAVETZ, Z., *Julius Caesar and His Public Image* (London, 1983, trans. from the German edn. 1979).
—— *Augustus: The Victory of Moderation* (Tel Aviv, 1988, in Hebrew).
ZÁBA, Z., *The Rock Inscriptions of Lower Nubia* (Prague, 1974).
ZIEGLER, K.-H., *Die Beziehungen zwischen Rom und dem Partherreich: ein Beitrag zur Geschichte des Völkerrechts* (Wiesbaden, 1964).

文　章

ABEL, F.-M., 'Chronique: (1) Nouvelle inscription de la Vᵉ légion Macedonique', *RB* 35 (1926), 421–4.
—— 'L'île de Jotabè', *RB* 47 (1938), 510–38.
ADAMS, W. Y., 'Primis and the "Aethiopian" Frontier', *JARCE* 20 (1983), 93–104.
AGGOULA, B., 'Remarques sur les inscriptions Hatréennes, xii', *Syria* 63 (1986), 353–74.
AHARONI, Y., 'The Roman Road to Aila (Elath)', *IEJ* 4 (1954), 9–16.
—— 'Tamar and the Roads to Elath', *IEJ* 13 (1963), 30–42.
AL-KHALAF, M., and KOHLMEYER, K., 'Untersuchungen zur ar-Raqqa–Nikephorion/Callinicum', *Damaszener Mitteilungen* 2 (1985), 132–62.
ALFÖLDI, A., 'Die Hauptereignisse der Jahre 253–261 N. Chr. im Orient im Spiegel der Münzprägung', *Berytus* 4 (1937), 41–68 = *Studien zur Geschichte der Weltkrise des 3. Jahrhunderts nach Christus* (1967), 123–54.
—— 'Die römische Münzpragung und die historischen Ereignisse im Osten zwischen 260 und 270 n. Chr.', *Berytus* 5 (1938), 47 = *Studien zur Geschichte der Weltkrise des 3. Jahrhunderts nach Christus* (1967), 155.
—— 'Epigraphica, iv, Die Latrunculi der Bauinschriften der unter Commodus gebauten burgi et praesidia', *Archaeologiai Értesítö* 3/2 (1941), 40–48.
ALFÖLDY, G., 'Die Generalität des römischen Heeres', *BJb* 169 (1969), 233–46 = *Römische Heeresgeschichte*, 3–18.
AL-SALIHI, W. I., 'Mesene's Bronze Statue of "Weary Hercules"', *Sumer* 43 (1984), 219–29.
ALT, A., 'Aus der 'Araba, ii–iv', *ZDPV* 58 (1935), 1–78.
—— 'Jerusalems Aufstieg', *Kleine Schriften zur Geschichte des Volkes Israel* iii (1959), 243.
AMER, G., and GAWLIKOWSKI, M., 'Le sanctuaire impérial de Philippopolis', *Damaszener Mitteilungen* 2 (1985), 1–16.
AMIRAN, R., and EITAN, A., 'Excavations in the Courtyard of the Citadel, Jerusalem, 1968–1969 (Preliminary Report)', *IEJ* 20 (1970), 9–17.

—— —— 'Herod's Palace', *IEJ* 22 (1972), 50 f.

ANDERSON, A. R., 'Alexander at the Caspian Gates', *TAPA* 59 (1928), 130–7.

APPLEBAUM, S., 'Hellenistic Cities of Judaea and its Vicinity—some New Aspects', in *The Ancient Historian and his Materials: Essays in Honour of C. E. Stevens*, ed. B. Levick (1975), 59–63.

—— 'The Initial date of the Limes Palaestinae', *Zion* 27 (1962), 1–10 (in Hebrew, English summary).

—— 'The Zealots: The Case for Revaluation', *JRS* 61 (1971), 156–70.

—— 'Judaea as a Roman Province', *ANRW* ii. 8, 355–96.

—— DAR, S., and SAFRAI, Z., 'The Towers of Samaria', *PEQ* 110 (1978), 91–100.

ARIEL, D. T., 'A Survey of Coin Finds in Jerusalem', *Liber Annuus* 32 (1982), 273–326.

ASMUSSEN, J. P., 'Christians in Iran', *Cambridge History of Iran*, iii. 2 (1983), 924–48.

AVIGAD, N., 'A Building Inscription of the Emperor Justinian and the Nea in Jerusalem', *IEJ* 27 (1977), 145–51.

AVI-YONAH, M., 'Greek and Latin Inscriptions in the Museum', *QDAP* 2 (1933), 120–3.

—— 'Greek and Latin Inscriptions from Jerusalem and Beisan', *QDAP* 8 (1938–9), 54–61.

—— "Newly Discovered Greek and Latin Inscriptions', *QDAP* 12 (1946), 84–102.

—— 'The Samaritan Revolts against Byzantium', *Eretz-Israel* 5 (1956), 127–32 (in Hebrew).

—— 'The Latin Inscription from the Excavations in Jerusalem', in B. Mazar, *The Excavations in the Old City of Jerusalem: Preliminary Report of the First Season, 1968* (Jerusalem, 1969), 22–4.

BAATZ, D., 'The Hatra Ballista', *Sumer* 33 (1977), 141–52.

BAGNALL, R., 'Army and Police in Roman Upper Egypt', *JARCE* 14 (1977), 67–86.

—— 'Upper and Lower Guard Posts', *CE* 57 (1982), 125–8.

BAHAT, D., 'A Roof Tile of the Legio VI Ferrata and Pottery Vessels from Horvat Hazon', *IEJ* 24 (1974), 160–9.

BAILLIE REYNOLDS, P. K., 'The Troops Quartered in the Castra Peregrinorum', *JRS* 13 (1923), 168–89.

BALDUS, H. R., 'Syria', in A. M. Burnett and M. H. Crawford (eds.), *The Coinage of the Roman World in the Late Republic: Proceedings of a colloquium held at the British Museum in September 1985* (BAR International Series 326, Oxford, 1987).

BALTY, J. CH., 'Apamée (1986): Nouvelles données sur l'armée romaine d'Orient et les raids sassanides du milieu du IIIᵉ siècle', *CRAI* (1987), 213–41.

BALTY, J. and J. CH., 'Apamée de Syrie, archéologie et histoire I. Des origines à la Tétrarchie', *ANRW* ii. 8, 103–34.

BANNING, E. B., 'Peasants, Pastoralists and *Pax Romana*: Mutualism in the Southern Highlands of Jordan', *BASOR* 261 (1986), 25–50.

—— 'De Bello Paceque', *BASOR* 265 (1987), 52–4.

—— and KÖHLER-ROLLEFSON, I., 'Ethnoarchaeological Survey in the Beidha Area, Southern Jordan', *ADAJ* 27 (1983), 375–83.

BAR-ADON, P., 'Sinnabra and Beth Yerah in the Light of the Sources and Archaeological Finds', *Eretz-Israel* 4 (1956), 50–5 (in Hebrew).

BARAG, D., 'The Countermarks of the *Legio Decima Fretensis* (Preliminary Report)', *International Numismatic Convention, Jerusalem, 27–31 December 1963* (Tel Aviv, 1967), 117–25.

—— 'Brick Stamp-Impressions of the Legio X Fretensis', *BJb* 167 (1967), 244–67.

BARNES, T. D., 'Imperial Campaign, AD 285–311', *Phoenix* 30 (1976), 74–93.

BARTHOLOMEW, P., 'Fourth-Century Saxons', *Britannia* 15 (1984), 169–85.

BAUZOU, T., 'Les voies de communication dans le Hauran à l'époque romaine', in J.-M. Dentzer (ed.), *Hauran i* (Paris, 1985), 137–65.

—— 'Deux milliaires inédits de Vaballath en Jordanie du Nord', *DRBE*, 1–8.

BEAUCAMP, J., 'Rawwafa et les Thamoudéens', *SDB* ix (1979), 1467–75.

BEIT-ARIEH, Y., 'Horvat 'Uzza—A Border Fortress in the Eastern Negev', *Qadmoniot* 19 (1986), 31–40 (in Hebrew).

BELL, H. I., 'Antinoopolis: A Hadrianic Foundation', *JRS* 30 (1940), 133.

BELLAMY, A., 'A New Reading of the Namarah Inscription', *JAOS* 105 (1985), 31–48.

BELLINGER, A. R., and WELLES, C. B., 'A Third Century Contract of Sale from Edessa in Osrhoene', *YCS* 5 (1935), 95–154.

BEN DOR, S., 'Petra Colonia', *Berytus* 9 (1948–9), 41–3.

—— 'Quelques rémarques à propos d'une monnaie de Néapolis', *RB* 59 (1952), 251 f.

BEN-DOV, M., 'The Crusader Fortress at Latrun', *Qadmoniot* 7 (1974), 117–20 (in Hebrew).

BERCHEM, D. VAN, 'L'annone militaire dans l'empire romain au IIIème siècle', *Mém. de la soc. nat. des antiquaires de France* 8/10 (1937), 117–202.

—— 'Recherches sur la chronologie des enceintes', *Syria* 31 (1954), 254–70.

—— 'Le premier rempart de Palmyre', *CRAI* 1970, 231–7.

—— 'Le plan de Palmyre', *Palmyre: Bilan et perspectives: Colloque Strasbourg 1973* (1976), 168–70.

—— 'Armée de frontière et armée de manoeuvre: alternative stratégique ou politique?' *SMR* ii (1977), 541–43.

—— 'Une inscription flavienne du Musée d'Antioche', *Museum Helveticum* 40 (1983), 185–96.

—— 'Le port de Séleucie de Piérie et l'infrastructure logistique des guerres parthiques', *BJb* 185 (1985), 47–87.

BERTINELLI, M. G. A., 'I Romani oltre l'Eufrate nel II Sec. d. C.', *ANRW* ii. 9, 3–69.

BIERS, W., 'Water from Stymphalos?', *Hesperia* 47 (1978), 171–84.

BINGEN, J., 'Un dédicace de marchands palmyréniens à Coptos', *CE* 59 (1984), 355–8.

BIRLEY, A., 'Roman Frontier Policy under Marcus Aurelius', *Roman Frontier Studies 1967* (1971), 7–13.

—— 'Die Aussen- und Grenzpolitik unter der Regierung Marc Aurels', in R. Klein (ed.), *Marc Aurel* (1979), 473–502.

BIRLEY, E., 'Hadrianic Frontier Policy', in E. Swoboda (ed.), *Carnuntina: Vorträge beim 2. internationalen Kongress der Altertumsforscher, Carnuntum 1955* (Graz–Cologne, 1956), 25–33.

BISHEH, G., in *Studies in the History and Archaeology of Jordan*, ii (1985), 263–5.

BIVAR, A. D. H., 'The Political History of Iran under the Arsacids', *Cambridge History of Iran* iii. 1 (1983), 21–99.

BLOCKLEY, R. C., 'The Division of Armenia between the Romans and the Persians at the End of the Fourth Century AD', *Historia* 36 (1987), 222–34.

BLOEMERS, J. H. F., 'Twenty-Five Years ROB Research in Roman Limburg', *Berichten van de Rijksdienst voor het Oudheidkundig Bodemonderzoek* 23 (1973), 238–42.

—— 'Periferie in Pre- en Protohistorie' (Inaugural Lecture, IPP Publication, no. 318, Amsterdam, 1983).

BOGAERS, J. E., 'Forum Hadriani', *BJb* 164 (1964), 45–52.

—— 'Civitates und Civitas-Hauptorte in der nördlichen Germania Inferior', *BJb* 172 (1972), 310–33.

BOSWORTH, A., 'Vespasian's Reorganization of the North-East Frontier', *Antichthon* 10 (1976), 63–78.

—— 'Arrian and the Alani', *HSCP* 81 (1977), 218–29.

BOSWORTH, C. E. 'Iran and the Arabs Before Islam', *Cambridge History of Iran*, iii. 1 (1983), 593–612.

BOWERSOCK, G. W., 'A Report on Arabia Provincia', *JRS* 61 (1971), 219–42.

—— 'Syria under Vespasian', *JRS* 63 (1973), 133–40.

—— 'The Greek-Nabataean Bilingual Inscription at Ruwwafa, Saudi Arabia', *Le monde grec: Hommages à Claire Préaux* (1975), 513–22.

—— 'A New Antonine Inscription from the Syrian Desert', *Chiron* 6 (1976), 349–55.

—— 'Limes Arabicus', *HSCP* 80 (1976), 219–29.

—— 'Mavia, Queen of the Saracens', *Studien zur antiken Sozialgeschichte: Festschrift F. Vittinghoff* (1980), 477–95.

—— 'Review of A. Spijkerman, *The Coins of the Decapolis and Provincia Arabia*, *JRS* 72 (1982), 197.

—— 'Roman Senators from the Near East: Syria, Judaea, Arabia, Mesopotamia', *Tituli* 5 (1982), 651–68.

—— 'Hadrian and Metropolis', *Bonner Historia-Augusta-Colloquium, 1982/3* (Bonn, 1985), 75–88.

—— 'Tylos and Tyre: Bahrain in the Graeco-Roman World', in S. H. A. Al Khalifa and M. Rice (eds.), *Bahrain through the Ages: the Archaeology* (1986), 399–406.

——'Arabs and Saracens in the *Historia Augusta*', *Bonner Historia-Augusta-Colloquium 1984/5* (Bonn, 1987), 71–80.

——Review of S. E. Sidebotham, *Roman Economic Policy*, and of H. I. MacAdam, *Studies . . .*, *CR* 38 (1988), 101–4.

——'The Three Arabias in Ptolemy's Geography', *Géographie historique au Proche-Orient* (1988), 47–53.

BOWSHER, J., 'The Frontier Post of Medain Saleh', *DRBE*, 23–9.

BRAUND, D., 'The Caucasian Frontier: Myth, Exploration and the Dynamics of Imperialism', *DRBE*, 31–49.

BREEZE, D. J., 'Roman Forces and Native Populations', *Proc. Soc. Antiq. Scotland* 115 (1985), 223–8.

BRENNAN, P., 'Combined Legionary Bridgehead Dispositions', *Chiron* 10 (1980), 554–67.

BRIDEL, P., and STUCKY, R. A., 'Tel al Hajj, place forte du limes de l'Euphrate aux i^{er} et ive s. ap. J.-C.', in J. Cl. Margueron (ed.), *Le Moyen Euphrate, zone de contacts et d'échanges* (Leiden, 1980), 349–52.

BROCK, S., 'Syriac Sources for Seventh-Century History', *Byzantine and Modern Greek Studies* 2 (1976), 17–36.

BRULET, R., 'Estampilles de la IIIe légion Cyrénaïque à Bostra', *Berytus* 32 (1984), 175–9.

BRUNT, P. A., 'Charges of Provincial Maladministration under the Early Principate', *Historia* 10 (1961), 189–223.

——Review of H. D. Meyer, *Die Aussenpolitik des Augustus und die augusteische Dichtung*, *JRS* 53 (1963), 170–6.

——'Conscription and Volunteering in the Roman Imperial Army', *SCI* 1 (1974), 90–115.

——"Did Imperial Rome Disarm her Subjects?', *Phoenix* 29 (1975), 260–70.

——'Josephus on Social Conflicts in Roman Judaea', *Klio* 59 (1977), 149–53.

——'Laus Imperii', in P. D. A. Garnsey and C. R. Whittaker (eds.), *Imperialism in the Ancient World* (1978), 159–91.

CAGNAT, R., 'Une inscription relative à la reine Bérénice', *Musée Belge* 33 (1928), 157–67.

CAMPBELL, B., 'Teach Yourself How to be a General', *JRS* 77 (1987), 13–29.

CAMPBELL, D. B., 'What Happened at Hatra? The Problems of Severan Siege Operations', *DRBE*, 51–8.

——'Auxiliary Artillery Revisited', *BJb* 186 (1986), 117–32.

CANTINEAU, J., 'Textes palmyréniens du Temple de Bêl', *Syria* 12 (1931), 116–41.

CAQUOT, A., 'Nouvelles inscriptions Araméennes de Hatra', *Syria* 30 (1953), 235.

CASKEL, W., 'The Bedouinization of Arabia', in G. E. von Grunebaum (ed.), *Studies in Islamic Cultural History* (1954), 36–46.

CHAUMONT, M.-L., 'L'Arménie entre Rome et l'Iran, i, de l'avènement d'Auguste à l'avènement de Dioclétien', *ANRW* ii. 9 (1976), 71–194.

——'A propos de la chute de Hatra et du couronnement de Shapur Ier', *Acta Antiqua Academiae Scientiarum Hungaricae* 27 (1979), 217–37.

——'Un document méconnu concernant l'envoi d'un ambassadeur Parthe vers Septime Sévère (P. Dura 60B)', *Historia* 36 (1987), 422–47.

CHEVALLIER, R., 'Cité et territoire: Solutions romaines aux problèmes de l'organisation de l'espace. Problématique 1948–73', *ANRW* ii (1974), 649–788.

CHURCHIN, L. A., '*Vici* and *Pagi* in Roman Spain', *REA* 98 (1985), 327–43.

CLERMONT-GANNEAU, C., 'Une dédicace de la légion Xe Fretensis à l'empereur Hadrien en Palestine', *Ét. d'Arch. Orientale* 2 (1897), 168–71.

——'Les inscriptions romaines de l'aqueduc de Jérusalem', *RAO* 4 (1901), 206–10.

——'Nouvelles inscriptions de Palestine', *RAO* 6 (1905), 182–203.

——'L'édit byzantin de Bersabée', *RB* NS 3 (1906), 412–32.

——'Inscriptions romaines d'Abila de Lysanias', *RAO* 2(1899), 35–43.

COHEN, G. M., 'The Hellenistic Military Colony—A Herodian Example', *TAPA* 103 (1972), 83–95.

COHEN, R., 'New Light on the Petra–Gaza Road', *Biblical Archaeologist* 45 (1982), 240–7.

——'Excavations at Moa 1981–85', *Qadmoniot* 20 (1987), 26–31 (in Hebrew).

COLES, R., 'The Barns Ostraka', *ZPE* 39 (1980), 126–31.

COLLART, P., 'Les milliaires de la Via Egnatia', *BCH* 100 (1976), 177–200.

COLLINGWOOD, R. G., 'The Purpose of the Roman Wall', *The Vasculum* 8 (1921), 4–9.

CONOLE, P., and MILNS, R. D., 'Neronian Frontier Policy in the Balkans', *Historia* 32 (1983), 82–200.

CONRAD, L. I., 'The *Qusūr* of Medieval Islam: Some Implications for the Social History of the Near East', *Al-Abhath: Journal of the Center for Arab and Middle East Studies, Faculty of Arts and Sciences, American University of Beirut* 29 (1981), 7–23.

——'*Kai elabon tēn hēran*: Aspects of the Early Muslim Conquests in southern Palestine', Paper read at the Fourth Colloquium on: From Jahiliyya to Islam, July 1987, Jerusalem (forthcoming).

CRESWELL, K. A. C., 'Fortification in Islam before AD 1250', *PBA* 38 (1952), 89–91.

CROKE, B., and CROW, J. G., 'Procopius and Dara', *JRS* 73 (1983), 132–59.

CROW, J. G., 'Dara, a Late Roman Fortress in Mesopotamia', *Yayla* 4 (1981), 12–20.

——'A Review of the Physical Remains of the Frontier of Cappadocia', *DRBE*, 77–91.

——'The Function of Hadrian's Wall and the Comparative Evidence of Late Roman Long Walls', *SMR* iii (1986), 724–9.

——and FRENCH, D. H., 'New Research on the Euphrates Frontier in Turkey', *Roman Frontier Studies 1979* (1980), 903–12.

CRUMMY, P., 'Colchester: the Roman Fortress and the Development of the Colony', *Britannia* 8 (1977), 65–105.

CUMONT, F., 'Le gouvernement de Cappadoce sous les Flaviens', *Académie royale de Belgique, Bulletin de la classe des lettres* (1905), 197–227.

—— 'Fragment de bouclier portant une liste d'étapes', *Syria* 6 (1925), 1–15.

DABROWA, E., 'Le limes anatolien et la frontière caucasienne au temps des Flaviens', *Klio* 62 (1980), 382–8.

—— 'Les rapports entre Rome et les Parthes sous Vespasien', *Syria* 58 (1981), 187–204.

—— 'The Frontier in Syria in the First Century AD', *DRBE*, 93–108.

DAGAN, Y., FISCHER, M., and TSAFRIR, Y., 'An Inscribed Lintel from Bet Guvrin', *IEJ* 35 (1985), 28–34.

DAN, Y., 'Palaestina Salutaris (Tertia) and its Capital', *IEJ* 32 (1982), 134–7.

DAR, S., 'Mount Hermon: An Ituraean Stronghold', *Cathedra* 33 (1984), 42–50 (in Hebrew).

—— and APPLEBAUM, S., 'The Roman Road from Antipatris to Caesarea', *PEQ* (1973), 91–9.

DAUPHIN, C., 'Dora-Dor: A Pilgrim Station on the Way to Jerusalem', *Cathedra* 29 (1983), 29–44 (in Hebrew).

DAVIES, R. W., 'Fronto, Hadrian and the Roman Army', *Latomus* 27 (1968), 75–95.

—— 'The Daily Life of the Roman Soldier under the Principate', *ANRW* i. 1 (1974), 299–338.

DE VRIES, B., 'Research at Umm el-Jimal, Jordan, 1972–77', *BASOR* 244 (1981), 53–72.

—— 'Umm El-Jimal in the First Three Centuries AD', *DRBE*, 227–41.

DENTZER, J.-M., 'Sondages près de l'arc Nabatéen à Bosrà', *Berytus* 32 (1984), 163–74.

DESANGES, J., 'Le statut et les limites de la Nubie romaine', *CE* 44 (1964), 139–47.

DEVIJVER, H., 'Equestrian Officers from the East', *EFRE*, 77–111.

DEVREESSE, R., 'Le Christianisme dans la péninsule sinaïtique, des origines à l'arrivée des Musulmans', *RB* 49 (1940), 216–20.

—— 'Arabes-Perses et Arabes-Romaines, Lakhmides et Ghassanides', *RB* 51 (1942), 263–307.

DOBSON, B., 'The Roman Army: Wartime or Peacetime Army?' in W. Eck and H. Wolff (eds.), *Heer und Integrationspolitik, Die römischen Militärdiplome als historische Quelle* (1986), 10–25.

DOMASZEWSKI, A. VON, 'Die politische Bedeutung der Religion von Emesa', *Archiv für Religionswissenschaft* 11 (1908), 223–42.

DOWNEY, G., 'Aurelian's Victory over Zenobia at Immae, AD 272', *TAPA* 81 (1950), 57–68.

DRIJVERS, H. J. W., 'Hatra, Palmyra und Edessa', *ANRW* ii. 8, 799–906.

DRURY, P. J., 'The Temple of Claudius at Colchester Reconsidered', *Britannia* 15 (1984), 7–50.

DUNAND, M., 'La strata Diocletiana', *RB* 40 (1931), 227–47.

——'La voie romaine du Ledjâ', *Mémoires présentés par divers savants à l'Académie des Inscriptions et Belles-Lettres* 13 (1933), 521–56.

DUNANT, C., 'Nouvelle inscription caravanières de Palmyre', *Museum Helveticum* 13 (1956), 216–25.

DUNCAN-JONES, R. P., 'Pay and Numbers in Diocletian's Army', *Chiron* 8 (1978), 541–60.

DYSON, L., 'Native Revolts in the Roman Empire', *Historia* 20 (1971), 239–74.

——'Native Revolt Patterns in the Roman Empire', *ANRW* ii. 3 (1975), 138–75.

EADIE, J. W., 'Humayma 1983: The Regional Survey', *ADAJ* 28 (1984), 211–24.

——'Artifacts of Annexation: Trajan's Grand Strategy and Arabia', in J. W. Eadie and J. Ober (eds.), *The Craft of the Ancient Historian: Essays in Honor of Chester G. Starr* (University Press of America, 1985), 407–23.

——'The Evolution of the Roman Frontier in Arabia', *DRBE*, 243–52.

——and OLESON, J. P., 'The Water-Supply Systems of Nabataean and Roman Humayma', *BASOR* 262 (1986), 49–76.

ECK, W., 'Zum Konsularen Status von Iudaea im frühen 2. Jh.', *Bull. Am. Soc. Papyr.* 21 (1984), 55–67.

EGGER, R., 'Das Praetorium als Amtssitz und Quartier römischer Spitzenfunktionäre', *Österr. Ak. d. Wissensch., Phil.-Hist. Klasse* 250 (1966), 4. Abhandlung, 3–47.

EILERS, W., 'Iran and Mesopotamia', *Cambridge History of Iran*, iii. 1 (1983), 481–504.

EUZENNAT, M., 'L'olivier et le *limes*. Considérations sur la frontière romaine de Tripolitanie', *Bulletin archéologique du Comité des Travaux historiques et scientifiques* NS 79 (1983) [1985], fasc. B, 161–71.

FEISSEL, D., 'Deux listes de quartiers d'Antioche astreints aux creusement d'un canal (73–74 après J.-C.)', *Syria* 62 (1985), 77–103.

FELIKS, Y., 'Go and sow your Seed in the Sabbatical Year because of *Arnona*', *Sinai* 73 (1973), 235–49 (in Hebrew).

FELLMANN, R., 'Le "camp de Dioclétien" à Palmyre et l'architecture militaire du Bas-empire', in P. Ducrey et al. (eds.), *Mélanges d'histoire ancienne et d'archéologie offerts à Paul Collart* (1976), 173–91.

FIEY, J. M., 'A Roman Milestone from Sinjar', *Sumer* 8 (1959), 229.

——'Auteur et date de la chronique d'Arbèles', *L'Orient Syrien* 12 (1967), 265–302.

FIGUERAS, P., 'A Mosaic Pavement from Nabatiyeh in Southern Lebanon', *Liber Annuus* 35 (1985), 297–302.

FINKELSTEIN, I., 'Byzantine Monastic Remains in Southern Sinai', *DOP* 39 (1985), 39–75.

FISHWICK, D., 'Templum Divo Claudio Constitutum', *Britannia* 3 (1972), 164–81.
—— 'Note: Tacitean usage and the temple of *divus Claudius*', *Britannia* 4 (1973), 264 f.
FOERSTER, G., 'A Cuirassed Bronze Statue of Hadrian', '*Atiqot* 17 (1985), 139–60.
FORNI, G., et al., 'Limes', in *Dizionario Epigrafico* iv, fasc. 41–43/1–2, 4 (1982–5).
FORSYTH, G., 'The Monastery of St Catherine', *DOP* 22 (1968), 3–19.
FRANK, F. VON, 'Aus der 'Araba, i', *ZDPV* 57 (1934), 191–280.
FRASER, P. M., with a note by S. Applebaum, 'Hadrian and Cyrene', *JRS* 40 (1950), 77–90.
FRENCH, D. H., 'The Roman Road-System in Asia Minor', *ANRW* ii. 7, 698–729.
—— 'A Severan Milestone in the Antalya Museum', *Epigraphica Anatolica* 8 (1986), 84–90.
—— 'New Research on the Euphrates Frontier: Supplementary Notes 1 and 2', *AFRBA*, 79–101.
FREND, W. H. C., 'A Third-Century Inscription Relating to Angareia in Phrygia', *JRS* 46 (1956), 46–56.
—— 'Augustus' Egyptian Frontier Qasr Ibrim?', *Roman Frontier Studies 1979* (1980), 927–30.
FRYE, R. N., 'The Political History of Iran under the Sasanians', *Cambridge History of Iran*, iii. 1 (1983), 116–80.
FRÉZOULS, E., 'Inscription de Cyrrhus relative à Q. Marcius Turbo', *Syria* 30 (1953), 247 ff.
—— 'Recherches sur la ville de Cyrrhus', *Annales Archeologiques Arabes Syriennes* 4–5 (1954–5), 89–128.
—— 'Cyrrhus et la Cyrrhestique jusqu'à la fin du Haut-Empire', *ANRW* ii. 8, 164–97.
—— 'Les fonctions du Moyen-Euphrate à l'époque romaine', in J. C. Margueron (ed.), *Le Moyen Euphrate, zone de contacts et d'èchanges* (Leiden, 1980), 355–86.
GALSTERER-KRÖLL, B., 'Untersuchungen zu den Beinamen der Städte des Imperium Romanum', *Epigraphische Studien* 9 (1972), 44–141.
GARSOÏAN, N., 'Byzantium and the Sasanians', *Cambridge History of Iran*, iii. 1 (1983), 568–92.
GAUBE, H., 'An Examination of the Ruins of Qasr Burqu', *ADAJ* 19 (1974), 93–100.
GAWLIKOWSKI, M., 'Die polnischen Ausgrabungen in Palmyra', *AA* 83 (1968), 289–304.
—— 'Les défenses de Palmyre', *Syria* 51 (1974), 231–42.
—— 'Palmyre et l'Euphrate', *Syria* 60 (1983), 53–68.
—— 'Hadita, Bēgān Island', *Archiv für Orientforschung* 29–30 (1983–4), 207.
—— 'Les princes de Palmyre', *Syria* 62 (1985), 251–61.

GEIGER, J., 'The Last Jewish Revolt Against Rome: A Reconsideration', *Scripta Classica Israelica* 5 (1979–80), 250–7.

GEVA, H., 'The Camp of the Tenth Legion in Jerusalem: an Archaeological Reconsideration', *IEJ* 34 (1984), 239–54.

GICHON, M., 'The Origin of the Limes Palaestinae and the Major Phases in its Developments', *SMR* i 175–93.

—— 'The Military Significance of Certain Aspects of the Limes Palaestinae', *Roman Frontier Studies 1967* (1971), 191–200.

—— 'Migdal Tsafit, a *burgus* in the Negev (Israel)', *Saalburg Jahrbuch* 31 (1974), 16–40.

—— 'Excavations at Mezad Tamar—"Tamara" 1973–75, Preliminary Report', *Saalburg Jahrbuch* 33 (1976), 80–94.

—— 'The Roman Bath at Emmaus. Excavations in 1977', *IEJ* 29 (1979), 101–10.

—— 'Research on the *Limes Palaestinae*: a Stocktaking', *Roman Frontier Studies 1979* (1980), 843–64.

—— 'The Military Aspect of the Bar Kokhba Revolt in the Light of the Exploration of Underground Hiding Places', *Cathedra* 26 (1982), 30–42 (in Hebrew).

GILLIAM, J. F., 'The *Dux Ripae* at Dura', *TAPA* 72 (1941), 157–75 = *Roman Army Papers* (1986), 23–41.

—— 'Romanization of the Greek East: The Role of the Army', *Bull. Am. Soc. of Papyrologists* 2 (1965), 65–73 = *Roman Army Papers*, 281–7.

GLUECK, N., 'Exlorations in Eastern Palestine', i, *AASOR* 14 (1934); ii, *AASOR* 15 (1935); iii, *AASOR* 18–19 (1939); iv, *AASOR* 25–28 (1951).

—— 'Wādī Sirḥān in North Arabia', *BASOR* 96 (1944), 7–17.

GOLDSTEIN, J. A., 'The Syriac Bill of Sale from Dura-Europos', *JNES* 25 (1966), 1–16.

GOLVIN, J. C., and REDDÉ, M., 'Archéologie militaire romaine en Égypte, la route de Coptos à Quseir', *CRAI* (1986), 177–91.

GOODCHILD, R. G., 'The Coast Road of Phoenicia and its Roman Milestones', *Berytus* 9 (1948), 91–127.

GRACEY, M., 'The Armies of the Judaean Client Kings', *DRBE*, 311–23.

GRAF, D. F., 'The Saracens and the Defense of the Arabian Frontier', *BASOR* 229 (1978), 1–26.

—— 'A Preliminary Report on a Survey of Nabataean-Roman Military Sites in Southern Jordan', *ADAJ* 23 (1979), 121–7.

—— 'The Nabataeans and the Hisma: In the Steps of Glueck and Beyond', in C. L. Meyers and M. O'Connor (eds.), *The Word of the Lord Shall Go Forth: Essays in Honor of David Noel Freedman* (1983), 647–64.

—— 'The Nabataeans and the Decapolis', *DRBE*, 785–96.

—— 'Qurā 'Arabiyya and Provincia Arabia', in *Table ronde, Géographie historique au Proche-Orient* (Notes et monographies techniques 23, CNRS, Paris, 1987), 171–211.

—— 'Rome and the Saracens: Reassessing the Nomadic Menace', *Colloque International sur L'Arabie préislamique et son environnement historique et culturel*, Strasbourg, June 1987 (Leiden 1989), 344–400.

—— and O'CONNOR, M., 'The Origin of the Term "Saracen" and the Rawwāfa Inscriptions', *Byzantine Studies/Études Byzantines* 4 (1977), 52–66.

GREY, E. W., 'The Roman Eastern Limes from Constantine to Justinian— Perspectives and Problems', *Proc. African Class. Ass.* 12 (1973), 24–40.

GREEN, J., and TSAFRIR, Y., 'Greek Inscriptions from Hammat Gader: A Poem by the Empress Eudocia and Two Building Inscriptions', *IEJ* 32 (1982), 77–96.

GREGORY, S., 'Road, Wall or Rock: Interpreting an Aerial Photograph from the Jebel Sinjar', *DRBE*, 325–8.

HADAS-LEBEL, M., 'La fiscalité dans la littérature rabbinique jusq'à la fin du iiie siècle', *REJ* 143 (1984), 5–29.

HALFMANN, H., 'Die Alanen und die römische Ostpolitik unter Vespasian', *Epigraphica Anatolica* 8 (1986), 39–50.

HARDING, G. L., 'The Safaitic Tribes', *Al-Abhath* 22 (1969), 3–25.

HARL, K. W., 'The Coinage of Neapolis in Samaria, AD 244–52', *American Numismatic Society, Museum Notes* 29 (1984), 61–97.

HARPER, R. P., 'Excavations at Dibsi Faraj, northern Syria, 1972–74: a Preliminary Note on the Site and its Monuments', *DOP* 29 (1975), 319–37.

—— 'Two Excavations on the Euphrates Frontier 1968–1974: Pagnik Oreni (Easter Turkey) 1968–1971, and Dibsi Faraj (Northern Syria) 1972–1974', *SMR* ii (1977), 453–60.

—— 'Upper Zohar: A Preliminary Excavation Report, *DRBE*, 329–36.

HART, S., 'Some Preliminary Thoughts on Settlement in Southern Edom', *Levant* 18 (1986), 51–8.

—— 'Nabataeans and Romans in Southern Jordan', *DRBE*, 337–42.

HELLENKEMPER, H., 'Der Limes am Nordsyrischen Euphrat: Bericht zu einer archäologischen Landesaufnahme', *SMR* ii (1977), 461–71.

—— 'Legionem im Bandenkrieg—Isaurien im 4. Jahrhundert', iii (1986), 625–34.

HENRICHS, A., and KOENEN, L., 'Ein Griechischer Mani-Kodex', *ZPE* 5 (1970), 97–216.

HERZFELD, E., 'Hatra', *ZDMG* 68 (1914), 655–76.

HILL, G. F., 'The Mints of Roman Arabia and Mesopotamia', *JRS* 6 (1916), 135–69.

HILL, S., 'The "Praetorium" at Musmiye', *DOP* 29 (1975), 347–9.

HIRSCHFELD, Y., 'A Line of Byzantine Forts along the Eastern Highway of the Hebron Hills', *Qadmoniot* 12 (1979), 78–84 (in Hebrew).

HOPKINS, C., and ROWELL, H. T., 'The Praetorium', in *Excavations at Dura Europos, Preliminary Report of the Fifth Season of Work* (New Haven, 1934), 207–37.

HOPWOOD, K., ' "Towers, Territory and Terror", How the East was Held', *DRBE*, 343–56.

HORSLEY, R., 'Josephus and the Bandits', *Journal for the Study of Judaism* 10 (1979), 37–63.

—— 'Ancient Jewish Banditry and the Revolt against Rome', *Catholic Biblical Quarterly* 43 (1981), 409–32.

HOWGEGO, C. J., 'The XII Fulminata: Countermarks, Emblems and Movements under Trajan or Hadrian', *AFRBA*, 41–6.

ILIFFE, J. H., 'A Building Inscription from the Syrian Limes', *QDAP* 10 (1940–2), 62–4.

INGHOLT, H., 'Deux inscriptions bilingues de Palmyre', *Syria* 13 (1932), 278–92.

INGRAHAM, M. L., et al., 'Saudi Arabian Comprehensive Survey Program: Preliminary Report on a Reconnaissance Survey of the Northwestern Province', *Atlal* 5 (1981), 59–80.

INVERNIZZI, A., 'Kifrin', *Archiv für Orientforschung* 29–30 (1983), 217–19.

—— 'Kifrin and the Euphrates Limes', *DRBE*, 357–81.

—— 'Traiano a Hatra?', *Mesopotamia* 21 (1986), 21–50.

—— 'Kifrin', *Mesopotamia* 21 (1986), 53–84.

ISAAC, B., 'Milestones in Judaea, From Vespasian to Constantine', *PEQ* 110 (1978), 47–60.

—— 'Roman Colonies in Judaea: The Foundation of Aelia Capitolina', *Talanta* 12–13 (1980–81), 31–53.

—— 'The Decapolis in Syria, a Neglected Inscription', *ZPE* 44 (1981), 67–74.

—— 'A Donation for Herod's Temple in Jerusalem', *IEJ* 33 (1983), 86–92.

—— 'Judaea after AD 70', *JJS*.35 (1984), 44–50.

—— 'Bandits in Judaea and Arabia', *HSCP* 88 (1984), 171–203.

—— 'The Roman Army in Jerusalem and its Vicinity', *SMR* iii (Stuttgart, 1986), 635–40.

—— 'The Meaning of "Limes" and "Limitanei" in Ancient Sources', *JRS* 78 (1988), 125–47.

—— and OPPENHEIMER, A., 'The Revolt of Bar Kokhba, Scholarship and Ideology', *JJS* 36 (1985), 33–60.

—— and ROLL, I., 'A Milestone of AD 69 from Judaea', *JRS* 66 (1976), 9–14.

—— —— 'Judaea in the Early Years of Hadrian's Reign', *Latomus* 38 (1979). 54–66.

—— —— 'Legio II Traiana in Judaea', *ZPE* 33 (1979), 149–56.

JACOBS, L., 'The Survey of the South Ridge of the Wadi 'Isal, 1981', *ADAJ* 27 (1983), 245–74.

JAMES, S., 'Dura-Europos and the Chronology of Syria in the 250s AD', *Chiron* 15 (1985), 111–24.

JAMESON, S., 'The Chronology of the Campaigns of Aelius Gallus and C. Petronius', *JRS* 58 (1968), 71–84.

JOHNS, C. N., 'Excavations at the Citadel, Jerusalem', *PEQ* 72 (1940), 36–58.

—— 'The Citadel, Jerusalem. A Summary of Work since 1934', *QDAP* 14 (1950), 121–90.

JONES, A. H. M., 'The Urbanisation of Palestine', *JRS* 21 (1931), 78–85.
—— 'The Urbanisation of the Ituraean Principality', *JRS* 21 (1931), 265–75.
KASHER, A., 'The relations between Ituraeans and Jews in the Hellenistic and Roman Periods', *Cathedra* 33 (1984), 18–41 (in Hebrew).
KAWAR (SHAHÎD), I., 'Arethas, Son of Jabalah', *JAOS* 75 (1955), 205–16.
—— 'The Arabs in the Peace Treaty of AD 561', *Arabica* 3 (1956), 181–213.
—— 'Procopius and Arethas', *Byzantinische Zeitschrift* 50 (1957), 39–67; 363–82.
—— 'Ghassān and Byzantium: A New Terminus a quo', *Der Islam* 33 (1958), 232–55.
—— 'The Last Days of Salīḥ', *Arabica* 5 (1958), 145–58.
KAYGUSUZ, I., 'Neue Inschriften aus Ainos (Enez)', *Epigraphica Anatolica* 8 (1986), 65–70.
KEAVENEY, A., 'Roman Treaties with Parthia 95–circa 64 BC', *AJP* 102 (1981), 195–212.
—— 'The King and the Warlords', *AJP* 103 (1982), 412–28.
KENNEDY, D. L., 'Ti. Claudius Subatianus Aquila, "First Prefect of Mesopotamia"', *ZPE* 36 (1979), 255–62.
—— '*Legio VI Ferrata*: The Annexation and Early Garrison of Arabia', *HSCP* 84 (1980), 283–309.
—— 'The Frontier Policy of Septimius Severus: New Evidence from Arabia', *Roman Frontier Studies 1979* (1980), 879–88.
—— 'C. Velius Rufus', *Britannia* 14 (1983), 183–96.
—— 'Cohors XX Palmyrenorum—An Alternative Explanation of the Numeral', *ZPE* 53 (1983), 214–16.
—— 'Milliary Cohorts: The Evidence of Josephus, BJ III. 4. 2 (67) and of Epigraphy', *ZPE* 50 (1983), 253–63.
—— 'The Composition of a Military Work Party in Roman Egypt (*ILS* 2483: Coptos)', *JEA* 71 (1985), 156–60.
—— 'Ana on the Euphrates in the Roman Period', *Iraq* 48 (1986), 103 f.
—— '"European" Soldiers and the Severan Siege of Hatra', *DRBE*, 397–409.
—— 'A Lost Latin Inscription from the Banks of the Tigris', *ZPE* 73 (1988), 325–8.
—— 'The Garrisoning of Mesopotamia in the Late Antonine and Early Severan Period', *Antichthon* 21 (1987), 57–66.
—— and BENNETT, C. M., 'A New Roman Military Inscription from Petra', *Levant* 10 (1978), 163.
—— and MACADAM, H. I., 'Latin Inscriptions from the Azraq Oasis, Jordan', *ZPE* 60 (1985), 97–106.
—— —— 'Latin Inscriptions from Jordan', *ZPE* 65 (1986), 231–6.
KEPPIE, L. J. F., 'The Legionary Garrison of Judaea under Hadrian', *Latomus* 32 (1973), 859–64.
—— 'Colonisation and Veteran Settlement in Italy in the First Century AD', *PBSR* 52 (1984), 77–114.

——'Legions in the East from Augustus to Trajan', *DRBE*, 411–29.

KILLICK, A. C., 'Udruh—the Frontier of an Empire: 1980 and 1981 Seasons, a Preliminary Report', *Levant* 15 (1983), 110–31.

——'Udruh and the Southern Frontier', *DRBE*, 431–46.

KINDLER, A., 'Was there a Detachment of the Third Legion Cyrenaica at Neapolis in AD 251–253?', *INJ* 4 (1980), 56–8.

——'The Status of Cities in the Syro-Palestinian Area as Reflected by their Coins', *INJ* 6–7 (1982–3), 79–87.

——'Coinage of Joppe', *Museum Haaretz Yearbook* 20–21 (1985–6), 21–36 (in Hebrew).

——'Coins of the City Antipatris', *Eretz-Israel* 19 (1987), 125–31 (in Hebrew, English summary).

KIRK, G. E., 'Archaeological Exploration in the Southern Desert', *PEQ* 70 (1938), 211–35.

KIRWAN, L. P., 'Rome Beyond the Southern Egyptian Frontier', *PBA* 63 (1977), 13–31.

——'A Roman Shipmaster's Handbook', *GJ* 147 (1981), 80–5.

KLEIN, S., 'Zur Ortsnamenkunde Palästinas', *Monatsschrift für Geschichte und Wissenschaft des Judentums* 82 / NS 64 (1938), 181–6.

KLONER, A., 'Underground Hiding Complexes from the Bar Kokhba War in the Judaean Shephelah', *Biblical Archaeologist* 46 (1983), 210–21.

KÖNIG, I., 'Zur Dedikation römischer Meilensteine', *Chiron* 3 (1973), 419–27.

KOERSTERMANN, E., 'Der pannonisch-dalmatische Krieg 6–9 n. Chr.', *Hermes* 81 (1953), 345–78.

KOLENDO, J., 'Le projet d'expédition de Néron dans le Caucase', in J.-M. Croisille and P.-M. Fauchère (eds.), *Neronia 1977, Actes du 2ᵉ colloque internationale d'études Néroniennes* (1982), 23–30.

KOLNIK, T., 'Cifer-Pac. Eine spätrömische Station im Quadenland', in J. Fitz (ed.), *Akten des 11. Int. Limeskongresses* (Budapest, 1977), 181–97.

——'Q. Atilius Primus, interprex centurio und negotiator', *Act. Arch. Sc. Hung.* 30 (1978), 61–75.

KRAFT, K., 'Die Rolle der Colonia Julia Equestris und die römische Auxiliar-Rekrutierung', *Jahrbuch RGZM* 4 (1957), 81–107.

LABROUSSE, M., 'Les *Burgarii* et le *Cursus Publicus*', *MEFR* 55 (1938), 151–67.

LANDAU, Y. H., 'A Greek Inscription from Acre', *IEJ* 11 (1961), 118–26.

——'Unpublished Inscriptions from Israel: A Survey', *Acta of the Fifth International Congress of Greek and Latin Epigraphy, Cambridge 1967*, 387–90.

——'Two Inscribed Tombstones', *'Atiqot* 11 (1976), 89–91.

LANDER, J., 'Did Hadrian Abandon Arabia?', *DRBE*, 447–53.

——and PARKER, S. T., 'Legio IV *Martia* and the Legionary Camp at El-Lejjun', *Byzantinische Forschungen* 8 (1982), 185–210.

LANG, D. M., 'Iran, Armenia and Georgia', *Cambridge History of Iran*, iii. 1 (1983), 505–36.

LAUFFRAY, J., 'Forums et monuments de Béryte', *BMB* 7 (1944–5), 13–80; 8 (1946–8), 7–16.

——'Beyrouth Archéologie et Histoire, époques gréco-romaines I. Période hellénistique et Haut-Empire romain', *ANRW* ii 8, 135–63.

LEANING, J. B., 'The Date of the Repair of the Bridge over the River Chabina', *Latomus* 30 (1971), 386–9.

LEE, A. D., 'Embassies as Evidence for Movement of Military Intelligence Between the Roman and Sasanian Empires', *DRBE*, 455–61.

LEFKINADZE, V. A., 'Pontijski Limes', *Vestnik Drevnei Historij* (1969/2), 75–93.

LIEB, H., 'Zur zweiten Colonia Raurica', *Chiron* 4 (1974), 415–23.

LIEBERMAN, S., 'The Martyrs of Caesarea', *Annuaire de l'institut de philologie et d'histoire orientales et slaves* 7 (1939–44), 395–446.

——'Palestine in the Third and Fourth Centuries', *JQR* 36 (1946), 329–70.

LIEBESCHUETZ, J. H. W. G., 'The Defences of Syria in the Sixth Century', *SMR* ii (1977), 487–99.

LIEU, S., 'Urbanism in Hellenistic, Parthian and Roman Mesopotamia', *DRBE*, 507 f.

——'Captives, Refugees and Exiles: A Study of Cross-Frontier Civilian Movements and Contacts Between Rome and Persia from Valerian to Jovian', *DRBE*, 475–505.

LIFSHITZ, B., 'Sur la date du transfert de la legio VI Ferrata en Palestine', *Latomus* 19 (1960), 109–11.

——'Légions romaines en Palestine', in J. Bibauw (ed.), *Collection Latomus* 102, *Hommages à Marcel Renard*, ii (Bruxelles 1969), 458–69.

——'Un fragment d'un diplôme militaire de Hébron', *Latomus* 35 (1976), 117–22.

LINTOTT, A., 'What was the "Imperium Romanum"?', *Greece & Rome* 28 (1981), 53–67.

LOPUSZANSKI, G., 'La police romaine et les chrétiens', *L'antiquité classique* 20 (1951), 5–46.

——*Cahiers de l'Institut d'études Polonaises en Belgique* 9 (1951).

LORIOT, X., 'Les premières années del la grande crise du IIIe siècle: De l'avènement de Maximin le Thrace (235) à la mort de Gordien III (244)', *ANRW* ii. 2, 659–787.

MACADAM, H. I., 'Epigraphy and Village Life in Southern Syria during the Roman and Early Byzantine Periods', *Berytus* 31 (1983), 103–15.

——'Some Notes on the Umayyad Occupation of North-East Jordan', *DRBE*, 531–47.

MACDONALD, B., 'The Wadi el-Hasa Survey 1979 and Previous Archaeological Work in Southern Jordan', *BASOR* 245 (1982), 35–52.

——'A Nabataean and/or Roman Military Monitoring Zone Along the South Bank of the Wadi el-Hesa in Southern Jordan', *Échos du Monde Classique/Classical Views* 28 (1984), 219–34.

MACMULLEN, R., 'Two Notes on Imperial Properties', *Athenaeum* 54 (1976), 19–36.

MAISLER (MAZAR), B., STEKELIS, M., and AVI-YONAH, M., 'The Excavations at Beth Yerah (Khirbet el-Kerakh), 1944–1946', *IEJ* 2 (1952), 165–73; 218–29.

MALAVOLTA, M., 'Interiores limites', *Ottava miscellanea greca et romana* (1982), 587–610.

MALLOWAN, M. E. L., 'Excavations in the Balih Valley, 1938', *Iraq* 8 (1946), 111–59.

—— 'Excavations at Braq and Chegar Bazar', *Iraq* 9 (1947), 1–87.

MANGO, C., 'Who wrote the Chronicle of Theophanes?', *Zbovnik Radova Vizantoloskog Instituta* 18 (1978), 9–17.

—— and ŠEVČENKO, I., 'Remains of the Church of St Polyeuktos at Constantinople', *DOP* 15 (1961), 243–7.

MANN, J. C., 'Colonia Ulpia Traiana and the Occupation of Vetera II', *BJb* 162 (1962), 162–4.

—— Review of G. Rupprecht, *Untersuchungen zum Dekurionenstand in den nordwestlichen Provinzen des römischen Reiches* (1975), *Germania* 54 (1976), 512–13.

—— 'Duces and Comites in the Fourth Century', in D. E. Johnson (ed.), *CBA Research Report* 18: *The Saxon Shore* (London, 1977), 11–15.

—— 'The Frontiers of the Principate', *ANRW* ii. 1, 508–33.

—— 'Power, Force and the Frontiers of the Empire', review of E. N. Luttwak, *The Grand Strategy of the Roman Empire*, *JRS* 69 (1979), 175–83.

—— 'Two "Topoi" in the Agricola"', *Britannia* 16 (1985), 21–4.

—— 'Appendix II: The "Palmyrene" Diplomas', in M. Roxan, *Roman Military Diplomas, 1978–84*, 217–19.

—— 'A Note on the so-called "Town-zone"', *Britannia* 18 (1987), 285 f.

MARICQ, A., 'Hatra de Sanatrouq', *Syria* 32 (1955), 273–88.

—— 'La chronologie des derrières années de Caracalla', *Syria* 34 (1957), 297–305.

—— 'Les dernières années de Hatra: l'alliance romaine', *Syria* 34 (1957), 288–96.

—— 'Res Gestae Divi Saporis', *Syria* 35 (1958), 295–360.

—— 'La province d' "Assyrie" créée par Trajan. A propos de la guerre parthique de Trajan', *Syria* 36 (1959), 254–63.

MARÓTH, M., 'Le siege de Nisibe en 350 Ap. J.-Ch. d'apres des sources syriennes', *Acta Antiqua Academiae Scientiarum Hungaricae* 278 (1979), 239–43.

MATTHEWS, J. F., 'The Tax Law of Palmyra: Evidence for Economic History in a City of the Roman East', *JRS* 74 (1984), 157–80.

—— '"Ammianus and the Eastern Frontier in the Fourth Century: A Participant's View', *DRBE*, 549–64.

MAYERSON, P., 'The Desert of Southern Palestine according to Byzantine Sources', *Proc. Phil. Soc.* 107 (1963), 160–72.

—— 'The First Muslim Attacks on Southern Palestine', *TAPA* 95 (1964), 155–99.

—— 'Observations on the "Nilus Narrations" ', _Journal American Research Center in Egypt_ 12 (1975), 51–74.

—— 'Procopius or Eutychius', _BASOR_ 230 (1978), 33–8.

—— 'Mavia, Queen of the Saracens—A Cautionary Note', _IEJ_ 30 (1980), 123–31.

—— 'The Ammonius Narrative: Bedouin and Blemmye Attacks in Sinai', in G. Rendsburg et al. (eds.), _The Bible World: Essays in Honor of Cyrus Gordon_ (New York, 1980), 133–48.

—— 'The City of Elusa in the Literary Sources of the Fourth–Sixth Centuries', _IEJ_ 33 (1983), 247–53.

—— 'The Beersheba Edict', _ZPE_ 64 (1986), 141–8.

—— 'The Saracens and the _Limes_', _BASOR_ 262 (1986), 35–47.

—— 'Libanius and the Administration of Palestine', _ZPE_ 69 (1987), 251–60.

—— 'Palaestina Tertia—Pilgrims and Urbanization', _Cathedra_ 45 (1987), 19–40 (in Hebrew).

MELLOR, R., 'A New Roman Military Diploma', _The J. Paul Getty Museum Journal_ 6–7 (1978–9), 173–84.

MEREDITH, D., 'The Roman Remains in the Eastern Desert of Egypt', _JEA_ 38 (1952), 94–111.

—— 'Eastern Desert of Egypt: Notes on Inscriptions', _CE_ 28 (1953), 103–23.

—— 'The Roman Remains in the Eastern Desert of Egypt', _CE_ 29 (1954), 281–7.

—— 'Inscriptions from the Berenice Road', _CE_ 29 (1954), 281–7.

—— and TREGENZA, L. A., 'Notes on Roman Roads and Stations in the Eastern Desert, I', _Bull. Faculty of Arts, Fouad I University_ 11 (1949), 1–30.

MESHEL, Z., and ROLL, I., 'A Fort and Inscription from the Time of Diocletian at Yotvetah', _Eretz-Israel_ 19 (1987), 248–65 (in Hebrew, English summary).

—— and TSAFRIR, Y., 'The Nabataean Road from 'Avdat to Sha'ar Ramon', _PEQ_ 106 (1974), 105–18; 107 (1975), 3–21.

MESHORER, Y., 'Two Finds from the Tenth Roman Legion', _Israel Museum Journal_ 3 (1984), 41–5.

MEYER, J., 'A Centurial Stone from Shavei Tziyyon', _Scripta Classica Israelica_ 7 (1983–84), 119–28, with appendix by S. Applebaum.

—— 'A Latin Inscription from A-Sumeiriya', _Scripta Classica Israelica_ 7 (1983–84), 117 f.

MIHAILOV, G., 'La fortification de la Thrace par Antonin le Pieux et Marc Aurèle', _Studi Urbinati_ 35 (1961), 42–55.

MILLAR, F., 'Paul of Samosata, Zenobia and Aurelian: The Church, Local Culture and Political Allegiance in Third-Century Syria', _JRS_ 61 (1971), 1–17.

—— 'Emperors, Frontiers and Foreign Relations, 31 BC to AD 378', _Britannia_ 13 (1982), 1–23.

—— 'Empire, Community and Culture in the Roman Near East: Greeks, Syrians, Jews and Arabs', _JJS_ 38 (1987), 143–64.

—— 'The Problem of Hellenistic Syria', in A. Kuhrt and S. Sherwin-White (eds.), *Hellenism in the East* (1987), 110–33.

MILLER, J. M., 'Archaeological Survey of Central Moab', *BASOR* 234 (1979), 43–52.

MITCHELL, S., 'A New Inscription from Pisidia: Requisitioned Transport in the Roman Empire', *JRS* 66 (1976), 106–31.

—— 'R.E.C.A.M., Notes and Studies No. 3: A Latin Inscription from Galatia', *Anatolian Studies* 28 (1978), 93–6.

—— 'The Balkans, Anatolia, and Roman Armies across Asia Minor', *AFRBA*, 131–50.

—— 'Imperial Building in the Eastern Roman Provinces', in S. Macready and F. H. Thompson (eds.), *Roman Architecture in the Greek World* (Society of Antiquaries, 1987).

MITFORD, T. B., 'Some Inscriptions from the Cappadocian *Limes*, *JRS* 64 (1974), 160–75.

—— 'The Euphrates Frontier in Cappadocia', *SMR* ii (1977), 501–10.

—— 'The *Limes* in the Kurdish Taurus', *Roman Frontier Studies 1979* (1980), 913–26.

—— 'Cappadocia and Armenia Minor: Historical Setting of the Limes', *ANRW* ii. 7 (1980), 1169–228.

MITTMANN, S., 'Die römische Strasse von Gerasa nach Adraa', *ZDPV* 80 (1964), 113–36.

MONCHAMBERT, J.-Y., 'Le Moyen Khabour: Prospection préliminaire à la construction d'un barrage', *Annales Archéologiques Arabes Syriennes* 33/1 (1983), 233–7.

MOR, M., 'The Roman Army in Eretz-Israel in the Years AD 70–132', *DRBE*, 575–602.

MOREL, J.-M. A. W., 'The Early-Roman Defended Harbours at Velsen, North Holland', *SMR* iii (1986), 200–12.

MOUGHDAD, S., 'Bosra. Aperçu sur l'urbanisation de la ville à l'époque romaine', *Felix Ravenna* 111–112 (1976), 65–81.

MOUTERDE, R., and POIDEBARD, A., 'La voie antique des caravanes entre Palmyre et Hit, au IIe siècle ap. J.-C.', *Syria* 12 (1931), 99–115.

MURRAY, G. W., 'The Roman Roads and Stations in the Eastern Desert of Egypt', *JEA* 11 (1925), 138–50.

NEGEV, A., 'Oboda, Mampsis and Provincia Arabia', *IEJ* 17 (1967), 46–55.

—— 'The Nabataeans and the Provincia Arabia', *ANRW* ii. 8 (1977), 520–686.

NÖLDEKE, T., 'Die Ghassanischen Fürsten aus dem Hause Gafnas', *Abhandlungen der königlichen preussischen Akademie der Wissenschaften zu Berlin* (1887).

OATES, D., 'A Note on Three Latin Inscriptions from Hatra', *Sumer* 11 (1955), 39–43.

—— and J., 'Ain Sinu: A Roman Frontier Post in Northern Iraq', *Iraq* 21 (1959), 207–42.

PARKER, S. T., 'A Tetrarchic Milestone from Roman Arabia', *ZPE* 62 (1986), 256–8.

—— 'Peasants, Pastoralists, and *Pax Romana*: A Different View', *BASOR* 265 (1987), 35–51.

—— and McDERMOTT, P. M., 'A Military Building Inscription from Roman Arabia', *ZPE* 29 (1978), 61–6.

PEETERS, P., 'Les ex-voto de Khosrau Aparwez à Sergiopolis', *Analecta Bollandiana* 65 (1947), 5–56.

PEKÁRY, T., 'Bemerkungen zur Chronologie des Jahrzehnts 250–260 n. Chr.' *Historia* 11 (1962), 123 ff.

PENNACCHIETTI, F. A., 'Il posto di Cipri', *Mesopotamia* 21 (1986), 85–95.

PETERS, F. E., 'The Nabataeans in the Hawran', *JAOS* 97 (1977), 263–77.

—— 'Byzantium and the Arabs of Syria', *AAAS* 27–8 (1977–8), 97–113.

PFLAUM, H.-G., 'Essai sur le cursus publicus sous le Haut-Empire romain', *Mémoires présentés par divers savants à l'Académie des Inscriptions et Belles-Lettres* 14 (1940), 189–391.

—— 'La fortification de la ville d'Adraha d'Arabie (259–260 à 274–275) d'après des inscriptions récemment découverts', *Syria* 29 (1952), 307–30.

—— 'Un nouveau diplôme militaire', *Syria* 44 (1967), 339–62.

PICCIRILLO, M., 'Rural Settlements in Byzantine Jordan', *Studies in the History and Archaeology of Jordan*, ii (1985), 257–61.

PIGANIOL, A., 'Observations sur le tarif de Palmyre', *Revue Historique* 195 (1945), 10–23.

POIDEBARD, A., 'Reconnaissance aérienne au Ledja et au Safa', *Syria* 9 (1928), 114–23.

—— and MOUTERDE, R., 'A propos de Saint Serge: aviation et épigraphie', *Analecta Bollandiana* (1949), 109–16.

POLOTSKY, H., 'The Greek Papyri from the Cave of Letters', *IEJ* 12 (1962), 258–62.

POUILLOUX, J., 'Deux inscriptions au théatre sud de Gérasa', *Liber Annuus* 27 (1977), 246–54.

—— 'Une troisième dédicace au théatre sud de Gérasa', *Liber Annuus* 29 (1979), 276–8.

RANKOV, N. B., 'M. Oclatinius Adventus in Britain', *Britannia* 18 (1987), 243–9.

RASCHKE, M., 'New Studies in Roman Commerce with the East', *ANRW* ii. 9 (1976), 604–1361.

REBUFFAT, R., 'Le bouclier de Doura', *Syria* 63 (1986), 85–105.

REEVES, C. N., 'A New Diploma for Syria-Palaestina', *ZPE* 33 (1979), 117–23.

REY-COQUAIS, J.-P., 'Syrie romaine, de Pompée à Dioclétien', *JRS* 68 (1978), 44–73.

—— 'Des montagnes au désert: Baetocécé, le *pagus Augustus* de Niha, La Ghouta à l'est de Damas', in E. Frézouls (ed.), *Sociétés urbaines, sociétés rurales dans l'Asie Mineure et la Syrie hellénistiques et romaines, Actes du colloque organisé à Strasbourg (novembre 1985)* (1987), 191–216.

RICHMOND, I. A., 'The Roman Siege-Works of Masàda, Israel', *JRS* 52 (1962), 142–55.

—— 'Palmyra under the Aegis of Rome', *JRS* 53 (1963), 43–54.

RILEY, D. N., 'Archaeological Air Photography and the Eastern Limes', *DRBE*, 661–76.

RODINSON, M., 'De l'archéologie à la sociologie historique. Notes méthodologiques sur le dernier ouvrage de G. Tchalenko', *Syria* 38 (1961), 170–200.

ROLL, I., 'The Roman Road System in Judaea', *The Jerusalem Cathedra* 3 (1983), 136–61.

—— and AYALON, E., 'Roman Roads in Western Samaria', *PEQ* 118 (1986), 114–34.

ROMER, F. E., 'Gaius Caesar's Military Diplomacy in the East', *TAPA* 109 (1979), 199–214.

ROMIOPOULOU, C., 'Un nouveau milliaire de la via Egnatia', *BCH* 98 (1974), 813–16.

ROQUES, D., 'Synésios de Cyrène et les migrations Berbères vers l'Orient (398–413)', *CRAI* (1983), 660–67.

ROSENTHAL, A. S., 'Leshonot Sopherim', in B. Kurtzweil (ed.), *Yuval Shay* (1958), 293–324.

ROSTOVTZEFF, M., 'Angariae', *Klio* 6 (1906), 249–58.

—— 'Synteleia tironon', *JRS* 8 (1918), 26–33.

—— 'Les Inscriptions caravanières de Palmyre', *Mélanges Gustave Glotz*, ii (Paris, 1932), 793–811.

—— 'Une nouvelle inscription caravanière de Palmyre', *Berytus* 2 (1935), 143–8.

ROTHENBERG, B., 'The 'Arabah in Roman and Byzantine Times in the Light of New Research', *Roman Frontier Studies 1967* (1971), 211–13.

ROUGÉ, J., 'L'histoire Auguste et l'Isaurie au IVᵉ siècle', *REA* 68 (1966), 282–315.

RUBIN, Z., 'Dio, Herodian, and Severus' Second Parthian War', *Chiron* 5 (1975), 419–41.

—— 'The Mediterranean and the Dilemma of the Roman Empire in Late Antiquity', *Mediterranean Historical Review* 1 (1986), 13–62.

—— 'Diplomacy and War in the Relations Between Byzantium and the Sassanids in the Fifth Century AD', *DRBE*, 677–95.

—— 'The Conversion of Mavia, The Saracen Queen', *Cathedra* 47 (1988), 25–49 (in Hebrew).

—— 'Sinai in the Itinerarium Egeriae' (forthcoming).

SAFRAI, S., 'The Commands regarding Shevi'it in Practice after the Destruction of the Temple', *Tarbiz* 35 (1966), 310–20 (in Hebrew).

—— 'A Note on *Burgarii* in Israel and its Vicinity', *Roman Frontier Studies 1967* (1971), 229 f.

—— 'The Relations between the Roman Army and the Jews of Eretz Yisrael after the Destruction of the Second Temple', *Roman Frontier Studies 1967* (1971), 224–29.

—— 'The *Nesiut* in the Second and Third Centuries and its Chronological Problems', *Proceedings of the Sixth World Congress of Jewish Studies, August, 1973*, ii (Jerusalem, 1975), 51–7 (in Hebrew), 412 f. (English summary).

SARTRE, M., 'Rome et les Nabatéens à la fin de la république', *REA* 81 (1979), 37–53.

—— 'La frontière méridionale de l'Arabie romaine', *La géographie administrative et politique d'Alexandre à Mahomet, Actes du Colloque de Strasbourg, 14–15 Juin 1979* (Leiden, 1981), 79–92.

—— 'Tribus et clans dans le Hawran antique', *Syria* 59 (1982), 77–91.

—— 'Le *dies-imperii* de Gordien III: une inscription inédite de Syrie', *Syria* 61 (1984), 49–61.

ŠAŠEL, J., 'Über Umfang und Dauer der Militärzone Praetentura Italiae et Alpium zur Zeit Mark Aurels', *Museum Helveticum* 31 (1974), 225–30.

SAUVAGET, J., 'Les Sassanides et Sergiopolis', *Byzantion* 14 (1939), 115–30.

SCHLEIERMACHER, W., 'Flavische Okkupationslimen in Raetien', *Jahrbuch RGZM* 2 (1955), 245–52.

SCHLUMBERGER, D., 'Bornes frontières de la Palmyrène', *Syria* 20 (1939), 43–73.

—— 'Les gentilices romains des Palmyréniens', *BEO* 9 (1942–43), 54–82.

—— 'L'inscription d'Hérodien: remarques sur l'histoire des princes de Palmyre', *BEO* 9 (1942–43), 35–50.

—— 'Le prétendu Camp du Dioclétien à Palmyre', *Mél. de l'Université St Joseph* 38 (1962), 79–97.

SCHÖNBERGER, H., 'The Roman Frontier in Germany: An Archaeological Survey', *JRS* 59 (1969), 144–97.

SCHWABE, M., 'The Burgos Inscription from Caesarea in Eretz Israel', *J. N. Epstein Jubilee Volume* (Jerusalem, 1950) = *Tarbiz* 20 (1950), 273–83 (in Hebrew).

—— 'A Greco-Christian Inscription from Aila', *HTR* 64 (1953), 49–55.

SCHWERTHEIM, E., 'Zu Hadrian's Reisen und Stadtgründungen in Kleinasien: Eine neue Gründungsära', *Epigraphica Anatolica* 6 (1985), 37–42.

SEGAL, A., 'Roman Cities in the Province of Arabia', *Journal of the Society of Architectural Historians* 40 (1981), 108–21.

SEGAL, J. B., 'Mesopotamian Communities from Julian to the Rise of Islam', *PBA* 41 (1955), 109–41.

SESTON, W., 'Du *Comitatus* de Dioclétien aux *comitatenses* de Constantin', *Historia* 4 (1955), 284–96.

ŠEVČENKO, I., 'The Early Period of the Sinai Monastery in the Light of Its Inscriptions', *DOP* 20 (1966), 255–63.

SEYRIG, H., 'L'incorporation de Palmyre à l'empire romain', *Syria* 13 (1932), 266–77 = *Antiquités Syriennes*, iii. 255–77.

—— 'Antiquités syriennes, 12: Textes relatifs à la garnison romaine de Palmyre', *Syria* 14 (1933), 152–68.

—— 'Antiquités syriennes, 37: Postes romains sur la route de Médine', *Syria* 22 (1941), 218–23.

—— 'Le Statut de Palmyre', *Syria* 22 (1941), 155–74 = *Antiquités Syriennes*, iii. 36 (1946), 142–61.

—— 'Sur les ères de quelques villes de Syrie, *Syria* 27 (1950), 5–56.

—— 'Le monnayage de Ptolemais en Phénicie', *Revue numismatique* 6/4 (1962), 25–50.

—— 'Divinités de Ptolemais', *Syria* 39 (1962), 193–207.

SHATZMAN, I., 'The Beginning of the Roman Defensive System in Judaea', *American Journal of Ancient History* 8 (1983), 130–60.

—— 'The Army and Security Problems in the Kingdom of Herod', *Milet* (Everyman's University, Studies in Jewish History and Culture, in Hebrew), 1 (1983), 75–98.

SHAW, B. D., 'Bandits in the Roman Empire', *Past and Present* 105 (1984), 3–52.

SHERK, R., 'Roman Geographical Exploration and Military Maps', *ANRW* ii. 1, 534–62.

SIDEBOTHAM, S. E., 'Aelius Gallus and Arabia', *Latomus* 45 (1986), 590–602.

SIEGELMANN, A., 'The Identification of Gaba Hippeon', *PEQ* 116 (1984), 89–93.

SIVAN, H. S., 'An unedited Letter of the Emperor Honorius to the Spanish Soldiers', *ZPE* 61 (1985), 273–87.

SOLOMONIK, E. I., 'New Epigraphical Documents from Chersonesos', *Akademiya nauk Ykrainskoi SSR, Institut Arkheologii* (Kiev, 1964), 122 ff. (in Russian).

SOREQ, Y., 'Rabbinical Evidences About the Pagi Vicinales in Israel', *JQR* 65 (1975), 221–4.

SPEIDEL, M. P., 'The Eastern Desert Garrisons under Augustus and Tiberius', *SMR* ii (1977), 511–15.

—— 'The Roman Army in Arabia', *ANRW* ii. 8 (1977), 688–730.

—— 'A Tile Stamp of the Cohors I Thracum Milliaria from Hebron/ Palestine', *ZPE* 35 (1979), 170–2.

—— 'The Caucasus Frontier. Second Century Garrisons at Apsarus, Petra and Phasis', *Roman Frontier Studies 1979* (1980), 657–60.

—— 'The Roman Army in Judaea under the Procurators. The Italian and the Augustan Cohort in the Acts of the Apostles', *Ancient Society* 13–14 (1982–3), 233–40.

—— 'The Roman Army in Asia Minor: Recent Epigraphical Discoveries and Research', *AFRBA*, 7–23.

—— 'The Roman Road to Dumata (Jawf in Saudi Arabia) and the Frontier Strategy of *Praetensione Colligare*', *Historia* 36 (1987), 213–21.

—— and REYNOLDS, J., 'A Veteran of Legio I Parthica from Carian Aphrodisias', *Epigraphica Anatolica* 5 (1985), 31–5.

SPERBER, D., 'The Centurion as Tax-Collector', *Latomus* 28 (1969), 186–9.

—— 'On Pubs and Policemen in Roman Palestine', *ZDMG* 120 (1970), 257–63.

—— 'Patronage in Amoraic Palestine', *JESHO* 14 (1971), 227–52.

SPIJKERMAN, A., 'The Coins of Eleutheropolis Iudaeae', *Liber Annuus* 22 (1972), 369–84.

STANDISH, J. F., 'The Caspian Gates', *Greece & Rome* 178 (1970), 17–24.

STEIN, SIR AUREL, 'The Ancient Trade Route past Hatra and the Roman Posts', *JRAS* 9 (1941), 299–316.

STROBEL, A., 'Observations about the Roman Installations at Mukawer', *ADAJ* 19 (1974), 101–27.

SULLIVAN, R. D., 'The Dynasty of Emesa', *ANRW* ii. 8, 198–219.

—— 'The Dynasty of Commagene', *ANRW* ii. 8, 732–98.

SYME, R., 'Galatia and Pamphylia under Augustus: the Governorships of Piso, Quirinius and Silvanus', *Klio* 27 (1934), 122–48.

—— 'Antonius Saturninus', *JRS* 68 (1978), 12–21.

—— 'Hadrian and the Vassal Princes', *Athenaeum* 59 (1981), 273–83.

—— 'Tigranocerta. A Problem Misconceived', *AFRBA*, 61–70.

—— 'Isaura and Isauria. Some Problems', in E. Frézouls (ed.), *Sociétés urbaines, sociétés rurales dans l'Asie Mineure et la Syrie hellénistiques et romaines, Actes du colloque organisé à Strasbourg (novembre 1985)* (1987), 131–47.

SIJPESTIJN, P., 'A New Document Concerning Hadrian's Visit to Egypt', *Historia* 18 (1969), 109–18.

THOMSEN, P., 'Die römischen Meilensteine der Provinzen Syria, Arabia, und Palaestina', *ZDPV* 40 (1917), 1–103.

—— 'Die lateinischen und griechischen Inschriften der Stadt Jerusalem und ihrer nächsten Umgebung. 1. Nachtrag', *ZDPV* 64 (1941), 201–56.

TIBILETTI, G., 'Ricerche di storia agraria romana', *Athenaeum* 28 (1950), 182–266; esp. 'colonie latine e colonie romane', 219–32.

TINH, T. T., 'Deux inscriptions sur l'invasion arabe', *Soloi, dix campagnes de fouilles (1964–74)* (1985), 115–25.

TOYNBEE, J. M. C., 'Two Male Portrait-Heads from Hatra', *Sumer* 26 (1970), 231–5.

—— 'Some Problems of Romano-Parthian Sculpture at Hatra', *JRS* 62 (1972), 106–10.

TROUSSET, P., 'Signification d'une frontière: nomades et sedentaires dans la zone du limes d'Afrique', *Roman Frontier studies 1979* (1980), 931–42.

TSAFRIR, Y., 'St Catherine's Monastery', *IEJ* 28 (1978), 218–29.

—— 'The Maps used by Theodosius: On the Pilgrim Maps of the Holy Land and Jerusalem in the Sixth Century', *DOP* 40 (1986), 129–45.

TZAFERIS, V., 'A Tower and Fortress near Jerusalem', *IEJ* 24 (1974), 84–94.

TZORI, N., 'An Inscription of the Legio VI Ferrata from the Northern Jordan Valley', *IEJ* 21 (1971), 53 f.

VAILHÉ, S., 'La prise de Jérusalem par les Perses', *Revue de l'Orient Chrétien* 6 (1901), 643–9.

VAN RENGEN, W., 'L'épigraphie grecque et latine de Syrie', *ANRW* ii. 8, 31–53.

VASILIEV, A. A., 'Notes on Some Episodes Concerning the Relations Between the Arabs and the Byzantine Empire from the Fourth to the Sixth Century', *DOP* 9–10 (1956), 306–16.

VETRALI, L., 'Le iscrizioni dell'acquedotto romano presso Betlemme', *Liber Annuus* 17 (1967), 149–61.

VILLENEUVE, F., 'Ad-Diyateh: Village et castellum romains et byzantins à l'est du Jebel Druze (Syrie)', *DRBE*, 697–715.

VINCENT, H., 'Chronique—notes de voyage', *RB* 7 (1898), 424–51.

VOLKMAR, F., 'The Roman Fortress', in Y. Aharoni (ed.), *Beersheba i* (1973), 83–9.

WAGNER, J., 'Legio III Scythica in Zeugma am Euphrat', *SMR* ii (1977), 517–39.

—— 'Provincia Osrhoenae: New Archaeological Finds illustrating the military organisation under the Severan Dynasty', *AFRBA*, 103–30.

WARD-PERKINS, J. B., 'The Roman West and the Parthian East', *PBA* 51 (1965), 175–99.

WATERHOUSE, S. D., and IBACH, R., 'Heshbon 1973—The Topographical Survey', *Andrews University Seminar Studies* 13 (1975), 217–33.

WEINSTEIN, M. E., and TURNER, E. G., 'Greek and Latin Papyri from Qasr Ibrîm', *JEA* 62 (1976), 115–30.

WHITBY, M., 'Procopius and the Development of Roman Defences in Upper Mesopotamia', *DRBE*, 717–35.

—— 'Procopius' Description of Dara', ibid., 737–83.

WIDENGREN, G., 'Iran, der grosse Gegner Roms: Königsgewalt, Feudalismus, Militärwesen', *ANRW* ii. 9, 220–306.

WIESEHOFER, J., 'Iranische Ansprüche an Rom auf ehemals Achaimenidische Territorien', *Archaeologische Mitteilungen aus Iran* 19 (1986), 177–85.

WILL, E., 'Marchands et chefs de caravanes à Palmyre', *Syria* 34 (1957), 262–77.

—— 'Pline l'ancien et Palmyre: un problème d'histoire ou d'histoire littéraire', *Syria* 62 (1985), 263–9.

WINTER, E., 'Handel und Wirtschaft in Sasanidisch-(ost-)Romischen Verträgen und Abkommen', *Münstersche Beiträge zur antiken Handelsgeschichte* 6 (1987), 46–72.

WISSMANN, H. VON, 'Die Geschichte des Sabäerreichs und der Feldzug des Aelius Gallus', *ANRW* ii 9. 308–544.

YORKE, V. W., 'Inscriptions from Eastern Asia Minor', *JHS* 18 (1898), 306–27.

ZAWADZKI, T., 'La résidence de Dioclétien à Spalatum, sa dénomination dans l'Antiquité', *Mus. Helv.* 44 (1987), 223–30.

ZIEGLER, R., 'Antiochia, Laodicea und Sidon in der Politik der Severer', *Chiron* 8 (1978), 493–513.

补充参考文献

书 籍

ADAMS, A. in S. Walker and Averil Cameron (eds.), *The Greek Renaissance in the Roman Empire* (1989).

BOWMAN, A. K. and THOMAS, J. D., *Vindolanda: the Latin Writing Tablets* (1983).

COOK, J. M., *The Persian Empire* (London, 1983).

COTTON, H. M. and GEIGER, J. (eds.), *Masada ii, The Yigael Yadin Excavations 1963-1965: Final Reports, The Latin and Greek Documents* (Jerusalem, 1989).

CRONE, P., *Meccan Trade and the Rise of Islam* (Princeton, 1987).

DAVIES, R., *Service in the Roman Army*, ed. D. Breeze and V. Maxfield (Edinburgh, 1989).

DELBRÜCK, H., *Geschichte der Kriegskunst im Rahmen der Politische Geschichte*, 2 vols. (Berlin, 1921³, repr. 1966).

DELBRÜCK, R., *Die Münzbildnisse von Maximinus bis Carinus* (Berlin, 1940).

DENNIS, G. T. (ed.), *Three Byzantine Military Treatises: Text, Translation, and Notes* (Washington, DC, 1985).

DODGEON, M. H. and LIEU, S. N. C., *The Roman Eastern Frontier and the Persian Wars (AD 226-363)* (London, 1991).

FEBVRE, L., *La terre et l'évolution humaine* (repr. Paris, 1970).

FRENCH D. H. and LIGHTFOOT, C. S., *The Eastern Frontier of the Roman Empire: Proceedings of a Colloquium held at Ankara in September 1988* (Oxford, BAR International Series, No. 553, 1989).

GATIER, P.-L., HELLY, N., and REY-COQUAIS, J.-P., *Géographie historique au Proche-Orient (Syrie, Phénicie, Arabie grecques, romaines, byzantines), Actes de la Table Ronde de Valbonne, 16-18 Septembre 1985*, Centre National de la Recherche Scientifique, Notes et Monographies Techniques No. 23 (Paris, 1988).

HALDON, J. F., *Constantine Porphyrogenitus: Three Treatises on Imperial Military Expeditions* (Vienna, 1990).

HARLEY, J. B. and WOODWARD, D., *The History of Cartography*, i, *Cartography in Prehistoric, Ancient, and Medieval Europe and the Mediterranean* (Chicago and London, 1987).

HORSLEY, R. A. and HANSON, J. S., *Bandits, Prophets and Messiahs: Popular Movements in the Time of Jesus* (Minneapolis, Minn., 1985).

KAEGI, W. E., *Byzantine Military Unrest 471-843: an Interpretation* (Amsterdam, 1981).

—— *Some Thoughts on Byzantine Military Strategy*, The Hellenic Studies Lecture (Brookline, Mass., 1983).

KEPPIE, L., *Scotland's Roman Remains* (Edinburgh, 1986).

LEPPER, F. and FRERE, S., *Trajan's Column: a New Edition of the Cichorius Plates* (Gloucester, 1988).

LEWIS, N. (ed.), *The Documents from the Bar Kokhba Period in the Cave of Letters: Greek Papyri*, with Y. Yadin and Jonas C. Greenfield (eds.), *Aramaic and Nabatean Signatures and Subscriptions* (Jerusalem, 1989).

LINDER, A., *The Jews in Roman Imperial Legislation* (Detroit, and Jerusalem, 1987).

MATTHEWS, J., *The Roman Empire of Ammianus* (London, 1989).

NEESEN, L., *Untersuchungen zu den direkten Staatsabgaben der römischen Kaiserzeit (27 v. Chr.–284 n. Chr.)* (Bonn, 1980).

NORTHEDGE, A., *et al.*, *Excavations at 'Ana* (Warminster, Wilts. 1988).

PLASSART, A., Mélanges Glotz, ii (1934).

—— *Nouveau choix d'inscriptions grecques*, l'Institut Fernand-Courby (Paris, 1971).

POTTER, D. S., *Prophecy and History in the Crisis of the Roman Empire: a Historical Commentary on the Thirteenth Sibylline Oracle* (Oxford, 1990).

SARTRE, M., *L'Orient Romain: Provinces et sociétés provinciales en Mediterranée orientale d'Auguste aux Sévères* (Paris, 1991).

SHAHÎD, I., *Byzantium and the Arabs in the Fifth Century* (Washington, DC, 1989).

STARCKY, J., *Palmyre* (1952).

WHITTAKER, C. R., *Les frontières de l'empire romain* (Besançon, 1989).

文 章

ADAMS, J. N., BOWMAN A. K., and THOMAS, J. D., 'Two Letters from Vindolanda', *Brittania* 21 (1990).

BAUZOU, T., 'Les voies romaines entre Damas et Amman', *Table Ronde Valbonne*, 293 ff.

BIANCHI, A., 'Aspetti della politica economico-fiscale di Filippo l'Arabo', *Aegyptus* 63 (1983), 185–98.

BOLTOUNOVA, A. I., 'Quelques notes sur l'inscription de Vespasien, trouvée à Mtskhetha', *Klio* 53 (1971), 213–22.

BRAUND, D., 'Coping with the Caucasus: Roman responses to local conditions in Colchis', *EFRE*, 31–43.

DABROWA, E., 'Roman Policy in Transcaucasia from Pompey to Domitian', *EFRE*, 67–76.

DEVIJVER, H., 'Equestrian Officers from the East', *EFRE*, 77–111.

DILKE, O. A. W., 'The Culmination of Greek Cartography in Ptolemy', in J. B. Harley and D. Woodward (eds.), *The History of Cartography*, i (1987), 177–200.

—— 'Maps in the Service of the State: Roman Cartography to the End of the Augustan Era', ibid. 201–11.

—— 'Itineraries and Geographical Maps in the Early and Late Roman Empires', ibid. 234–57.

—— 'Cartography in the Byzantine Empire', ibid. 258–75.

DOBSON, B., 'The Function of Hadrian's Wall', *Archaeologia Aeliana* 5/14 (1986), 1–30.

EADIE, J. W., 'Strategies of Economic Development in the Roman East: The Red Sea Trade Revisited', *EFRE*, 113–20.

FEBVRE, L., 'Frontière', *Rev. Synth. Hist.* 45 (1928), 31–44.

FEISSEL, D. and GASCOU, J., 'Documents d'archives romains inédits du Moyen Euphrate (IIIᵉ siècle après J.-C.)', *CRAI* 1990, 535–61.

GAWLIKOWSKI, M., 'La route de l'Euphrate d'Isidore à Julien, *Table Ronde Valbonne*, 77–98.

GERGEL, R. A., 'The Tel Shalem Hadrian Reconsidered', *AJA* 95 (1991), 231–51.

GOPAL, SURENDRA, *TLS*, 3 May 1991.

GRENET, F., 'Les Sassanides à Doura-Europos (253 ap. J.-C.), réexamen du matériel épigraphique iranien du site', *Table Ronde Valbonne*, 133–58.

HALDON, J. F. and KENNEDY, H., 'The Arab-Byzantine Frontier in the Eighth and Ninth Centuries', *Zbornik Radova Visantološkog Instituta* 19 (1980), 79–116.

HIRSCHFELD, Y. and KLONER, A., 'Khorbet el-Qasr: A Byzantine Fort in the Judaean Desert', *Bulletin of the Anglo-Israel Archaeological Society* 8 (1988–9), 5–20.

James, S., 'Dura-Europos and the Chronology of Syria in the 250s AD', *Chiron* 15 (1985), 111–24.

KAEGI, W. E., 'Challenges to Late Roman and Byzantine Military Operations in Iraq (4th–9th Centuries)', *Klio* 73 (1991), 586–94.

KENNEDY, D., 'The Military Contribution of Syria to the Roman Imperial Army', *EFRE*, 235–46.

—— and NORTHEDGE, A., 'The History of 'Ana, Classical Sources', in A. Northedge, *Excavations at 'Ana* (1988), 6–8.

KINDLER, A., 'The Numismatic Finds from the Roman Fort at Yotvata', *IEJ* 39 (1989), 261–6.

KNAUF, E. A. and BROOKER, C. H., review of R. G. Khouri and D. Whitcomb, *Aqaba 'Port of Palestine on the China Sea'* (Amman, 1988), *ZDPV* 104 (1988), 179–81.

KRAMER, B. and HAGEDORN, D., 'Zwei Ptolemäische Texte aus der Hamburger Papyrussammlung', *Archiv für Papyrusforschung* 33 (1987), 9–21.

LAST, R. and STEIN, A., 'Ala Antiana in Scythopolis: A New Inscription from Beth-Shean', *ZPE* 81 (1990), 224–8.

LEE, A. D., 'Campaign Preparations in Late Roman–Persian Warfare', *EFRE*, 257–65.

LIGHTFOOT, C. S. and HEALEY, J. F., 'A Roman Veteran on the Tigris', *Epigraphica Anatolica* 17 (1991), 1–7.

LINDNER, R. P., 'Nomadism, Horses and Huns', *Past and Present* 92 (1981), 3–19.

MACADAM, H. I., 'Fragments of a Latin Building Inscription from Aqaba, Jordan', *ZPE* 79 (1989), 163–71.

—— 'Ptolemy's Geography and the Wadi Sirhan', *Table Ronde Valbonne*, 55–76.

—— 'Epigraphy and the *Notitia Dignitatum (Oriens 37)*', *EFRE*, 295–309.

MACDONALD, D., 'Dating the Fall of Dura-Europos', *Historia* 35 (1986), 45–68.

MAYERSON, P., 'Saracens and Romans: Micro–Macro Relationships', *BASOR* 274 (1989), 71–9.

MESHEL, Z., 'A Fort at Yotvata from the Time of Diocletian', *IEJ* 39 (1989), 228–38.

MILLAR, F., 'The Roman *Coloniae* of the Near East: a Study of Cultural Relations' in H. Solin and Mika Kajava (eds.), *Roman Eastern Policy and Other Studies in Roman History: Proceedings of a Colloquium at Tvärminne, 2–3 October 1987* (Helsinki, 1990), 7–58.

MITFORD, T., 'High and Low Level Routes across the Taurus and Antitaurus', *EFRE*,329–33.

OKAMURA, L., 'Western Legions in Baalbek, Lebanon: Colonial Coins (AD 244–247) of the Philippi', *Historia* 37 (1988), 126–8.

OOST, S. I., 'The Alexandrian Seditions under Philip and Gallienus', *Classical Philology* 56 (1961), 1–20.

PATTENDEN, P., 'The Byzantine Early Warning System', *Byzantion* 53 (1983), 258–99.

ROLL, I., 'A Latin Imperial Inscription from the Time of Diocletian Found at Yotvata', *IEJ* 39 (1989), 239–60.

RUBIN, Z., 'Sinai in the Itinerarium Egeriae', in *Atti del convegno internazionale sulla Peregrinatio Egeriae, 23–25 Ottobre 1987* (Arezzo, n.d.), 177–91.

—— 'Byzantium and Southern Arabia: the Policy of Anastasius', *EFRE*, 383–420.

SHAHÎD, I., 'Byzantium and Kinda', *Byzantinische Zeitung* 53 (1960), 57–73.

SIDEBOTHAM, S. E., *et al.*, 'Fieldwork on the Red Sea Coast: the 1987 Season', *JARCE* 26 (1989), 127–66.

SPEIDEL, M. P., 'Roman Troops at Aulutrene. Observations on Two Inscriptions,' *Epigraphica Anatolica* 10 (1987), 97–100.

STAROIEWSKI, M., 'Bibliographia Egeriana', *Augustinianum* 14 (1979).

SYME, R., 'Military Geography at Rome', *Classical Antiquity* 7 (1988), 227–51.

TALBERT, R. J. A., Review of O. A. W. Dilke, *Greek and Roman Maps*, *JRS* 87 (1987), 210–12.

—— 'Rome's Empire and Beyond: the Spatial Aspect', in *Gouvernants et gouvernés dans l'Imperium Romanum, Cahiers des Etudes Anciennes* 26 (1990), 215–23.

WHITCOMB, D., ' "Diocletian's" misr at 'Aqaba', *ZDPV* 106 (1990) [1991], 156–61.

WHITTAKER, C. R., 'Thorns in Rome's Side', *TLS*, 22 Mar. 1991.

ZITTERKOPF, R. E. and SIDEBOTHAM, S. E., 'Stations and Towers on the Quseir–Nile Road', *JEA* 75 (1989), 155–89.

文献缩略语

AAAS   *Annales Archéologiques Arabes Syriennes*

AAES   *American Archaeological Expedition to Syria, Part III*

AASOR   *Annual of the American Schools of Oriental Research*

ADAJ   *Annual of the Department of Antiquities of Jordan*

AE   *Année épigraphique*

AFRBA   S. Mitchell (ed.), *Armies and Frontiers in Roman and Byzantine Anatolia*

AJA   *American Journal of Archaeology*

ANRW   *Aufstieg und Niedergang der römischen Welt*

b.   Babylonian Talmud

BAR   *British Archaeological Reports*

BASOR   *Bulletin of the American Schools of Oriental Research*

BCH   *Bulletin de Correspondence Hellénique*

BE   J. et L. Robert, *Bulletin épigraphique*

BEO   *Bulletin d'Études Orientales*

BIAL   *Bulletin of the Institute of Archaeology, London*

BIES   *Bulletin of the Israel Exploration Society*

BJb   *Bonner Jahrbücher*

BMB   *Bulletin Musée de Beyrouth*

BMC   *Catalogue of Coins in the British Museum*

BROB   *Berichten van de Rijksdienst voor het Oudheidkundig Bodemonderzoek*

CAH   *Cambridge Ancient History*

CCSL   *Corpus Christianorum Series Latinae*

CE   *Chronique d'Égypte*

CII   J. B. Frey, *Corpus Inscriptionum Iudaicarum*

CIL   *Corpus Inscriptionum Latinarum*

CIS   *Corpus Inscriptionum Semiticarum*

CJ   *Codex Justinianus*

CP   *Classical Philology*

CQ   *Classical Quarterly*

CR   *Classical Review*

CRAI   *Comptes-rendus de l'Académie des Inscriptions et Belles-lettres*

CSEL   *Corpus Scriptorum Ecclesiasticorum Latinorum*

DE   E. de Ruggiero, *Dizionario Epigrafico di antichità romane*

DOP   *Dumbarton Oaks Papers*

DRBE   P. Freeman and D. Kennedy (ed.), *The Defence of the Roman and Byzantine East*

EFRE   D. H. French and C. S. Lightfoot, C. S., *The Eastern Frontier of the Roman Empire*

FGH	F. Jacoby, *Die Fragmente der griechischen Historiker*
FHG	C. Müller, *Fragmenta Historicorum Graecorum*
GCS	*Die Griechischen Christlichen Schriftsteller der ersten drei Jahrhunderte*
GJ	*Geographical Journal*
HSCP	*Harvard Studies in Classical Philology*
HTR	*Harvard Theological Review*
IEJ	*Israel Exploration Journal*
IGBR	G. Mihailov, *Inscriptiones Graecae in Bulgaria Repertae*
IGLS	L. Jalabert and R. Mouterde, *Inscriptions grècques et latines de la Syrie*
IGR	R. Cagnat et al., *Inscriptiones Graecae ad Res Romanas Pertinentes*
ILS	H. Dessau, *Inscriptiones Latinae Selectae*
INJ	*Israel Numismatic Journal*
Jb RGZM	*Jahrbuch des Röm.-Germ. Zentralmuseums, Mainz*
JAOS	*Journal of the American Oriental Society*
JARCE	*Journal of the American Research Center in Egypt*
JEA	*Journal of Egyptian Archaeology*
JESHO	*Journal of the Economic and Social History of the Orient*
JHS	*Journal of Hellenic Studies*
JJS	*Journal of Jewish Studies*
JNES	*Journal of Near Eastern Studies*
JQR	*Jewish Quarterly Review*
JRAS	*Journal of the Royal Asiatic Society*
JRS	*Journal of Roman Studies*
LCM	*Liverpool Classical Monthly*
m.	Mishnah
MAMA	*Monumenta Asiae Minoris Antiqua*
MEFR	*Mélanges d'Archéologie et d'Histoire de l'École Française de Rome*
Mem. Ac. Inscr.	*Mémoires de l'Académie des Inscriptions*
MUSJ	*Mélanges de l'Université St. Joseph*
NC	*Numismatic Chronicle*
Not. Dig. Or.	*Notitia Dignitatum Orientis*
OGIS	W. Dittenberger, *Orientis Graeci Inscriptiones Selectae*
PAES	*Publications of the Princeton University Archaeological Expeditions to Syria*
PBA	*Proceedings of the British Academy*
PBSR	*Papers of the British School at Rome*
PEFQSt	*Palestine Exploration Fund Quarterly Statement*
PEQ	*Palestine Exploration Quarterly*
PG	J.-P. Migne, *Patrum Graecorum Cursus Completus: series Graeca*
PL	J.-P. Migne, *Patrum Latinorum Cursus Completus: series Latina*
QDAP	*Quarterly of the Department of Antiquities of Palestine*
RA	*Revue Archéologique*

RB	*Revue Biblique*
RE	Pauly-Wissowa-Kroll, *Real-Encyclopädie der classischen Altertumswissenschaft*
REA	*Revue des Études Anciennes*
REG	*Revue des Études Grecques*
REJ	*Revue des Études Juives*
REL	*Revue des Études Latines*
RMD	M. M. Roxan, *Roman Military Diplomas*
RN	*Revue Numismatique*
SCI	*Scripta Classica Israelica*
SDB	*Supplément au Dictionnaire de la Bible*
SEG	*Supplementum Epigraphicum Graecum*
SHA	*Scriptores Historiae Augustae*
SMR	*Studien zu den Militärgrenzen Roms*
TAPA	*Transactions of the American Philological Association*
TLL	*Thesaurus Linguae Latinae*
tos.	Tosefta
y.	Jerusalem Talmud
YCS	*Yale Classical Studies*
ZDMG	*Zeitschrift der Deutschen Morgenländischen Gesellschaft*
ZDPV	*Zeitschrift des Deutschen Palästina-Vereins*
ZPE	*Zeitschrift für Papyrologie und Epigraphik*

索 引

(本索引所注页码为原书页码)

A

H

I

N

P

Pacorus 帕科罗斯 29

pagi 附属于城市的乡村地区或社区 319、344n.

Palaestina 巴勒斯坦

  banditry in Byzantine period 拜占庭时期的匪患 97

  unrest in Byzantine period 拜占庭时期的动乱 89—91

  另见"*dux*"、"犹太人"、"犹地亚"、"*limitanei*"

palatium 官方的中途停留地 295

Palestine 巴勒斯坦

  in Ottoman period 在奥斯曼时期 113—115、214

Palmyra 帕尔米拉 13、141—147、166

  colonial status 殖民地地位 144、225

  Diocletianic fortress at 戴克里先时期的堡垒 164、165—167、427f.

  and eastern trade 与东方的贸易 141、144—146

  equestrian officers from 来自那里的骑兵军官 146、225

  extension of influence of 其势力范围 150

  extent of supremacy 优越程度 223

  garrison at 那里的驻军 144

  and Hadrian's visit AD 130 与哈德良在公元 130 年的巡访 355

  inclusion in the empire 被吸纳进罗马帝国 141—144

  independence in third century 在 3 世纪时独立 220—228

  Pliny on 普林尼对其的观点 142f.

  renamed Hadrianopolis 被重新命名为哈德良诺波利斯 143

  senators from 来自那里的元老院成员 146、225

  strategoi of 其双军政官 225、226

  tax law 其税法 142、352

  territory of 其领地 142

  town wall of 其城墙 345

Palmyrene archers 帕尔米拉弓箭手 144、225

Pappus and Lulianus 帕普斯和卢利阿纳斯 322

Q

R

S

X

Y

Z

图书在版编目(CIP)数据

帝国的边界:罗马军队在东方/(以色列)本杰明·艾萨克著;欧阳旭东译.
--上海:华东师范大学出版社,2018

ISBN 978-7-5675-7477-9

Ⅰ.①帝… Ⅱ.①本… ②欧 Ⅲ.①罗马帝国—历史
Ⅳ.①K126

中国版本图书馆 CIP 数据核字(2018)第 030015 号

华东师范大学出版社六点分社

企划人 倪为国

帝国的边界:罗马军队在东方

著　　者　(以色列)本杰明·艾萨克(Benjamin Isaac)

译　　者　欧阳旭东

责任编辑　徐海晴

封面设计　卢晓红

出版发行　华东师范大学出版社

社　　址　上海市中山北路 3663 号　邮编　200062

网　　址　www.ecnupress.com.cn

电　　话　021-60821666　行政传真　021-62572105

客服电话　021-62865537

门市(邮购)电话　021-62869887

地　　址　上海市中山北路 3663 号华东师范大学校内先锋路口

网　　店　http://hdsdcbs.tmall.com

印 刷 者　上海盛隆印务有限公司

开　　本　890×1240　1/32

印　　张　22.25

字　　数　450 千字

版　　次　2018 年 4 月第 1 版

印　　次　2018 年 4 月第 1 次

书　　号　ISBN 978-7-5675-7477-9/K·499

定　　价　88.00 元

出 版 人　王 焰

(如发现本版图书有印订质量问题,请寄回本社客服中心调换或电话 021-62865537 联系)